经以济世
赶往开来

贺教育部

金砖又向项目

成立之际

季羡林
癸未有八

教育部哲学社会科学研究重大课题攻关项目
"十三五"国家重点出版物出版规划项目

区域经济一体化中府际合作的法律问题研究

STUDY ON THE LEGAL ISSUES OF
INTERGOVERNMENTAL COOPERATION
IN REGIONAL ECONOMIC INTEGRATION

石佑启
等著

中国财经出版传媒集团
经济科学出版社
Economic Science Press

图书在版编目（CIP）数据

区域经济一体化中府际合作的法律问题研究/石佑启等著.
—北京：经济科学出版社，2018.6
教育部哲学社会科学研究重大课题攻关项目
ISBN 978 - 7 - 5141 - 9365 - 7

Ⅰ.①区… Ⅱ.①石… Ⅲ.①区域经济合作 - 经济法 - 研究 Ⅳ.①D922.290.4

中国版本图书馆 CIP 数据核字（2018）第 112393 号

责任编辑：杨　洋
责任校对：靳玉环
责任印制：李　鹏

区域经济一体化中府际合作的法律问题研究

石佑启　等著

经济科学出版社出版、发行　新华书店经销
社址：北京市海淀区阜成路甲 28 号　邮编：100142
总编部电话：010 - 88191217　发行部电话：010 - 88191522
网址：www.esp.com.cn
电子邮件：esp@ esp.com.cn
天猫网店：经济科学出版社旗舰店
网址：http://jjkxcbs.tmall.com
北京季蜂印刷有限公司印装
787 × 1092　16 开　30 印张　570000 字
2018 年 8 月第 1 版　2018 年 8 月第 1 次印刷
ISBN 978 - 7 - 5141 - 9365 - 7　定价：78.00 元
（图书出现印装问题，本社负责调换。电话：010 - 88191510）
（版权所有　侵权必究　举报电话：010 - 88191586
电子邮箱：dbts@ esp.com.cn）

编审委员会成员

主 任　吕　萍
委 员　李洪波　柳　敏　陈迈利　刘来喜
　　　　樊曙华　孙怡虹　孙丽丽

课题组主要成员

首席专家 石佑启
主要成员 杨治坤　陈咏梅　谈　萧　潘高峰
　　　　　　黄　喆

总　序

哲学社会科学是人们认识世界、改造世界的重要工具，是推动历史发展和社会进步的重要力量，其发展水平反映了一个民族的思维能力、精神品格、文明素质，体现了一个国家的综合国力和国际竞争力。一个国家的发展水平，既取决于自然科学发展水平，也取决于哲学社会科学发展水平。

党和国家高度重视哲学社会科学。党的十八大提出要建设哲学社会科学创新体系，推进马克思主义中国化、时代化、大众化，坚持不懈用中国特色社会主义理论体系武装全党、教育人民。2016年5月17日，习近平总书记亲自主持召开哲学社会科学工作座谈会并发表重要讲话。讲话从坚持和发展中国特色社会主义事业全局的高度，深刻阐释了哲学社会科学的战略地位，全面分析了哲学社会科学面临的新形势，明确了加快构建中国特色哲学社会科学的新目标，对哲学社会科学工作者提出了新期待，体现了我们党对哲学社会科学发展规律的认识达到了一个新高度，是一篇新形势下繁荣发展我国哲学社会科学事业的纲领性文献，为哲学社会科学事业提供了强大精神动力，指明了前进方向。

高校是我国哲学社会科学事业的主力军。贯彻落实习近平总书记哲学社会科学座谈会重要讲话精神，加快构建中国特色哲学社会科学，高校应发挥重要作用：要坚持和巩固马克思主义的指导地位，用中国化的马克思主义指导哲学社会科学；要实施以育人育才为中心的哲学社会科学整体发展战略，构筑学生、学术、学科一体的综合发展体系；要以人为本，从人抓起，积极实施人才工程，构建种类齐全、梯队衔接的高校哲学社会科学人才体系；要深化科研管理体制改革，发挥高校人才、智力和学科优势，提升学术原创能力，激发创新创造活力，建设中国特色新型高校智库；要加强组织领导、做好统筹规划、营造良好学术生态，形成统筹推进高校哲学社会科学发展新格局。

哲学社会科学研究重大课题攻关项目计划是教育部贯彻落实党中央决策部署的一项重大举措，是实施"高校哲学社会科学繁荣计划"的重要内容。重大攻关项目采取招投标的组织方式，按照"公平竞争，择优立项，严格管理，铸造精品"的要求进行，每年评审立项约40个项目。项目研究实行首席专家负责制，鼓励跨学科、跨学校、跨地区的联合研究，协同创新。重大攻关项目以解决国家现代化建设过程中重大理论和实际问题为主攻方向，以提升为党和政府咨询决策服务能力和推动哲学社会科学发展为战略目标，集合优秀研究团队和顶尖人才联合攻关。自2003年以来，项目开展取得了丰硕成果，形成了特色品牌。一大批标志性成果纷纷涌现，一大批科研名家脱颖而出，高校哲学社会科学整体实力和社会影响力快速提升。国务院副总理刘延东同志做出重要批示，指出重大攻关项目有效调动各方面的积极性，产生了一批重要成果，影响广泛，成效显著；要总结经验，再接再厉，紧密服务国家需求，更好地优化资源，突出重点，多出精品，多出人才，为经济社会发展做出新的贡献。

作为教育部社科研究项目中的拳头产品，我们始终秉持以管理创新服务学术创新的理念，坚持科学管理、民主管理、依法管理，切实增强服务意识，不断创新管理模式，健全管理制度，加强对重大攻关项目的选题遴选、评审立项、组织开题、中期检查到最终成果鉴定的全过程管理，逐渐探索并形成一套成熟有效、符合学术研究规律的管理办法，努力将重大攻关项目打造成学术精品工程。我们将项目最终成果汇编成"教育部哲学社会科学研究重大课题攻关项目成果文库"统一组织出版。经济科学出版社倾全社之力，精心组织编辑力量，努力铸造出版精品。国学大师季羡林先生为本文库题词："经时济世　继往开来——贺教育部重大攻关项目成果出版"；欧阳中石先生题写了"教育部哲学社会科学研究重大课题攻关项目"的书名，充分体现了他们对繁荣发展高校哲学社会科学的深切勉励和由衷期望。

伟大的时代呼唤伟大的理论，伟大的理论推动伟大的实践。高校哲学社会科学将不忘初心，继续前进。深入贯彻落实习近平总书记系列重要讲话精神，坚持道路自信、理论自信、制度自信、文化自信，立足中国、借鉴国外，挖掘历史、把握当代，关怀人类、面向未来，立时代之潮头、发思想之先声，为加快构建中国特色哲学社会科学，实现中华民族伟大复兴的中国梦做出新的更大贡献！

教育部社会科学司

摘 要

本书力求将区域经济一体化、府际合作与法治建设有机结合起来，遵循"理论—实践—构建—保障"的逻辑安排，在法治框架下探究区域经济一体化中府际合作所涉及的体制、机制、制度等问题。

理论篇研究区域经济一体化中府际合作的法理基础。应区域经济一体化的发展趋势，促进行政区经济向区域经济、行政区行政向区域行政转型，是我国社会主义市场经济健康发展和区域公共治理的内在需求。府际合作作为推进区域经济发展和区域公共治理的重要途径和主导力量，需要在法治框架下有序展开。应当遵循法治、平等协商、互利共赢、责权利相统一、可持续发展等原则，完善有关府际合作的法律规则，建立起软法与硬法相结合的混合法律治理模式，并解决其适法性、操作性问题，从而将府际合作纳入法治的轨道，实现府际合作的制度化、规范化。

实践篇旨在考察域内外区域经济一体化中府际合作的实践样本。一是考察以欧盟区域合作、北美区域合作为代表的跨国区域经济一体化中的府际合作样本，指出欧盟多元主体参与的府际合作模式和开放协调机制、独立财政等府际合作制度工具值得我国借鉴；二是考察以美国、德国、日本等为典型的域外一国内区域经济一体化中的府际合作样本，认为美国的州际协定机制和行政协议机制，德国的充分法制保障、发达组织体系和地方自治机制，以及日本基于广域行政的区域治理模式，对我国的府际合作不无启发；三是考察以珠三角、粤港澳、长三角、环渤海等我国区域经济一体化中的府际合作样本，剖析了这些区域府际合作的现状及其存在问题。

构建篇侧重于探究区域经济一体化中府际合作在立法、执法和司法领域内的法制协调机制。建立有效的府际合作法制协调机制有利于区域内统一立法、执法和司法标准，减少法律规范冲突，为府际合作提供法治保障。府际合作法制协调分为立法、执法和司法协调。本部分对府际合作立法协调的原则与模式、主体结构、立法协调领域和立法协调的目标、方式与路径，府际合作执法协调的功用、原则、方式，以及府际合作司法协调的内容、原则与制度等进行理论探究，并提出制度完善对策。

保障篇重点解决区域经济一体化中府际合作的法治保障机制问题，主要有利益协调机制、激励约束机制、信息共享与公众参与机制、纠纷解决机制。行政区利益冲突贯穿于府际合作的始终，促进区域利益协调是推动区域经济一体化的关键。在对府际合作利益协调的制度实践进行梳理的基础上，提炼出纵向中央政策约束型和横向行政协议型两种府际合作利益协调模式，指出府际合作利益协调应当从政策调整向法律规制的方向转型。从行政区行政走向府际合作，需要科学设定府际合作目标、出台区域优惠措施、建立利益约束机制、健全区域补偿制度、完善政绩考核制度、建立府际合作责任制度等激励约束机制。而完善的信息共享机制和公众参与机制，是府际合作顺利开展并取得治理实效的有效保障。有合作就有纠纷，在对既有纠纷解决制度资源加以挖掘改造的基础上，构建类型化的府际合作纠纷解决机制，及时有效化解纠纷，维护和谐稳定的府际合作关系，助推府际合作深入有序开展。

Abstract

This book explores the institutional issues involved in the intergovernmental cooperation in the process of regional economic integration under the framework of the rule of law, which integrates regional economic integration, intergovernmental cooperation and the rule of law, and follows the logical arrangement of "theory-practice-construction-guarantee".

The part of theory studies the legal basis of intergovernmental cooperation in regional economic integration. To conform to the irresistible trend of development of the regional economic integration and to foster the transformation from the economy of the administrative region to the regional economy and from the administration of the administrative region to the regional administration is an internal need for the sound development of our socialist market economy and regional public governance. Intergovernmental cooperation has become an important way and leading force to promote regional economic development and regional public governance, which needs to be promoted orderly under the framework of the rule of law. Following the principles of the rule of law, equal consultation, mutual benefit and win-win, the unity of powers and responsibilities as well as sustainable development, we should improve the legal rules of intergovernmental cooperation, establish a mixed legal governance model of soft law and hard law, and solve the problems of its applicability and operability, so as to bring intergovernmental cooperation into the orbit of the rule of law, and realize the institutionalization and standardization of intergovernmental cooperation.

The part of practice examines the practical samples of intergovernmental cooperation in regional economic integration within and outside the region. Firstly, the intergovernmental cooperation sample is examined in transnational regional economic integration represented by EU regional cooperation and North American regional cooperation. Among them, it is worthy to refer to the EU multi-subject participation of intergovernmental cooperation model, open coordination mechanism, independent finance and other intergovernmental cooperation system tools. Secondly, the typical domestic regional economic integration in the U. S., Germany and Japan is examined. We may gain enlightenment from the interstate agreement mechanism and administrative agreement mechanism in the U. S., the full safeguard legal system, the developed organization system and the local autonomy mechanism in Germany, and the regional governance model based on wide-area administration in Japan. Thirdly, the practice of Pearl-River-Delta, Guangdong-Hong Kong-Macau, Yangtze-River-Delta, and Circum-Bohai-Sea Region in China is investigated, exploring the current situation and problems of these regional intergovernmental cooperation.

The part of construction focuses on exploring the coordination mechanism of intergovernmental cooperation in the field of legislation, enforcement and judicature in regional economic integration. The establishment of an effective legal coordination mechanism for intergovernmental cooperation is conducive to the unification of legislation, enforcement and judicature standards in the region. The legal coordination of intergovernmental cooperation is divided into legislation, enforcement and judicature coordination. This part makes a theoretical study on the principles and models, the main structure, the field, the goals, methods and paths of legislative coordination, the functions, principles and ways of intergovernmental cooperation in enforcement coordination, as well as the content, principles and system of judicial coordination in intergovernmental cooperation, and puts forward some countermeasures for improving the system.

The part of safeguard focuses on the legal guarantee mechanism of intergovernmental cooperation in regional economic integration, including the interests coordination mechanism, the incentive and restrictive mechanisms, the information sharing mechanism, public engagement mechanism, and the dispute resolution mechanism. The conflicts of interests in administrative regions run through the whole process of intergovernmental cooperation. Promoting regional interest coordination is the key to promote regional economic integration. On the basis of sorting out the institutional practice of intergovernmental cooperation interest coordination, we refine two modes of intergovernmental cooperation interests coordination—vertical central policy binding mode and horizontal administrative agreement mode, and point out that intergovernmental cooperation interests coordination should be transformed from policy adjustment to legal regulation. From the administrative region to the intergovernmental cooperation, we need to establish the incentive and restrictive mechanisms including scientifically setting the objectives of intergovernmental cooperation, introducing regional preferential measures, establishing the interests restriction mechanism, improving the regional compensation system, enhancing the performance appraisal system, and establishing the intergovernmental cooperation responsibility system. A sound information sharing mechanism and a public engagement mechanism are guarantee for the smooth development of intergovernmental cooperation and effective governance. If there is cooperation, there is a dispute. On the basis of excavating and reforming the existing dispute resolution system resources, we should construct a typed dispute resolution mechanism for intergovernmental cooperation so as to effectively resolve disputes in time, maintain harmonious and stable intergovernmental cooperation relationship and promote the in-depth and orderly development of intergovernmental cooperation.

目 录
Contents

导论　1

理论篇

区域经济一体化中府际合作的法理分析　33

第一章 ▶ 区域经济一体化与府际合作　35

　　第一节　从行政区经济到区域经济一体化　35
　　第二节　从行政区行政到区域府际合作　43
　　第三节　区域府际合作的动因与功用　49

第二章 ▶ 区域经济一体化中府际合作的法治需求　56

　　第一节　府际合作法治化的必要性及要求　56
　　第二节　府际合作的法律基础与基本原则　64
　　第三节　府际合作的法律规则建构　74

第三章 ▶ 区域经济一体化中府际合作的法律治理模式　80

　　第一节　府际合作的法律依据分析　80
　　第二节　府际合作的法律治理模式透视　91
　　第三节　府际合作法律治理模式的运行　103

实践篇

区域经济一体化中府际合作的样本考察　107

第四章　跨国区域经济一体化中的府际合作　109
　　第一节　欧盟区域经济一体化中的府际合作　110
　　第二节　北美区域经济一体化中的府际合作　127
　　第三节　欧盟与北美区域经济一体化中府际合作对我国的启示　135

第五章　域外—国内区域经济一体化中的府际合作　153
　　第一节　美国区域经济一体化中的府际合作　153
　　第二节　德国区域经济一体化中的府际合作　169
　　第三节　日本区域经济一体化中的府际合作　178

第六章　我国区域经济一体化中的府际合作　188
　　第一节　珠三角经济一体化中的府际合作　188
　　第二节　粤港澳经济一体化中的府际合作　198
　　第三节　长三角经济一体化中的府际合作　208
　　第四节　环渤海经济一体化中的府际合作　220

构建篇

区域经济一体化中府际合作的法制协调　229

第七章　区域经济一体化中府际合作法制协调概述　231
　　第一节　府际合作法制协调的含义、特点与功用　231
　　第二节　府际合作法制协调的基础条件与必要性　236
　　第三节　府际合作法制协调的方法与类型　241

第八章　区域经济一体化中府际合作的立法协调　246
　　第一节　府际合作立法协调概述　246
　　第二节　府际合作立法协调的主体结构　253
　　第三节　府际合作立法协调的领域　261
　　第四节　府际合作立法协调的目标、方式及路径　265

第九章 ▶ 区域经济一体化中府际合作的执法协调　272

第一节　府际合作执法协调的功用　272
第二节　府际合作执法协调的原则　276
第三节　府际合作执法协调的方式　284

第十章 ▶ 区域经济一体化中府际合作的司法协调　295

第一节　府际合作司法协调的概念与内容　295
第二节　府际合作司法协调的意义与原则　300
第三节　府际合作司法协调的制度完善　306

保障篇

区域经济一体化中府际合作的法治保障机制　315

第十一章 ▶ 区域经济一体化中府际合作的利益协调机制　317

第一节　府际合作与区域利益协调　317
第二节　区域经济一体化中府际合作利益协调的实践　327
第三节　府际合作利益协调的法律规制　338

第十二章 ▶ 区域经济一体化中府际合作的激励约束机制　350

第一节　府际合作激励约束机制的含义及功能　350
第二节　建立健全府际合作激励约束机制的现实缘由　354
第三节　建立健全府际合作激励约束机制的具体路径　361

第十三章 ▶ 区域经济一体化中府际合作的信息共享与公众参与机制　367

第一节　府际合作的信息共享机制　367
第二节　府际合作的公众参与机制　385

第十四章 ▶ 区域经济一体化中府际合作的纠纷解决机制　395

第一节　府际合作纠纷的法理解读　395
第二节　府际合作纠纷解决的既有制度资源　403
第三节　府际合作纠纷解决机制选择与构建　414

参考文献　427

Contents

Preface   1

Theory Part
The Legal Analysis of Intergovernmental Cooperation in Regional Economic Integration   33

Chapter 1   The Process of Regional Economic Integration and Intergovernmental Cooperation   35

1.1   From Economy of the Administrative Region to Regional Economic Integration   35
1.2   From Administration of the Administrative Region to Regional Intergovernmental Cooperation   43
1.3   Motivations and Functions of Regional Intergovernmental Cooperation   49

Chapter 2   Rule-of-Law Demands of Intergovernmental Cooperation in Regional Economic Integration   56

2.1   Necessity and Requirements of the Legalization of Intergovernmental Cooperation   56
2.2   Legal Basis and Principles of Intergovernmental Cooperation   64
2.3   Construction of Legal Rules for Intergovernmental Cooperation   74

Chapter 3　The Model of Legal Governance of Intergovernmental Cooperation in Regional Economic Integration　80

　　3.1　Analysis of the Legal Basis of Intergovernmental Cooperation　80

　　3.2　Perspective of the legal Governance Model of Intergovernmental Cooperation　91

　　3.3　The operation of the Model of Rule of Law of Intergovernmental Cooperation　103

Practice Part

The Practical Samples of Intergovernmental Cooperation in Regional Economic Integration　107

Chapter 4　Intergovernmental Cooperation in Transnational Regional Economic Integration　109

　　4.1　Intergovernmental Cooperation in Regional Economic Integration in the EU　110

　　4.2　Intergovernmental Cooperation in Regional Economic Integration in the North America　127

　　4.3　Enlightenment of Intergovernmental Cooperation in Regional Economic Integration in the EU and the North America for China　135

Chapter 5　Intergovernmental Cooperation in Regional Economic Integration in some Foreign Countries　153

　　5.1　Intergovernmental Cooperation in Regional Economic Integration in the U.S.　153

　　5.2　Intergovernmental Cooperation in Regional Economic Integration in Germany　169

　　5.3　Intergovernmental Cooperation in Regional Economic Integration in Japan　178

Chapter 6　Intergovernmental Cooperation in Regional Economic Integration in China　188

　　6.1　Intergovernmental Cooperation in Regional Economic Integration in Pearl-River-Delta　188

6.2 Intergovernmental Cooperation in Regional Economic Integration in Guangdong-Hong Kong-Macau　198

6.3 Intergovernmental Cooperation in Regional Economic Integration in Yangtze-River-Delta　208

6.4 Intergovernmental Cooperation in Regional Economic Integration in Bohai Rim Region　220

Construction Part
The Legal Coordination of Intergovernmental Cooperation in Regional Economic Integration　229

Chapter 7　Introduction of Legal Coordination of Intergovernmental Cooperation in Regional Economic Integration　231

7.1 The Meanings, Characteristics and Functions of the Legal Coordination of Intergovernmental Cooperation　231

7.2 The Foundation and Necessity of the Legal Coordination of Intergovernmental Cooperation　236

7.3 The Methods and Types of the Legal Coordination of Intergovernmental Cooperation　241

Chapter 8　The Legislation Coordination of Intergovernmental Cooperation in Regional Economic Integration　246

8.1 Introduction of the Legislation Coordination of Intergovernmental Cooperation　246

8.2 The Main Structure of the Legislation Coordination of Intergovernmental Cooperation　253

8.3 The Fields of the Legislation Coordination of Intergovernmental Cooperation　261

8.4 The Goals, Modes and Paths of Legislation Coordination of Intergovernmental Cooperation　265

Chapter 9　The Enforcement Coordination of Intergovernmental Cooperation in Regional Economic Integration　272

9.1 The Functions of Enforcement Coordination of Intergovernmental Cooperation　272

9.2　The Principles of Enforcement Coordination of Intergovernmental Cooperation　276

9.3　The Methods of Enforcement Coordination of Intergovernmental Cooperation　284

Chapter 10　The Judicial Coordination of Intergovernmental Cooperation in Regional Economic Integration　295

10.1　The Concept and Content in the Judicial Coordination of Intergovernmental Cooperation　295

10.2　The Meanings and Principles in the Judicial Coordination of Intergovernmental Cooperation　300

10.3　The Institution Improvement in the Judicial Coordination of Intergovernmental Cooperation　306

Guarantee Part
The Legal Safeguard System of Intergovernmental Cooperation in Regional Economic Integration　315

Chapter 11　The Interests Coordination Mechanism of Intergovernmental Cooperation in Regional Economic Integration　317

11.1　Intergovernmental Cooperation and Regional Interests Coordination　317

11.2　The Practice of Interests Coordination of Intergovernmental Cooperation in Regional Economic Integration　327

11.3　The Legal Regulation of Interests Coordination of Intergovernmental Cooperation　338

Chapter 12　The Incentive and Restrictive Mechanism of Intergovernmental Cooperation in Regional Economic Integration　350

12.1　The Meanings and Functions of the Incentive and Restrictive Mechanism of Intergovernmental Cooperation　350

12.2　The Practical Reasons for Building and Improving the Incentive and Restriction Mechanism of Intergovernmental Cooperation　354

12.3　The Specific Ways for Building and Improving the Incentive and Restrictive Mechanism of Intergovernmental Cooperation　361

Chapter 13　The Information Sharing Mechanism and the Public Engagement Mechanism of Intergovernmental Cooperation in Regional Economic Integration　367

13.1　The Information Sharing Mechanism of Intergovernmental Cooperation　367

13.2　The Public Engagement Mechanism of Intergovernmental Cooperation　385

Chapter 14　The Dispute Resolution Mechanism of Intergovernmental Cooperation in Regional Economic Integration　395

14.1　The Interpretation of the Legal Basis for the Dispute Resolution of Intergovernmental Cooperation　395

14.2　The Existing Resouces of the Dispute Resolution Mechanisms of Intergovernmental Cooperation　403

14.3　The Selection and Formulation of the Dispute Resolution Mechanism of Intergovernmental Cooperation　414

References　427

导　论

经济全球化和区域经济一体化是世界经济发展的必然趋势，其在推动各个国家和地区加强联系、共谋发展的同时，也给各国和地区的经济社会发展带来了新的问题和挑战。区域经济一体化已经成为推动我国经济发展的重要力量，深刻地影响着我国经济社会的发展进程。随着区域经济一体化进程的推进，跨行政区划的区域公共问题大量涌现，如跨行政区划的环境保护问题、人口与资源问题、流域治理问题、基础设施建设问题、地区稳定问题、流行病防治问题、区域发展问题，等等。这些问题依靠单个地方政府的力量已无法解决，必须寻求各地方政府合作治理之道，促进地区之间的分工与协作，发挥整体联动效应，增强整个区域的竞争优势和发展后劲，并要建立有效的制度予以引导和保障，减少合作中的交易成本，形成有约束力的合作机制。这是从行政区经济向区域经济转型对政府治理的基本要求。[1] 通过构建一套有效的区域府际合作机制，依靠府际合作推动区域经济一体化，是在现行体制下实现我国区域经济一体化发展的理性选择。[2] 作为对传统闭合式行政区行政的克服，府际合作超越了刚性行政区划的限制，以实现利益共赢为目标追求，而法律是利益关系的调节器，是协调府际利益关系的最佳途径。要保证府际合作的连续性、稳定性并达到预期的目标，必须将区域府际合作纳入法治的轨道，以务实的精神和前瞻的视野研究区域府际合作中的各种法律现象与法律问题，为府际合作提供必要的理论指导和法治支撑。

---

[1] 石佑启：《论区域合作与软法治理》，载于《学术研究》，2011年第6期。
[2] 陈剩勇、马斌：《区域间政府合作：区域经济一体化的路径选择》，载于《政治学研究》，2004年第1期。

一、选题的背景

（一）经济全球化及区域经济一体化带来的机遇和挑战

经济全球化是社会生产力和科技发展的客观要求和必然结果，是大势所趋。各国、各地区之间经济和贸易活动不断增加，知识和技术的迅速传播，有利于促进经济要素的优化配置，提高经济效益。经济全球化使得各国间的经济关系日益紧密，呈现出你中有我、我中有你的局面。然而，经济全球化是一把"双刃剑"，尤其对于地方政府来说，既带来良好的机遇，又带来巨大的挑战。它使得地方政府在发展经济过程中，不仅面临着来自地区间相互竞争的压力，还面临着来自国外的竞争压力。① 区域经济一体化是经济全球化在一定地域内的映射和再现，它以要素自由流动、资源优化配置和效益最大化为目标，区域经济一体化的过程也是区域利益不断增进的过程。

从国际上看，无论是欧盟、北美自由贸易区、南南合作、东盟自由贸易区，还是亚太经济合作组织，国际区域一体化的步伐也正在加快，并逐步走向成熟，甚至有些经济区域已经突破了传统单纯的"经济"一体化，进而走向"政治"和"行政"的一体化，欧盟就是较好的例证。从国内看，在经济全球化浪潮的席卷下，我国的区域经济得到了快速发展。主动融入区域经济一体化，不仅是加强各行政区之间的互利合作、提升区域竞争力和影响力的重要举措，也是落实国家区域发展战略、实现区域协调发展的有效手段。同时，区域经济一体化对传统的行政区行政模式，包括行政理念、行政方式、法制保障等各方面都带来挑战。为迎接经济一体化的潮流，重新审视地方政府间的关系，突破传统"行政区行政"的困境，实现区域治理的范式变革，呼唤着新的管理模式和制度安排。为推动区域经济健康发展，我国很多地方正在或已经初步建立起府际合作机制，并试图通过地方政府的共同行动，探索以市场为导向、政府推动的制度创新，加快城市圈建设步伐，为共享有限的社会资源提供一体化的制度平台。

（二）我国区域经济一体化的兴起及其面临的障碍

促进区域协调发展是我国社会主义建设的重要战略目标之一。中国共产党十六大提出要"加强区域经济交流与合作，实现优势互补和共同发展，形成若干个各具特色的经济区和经济带"；中国共产党十七大进一步指出要"促进区域协调

---

① 杨小森：《加强地方政府间横向合作与协调机制建设》，载于《黑龙江社会科学》，2006 年第 1 期。

发展，缩小区域差距"；中国共产党十八大明确要求"适应经济全球化新形势，必须实行更加积极主动的开放战略，完善互利共赢、多元平衡、安全高效的开放型经济体系"。《中华人民共和国国民经济和社会发展第十二个五年规划纲要》（以下简称《"十二五"规划纲要》）提出："推进京津冀、长江三角洲、珠江三角洲地区区域经济一体化发展"，并以专篇的形式对促进区域协调发展作了战略部署。①《中华人民共和国国民经济和社会发展第十三个五年规划纲要》（以下简称《"十三五"规划纲要》）第九篇"推动区域协调发展"中提出，以区域发展总体战略为基础，以"一带一路"倡议、京津冀协同发展、长江经济带发展为引领，形成沿海沿江沿线经济带为主的纵向横向经济轴带，塑造区域协调发展新格局。并提出，要深入推进西部大开发，大力推动东北地区等老工业基地振兴，促进中部地区崛起，支持东部地区率先发展，健全区域协调发展机制。这为区域经济一体发展指明了方向。

珠三角、长三角以及京津冀等区域经济一体化的有益探索为我国的区域一体化实践提供了可借鉴的经验，尤其是在府际合作方面表现更为突出。如，经济区内的地方政府之间各种级别、各种形式的联席会议和行政协议的广泛运用，加强了政府间的沟通和交流，解决了经济一体化过程中的诸多社会难题。这些经济区域发展速度之快和整体优势之强，对我国的地区经济造成了深远的影响。全国范围内的区域经济一体化浪潮方兴未艾，各城市圈、都市圈、经济圈、经济带层出不穷。区域经济一体化必须有统一的大市场作为基础，以保证生产要素的自由流通，实现资源的有效配置和合理利用，增强区域整体竞争实力；而经济一体化的过程又反过来促进统一市场的建设。

我国区域经济一体化虽然取得了巨大成绩，但也遇到了诸多障碍，突出表现在我国长期以来形成的"行政区经济"体制严重阻碍了区域经济一体化向纵深发展。"行政区经济"是计划经济体制下的产物，是以行政区划作为边界的经济现象，具有封闭性特点。行政区划上的条块分割会对区域经济一体化造成体制与制度上的障碍。区域经济一体化正是对传统行政区经济模式的一种变革和超越，它要求突破传统刚性的行政区划束缚，在区域分工和协作的基础上通过生产要素的自由流动，推动经济的协调和可持续发展。区域经济一体化实质是从行政区经济向经济区经济的转换，相对于行政区经济而言，具有开放性和整体性特征。从一种理想的状态来看，区域经济一体化要以完备的市场经济作为基础，削弱或消除

---

① 《"十二五"规划纲要》规定要"推进新一轮西部大开发、全面振兴东北地区等老工业基地、大力促进中部地区崛起、积极支持东部地区率先发展、加大对革命老区、民族地区、边疆地区和贫困地区扶持力度，充分发挥不同地区比较优势，促进生产要素合理流动，深化区域合作，推进区域良性互动发展，逐步缩小区域发展差距，基本形成适应主体功能区要求的法律、法规和政策，完善利益补偿机制"。

行政壁垒，合理配置和利用资源，实现产业结构升级，提升区域综合实力。不仅如此，还要使一体化区域在公共政策制定、机制与制度设计、社会治理等方面实现有效衔接，为经济一体化创造良好的发展环境。

（三）经济区域内府际合作引发的问题与需求

经济区域要遵循市场规律，并从区域整体发展的高度来审视区域的经济与社会发展状况，同时在区域主体之间为实现共同利益而结成分工协作、互惠共赢的社会连带关系。① 经济区域内的地方政府应当扮演组织者和协调者的角色，在基于共同利益追求的基础上，经过协商与沟通，引导资源优化配置，以获得最大的经济效益和社会效益。依靠政府间的合作积极推动区域经济一体化，是现行体制下的理性选择。然而，现实情况是各地方政府间既存在着共同利益，如基础设施建设、环境保护、跨区域公共事务治理等，也存在着许多利益冲突，如市场准入、招商引资、税收政策等。要让区域内府际合作达到预期目标，就必须树立区域行政理念，加强沟通合作，建构起良好的法制环境、合理的组织安排和完善的合作机制。

要保障区域经济一体化中府际合作的连续性、稳定性并取得预期的成效，必须将这种合作纳入法治的轨道，深入研究府际合作中出现的各种法律问题，加强区域法治建设，建立健全区域法制协调机制，推进区域法制一体化建设，从而对区域经济一体化中府际合作行为的实施与规范起到基础性的作用。一言以蔽之，区域行政模式是在法治的框架下为摆脱区域经济一体化的现实困境所做的有益探索。

在区域经济发展的过程中，跨界问题日益突出，成为社会各界关注的焦点。但学界从经济学和政治学角度进行解读的居多，从法律与法治角度对区域经济一体化进程中的问题进行探究还较为薄弱。美国著名法学家庞德指出："在一个发达社会中，法就是社会控制的最终有效工具。"② 区域经济一体化的发展需要良好的法制保障，区域合作中的诸多问题，必须靠法治思维和法治方式来解决，形成长效的合作机制。"法律是市场交易的准则，投资安全的保障，政府行为的尺度"③，区域府际合作离不开法治的保障。目前我国区域府际合作的法治化程度还不高，仍然面临一系列的体制、机制与制度缺陷，必须深入研究区域府际合作中出现的各种法律问题，为促进区域经济的协调发展提供理论支持与指导。

---

① ［法］狄骥著，钱克新译：《宪法论》，商务印书馆1962年版，第63页。
② ［美］庞德著，沈宗灵、董世忠译：《通过法律的社会控制、法律的任务》，商务印书馆1984年版，第89页。
③ 夏勇：《论西部大开发的法治保障》，载于《法学研究》，2001年第2期。

二、研究的价值

(一) 理论价值

有关区域经济一体化中府际合作法律问题的研究经历了从"对区域经济一体化的研究→区域经济一体化中府际合作的研究→府际合作法律问题研究"的渐进过程。府际合作法律问题研究在我国还处于起步阶段，是法学研究领域的一个新课题。该领域的许多问题，如府际合作的宪法基础、法律依据、实践运行、制度构建、机制保障等均需进行全面、系统、深入的研究，且极具研究价值，主要体现在：

1. 推进法学学科发展

法学是一门应用性很强的学科，它必须关注社会现实，解决社会问题，从实践中吸收养分，推动其自身发展，并彰显其生命力。在我国，推动区域协调发展已经上升到了国家战略的高度，这是全面落实科学发展观和可持续发展的重要举措，它绝不仅仅是区域经济的问题，而是关系到整个国民经济和社会发展的问题。随着区域经济的发展，催生了有关区域的新型学科，如区域经济学、区域政治学、区域行政学、区域环境学等，其研究的广度和深度正在进一步拓展。随着学界对"区域经济""区域政治""区域公共治理"等问题广泛而深入的研究，"区域法治"也成为一个亟待研究的课题。从法学基本原理出发，关注区域经济一体化中府际合作的法律问题，以区域经济一体化带来的政府治理范式变革为突破口，以区域经济一体化中府际合作面临的体制、机制与制度困境为切入点，以法治化为路径选择，对府际合作的宪法基础、法治模式、基本原则、机制设计、制度建设等问题进行系统研究，构建区域府际合作的法治框架，拓展法学的研究视域，丰富法学的研究内容，完善法学的研究方法，促进法学理论与法律制度创新，增强法学对经济社会发展的回应性与贡献力，推动法学学科的发展。[①]

2. 深化横向府际关系研究

区域经济的发展极大地推动了地方政府之间的竞争和交往，由此构成了横向府际关系中的一个重要维度。横向府际关系主要指的是横向地方政府之间的关系，属于府际关系的重要组成部分。由于不存在上下级隶属关系，横向府际关系更多是通过彼此沟通、交流、协商与合作的形式来表现，其关系走向也较之垂直政府体系更为微妙而难以把握。比如区域府际合作实践中地方政府之间因为历史

---

① 石佑启、朱最新：《珠三角一体化中的政策法律问题研究》，人民出版社2012年版，第18页。

遗留问题或者现实利益问题等，在谋求一体化过程中心存芥蒂，无法形成共识和达成一致的政策导向。因此，同级政府间的关系状况很大程度上决定了区域行政的成败。①尽管"对府际关系的研究已从静态层面的权限划分或制度规范拓展到对政府彼此之间互动关系的关注"②，但目前对横向府际关系的研究仍然不足，现行法律对横向府际关系调整的近乎空白更无法满足实践中府际合作的需求。市场经济体制和行政管理体制不完善造成了地方政府间的冲突，如何以利益协调为纽带，消弭冲突，在竞争中加强府际合作，达到"共赢"的目标——横向府际关系的良性协调是关键。故以府际利益关系为基点、以法治为保障展开对府际合作及其存在问题的深入研究，从法理与法律的层面寻求解决问题的思路和途径，深刻理解协商共赢对府际合作的意义，将有助于深化对横向府际关系的认识。

3. 创新法律治理模式

从治理的法律依据上看，法律治理模式包括硬法治理模式、软法治理模式和混合法律治理模式。区域经济一体化中府际合作的法律治理既不是纯粹的硬法治理模式，也不是纯粹的软法治理模式，而是硬法与软法相兼容的混合法律治理模式。软法是伴随着硬法立法滞后、协商民主思维兴起而发展起来的。我国正处于经济社会的转型期，各种新的社会关系都迫切需要法律调整，而硬法的供给存在诸多不足，导致社会生活的许多方面无法可依。为了填补硬法在这些方面的空白，提高法对社会发展变化的适应性，软法应运而生，并得到快速发展。软法能够回应多元利益诉求，其实施并不依赖国家强制力来保证，而主要运用一种自律机制或者是利益诱导下的自愿服从。这有利于建构起内在利益平衡下和谐共治的秩序，优化资源配置，弘扬法治精神，催生行政民主，完善社会自治。现代治理模式是一种公共治理或合作治理模式，强调更多的协商、沟通与合意，更少的命令、强制与制裁。在经济全球化、政治民主化、经济市场化、信息网络化的时代背景下，由开放的公共管理与广泛的公众参与整合而成的公共治理模式，正在取代传统的国家管理模式，日益发展成为公域之治的主导性模式，这种趋势不可逆转。因此，公域之治的转型过程，在很大程度上就表现为一种由单一僵化的硬法体系向软硬交错的混合法体系进化的过程，这就迫切需要软法的崛起以填充从国家管理向公共治理转型所形成的法律空白。在区域经济一体化的进程中，区域内的政府之间通过协商、沟通，在尊重各地区利益的基础上达成共识，主要通过合作、协调、谈判、伙伴关系、确立集体行动的目标，以及达成区域合作协议等方

---

① 王川兰：《经济一体化过程中的区域行政体制与创新——以长江三角洲为对象的研究》，复旦大学2005年博士学位论文，第94页。

② 薛刚凌：《论府际关系的法律调整》，载于《中国法学》，2005年第5期。

式实施对区域公共事务的共同治理。这种治理实质上就是一种柔性治理、软法治理。因此，探讨区域经济一体化中府际合作的软法治理的兴起与发展，以及软法治理与硬法治理的相互配合、优势互补的关系，对于创新法律治理模式具有重要意义。

4. 完善地方法制理论

区域经济协调发展既离不开规则的统一和透明，也离不开地方立法的创新、发展和协调。传统的地方立法主要涉及特定行政区划内地方事务的管理，以及法律或行政法规在该行政区的执行或实施，立法的主要目的在于促进本行政区域内经济和社会的发展，适用的范围仅仅及于本行政区域。区域经济一体化的发展对地方立法的主体、对象、目的、内容、程序与适用范围、冲突协调等均提出了挑战，要求地方立法从传统意义上的本行政区地方立法走向区域立法，立法的价值取向从本行政区发展走向区域协调发展，立法的调整对象从本行政区公共事务走向跨区域公共事务。可以说，区域立法已经超出了单纯由某一地方立法机关创制的地方性法规或规章的效力和适用范围，从而具有跨行政区效力或适用性。区域立法除了要实现本区域的共同发展外，还具有一个专门针对地方立法弊端的目的，那就是克服地方立法的地方保护主义、促使区域共同市场的形成以促进各种要素的自由流动和资源的优化配置，最终实现区域的协调有序发展。因此，探讨区域立法的价值目标、立法对象、立法形式、立法程序、立法内容及其适用范围等问题，以回应区域经济一体化的现实需要而创新地方立法的体制与机制，在地方立法层面做好推进区域经济一体化进程的工作，废除与一体化有冲突的地方性法规、规章及政策，促进与区域一体化有关的法规、规章及其他规范性文件的体系化、系统化，使地方性法规、规章、规范性文件等所形成的法律制度及其执行相互协调和统一，避免区域法律规范冲突，为区域内的经济行为提供统一的法制保障，以完善地方立法理论。此外，这还有助于推动区域执法、司法协调问题的研究，推进地方政府通过联合执法、行政协助、联合评议等方式突破"行政区行政"之藩篱，有效应对区域经济一体化所引发的各类区域公共问题，并以此为基础，进一步推动行政执法与刑事司法的衔接、实现区域司法标准的统一等，以完善地方法制理论。

（二）实践意义

研究区域经济一体化中府际合作的法律问题，完善府际合作制度，创新府际合作机制，拓展府际合作领域，强化府际合作的法治保障，对于在全国范围内形成更加合理的区域产业分工格局，促进区域经济健康快速发展及社会全面进步，具有十分重大的现实意义。具体来说，其实践意义表现在：

1. 解决区域经济一体化中府际合作的现实难题

从形成上看，区域经济一体化主要有自发形成与政府推动两种模式。我国区域经济一体化的形成属于政府推动模式。府际合作对于区域经济一体化的发展非常重要，地方政府间利益的协调与冲突的解决往往决定府际合作的成败。从我国区域经济一体化的发展实际来看，受地方利益以及考核机制等相关因素的影响，地方之间的非理性竞争大于理性合作，这是影响我国府际合作的一个普遍性问题。这种重竞争而轻合作的府际关系不利于一体化的形成，区域经济一体化还面临许多实际障碍，如地方之间低水平的重复建设，产业结构雷同和无序竞争，贸易和投资的壁垒等。克服这些现实障碍，需要加强府际合作，为区域经济一体化发展提供制度支持，以区域的整体性、长远性发展为指向构建定位准确、布局合理、协调发展的发展规划，同时充分发挥企业的市场主体功用，逐步建立起外生型与内生型相结合的推进模式，加快区域经济一体化的进程。

2. 为区域经济一体化的发展提供法治支撑

中国共产党十八大报告强调要"全面推进依法治国"，指出"法治是治国理政的基本方式"。中共十九大报告强调"全面依法治国是中国特色社会主义的本质要求和重要保障"。加快法治进程是当下中国推进国家治理体系和治理能力现代化的一个时代主题与不断强化的治国要求。运用法治思维和法治方式，以法治引领和规范区域府际合作，推动区域经济社会的协调发展，是解决当前我国地区发展不均衡，实现整体发展的重要途径。法治是保障府际合作连续性、稳定性和权威性的重要基石，它有利于府际合作行为的有效开展和有序实施；有利于协调政府间利益冲突，遏制各地区政府片面追求本地利益而危及其他地区，防止"公用地悲剧"的发生，消除各行政区域的盲目竞争，防止资源流失，减少经济纠纷、降低交易成本；有利于促进区域内资源共享、优势互补，顺利实现产业转移与合理分工；有利于扩大区域市场和经济发展的空间，创造新的、更多的经济增长点；有利于消除区域市场统一和开放的各种障碍，建立统一大市场；有利于促进区域内生产要素的合理流动和资源优化配置，从而提高规模经济效益。

3. 为促进区域经济协调发展提供一个制度创新方向

区域经济协调发展既是一个过程、一种手段，也是我国在区域经济发展领域所追求的一项目标。区域经济发展受多种因素影响，地方政府是其中的一个关键性影响因素。区域经济协调发展不仅涉及中央政府宏观政策调控，更依赖于地方政府之间的交流与合作。由于我国区域经济还处于初步发展阶段，计划经济时代因行政区划分割而形成的"行政区经济"以及地方保护主义的存在，地方政府之间的无序竞争，严重阻碍了区域经济一体化的进程，影响了区域经济的综合竞争力。为了克服以上问题，必须促进地方政府间合作并加强法治保障，这是对地方政府间关系的一种制度创新,是走出"囚徒困境"和实现互利共赢的必然选择。作为一种重要的"软实力",良好的法制环境是实现资源最优组合、效益最大限度发挥、利益最佳分配的基础性条件,对区域经济发展有着直接的影响,可以确保区域内经济和社会的总体均衡发展,构建起经济布局合理、城市定位明确、区域协调发展、各地密切配合的区域发展规划。通过改造地方政府间关系,来消除阻碍区域经济发展的行政壁垒,加速区域间生产要素的流通和统一大市场的建立,从而促进区域经济的健康、协调、可持续发展。

4. 为区域发展不均衡中府际关系协调提供有效路径

改革开放以来,我国经济、政治和行政体制改革的不断推进,为各级地方政府直接或间接参与经济活动提供了一个很好的舞台,区域内政府间横向关系逐步得到改善,总体上朝着一种良性的竞合关系发展,其对于我国经济可持续发展、国家政治稳定及和谐社会的构建都具有重大的意义。然而,面临机遇的同时,也带来了巨大的挑战。由于经济政策的不同,经济发展水平所产生的贫富差距以及地区间不平衡的扩大,地方保护主义、产业同构、重复建设、地方政府权限的扩张等现象日益凸显。这些都在一定程度上加剧了市场割据,造成了资源浪费和市场紊乱,对区域经济的健康发展和区域政府间关系的协调构成了很大障碍。在市场经济体制不完善的背景下,各地方政府采取的不利于区域协调发展的行政行为进一步加剧了区域发展不平衡。俗话说,解铃还得系铃人,一方面,需要继续推进政府职能转变,完善市场管理体制,发挥市场在资源配置中的决定性作用;另一方面,以法律规制府际合作,保障有序开展竞争,在竞争中展开合作。我国"十二五"规划纲要提出要深化区域合作,推进区域良性互动发展;"十三五"规划纲要进一步提出要深入实施区域发展总体战略,创新区域发展政策,完善区域发展机制,促进区域协调、协同、共同发展。因此,理顺政府之间的关系,加强政府间合作是缩小地区之间的差距、实现共同发展的必由之路。在我国实施全面推进依法治国方略,深入推进依法行政与加快建设法治政府的当下,要推动区域经济一体化向纵深方向发展,必须充分运用法律手段,整合现有的制度资源,加强法治建设,构建促进区域经济社会协调发展的法治框架,使府际合作由目前主要靠政策合作机制向法律合作机制转变,逐步形成区域经济一体化运作的"游戏规则",通过法制的协作化与一体化,实现政府管理的协调化和经济社会的一体化。

总之,研究区域经济一体化中府际合作的法律问题,旨在为我国区域经济一体化中府际合作的实践提供理论指导,促进经济发展方式的转变,保障我国区域协调发展战略的顺利实施,从而推动我国区域经济又好又快发展,推动社会全面进步。

三、研究现状综述

区域经济一体化对经济社会发展的独特作用促使其在全球范围内蓬勃发展，由此引发的府际合作以及相关法律问题日益得到国内外政治学界、经济学界、公共管理学界和法学界的关注，学者们从不同的角度对相关问题展开了多视角、多学科的研究。

（一）对区域经济一体化及其法律问题的研究

1. 国外对区域经济一体化及其法律问题的研究

（1）国外对区域经济一体化问题的研究。实行区域经济一体化，是推动区域经济协调发展的客观要求。自20世纪50年代以来，经济学家们对区域经济一体化进行了持续的研究，取得了一系列研究成果，如维纳的关税同盟理论（J. Viner, 1950），米德对关税同盟消费效应的研究（Meade, 1955），巴拉萨运用局部均衡理论分析欧共体的贸易创造与贸易转移的系统研究（Balassa, 1963），罗布森的自由贸易区理论（Robson, 1984），维纳布尔斯对区域经济一体化成立动因的思考（Venables, 2002）等。

（2）国外对区域经济一体化法律问题的研究。一方面，国外学者对WTO法律问题的研究取得了较多的成果〔Dunoff, Jeffrey L, "The WTO's Legitimacy Crisis: Reflections on the Law and Politics of WTO Dispute Resolution" (2002), Brewster, Rachel, "Rule-Based Dispute Resolution in International Trade Law" (2006), Meier-Kaienburg, Nils, "The WTO's Toughest Case: An Examination of the Effectiveness of the WTO Dispute Resolution Procedure in the Airbus-Boeing Dispute over Aircraft Subsidies" (2006), Kennedy, Kevin C, "Parallel Proceedings at the WTO and Under Nafta Chapter 19: Whither the Doctrine of Exhaustion of Local Remedies in DSU Reform?" (2007)〕。另一方面，国外学者也对一国范围内区域经济一体化法律问题进行了研究，他们往往是从区域经济学和发展经济学的角度对落后地区的开发以及对区域治理进行论述，其中也存在对某个特定法律问题的研究，如文森特·奥斯特罗姆和埃莉诺·奥斯特罗姆的《水资源开发的法律和政治条件》对美国特别区域机构设立及运行实践进行研究。

2. 国内对区域经济一体化及其法律问题的研究

（1）国内对区域经济一体化问题的研究。国内的相关研究主要包括：庞效民的《区域经济合作的理论基础及发展》（1997）对区域经济合作的理论基础以及国际贸易的演化和发展的研究，陈岩的《国际一体化经济学》（2001）对国际一体化的经济学分析，陈瑞林等的《区域经济一体化：内涵、效应与实现途径》（2007）对区域经济一体化利益分配、补偿等问题研究，范洪颖的《东亚大趋势：经济区域主义》（2008）、王峰的《东亚区域内贸易发展研究》（2009）等对东亚一体化的发展、机制及中国的参与进行分析，毕燕茹、师博对区域合作贸易引力模型的研究（2010）等。

（2）国内对区域经济一体化法律问题的研究。一是从整体角度对区域经济一体化法律问题的研究。例如，曾炜的《论经济一体化对国际法和国内法的影响》（2004），朱容的《法治建设与区域经济发展研究》（2007），黄伟的《中国区域协调发展法律制度研究》（2007），王春业的《我国经济区域法制一体化研究》（2010），段浩的《区域经济调控权运行的法律问题》（2015）等。二是对某个特定区域法治问题或某个特定法律问题的研究。相关文献主要有：第一，对西部大开发法治问题的研究，如夏勇的《论西部大开发的法制保障》（2001），宋才发的《西部大开发中的法制建设和环境优化问题》（2002），廖华的《西部大开发的几个法律问题初探》（2000），王佐龙的《西部开发的立法思考》（2001）、苟正金、赵强的《习惯法与西部开发法制建设》（2002），张会屏的《西部大开发的立法思考》（2002），谢维华的《西部大开发中地方立法的思考》（2002），吴大华的《西部大开发的法律保障》（2001），李玉璧等的《西部开发法制保障研究》（2004），文正邦等的《区域法治建构论——西部开发法治研究》（2006）等；第二，对《关于建立更紧密经贸关系的安排》（closer economic partnership arrangement，CEPA）法律问题的研究，如慕亚平的《区域经济一体化与CEPA的法律问题研究》（2005），代中现的《中国区域贸易一体化法律制度研究：以北美自由贸易区和东亚自由区为视角》（2008），慕亚平、代中现、慕子怡的《CEPA协议及其实施中的法律问题研究》（2009）等；第三，对海峡两岸经济一体化中相关法律的分析研究，如游劝荣等的《区域经济一体化与权益保障研究》（2007）等；第四，对（泛）珠三角区域合作中法治问题的研究，韦以明等的《泛珠三角区域合作法治问题研究》（2009），石佑启、朱最新的《珠三角一体化的政策法律问题研究》（2012）等。

（二）对府际合作的研究

1. 国外对府际合作的研究

府际合作是府际关系（inter-governmental relations，IGR）研究的新领域。府际关系的概念最早来源于20世纪30年代的美国，当时的经济大恐慌引发了一系列的社会问题，而这些问题造成的影响大都是全国性的，不是单一的州政府或是郡、市等地方政府能够独立解决的。因此，为了有效解决这些公共问题，促进经济的复苏，联邦政府积极推行新政，特别强调自由、进步等理念，通过财政帮助、专业指导、法律规范等方式来进行运作，实质性地介入这些公共事务的处理过程。1937年美国学者克莱德·F. 施耐德（Clyde F. Snider）在《美国政治学评论》上发表的《1935~1936年的乡村和城镇政府》一文，首次提出了"政府间关系"这个名词。1940年，格雷夫（W. Brooke Graves）以"美利坚合众国的府际关系"为主题，刊登了25篇关于美国联邦与州、联邦与地方、州与州以及地方与地方关系的文章。到了20世纪50年代，府际关系已经发展成为美国国会的常用术语。1953年，美国国会成立了专门的"府际关系"临时委员会，并将其作为监控府际关系的常设机构。在长期的监控过程中，该临时委员会制定了大量关于府际关系政策的建议书。[①] 第二次世界大战以后，随着福利国家理念的兴起，联邦政府积极运作府际关系的处理，使各项专业政策领域的科学规划和有效执行得到了较大的发展，产生了相当大的影响力。20世纪60年代，美国学者安德森（W. Anderson）立足于美国联邦制，指出政府间关系是"各类的和各级政府机构的一系列重要活动，以及它们之间的相互作用"，他是从政府公职人员之间的人际关系和人的行为的角度来看待政府间关系的。20世纪80年代以前，国外府际关系的调整一直在中央集权与地方自治之间徘徊，在此期间的相关文献如：格里菲斯的《中央部门与地方当局》（J. A. G. Griffith，1966）、罗兹的《中央与地方政府关系中的控制与权力》（1981）及《地方政府的全国世界》（R. A. W. Rhodes，1986）、戈德史密斯的《在中央与地方关系上的新研究》（M. Goldsmith，1986），英国中央政策检查组的《中央政府与地方政府的关系》，琼思的《中央与地方政府关系研究的新方法》，罗兹的《英国中央与地方的关系研究：一种分析模式》，埃利奥特的《中央与地方关系中的法律作用》，佩奇的《中央政府对地方政府施加影响的手段》，桑德斯的《为什么要研究中央与地方的关系？》，里甘的《英国中央与地方关系：实力—依赖关系论的应用》，艾伦的《中央与地方关系》，赖特主编的《西欧国家中央与地方关系》，松村歧夫的《地方自治》等主要关注中央与地方的互动关系。但近二三十年来，由于社会结构的嬗变使得府际关系更趋复杂化，府际关系的实践也出现了许多新状况，极大地拓展了府际关系研究的视野，并使其更系统化且呈现出新的特征，那就是府际关系网络化（李长晏、詹立炜，2004）。此间有关府际关系的研究文献相当丰富，例如：阿格拉诺夫的《府际管理：在六大都会区域的人性服务问题解决方式》（R. J. Agranoff，1986）、赖特的《理解府际关系》（D. S. Wright，1988）、盖奇和晏德尔两人合编《策略与网络的演化：府际关系的政治性》（R. Gage &

[①] 杨宏山：《府际关系论》，中国社会科学文献出版社2005年版，第4页。

M. P. Mandell, 1990)、尼斯的《联邦主义：府际关系的政治性》(D. C. Nice, 1987)、汉森的《统治伙伴：美国州与地方的关系》(R. L. Hanson, 1998)、克里斯滕森的《都市与复杂化：府际决策的制定》(K. S. Christensen, 1999)、斯托克的《转变中的地方治理》(G. Stoker, 2004)，以及在经济合作与发展组织（OECD）和联合国（UN）等国际组织对伙伴治理研究成果，如 OECD 的《管理跨越政府层级》(1997)及《府际伙伴关系的管理课责》(1999)、《为了增进更佳的治理需要地方策略伙伴关系》(2001)、UN 的《地方治理》(1996) 等，上述这些文献将府际关系关怀的焦点从中央与地方垂直关系，转移至府际的水平关系，甚至府际间的伙伴关系与公私部门的网络关系。其中，美国学者对府际关系的研究较为广泛，视角也很开阔，既包括对纵向府际关系的研究也有对横向府际关系的研究。如美国学者戴维·H. 罗森布罗姆在《公共行政学：管理、政治和法律的途径》(2002) 一书中指出，"联邦主义需要两种类型的协调与合作，其一是联邦政府与州政府之间的合作，其二是各州政府之间的合作"。又如，多麦尔在《政府间关系》(1996) 一文中对美国政府间的纵向与横向两种关系分别进行了分析，他指出，"如果说政府间关系的纵向体系接近于一种命令/服从的等级结构，那么横向政府间关系则可以被设想为一种受竞争和协商的动力支配的对等权力的分割体系"。总之，国外的地方政府间横向合作理论伴随着地方政府的改革实践已经比较成熟，并且呈现出多中心的治理、网络模式治理、协同政府治理、城市联盟等多种治理模式。

2. 国内对府际合作的研究

我国台湾地区学者对于府际合作及其相关问题做了较为广泛的研究，并取得了一定的成果。其中，在论文方面，主要成果包括：赵恭岳的《跨区域管理的府际关系研究：以台北市捷运为例》(2002)、施正瀛的《府际关系的协调：高屏溪离牧养猪政策的个案分析》(2002)、赵永茂的《台湾县级府际关系建构模式：台中市与南投县个案比较》(2003)、胡博砚的《整合流域管理事权在行政组织法上的落实》(2003)、黄锦堂等的《垃圾处理设施与区域性合作机制之规划调查》(2004)、江岷钦等的《地方政府间策略性伙伴关系建立之研究：以台北市及其邻近县市为例》(2004)、吴荣祥的《河川流域管理之研究：以高屏溪流域跨域合作为例》(2004)、纪俊臣的《论台湾跨域治理的法制及策略》(2008) 等；在课题方面，相关的研究项目包括李嗣瑞主持的《从环境生态的观点探讨河川流域管理机关之组织与功能：以高屏溪为例》(2000)、彭光辉主持的《台北都会区重大都市发展课题县市合作之规划研究》(2000) 等；在专著方面，代表性著作包括洪富峰的《大高雄都会区跨域合作行动方案之研究》(2000)、林水波与李长晏合著的《跨域治理》(2005)、朱镇明的《跨域治理与府际伙伴关系：台湾的经验、省思与前瞻》（2013）等。

随着区域经济一体化实践进程的推进，关于府际合作的有关论题也开始受到大陆地区学界的关注，学者们主要立足于府际关系、政策、治理、体制、机制和制度等视角对府际合作进行研究。

（1）立足于府际关系视角的研究。林尚立的《国内政府间关系》（1998）一书，较早地对我国政府间关系作出了全面的论述，并在广泛借鉴国外经验的基础上，结合我国的改革实践，指出了国内政府间关系的总体发展方向。谢庆奎在《中国政府的府际关系研究》（2000）一文中指出，府际关系是政府之间在垂直和水平上的纵横交错的关系，以及不同地区政府之间的关系，而它的内涵首先应该是利益关系。杨宏山的《府际关系论》（2005）一书从广义与狭义两个角度对政府间关系进行了解读，并对政府与自然、政府与公民等关系作了论述。张志红的《当代中国政府间纵向关系研究》（2005）提出了政府间纵向关系的五种分析模式：分权模式、代理结构模式、理性选择模式、相互依赖模式、集分平衡模式。利益最大化是模式变迁的根本动力，政府间相互依赖的客观基础在于社会管理职能的增强，政府间纵向关系模式变迁的趋向是建立伙伴关系。张紧跟的《当代中国地方政府间横向关系协调研究》（2006）一书主要研究如何有效协调市场化进程中当代中国地方政府间横向关系及如何提高治理绩效，以珠江三角洲地区地方政府间横向关系协调为例，研究分析了当代地方政府间横向关系的发展。[①]谢庆奎与杨宏山合著的《府际关系的理论与实践》（2007）一书，则在关于府际关系理论研究的基础上，结合北京市的情况进行了有关府际管理的实证研究。此外，相关论著还包括：王胜章的《当代中国地区政府间关系研究》（2000），陈国权、李院林的《论长江三角洲一体化进程中的地方政府间关系》（2004），金太军、赵晖的《中央与地方政府关系建构与调谐》（2005），熊文钊的《论中国中央与地方府际权力关系的重构》（2005），张紧跟的《当代美国地方政府间关系协调的实践及其启示》（2005），龙朝双、王小增的《准公共经济组织角色下我国地方政府横向合作关系探析》（2005），周振超的《条块关系：政府间关系的一个分析视角》（2006），胡叔宝的《府际关系的公共选择理论分析》（2006），常靖载的《浅论当代中国的府际关系》（2006），张经远的《论伙伴型城市府际关系的构建》（2007），刘祖云的《政府间关系：合作博弈与府际治理》（2007），陶振、邵青的《分税制视野下的府际关系特点分析》（2007），郭泽保的《区域经济、社会发展的重要途径——府际关系视域下地方政府合作》（2009），胡东宁的《区域经济一体化下的横向府际关系——以府际合作治理为视角》（2011），

[①] 郑娟、李刚：《国内近年来对府际关系研究综述》，载于《宁夏党校学报》，2007年第5期。

李瑞昌的《政府间网络治理：垂直管理部门与地方政府间关系研究》（2012），虞崇胜、闫明明的《中国府际关系的路径依赖和现实选择》（2013），韦彬的《整体性治理分析框架下的府际关系建构研究》（2013），许焰妮、唐娜的《基于府际关系视角的区域一体化模式分析》（2013），房舟的《区域治理视角下府际关系研究——以京津冀地区为例》（2013），宋林的《中国纵向政府间关系研究——"职责同构"的解构与府际关系的重构》（2013），刘光坤的《区域经济一体化中的府际关系探析》（2013），谷松的《建构与融合：区域一体化进程中地方府际间的利益关系协调》（2013），董娟的《府际关系研究：理念、视角与路径》（2014），徐宛笑的《国内府际关系研究述评：内涵、主体与脉络》（2015），许艺彤、靳继东的《中国府际关系实践特点与重构思路研究》（2016）等。

（2）立足于政策视角的研究。政策是政府履行职能和解决区域问题的主要工具。从政策视角对府际合作问题进行研究取得了一系列成果，如张可云的《区域经济政策：理论基础与欧盟国家实践》（2003），刘乃全、贾彦利的《中国区域政策的重心演变及整体效应研究》（2005），宋洁尘、陈秀山的《区域政府的制度供给与区域经济发展》（2005），汪伟全的《论我国地方政府间合作存在问题及解决途径》（2005），蔡岚的《府际合作中的困境及对策研究》（2007），王兰川的《竞争与依存中的区域合作行政——基于长江三角洲都市圈的实证研究》（2008），肖金成的《十六大以来区域政策的成效与促进区域协调发展的政策建议》（2008），但云聪的《长江三角洲地区地方政府间的困难与路径研究》（2009），蔡岚的《寻求负责任的财政分权政策》（2009），陈瑞莲的《回顾与前瞻：改革开放30年中国主要区域政策》（2009），蔡岚的《以政策过程的视角求解政府间合作困境》（2010），喻锋的《区域性公共政策的治理转向——以欧盟区域政策的变化为个案》（2010），陈家海的《区域经济政策研究中的若干基本理论问题》（2010），岳武的《中国区域政策转型的障碍、依据与对策》（2010），蒋瑛的《区域合作的机制与政策选择》（2011），杨晓的《我国区域发展面临的困境及促进区域协调发展的政策分析》（2011），李海燕、华章的《浅析中国的区域经济一体化政策安排》（2011），万玲的《区域合作与地方政策转型》（2011），贾敬全的《促进区域经济协调发展的财政政策研究》（2011）等。

（3）立足于治理视角的研究。学者们从地方治理与善治的角度出发，认为以平等合作的方式处理好政府之间的关系，构建政府与其他不同治理主体之间的良性合作关系，是强化区域资源整合的重要路径。如周海炜的《我国区域跨界水污染治理探析》（2007），陈瑞莲的《区域公共管理理论与实践研究》（2008），马海龙的《行政区经济运行时期的区域治理》（2008），周国林的《我国区域间市场壁垒问题及治理思路》(2009)，张紧跟的《从区域行政到区域治理：当代中国区域经济一体化的发展路向》(2009)，蔡岚的《缓解地方政府合作困境的合作治理框架构想——以长株潭公交一体化为例》(2010)，蔡岚的《合作治理——解决区域问题的新思路》(2010)，臧乃康的《我国区域公共治理中政治协调的逻辑》(2010)，臧乃康的《基于政治协调的区域公共治理的问题缘起及其应对》(2010)，臧乃康的《我国区域公共治理中政治协调的逻辑》(2010)，李荣娟的《区域公共治理中的公民社会成长：意义、问题与路径》(2010)，罗忠桓的《从行政区行政走向区域治理：省际接边地区治理的范式创新——以湘鄂渝黔桂接边地区（五溪源）历史沿革与治理创新为例》(2011)，井西晓的《区域公共治理视域下地方政府间的协调与合作》(2011)，高建华、秦竟芝的《论区域公共管理政府合作整体性治理之合作监督机制构建》(2011)，金太军等著的《区域治理中的行政协调研究》(2011)，梁继维的《长三角区域地方政府合作治理机制探析》(2012)，朱国韬的《地方政府间的区域合作治理对策研究》(2012)，锁利铭等的《跨界政策网络与区域治理：我国地方政府合作实践分析》(2013)，张紧跟的《府际治理：当代中国府际关系研究的新趋向》(2013)，崔晶的《生态治理中的地方政府协作：自京津冀都市圈观察》(2013)，陶品竹的《从属地主义到合作治理：京津冀大气污染治理模式的转型》(2014)，汪伟全的《空气污染的跨域合作治理研究——以北京地区为例》(2014)等。

（4）立足于体制、机制和制度视角的研究。在对府际合作的研究中，学者们较多的以体制、机制或制度作为分析工具来解释合作困境和寻求府际合作的对策，如马斌的《长三角一体化与区域政府合作机制的构建》(2004)，陈剩勇的《区域间政府合作：区域经济一体化的路径选择》(2004)，周黎安的《晋升博弈中政府官员的激励与合作——兼论我国地方保护主义和重复建设长期存在的原因》(2004)，陈瑞莲的《论区域公共管理的制度创新》(2005)，唐亚林的《长三角城市政府合作体制反思》(2005)，周小华的《闽南区域经济一体化与政府合作机制构建》(2005)，王雯霏的《论长三角一体化进程中区域政府合作机制的构建》(2006)，杨雪的《川渝政府合作机制研究》(2007)，杨爱平的《论区域一体化下的区域间政府合作——动因、模式及展望》(2007)，程永林的《区域合作、利益冲突与制度分析——以泛珠三角区域经济合作为例》(2008)，杨龙的《地方政府合作的动力、过程与机制》(2008)，刘亚平、刘琳琳的《中国区域政府合作的困境与展望》(2010)，赵定东、王新的《政府间区域协作的机制与"中国实践"困境》(2011)，刘晓峰、刘祖云的《区域公共品供给中的地方政府合作：角色定位与制度安排》(2011)，王宏利的《区域发展中的地方政府合作机制研究》(2011),梁继维的《长三角区域地方政府合作治理机制探析》(2012),陈灿的《我国跨域治理中的地方政府合作机制研究》(2013),刘书明的《基于区域经济协调发展的关中—天水经济区政府合作机制研究》(2013),官华、唐晓舟、李静的《粤港政府合作机制的变迁及制度创新》(2014),张玉强的《跨区域行政合作:类型、困境与合力机制研究》(2014),龚胜生、张涛、丁明磊、梅琳、吴清、葛履龙、储环的《长江中游城市群合作机制研究》(2014),刘琪聪的《交易费用视角下区域环境治理的政府合作机制研究》(2014),王丽丽、刘琪聪的《区域环境治理中的地方政府合作机制研究》(2014),罗冬林的《区域大气污染地方政府合作网络治理机制研究——以江西省为例》(2015)等。

(三) 对府际合作法律问题的研究

1. 国外对府际合作法律问题的研究

在西方发达国家,政府与政府之间的职权划分都有相应的法律制度保障,对区域府际合作也通过立法来规制。如英国1934年的"特别地区法"是其区域府际合作政策的开端,并在此之后进行了一系列相关的立法来实现区域府际合作政策的法治化。学者海伦沙利文和克里斯·斯克尔彻(Helen Sullivan and Chris Skelcher, 2002)分析了英国地方跨区域合作演进的原因,指出在政治层面上、操作层面上及财政层面上存在的因素是影响政府间跨区域合作的重要因素;欲促使跨区域问题能获致圆满解决,可以采用契约、伙伴关系及网络三种形态,利用可行的合作机制、协同发展组织、甚至"公司治理",来增进其解决能力,以提供政府经营之重要发展途径。联邦德国政府也非常重视区域政策的法制化,先后颁布了《联邦区域规划法》《区域经济政策的基本原则》《改善区域经济结构的共同任务法》《联邦区域规划纲要》等一系列发展区域经济的法律和法规。美国学者戴维·H. 罗森布鲁姆等的《公共行政学:管理、政治和法律的途径》(2002)一书中对联邦政府与州政府之间以及各州之间的合作进行了重点论述,尤其指出了促进各州之间合作的法律依据,即"充分信任与信用条款"、《统一商业法规》。又如瑞典学者埃里克·阿姆纳、斯蒂格·蒙丁主编的《趋向地方自治的新理念——比较视角下的新近地方政府立法》(2005)。该书是各国学者集中就地方自治问题进行比较研究的学术文集,作者来自政治体制各异的国家,他们选择的分析样本也极具多样性:匈牙利和波兰代表了政治转型中相对较新的民主制度,揭示了从高度中央集权向地方自治的转化过程;西班牙走上重建地方政府的道路,代表了西欧国家中的新型民主体制;日本既有本国的政治文化传统,又不断吸取西方的宪政理念,而地方自治在这个复合民主体系中也是一个复杂问题；英国的地方政府当然是最为古老的民主制度中的重要组成部分；挪威和瑞典的地方政府则在斯堪的纳维亚福利模式中扮演了重要角色。在这些个案分析中，既有实证研究，也有学者们的理论模型建构。

2. 国内对府际合作法律问题的研究

在我国台湾地区，因应区域经济一体化的要求，地方政府积极寻求合作，以促进经济与社会发展。实践中先后建立了一系列合作机制，如1984年台北市与台北县成立水源特定区管理委员会，1996年高雄市、高雄县及屏东县政府成立了"高高屏首长会报"，2002年南部七县市地方首长成立首长论坛等。台湾地区"地方制度法"等法律法规也对经济一体化中的区域合作问题做了较明确规定，如第二十一条规定："地方自治事项涉及跨直辖市、县（市）、乡（镇、市）区域时，由各该地方自治团体协商办理；必要时，由共同上级业务主管机关协调各相关地方自治团体共同办理或指定其中一地方自治团体限期办理。"第二十四条之1规定："直辖市、县（市）、乡（镇、市）为处理跨区域自治事务、促进区域资源之利用或增进区域居民之福祉，得与其他直辖市、县（市）、乡（镇、市）成立区域合作组织、订定协议、行政契约或以其他方式合作，并报共同上级业务主管机关备查。"同时，台湾地区公法学者对地方政府间合作的法律问题及相关领域也有较深入的研究，取得了一系列学术成果，如汤德宗的《权力分立新论》（2000）、陈清秀的《地方制度法问题之探讨》（2003）、李惠宗的《地方自治立法监督之研究》（2004）、纪俊臣的《论台湾跨域治理的法制及策略》（2008）等。这些文献对府际合作的法律问题从不同角度进行了解读和探讨，对台湾地区现行《地方制度法》之得失进行了检讨，并提出了建构理性之府际关系、推动合作之府际计划、设置协同之府际模式、修正偏离之府际机制等从根本上解决台湾府际关系的可行途径。

大陆地区法学界对府际合作法律问题的研究起步较晚。近年来，随着区域经济一体化的不断深入，府际合作及其法律问题引起法学学者的关注，并取得了一定的研究成果。这些成果概括起来主要涉及以下四个方面：

（1）立足于某一角度对府际合作法律问题的综合性研究。相关文献主要有宣文俊的《关于长江三角洲地区经济发展中的法律问题思考》（2005），刘雄智的《地方政府横向合作关系的行政法思考——以跨地区型公共事务治理为视角》（2007），韩刚、杨晓东的《制度创新：东北三省区域政府合作的突破口》（2008），韩志红、付大学的《地方政府之间合作的制度化协调——区域政府的法治化路径》（2009），朱永辉的《我国地方政府合作的法制化研究》（2010），石佑启、陈咏梅的《珠三角一体化中府际合作的法律问题研究》（2013），朱最新的《区域一体化下粤港澳政府合作的法律基础思考》（2013）、陈咏梅的《论法治视野下区域府际合作机制的创新》（2014）、石佑启的《论区域府际合作的法律治理模式与机制构建》（2014）、潘高峰的《区域经济一体化中政府合作的法制协调研究》（2015）、马存利的《流域跨界水污染视野下区域合作行政的法制保障——以长三角为例》（2016）等。其中，韩志红、付大学的《地方政府之间合作的制度化协调——区域政府的法治化路径》（2009）一文认为，为了解决跨地区性公共物品供给不足和跨地区性公共事务治理失灵等问题，需要建立地方政府制度化协调模式，即成立区域政府。与地方政府相比，区域政府在其属性、设立、功能、权力来源、经费来源、组织机构等方面具有特殊性，在解决跨区域问题方面有其优越性。建立适合我国国情的区域政府，要在借鉴其他国家先进的区域治理模式基础上，从区域立法机制、区域执法机制和区域司法机制的角度构建区域政府的基本框架。① 石佑启、陈咏梅的《珠三角一体化中府际合作的法律问题研究》（2013）一书认为，法律是利益关系的调节器，是协调府际利益关系的最佳途径。要保证府际合作的顺利进行，必须将区域府际合作纳入法治的轨道，以务实和前瞻的视角深入研究区域府际合作中已经出现以及可能出现的各种法律问题，为府际合作提供必要的理论指导和行为指引。② 潘高峰的《区域经济一体化中政府合作的法制协调研究》（2015）一书认为，在政府合作中，除政府通过签署协议推进区域经济、文化、环境保护、基础设施、社会服务、市场管理、交通执法等方面的建设外，推进区域法制建设也是政府的一项重要职责。通过政府合作的法制协调，可以强化政府在区域法制建设中的组织、引导、协调、促进作用，有利于发挥法制对区域发展的保驾护航作用。③

（2）立足于法律角度对横向府际关系的研究。国内学者对我国府际关系的研究已经从纵向府际关系延伸到了对横向府际关系的关注，并指出了横向府际关系立法规范的不足，对府际合作法治化的必要性进行了阐述。如薛刚凌在《论府际关系的法律调整》（2005）一文中指出府际合作的基本要求需要立法设定，法律应是地方政府之间合作的基本保障；何渊在《地方政府间关系——被遗忘的国家结构形式维度》（2006）一文中指出府际关系应当成为宪法规定的重要内容与我国宪法学的重要研究对象；④ 谢晓尧在《区域一体化的制度基石》（2006）一文

---

① 韩志红、付大学：《地方政府之间合作的制度化协调——区域政府的法治化路径》，载于《北方法学》，2009年第2期。

② 石佑启、陈咏梅：《珠三角一体化中府际合作的法律问题研究》，广东教育出版社2013年版，第1页。

③ 潘高峰：《区域经济一体化中政府合作的法制协调研究》，人民出版社2015年版，第3页。

④ 何渊：《地方政府间关系——被遗忘的国家结构形式维度》，载于《宁波广播电视大学学报》，2006年第2期。

中指出"一体化必须建立在法制的基石上";① 刘雄智在《地方政府横向合作关系的行政法思考——以跨地区型公共事务治理为视角》（2007）一文中指出将地方政府横向合作纳入法治轨道是建设法治政府的必然要求；朱永辉在《我国地方政府合作的法制化研究》（2010）一文中对地方政府合作中涉及的法律问题进行了分析，提出了我国地方政府合作法制化的建议。相关的论著还有刘海波的《中央与地方政府间关系的司法调节》（2004），程香丽的《论我国地方府际关系法制化的实现途径》（2008），蔡英辉、耿弘的《法政时代的中国横向府际关系探析——基于省（部）级政府层面的考量》（2008），周刚志的《论我国府际关系的法治化——以我国政府间财政关系为切入点》（2008）等。

（3）立足于法律治理模式对府际合作的研究。部分学者对区域府际合作的法律治理模式进行了研究，比较分析了硬法治理、软法治理及软硬法相结合的治理模式。如朱最新在《区域一体化法律治理模式初探》（2011）一文中对区域一体化中府际合作法律治理的模式问题进行了分析探讨，提出各地区域一体化府际合作的法律治理应该在遵循合法、平等互利、公开参与的基本原则基础上，从区域实际情况出发，选择适合本区域区情的法律治理模式。② 石佑启在《论区域合作与软法治理》（2011）一文中指出随着经济全球化和区域经济一体化两大潮流日益深化，合作与发展成为当今世界的主流。加强区域合作，推进区域一体化进程，需要建构有效的法制保障平台，既要完善硬法，发挥硬法的规制作用；又要建立健全软法，充分发挥软法在区域合作中的治理作用。③ 石佑启、黄喆在《论跨界污染治理中政府合作的法律规制模式》（2015）一文中指出当前跨界污染治理中政府合作的法律规制包括硬法规制与软法规制两种模式。这两种模式在各具优势的同时，也表现出一定的不足。为实现优势互补，应构建起硬法与软法有机融合的混合规制模式，以提升法律规制的效果，达到预期的目标。④

（4）立足于法律角度对府际合作相关行为的研究。一是对区域行政协议的研究，相关文献主要有叶必丰的《我国区域经济一体化背景下的行政协议》（2006），范利平的《区域经济合作中的政府协议》（2007），何渊的《区域性行政协议研究》（2009），叶必丰等的《行政协议：区域政府间合作机制研究》（2010），王春业的《赋予政府协议以法律效力——经济区域法制协作的又一途

---

① 谢晓尧：《区域一体化的制度基石》，载于《学术研究》，2009年第8期。
② 朱最新：《区域一体化法律治理模式初探》，载于《广东行政学院学报》，2011年第3期。
③ 石佑启：《论区域合作与软法治理》，载于《学术研究》，2011年第6期。
④ 石佑启、黄喆：《论跨界污染治理中政府合作的法律规制模式》，载于《江海学刊》，2015年第6期。

径》(2011)、王菁的《区域政府合作协议研究》(2015)、崔红的《我国区域一体化行政协议法治化的思考》(2015)、王菁、张鑫的《论法治路径下的长三角区域政府合作协议》(2015)等。其中，对区域行政协议作出较为系统研究的是叶必丰等的《行政协议：区域政府间合作机制研究》(2010)。该书认为，区域政府间的联席会议制度应当以所缔结的协议来定位。这类协议既不是共同行政行为，也不是行政合同，而是类似于美国的州际协定和《西班牙公共行政机关及共同的行政程序法》所规定的行政协议，是政府间平等合作的一项法律机制。[①] 二是对区域行政立法的研究，相关文献主要有王春业的《区域行政立法模式研究：以区域经济一体化为背景》(2009)、《区域合作背景下地方联合立法研究》(2014)，陈俊的《区域一体化进程中的地方立法协调机制研究》(2013)，石佑启、潘高峰的《论区域经济一体化中政府合作的立法协调》(2014)，陈咏梅的《论法治视野下府际合作的立法规范》(2015)等。其中，王春业的《区域行政立法模式研究：以区域经济一体化为背景》(2009)一书运用了历史研究方法，分析了我国地方行政立法的流变过程，认为区域行政立法是这个演进的必然结果；运用哲学中的经济基础与上层建筑关系的原理分析了区域行政立法模式产生的必然性；运用经济学的成本与收益方法分析了区域行政立法构建的必要性；运用了立法学、行政法学、区域经济学等学科原理阐述了区域行政立法中的一系列具体问题；参考区域经济学、国际经济法学等方面的著述，运用比较的方法分析了国外尤其是欧盟法对构建我国区域行政立法模式的启发意义；运用实证方法，研究了我国几个比较成熟的经济区域如长三角经济区域、泛珠三角经济区域等地的实践。三是对区域行政规划的研究，如李煜兴的《区域行政规划研究》(2009)。该书认为，区域经济一体化超越了传统的行政区划界限，形成跨行政区划的经济区域。行政区域与经济区域之间的矛盾，归根结底是市场机制与政府行为两种力量之间的矛盾。我国区域一体化实践中，一种跨行政区域的行政规划应运而生。这种区域行政规划重视政府与市场的双重推力，融合了"区域化"与"区域主义"两种区域协作模式。同时，区域行政规划机制重视区域政府纵向间的协调和区域政府横向间的协作。[②] 四是对区域行政执法合作的研究，如曾鹏的《论区域经济一体化下区域行政执法合作》(2015)。该书认为，为促进区域一体化向纵深发展，政府的治理应突破行政区划的刚性约束，进一步加强沟通合作，提升执法效果，从而为区域经济一体化提供制度保障。所以，政府及其职能部门之间应加强沟通、协调，站在一切有利于区域经济协调发展的高度，加强政府对

[①] 叶必丰、何渊、李煜兴、徐健等：《行政协议：区域政府间合作机制研究》，法律出版社2010年版，内容简介部分。

[②] 李煜兴：《区域行政规划研究》，法律出版社2009年版，内容简介部分。

市场的引导和监管，改变传统行政执法以行政区为界限的刚性壁垒，把日益突出的"外溢性"问题和"区域性"公共事务纳入重点管辖范围，打破长期以来形成的地方分割、各自为政的传统行政模式，以一种区域治理理念和模式进行经济和社会管理，从而实现对区域事务的公共治理和分层治理，创造良好的区域经济和社会发展环境。①

（四）国内外研究现状评述

从课题组掌握的资料分析，国外对区域经济一体化中府际合作及其法律问题的研究跨越经济学、政治学、管理学与法学等多学科，不同学科的分析工具、学科思维与话语体系展现了区域经济一体化府际合作及其法律问题的复杂性、丰富性、多元化，而府际合作及其法律实践的丰富性、变动性、多样化则总是凸显其与理论研究之间存在的张力进而推动理论研究的进一步深入。这些研究为我们对中国问题的观察提供了一种外来的智识启发和经验参考，也拓宽了我们的视野，启发了我们的思维。但我们对此应当保持学者独立研究的一种必要的谨慎，毕竟域外相关问题的研究是根植于其自身的历史传统、法治历程、政治体制、国情现实等，对我国区域经济一体化府际合作及其法律问题的研究，同样应当根植于我国的传统文化、政治体制以及区域发展、府际合作的实践形态，吸收、借鉴域外反映府际合作法律规制的规律性、共性的智识结晶，并加以改造嵌入我国的现实国情，切不能简单地照搬照抄。

国内关于区域经济一体化中府际合作法律问题的研究尚处于发展阶段。一方面，尽管现有成果提供了一定的研究思路与基础，确立了如府际合作的法律治理模式、区域行政协议、区域行政立法等研究方向，但涉及的领域还较为有限；另一方面，已有研究相对分散，理论基础也较为薄弱，学科交叉与融合有待加强，对相关问题研究还有待向纵深发展和系统化、体系化，并逐步实现基础性研究与应用性研究的有机结合。

四、研究的思路与方法

本书坚持以问题为导向，以法治为保障，以利益协调、机制构建和制度创新为主线，遵循"发现问题—分析问题—解决问题"的基本思路，服务于区域协调发展战略，从法学的视角研究区域经济一体化背景下府际合作的问题，分

---

① 曾鹏：《论区域经济一体化下区域行政执法合作》，广东教育出版社2015年版，第32页。

析府际合作的基础、必要性、现状及其面临的困境，对府际合作中涉及的法律问题进行考察和探究，提出区域经济一体化中府际合作的法治化构想。目前，我国正处于一个全球主义和区域主义共同崛起的时代，区域经济一体化实现需要地方政府之间展开合作以实现地方利益的共赢。但传统的"行政区行政"这一管理范式的惯性力量和内在的冲动依然强大，因此，区域内的地方利益与区域公共利益之间始终存在着紧张和冲突。从这个意义来说，当代区域经济一体化中的府际合作，又总是会表现出这样或那样的问题与缺失。不过，可以预期，伴随着区域经济一体化程度的日益加深，法治进程的不断推进，市场化水平的持续提升，区域府际合作也将日趋稳定和成熟，区域内的经济、社会和生态关联将愈发紧密，这将使区域经济一体化中的府际合作走上更为理性化和规范化的轨道。

本书在研究方法上试图综合运用多种研究方法解决区域经济一体化中府际合作的法律问题，并依托法学、经济学、公共行政学等学科的相关理论，以期做到学科间的优势互补与资源融通，为从多角度、多层面展开研究打下基础，以求理论研究上的系统深入和制度建设上的科学合理可行，对现实问题给予一个自治的解释和合理的解决方案，对引导与规范府际合作行为及推动区域经济一体化进程具有较强的指导作用，以求达到理论与实践相联系，学术成果与社会效果有机结合。具体来说，研究方法主要有：

（一）利益分析法

利益分析法就是探寻各利益主体的利益诉求是什么以及实现该利益诉求的路径是什么。利益是揭示地方政府博弈活动发生的深层次原因。地方政府作为区域内经济的调控者和地方利益的代表者，不仅会关注本地区经济发展和利益实现状况，而且还会尽量提升本地区在区域乃至全国经济增长总体格局中的地位。这样，地方政府便成为区域经济发展中的主角之一，而地方政府行为也成为影响区域经济协调发展的重要因素。虽然区域内地方政府代表着不同的利益要求，但是由于市场经济的开放性所造就的彼此依赖性，使得各政府的利益实现深深根植于彼此间的合作与共享。利益是府际合作的动力之源，制度设计必须对应利益需求。故利益分析法是研究区域经济一体化中府际合作法律问题的一个重要方法，通过关注域内外府际合作利益协调问题，结合已有的资料分析其相应的区域背景，运用归纳推理总结出各种地方利益协调机制的特点，提炼出一些可供参考的府际合作的利益协调模式，建立有利于促进府际合作的利益协调机制，并考察府际合作利益协调模式运行的实效。

（二）价值判断与功能分析相结合

法律并非随意的陈述，它通常受规整的企图、正义或目的性考量的指引，并最终又以价值评价为基础。价值问题是法律的第一层次问题。因此，在解释论上，要"理解"法规范，就必须挖掘其中所包含的评价及该评价的作用范围；在立法论上，则要在应然层面上探求和选择法律的价值取向，并在政治、哲学、价值衡量和伦理上予以证明。区域经济一体化中府际合作的法律问题研究需要关注的价值目标有国家利益、区域公共利益、区域内公众的基本权利（环境权、财产权和发展权等）等。功能问题是法律需要解决的第二个层次问题。究其实质，乃是要树立规范建立法政策目标。法政策目标是法律需要达到的政治上、经济上或是社会上的中观层次目的，其与一国现实的执政方针和社会现实关系密切，是难以超越的。通过立法，在功能上要服从和服务于当时的法政策目标。当前我国区域经济发展不协调问题已经成为制约整个国家经济社会发展的巨大障碍，而府际合作的法律问题又是区域经济发展中的一个核心问题。因此，有关区域经济一体化中府际合作的法律问题研究就必须反映和回应这一现实。

（三）规范分析、社会分析与实证分析相结合

规范分析方法注重对规范意义上的文本分析，包括对宪法、法律、行政法规、规章、政策和司法判决等进行分析。这同时也是一种符号学意义上的分析问题方法，立足于规范文本，阐释其预期的和实然的意义，提炼出问题。社会分析方法是将法律规范作为一个社会事实来研究，通过法律来研究社会，也通过社会来研究法律。其关心的是法律在社会中实际运作是怎样的，实际功效又是怎样的。规范分析方法分析法规范本身的应然意义，社会分析方法诠释其在社会实效中所产生的实然意义，两种研究方法的结合能够使我们同时关注区域经济一体化中有关府际合作的立法（包括签署府际合作协议）的预期意义与其社会实效的距离并提供解释，在此基础上厘清各种法规范在制度设计和实效层次上的冲突之处。例如，同一层次的不同法律之间、法律与法规之间、地方政府规章与部门规章之间、府际合作协议与法律之间，在立法追求和社会实效上势必有诸多不协调之处，对这些不协调之处进行分析和考量也是规范分析所需面对和解决的问题。由此可见，规范分析方法与社会分析方法相结合对区域经济一体化中府际合作的法律问题研究意义重大。立足于中国国情，运用案（事）例剖析、实地调研、统计分析等实证分析方法分析区域经济一体化中府际合作的法律问题，不仅能够增强对研究主题的感性维度，而且能够为规范分析方法、社会分析方法提供实证材

料，从而使我们对区域经济一体化中府际合作法律问题的研究具有更强的现实针对性。

（四）比较研究与历史研究相结合

比较研究方法是在进行问题分析和规范设计时经常诉诸的一种方法，在进行比较的时候，需专注于研究国外各立法文本对于相同制度处理上的差异性，并采用功能主义的视角，为我所用。比如在考察区域经济一体化中府际合作的法律规制这个问题上，从实证法的角度考察，各区域都是通过立法来规范府际合作的。但是，在具体立法形式上又各有不同。欧盟一体化中政府合作是国与国之间的合作，其对府际合作的规制主要是通过签订相关条约、协定来实现的；美国则是统一联邦之内州与州之间的合作，其对府际合作的规制主要是通过州议会批准相关州际协定来实现的；我国台湾地区政府间的合作是一省之内地方政府与地方政府之间的合作，其对府际合作的规制主要是通过制定统一的"地方制度法"来实现的。这说明，区域经济一体化中府际合作的法律治理采取何种模式不应该从本本出发，而应该从本地区实际情况出发去探索、去总结。历史分析作为解释论之一种，注重对历史上存在的制度规则流变的考察，但其目的在于提升对现实问题的解释力和为将来的制度建构提供更合理的正当性论证。例如，为明晰区域经济一体化下中央与地方权力分工的演变，有必要对我国中央与地方权力分工的形成和流变过程进行历史考察。同时，我们应该看到，域外区域经济一体化中府际合作的成功并非一蹴而就，而是存在一个历史发展过程。因此，在本书中只有将历史分析方法与比较研究方法相结合，才能更客观、全面地了解域外区域经济一体化中府际合作的成功经验，从而为完善我国区域经济一体化中府际合作提供诸多有益的借鉴。

（五）系统分析法

区域经济一体化中府际合作所面临的法律问题并非仅仅某一方面的问题，体制、机制、制度的障碍和不足构成对府际合作的不利影响，制约府际合作的形成和发展，府际合作面临深层次的矛盾和困境，应对式的问题解决模式已经不能满足府际合作深入发展的要求。采用系统分析的方法探究府际合作所面临的法律困境，寻求对问题整体性、协调性的解决成为必要的举措。本书将在客观分析府际合作法治化的必要性与可行性的基础上，将区域府际合作面临的法律问题看作一个整体，对府际合作面临体制、机制、制度障碍展开系统研究，寻求解决问题的可行性方案。

五、研究的重点与难点

(一) 研究的重点问题

1. 区域经济一体化中府际合作的利益共赢与法治保障问题

地方政府之间不论是竞争还是合作，都是由其各自的利益所决定的。地方政府之间有了利益联结才有可能从竞争转向竞合，因为地方政府存在着"利他"和"自利"的双重动机，政府之间的关系尽管受制于多种因素的影响，但首先应该是利益关系，根据地方政府的利益引导其行为选择，可以规范地方政府间的竞争，从而促进区域经济乃至整体经济的协调发展。行政隶属关系分割、局部利益驱动、行政壁垒存在等，是区域经济一体化面临的现实障碍，这些障碍的克服须依靠各地政府通力合作。政府的合作共识是实现区域经济一体化的前提，政府的通力合作将促进区域经济一体化的顺利发展。而要使府际合作行为具有连续性、稳定性并达到预期的目标，必须有良好的法治环境和有效的行为规则来保障，依法协调平衡利益关系并促进利益共赢。而在我国当下府际合作的过程中，由于缺乏健全的法治保障，地方政府间对合作事务的处理容易演变成"有利必争，有责必推"的局面，从而产生相应的矛盾冲突。因此，在区域经济一体化进程中，以协调利益关系为基点，以利益共赢为追求，以府际合作为有效途径，以法治保障为支撑的一套系统必须建构起来，这成为本书拟突破的重点之一。

2. 国家法治的统一性与区域法治建设的差异性问题

区域法治建设是国家法治建设在地域空间上的具体体现，既有高度的统一性，又有明显的差异性。区域法治建设作为国家法治建设的重要组成部分，在坚持法制统一的原则下，以区域不同的自然环境、人文环境、经济特点等为基础，采取不同的法律制度安排，形成不同区域各具特色的法治运行模式，以协调区域经济关系，解决区域经济问题，促进区域经济发展。区域法治建设的统一性和差异性，无论是其制度安排本身还是实施结果，都会给处于不同发展阶段的区域带来不同的影响，也给不同的区域提供制度建设上的选择空间。因此，在维护国家法制统一性的基础上，针对各区域的功能定位和经济活动条件，找准区域法治建设的着力点，确立区域法制安排的侧重点，建立科学的立法模式和有效运行方式，逐步形成较为系统的促进区域经济发展的法治体系，为区域经济一体化营造良好的制度环境，为府际合作提供有效的制度保障。这也是本书拟突破的重点。

3. 区域经济一体化中府际合作的法制协调问题

区域经济一体化建立在跨行政区划的基础上，为了避免地方保护主义对区域共同利益产生的消极影响，需要规范合作各方的行为，减少合作中的交易成本，形成有约束力的合作机制，实现区域的统一协调发展。从目前的状况来看，搞好立法协调、加强执法协作和统一司法标准是区域经济互动和实现市场一体化的迫切要求，也是改善区域法治环境、引导和促进政府通力合作的迫切要求。首先，各行政区域的经济发展和法治建设是互相联系的，各行政区域的地方立法不能孤立进行，必须考虑到区域之间的相互联系，树立协调立法理念，加强区域立法协调，设立一个专门立法联络协调机构对地方立法横向冲突进行协调，构筑立法信息交流平台，制定区域立法的发展规划，创新立法的程序和方式，从而避免区域内各地之间的立法冲突，使区域的整体立法和谐有序。其次，必须依法引导区域地方政府突破行政区划的刚性约束，从恶性竞争走向合作与互动，并基于共同的利益诉求，以区域经济社会发展作为出发点，加强执法协作，以解决区域经济一体化过程中日益复杂的区域公共问题。① 最后，还应当积极推动区域司法标准的统一，以实现区域内的司法公平，从而为区域经济一体化的发展创造良好的司法环境。

4. 区域经济一体化中府际合作利益约束、分享和补偿机制的构建

尽管在区域经济一体化中各地政府基于共同的利益追求而进行合作，但各自的利益差异仍然存在，利益分享和补偿机制缺位成为困扰合作各方的焦点。传统的区域利益协调，主要是靠中央政府的计划手段和行政手段，很少利用市场力量和法律手段。但随着我国市场经济体制改革的不断深化，政府职能转变加快，政府行为方式和活动范围亦随之发生变化，在此条件下，传统的协调地区利益的手段难免会出现失效问题。建立新型的利益分享和补偿机制，将有利于协调地区利益矛盾，促进区域之间的协调发展。所谓利益分享和补偿机制，指的是各地方政府在平等、互利、协作的前提下，通过规范的制度安排来实现地方与地方之间的利益转移，从而实现各种利益在地区间的合理分配。区域府际合作的出发点是地方政府通过合作来共享整体利益，在区域内形成合理的产业布局和产业分工体系，实现经济发展方式的转变。这就要建立相应的利益机制，如避免地方政府为了地方利益的最大化而违背市场运行规律、滥用行政权力的利益约束机制；以让渡原则为前提的利益分享机制；以规范的转移支付制度为核心的利益补偿机制。没有有效的利益机制，合作关系就会遭受破坏，彼此利益都会受损。因此，区域合作规则有效发挥作用关键取决于能否达致各方利益的平衡，实现合作各方利益

---

① 曾鹏：《论区域经济一体化下区域行政执法合作》，广东教育出版社2015年版，第33页。

最大化，形成合作共赢的格局，这就需要有一个与此相适应的区域利益约束、分享和补偿机制。这是保持府际合作关系能够持续稳定的一个重要支点。利益约束、分享与补偿机制如何构建、如何运行并使之制度化是本书拟解决的重点问题，也是本书拟突破的难点问题之一。

5. 区域经济一体化府际合作中的纠纷解决问题

在区域经济一体化的过程中，因地方利益的存在，政府之间争议不可避免会产生，为此，必须建立相应的纠纷解决机制。否则，会影响政府间合作的深入开展，致使政府合作合力难以发挥，甚至会导致府际合作关系的破裂。在信息化、透明化的时代背景下，地方政府已不能自成系统乃至游离于行政生态系统之外，而须在法治的框架下寻求府际争议的解决途径，以形成协同的整体政府，促进治理情境下的地方政府之间的公正平等并最终走向和谐发展。从西方国家的经验来看，府际争议一般通过行政诉讼或司法审查的途径解决，坚持司法最终裁决原则。如在美国，其各级政府都相对独立，具有公法人资格和行政权力能力。当地方政府与州政府之间或地方政府相互之间就其权限、利益发生冲突时，可向法院提起诉讼。在我国，区域经济一体化中府际合作产生的纠纷可以通过哪些方式和途径解决，除由争议双方自愿协商、行政调解，以及由上级行政机关裁决、共同权力机关裁决外，能否通过诉讼、仲裁途径解决，应结合我国的实际情况，进行充分论证后再作出理性选择。同时，多元纠纷解决机制之间的关系如何协调，如何做到公正高效地化解纠纷，以收到良好的法律效果和社会效果，也是本书拟突破的重点。

（二）研究的难点问题

1. 区域经济一体化中府际合作的宪法基础与法律依据问题

我国宪法和地方组织法中关于府际合作的具体规定近乎空白，法律只明确了各级政府对其辖区内事务的管理以及上级机关在跨辖区事务管理中的角色，没有直接涉及区域地方政府间合作的问题。这往往使得区域政府间的合作缺乏法制保障。长期以来，地方政府之间利益冲突不断升级的一个重要原因就是区域经济发展与管理中法律法规的缺位。没有权威的法律法规来规范各级地方政府之间的关系，造成各级区域利益主体陷入无休止地讨价还价和恶性竞争之中，严重阻碍了区域经济一体化的实现。故应完善立法把区域政府间合作纳入法治轨道，以增强合作的权威性、稳定性。从美国的经验看，早在1787年美国宪法中就明确了州际协定的法律地位，各州之间受契约约束，类似于商业交易中双方或者多方当事人受契约约束的情况。20世纪20年代，州际协定开始广泛地适用于自然资源保护、刑事管辖权、公用事业的管制、税收和州际审计等领域。1941~1969年，美国各洲共同签订了100多个州际协定。在这个时期，各州由被动变成主动，纷纷把州际协定看作是政府间合作的有效途径。州际协定解决了一系列的问题，特别是河流的管理，如水资源的合理分配。为了保证州际协定的法律效力，美国宪法和相关法律规定：州际协定的效力优先于成员州之前颁布的法规，甚至也优先于之后新制定的法规。一旦参加了州际协定，各州就不能随意地单方面修改或者撤销该协定；每个州际协定的条款中同时明确了该协定的执行机构。欧盟国家的区域政策也是有法可依的，它严格建立在宪法和相关的法律条文上。可以说，完备的法制是欧盟区域合作发展的基石。借鉴国外的经验，审视我国区域经济一体化中府际合作的宪法基础与法律依据，着力解决我国府际合作制度化程度较低的问题，要对"修改宪法与地方组织法，对地方政府合作作出法律规定；制定地方政府间关系法以及与之相配套的法律法规体系；在有关法律、法规中加入'促进区域经济社会协调发展，调控区域差距'及'明确区域合作协议的法律效力'"等问题进行分析和论证，推动宪法与法律的发展。

2. 从法律的角度对府际合作体制、机制、制度问题的系统研究

府际合作离不开体制保障，并需借助一定的运行机制与制度安排予以实现。应对体制、机制、制度的内涵、外延、关联等有一个准确而清晰的认识。从现有的研究来看，从系统的角度深入剖析体制、机制、制度的内在关联与相互作用的并不多，与实践中府际合作对系统性理论指导的迫切需要形成反差。可以说从法治的角度对府际合作体制、机制、制度问题的系统研究是在理论基础较为薄弱、现实依据较为缺乏的状态下的一个全新挑战，是本书拟突破的一个难点问题。

3. 区域经济一体化中府际合作的法律治理模式及其运行问题

从对区域经济一体化中府际合作法律治理的考察来看，有硬法治理、软法治理、混合治理三种模式，这三种模式并不存在孰优孰劣的问题。区域经济一体化中府际合作法律治理究竟采取何种模式，要受到区域历史传统、法治状态、人们对法的认识、区域内各区域单元之间的经济联系等各种因素的综合影响。从实践来看，区域经济一体化中府际合作的法律治理基本上不存在单纯依靠硬法或软法进行治理的情况，而是软硬兼顾、各展其长、优势互补，只不过在不同的地域、不同时期其侧重点有所不同。但硬法治理与软法治理分别在什么情形下适用，两者的界限如何划定，两者之间如何实现有效衔接、相得益彰，软法如何向硬法转化以及得到硬法的保障等，这也是本书拟突破的难点。

六、基本理论架构

本书力求将区域经济一体化、府际合作与法治建设有机结合起来，夯实区域经济一体化中府际合作的理论基础，探索区域经济一体化中府际合作体制完善、机制创新与制度安排的路径，破解区域经济一体化中府际合作的法治难题。全书共分为四篇十四章：

第一篇为理论篇。阐述区域经济一体化、府际合作与法治之间的内在联系，指出我国传统的"行政区经济"与"行政区行政"已经难以满足经济社会发展及区域公共治理的需要，区域经济一体化是经济社会发展的客观趋势，府际合作是推进我国区域经济一体化的理性选择，法治是维系府际合作连续性、稳定性并推动府际合作深入进行的有效路径。针对我国区域府际合作立法规范与法律依据不足的现实，分析阐释府际合作的法律基础，指出府际合作的合法性并无存疑，提出府际合作应当遵循的基本原则，探索府际合作的法律治理模式及其运行，将府际合作纳入法治的轨道，实现府际合作的制度化、规范化。

第二篇为实践篇。系统地考察了国外、国内区域经济一体化中府际合作的法制体系及其实施问题。在跨国区域经济一体化中的府际合作方面，考察了具有代表性的欧盟和北美的合作状况，认为欧盟多元主体参与的府际合作模式、开放协调机制和独立的财政工具值得我国借鉴。在域外一国内区域经济一体化中的府际合作方面，考察了美国、德国、日本三个典型国家，认为美国的州际协定机制和行政协议机制，德国的充分法制保障、发达组织体系和地方自治机制，以及日本基于广域行政的区域治理模式，对我国不无启发意义。在我国区域经济一体化中的府际合作方面，分别考察了珠三角、粤港澳、长三角、环渤海等区域府际合作实践，总结了这些区域府际合作的制度成果，并分析了其中亟待解决的法律问题。

第三篇为构建篇。本篇对区域经济一体化中府际合作的法制协调问题展开研究，对府际合作法制协调的基本理论进行学理阐释，并对区域经济一体化中府际合作的立法协调、执法协调及司法协调问题作了分析和探究。有效的法制协调机制将有利于加强区域内合作各方在立法、执法和司法领域的协商沟通，统一立法、执法和司法标准，减少法律冲突，确保法律适用的平等和一致，从而改善区域发展环境，实现优势互补、利益共享，促进资源高效配置和生产要素合理流动，以降低区域经济发展成本，提高区域的综合竞争力，为府际合作提供法治保障，为区域经济一体化营造良好的法治环境。

第四篇为保障篇。竞争与合作是府际关系的新常态，冲突则贯穿于府际合作的始终，以府际合作促进区域利益协调是推动区域经济一体化的关键。对府际合作利益协调的实践进行梳理和提炼，指出府际合作利益协调应当从政策调整向法律规制方向转型。从行政区行政走向府际合作中表现出的种种逆向政府行为，有着极其复杂的缘由,需要建立相应的激励约束机制予以克服,而健全完善的信息共享机制和公众参与机制,是府际合作顺利开展并取得治理实效的有效保障。有合作就有纠纷,在对既有的纠纷解决制度资源加以挖掘改造的基础上,构建类型化的府际合作纠纷解决机制,以及时有效化解纠纷,维护和谐稳定的府际合作关系,助推府际合作深入有序开展。

理论篇

区域经济一体化中府际合作的法理分析

第一章

区域经济一体化与府际合作

区域经济一体化已经成为我国经济社会发展的必然要求与客观趋势,其对传统的以地域为疆界的封闭式"行政区行政"管理体制带来挑战。在市场机制还不完善、依靠民间经济交往尚难以自下而上的方式实现区域经济一体化的情景下,如何通过政府之间的理性合作与良性竞争推动区域经济一体化进程,成为当下区域经济一体化必须面对的关键性问题。有学者认为,历史地看,我国地方政府间关系大致经历了由"恶性竞争"到"协商合作"两个发展阶段。我国地方政府之间在经历了一段时间的恶性竞争、两败俱伤的博弈惨局后,必然要走向一种新的、既有竞争又有合作的博弈态势,尤其是在一定区域内的地方政府间源于利益上的大致一致性,地方政府间寻求合作的动因大大强化。区域发展相互依赖理论、政府间伙伴关系理论为地方政府间的合作提供了理论上的支持,在学理上推动了地方政府间的合作意向。[①]

第一节 从行政区经济到区域经济一体化

在经济快速发展的同时,传统的以行政疆界为约束的"行政区经济"所导致的地方保护、行政干预、产业同构、重复建设、流通障碍、边界经济衰竭等问题

---

① 刘祖云:《政府间关系:合作博弈与府际治理》,载于《学海》,2007年第1期。

日趋严峻,已经影响到了区域经济发展的可持续性,成为区域经济发展的掣肘。如何走出"行政区经济"困境,实现区域经济发展的一体化与协调化,决定着区域经济的未来发展。

一、行政区经济

"行政区经济"概念,最早是由学者舒庆、刘君德提出的,两位学者对"行政区经济"的内涵、表现及特征进行了较长时间的持续研究。舒庆、刘君德(1994)将"行政区经济"定义为:"行政区经济是由于行政区划对区域经济的刚性约束而产生的特殊区域经济现象,是我国在从传统计划经济体制向社会主义市场经济体制转轨过程中,区域经济由纵向运行系统向横向运行系统转变时期出现的具有过渡性质的一种区域经济类型。"① 舒庆、刘君德(1994)指出,行政区经济"主要表现为在企业竞争中渗透着强烈的地方政府经济行为、生产要素的跨行政区流动受阻、行政区经济呈稳态结构、行政中心与经济中心的高度一致性、行政区边界经济衰竭性等特征"②。舒庆(1995)提出,所谓"行政区经济"是指由于行政区划对区域经济的刚性约束而产生的一种特殊区域经济现象,是我国区域经济由纵向运行系统向横向运行系统转变过程中出现的一种区域经济类型。③ 刘君德、舒庆(1996)将"行政区经济"阐释为:"行政区经济是中国改革开放以来,在由传统的计划经济体制下区域经济的纵向运行系统向社会主义市场经济体制下区域经济的横向运行系统转变时期而出现的一种奇特的区域经济类型。"并认为:"其所以奇特,是因为行政区经济是以中国国内区域经济的分割为特征,是与国际上地区性的区域经济一体化相悖的一种区域经济。"④ 刘君德提出了"行政区经济"具有行政性、封闭性、两面性、过渡性特征的观点。⑤ 刘君德指出"行政区经济"与另一通行的概念——"诸侯经济"有着原则的区别。⑥

有学者对舒庆、刘君德两位学者对"行政区经济"的界定进行了反思和商榷,认为两位学者对"行政区经济"定义的内涵与外延均不明确,⑦ 认为应当将

---

①④ 舒庆、刘君德:《一种奇异的区域经济现象——行政区经济》,载于《战略与管理》,1994年第5期。
② 舒庆、刘君德:《中国行政经济运行机制剖析》,载于《战略与管理》,1994年第6期。
③ 舒庆:《中国行政区经济与行政区划研究》,中国环境科学出版社1995年版,第1页。
⑤ 刘君德:《中国转型期凸显的"行政区经济"现象分析》,载于《理论前沿》,2004年第10期。
⑥ 刘君德:《中国转型期"行政区经济"现象透视——兼论中国特色人文—经济地理学的发展》,载于《经济地理》,2006年第6期。
⑦ 刘小康:《"行政区经济"概念再探讨》,载于《中国行政管理》,2010年第3期。

"行政区经济"定义为:"所谓行政区经济,是指当代中国从传统计划经济向现代市场经济转轨过程中,因行政区划对区域经济的行政分割,而产生的一种与区域经济一体化相悖的区域经济分割现象,典型地表现为区域经济一体化与行政区划的冲突。"① 该学者强调行政区经济是行政区划对区域经济的行政分割,其实质是地方政府利用所享有的行政权力对区域经济进行分割,与区域经济一体化的发展趋势相悖,是通向区域经济一体化的变革对象,对舒庆、刘君德两位学者所持的"行政经济的两面性"以及"行政区经济将长期存在"的认识与评价持否定的态度。并将当前我国行政区经济的表现重新概括为:"经济区边界与行政区边界的冲突;经济中心与行政中心的冲突;横向经济网络系统与纵向行政等级系统的冲突。"②

还有学者认为,"行政区经济"是我国转型时期特有的一种过渡性的经济状态。其出现的原因主要有两个:第一,中央政府的协调机制缺乏合理化,行政区行政的刚性规定阻碍了无边界的市场的发展;第二,政绩考核制度的缺陷,过分追求经济上的量化指标,经济上去了,上级满意,百姓拥戴,但这是地方理性,却不是区域理性,不符合统一市场发展。行政区经济的基础是行政区行政。③

尽管学者对"行政区经济"的界定存在一定的差异,但对我们认识"行政区经济"具有启发意义。借鉴学者们对"行政区经济"含义与特征的阐释,结合实践中"行政区经济"的外在表现,我们仍然可以揭示"行政区经济"的内在属性与外在特征:

1. 行政区经济以地方利益需求为导向,具有强烈的政府主导性与地方保护性

计划经济体制下自上而下的单向权力关系压抑了地方的利益诉求,地方政府仅作为国家行政等级制度中的一级地方组织形式存在,在权力和利益方面处于从属地位,其作为"政治人"和"经济人"的特性尚不明显,地方的发展亦依托并服从于中央的指令性计划,相互之间没有竞争,呈现出一种"和谐"状态。在计划经济向市场经济转型过程中,中央对地方的行政性放权、财政体制的改革、分税制的实施等要求地方政府承担起推动本地区发展及经济增长的重任,地方政府的利益主体地位日渐凸显,权力意识与主体意识不断增强,地区利益日益成为地方政府及政府官员关注的焦点,地区间的竞争与利益的争夺日趋激烈,地方政府作为"政治人"和"经济人"的特性被唤醒并得以急剧的扩张,以往的"和谐"状态被打破,以行政区划为边界的行政区经济现象快速呈现出来,越是经济

---

① 刘小康:《"行政区经济"概念再探讨》,载于《中国行政管理》,2010年第3期。
② 刘小康:《当代中国行政区经济表现的再探讨》,载于《北京行政学院学报》,2010年第3期。
③ 胡东宁:《区域经济一体化下的横向府际关系——以府际合作治理为视角》,载于《改革与战略》,2011年第3期。

发达的地区，政府介入经济发展的冲动就越强烈。地方政府为了保护本行政区范围内的经济发展，采用地方保护主义策略，不断地人为设置贸易壁垒，封锁区域市场，阻碍资源的自由、有效流通。这种地方保护主义观念在市场准入制度、跨区域行政执法、跨区域经济主体待遇等方面表现突出。在利益驱动下，地方政府直接干预本地方的经济发展，主导本地方经济发展的方向，追求自身利益最大化，在制定经济政策的时候以本地区经济发展为出发点和核心。在企业创立时，首先考虑该企业是否能够增加本行政区的财政收入，解决区域内部的就业问题，而忽视区域整体产业结构协同需求。为了吸引资金、技术、人才等资源，地方政府竞相提供优惠的经济政策、土地资源，造成了恶性竞争、重复建设、区域产业同构等问题。在跨区域的商品和服务业的准入方面，人为设置了很多限制条件，忽视了构建区域统一大市场的要求，造成了市场分割的局面，影响了资源的有效流通。总之，"政府主导"与"地方保护"成为行政区经济的显著特征。①

2. 行政区经济受到行政区划的刚性约束，经济的内生性与封闭性是其重要特征

行政区划是指国家在综合考虑地理条件、历史条件、经济联系等状况的基础上，根据政权架构和职责履行的需要，对行政管理区域的划分和调整，它也是地方政府行使权力履行职责的地域性依据。行政区作为行政区划的结果，具有明确而相对稳定的地域空间，强调疆界的刚性约束和严格要求。建立在行政区划基础上的行政区经济内生并封闭于一定的行政区疆界之中，以本辖区的经济发展与经济成果为目的和要求，视其他行政区的经济发展为本行政区经济发展天然的竞争对手，排斥区域间的交流与资源共享，"囚徒困境"表现明显。尽管各地方政府都清楚，以特定的行政区划为地域疆界的经济发展会导致经济结构雷同、流通受阻、重复建设、资源浪费，累积到一定程度可能导致宏观经济的整体失控甚至崩溃，但是行政区划内经济发展的刚性要求与强烈的地方利益诉求使得地方政府义无反顾地选择追逐眼前的利益，不愿失去眼前发展的机会。封闭于一定行政区划内的行政区经济不利于区域间经济的合作与共赢，并将最终构成对本行政区内经济健康发展的损害，导致本行政区内经济发展的停滞或者丧失可持续性。

3. 行政区经济割裂了区域经济的协调发展，构成区域经济一体化的障碍

行政区经济以刚性的行政区划为疆界，以权力强制为支撑，着眼于本行政区的发展，强调本行政区发展需求，忽视其他区域的发展需要，在跨区域合作中努力追求自身利益最大化，重视自身的经济效益，而忽视其他地区的发展状况，甚

---

① 方雷：《地方政府间跨区域合作治理的制度供给》，载于《理论探讨》，2014年第1期。

至不愿顾及本行政区边界地区的发展，放任中心地区与边界地区差异的不断扩大，呈现出较为明显的地方分割与行政区内差异发展的特征，构成区域经济一体化发展的障碍。

二、区域经济

对区域的认知是研究区域经济的理论前提。区域与行政区是两个不同的概念。行政区作为政治学和行政管理学的研究对象，强调的是国家基于行政管理的需要，而将领土划分为不同的疆界明确的特定区域。行政区是公权力下行政区划的结果，其空间边界呈现出封闭性特征。

区域则为一个开放的、含义丰富的概念，不同的学科，对区域的界定与侧重点是不同的。如地理学家认为："区域是形态上内部性质相对一致而外部差异性最大的地表连续的地段或状态。"[1] 经济学家指出："区域是基于描述、分析、管理、计划或制定政策等目的而作为应用性整体加以考虑的一片地区。"[2] 政治学家往往从政治与法律的角度将"区域"定义为国家实施行政管理的特定的行政区域。社会学则将"区域"定义为具有相同的语言、信仰与民族特征的人类社会聚落。因此，无论是从何种角度定义区域，特定类型的区域总是具有某种系统性或整体性的共性，"区域"作为一个相对性的概念而存在。显然，区域经济中的"区域"并不限于政治学意义上的特定行政区划下的行政区，而是"一个基于行政区划又超越于国家和行政区划的经济地理概念"[3]，是按一定标准划分的连续的有限空间范围，是具有自然经济或社会特征的某一方面或几个方面的同质性的地域单位。同时，区域概念还可以在国际和国内两个层面上使用，国际区域是指跨国家的经济区域和政治区域，国内区域主要是指跨行政区的经济区域。

区域经济（regional economy）是与一定区域相联系的一种经济类型，其与行政区经济有着重大区别。随着我国经济社会的发展，改革开放的不断深化和市场经济体制的确立，中国区域经济的联系越来越紧密，区域合作的范围和领域不断拓展，合作规模不断增大，形成了像长江三角洲、珠江三角洲等重要的经济区域。与此同时，计划经济时代形成的"行政区经济"则严重阻碍了区域经济一体化的进程，增加了地方之间贸易的交易成本，损害了经济增长。如何摆脱"行政区经济"的束缚，打破地方保护主义，构筑区域经济的总体优势，已经成为我国

---

[1] [德]赫特纳著，王兰生译：《地理学：它的历史、性质和方法》，商务印书馆1983年版，第108页。
[2] [美]埃德加·M. 胡佛著，王翼飞译：《区域经济学导论》，上海远东出版社1992年版，第220页。
[3] 陈瑞莲：《论区域公共管理研究的缘起与发展》，载于《政治学研究》，2003年第4期。

政府和学界共同关注的焦点之一。①

1. 区域经济的界定

学者们从不同的角度对"区域经济"这一概念进行了阐释。有学者认为:"区域经济是指在一定的地域空间内由各种生产要素的有机结合而形成的各具特点的经济结构、经济运行机制和模式,也可以说是在一个特定的自然地域和社会地域条件下经济类型的总称。"② 另有学者认为,"区域经济是以地理共同性、资源或经济结构的相似性组成的经济关系,是在市场的作用下,依据经济的自然联系而构成的经济层次,以分工、交换、协作方式形成的联系相对紧密的生产要素与企业群体"③ 等。借鉴已有的研究成果,我们将区域经济界定为:区域经济是指受自然、技术、社会等各种因素的影响,以一定地域的地理共性为依托,以经济发展的特点与关联度进行划分,以区域内自然资源、生产要素、经济结构等的协调和互补为特征,以区域经济结构的科学性与经济发展的效益性为目标追求的经济形式。

2. 区域经济与行政区经济的区别

区域经济超越了特定行政区划地域边界的刚性束缚,以空间边界的开放性与模糊性、区域内的合作与交流、发展目标的协作性与整体性区别于以内向性、封闭性、本位性为显著特征的行政区经济。与行政区经济的本位式、地方保护性的发展路径相比,区域经济更重视经济的合作发展与共赢。随着我国社会主义市场经济体制的完善和改革开放的不断深化,行政区经济与区域经济之间的矛盾日益突出,已成为制约我国经济社会发展的主要因素之一。由行政区经济向区域经济转变是我国经济发展的必然要求,也是未来我国经济社会全面发展的新动力。

三、从行政区经济到区域经济一体化的必然性

(一)摆脱行政区经济的束缚要求推进区域经济一体化

1. 行政区经济具有明显的封闭性,带来一系列弊端

这些弊端一是妨碍国内统一市场的形成;二是导致重复建设使得资源

---

① 陈剩勇、马斌:《区域间政府合作:区域经济一体化的路径选择》,载于《政治学研究》,2004年第1期。
② 安成谋、张红:《我国区域经济发展战略探索》,载于《兰州商学院学报》,1997年第4期。
③ 张耀辉等:《区域经济理论与地区经济发展》,中国计划出版社1999年版,第9页。

被浪费；三是行政区边界地带容易出现发展死角，行政区交界地带的发展受阻。① 有学者指出："行政区经济现象虽非我国特有的经济现象，但在我国的表现最为突出。"② 行政区经济以行政区内的经济发展为硬性的指标要求，地方利益与地方政府及政府官员的利益捆绑在一起，为了追求地方及官员个人政治、经济利益的最大化，地方政府及政府官员难以遏制权力主导、干预或直接参与经济的热情与冲动，地方本位主义与地方保护主义成为理所当然的选择，权力主导的经济发展与市场经济所要求的发挥市场在资源配置中的决定性作用是背道而驰的，经济的健康发展难以保证。在行政权力配置、运行、监督机制尚不健全、对行政权力的规范与约束仍亟待加强的社会背景下，片面追求利益而忽视客观规律与行为准则的权力主导与权力干预的后果是非常可怕的。③

2. 行政区经济受行政区划的刚性约束，必然导致对区域经济整体发展的分割与破坏，不利于区域内不同行政区之间经济发展的合作与共赢

行政区经济是逆区域经济发展趋势的，地方保护造成的市场分割已经成为社会主义市场经济制度建设的障碍；重复建设导致的资源浪费严重降低了我国经济的效率。实践中屡屡发生的阻碍性、歧视性的地方政策对产品的自由流通、资源的优化配置等人为阻挠和排斥所造成的强者越强、弱者越弱等已经对经济的整体发展构成损害。同时，行政区经济的发展方式使得地方与国家，以及地方之间出现利益冲突。在经济全球化的背景下，封闭式、碎片化的行政区经济已经不能适应经济发展的客观需求。

（二）区域经济一体化顺应了经济发展的客观趋势

在区域经济一体化的进程中，起决定性作用的因素是共同的利益诉求与利益满足。区域经济一体化的最终目的在于通过区域合作，实现利益的平衡与共赢，促进区域经济的协调发展，提升区域的整体竞争力。区域经济一体化顺应了经济发展的客观要求，主要体现在以下几个方面：

1. 区域经济一体化有利于打破现有的体制障碍

建立在行政区经济之上的集权式、政府主导性的行政管理体制所导致的地方本位主义与地方保护主义不利于区域经济的协调发展。人为构筑的行政壁垒，以

---

① 杨龙、戴扬：《地方政府合作在区域合作中的作用》，载于《西北师大学报（社会科学版）》，2009年第5期。

② 舒庆、刘君德：《一种奇异的区域经济现象——行政区经济》，载于《战略与管理》，1994年第5期。

③ 如实践中已经发生的对自然环境、资源的掠夺式开发，照搬照抄式的重复建所设导致的环境恶化、资源衰竭、产业雷同、供大于求等已经对经济社会的发展造成了较为严重的损害。

及以具有强制力的地方规范性文件等进行利益确认与保护,构成了行政区之间旧的行政管理体制的重要特征,"利益"成为画地为牢的行政区利益而非协调、共赢的区域整体利益及区域内各地之间利益。区域经济一体化对这种旧的行政管理体制与严格的行政区利益保护提出了质疑与挑战,要求打破这种"包揽性""父权式"的政府主导与区域行政壁垒,充分调动市场主体的积极性,实现政府与市场的联动,促进市场经济的健康发展,实现区域经济的协作与共赢。

2. 区域经济一体化有利于平衡区域内各地的利益需求

利益不仅是一体化的基础,也是一体化的最为根本的驱动力。① "政府间关系的内涵首先应当是利益关系。"② 一方面,利益分配问题是区域经济协调发展的核心问题,也是重复建设和地方保护主义顽症久治不愈的根源所在;另一方面,还存在一个利益创造问题,即如何通过区域经济一体化增强区域整体竞争力,迎接经济全球化的挑战,推动区域经济健康快速发展,创造出更大的区域整体利益,并在此基础上分享合作带来的收益。③ 区域内各地之间的发展尚不平衡,区域内不同行政区的矛盾与冲突客观存在,利益的协调和平衡便成为区域协调发展的关键性问题之一,解决得好的话,行政壁垒、产业同构、流通障碍、重复建设等经济发展中凸显的弊端与累积的顽疾有望得到较好的解决,否则矛盾可能进一步加剧。区域经济一体化的关键,是如何协调各地间的利益关系。区域合作能否取得预期的成效,取决于能否达致各方利益的平衡与共进,这就需要建立一个与之相适应的"区域利益分享和补偿机制",使各地方政府在平等、互利、协作的前提下,通过制定区域政策或合作协议来实现地方与地方之间的利益转移,从而实现各种利益在地区间的合理分配,形成共赢、共享的局面。④

3. 区域经济一体化有利于区域内资源的优化配置

区域经济一体化要求区域内各地政府要坚决摒弃传统的"内向型行政",积极奉行"区域整体行政"的现代公共行政理念,增强区域内经济发展的整体性、系统性与协调性,推动区域内资源的整合,实现经济健康、协调与可持续发展。对以行政区划为界限的"行政区利益"的过度强调,导致了相当程度的同质、同构性发展,资源浪费十分严重,有些地方对资金、项目、人才、产业的争夺一度达到了白热化的程度,直至以零利益甚至负利益的方式进行争夺,恶性竞争不仅

---

① 陈喜强:《珠江三角洲地区经济一体化的效应探析——基于新功能主义溢出效应的思考》,载于《广州大学学报(社会科学版)》,2010年第4期。

② 谢庆奎:《中国政府的府际关系研究》,载于《北京大学学报(哲学社会科学版)》,2000年第1期。

③ 李庆华:《长三角地区经济一体化制度建设——基于政府间磋商机制的研究》,载于《现代管理科学》,2007年第4期。

④ 石佑启:《论区域合作与软法治理》,载于《学术研究》,2011年第6期。

损害了区域的整体发展,而且也不利于各行政区自身的发展。区域经济的发展要求打破行政区经济的束缚,进行产业结构的合理布局和资源的优化配置,形成优势互补、良性互动的区域经济发展新格局。

第二节 从行政区行政到区域府际合作

一、行政区行政

(一)"行政区行政"的内涵与特征

"行政区行政"与"行政区经济"是紧密相连的,建立在"行政区经济"基础上受行政区划刚性约束的"行政区行政"必然要反映并体现"行政区经济"的要求。学者们对"行政区行政"的研究揭示了两者之间的这种关系:有学者认为,"行政区行政"是指民族国家或国家内部的地方政府基于单位行政区域界限的刚性约束,在一种闭合的状态下形成的对社会公共事务的管理。[1] 另有学者认为,"行政区行政"以垄断性、封闭性和机械性为显著特征,是特定经济区域的地方政府基于行政区划的刚性界限,以行政命令的方式对行政区内的公共事务进行的管理。[2] 还有学者认为,"行政区行政"作为传统的行政,是通过官僚制的组织形式对辖区内的公共事务进行管理。[3] 从学界对"行政区行政"的已有研究来看,尽管学者对行政区行政的理解不尽相同,但对"行政区行政"严格的地域要求、封闭的管辖状态及辖区内的权力垄断有基本共识,行政区行政具有如下特征是基本确定的:

一是受行政区划的刚性约束。行政区行政以特定的行政区划为载体,行政区划作为一种具有国家强制力的国家行为,一经划定,便具有了严格的法律约束力,行政区行政由此受到了严格的地域限制,不能突破特定疆界的束缚,地方政府的权力界限只能及于本行政区,与"行政区经济"一样难以摆脱内向性与封闭

---

[1] 杨爱平、陈瑞莲:《从"行政区行政"到"区域公共管理"——政府治理形态嬗变的一种比较分析》,载于《江西社会科学》,2004年第11期。

[2] 金太军:《从行政区行政到区域公共管理——政府治理形态嬗变的博弈分析》,载于《中国社会科学》,2007年第6期。

[3] 高建华:《论区域公共管理的研究缘起及治理特征》,载于《前沿》,2010年第19期。

性的特征。正是基于行政区划刚性约束下的封闭性，才会产生诸如区域内市场分割和封锁、行政壁垒、无序竞争阻碍区域要素的合理流动、区域内基础设施重复建设、产业结构趋同等"诸侯经济"和"行政区经济"的典型弊端，还会导致宏观经济的波动，企业效益低下。①

二是所管辖公共事务的地域限制。《中华人民共和国地方各级人民代表大会和地方各级人民政府组织法》（以下简称《地方组织法》）规定了地方政府的职能要求，② 地方政府所管辖的公共事务仅限于本地方的辖区范围内，但区域间的公共事务由谁管辖、如何管辖，现行的法律并未作出明确规定。在"法无授权不得为之"的法治原则下，以特定行政区划为基础的"行政区行政"不能突破地域范围的限制，行政区行政的内向性与封闭性特征得以体现。

三是区划间行政管理的分割性与区划内行政管理的垄断性。行政区行政的地域限制割裂了不同行政区之间的合作与交流，行政管理呈现出以行政区划的分界点为界限的分割状态，行政区之间疆界明确但合作不足。从区域整体的范畴来看，各行政区之间处于"各自为政"的分裂状态；与行政区划间的割裂状态相对应的是行政区划内的垄断式管理导向，行政区划内的建设与发展需求促使各地方政府以本地利益最大化为目标追求，以强制性的行政权力主导和干预区划内经济建设与发展，利用各种行政手段保证本地的发展需求，尽可能地防止、拒绝和排斥外地的竞争与冲击，权力的主导性与垄断性既是行政区行政的典型特征。

（二）区域经济一体化背景下"行政区行政"的局限性

任何一种管理模式都不是凭空产生的，"行政区行政"这种管理模式是与"行政区经济"相匹配的。经济转型时期地方发展与经济建设的强烈需求催生了"行政区经济"，形成了适应"行政区经济"要求的"行政区行政"管理模式。这种管理模式在特定的历史时期曾实现了"上下齐心""举一地之力，促一地发展"之建设需要，完全否定行政区行政的作用与意义显然并不符合历史唯物主义，也与我国发展的历史与历程相悖。然而，任何事物都是不断发展和变化的，无论是"行政区经济"形态，还是"行政区行政"的管理模式，都应当在发展的背景下予以重新审视。以"行政区"为疆界、以谋求自身发展为目标指向的

---

① 雷志宇：《区域公共管理：解决行政区划刚性的新思路》，载于《西安外事学院学报》，2008年第1期。

② 根据《中华人民共和国地方各级人民代表大会和地方各级人民政府组织法》第五十九条第五项的规定，县级以上各级人民政府"管理本行政区域内的经济、教育、科学、文化、卫生、体育事业、环境和资源保护、城乡建设事业和财政、民政、公安、民族事务、司法行政、监察、计划生育等行政工作"。

"行政区经济"割裂了经济发展所必需的统一性和协调性，阻碍了生产要素和商品的自由流动，造成了"行政区"之间的分割与封闭，已越来越多地陷入"治理失灵"的困境。经济的协调发展必然要打破地区间的壁垒，走向区域经济一体化，推动区域行政管理模式创新。

一是行政区行政的"自利性"制约了区域经济的协调发展，构成区域经济一体化的障碍。区域经济一体化要求突破行政区划的刚性束缚，实现区域内经济交流与生产要素的自由流动。行政区行政谋求的是行政区划内的建设与发展，与区域经济一体化具有天然的冲突性。尽管在政府职能转变的要求下，地方政府行政管理的模式、手段、方式较以往已有较大的改进，但地方政府作为"政治人"与"经济人"的特性始终存在，只要地区间差异存在，各地政府必然本能地选择自利而非利他，优先满足并实现本行政区发展，即使这种选择可能对经济的整体性和持续性发展造成损害。在现有的行政管理体制、评价机制与权力运行机制下，一方面，基于利益的需求，地方政府很难放弃已有的权力和利益，经济管理权限仍然较多地掌握在地方政府手中；另一方面，市场机制仍不健全，市场对资源配置的决定性作用亟待加强，区域经济一体化的障碍更多的是源自地方政府以行政区划为疆界的封闭式与排他式管理，区域经济一体化要求变革行政区行政范式。

二是行政区行政的"地域限制性"导致跨区公共事务管理的缺位，制约了区域经济一体化发展。区域经济一体化以经济的跨行政区发展区别于传统的以行政区划为疆界的行政区经济，区域内的经济获得了更为广阔的发展空间，在有利于区域经济以区域的整体性发展为目标和规划的同时，也带来了对区域行政管理的挑战。传统的行政区行政以行政区划为疆界，对本行政区的公共事务进行管理，地域范围明确，公共事务的种类及性质较为单一，《地方组织法》对此有较为明确的规定。区域经济一体化带来了跨区公共决策、跨区行政执法、跨区环境治理等超越了特定行政区划的跨区公共事务，这些跨区公共事务的管辖问题现行法律并无规定，处于立法的空白状态，随着一体化程度的加深，跨区公共事务必然越来越多，也越来越复杂。在目前以行政区行政为主导的行政管理模式下，地方政府愿意关注和需要负责的仅限于本地区的局部利益，对区域性公共事务缺乏关注也不需要关注，基于"搭便车"（free-rider）的心理与可能，各地政府当然首先选择坐享治理的成果，其结果必然导致区域公共事务治理失灵。如何实现对跨区公共事务的治理，成为行政区行政仍为主导的管理模式下区域经济一体化亟待解决的难题。

三是行政区行政的"权力垄断性"排斥了其他社会主体对公共行政的管理和参与，政府对经济的主导与区域经济一体化的要求相悖。市场经济本质上是一种权利经济,① 市场主体、社会主体在经济发展与公共管理中的地位应当得到尊重与保障。行政区行政在当然的自利性、严格的地域限制性之外的一个突出弊端就是行政权力的主导性与垄断性,由于行政权力制约机制仍有待健全,作为权力本源的权利依附于权力,难以实现自身的效能,也难以发挥对权力应有的作用,政府以外的社会主体在公共管理中的地位与作用难以保障,权力的全能型与政府能力的有限性之间的矛盾日趋激烈。一方面,权力几乎无所不能,权力寻租的现象较为严重,权力的自利性、扩张性、膨胀性难以遏制,社会主体生存和发展的空间被侵蚀;另一方面,政府的人员构成、管理能力等都是有限的,难以也不可能承揽所有社会公共事务,因而常常陷入"不该管、管不好、管不了"的事情都在管,而"应该管、管得了"的事情却管不好或管不过来的困境。这种冲突和困境在区域经济一体化进程中将更为突出和激烈,需要对行政权力的主导性、垄断性等弊端予以克服。

二、区域府际合作

为了破解区域经济一体化进程中行政区行政所导致的治理难题,学界提出了从行政区行政向区域行政转变、从行政区行政向区域公共管理的转变等思路。②对这些观点的梳理有助于理解区域府际合作,并为破解区域经济一体化中的治理难题提供帮助。

一是区域行政。从国内有关区域行政的研究来看,较早提出"区域行政"概念的是北京大学的宋月红博士,其在《行政区划与当代中国行政区域、区域行政类型分析》一文中,指出"区域行政以中央与地方关系为纽带,表现为中央与地方权限划分、责任能力强弱、政府行为模式及行政管理体制的变革和发展等",具体可划分为中央直辖市区域行政、普通省制区域行政、民族区域自治制区域行政和特别行政制区域行政。③从其对区域行政的阐释来看,其所定义的"区域行政"仍建立在行政区划的基础上,仍然属于"行政区行政"的范畴。较早从"区域"的视角定义并研究"区域行政"的是中山大学的陈瑞莲教授,其在《试论我国区域行政研究》一文中,指出:"区域行政就是在一定区域内的政府(两个或两个以上),为了促进区域的发展而相互间协调关系,寻求合作,对

---

① 方世荣主编:《行政法与行政诉讼法》,中国政法大学出版社2007年版,第12页。
② 张紧跟:《从区域行政到区域治理:当代中国区域经济一体化的发展路向》,载于《学术研究》,2009年第9期。
③ 宋月红:《行政区划与当代中国行政区域、区域行政类型分析》,载于《北京大学学报(哲学社会科学版)》,1999年第4期。

公共事务进行综合治理,以便实现社会资源的合理配置与利用,提供更优质的公共服务。"①

二是区域公共管理。较早提出区域公共管理的仍是中山大学的陈瑞莲教授,她及她的研究团队认为区域行政尚不足以承担推进我国区域经济一体化发展的重任,区域经济一体化的发展路向应该是实现从区域行政向区域公共管理的转型。② 其在《区域公共管理的缘起与发展》一文中,指出:"区域公共管理是指由区域内的各级地方政府组织、非营利组织和市场主体所构成的区域公共问题的治理主体的组织形态,也包括这些主体在治理区域公共事务过程中所共同遵循的治理理念和相关制度设计。"③ 学者金太军指出:"区域公共管理实质上是政府治理方式上的制度变迁,即打破原有行政区行政的制度安排,重塑利益格局的制度演变过程。"④

从学者对区域行政以及区域公共管理的已有研究来看,无论采用何种模式——区域行政、区域行政的制度化或区域公共管理来解决区域经济一体化所遭遇的行政区行政难题,都不可避免会涉及一个问题,即地方政府在区域经济一体化中的地位与作用。不仅是我国这样的市场经济尚待成熟的国家,即使是市场经济已经成熟的发达国家,依靠市场自身都难以消除的"市场失灵"现象,这表明任何一个市场经济国家都无法将解决经济发展问题的希望完全寄托于市场自身,政府对经济的必要干预为市场经济所必需。区别于西方自下而上的市场经济模式,我国的市场经济体制改革是政府主导下的自上而下的改革模式,政府在区域经济一体化中的重要性更是不言而喻。诞生并固化于旧的体制之下的行政区行政对区域经济一体化的阻力却不是某一政府单方面的作为所能解决的,推进区域经济一体化、解决区域经济一体化进程中治理难题必须找到切实可行的路径,而在我国现有体制下,实行区域府际合作不失为一种理性的路径选择。

三是区域府际合作。关于区域府际合作,有学者认为,其是指"在中央政府良好的政策引导下,依靠区域内地方政府间对区域整体利益达成的共识,运用组织和制度资源去推动区域经济一体化,从而塑造区域整体优势"⑤。还有学者认

---

① 陈瑞莲、张紧跟:《试论我国区域行政研究》,载于《广州大学学报(社会科学版)》,2002年第4期。
② 张紧跟:《从区域行政到区域治理:当代中国区域经济一体化的发展路向》,载于《学术研究》,2009年第9期,第42~43页。
③ 陈瑞莲:《论区域公共管理研究的缘起与发展》,载于《政治学研究》,2003年第4期。
④ 金太军:《从行政区行政到区域公共管理——政府治理形态嬗变的博弈分析》,载于《中国社会科学》,2007年第6期。
⑤ 陈剩勇、马斌:《区域间政府合作:区域经济一体化的路径选择》,载于《政治学研究》,2004年第1期。

为，区域府际合作是区域公共管理的重要制度创新，具有如下特征：第一，在政府治理的价值导向上，区域政府所持的是问题导向而非区划导向，也即，区域政府摒弃了行政区划的刚性束缚，以区域性公共问题的联合治理为合作的根本宗旨；第二，在管理的机制上形成了政府主导、市场和民间等多元主体共同参与的新的公共管理格局；第三，府际合作的根本目的是合作供给区域性公共产品和联合管理区域性公共事务。①

区域府际合作是府际合作的一种，对府际合作，学界广义与狭义两种不同的理解。广义的府际合作既包含不具隶属关系的横向地方政府间的合作，也包含具有隶属关系的中央与地方、地方与地方之间的纵向政府间合作。狭义的府际合作是指一定区域内不具有隶属关系的地方政府以一定的制度形式就区域共同利益达成共识，通过区域内资源的优化组合，实现区域内经济协调与利益共赢的活动。区域府际合作属于狭义上的府际合作。区域府际合作的价值在于其并不排斥和否定行政区划的作用，而是在尊重行政区划的基础上寻求一种管理创新。这种创新以区域整体利益为目标指向，以行政区划为基础但又摆脱了行政区划对区域行政管理的刚性束缚，寻求一种超越行政区划限制的政府间的理性合作，强调政府的管理职能但又不否定和排斥其他社会主体对公共行政事务的管理与参与，以求通过不同政府间、不同主体间的合作实现行政区划内与行政区划之间经济的协调发展与公共事务的有效管理。

三、从行政区行政到区域府际合作的必然性

行政区划是实现国家治理的重要方式，任何国家都需要借助一定的行政区划形式实现对国家的管理。行政区行政的弊端并非在于行政区划本身，而是在于行政区行政过度强调了行政区划的限制，以行政区的界限为樊篱实施权力主导与权力垄断的割裂式行政管理，忽视及排斥不同行政区之间的沟通与合作，强调政府的权力垄断与主导作用而忽略甚至挤压了其他社会主体在治理中的地位与作用，导致发展的自闭性与有限性。行政区行政以"行政区经济"为基础并加剧了行政区经济现象，构成对区域经济一体化的障碍，区域经济一体化要求克服行政区行政的弊端，走出行政区行政的困境，实现区域经济的协调发展，这就需要从行政区行政的本质出发，寻求根本性的解决方法。有学者提出了调整行政区划，设置跨区政府等建议，实践中也有调整行政区划的实际举措。但是，调整

---

① 杨爱平：《论区域一体化下的区域间政府合作——动因、模式及展望》，载于《政治学研究》，2007年第3期。

行政区划或者设置跨区政府等建议或举措并不能从根本上解决行政区行政封闭、自利、权力垄断与权力主导等本质性缺陷，行政区划调整之后也仍然可能产生新的行政区划之间的行政区行政的问题，行政区行政问题的解决，需要寻求更为妥当的方式。

传统"行政区行政"要求政府的活动必须在预先设定的行政区划内进行，管理的出发点皆以行政区划的刚性约束为导向。这种闭合式或内向型的管理模式已经无法有效治理区域经济一体化带来的跨地区公共问题，难以满足经济社会发展对资源流动无界化的要求。要推进区域经济一体化，必须打破传统"行政区行政"的樊篱，实现区域治理的范式变革，区域府际合作作为一项新型的区域公共管理模式，应运而生登上了历史舞台，互信、沟通、协商、交流与合作逐渐成为地方政府主动的行为选择，共同的利益构成了府际合作的基础。加拿大政治学教授戴维·卡梅伦（David Cameron）曾指出，"现代生活的性质已经使政府间关系变得越来越重要。那种管辖范围应泾渭分明，部门之间须水泼不进的理论在19世纪或许还有些意义，如今显见着过时了。不仅在经典联邦制国家，管辖权之间的界限逐渐在模糊，政府间讨论、磋商、交流的需求在增长……可见，唤作'多方治理（multigovernance）'的政府间活动越来越重要了"[①]。

以问题为导向的区域府际合作立足于区域经济一体化的现实，正视行政区行政所导致的行政管理缺陷和弊端，在协调行政区利益与区域整体利益的基本原则下，以合作而非对立、以作为而非放任的理性态度处理和解决本行政区与其他行政区之间的公共事务，尊重并认可、扶持政府以外的其他社会主体在公共事务管理中的地位和作用，唯有如此才能够真正解决行政区行政"利己性""地域限制性"和"权力垄断性"等导致的矛盾。区域府际合作不仅有助于消除已有的"行政区行政"的缺陷和弊端，而且能够及于将来，即使行政区划调整，或者设置新的区域治理机构，也仍然需要政府间的合作与协调，离开区域府际合作的区域经济一体化是不可想象的。从以行政区划为樊篱的"行政区行政"到以行政区划为基础但又不囿于行政区划的区域府际合作，成为区域经济一体化下协调府际关系的最优选择。

第三节　区域府际合作的动因与功用

区域经济协调发展的主要障碍——地方市场分割和地方保护主义，阻碍了经

---

① ［加］戴维·卡梅伦：《政府间关系的几种结构》，载于《国外社会科学》，2002年第1期。

济资源的优化配置和跨地区的经济合作,其根源在于现行的以行政区行政为表征的体制、机制与制度障碍,这种体制性的障碍是自下而上的市场力量难以突破的。而依靠区域府际合作推动区域经济一体化是在现行体制下实现区域经济一体化发展的理性选择。① 有学者提出,"自 20 世纪 80 年代以来,随着经济市场化和地方分权化的发展,地方政府间关系已经成为我国政府体制改革和经济发展所关注的重要领域。同时,由于区域的濒临性、资源与能力的互补性等原因使得某一区域内的整体协调与协同治理越来越显得重要了。"②

一、区域府际合作的基本动因

(一) 区域府际合作是破解区域经济一体化体制性障碍的客观需要

虽然随着经济发展水平和市场发育水平的提高,以及随着国家立法的完善和执法环境的变化,地方市场分割和地方保护主义的内容和表现形式也在发生变化,但造成这一现象的体制性根源依然根深蒂固,体制转轨过程中行政性分权下的中央与地方之间的权力结构、"政绩合法性"主导下的地方干部考核制度、政府机构庞大与地方财政困境,以及计划经济时代遗留的工业布局,共同造成了区域经济一体化的体制障碍。我国是一个政府主导的、后发型现代化国家,一方面,计划体制下政府对经济的深度干预,政府手中掌握了大量的管理和直接运行经济的权力和能力;另一方面,市场经济发育还极不成熟,社会组织的力量也还有待于发展和壮大,所以,除非政府之间达成共识,通过政府间合作,依靠一致性的行政力量、中央政府的政策资源和法律制度去实现一体化,否则在政府之外几乎没有足够的力量和制度渠道来实现这一制度变迁。③新制度经济学认为,"对于一个有着长期集权且市场不发达的国家来讲,供给主导型的制度变迁将起主要作用"。④有学者认为,区域经济一体化的主要障碍,即地方保护主义的根源在于现行的体制和结构。在市场机制尚不完善、法治极不健全的情况下,仅仅依靠民间经济交往这一自下而上的市场力量,显然难以冲破这一体制性的障碍。而通过构建一个强有力的区域府际合作机制,依靠政府间的合作积极推动区域经济一体化,是在现行体制下实现我国区域经济一体化发展的理性选择。⑤ 区域府际合

---

①③⑤ 陈剩勇、马斌:《区域间政府合作:区域经济一体化的路径选择》,载于《政治学研究》,2004 年第 1 期。

② 安建增:《府际治理视野下的区域治理创新》,载于《四川行政学院学报》,2009 年第 2 期。

④ 卢现祥:《西方新制度经济学》,中国发展出版社 1996 年版,第 122 页。

作的目的，从根本上说，就是通过行政性力量基于对市场规范的共识，打破行政壁垒，促进区域内部要素的流动，实现资源的有效配置，最终形成一个统一的地域经济组织，即区域经济共同体。

（二）区域府际合作是一种利益驱动下的战略选择

在市场经济深入发展和各地政府利益独立化的制度背景下，推进区域府际合作是一种利益驱动下的战略选择。自然资源、地区差别等使得地方政府间客观上存在着互利合作而实现利益最大化的相互需要。美国学者登哈特（J. Denhardt）等指出："理想的组织结构是一种合作型结构，然而这种结构的有效运作，必须以集体的、共享的公共利益观念为基础。这一目标不是在个人选择的驱使下找到快速解决问题的方案，而是要创造共享利益和公共责任。"[①] 我国改革开放以后，中央政府推行的分权改革极大地刺激了地方政府追求地方利益最大化的内在冲动，由此形成了各自为政、竭力汲取各方面资源的地方政府间竞争博弈行为。一开始，这一博弈具有恶性竞争的态势，并突出体现在地方保护、污染治理与招商引资中。地方政府之间的关系在经历了一段时间的恶性竞争、两败俱伤的博弈惨局后，必然要走向一种新的、既有竞争又有合作的博弈态势，尤其是在一定区域内的地方政府间源于共同利益的追求，寻求合作的动因大大强化。[②] 区域府际合作是建立在共同利益的基础上，且区域内的地方政府意识到只有选择合作才能增进和分享共同利益，走出"零和博弈"的困境，避免"囚徒困境"和"公用地悲剧"的产生，实现利益共赢。当然，以府际合作来推动区域经济一体化，并不是强调以政府的力量去替代市场，而是试图通过区域内地方政府的共同行动，一起尝试并进行以市场化为导向的制度创新，为区域内社会经济资源的优化配置提供一个一体化的制度平台。[③]

（三）区域府际合作是解决日益增多的区域性公共问题的内在要求

改革开放前，我国实行的是高度集权的政府体制，政府通过自上而下的"内向型行政"方式来管理公共事务。[④] 改革开放以来，我国经济社会发展的一个趋

---

① [美]珍妮特·V. 登哈特、罗伯特·B. 登哈特著，丁煌译：《新公共服务：服务，而不是掌舵》，中国人民大学出版社2004年版，第62页。
② 刘祖云：《政府间关系：合作博弈与府际治理》，载于《学海》，2007年第1期。
③ 陈剩勇、马斌：《区域间政府合作：区域经济一体化的路径选择》，载于《政治学研究》，2004年第1期。
④ 王瑞成：《略论我国区域经济一体化背景下的区域公共治理》，载于《南京政治学院学报》，2006年第6期。

势是跨行政区的经济活动和社会事务越来越多,以往依靠单一地方政府可以解决的事情,现在需要一定区域内的地方政府合作处理。经济的市场化发展要求消除地方封锁,建立统一市场;而环境资源保护、污染治理、突发性公共问题的处理等也都要求跨行政区合作。可以说,由于资源禀赋的差异和越来越多的跨区域公共问题的凸显,各地区之间通过互利合作来实现利益最大化的需求也越来越迫切。且随着经济的发展,公民知识水平的提高,公共事务日益繁杂,公众对公共产品的质量要求日益提高。地方政府受财政、人才、技术等因素的制约,在处理一些新问题时,特别是在提供跨地区性公共产品和服务方面,往往束手无策,导致跨地区性公共物品供给不足和公共事务治理失灵,加剧了政府与公众的矛盾,影响地方政府在公众心目中的形象。[1] 从更深层次上看,"这种局面的出现是因为各个地方政府追求自身利益最大化,进行地区大战和封锁,进而损害了地方政府之间的合作关系,从而出现公用地的灾难而导致一些跨地区性公共物品供给失灵"[2]。故随着区域经济一体化的发展,面对一系列亟待解决的区域公共治理问题,加强区域内各地政府间的合作,构建跨域公共事务治理机制,减少相互间的矛盾与冲突,营造和谐的发展环境就成为必然要求。

(四) 区域府际合作是协调行政权力实现资源优化配置的重要途径

区域经济一体化障碍问题本质上是行政权力对经济要素自由流动的阻隔问题,是地方政府运用行政权力对资源的市场化配置的阻隔和扭曲,实现区域经济一体化关键在于打破行政权力对经济要素自由流动的阻隔。区域府际合作之所以能成为实现经济一体化的重要途径之一,就在于它是通过行政权协调来改变原有的各地方政府间的行政权力分割配置状态,实现行政权力在区域层面上的再配置,从而实现资源在整个区域的优化配置。有学者认为,行政权力在地方政府合作中扮演了重要的角色:一方面,在横向或斜向府际关系中,并不是有了利益的相互依赖就必然会产生实质性的合作关系,利益的相互依赖只是地方政府达成合作的必要条件。由于利益通常附着在权力之上,权力支配着各种资源,而权力又恰恰是地方政府所拥有的最核心资源,地方政府要通过行政权力的运用来实现利益,并且从现实来看,地方政府间通常是通过处理、调整相互的权力关系来协调相互间的利益关系。因而,可以这么认为,地方政府间首要的和最核心的关系就是权力关系,解决不好地方政府间的权力关系,地方政府间就不会有真正的利益合作关系,地方政府间的合作在一定意义上是关于行政权力之间的合作;

---

[1] 杨小森:《加强地方政府间横向合作与协调机制建设》,载于《黑龙江社会科学》,2006年第1期。
[2] 张紧跟:《浅论协调地方政府间横向关系》,载于《云南行政学院学报》,2003年第2期。

另一方面，行政权力作为政府管理社会公共事务的核心工具，是政府所掌握的一种特殊资源，这种资源的特殊性就在于它能够控制和支配其他资源，因而，通过对行政权力的再配置就可以改变资源的配置状况。可以说，国内区域经济一体化的进程实际上就是地方政府间行政权力的协调过程，是行政权力再配置的过程。①

二、区域府际合作的主要功用

地方政府间关系是当前府际关系的重要内容，竞争与合作是府际关系的两个关键维度，在竞争中加强合作，构建区域内地方政府间的合作与发展关系，以此推进区域经济一体化进程成为当务之急与明智之举。可以说，区域府际合作对于推动区域经济一体化的发展及区域府际治理水平的提升具有重要的功用。主要表现为：

（一）区域府际合作有利于实现利益共赢

区域府际合作主要靠利益推动，互利共赢是实现合作的重要前提与基础，形成合作的共识是其基本要求。而形成合作的共识需要参与合作的各地方政府通过沟通、协商、抗辩等方式讨论合作的范围和方法，讨论合作成本的分摊和合作收益的共享，讨论对不合作行为的制裁等事项。沟通、协商、抗辩等是达成共识的过程，也是共同利益的发现过程。有了合作的共识，地方政府才可能克服地方利益的排他性，在地方经济往来中减少零和博弈，形成共赢结果，以积极的态度对待合作。同时，地方政府间的竞争与合作是促进经济发展的动力，府际合作既有利于实现利益共赢，且府际合作能够持久地进行下去又有赖于合作各方利益的维护与增进，有赖于合作各方利益的最大化和区域整体利益的维护和实现。有了这个基础，"地方政府在考虑诸多因素后，共同提供公共物品的可能还是存在的，并且这种合作的'溢出效应'也是当前地方政府官员首先追求的，他们的政治晋升机会才可能出现"。②

（二）区域府际合作有利于区域公共物品的有效提供

区域府际合作的实现需要发现关于哪些事项需要地方政府之间的合作，使地

---

① 彭彦强：《区域经济一体化、地方政府合作与行政权协调》，载于《经济体制改革》，2009年第6期。
② 徐传谌、秦海林：《地方政府合作机制新探》，载于《江汉论坛》，2007年第6期。

方政府明确哪些公共物品可以由地方政府共同提供或联合提供。这可从两个方面考虑：一是哪些是必须合作的事项，这些事项具有"区域公共"的特性，很难由区域内某一地方政府单独解决。比如在地方政府面临环境污染治理、流域治理、灾害应对、公共安全维护等跨地区问题的时候。这类问题的解决只能通过地方合作，如果缺少联合行动，相关的任何一方都难以避免损失。此时的府际合作也是为了避免更大的损失。二是哪些是通过合作可以获益的事项。这种情况下府际合作则是为了获得更大的收益，比如在基础设施建设和维护、产业布局、统一市场、交通运输等方面。对于那些跨行政区的山河湖海的生态环境、跨行政区的道路和航道、能源输送网络和通信网络，需要相邻地区共同维护或建设，如果缺少相关各方中某一方的努力，就会面临生态环境的破坏和基础设施的短缺等问题。在相邻地区之间开放市场，统一市场规制，可以降低各方企业的交易费用，也是通过府际合作可以获益的领域。[①]

（三）区域府际合作有助于提升区域府际治理的水平

区域府际合作是我国地方政府适应区域经济一体化需要、提高区域府际治理水平的重要举措。这种日益增强的府际合作趋势，经济合作发展组织（OECD）认为其原因主要是：由于环境保护和经济持续发展等政策问题，亟须区域内的地方政府之间协作处理；由于区域经济发展失衡，地方政府间必须通力合作解决失业和贫穷等社会问题；由于全球化的冲击，区域内各地方政府间必须依靠资源和行动的整合，以发挥综合效益，提升地方竞争力。[②] 尽管地方政府为提升其效能，已经与许多私人部门或非政府组织建立伙伴关系，但地方政府间所建立的伙伴关系，仍是其他合作关系所无法取代的。府际治理是行政革新和政府再造的重要产物，它具有以下特征：一是府际治理是以问题和行动为导向的府际互动过程；二是府际治理是了解和处理政府组织变迁的一种方法或工具，可以用来解释地方政府如何以及为何用特定的方式进行互动，并可提供采取有效策略行为的建议；三是府际治理强调联系、沟通以及网络发展的重要性，它强调地方政府间在信息、共同分享、共同规划、一致经营等方面的协力合作；四是地方政府间被视为互相依赖和伙伴关系，而非竞争对立关系，强调利益补偿和利益共享；五是强调公私部门的混合治理模式，倡导社会力量积极参与地方政府决策。[③] 有学者提出，府际治理机制是"命令机制""利益机制"与"协商机制"

---

① 杨龙、戴扬：《地方政府合作在区域合作中的作用》，载于《西北师大学报（社会科学版）》，2009年第5期。
② See OCED, Local Partnerships For Better Governance, Paris: OCED, 2001, pp. 41-15.
③ 赵永茂、孙同文、江大树主编：《府际关系》，台北元照出版公司2001年版，第237~373页。

三者的并存与整合,其特征是既鼓励政府间竞争,更注重政府间合作;既注重单个政府目标的实现,更注重区域内政府间的战略协同。① 总之,区域府际治理是建立在尊重、信任、协调、共赢基础上的治理,需要建立高效、善治的政府,离不开区域内各地政府的合作共治,强调权力主体与权利主体的双向互动。

(四) 区域府际合作有利于促进区域经济的协调发展

区域内政府间的利益博弈如同理性人之间的利益之争,是竞争还是合作需要基于一定的场域和利益需求,府际合作既有利于打破市场封锁、条块分割,清除市场障碍,尽快建成统一开放、竞争有序的大市场;也有利于有效控制区域产业结构趋同,提高区域政策的有效性,增强区域的整体实力和核心竞争力。在竞争中占据优势还是在合作中共赢是一个长期的话题,竞争是有基础的,合作是有条件的。竞争和合作在一定条件下是可以相互促进和转化的,这体现在:一方面,竞争会激活合作的需求,白热化的市场竞争,促使各地政府和企业感觉到合作对于降低交易成本的重要性,从而形成对合作的冲动,替代某些"割喉式"的竞争;另一方面,竞争也能够提高合作水平。通过市场竞争,可以增强素质,让不合格者竞争出局,通过竞争与合作的多次循环往复,整体素质和合作水平将极大提高。竞争与合作如同区域经济一体化的两个轮子,缺一不可,排斥合作的竞争和缺乏竞争的合作都不利于区域经济一体化的健康发展。以互利共赢为基础的区域府际合作,不仅有利于本地区的经济发展,而且有利于减缓地区经济发展的不平衡。市场经济体制要求实现产品的社会化、劳动的社会化、资本等生产要素的社会化和生产要素的有序流动及资源的优化配置,就需要打破地方封锁和拆除各种"土围子",要求打破地区限制实现合理的区域分工格局。区域府际合作的一个重要作用就是可以将地方政府竞争的负外部性内部化,使资源在地域间得到优化配置,将竞争所带来的经济成本和社会成本转化为收益。只有区域内各地政府之间积极配合,在竞争中主动加强合作,自觉克服盲目无序竞争,形成科学合理的竞合关系,才有助于促进区域经济的协调发展,才能以更新的面貌和更强实力参与到国际市场竞争之中,谋求更大的效益。②

---

① 刘祖云:《政府间关系:合作博弈与府际治理》,载于《学海》,2007年第1期。
② 毛哲成:《地方政府应在竞争中加强合作》,载于《辽宁行政学院学报》,2008年第12期。

第二章

区域经济一体化中府际合作的法治需求

法治作为一种制度安排，是区域经济发展的内在因素，能为区域经济的健康发展和经济一体化营造公平的环境和良好的氛围。现代区域经济作为社会化程度日益提高的市场经济，其市场秩序的规范和经济活动中许多问题的解决，需要通过法律制度加以安排，而不能凭借上级意志和简单行政命令行事。市场经济是法治经济，区域经济的发展，既离不开市场竞争，也离不开法治保障。法治既是区域经济健康发展的必备条件，也是促进区域经济一体化的重要推动力量，还是区域经济发展诸要素的制动性因素。一方面，法治为区域经济系统的运行营造稳定有序的社会环境、合理有效的竞争环境、良好的信用环境，形成科学高效的管理模式和调控机制；另一方面，法治一旦与经济结合，成为区域经济运行的"秩序"和经济主体的行为规范，就具有激励和约束功能，在降低交易成本、节约交易费用、提升区域配置资源的效率和获取资源的能力等方面都发挥着重要作用。[①]

第一节 府际合作法治化的必要性及要求

一、府际合作法治化的必要性

区域经济一体化中政府间关系的内涵首先是利益关系，利益关系是政府间关

---

① 朱容：《法治建议与区域经济发展研究》，西南财经出版社2007年版，序言部分。

系的决定性因素，决定着政府间关系的属性。"区域合作和区域一体化的过程，实际上就是区域成员主体间利益不断冲突、妥协、博弈和协调的过程。"① 法是利益关系的调节器，"法律的主要作用之一就是调整及调和种种相互冲突的利益，无论是个人利益还是社会利益。这在某种程度上必须通过颁布一些评价各种利益的重要性和提供调整种种利益冲突标准的一般性规则方能实现"。② 故要依法协调平衡各种利益关系，发挥制度的保障、激励和约束作用，力求将区域经济一体化中府际合作行为纳入法治的轨道，保障其健康有序运行。在此基础上为区域经济一体化中府际合作的一系列问题解决提供科学的构想与有效的路径。

（一）法治能为府际合作提供基本的逻辑前提

区域经济一体化的关键是市场竞争规则的一体化。欧共体创建和欧盟运行的实践经验表明，一个统一的协调的市场竞争规则对建立区域经济一体化的发展机制来说是至关重要的。如果没有对政府间利益关系做出制度上的合理安排，地方政府间的关系很容易陷入"公用地悲剧"之中。如果没有制度与规则的支撑，就无法在区域大市场范围内，协调各地方的政府行为，无法限制地方政府主导的盲目重复建设的冲动，无法使区域内市场主体进行充分、有效的和公平的市场竞争，无法防止市场竞争被各地区行政权力和垄断势力扭曲，无法实现区域范围内的资源有效配置。③ 亚当·斯密所说的"个人追求自己利益的活动之所以能够增进公共利益"，其实是有条件的。第一是由正当行为规则构成之法治秩序，此即亚当·斯密所说的"无形之手"。以启蒙的观点看，就是休谟、斯密提出，而由哈耶克深化的概念——"正当行为规则"④。第二是具有内在约束的竞争主体。假如不具备这两个条件，竞争就无益于公共收益。竞争如果是在完全不讲规则的无赖与正人君子之间进行，则很可能是无赖胜出。同时，交易费用理论认为，交易主体间冲突的根源在于交易费用太高。作为有限理性的交易主体可能会选择对抗而非合作。地方政府间关系协调的基本路线在于降低地方政府间关系发展中高额的交易费用，这必然会诉诸制度设计，即不断完善地区利益获得机制和地区间利益分享与平衡机制，并在新的制度框架下进行组织创新，以尽可能克服地区间冲突和增加地区间合作。制度通过提供一系列规则界定人们的选择空间，调整人

---

① 汪伟全：《区域合作中地方利益冲突的治理模式：比较与启示》，载于《政治学研究》，2012年第2期。
② ［美］E. 博登海默著，邓正来译：《法理学：法律哲学与法律方法》，中国政法大学出版社1999年版，第398页。
③ 陈剩勇、马斌：《区域间政府合作：区域经济一体化的路径选择》，载于《政治学研究》，2004年第1期。
④ 鲁鹏：《制度与发展关系研究》，人民出版社2002年版，第136页。

们的相互关系,从而减少环境中的不确定性,减少交易费用,保护产权,促进生产性活动,减少冲突而增加合作。要减低交易费用而促进地方政府间合作,关键在于有效的制度安排,因为制度的基本功能就是为合作提供"共识",制度是合作产生的基本逻辑前提[①]。

(二) 法治保障府际合作规范有序地进行

府际合作是为了实现资源共享和优势互补。府际合作应当建立在平等、自愿的基础上,合作各方的利益以及权利义务要有法律的保障。用法律调整府际关系为依法治国所要求。依法治国首先要建立政府运行规则,政府间的关系要建立在法律规则之上,政府间的冲突也要采用法律手段解决。从国外的经验看,无论是普通法系的英国、美国还是大陆法系的法国、德国,其政府间的关系均通过法律调整,既强调政府间的相对独立,鼓励各级政府的创新,又强调相互合作,政府间的冲突主要通过司法程序解决。由于各级地方政府具有不同的利益考虑,地方政府之间的合作也夹杂着竞争与对抗,因而,合作的基本要求需要立法设定,法律应是地方政府之间合作的基本保障。[②] 目前我国区域府际合作的法治化程度还不高,仍然面临一系列的体制、机制与制度缺陷。参考和借鉴域外府际合作的成功经验,结合我国的实际情况,将府际合作纳入法治化的轨道,满足府际合作从合作的前提、合作的依据到合作的实现全程性的法治化要求,以法治保障府际合作的有序开展,是推进区域府际合作的必然要求。

(三) 法治推动府际合作治理水平的提升

府际合作治理是目前区域治理创新的重要维度,代表了一种复杂且互相依赖、协同合作的治理过程,日渐成为区域经济一体化中促进区域合作的治理模式选择。在现代社会,治理离不开法治,法治是治理的基本方式,是提高府际合作治理水平的保证。府际合作治理应是在法治轨道上的公正、高效、权威的治理,是重视运用法治思维和法治方式的治理。法治的权威性、可预期性、可操作性、可救济性等优势在府际合作治理上具有其他手段所不具备的优势。区域经济一体化背景下府际合作治理的实施必然伴随着产业、生产要素、基础设施建设、公共服务等方面一系列涉及区域内公众切身利益的重大决策。为保障决策的科学性、公正性、可行性,应按照依法行政原则的要求健全区域经济一体化行政决策的程序保障机制,用法定程序与正当程序规范区域经济一体化中重大行政决策行为,

---

① 张紧跟:《当代美国地方政府间关系协调的实践及启示》,载于《公共管理学报》,2005年第21期。
② 薛刚凌:《论府际关系的法律调整》,载于《中国法学》,2005年第5期。

避免领导拍脑袋式决策、政策朝令夕改或部门利益垄断式决策。要求政府官员树立法治观念和服务意识，强化对法律知识的学习应用，尤其是涉及区域治理和经济一体化过程中的相关法律法规的学习应用，提高其依法办事的能力，这是我国推进区域治理体系和治理能力现代化、提升区域府际合作治理水平、切实解决好区域公共问题的必要选择。①

二、府际合作法治化的不足及要求

推进区域府际合作，取决于我们能否建构起良好的制度环境、合理的组织安排和完善的合作机制。按 L.E. 戴维斯和 D.C. 诺思的理解，制度环境"是一系列用来建立生产、政治、社会和法律基础规则"②。如果没有制度、组织与机制的支撑，就无法在区域范围内协调各地方政府的行为，无法实现区域内资源的有效配置。

（一）府际合作法治化的不足

我国在府际合作方面进行了积极的探索，也取得了初步的成效，但也面临法治化不足的问题，区别于欧盟等以完备的法律体系为基础的一体化合作，我国现行立法未对横向地方政府间的府际关系及府际合作进行规定，府际合作缺乏必要的立法规范与明确的法律依据。同时，作为府际合作主要方式和合作依据的政府间协议，其性质如何界定、法律效力如何、如何保证这些协议的执行等诸多问题亟待明确。故客观审视并着力解决当下府际合作中规范化、制度化程度较低的实际问题，克服区域经济一体化背景下府际合作的法治难题，是实现区域府际合作法治化的首要问题。

1.《宪法》《地方组织法》等未对府际合作作出规定

《宪法》对地方政府法律地位与法定职权作了规定，如宪法确认了地方政府作为权力机关执行机关的法律地位，对地方政府的法定职权作了专门规定，县级以上的地方政府均享有管辖本地方行政事务，发布命令和决定，领导所属各工作部门和下级人民政府的工作等职权；乡镇一级的地方政府依法享有管辖本地方行政事务的权力；民族自治地方的人民政府还依法享有一定的自治权。地方政府在

---

① 匡涛涛、易昌良：《我国区域治理存在的问题及对策研究》，载于《新视野》，2015 年第 4 期。
② ［美］L.E. 戴维斯、D.C. 诺思：《制度变迁的理论：概念与原因》，载于［美］R. 科斯等著，刘守英等译：《财产权利与制度变迁——产权学派与新制度学派译文集》，上海三联书店、上海人民出版社 1996 年版，第 270 页。

宪法上的地位是平等的，均有权管辖"本行政区内"的公共行政事务，负有推动"本地方"经济建设事业的责任。宪法对地方政府权力行使的范围规定很明确，即以"本行政区"为限，未涉及对地方政府间合作（府际合作）的规定，府际合作的权限、权力的要求与限制等均未有宪法的明确规定。《地方组织法》在宪法的基础上对地方政府的法定职权进行了明确，但与宪法规定的地方政府职权限于"本行政区"一样，未涉及对区域府际合作的规定，地方政府在府际合作中的法律地位、法律责任、权力义务等的立法规定更是缺乏，不能满足区域府际合作的客观需要。有学者认为，中国当前欠缺府际关系协调法律，在法律缺位的境况下，府际关系协调往往无章可循，府际争议的解决因缺乏统一评判标准而颇为棘手。①

2. 府际合作协议的内涵、外延、法律性质、法律地位与法律效力模糊

一是从府际合作协议的内涵与外延上来看。府际合作目前主要依据的是经府际沟通、协商，就利益关系的调整达成共识所签署的各项合作协议，如作为基础性、全局性、长远性的合作框架协议，作为事务性、具体性的合作协议以及补充协议、备忘录等，在名称上、内涵上、外延上均尚未达成共识：一方面，府际协议的名称并不一致，主要有宣言、意见、协议或协议书、框架协议、意向书、议定书、倡议书、提案、章程、纪要等表现形式，其中以宣言与协议使用最为频繁；另一方面，学界对这些协议的称谓也各不相同，有的称之为行政协议，有的称之为对等性行政契约，有的称之为行政协定，其中以行政协议使用最多。②

二是从府际合作协议的法律性质、法律地位与法律效力上来看。现行法律对这些府际合作协议尚无明确规定，其性质、法律效力等问题处于立法的空白状态，影响协议的执行，构成对府际合作的消极影响。

3. 府际合作的机制不完善

目前，我国的府际合作主要依靠的是政策与行政手段，合作机制尚不完善。政府官员特别是"一把手"对合作的态度很大程度上决定着合作的程度和范围，这就给府际合作带来了很多不确定的因素，领导的更迭及态度的转变均有可能影

---

① 蔡英辉、耿弘：《步入法政文明的中国横向府际关系探究——以多元省部级政府间关系为例》，载于《中共浙江省委党校学报》，2007年第5期。

② 自叶必丰教授在其《我国区域经济一体化背景下的行政协议——以长三角区域为样本》一文中提出行政协议的概念以来，他与他的研究团队对行政协议展开了系列研究，主要有《泛珠三角地区行政协议的评估与建议》（何渊，《广东行政学院学报》，2006年第2期）、《泛珠三角地区政府间协议的法学分析》（何渊，《广西经济管理干部学院学报》，2006年6月刊）、《论行政协议》（何渊，《行政法学研究》，2006年第3期）、《区域性行政协议研究》（何渊，法律出版社2009年版）、《行政协议——区域政府间合作机制研究》（叶必丰等著，法律出版社2010年版）等论文与著作。

响并改变府际合作的深度和广度,与法治要求相距尚远。且府际合作机制的建构,如果缺乏法律规范就会呈现出非规范性倾向,难以产生预期的收效。

4. 现有的合作组织机构难以满足府际合作法治化的要求

府际合作的组织机构多为临时性、兼职性或从属性的机构,这些机构的权力来源、合法性及如何保障这些机构对府际合作的推动等问题是府际合作实践中面临的实际难题。

(二) 府际合作法治化的要求

1. 对府际合作规制的法治化要求

区域府际合作离不开法律的规制。国际经验表明,区域经济一体化进程发展的快慢与是否有完善的制度保障是直接相关的。以欧盟为例,作为制度一体化的欧盟,每个阶段都制定相关法律,成员国依此实施一致对内对外政策,经历了由低到高的一体化形式。在我国,经济区域内缺乏一致性的规则,各地区在招商引资、土地批租、外贸出口、人才流动、技术开发、信息共享等方面的政策上都存在很大的差异,没有规范区域一体化发展的统一法律法规。这个问题不解决,区域府际合作就缺乏必要的制度保障。[①] 通过法律手段调整府际关系、规范府际合作行为,涉及对宪法和组织法相关条款的修改,当然还需要创设新的法律。

2. 府际合作协议的法治化要求

(1) 府际合作协议缔结权的法治化要求。从现有的府际合作实践来看,府际合作协议的缔约方主要为合作各方的政府及其职能部门。这就带来了如下问题,地方政府是否有府际合作协议的缔结权?地方政府缔结府际合作协议是否超越了现行法律对地方政府权能的规定?如果缔结府际合作协议超越了地方政府的法定权限,那么府际合作协议将因缔约主体的越权而丧失合法性。依据现行立法对地方政府权能的规定,地方政府对辖区内的地方事务行使管理权,并能够规定行政措施、发布决定和命令。据此,地方政府及其职能部门当然可以在其权限范围作为缔约主体与辖区内的其他行政机关就某一管理事项缔结相关协议,地方政府及其职能部门具有协议的缔约权在法律上并无障碍。但依据现行法律的规定,这种权力限于地方政府权力所及的特定行政区划内,即地方政府的域内缔约权为现行法律所许可。那么,地方政府及其职能部门是否有权与行政区划外的地方政府及其职能部门缔约,即其是否也具有地域外的缔约权?

[①] 陈剩勇、马斌:《区域间政府合作:区域经济一体化的路径选择》,载于《政治学研究》,2004年第1期。

虽然现有立法并未明确规定地方政府有权签署府际合作协议，但如果协议的内容并未超越地方政府的管理权限，那么地方政府的签署合作协议并不越权，地方政府的职能部门经地方政府同意或授权，也可与行政区划外的行政机关签署协议。问题在于，府际合作协议并非仅为解决某一行政区域内部的公共事务而签订，基于区域公共管理与公共服务的需要，府际合作协议往往涉及行政区域间的公共事务，而现行立法对地方政府的管理权限的规定限于本行政区域内，并未涉及行政区域间的区域公共事务，对区域间的公共事务由谁管辖、如何管辖，现行法律并未有明确规定。同时，现行立法明确要求地方政府依法行使行政权力。那么，地方政府是否有权就区域公共事务达成协议，进行管辖？有学者认为，地方政府以协议的形式来协调公共面临的发展问题并无不妥。[1] 我们赞成这一观点，但认为应当对府际合作协议的缔结权在立法上予以明确规定，这是府际合作协议的缔结权合法性的基本要求，需要法治的保障。

（2）明确府际合作协议的性质、地位、法律效力。作为公共治理的一种新型模式，囿于立法所固有的有限性和滞后性，现行法律并未对府际合作协议进行规定。在此前提下，府际合作协议的订立、履行、效力、纠纷的解决等均缺乏必要的法律依据，而效力是协议履行的前提，这就对府际合作协议的执行带来了不确定因素，府际合作协议依靠什么来执行？仅靠协议各方的自觉履行能否达到协议的目的和要求？如果协议方不履行府际合作协议，因其不履行而受损的利益方如何寻求救济？这些问题均有待解决。

实践中，府际合作协议往往"都未规定协议履行中的违约责任、监督和纠纷解决机制"[2]。在现有的状况下，府际合作协议的"法律效力是模糊不清的，已缔结的行政协议的条文中大都没有提及法律效力问题，学者们也很少专门研究行政协议与地方性法规、地方政府规章以及行政规范性文件之间的效力等级"[3]。

我们认为，鉴于府际合作协议在府际合作中的重要性，以立法的形式解决府际合作协议的效力、执行、救济等问题已为当下所必需，有必要制定或完善相关的立法对此作出规定，以增强府际合作协议的合法性与权威性。

3. 府际合作机制的法治化要求

从府际合作采用的高层联席会议、政府间的工作协调机制、部门间的协调机制等合作机制来看，府际合作以政府为主体，以行政手段为主导，尚未形成多元

---

[1] 叶必丰、何渊、李煜兴、徐健等：《行政协议——区域政府间合作机制研究》，法律出版社2010年版，第9页。

[2] 叶必丰、何渊、李煜兴、徐健等：《行政协议——区域政府间合作机制研究》，法律出版社2010年版，第15页。

[3] 何渊：《泛珠三角地区行政协议的评估与建议》，载于《广东行政学院学报》，2006年第2期。

化、制度化的实施与协调机制。府际合作要求从传统行政区内部科层制管理走向一体化要求下的跨行政区的联合治理，构建一种超越科层制管理模式的新型组织网络模式。① 然而，一方面，在府际合作中政府以外的非政府公共组织等社会主体的参与度不高，政府主导的府际合作仍未摆脱传统行政区行政权力主导与权力垄断的特性，多元主体公共参与的组织管理模式仍未形成；另一方面，高层联席会议、政府间工作协调机制等府际合作现有的合作机制为一定区域的地方政府提供了一个利益表达、协商、博弈、共赢的平台和机会，但并未形成制度化、规范化的机制，并不能从根本上解决区域经济一体化所要求的利益协调与利益共赢，特别是合作各方利益纠纷与争端解决等影响府际合作具体实施问题。

区域经济一体化与府际合作源于区域地方间发展的差异与共同的利益追求，府际利益的博弈需要规范化、制度化的信息共享机制、利益协调机制、激励约束机制、争端解决机制等系列机制和制度保障各方的利益，弥合各方的分歧，解决各方的利益冲突，现有的合作机制起到了一定的作用，但需要朝着制度化、法治化的方向发展。

4. 府际合作组织机构的法治化要求

从为实现府际合作而设置的领导小组、专责小组、日常办公机构等组织机构来看，领导小组、专责小组等均不是常设的工作机构，在必要时设立，多由合作各方的相关领导来兼任，如何保证这些非常设性、兼职性的工作机构工作的开展及工作的效能，是现时府际合作面临的实际难题；日常办公机构虽为常设性的工作机构，但设立于各市发展改革部门的内部，在纵向行政层级之间领导与被领导的行政管理体制下，从属于发改委的办公机构是否具有足够的权能推动府际合作，以及如何保障府际合作有效进行，是府际合作中面临的又一实际难题。

应当说，在转变政府职能、优化行政组织结构的改革背景下，非常设性、兼职性、从属性的组织机构设置能够在不改变现有机构设置、不增设工作人员、不创设新的组织机构的前提下履行一定跨行政区公共行政事务的职能，有其有利的一面。但任何公共行政职能的实现都需要权能、责任与效力的配套，如果有责无权，或权能缺位，或责任缺失，并不能实现管理的目的。实践中这些领导小组、专责小组的权力、责任并不明确，日常办公机构的定位限制了其权能，府际合作需要更为规范化的组织机构进行推进。明确府际合作组织机构的法律地位，赋予其履行职能应有的权力，并规定相应的责任及落实责任的途径等，是推进府际合

---

① 陈瑞莲：《欧盟经验对珠三角区域一体化的启示》，载于《学术研究》，2009年第9期。

作的法治化要求。

府际合作法治化程度不高的现状要求将府际合作纳入法治化的轨道，满足府际合作从合作的前提、合作的依据到合作的实现全程性的法治化要求。在这一过程中，域外已有的府际合作的成功经验能够为我国的区域府际合作提供参考和借鉴，但需要结合我国府际合作的实际情况予以扬弃，以法治推进区域府际合作的顺利开展。

第二节 府际合作的法律基础与基本原则

一、府际合作的法律基础

我们认为，现行立法虽然未对府际合作做出明确的规定，但宪法所确认的横向地方政府间的平等关系，《宪法》《地方组织法》《立法法》等相关法律法规有关地方政府职权、职责等的规定为地方政府间的府际合作奠定了法律基础，实践中不断推进的府际合作并未违背现行的法律规定。

（一）宪法所确认的横向地方政府法律地位平等是府际合作的基础

区别于美国等建立在充分的地方自治、州际合作为宪法所明确规定基础上的政府间合作，我国宪法对府际关系的规定限于纵向的府际关系，如中央与地方间的关系应"遵循在中央的统一领导下，充分发挥地方的主动性、积极性的原则"、国务院"统一领导全国地方各级国家行政机关的工作，规定中央和省、自治区、直辖市的国家行政机关的职权的具体划分"；地方政府间的纵向关系为"县级以上的地方各级人民政府领导下级人民政府的工作"。横向的府际关系处于立法的空白，现行宪法未对地方政府间的府际合作进行规定，但这并不等于我国区域政府间的府际合作缺乏必要的宪法基础。

我国是人民民主专政的社会主义国家，国家的一切权力属于人民，人民行使国家权力的机关是全国人民代表大会和地方各级人民代表大会。作为权力机关的各级人民代表大会由选民根据《中华人民共和国选举法》（以下简称《选举法》）选出的代表组成。依据《选举法》的规定，不同的区域之间，选举权与被选举权、选民资格、投票权、代表名额、比例都是平等的，人民代表大会代表基于平等的选举而产生，组成人民的代表机关——地方各级人民代表大会及全国人民代表大会。宪法同时规定了地方政府是地方人民代表大会的执行机关,是地方国家行政机关,对地方事务具有行政管理权,横向地方政府间平等的法律地位与行政管理权限为宪法所确认,这就为区域政府间的合作奠定了宪法基础。建立在平等的基础上,以相互间平等的沟通、协调实现行政管理目标的府际合作不仅合宪而且可能。

(二) 地方政府依法享有的法定职权包含了府际合作的法定权限

虽然宪法有关府际关系与府际合作的具体条款、明确规定尚付阙如,有关府际合作的权限、机制、责任等尚未涉及,但从宪法对地方政府法定职权的规定来看,地方政府职权的已有规定包含了府际合作的内容:

首先,现行宪法及地方组织法等相关法律均明确规定了地方政府对地方事务享有行政管理权,作为实现地方管理的必要构成,府际合作当然包含在地方政府的法定职权之中。就地方事务而言,地域内事务与地域外的合作交流并非是矛盾、冲突和对立的,相反,在社会发展的任何阶段,地方间、区域间、国家之间乃及洲际之间的交流与沟通都是必需和必然的,地方间的沟通和交流构成了地方事务不可避免的组成部分,这些交流如果涉及行政管理的范围,政府应当履行相应的职责,其责任不可免除。地方政府对地方事务的管理,不仅包括对域内的公共事务进行处理,而且必须对地方间的公共事务进行处理和应对,府际合作成为地方政府职权职责的题中应有之义,是其职责范畴的当然构成。如果已有的立法未能涉及,并非意味着政府责任的免除,而是立法的缺陷或疏漏,应修正和完善现有立法,使其制度化和体系化。

其次,为实现行政管理的目标,《宪法》及《地方组织法》《立法法》等相关法律规定地方政府依法享有行政命令、决定的制定与发布权,为法律所明确规定的部分地方政府依法享有行政规章的制定权,政府享有的地方事务管理权与规范性文件的制定权为政府基于管理的需要而与特定的行政机关包括本地域外的行政机关的缔约权提供了合法性的基础。现行立法虽未对府际合作进行明确的规定,但府际合作并非法律所明确禁止的事项范围。公共行政的发展已经对传统的以内生、单向、刚性、命令为特征的行政管理模式、手段和方法提出了创新和发展的要求,政府行政管理的模式、手段和方法应当朝多元化和多样化的方向发展。地方政府经沟通、协商达成利益共识形成合作协议,实现行政区划内与行政区划之间经济的协调发展与公共事务的治理,府际合作顺应了经济社会与公共行政的发展趋势,符合合法性与合理性的双重要求。

再次,宪法所确认的地方政府对权利的保障要求地方政府打破地方本位主义与地方保护主义,消除行政区经济与行政区行政的弊端,推进并深化府际合作。在行政区经济与行政区行政之下，地方利益与官员政绩相捆绑，对生产要素的自由流动人为设限，难以实现市场经济所要求的资源最优配置，经济发展的决定性因素并非市场与消费者的理性选择，而是权力的庇护与政策的倾斜，从而难以避免权利被轻视和损害。权利保障要求地方政府以实现区域公共利益而非狭隘的地方利益为目的，克服地方本位与地方保护，打破行政壁垒，实现利益共赢。如此，权利才能获得实质的保障，才能避免被权力所绑架与侵害。

最后，《地方组织法》规定的地方政府工作部门的设置权，《宪法》规定的民族自治地方的"可以组织本地方维护社会治安的公安部队"等组织机构的设置权为府际合作提供了组织基础，有助于府际合作的推进。从府际合作的实际来看，虽然现有的府际合作主要以高层联席会议、领导小组、专责小组等临时性、松散型的组织形式为主，但也有常设性的组织机构，如珠三角在各市发展改革部门内部设置日常办公机构，推进了珠三角的府际合作。从欧盟、美国等区域府际合作的实践与经验来看，有效的府际合作组织机构体系是实现府际合作规范化、制度化的重要构成。《宪法》《地方组织法》所规定的地方政府基于实际的工作需要可以设置相应工作部门的许可性规定，构成了府际合作重要的法律基础。

现行《宪法》《地方组织法》《立法法》等宪法及相关法律的有关规定为正在推进的府际合作提供了基础，但上述立法对府际合作欠缺明确、具体的规定与要求也导致了实践中府际合作缺乏必要的立法规范与法律依据，遭遇法治化难题并影响府际合作的推进，需要构建府际合作必要的法律规则，实现府际合作的制度化、规范化和法治化。

二、府际合作的基本原则

府际合作的基本原则是区域经济一体化中府际合作的基本行为准则，对于指导区域府际合作规则的创制与实施，深化府际合作的实践，保障合作各方在一体化中的共同利益及各自的利益等具有重要作用。明确府际合作的基本原则也是实现府际合作法治化所必须的。

（一）府际合作基本原则的确立标准

法的基本原则反映法的本质、基本内容和基本精神，体现法的基本价值，具有普遍性和最高命令性，是任何法律状态下都应考虑到的、比其他非基本原则和从原则中引申出的规定的必须遵守性还要强的反映社会发展规律性的原则。[①] 基

---

① 孙国华、朱景文：《法理学》，中国人民大学出版社2002年版，第114～115页。

本原则的内涵、价值与属性揭示了府际合作应当遵循的基本原则在府际合作中的地位和作用,确立府际合作的基本原则必须符合一定的标准,否则无法承载对府际合作的指引与规范的使命。我们认为,府际合作基本原则作为府际合作应当遵循的基本行为准则,首先,必须有助于府际合作最为直接的目标——对"行政区行政"弊端的克服与消除的实现,其次,必须有助于府际合作的实质目标——对区域经济一体化的推进与深入的实现,最后,必须有助于经济体制改革与行政体制改革的最终目的——对权利的保障与发展的实现。府际合作基本原则的确立,应当符合以上三个最为基础的标准。

1. 必须有助于"行政区行政"弊端的克服与消除

"行政区行政"以刚性的地域要求、封闭的管辖状态及辖区内严格的权力垄断为典型特征,以明确的"自利性"发展为目标指向。这种"自利性"的单边发展割裂了区域经济的协调发展与利益共赢,"地域限制性"导致了跨区公共事务管理的缺位,"权力垄断性"排斥了其他社会主体对公共行政的管理与参与,政府能力的有限性与权能的无限性的矛盾不断地激化和加剧,影响并制约了经济社会的健康发展。"行政区行政"管理模式及实际的管理成效与经济全球化及区域经济一体化的客观发展趋势相悖,阻碍了区域经济的协调发展,其弊端必须予以克服和消除。府际合作最为基本的意义和价值就在于对行政区行政弊端的克服,因此,对"行政区行政"弊端的克服与消除应成为确立府际合作基本原则的首要标准。

探究行政区行政弊端的成因,立法规范的不足及评价机制的单一是重要原因之一。一方面,欠缺明确的法律规定来规范地方政府的权限,调整地方政府之间的关系;另一方面,现行评价机制对地方政府及其官员在经济建设方面政绩的过度强调,这造成了各地方政府的单边发展与恶性竞争,严重阻碍了区域地方政府间的合作与区域经济一体化的进程。为克服与消除行政区行政的弊端,有必要规定地方政府的权限,明确地方政府责、权、利相统一的权力原则与权力要求,以具体的立法规定与严格的责任要求保证地方政府对府际合作的切实推进。因此,法治原则,责、权、利统一原则为府际合作所必须,是区域府际合作必须遵循的基本原则。

2. 必须有助于区域经济一体化的推进与深化

经济基础决定上层建筑,上层建筑反作用于经济基础,这是马克思主义的基本观点与经典认识。区域经济一体化的发展要求区域地方政府克服行政区行政与行政区经济的弊端,消除行政壁垒,促进商品及生产要素在区域间的自由流动,建构统一的区域大市场。区域地方政府在现有的立法规范尚不健全,法律依据尚不明确、不充分的背景下,以自觉、能动的府际合作推动区域经济的协调发展,力图实现区域利益的增进及合作各方利益的共赢,甚至以适度的妥协与牺牲克服"行政区经济"带来的狭隘地方利益的限制,获取区域经济的整体向前发展,谋求发展中的共同进步。这种超越了行政区划限制的共同发展显示了府际合作的实质,即以府际合作克服和突破"行政区经济"的束缚,推动区域经济一体化的发展。由此,有助于区域经济一体化的推进与深入应成为确立府际合作基本原则的又一标准。

探究"行政区经济"的成因,封闭于行政区划内部的恶性"竞争"而非良性"合作"的发展指向是重要的缘由,区域经济一体化正是对"行政区经济"这种封闭的、割裂式发展弊端的克服和取代。区域经济一体化以区域经济的协调发展与利益共赢为特征和指向,以对行政区经济与行政区行政藩篱限制的克服为必要的要求,需要区域地方政府在平等协商的基础上,就区域共同利益达成共识,以合作实现区域经济发展的互利与共赢,因此,平等协商与互利共赢成为区域府际合作应当遵循的又一基本原则。

3. 必须有助于权利的保障与发展

区域经济一体化的发展要求区域政府间的合作,区域政府间的合作反过来又推动了区域经济一体化的发展与深化,两者的良性互动适应了经济社会发展的客观趋势与发展需要。无论是对区域经济一体化的推进,还是对府际合作的规范,其最终的目的在于,以对经济体制改革与行政体制改革的推进,实现对权利的保障,促进权利的发展,这是所有人民主权国家共同的目标追求与价值取向。我国是人民民主专政的社会主义国家,权利的保障与实现是国家一切行为的目标与要求,府际合作当然也不例外,对权利的尊重、保障与发展正是府际合作最高的价值与追求,府际合作基本原则的设立不能背离这一最高的价值目标,对权利的保障与发展是确立府际合作基本原则的实质标准,必须遵循。

知晓公众对其权利的要求是对权利尊重与保障的基础,府际合作需要公众的参与,公众参与原则应当是府际合作必须遵循的基本原则。同时,对公民权利的保障与发展还要求府际合作遵守社会发展的基本规律,其合作需要以不得对区域及地方利益的交易、对未来发展的损害为要求,从这个意义上讲,可持续发展原则应成为府际合作必须遵守的基本原则。

综上分析,府际合作应当遵循的基本原则可以概括为法治原则,平等协商原则,互利共赢原则,责、权、利相统一原则,公众参与原则及可持续发展原则。

(二) 府际合作基本原则的内容

1. 法治原则

(1) 法治原则的内涵。回顾法治的发展历程及参考对法治的已有研究,我们认为，法治至少应当包含法的统治、权力制约、权利保障三层含义。所谓法的统治，是指法治首先是一种区别于人治的、以"法律至上、依法治国"为要求的治国方式，从这个意义上讲，法治首先应当是良法之治；所谓权力制约，是指在国家治理中，权力所有者与和权力执行者之间的必然分离要求对权力进行必要的制约与规范，法治的核心是对权力的控制、约束与规范；所谓权利保障，是指法治的最终目的是为保障和实现公民权利和自由，对公民权利与自由的保障是法治存在的意义和价值。法治作为现代民主国家普遍遵循的一种治国方略，要求法律至上与良法之治、权力制约、权利保障。

所谓法治原则，是指区域内地方政府间的府际合作应当遵循规范府际合作的法律规定，依照法定的程序与要求缔结并履行合作协议，依法解决相关纷争，并依法承担相应的法律后果。市场经济是法治经济，建立在市场经济基础上的区域府际合作当然离不开法律的规制。[①] 作为推进区域经济一体化的最佳选择，区域府际合作应当纳入法治的轨道，遵循法治原则。

（2）法治原则的要求。目前我国府际合作更多的是依赖有关政策及中央、地方的指导性、纲领性文件，由地方政府自发、自觉地进行推进，保障和制约机制均不健全，面临诸多体制、机制、制度的障碍，制度化、规范化的程度亟待加强。将府际合作纳入法治的轨道，遵循法治原则，克服目前府际合作法治化程度不高的现状为当下的府际合作所必须：

首先，应当在法治原则的指导与要求下，完善相关的立法，纠正并克服现存的体制障碍，以正式、权威的立法指导、约束、规范府际合作行为，解决目前府际合作立法规范极度缺乏的不足，为府际合作提供有效的法律依据。

其次，应当在法治原则的指导与要求下，建构相应的机制与制度，如区域法制协调机制、利益协调机制、信息交流机制、公众参与机制、纠纷解决机制等，以及为落实这些机制的利益补偿制度、行政问责制度等系列制度，为府际合作提供必要的机制与制度保障，克服目前府际合作已经产生以及可能产生的府际合作协议的执行力不足、利益冲突及纠纷解决渠道不畅等影响府际合作连续性、稳定性的各种现实问题，保障府际合作的顺利开展及深入推进。

最后，应当在法治原则的指导与要求下，加强对府际合作的监督及合作效果的评估。府际合作的根本目的在于以对"行政区经济"与"行政区行政"弊端的克服、对区域经济一体化的推进实现区域的共同发展及利益的共赢，即对权利的保障与实现，而非仅仅将区域府际合作作为区域内地方政府的政绩评价。因

---

① 陈剩勇、马斌：《区域间政府合作：区域经济一体化的路径选择》，载于《政治学研究》，2004年第1期。

此，应当强调府际合作对权利的保障与实现，这是法治原则的实质性要求。

法治原则是府际合作必须遵循的首要的、基础性原则，也是取得府际合作成效的必要保障。将区域内地方政府间的府际合作纳入法治化的轨道，实现府际合作的制度化与规范化，既是法治原则的目标，也是法治原则的要求。

2. 平等协商原则

（1）平等协商原则的内涵。所谓平等协商，是指区域内地方政府基于区域经济一体化发展的客观要求，在平等的基础上以协商的方式就区域共同利益达成共识，承诺合作。利益共赢是府际合作的出发点和落脚点，建立在平等基础上的沟通协商、达成共识是实现利益共赢的有效途径，平等协商是府际合作应有的要求。

（2）平等协商原则的必要性。由于资源禀赋的差异，区域内地方之间存在通过合作实现利益共赢的客观需要。府际合作应当有利于合作各方，能够实现合作各方的利益共赢，任何以牺牲落后地区利益换取发达地区的利益增长，或者以损害发达地区的利益扶持落后地区的"利益失衡"式的"合作"均不可能持久，区域经济一体化下的府际合作应当建立在利益共识与利益共赢的基础之上。

市场经济的确立和发展，中央对地方的不断放权使得地方的利益诉求被唤醒并日趋强烈。一方面，作为地方权力机关的执行机关，地方政府负有实现和推动地方利益发展的法定职责，这是地方政府及其官员必须的职责，也是地方政府及其官员对所在地方必须的交代，对此，我国宪法及地方组织法均有明文规定；另一方面，就地方政府及其官员而言，对地方事务的管理、对地方经济发展的推动和发展是其政绩的重要评价标准。因而，无论从何种角度而言，地方利益的实现、发展与增进均为地方政府及其官员高度重视，地方政府间的合作，必须建立在合作各方利益共赢的基础上，否则，合作难以建立。建立在平等基础上的沟通、协商成为实现地方政府间合作必须的要求，在平等协商的基础上就区域共同利益及共同利益的实现达成共识并付诸合作是实现府际合作的有效方式，平等基础上的沟通与协商是府际合作的前提与基础。

（3）平等协商原则的要求。首先，合作各方法律地位平等是平等协商的基础，这就要求《宪法》《地方组织法》等相关法律法规对横向地方政府间的关系（府际关系）予以规定和明确。目前，我国《宪法》及《地方组织法》虽然对地方政府的性质、地位及权限进行了规定，但相关的规定还比较原则和简陋，对横向府际关系的立法空白不利于区域经济一体化的发展与府际合作的推进，需要进行完善，应当由《宪法》对横向府际关系进行原则性的规定，由《地方组织法》等予以进一步的明确。

其次，平等协商原则要求各地方政府尊重对方的平等地位，并不得损害对方的平等与合法权益，因此，应当有相应的机制与机构来解决涉及损害府际的平等与权益的纠纷。目前我国在这方面的机制和机构还比较缺乏，可以借鉴和参考已有的边界纠纷处理机制予以规定和明确。

最后，平等协商原则要求对府际经平等协商达成的协议的效力、执行、纠纷解决、救济机制等予以明确规定和规范，但目前我国对府际合作协议的法律规定尚处于空白状态，不利于府际合作协议的具体执行。

平等协商是府际合作有效性及持续性的必要保障，也是实现府际合作互利共赢的前提和基础，成为府际合作所必须遵循的原则。

3. 互利共赢原则

（1）互利共赢原则的内涵。随着经济全球化与区域经济一体化的发展，地方政府越来越发现单纯依靠本地方的力量无法解决跨区域的公共问题，以个体形式存在的地方难以脱离区域环境的影响、制约与要求，在封闭的行政区划内难以实现自身的理性与快速发展。只有在互利共赢的理念下开展跨行政区划的府际合作，才能在区域一体化的发展过程中实现地方与区域共同的更好更快地发展，互利共赢原则不可避免地成为府际合作的基本理念与行为准则。

所谓互利共赢，是指区域内地方政府在协商一致的基础上，就地方与区域共同利益达成共识，充分发挥各地方的优势，优化区域内的资源配置，获得对合作各方均有利的发展，在发展中实现、增进并分享合作所带来的利益。利益关系是地方政府间关系的实质所在，地方政府间竞争与合作均因利益而起，利益共赢是区域内地方政府合作的基本前提和共同的目标指向，失却利益的共赢，合作难以建立，即使以某一或某些特定方暂时的牺牲或妥协为代价获得合作，这种合作也不可能持续与长久。

（2）互利共赢原则的要求。第一，互利共赢理念的形成。"行政区经济"与"行政区行政"曾在我国长期存在并仍在影响地方经济的发展模式及地方政府的管理思维与管理方式，其影响力与制约性难以在短期内彻底消除，区域经济一体化与府际合作的顺利推进首先需要理念的创新，在合作共赢的共识下，突破狭隘的地域限制，着眼于长远的利益，共谋共赢的发展。区域内府际的共同发展及利益的共赢需要各地方放弃一些眼前的、局部的、短期的利益，如果地方政府不能突破旧的"行政区经济"与"行政区行政"理念的束缚，形成共同发展、互利互惠、合作共赢的理念，这种必要的、理性的放弃与选择将失却可能的前提。克服狭隘的"行政区经济"、"行政区行政"的束缚，着眼区域发展的协调性与系统性，形成互利共赢的发展理念是实现区域经济一体化与府际合作必需的思想基础与理念支持。第二，利益分享与利益补偿机制的建构。互利共赢是区域经济一体化与府际合作的目标前提，区域内各地方资源禀赋及发展状况的差异则既是区域发展的客观现实，也是区域经济一体化与府际合作的基础，在这样的前提与现实下，利益分享与利益补偿机制的重要性不言而喻。利益分享机制旨在通过规范地区间利益的合理分配来实现区域"发展中出现的差别利益在不同的地区间实现合理分布"①；而利益补偿机制则旨在通过规范的区域利益转移来实现区域内利益分配的公平，以促进区域内各地方发展的均衡与协调。我国目前的区域府际合作，尚未建立起规范的、有效的利益分享与补偿机制，有必要尽快予以建构。

区域府际合作建立在区域内各地方政府对利益共赢的共识与追求的基础之上，互利共赢原则是区域府际合作必须遵循的重要原则。区域府际合作的互利共赢以府际的平等协商为前提，以利益共赢为当然的目标和要求。只有府际利益共赢得以实现，区域府际合作才可能深入地推进，持续地发展。

4. 责、权、利统一原则

（1）责、权、利统一原则的内涵。所谓责、权、利统一原则，是指地方政府在府际合作中应当依法履行合作职能，并分享合作利益，地方政府合作职能履行不当或违法时应当承担相应的法律责任，实现权力、责任与利益的统一。

只有在权力、责任、利益协调、统一的前提下，府际合作才能真正实现。有责无权、有权无责或利益失衡均可能导致府际合作的争端或破裂，损害区域经济一体化的进程。区域经济一体化背景下的府际合作应当是实质性的合作，而非虽具有合作的形式，却因权、责、利的模糊与分离导致合作难以实质开展的形式性合作。有权必有责、有责应有权、用权受监督、违法须追究是实现府际合作规范化，保证府际合作深入、持久开展的基本要求。

（2）责、权、利统一原则的要求。责、权、利统一原则要求府际合作中责、权、利的协调统一。开展府际合作，地方政府必须具有相应的权限，即"有责应有权"；而要地方政府真正履行好府际合作的职能，就必须对地方政府履责不当或违法的责任予以规定与追究，即"有权必有责"；在权责一致的同时，利益的分配、分享与共赢是府际合作深入、持久开展的基础与要求，必须得到保障。

一是有责应有权。责、权、利统一原则要求法律、法规赋予地方政府府际合作的合法权限，并对府际合作的方式、程序等进行必要的规定，做到有责应有权。府际合作已是必然的发展趋势，对于推进区域经济一体化意义重大，为了保证地方政府履行好府际合作的职能，相关法律法规必须赋予地方政府府际合作的职权及行使权力的手段与方式，这是推进府际合作所必需的。

---

① 赵全军：《中央与地方政府及地方政府间利益关系分析》，载于《行政论坛》，2002年第3期。

二是有权必有责。既然府际合作是地方政府的法定职责,地方政府就有义务依照法律法规的规定履行好合作的职能,如果地方政府不履行或不当履行,或违法行使职权,应当承担相应的法律责任。欠缺对责任的规定与追究,权力任性将难以遏制,法定职责将会落空。对责任的承担是政府依法行政的关键,在府际合作的领域同样如此。目前,不仅对府际合作权限的规定处于空白状态,对责任的规定也同样缺乏。从依法行政的实践来看,对责任的规定更应加以强调,必须建立起有效的责任追究机制,做到有责必究,如果地方政府违法或不当的合作行为导致了他方的损害,应当承担相应的法律责任。如此,府际合作的规范化与法治化才能真正实现。

三是利益的分配、分享与共赢。地方政府在法定的权限范围内依法开展、推进府际合作并承担相应的法律责任,其基本目的在于分享区域府际合作带来的利益,实现地方间的合作与共赢。应当依据地方政府在府际合作中所承担的责任大小对府际合作所带来的利益进行合理分配,实现利益共享。如有学者所言:"如果说纵向的地方政府间关系主要具有政治与行政意义的话,那么横向的地方政府间关系主要具有经济意义。"[1] 如果没有利益的分配与共享,府际间的合作将是不可想象的。

5. 可持续发展原则

(1) 可持续发展原则的内涵。所谓可持续发展原则,是指区域地方政府在府际合作中应当强调生态持续性、经济持续性和社会持续性三者的统筹与协调,区域经济一体化的发展不仅要满足当代人发展的需要,也不能损害后代人发展的需要,必须避免破坏性、毁灭式的短视发展,保持发展的长期性与可持续性。根据世界环境和发展委员会于1987年在《我们共同的未来》报告中对"可持续发展"所作的定义,可持续发展应当是既能满足当代人的需要,又不构成对后代人满足其需要危害的能力,强调经济与社会的良好运行。有学者指出,可持续发展在全球"自然、社会、经济"复杂巨系统中的有序规范和成功运行,应当看作是实现经济全球化目标的最终归宿。[2] 可持续发展蕴含的深刻内涵及巨大效用,要求区域府际合作遵循并践行这一原则。

(2) 可持续发展原则的要求。可持续发展原则要求府际合作不得以对可持续发展的损害为代价,实践中已经发生甚至存在较为严重的掠夺式发展和地方政府之间的恶意竞争与冲突,更需要加强着眼长期性、长效性的府际合作机制与制度的建立。应当修正当前的政绩考核与评价机制,遏制地方政府只顾眼前、急功近

---

[1] 林尚立:《国内政府间关系》,浙江人民出版社1998年版,第24页。
[2] 牛文元:《可持续原则下的经济全球化的建构》,载于《中国人口·资源与环境》,2001年第1期。

利的发展冲动，同时建立府际合作的长效机制，克服困扰府际信任与合作的"囚徒困境"与"公用地悲剧"，切实践行科学发展观。

第一，科学的政绩考核与评价机制。地方政府急功近利的短视行为不能不说与现行的政绩考核与评价机制有莫大的关联，政府"政治人"与"经济人"的双重属性影响并决定其行为选择，在单一的评价与考核指标下，政府对投资、基建、GDP指标等的狂热追求成为其必然的选择。要克服政府的短视与急功近利行为，需要修正和完善现行的政绩考核与评价机制，改变"唯上不唯下"的评价过程，加重公共管理与社会服务在评价体系的比例，强化可持续发展在评价指标中的分值，以科学的考核与评价机制引导地方政府的行为抉择，使可持续发展成为府际合作自然也是必然的选择。

第二，长期的府际合作机制。博弈理论对于平行单位之间合作问题最常提供的药方，就是长期互动。① 长期的合作机制能够克服短期合作的功利性与有限性，增加对立足长远的未来发展的信心及决心，增进府际的相互信任与互相期望，更易于建立起以长远发展为目标选择的合作与发展机制，从而克服"囚徒困境"与"公用地悲剧"的信任危机，自觉放弃并主动预防破坏性的尤其是不可逆转的破坏性的开发，实现发展的长效性与可持续性。

第三节 府际合作的法律规则建构

依据法律保留原则，行政机关实施行政行为必须有法律的授权，否则，其合法性将遭受质疑。② 虽然我国现行《宪法》《地方组织法》《立法法》等相关法律规定了地方政府的法律地位与职权，根据现行宪法与相关法律法规的规定能够推论出府际合作的合法性，但当下地方政府间的合作（府际合作）缺乏宪法与相关法律法规的明确规定已是不争的现实。如学者所指出的，目前，府际合作是否能够顺利进行取决于合作各方能否自觉按照合作协议履行合作义务及合作各方的自律状况。③ 故有必要解决府际合作中缺乏明确法律依据的实现困境，建立健全府际合作的法律法规体系，解决府际合作实践中遭遇的体制、机制、制度等难

---

① 汪伟全、许源：《地方政府合作的现存问题及对策研究》，载于《社会科学战线》，2005年第5期。
② 陈新民：《行政法总论》，台湾三民书局1995年版，第54页。
③ 朱颖俐、慕子怡：《粤港深度合作的法律依据问题及对策探析》，载于《暨南学报（哲学社会科学版）》，2011年第2期。

题，为府际合作提供有效的法制保障。

我们认为，就国家层面而言，主要可从下列方面构建府际合作的法律规则：

一、宪法对府际合作进行原则性规定

"法治意味着政府的全部行为必须有规则依据，必须有法律授权。"[①] 宪法是我国的根本大法，规定国家的根本任务和根本制度，具有最高法律地位和最高法律效力。宪法对地方政府职权的规定是其他相关立法的法律依据，其他立法得以宪法为依据并不得与宪法的规定相抵触，府际合作首先应当由宪法进行规定。

（一）对美国宪法的参考借鉴

我国宪法未对府际合作进行规定，我们可以参考借鉴美国宪法的对州际协定及州际关系所作的规定。

首先，美国宪法对州际协定的缔结权及州际协定法律效力的规定。美国《宪法》第1条第10款规定："未经国会同意，各州……不得与它州或外国缔结协定或联盟。"该规定以否定未经国会同意不得缔结州际协定的方式，肯定了经国会同意的州际协定的法律效力。当然，如果仅从该条款的字面意思来理解，很多人可能会误认为该条款与其说是在赋予各州州际协定的缔约权，不如说是在限制，没有国会的同意，各州无权签署任何协定。[②] 美国联邦上诉法院及最高法院的相关裁决已经对此作出了改变，[③] 非政治性的协议，如非试图以协定改变政治权力或政治控制的无须经过国会的同意，各州即具有缔约的权力；美国《宪法》第1条第10款同时规定了"各州……不得通过任何褫夺公权的法案、追溯既往的法律和损害契约义务的法律"。由此，在本质上为契约的州际协定的法律效力非常明确，其效力优于成员州之后制定的州法律，州法律的规定不得与已生效的州际协定相抵触或损害其义务；

其次，对州际关系的规定。美国宪法对州际关系进行了详细的规定，《宪法》

---

① 张文显：《二十世纪西方法哲学思潮研究》，法律出版社2006年版，第528页。

② 何渊：《美国的区域法制协调——从州际协定到行政协议》，载于《环球法律评论》，2009年第6期。

③ 1962年，美国联邦上诉法院对弗吉尼亚州诉田纳西州一案作出了裁决，指出：除非得到国会的批准，否则，政治性的州际协定不能生效。但是，不涉及政治的州际协定不必国会的同意。参见 Tobin v. United States. 306 F. 2nd 270 at 2724，D. C. Cir，1962. 1978年，美国最高法院的裁决指出，如果州际协定没有通过侵占联邦政府权力的方式来扩大成员州的权力的话，那么它的生效不需要国会的同意。参见 See Steel Corp. v. Multistate Tax Commission. 434 U. S. 452，1978。

第 4 条第 1 款规定了各州对其他州的公共法案、记录和司法程序应当给予完全的信赖和尊重；第 2 款对各州公民的特权及豁免以及州际之间的引渡进行了明确的规定；第 3 款规定了联邦对州的义务，明确要求"宪法条文不得作有损于合众国或任何一州任何权利的解释"；《宪法修正案》第 14 条第 1 款规定了任何一州均不得制定或实施限制合众国公民的特权或豁免权的任何法律，非经法定程序不得剥夺任何人的生命、自由或财产，并不得拒绝对其管辖下任何人平等的法律保护。依据这些条款的规定，由人权平等衍生的州际平等得到了美国宪法的明确规定和确认，宪法同时对州际之间的争端解决机制进行了必要的、可执行的规定。

（二）以宪法具体条文的形式对府际合作进行规定

我国具有较美国不同的政治体制、结构形式、历史传统及国情现实，当然不能照搬照抄其法律规定及制度安排，但可结合我国的实际予以适度的参考借鉴。我们认为，应当以宪法具体条文的形式对府际合作进行明确的规定，使其具备明确的宪法依据，避免对府际合作"良性违宪"[①] 的质疑。具体可以宪法修正案的形式，对横向地方政府间的府际关系、地方政府府际合作的权力及其限制、府际合作协议的缔结权及其效力等进行原则性、纲领性的规定，作为具体立法的依据，由地方组织立法等相关法律法规做进一步规定和明确。

同时，在宪法中明确禁止地方政府分割市场的行为，其条文核心是"不得以任何形式限制国内自由贸易"；明确、细化违宪审查程序，切实建立违宪审查制度，以宪法诉讼、行政诉讼等方式防范、惩戒分割统一市场的行为，尤其是抽象行政行为。

二、地方组织法对府际合作予以进一步明确

地方组织法应当对府际合作在宪法规定的原则和要求基础上予以细化和明确。目前我国并没有专门的地方各级人民政府组织法，现行的地方政府组织立法采用的是与地方人民代表大会组织立法合二为一的、以《中华人民共和国地方各级人民代表大会和地方各级人民政府组织法》命名的立法形式。该法条文简单、规定过于原则，对横向的府际关系及区域府际合作未做明确的规定，已经严重滞后于经济社会发展的客观需要，需要对其进行修正。

[①] 朱颖俐、慕子怡：《粤港深度合作的法律依据问题及对策探析》，载于《暨南学报（哲学社会科学版）》，2011 年第 2 期。

有关地方政府组织立法的修正，有学者提出应当制定专门的地方各级人民政府组织法，也有学者认为可以不必制定专门的地方政府组织法，建议在现行的《地方各级人民代表大会和地方各级人民政府组织法》的基础上进行修正。我们认为，地方人民代表大会与地方政府在机构性质、法律地位、法定职权、履责方式与要求等方面均有不同，不宜将两部组织立法合二为一，建议制定专门的地方人民政府组织法，该法可就府际合作做如下规定：

一是以专门的条款对地方政府间的横向府际关系进行规定，对横向府际关系的平等性予以确认，并做必要的具体性规定；二是明确规定府际合作协议的缔结权及其权限范围、权力限制，对府际合作协议进行界定和区分，并规定府际合作协议的内容、程序、效力、纠纷解决机制及救济机制；三是根据我国存在特别行政区的客观现实，应当就地方政府与香港、澳门特别行政区府际协定、府际合作协议的缔结权进行特别规定。因香港、澳门地区享有高度的自治权，其法律制度、司法审查等与内地有所不同，因此，对内地地方政府与香港、澳门地区政府签订的府际合作协议的效力、纠纷解决机制等应做明确、具体的规定，这对于与香港、澳门地区之间有着密切的交流与合作关系的珠三角地区尤为重要。

与宪法的指导性、纲领性及原则性规定相比，《地方组织法》的规定是区域府际合作直接的、具体的法律依据，其重要性和必要性无须多言。研究制定新的专门的《地方政府组织法》，以专门的条款对区域府际合作进行具体、明确的规定，为区域府际合作提供有力的法治保障，是接下来应当着力解决的现实问题。对《地方组织法》的修正与完善，对府际合作的规定与明确，既有利于府际合作的制度化和规范化，也为行政法的发展和研究提供了新的方向。

三、立法法对府际合作协议的法律效力作出规定

从我国《立法法》的现有规定来看，府际合作协议不属于《立法法》的调整范围。[①] 因此，即使《宪法》和《地方组织法》以具体条文或专项条款对府际合作及府际合作协议做了明确规定且确认了其合法性及法律上的有效性，地方政府间缔结的府际合作协议法律效力的层级、位阶及冲突解决仍处于模糊和不确定的状态，这需要《立法法》进一步明确。

---

① 《立法法》第二条规定："法律、行政法规、地方性法规、自治条例和单行条例的制定、修改和废止，适用本法。国务院部门规章和地方政府规章的制定、修改和废止，依照本法的有关规定执行。"据此，立法法的调整范围为法律、行政法规、地方性法规、自治条例和单行条例，以及国务院部门规章和地方政府规章。

仍以美国为例，作为典型的判例法国家，在1938年的"欣得里诉拉普拉塔和切利河灌溉公司"一案中，州际协定被定位为州法律，在1981年的"凯勒诉亚当斯"一案中，美国最高法院裁定，经国会批准的州际协定将转变为合众国的法律，具有联邦法律的地位，其效力将优于州法律，州际协定的法律地位、效力等由此得以确认。

与美国不同的是，我国是典型的成文法国家。我们认为，可在宪法的原则规定及地方组织法对府际协定与府际合作协议①等进行必要的规定与界分的前提下，由《立法法》对两者的位阶、效力、冲突原则等做具体的规定：一是明确府际协定的性质、地位与法律效力。因府际协定须经同级人民代表大会批准，因此，府际协定在性质上类似于地方性法规，属地方性立法的范畴，但其效力应当优于同级地方性法规，若两者发生冲突，府际协定的效力优先；二是明确府际合作协议的性质、地位与法律效力。府际合作协议无须人民代表大会的批准或同意，地方政府签署即可，因此，府际合作协议在性质上类似于地方政府规章，属地方行政立法的范畴，但其效力应当高于同级地方政府规章，若两者发生冲突，府际合作协议的效力优先。其他冲突原则可参考《立法法》的相关规定。

此外，民族自治地方的人民政府依法享有《宪法》及《民族区域自治法》所规定的自治权，可以就民族自治地方之间，民族自治地方与其他地方的府际合作依法进行《宪法》及《民族区域自治法》所许可的特定的规定，规范和发展民族自治地方的府际合作。

明确的立法规范是实现府际合作法治化的必要前提。针对目前府际合作具体的法律依据缺失，府际合作主要依靠府际的自觉，依托府际自发地进行与推进的现状，有必要加快立法步伐，构建完善的府际合作的法律规则体系，推进府际合作的法治化。

四、制定专门的府际关系基本法或区域合作法

有学者提出，鉴于我国府际关系法律规范的严重缺位，我国应制定一部《府

---

① 有学者认为，将地方政府间签订的各种协议笼统的称为行政协议、行政协定或行政契约并不确切，不同的协议对程序等的要求并不相同，效力也会有所区分，应当对各内容、程序、效力不同的协议予以必要的区分，并给予相应的界定。对此，可以参考美国的州际协定、州际行政协议，西班牙的行政协议等的规定和界分，对政府间的协议予以明确和规范，凡是须经人民代表大会批准的政府间协议，称为府际协定，凡是无需经人民代表大会批准程序的政府间协议，称为府际合作协议。如此，更能准确地揭示政府间协议的内涵与外延，也便于立法对府际协定和府际合作协议的主体、权限、程序、效力等的规定与明确。参见石佑启、陈咏梅：《珠三角一体化中府际合作的法律问题研究》，广东教育出版社2013年版，第81页。

际关系基本法》，解决府际关系的基本问题。制定《府际关系基本法》的目的是合理建构府际关系，以适应经济、社会发展的需要。该法的适用范围是处理所有政府间的关系，包括纵向的关系和横向的关系；包括静态的关系，也包括动态的关系。该法所要解决的基本问题包括中央和地方的基本关系、地方政府的层级、府际事权的划分、财权的分配、政府间的合作、对各级政府的监督和控制等。通过法律手段建构理性的府际关系必将促进经济发展、社会进步，从而推动我国的现代化进程。[①] 还有学者认为，在现有法律法规框架下，加快出台《跨域政府间关系法》《区域合作法》等一系列区域合作的法律法规，以使地方政府间合作有法可依，同时也可确保对不遵守法律一方进行惩戒或制裁。[②]

[①] 薛刚凌：《论府际关系的法律调整》，载于《中国法学》，2005 年第 5 期。
[②] 魏向前：《跨域协同治理：破解区域发展碎片化难题的有效路径》，载于《天津行政学院学报》，2016 年第 2 期。

第三章

区域经济一体化中府际合作的法律治理模式

第一节 府际合作的法律依据分析

一、作为法律依据的硬法与软法分析

在区域府际合作的发展过程中，各公权力主体既可以通过国家机关制定法律来推进区域经济一体化，也可以通过区域立法、区域行政协议等来推进区域经济一体化。目前，我国的法律渊源主要有宪法、法律、行政法规、地方性法规、自治条例和单行条例、部门规章和地方政府规章等。区域立法、区域行政协议与传统的法律渊源有所不同，它们是由地方上具有立法权的机关（权力机关或政府）联合进行的立法或地方政府在协商一致基础上签订的协议，已经超出了单纯由某一地方立法机关创制的地方性法规或地方政府规章的效力和适用范围，具有跨地区的效力或适用性。它们还不能融于到现有的法律渊源之中。[①] 除府际合作所形成的共同体以外，由非政府组织等社会主体合作所形成的共同体更是如此。在由

---

① 石佑启、朱最新：《论区域府际合作治理与公法变革》，载于《江海学刊》，2013年第1期。

社会主体所形成的共同体，以及社会主体与国家公权力主体组成的共同体的内部，产生了大量非经由国家机关制定的组织规范和行为规则，这些组织规范和行为规则并非通过严格的立法程序而形成，也不以国家强制力为其施行的后盾，表现出与国家制定法不相一致的属性。有学者主张将这些规则分别列入政策、惯例、章程等范畴，但有学者则认为以上范畴并不能准确地对这些规则予以概括，因而主张将它们统一到一个新的范畴之下——"软法"。

关于"软法"，至今仍处于探讨之中，尚未形成共识。法国学者弗朗西斯·斯奈德较早对软法下过定义，他认为"软法是原则上没有法律约束力但有实际效力的行为规则"。[①] 在我国，罗豪才教授将软法概念引入到公法领域，他认为软法"是一种法律效力结构未必完整、无须依靠国家强制保障实施，但能够产生社会实效的法律规范。"[②] 此后，国内众多学者也纷纷为软法下了定义。姜明安教授认为，软法是一定人类共同体通过其成员参与、协商方式制定或认可的，对人们的行为具有约束力的行为规则。[③] 翟小波博士则以列举的方式对软法从外延上予以界定，指出"'软法'的形式不拘一格，较常见的有建议、意见、决议、行动纲领、行为守则、指南、通信、标准、备忘录、宣言、框架、礼仪和倡议书等"。[④] 而与"软法"相对应的一个范畴，则是"硬法"。尽管严格来说，在国际法与国内法两个层面都存在硬法，但就一国的国内法而言，硬法在内涵与外延上基本与前述国家制定法的范畴相一致，即指称由国家制定或认可的，并以国家强制力保障实施的规范之总称。为此，硬法与软法存在着以下三个方面的区别：一是两者的制定主体不同。从我国国内法的层面来看，硬法主要由国家予以制定。一方面，全国人民代表大会及其常务委员会、较大市的地方权力机关分别制定法律、地方性法规并予以实施；另一方面，国务院、国务院的各部门以及较大市的地方人民政府依法分别制定行政法规、部门规章与地方政府规章并予以实施。而由国家权力机关、行政机关制定的法律、法规以及规章都属于典型的硬法。相比之下，软法的制定主体不仅包括国家，还包括国内的一切共同体，如政党、非政府组织等都可以成为软法的制定主体。二是两者制定的过程不同。硬法的制定必须遵循严格的立法程序。以法律的制定为例，除了进行立项、起草等必要的立法准备以外，还必须经由法案的提出、审议、表决、公布等基本程序后，才最终完成法律的制定，且法律的解释、修改等也必须遵循相应的程序。法规和规章的制

---

① Francis Snyder, Soft Law and Institutional Practice in the European Community. Steve Martin, *The Construction of Europe: Essays in Honor of Emile Noel*, Kluwer Acadermic Publishers, 1994, P. 198.
② 罗豪才、宋功德：《认真对待软法——公域软法的一般理论及其中国实践》，载于《中国法学》，2006年第2期。
③ 姜明安：《软法的兴起与软法之治》，载于《中国法学》，2006年第2期。
④ 翟小波：《"软法"及其概念之证成——以公共治理为背景》，载于《法律科学》，2007年第2期。

定、修改、解释等亦是如此。而软法的制定程序则可能较为简单，主要经由协商达成一致的意见即可，一般不需要通过严格的立项、起草、提案、审议、表决和公布程序。三是两者实施的保障不同。这是硬法与软法的核心区别，即硬法依靠国家强制力保障实施，而软法则不依靠国家强制力来保障实施。软法的实施保障来自于多个方面，主要包括共同体规则的约束、参与各方的合意甚至于社会舆论的压力等。

法有硬法与软法之分，硬法在区域经济一体化中发挥重要的规范和调整作用，软法在区域经济一体化进程中也扮演着重要的角色，具有不可替代的地位和作用，区域府际合作离不开软法治理。① 区域经济一体化府际合作中软法的产生，是公共治理阶段法制变革的重要体现。随着国家管理向公共治理的转型，合作治理体系的形成催生了对于共同体规则的大量需求，而原有的由国家统一制定或认可法律（硬法）显然难以为各类共同体提供充足的规则依据，这在区域经济一体化府际合作中体现得尤为明显，软法因此应运而生，法律渊源也由此得到拓展。为此，对于区域经济一体化中府际合作法律问题的探讨将不仅仅局限于国家制定法，即硬法层面的讨论，而是要开始涉足各类软法渊源，立足于软法展开相应的探讨。以此为前提，还必须从硬法与软法互动之角度，对区域经济一体化中府际合作的法律治理问题予以全面、系统的研究。

基于上述将法的渊源所作的"硬法"与"软法"的区分，则对区域经济一体化中府际合作的法律依据分析也可从"硬法依据"与"软法依据"两个方面展开。

二、府际合作的硬法依据分析

我国的硬法渊源包括宪法、法律、行政法规、地方性法规、部门规章、地方政府规章等。下文将结合有关规范文本，对区域经济一体化中府际合作的硬法依据作出分析。

（一）宪法和地方组织法

作为国家的根本大法，宪法是我国实施国家治理的根本依据，也是一切国家机构的根本行为准则。我国《宪法》第三条第四款规定："中央和地方的国家机构职权的划分，遵循在中央的统一领导下，充分发挥地方的主动性、积极性的原则。"第八十五条规定："中华人民共和国国务院，即中央人民政府，是最高国家

---

① 石佑启：《论区域合作与软法治理》，载于《学术研究》，2011 年第 6 期。

权力机关的执行机关,是最高国家行政机关。"第八十九条规定:"国务院行使下列职权:(四)统一领导全国地方各级国家行政机关的工作,规定中央和省、自治区、直辖市的国家行政机关的职权的具体划分;……"第一百零七条规定:"县级以上地方各级人民政府依照法律规定的权限,管理本行政区域内的经济、教育、科学、文化、卫生、体育事业、城乡建设事业和财政、民政、公安、民族事务、司法行政、计划生育等行政工作,发布决定和命令,任免、培训、考核和奖惩行政工作人员。乡、民族乡、镇的人民政府执行本级人民代表大会的决议和上级国家行政机关的决定和命令,管理本行政区域内的行政工作。省、直辖市的人民政府决定乡、民族乡、镇的建置和区域划分。"

作为重要的宪法性法律之一,我国《地方组织法》在《宪法》的基础上,进一步对地方各级人民政府的机构性质、隶属关系、职权范围等作出具体规定。《地方组织法》第五十四条规定:"地方各级人民政府是地方各级权力机关的执行机关,是地方各级国家行政机关。"第五十五条规定:"地方各级人民政府对本级人民代表大会和上一级国家行政机关负责并报告工作。县级以上的地方各级人民政府在本级人民代表大会闭会期间,对本级人民代表大会常务委员会负责并报告工作。全国地方各级人民政府都是国务院统一领导下的国家行政机关,都服从国务院。地方各级人民政府必须依法行使行政职权。"同时,根据第五十九条的规定,县级以上的地方各级人民政府行使的职权包括:执行本级人民代表大会及其常务委员会的决议,以及上级国家行政机关的决定和命令,规定行政措施,发布决定和命令;领导所属各工作部门和下级人民政府的工作;执行国民经济和社会发展计划、预算,管理本行政区域内的经济、教育、科学、文化、卫生、体育事业、环境和资源保护、城乡建设事业和财政、民政、公安、民族事务、司法行政、计划生育等行政工作;等等。

由此可见,一方面,对于我国各级政府的活动,《宪法》和《地方组织法》确立了中央即国务院统一领导,地方各级政府充分发挥主动性、积极性的基本准则,这可被视为地方政府间合作的"原始依据",即地方政府在遵循国务院领导的前提下,可以在宪法和法律的框架内采取相应的行为方式发挥地方主动性和积极性,而"府际合作"则是其中的一种方式。同时,也明确了县级以上地方政府职权所涉及的领域包括"经济、教育、科学、文化、卫生、体育事业、环境和资源保护、城乡建设事业和财政、民政、公安、民族事务、司法行政、计划生育等"。而在区域经济一体化浪潮和区域公共治理愈发重要的今天,借助于府际合作的整合功能与规模效应来推动经济发展和解决公共问题,也是大势所趋。另一方面,从《宪法》和《地方组织法》的规定来看,不仅缺少直接规范"府际合作"的条款,且现有条款也只规定了上下级政府之间的"纵向关系"而未提及同级政府之间的"横向关系"。此外，有关地方政府职权的条款也仅仅就其在"本行政区域"的行使进行规定。因此，我国区域经济一体化中的府际合作仍缺乏《宪法》和《地方组织法》的直接依据。

（二）《立法法》和《规章制定程序条例》

我国现行《立法法》第八十一条规定："涉及两个以上国务院部门职权范围的事项，应当提请国务院制定行政法规或者由国务院有关部门联合制定规章。"《规章制定程序条例》第九条规定："涉及国务院两个以上部门职权范围的事项，制定行政法规条件尚不成熟，需要制定规章的，国务院有关部门应当联合制定规章。有前款规定情形的，国务院有关部门单独制定的规章无效。"可见，对于涉及不同行政领域的业务问题，我国《立法法》和《规章制定程序条例》要求各职能部门必须联合制定规章，这也实际上构成了中央政府部门联合立法的硬法依据。基于我国"条块分割"的行政体制，联合立法的需求除了存在于不同职能部门所形成的"条条"之间以外，也必然存在于不同地方政府所形成的"块块"之间。因此，尽管《立法法》等法律法规仍未就地方政府之间的联合立法作出规定，但从其中国务院部门联合立法有关规定的精神出发，表明立法者已经意识到有权行政机关实施联合立法的必要性，这也为各地方政府之间以联合立法或联合制定规范性文件方式实施的府际合作行为提供了硬法上的参考。

（三）其他法律、法规和规章

长期以来，除《宪法》和《地方组织法》以外的其他法律、法规和规章也鲜有对府际合作作出规定。但随着国内区域经济一体化的推进，这一情况开始得到改变。例如，在"经济发展，环保先行"的理念下，不少区域府际合作已将"环保一体化"作为"经济一体化"的重要配套和支撑，并广泛地采取了行动。为此，近年来我国在环保领域的部分立法或修法活动，不同程度地涉及有关区域府际合作的事宜。

首先是在国家法律的修改方面。2014年我国《环境保护法》的修改，对不同地方政府的跨区划合作作出了规定。《环境保护法》第二十条规定："国家建立跨行政区域的重点区域、流域环境污染和生态破坏联合防治协调机制，实行统一规划、统一标准、统一监测、统一的防治措施。前款规定以外的跨行政区域的环境污染和生态破坏的防治，由上级人民政府协调解决，或者由有关地方人民政府协商解决。"2015年修改通过的《大气污染防治法》设置了"重点区域大气污染联合防治"的专章，对重点区域大气污染的府际合作治理问题作了规定。《大气污染防治法》第八十九条规定："编制可能对国家大气污染防治重点区域的大气环境造成严重污染的有关工业园区、开发区、区域产业和发展等规划，应当依法进行环境影响评价。规划编制机关应当与重点区域内有关省、自治区、直辖市人民政府或者有关部门会商。重点区域内有关省、自治区、直辖市建设可能对相邻省、自治区、直辖市大气环境质量产生重大影响的项目，应当及时通报有关信息，进行会商。会商意见及其采纳情况作为环境影响评价文件审查或者审批的重要依据。"第九十一条规定："国务院环境保护主管部门应当组织建立国家大气污染防治重点区域的大气环境质量监测、大气污染源监测等相关信息共享机制，利用监测、模拟以及卫星、航测、遥感等新技术分析重点区域内大气污染来源及其变化趋势，并向社会公开。"第九十二条规定："国务院环境保护主管部门和国家大气污染防治重点区域内有关省、自治区、直辖市人民政府可以组织有关部门开展联合执法、跨区域执法、交叉执法。"

其次是在地方立法和修法方面。以广东省的地方性法规和地方政府规章为例。在地方性法规方面，广东省人民代表大会及其常务委员会于 2015 年 1 月 13 日修订通过了《广东省环境保护条例》。该《条例》第七条规定："省、地级以上市人民政府可以划定环境污染防治重点区域、流域和海域，建立联合防治协调机制，实行统一规划、统一标准、统一监测、统一防治措施，组织相关人民政府实施联合防治。实施联合防治的人民政府协商建立环境信息共享机制，制定共同实施的环境保护计划，共同处理重大环境问题，开展联合执法、预警应急工作；协商不成的，由共同的上一级人民政府协调解决。"在地方政府规章方面，广东省人民政府于 2009 年 5 月 1 日公布了《广东省珠江三角洲大气污染防治办法》。该《办法》第五条规定："省人民政府建立区域大气污染防治联防联控监督协作机制，采取以下措施对区域内大气污染防治实施监督：（1）检查区域内大气污染防治规划实施情况，组织考核区域内各级人民政府大气污染防治工作；（2）定期通报区域内大气污染防治规划实施进展、大气环境质量、重大建设项目等情况；（3）协调解决跨地市行政区域大气污染纠纷；（4）协调各地、各部门建立区域统一的环境保护政策。"

据此，我国有关区域府际合作的立法和修法在环保等专项领域有了一定的进展，但也表现出整个府际合作法律体系不完备问题。由前文分析可知，在我国环保单行法，即《环境保护法》修订通过后，仅有《大气污染防治法》得到了及时的修改。而在地方立法层面，也仅有少数与之相关的地方性法规作了修改。可以说，现行《环境保护法》的配套法律法规还很不完善。而对于区域府际合作来说，某一专项领域的法律体系完备程度尚且如此，则整个府际合作的法律体系就存在更大的问题了，亟待健全与完善。

三、府际合作的软法依据分析

从目前的研究来看,软法的表现形式十分丰富。一般认为,在公共治理领域出现的各种章程、通知、纲领、决定、宣言、指南、协议、建议、意见、批复、规划、标准、倡议、备忘录、会议纪要等,都属于软法。结合我国区域经济一体化中府际合作的实践,我们认为,府际合作的软法依据主要包括三类:区域行政规划、区域行政协议与区域组织内部文件。

(一) 区域行政规划

行政规划,亦称行政计划,是指行政主体为了履行行政职能,实现特定的行政目的,事先就实施工作的有关方法、步骤或措施等,依照法律规定所作出的设计、安排及由此形成的指导目标。[①] 行政规划最早出现于德国、日本等国家,对社会管理起到了重要的作用。现阶段,行政规划在我国也得到了广泛的运用,并涉及社会治理的多个领域。基于区域经济一体化中府际合作的特性,本书探讨的行政规划是对于若干行政区划所组成的区域所进行的规划,我们将其称之为"区域行政规划"。之所以认为区域行政规划属于府际合作的软法依据,主要是基于以下两个方面的考量:

第一,从性质上看,区域行政规划具有抽象行政行为的特征。对于行政规划的性质,学界仍存在一定的争议,有学者认为行政规划属于抽象行政行为或准抽象行政行为。[②] 有学者则认为行政规划的性质与其内容密切相关,如果行政规划所涉及的是一个具体的项目,其调整的对象即具有特定性,应属于具体行政行为;如果行政规划所涉及的是一些宏观领域的安排,则属于抽象行政行为。[③] 对此,我们认为后一种观点更为客观、全面,即对于行政规划的性质不能一概而论,而应当具体问题具体分析。由于区域行政规划并不直接针对特定的外部相对人而制定,因而其对象具有非特定性,应属于抽象行政行为。

第二,从功能上看,区域行政规划具备了类似于法的规范功能。法的规范功能包括预测功能、指引功能、约束功能等,区域行政规划在一定程度上也体现出这些功能。首先,区域行政规划对于区域公共事务进行了全面的计划,使行政主体对于将要进行的每一步骤均有了较为清晰的认知,行政活动也由此具备了一定

[①] 方世荣、石佑启主编:《行政法与行政诉讼法》,北京大学出版社2011版,第163页。
[②] 李煜兴:《区域行政规划研究》,法律出版社2009年版,第31页。
[③] 方世荣、石佑启主编:《行政法与行政诉讼法》,北京大学出版社2011版,第166页。

的可预知性。其次，区域行政规划规定了行政活动所要达到的目标，使行政活动具备了明确的行为导向。一方面，这能够对行政主体的行政决策形成引导，使具体实施的行政行为服从于行政规划目标的要求；另一方面，这也能够对社会公众的行为方式产生指引，使其根据行政规划目标来调整行为选择，从而有利于自身的生产与生活。最后，区域行政规划还能够通过行政目标的设定，对行政主体形成有效的约束，使不同行政主体在思想、行动等方面协调一致，通力合作，共同完成区域公共治理的任务。

由此可见，尽管区域行政规划有别于传统的行政立法，但它能对府际合作起到实际的规范作用。其主要特征如下：

从制定的方式来看，区域行政规划可通过以下两种途径制定：第一，由上级行政主体统一制定。具体来说，这包括三种情况：一是由中央政府或上级地方政府制定区域行政规划，如由广东省人民政府制定的《珠江三角洲地区改革发展规划纲要》等；二是由中央政府或上级地方政府的单个部门制定区域行政规划，如由国家发改委公布的《长江三角洲地区区域规划》《长江中游城市群发展规划》《哈长城市群发展规划》等；三是由中央政府或上级地方政府的多个部门联合制定区域行政规划，如由环保部、国家发改委等六部门联合制定的《京津冀及周边地区落实大气污染防治行动计划实施细则》。第二，由区域内无隶属关系的各地方政府或部门联合制定。如由广州、佛山、肇庆三市政府联合制定的《广佛肇经济圈发展规划》、由"9+2"信息化主管部门联合制定的《泛珠三角区域信息化合作专项规划》等。

从规划的内容来看，区域行政规划大致可分为区域综合规划与区域专项规划两类。所谓区域综合规划，是指内容同时涵盖经济、政治、文化、环境等多个领域的区域行政规划。这类规划以特定区域的总体发展为对象，内容基本上涉及区域内所有的公共事务类型。例如，《珠江三角洲地区改革发展规划纲要》《长江三角洲地区区域规划》《长江中游城市群发展规划》《哈长城市群发展规划》《广佛肇经济圈发展规划》等。区域专项规划，指的是行政主体针对府际合作的特定领域而作出的规划。例如，《京津冀及周边地区落实大气污染防治行动计划实施细则》《泛珠三角区域信息化合作专项规划》等。这是区域行政规划应用于府际合作特定领域的重要体现。此类规划往往就区域在特定时期最为必要开展府际合作的领域进行规划，具有较强的针对性与适用性，有助于"以点带面"，逐步推动区域府际合作在各个公共领域的开展，因而对府际合作具有举足轻重的意义。

从以上论述也可以看出，区域行政规划的具体名称也不尽相同，多称"规划"或"计划"，而且也存在着关于规划或计划的"实施细则"。此外，一些以

"方案"命名的文件，本质上也属于区域行政规划。如《成都—雅安"十三五"期间区域合作工作实施方案》《江苏盛泽和浙江王江泾边界水域水污染联合防治方案》等，就其内容而言，实际上也是对府际合作进行的规划，只不过相对于一般的区域行政规划，此类方案对于行政活动的设计与安排更为详细。因此，这些"方案"亦属于区域行政规划的重要类型，是府际合作的软法依据之一。

（二）区域行政协议

传统行政法学中本不存在"行政协议"的概念，但近年来，这一词汇在行政法学中的出现越发频繁，并逐渐形成了与"行政合同"相对应的一个行政法学术语。行政合同源自于民法中契约精神的引入，并由此发展成为一种类型化的外部行政行为，它是指行政主体与公民、法人或其他组织为了实现特定行政目的而达成的具有公共意义的协议。长期以来，行政合同被视为是行政契约的重要体现甚至唯一体现，但它的出现却也无时无刻地在引发学者们的思考：在外部行政法律关系中，地位存在差异的行政主体与行政相对人之间尚且可以订立"合同"，内部行政法律关系中地位平等的行政主体之间则应当更易于达成类似的契约关系。这在理论上显然是能够成立的，但限于传统"行政区行政"的管辖模式，各地方政府及部门在辖区内各司其职，鲜有业务上的来往，而且即使存在一定的合作，也基本上是依照共同上级行政主体的命令而为，因而实践上并不存在订立契约的必要。但随着区域经济一体化的发展，区域公共事务使得地方政府及其部门突破了行政区划的界限而实施合作治理，并在此过程中通过谈判达成了大量协议性的文件，有学者将这些文件统称为"区域行政协议"。[①] 其具有以下特征：

一是在主体构成上，签署区域行政协议的各方均为行政主体。这是行政协议区别于行政合同的本质特征。现阶段，行政契约的外延已随着行政协议的出现而得到拓展。从内部与外部行政行为的分类来看，行政协议与行政合同是行政契约分别对应内部行政行为与外部行政行为而形成的下位概念。而之所以作出这样的区分，根本原因即在于行政协议与行政合同的实施主体存在区别，前者是行政系统内部不同行政主体实施的行为，后者则是行政主体针对外部行政相对人实施的行为，两种行为所建立的分别是内部行政法律关系与外部行政法律关系。在区别于行政合同的基础上，签署区域行政协议的行政主体还应当具备跨行政区划的特征。为此，区域内不同行政区划的地方政府或部门是签署区域行政协议的重要主体。但在一些情况下，中央政府部门也可以成为签署区域行政协议的主体，如国家发改委、商务部与环渤海区域的七个省级地方政府共同签署了《环渤海区域合

[①] 何渊：《区域性行政协议研究》，法律出版社2009年版，第2页。

作框架协议》；环保部与山西省政府签署了《共同推进山西省国家资源型经济转型综合配套改革试验区建设合作协议》等。

二是在签署方式上，区域行政协议可由各行政主体共同协商签署，也可在共同上级行政主体的协调下签署。目前，区域行政协议的签署并没有形成统一且完备的程序，但作为契约精神在行政系统内部的体现，如何达成契约中的"合意"显然是最关键的，也是签署区域行政协议不可回避的重要程序，否则，协议将失去其根本的程序基础。从实践来看，区域行政协议主要通过共同协商及上级协调两种方式予以达成。前者主要是基于签署协议各方之间的平等地位而实施，即签署区域行政协议的各行政主体在行政层级上往往是同级别的，或即使存在行政层级上的差异，但相互之间一般也不存在行政上的隶属关系，因而基本上能够形成一种对等的关系，从而能够以协商的方式促成各方的合意。与前者相反，后者则是基于上级行政权力的引导而达成的协议，上级行政主体对于下级各行政主体之间的协调实际上是上级对下级实施领导的方式之一，只不过相对于直接的行政命令，这种方式更为"柔和"。但在此情况下，上级行政主体参与签署的目的并不是要成为是协议的当事人，而是要借助其行政权力的影响，直接或间接地促成下级行政主体之间形成合意。因此，签署协议双方或多方仍然是无隶属关系的各下级行政主体。

三是在协议条款上，区域行政协议主要对区域公共事务中府际合作的有关问题进行规定。作为一种由行政主体自主签署的契约文件，不同区域行政协议所包含的内容也千差万别，但从形式上看，它们基本上都是围绕府际合作及相关问题来设置条款，主要包括：第一，概括性条款。概括性条款主要对府际合作的指导思想、基本原则、总体要求等较为抽象的问题作出阐述，以从理念上对参与合作的各方进行规范。第二，界定性条款。界定性条款主要对府际合作的领域范围作出一定的界定，如经济合作、科技合作、文化合作、环保合作等，这在一些区域合作的框架协议中较为常见。而对于就特定领域合作而订立的协议，则会对具体的合作事项作出规定。第三，操作性条款。操作性条款主要是对府际合作的具体方式、程序以及合作机制等作出规定，是对合作的实施所作出的较为详细的规定。第四，保障性条款。保障性条款主要通过对府际合作的组织建构、人员配置、资金运作等作出规定，以规范府际合作的组织保障、人员保障、资金保障等。第五，效力性条款。效力性条款主要对各方的签署、协议效力的起止时间等进行规定。

四是在规范适用上，区域行政协议在各方约定的效力期间内，协议规范是能够反复多次适用的，与具体行政行为中仅能一次适用的行政决定存在本质的区别。可见，行为意义上的区域行政协议是一种抽象行政行为，而由此形成的具有约束力的协议文本则是实施抽象行政行为的后果。这就意味着规范意义上的区域行政协议属于抽象性的行为规则，属于软法的类型之一。

据此，从行政契约的角度来看，区域行政协议具备较为正式的条款格式与相对完整的规范结构，并能够对签署协议的各方形成实际上的约束，因而能够作为府际合作的又一软法依据。有学者认为，在当前区域经济一体化进程中，为了避免由于府际合作法律法规的缺失，加上第三方监督与执行机制的缺位所带来的跨域合作失灵情况的发生，依靠柔性契约的方式进行地方政府间跨域合作显然成为一种经济、高效、可行的合作方式。①

（三）区域组织内部文件

随着区域经济一体化与区域公共治理进程的持续推进，府际合作的组织化趋势也进一步加强。无论是组织关系较为松散的联席会议组织，还是关系较为紧密的区域合作组织，都是当前府际合作的区域组织实体。而区域组织所发布的内部文件也可能构成规范府际合作的软法类型之一。从区域组织内部文件的内容来看，有些是针对特定对象、特定事项所作出的决定，属于就具体问题而形成的不可反复适用的处理文书。由于这些处理文书不符合构成软法的基本标准，因而它们也不属于府际合作的软法依据。但有些文件却针对区域组织及其中的府际合作制度建构等问题进行规定，具有普遍的规范意义，因而属于府际合作的软法依据。这部分区域内部文件主要包括：

第一，组织章程。组织章程伴随着区域组织的构建而形成，是区域组织内部具有纲领性、统筹性的软法文件，它不仅是区域组织存在的重要依据，也当然地成为组织内部府际合作的规范基础。以《环渤海区域信息合作联席会章程》为例，《章程》包括总则、任务、组织、成员、经费、终止、附则七章共四十条，对联席会组织的构建、常务理事会的职权、信息合作的事项、成员的资格及其权利义务等都作出了规定，对于组织内政府成员之间的信息合作具有直接的规范作用。而且，组织章程还能为组织内部其他软法性文件的制定提供必要的依据与指引。为此，对于由所有内部文件所形成的软法规则体系来说，组织章程可谓处于"母法"之地位，此后制定的所有内部规范文件都不应与其相冲突。

第二，工作制度。由于支撑整个组织的基本合作制度一般会在组织成立时由章程予以规定，因而此处所讲的工作制度，是指在组织章程所规定的合作制度框架下制定的具体的工作制度，它是区域组织针对府际合作实践中出现的特定工作

---

① 魏向前：《跨域协同治理：破解区域发展碎片化难题的有效路径》，载于《天津行政学院学报》，2016年第2期。

任务、合作项目而予以制定的。例如，在区域环境保护的府际合作领域，太湖流域管理局针对太湖、太浦河与望虞河的保护制定了《太湖流域"一湖两河"水行政执法联合巡查制度》，就江苏、浙江与上海两省一市水行政主管部门之间执法合作制度的建立作出了规定。作为一种制度规范，《巡查制度》中既对诸如职权分配等实体性问题进行了安排，也对诸如立案查处等程序性作出了规定。由此可见，工作制度也是府际合作中的一种软法规则。

第三，合作规约。一般来说，区域组织伴随着府际合作的实践而出现，而它存在的首要目的则是进一步推动府际合作的进程。为此，针对部分与区域组织事务相关的重要合作事项，往往会由区域组织牵头并协调组织内部各成员共同签署一些合作规约。合作规约与上级行政主体及下级行政主体共同签署的行政协议十分类似，从某种意义上讲，它也属于行政协议的类型之一。但由于合作规约同时也是在区域组织内部形成的一种规范文件，因而将其归在区域组织内部文件的类别之中，其典型如淮河水利委员会与河南、安徽、江苏、山东四省水利部门共同签署的《淮河流域省际边界水事协调工作规约》。合作规约实际上是对区域组织内部府际合作行为的进一步规范，具有加强与巩固区域组织成员合作关系的功能。

第四，行动方案。行动方案是指区域组织为处理具体的合作事务而制定的计划，它具有较强的针对性与预设性。例如，淮河水利委员会针对流域内的行政争端问题制定了《淮河流域省际水事纠纷应急处置预案》，对预案的启动、淮河水利委员会和流域各省水行政主管部门的职责和任务、应急报告制度、预案启动后的响应、应急处置、奖惩等作了明确的规定。由此可见，行动方案，尤其是紧急情况下的应急预案，其涉及的内容相对详细，能够对区域组织内府际合作的具体实施起到规范作用。

第二节 府际合作的法律治理模式透视

对区域经济一体化中府际合作的法律治理模式进行类型化处理，可以将其划分为"硬法治理模式""软法治理模式"和"混合治理模式"三类。硬法治理模式，是指通过单一的硬法规范来对区域经济一体化中的府际合作予以调整；软法治理模式，则是指通过单一的软法规范来对区域经济一体化中的府际合作予以调整；混合治理模式，是指通过硬法规范和软法规范的有机结合来对区域经济一体化中的府际合作予以调整。下面分别对这三种法律治理模式予以阐述。

一、硬法治理模式

一般认为，美国州际政府合作的治理模式是硬法治理模式的典型体现。在美国，联邦与州、州与州之间在法律地位上完全平等，除联邦宪法与法律外，各州都有独立的宪法与法律。因此，美国州际法律冲突更为明显，历史上各州曾"因为利益冲突而出现各种矛盾，如各州为了维护自己的利益，纷纷筑起各种形式的贸易壁垒"。① 然而，美国州际合作的发展和全美经济一体化的趋势，迫切需要消除州际之间的法律冲突与经济壁垒。为此，各州通过三种方式来实现：（1）订立州际协定。现在美国州政府间州际协定在主题上丰富多样，涉及的领域非常广泛，如供水、自然资源保护、防洪、州际高速公路的征税等。② 州际协定一般由州长派代表签署，州议会批准后，要通知州长，作为正式法律，即硬法在本州公布，编入本州法典和联邦法典。州际协定具有明确的法律约束力，属于一种可被法院执行的公法契约。③ 而且，州际协定的内容必须遵守宪法保留和国会立法权保留原则，不能侵犯联邦的立法权和管理权。（2）制定统一的州法律。为避免各州立法的矛盾与冲突，1892年美国成立了由各州州长任命代表组成的全国统一州法律委员会。其主要任务就是通过委员会内的各专门委员会起草各种法律草案，提交各州以备批准的方式来统一各州的法律。（3）设立州政府代表会议之类的州际组织。1952年，由美国各州设立的州际合作委员会组成了州政府代表会议。州政府代表会议除了具体事务的协调外，其重要任务之一就是草拟法律草案，经讨论交州政府代表会议理事会核准，然后再列入专门的立法建议报告，并分送各州州长、各州总检察长及各州其他官员。④ 可见，立足于硬法与软法二元划分的视角，上述美国区域经济一体化中府际合作的三种治理方式主要是通过享有立法权的州议会以批准方式制定硬法来推动和实现的，其实践效果是相对满意的。这正如一些美国学者所说的，"我们的制度能够运作，也的确在运作，并且能够运作得

---

① 张紧跟：《当代中国地方政府间横向关系协调研究》，中国社会科学出版社2006年版，第161页。
② 王川兰：《竞争与依存中的区域合作行政》，复旦大学出版社2008年版，第131页。
③ 实际上，州际协定条款并没有区分协议（agreement）和协定（compact）。1893年大法官表示："协定或协议（我们没有发现在含义上有何差别，除了'协定'一般用来指称那些比'协议'中包含的内容更为正式和重要的约定）涵盖了所有影响当事各方行为或主张的条款。""绝大多数获得国会同意的州际协议被称为协定，只有少部分称作协议。"详见[美]约瑟夫·F. 齐默尔曼著，王诚译：《州际合作：协定与行政协议》，法律出版社2013年版，第44页。据此，此处将美国州际合作中以硬法形式公布的行政契约统一称为"州际协定"，以区别于下文述及的作为软法存在的美国"州际行政协议"。
④ 李昌道：《美国宪法史稿》，法律出版社1986年版，第326页。

更好。"①

据此，硬法治理模式之于区域经济一体化中的府际合作具备以下功能优势：

1. 硬法治理模式能够确立区域经济一体化中府际合作的法律地位

在相当长的时期内，人们对于"法"的认知，主要属于一种对国家制定法，即对硬法的认识。因此，在绝大多数公众的意识之中，"法"必然与"强制"相联系，并应当具备必要的"刚性"，而不能以强制力为实施保障的"法"则是一种缺乏效力的"棉花法"，或不能被称之为"法"，这种对于法的认知甚至也被不少法学学者所采纳。对此，尚且不论其是否正确、科学或全面，但可以肯定的是，硬法作为传统法规范的承继，符合公众对于"法"的一般观念，且此种观念早已深入人心，并具有相当坚实的社会基础。在此前提下，借助于硬法规范而对区域经济一体化中府际合作所进行的硬法治理，能够使府际合作这一新生事物得到较为广泛的认同与接受，从而有助于明确它的法律地位。

2. 硬法治理模式有利于提高区域经济一体化中府际合作的行为确定性

这种确定性主要基于硬法规范严密的逻辑结构而形成。尽管学界对于硬法规范的逻辑结构仍存在一定的争议，如有学者认为它包括行为模式和法律后果两个部分，也有学者认为它包括假定、行为模式和法律后果三个部分，还有学者认为它包括假定、处理、制裁三个部分。②但无论如何，此种相对固定的结构从客观上提高了被调整的行为的确定性。借助于硬法规范的逻辑结构，区域经济一体化府际合作中的各种具体行为能够被相应地模式化，从而使每一种行为模式能够对应特定的法律后果。从理论上讲，这使得府际合作行为的发生、实施及后果都能够形成一一对应的关系，从而提高了区域经济一体化中府际合作的确定性。

3. 硬法治理模式有助于明确区域经济一体化中府际合作的法律效力

一方面，基于法律规范的逻辑结构，硬法治理模式下的行为所产生的法律效果是明确的，且这种法律效果将以国家强制力来保障实现，从而显现出一种明确的法律效力。而这种明确的法律效力不仅有助于确定府际合作中各方主体之间法律责任的分配，还能够为受到损害的一方提供有效的法律救济途径，从而使法律规范中的权利与义务得以实现。另一方面，就整个硬法规范体系而言，不同硬法规范之间的效力位阶也是十分明确的。所谓效力位阶，是指一国内不同法律规范之间纵向排列的效力等级层次。在我国，宪法、法律、行政法规、地方性法规、地方政府规章等法规范自上而下呈现出鲜明的等级排序。因

---

① ［美］戴维·H. 罗森布鲁姆等著，张成福译：《公共行政学：管理、政治和法律的途径》，中国人民大学出版社2002年版，第145页。

② 张文显主编：《法理学》，高等教育出版社、北京大学出版社1999年版，第69页。

此，它们之间效力位阶的高低存在着明确的区分，下位法不能与上位法相冲突，否则将被视为无效。

二、软法治理模式

软法治理模式在我国区域府际合作中运用较多。有学者指出，我国粤港澳三地主要就是通过软法治理模式来推动区域经济一体化中府际合作的，粤港澳三地制定软法的方式主要有：①

（1）中央政府与香港、澳门特别行政区政府签订行政协议。

从2003年开始，中央政府与香港、澳门特区政府先后签署了CEAP协议及七个补充协议。其内容主要涵盖货物贸易、服务贸易和贸易便利化三个方面。对粤港澳三地经济优势互补，共同发展，实现经济一体化发挥了积极作用。

（2）通过泛珠三角合作平台，签订相关泛珠三角合作协议来推动包括粤港澳在内的泛珠三角经济一体化，如2004年《泛珠三角区域合作框架协议》等。

（3）粤港澳三地通过平等协商直接签订行政协议，如2010年粤港政府签订的《粤港合作框架协议》等。

而粤港澳三地之所以采用上述软法治理模式来调整区域经济一体化中的府际合作，究其原因在于：从所属法系来看，香港属于普通法系，澳门基本上属于大陆法系，而广东作为内地的一个省份，其法律体系属于社会主义性质的中华法系。法系不同，其法律理念、法律价值、法律性质、法律体系、法律解释、法的渊源以及立法和司法等诸多领域都呈现出一系列巨大差异。这种差异在某种意义上使我国法律生活更加丰富多彩，但也使粤港澳经济一体化中法律矛盾和冲突更加复杂多样，增加了法律治理的难度。同时，港澳和内地都是世界贸易组织（WTO）的独立成员。粤港澳经济一体化中的法制协调还要受到WTO规则的制约。②"粤港澳经济一体化是不可阻挡的潮流，而粤港澳又是一国之下社会制度不同、法域不同、互不隶属的多个行政区域，即不同社会制度、不同法域下的多个行政区域间的经济一体化"③。在此背景下，基于行政协议而实施的软法治理模式被粤港澳三地所采用。

总体而言，软法治理模式之于区域经济一体化中的府际合作存在以下契合之处：

第一，软法治理模式能够及时回应区域经济一体化中府际合作对于法规范之

---

①② 朱最新：《区域一体化法律治理模式初探》，载于《广东行政学院学报》，2011年第3期。
③ 朱最新：《论粤港澳经济一体化中的法制协调》，载于《国际经贸探索》，2008年第10期。

迫切需求。随着社会公共事务日益复杂化、多样化，公共治理领域涌现出大量亟待规范的问题。然而，由于制定硬法的主体有限、程序严格且成本较高，因而往往未能及时地就公共治理中出现的新问题制定硬法规范，而且在某些领域也存在着对于硬法治理必要性的争议。这都使得硬法在许多情况下都未能及时对现实予以回应，甚至远远滞后于公共治理的发展。而区域经济一体化中的府际合作作为当前公共治理领域的新生事物，也由此遭遇到硬法规范供给上的瓶颈。在此情况下，软法凭借其在制定主体、规制方式、立法效率等方面的特点与优势，对此作出了较好的回应。首先，软法对于制定主体并没有明确的限制，凡是以一定形式存在的共同体，都具备制定软法的资格与能力。也就是说，不论共同体内部各成员之间存在何种差异，如各成员在自身性质上的差异、各成员本身所属法系的差异等，但这都不影响共同体制定在其内部统一适用的软法。因此，软法治理模式为区域经济一体化中府际合作的规范生成提供了较为宽松的环境。其次，作为共同体制定的用于调整其内部活动的法规范，软法规范往往会比由外部立法主体所制定的硬法规范更具针对性。据此，由参与府际合作的各方主体所共同制定的软法规范，也能够为其合作治理活动提供较为细致且充分的规范支撑。最后，软法的制定并不存在一个统一的强制性规定，因而可以依据调整对象的具体情况采取适合的程序，从而能够尽可能缩短新法自起草至出台所需的时间，进而为区域经济一体化中的府际合作及时提供规范依据。

第二，软法治理模式在内在属性上与区域经济一体化中的府际合作相一致。学界对于软法至今仍没有形成一个完全统一的界定，它更多是作为一个描述性的概念而存在。而在有关软法的各项描述中，"软"无疑是其性质的核心体现。一方面，软法作为一种共同体规则，属于一种内生型的法规范，它是在共同体内部所有成员共同认可的基础上形成的，是共同体成员自愿规制的结果，它的实施不以国家强制力为保障。而在区域经济一体化的进程中，绝大多数的府际合作均属于自愿性的行为，对于合作行为的规制很大程度上也是出于合作各方的自愿需求。而基于软法规范的内生性，软法治理模式与府际合作中自愿规制的需求在本质上是相一致的。另一方面，与硬法所具有的"管制法""强制法"的性质不同，软法具有较强的民主性与协商性，它较少对于主体之间的"命令—服从"关系作出规制，而是更多地对主体之间的平等互动关系予以调整。而由于府际合作关系一般经由政府组织之间的协调一致而达成，有别于政府组织之间基于领导、监督等产生的管制关系，因而适于运用软法治理模式来进行调整。

第三，软法在调整方式上具备相当的"弹性"，因而借助软法治理模式有利于对区域经济一体化中的府际合作进行细致、全面的调整。一方面，软法规范不存在一种固定的逻辑结构，因而它能够以更丰富的规范形式对行为作出调整。例如，软法可以更多地通过原则性条款对行为作出指引，或以标准性条款对行为作出调整等。就当前区域经济一体化中的府际合作而言，它正处于由非制度化向制度化过渡的阶段，其行为模式呈现出多样化的特征，但现有的行为模式并非都具备传统硬法所要求的逻辑结构上的"完整性"，例如，并非所有行为模式都能具备明确的硬法效果。因此，不宜不加区分地将这些行为模式都纳入硬法的调整范围。但与此同时，实践对于区域经济一体化中府际合作的合法性拷问又使其亟须来自法规范的支持。在此两难境地之中，软法不拘一格的规范结构为此提供了一个有效的解决途径。另一方面，在绝大多数情况下，区域经济一体化中的府际合作是一种以自愿为前提的行为，因此，对于是否实施府际合作、如何实施府际合作等问题，地方政府或政府部门享有较大的自由裁量权。目前，硬法对于自由裁量权的规制主要是在涉及外部行政行为的领域，而对于内部行政行为的自由裁量则未作出明确规定。而且，自由裁量权实际上是行政主体作出行政决定时所拥有的一种弹性空间，强调"刚性"的硬法一般只能就赋权予以规定，即只能就行政主体是否享有自由裁量权作出规定，而难以周延地规范此种"弹性"权力。此外，自由裁量权的行使还要求对技术性与操作性问题进行考量，这些问题往往十分具体，在硬法的框架下难以进行细致的调整。由此可见，对于上述区域经济一体化中府际合作所面临的问题，有必要诉诸于"弹性"更强的软法，并通过软法治理模式予以解决。

三、混合治理模式

（一）单一硬法治理模式或软法治理模式的局限性

前文立足于理论划分而对单一硬法治理模式与软法治理模式作了分析，但受制于自身的局限性，现实中"纯粹"采用单一硬法治理模式或软法治理模式对府际合作进行调整的情况已极为少见，其仅可能存在于府际合作某一特定领域或特定时期的治理之中。

以美国为例，尽管前述由州议会批准并作为正式法律公布的州际协定的硬法属性毋庸置疑，但除此以外，美国各州的议会赋予了州长和特定行政机关与部门的首长广泛的裁量权力，他们可与兄弟州签订正式的州际行政协议，且州与州之间的行政合作还存在"非正式的州际行政协议"这种最普遍的形式，其主题范围从农产品到职业许可，极为广泛。无论是正式的州际行政协议，还是非正式的州际行政协议，它们均保持"低公开度"，"民选的州政府官员与公民一般对为数众多的正式与非正式行政协议所知甚少"。① 可见，此处的"州际行政协议"与前述"州际协定"存在本质上的差异，各种正式或非正式的州际行政协议应属于软法的范畴。也就是说，美国州际合作可能在一些重要的领域更多地采用硬法治理，但也不排斥软法治理，甚至可以说，软法治理所适用的领域甚至更为广泛。

再以欧盟为例，第二次世界大战以来，欧洲国家日渐走向一体化，其历程大致为两个阶段：欧共体时期和欧盟时期。欧共体成立是法德等六国通过签订《建立欧洲煤钢共同体条约》等国际条约实现的，欧共体扩大也是通过签订国际条约来实现的。而欧盟也是因为《欧洲联盟条约》的生效而成立的。通过一系列条约，欧盟已经构建了多层次、网络状的组织体系：欧洲理事会是欧盟事实上的最高决策机构，由成员国元首或政府首脑与欧盟主席组成，担负着协调成员国立场、决定欧盟的大政方针；欧盟部长理事会是欧盟的主要立法机构和决策机构，并负责欧盟共同外交等政府间合作事宜，由各成员国外长组成；欧洲委员会是常设执行机构，其主要职责是实施欧盟条约和部长理事会决定，向理事会和欧洲议会提交报告和决议草案，处理日常事务等；欧洲议会除和部长理事会共享立法权外，还有民主监督权、咨询权及预算决定权；欧洲法院是欧盟仲裁机构，其职责是保证欧盟的法律得以遵守。从以上分析可知，这一时期欧盟区域一体化的法律治理是一种硬法治理模式，即强调条约和法律约束力，要求成员国严格遵守条约和法律，并允许对不遵守条约和法律的行为诉至法院，必要时予以惩处，从而使一体化得到制度化、法律化的保证。然而，随着欧盟扩大，欧盟整合从经济走向社会，欧盟一体化的硬法治理模式难以发挥应有成效，日现弊端：一是难以平衡成员国的多样性与遵循共同体决议间的矛盾；二是解决不了欧盟层面的民主危机和合法性危机。② 为克服弊端，20世纪90年代后，欧盟开始运用开放协调机制。开放协调机制包含基准设定、最佳实践、定期评价和共同学习四个基本要素，大致遵循以下步骤：在欧盟层面设立共同指导方针、目标和评价基准；为达到目标，成员国根据欧盟指导方针在国内制定各自的年度行动计划，通常由常设机构进行过程监督并做出相应评估；在定期同行评价程序中，对这些计划执行情况进行评价；三是对指导方针和总体结果进行回顾，评出最佳实践，倡导其他成员国共同学习。如果必要，欧委会对指导方针做出适当调整，并对各成员国提出相应政策建议，以推动下一年度的循环执行。③ 可见，"开放协调机制"实际上属于一种软法治理模

---

① [美]约瑟夫·F. 齐默尔曼著，王诚译：《州际合作：协定与行政协议》，法律出版社2013年版，第192～243页。
② 罗豪才主编：《软法的理论与实践》，北京大学出版社2010年版，第313页。
③ 罗豪才主编：《软法的理论与实践》，北京大学出版社2010年版，第405～406页。

式。也就是说，单一硬法治理模式仅存在于欧盟一体化进程中的特定阶段。①

美国与欧盟法律治理模式的演变反映出的硬法治理模式，尽管作为传统法律治理的重要模式甚至唯一模式，在行为和关系调整上发挥了关键作用，但随着区域经济一体化的发展，以及区域公共事务日益复杂，硬法治理模式也开始面临巨大的挑战，并表现出一定的弊端：一方面，硬法治理模式相对"僵硬"，缺乏必要的"弹性"。如前所述，硬法规范以其所具有的"刚性"为核心特征，这种"刚性"在使得硬法治理模式具有明确效力及保障的同时，也导致其在一定程度上显得缺乏必要的"弹性"。然而，在区域经济一体化进程中，政府与非政府组织及社会公众之间，由一种单纯的管制与被管制的关系转变成合作共治的关系。同时，这种关系也在行政系统的内部得到了反映，政府组织之间也开始注重合作。但硬法治理模式与传统国家管理一脉相承，旨在强调通过国家强制力实现规制，以保障统治阶级所预想的秩序。因此，硬法治理模式也更多地关注政府组织间的行政隶属关系，即对于政府组织间的领导与被领导、管制与被管制等"刚性"关系予以确定。但府际合作主要体现的是一种基于自愿与协调而达成的"柔性"关系。在某些情况下，硬法治理模式对于这种"柔性"关系的调整显得过于固化与僵硬，并没有很好地为其提供适度的弹性空间。另一方面，硬法治理模式对于国家制定法的高度依赖使其易于出现硬法规范供给不足的现象。作为国家制定法，硬法规范往往具备较强的稳定性。因此，硬法规范的制定与修改，都必须在立法工作人员对新法起草草案或修订草案进行充分论证的基础上，严格经由审议、表决、公布等程序才得以完成。这种严格的立法及修法程序不仅需要投入大量的人员与资金成本，而且也需要付出较大的时间成本，从而造成硬法规范的制定与修改往往需要经历一个较长的时间跨度。

正因如此，美国州际合作与欧盟一体化的法律治理均在硬法治理模式的基础上，将软法治理模式纳入其中。所以在当前的府际合作中，若从某一国家或地区之整体来观察，单一硬法治理模式似乎已难觅踪影，而与之相对应的单一软法治理模式是否现实存在？我们亦持否定态度。以粤港澳一体化中的府际合作为例。尽管从粤港澳三地制定的行政协议来看，它们均属于软法，但却不宜以此彻底否认硬法的存在。对于粤港澳三地而言，全国人民代表大会制定的《地方组织法》《香港特别行政区基本法》《澳门特别行政区基本法》等法律对地方政府，尤其是对香港和澳门特别行政区政府权力范围的设定，使得粤港澳三地政府的合作具备了可能，而这些法律显然属于硬法。而且，以发展的眼光来看，也不排除粤港澳一体化的法律治理在将来会直接适用硬法予以调整，毕竟普通法系并不排斥成

---

① 朱最新：《区域一体化法律治理模式初探》，载于《广东行政学院学报》，2011 年第 3 期。

文法的存在。此外，有学者也坦言粤港澳一体化的软法治理是"一种不得已的次优选择"。① 这一方面意味着粤港澳一体化的法律治理存在"更优"或"最优"选择的可能性，另一方面也体现出单一软法治理模式存在一定的缺陷。而造成其缺陷的主要原因包括：

第一，软法概念界定不清。目前，由于学界将大量具有规范意义的文件都归于软法概念之下，因而在一定程度上造成了软法概念边界的模糊性，并由此形成了"泛软法主义"的观点。这种观点将软法与其他非软法规范混为一谈，造成了软法在实际适用中的混乱，从而不利于软法治理模式的实施。在府际合作中，软法往往容易与行政命令、内部"潜规则"等发生混淆。行政命令，是行政系统内部的上级行政主体向下级行政主体，或上级行政人员向下级行政人员传达的一种任务指令。这种任务指令一般都以特定的对象或事项为内容，并可以通过口头、书面甚至于肢体动作等多种方式作出。而且，在一般情况下，下级都应无条件地服从上级的命令并予以执行。作为强制性的行为指令，行政命令对于依据其行事的下级行政主体或行政人员当然具有规范作用，但它却不属于软法。这是由于行政命令是由上级行政主体或行政人员的单方决定，并不能代表包括下级行政主体及人员在内的共同体的意志，下级只是基于科层制内部隶属关系之要求而遵循此种决定，因而不能将其与作为共同体规则的软法相等同。同时，在多数情况下，行政命令是为具体任务而即时发布的指令，因而不具有软法所应具备的反复适用性。而内部"潜规则"，则是行政系统内部长期形成的一种隐性的处事规则，它能够对行政机关及其工作人员的行为产生约束，且这种约束作用有时甚至超过一些正式的规则，但它却不属于软法的类型之一。一方面，内部"潜规则"缺乏作为软法所应具备的公开性，它只为某个圈子内部的所有或部分人所知晓，而且基本不以直接的口头或书面形式予以表达，更多强调一种"心照不宣"，因而不可能赋予其普遍的效力。另一方面，内部"潜规则"之所以难以浮出台面，往往是由于其与主流的法治精神、行政规则等存在冲突，甚至有违现行的法律规定，因而只能在"台下"运用。然而，由于当前软法外延界定不清，造成在府际合作中一些行政主体或人员试图为行政命令、内部"潜规则"冠以"软法"之名，并以此增强它们的说服力与强制力，从而达到某种控制目的。但这种做法不仅不利于府际合作的长远发展，而且也扭曲了软法的本质，甚至会使软法受到误解而被抵制，进而削弱了软法之于府际合作的治理效果。

第二，软法质量参差不齐。由于软法对于制定主体的资格并没有特定限制，

---

① 朱最新：《区域一体化法律治理模式初探》，载于《广东行政学院学报》，2011年第3期。

因而所有共同体都可以制定供其内部成员适用的软法规范。在此情况下，软法规范能够大量地生成，并为府际合作的软法治理提供了庞大的规范基数。然而，软法也因此面临着质量参差不齐的问题。一方面，由于不同软法制定主体在立法条件、立法技术以及立法保障等方面所存在的差异，会造成其所制定的软法在质量上也存在差异。如在行政系统内部，一般而言，由较高层级行政主体制定的软法一般比较低层级行政主体制定的软法质量更高。另一方面，由于软法的制定程序仍未形成统一的规范，因此软法的制定程序也表现出较大的随意性，而这也易于造成软法质量欠佳。从府际合作的软法创制来看，软法所存在的质量问题表现为：在形式上，有些软法文本存在体系不完整、结构不合理、用语不规范等问题，从而影响了软法作为法规范的系统性、严谨性与规范性；在实质上，有些软法在主旨及目标上未能充分体现软法应当具备的民主性与协商性，甚至以软法之名行人治之实，从而动摇了软法的性质基础；或是在结果上欠缺必要的约束，从而动摇了软法的效力。

第三，软法法律位阶混乱。在传统硬法中，根据不同法律效力之高低，自上而下形成了层次不同的法律位阶。法律位阶是支撑硬法体系的核心因素，它的主要功能在于对不同主体制定的法律进行效力层次上的区分，并要求效力层次较低的法律不得与效力层次较高的法律相冲突，否则将被视为无效，从而使得不同法律之间层次分明且协调一致。但从府际合作的软法适用来看，不同软法规范之间并不存在法律位阶上的明显区分。而这不仅会造成软法效力层次上的混乱，而且还会导致软法陷入适用上的困境。例如，针对同一问题，可能会出现由不同主体分别制定软法进行规制的情形，但当这些软法发生冲突时，如何确定最终适用的软法即成为一个难题。如果发生冲突的软法是由同级行政主体分别制定的，它们之间的效力高低显然难以判定；而如果发生冲突的软法是由不同级别行政主体分别制定的，制定主体之间也可能不存在行政上的隶属关系，因而也不能简单地优先适用上级行政主体制定的软法。而且，还有不少软法规范并不是由某一主体单方制定的，而是通过多方主体共同协商制定的，当这些软法之间发生冲突时，其适用的情况就更加复杂了。在府际合作的实践中，各政府组织往往通过协商来对此作出解决，但这种事后的协商却也会一定程度上增加了软法的不确定性而不利于软法规制的落实。

第四，软法规范效力不明。与硬法比较起来，软法最大的缺陷即在于其规范的效力缺乏明确性。之所以出现这种情况，很大程度根源于软法自身的"弹性"。从理论上讲，"弹性"首先应当是软法的突出优势之一。但在府际合作软法创制的实践中，如何设置软法"弹性"之限度却是一个具有相当难度的课题。为此，当软法的制定主体对于软法"弹性"把握不佳时，不仅难以充分发挥软法"弹性"的优势,还很有可能会使这种优势转化成为一种劣势,而软法规范效力不明即是此种劣势的集中体现。从现实来看,多种情况都可能造成软法规范效力不明的结果。以区域行政协议的制定为例,在多方共同协商制定行政协议时,各方主体为了达成一致的意见而无底线地退让,从而导致软法最终沦为相互妥协的形式产物而缺乏实效。而且,基于软法的"弹性",区域行政协议一般也不会对参与各方的行为作出十分严格的要求,但这往往也容易造成协议主体的行为偏离目标而违反协议约定。由于难以通过强制的方式来纠正违约主体的行为,区域行政协议制定之初所设想的规范效力也将发生变化,甚至大为减弱。由此可见,是否能取得软法"弹性"及其效力明确性之间的平衡,将决定软法治理能否取得实际的效果。

(二) 混合治理模式的必要性与可行性

据前文可知,对于当前区域经济一体化中的府际合作而言,单一硬法治理模式或软法治理模式均存在若干缺陷。对此,我们认为,无论是硬法治理模式还是软法治理模式,其中的一些缺陷是可以通过其自身的完善来进行弥补的。但对于另一些缺陷而言,其产生根源于硬法治理模式或软法治理模式的自身属性。因此,对于这些缺陷,单凭硬法或软法的自身改造是难以实现达到完善目的的。例如,硬法的"刚性"决定了硬法难以以一种富于"弹性"的方式实施治理,否则,硬法将转变为软法,硬法治理模式也将不复存在。又如,软法与扁平化的治理相适应,在横向关系具有较大的调整范围,因而不同类型的软法在制定主体、制定程序、适用领域等方面都存在较大的差异,从而难以在内部形成一种自上而下的位阶体系。然而,鉴于软法较为自主的制定程序与庞大的规范基数,不同软法之间发生冲突的可能性远高于硬法。为此,如何要求软法的制定遵循一定的规则,从而从源头上减少软法冲突的产生,或如何通过相对固定的方式缓解软法适用中的冲突,是实施软法治理不可回避的问题,但这却难以通过软法自身的完善予以解决。由此可见,硬法治理模式与软法治理模式都存在着难以"自我救赎"之处而需要来自于外部力量的修正。在此情况下,对于区域经济一体化中府际合作的法律治理而言,以一种混合治理模式来弥补单一硬法治理模式或软法治理模式的缺陷即具备了必要性。

与此同时,在现行的法治框架下,此种混合治理模式也具备可行性,主要体现在以下三个方面:

第一,从现实情况来看,硬法与软法同时对公共治理中的社会关系进行调整。硬法作为一种传统的法规范形式,从以往的国家管理到当前的公共治理,都发挥了重要的规范作用。随着区域公共治理的发展,软法的法律地位与规范功能也逐渐受到学界的普遍认可，并在国际与国内两个层面都得到了广泛的运用。在此情况下，无论是硬法还是软法，其立法进程正不断加快，立法规模也不断壮大，这为混合治理模式的实施提供了可能。但值得注意的是，当硬法与软法的立法之间没有形成一种有效的联结，且两者在实践中基本还是各行其道而未能形成合力之时，至多仅能够表明混合治理模式的实施具备了一定的规范基础，但并不意味着混合治理模式已实际实施或取得实效。

第二，从相互关系来看，硬法与软法并非是分别构成了两个完全分割的封闭体系，而是存在一定的交叉与重叠。目前，对于如何界分硬法与软法，学界存在多种不同的观点，其中较为具有代表性的是美国学者肯尼思·沃克艾伯特和邓肯·斯尼达（Kenneth W. Abbott and Duncan Snidal）提出的"三维度说"。他们共同撰文指出，在国际治理中，法的硬度取决于义务维度（obligation）、精确维度（precision）与授权维度（delegation），并以这三个单词的首字母 {O, P, D} 作出以下标记：以大写字母代表维度的高水平、以小写字母代表维度的中等水平且以"-"代表维度的低水平。据此，当法规范的三个维度呈现出 {O, P, D} 的组合时，其硬度最高；当法规范的三个维度呈现出 {o, p, d} 的组合时，其处于一种中等的硬度；当法规范的三个维度呈现出 {-, -, -} 的组合时，其硬度最低。而且，三个维度并不总处于同等水平，而是在三种水平中自由选择，并有可能形成 {O, p, -}、{o, -, D}、{o, P, d} 等不同的组合。[①] 尚且不论两位学者提出的三个维度是否能概括影响法规范硬度的所有因素，但它却表明了硬法与软法并非是两个完全分割的封闭体系，且具备相互融合的可能性。

第三，在优势与劣势方面，硬法治理模式与软法治理模式体现出一种反向的嵌合性。在硬法治理模式与软法治理模式所分别体现出来的优势与劣势中，存在着一种反向的嵌合关系。比如，硬法治理模式因其"刚性"所导致的缺陷正是软法治理模式之"弹性"可以弥补的；反之，软法治理模式由其"弹性"所导致的缺陷也正是硬法治理模式之"刚性"可以弥补的。又如，各软法规范之间缺乏清晰的位阶关系，而各硬法规范之间则具有明显的位阶关系，因而能够相应地弥补软法在这一方面的缺陷。这种嵌合关系表明了硬法治理模式与软法治理模式能够在本质上形成互补，其既表明了混合治理模式具有切实的可行性，也表明了混合治理模式有利于充分发挥硬法治理模式与软法治理模式的优势，因而对于区域经济一体化中府际合作的法律治理具有积极的意义。

[①] Kenneth W. Abbott and Duncan Snidal, Hard and Soft Law in International Governance, *International Organization*, Vol. 54, No. 3, 2000, pp. 423 – 424.

第三节 府际合作法律治理模式的运行

对于区域经济一体化中的府际合作而言，混合治理模式的实施，并不仅仅是指有关府际合作的硬法规范与软法规范分别存在，也不是指针对府际合作分别制定一定数量的硬法规范与软法规范后硬法与软法"各行其道"的状态，而是要求从区域经济一体化中府际合作所面临的实际问题出发，采用一种硬法与软法相互协调、相互配合、优势互补的法律治理模式，从而共同对区域经济一体化中的府际合作予以调整，以充分发挥两者的比较优势。此外，在混合治理模式中，硬法与软法的关系并不必然是"旗鼓相当"的，而往往会表现出一定的主从之分。据此，混合治理可以分为"硬法为主，软法为辅"以及"软法为主，硬法为辅"两种具体模式。

从我国区域经济一体化中府际合作法律治理的进程来看，较早对府际合作作出直接调整的是区域行政协议等软法，且在该领域存在的软法规范的数量也要远多于硬法规范，因而从形式上看，这似乎是一种"软法为主，硬法为辅"的混合治理模式，但实则不然。首先，对于府际合作予以直接调整的时间先后顺序并不能决定硬法与软法之间的主从关系。其原因在于：一方面，尽管硬法较之软法没有第一时间对府际合作予以规定，但硬法中有关政府职权及其组织间协调的规定却在一定程度上使府际合作具备可能性；另一方面，尽管针对府际合作的一些具体领域，在硬法未能及时对此作出调整之前，往往先由软法进行规范，但这更多地是为了弥补法律治理缺失的一种暂时之举，而必然是一种成熟的混合治理模式的最终状态，或者从另一个角度看，当前的状况是一种法律治理的实然状态而非应然状态，至于应当如何实施混合治理模式，还有待进一步的考证。其次，硬法规范与软法规范之间的数量比例和两者的主从关系也不存在必然的联系。这是由于法的功能与效力并不依赖于规范数量的多少，而且随着新法的制定与旧法的失效，硬法与软法的规范数量比例也处于不断的变动之中。为此，对于区域经济一体化中的府际合作而言，如何具体适用混合治理模式，不能简单地以硬法、软法对府际合作予以直接调整的时间先后顺序，或两者当前的规范数量对比作为判断标准，而应当依据硬法、软法的功能优势及具体调整对象的特性作出选择。否则，如果不顾实际情况"一刀切"，全盘实施"硬法为主，软法为辅"或"软法为主，硬法为辅"的混合治理模式，将难以对府际合作作出全面、有效的调整，甚至有可能本末倒置，造成府际合作普遍失范的现象发生。为此，应当根据府际合作的内容对其所面临的相关问题予以一定的区分，并在此基础上有针对性地实施混合治理模式。我们认为，这大致包括适法性与操作性两个层面的问题。因此，混合治理的具体模式也应当契合这两个层面的问题。对于适法性层面的问题，应当实施"硬法为主，软法为辅"的混合治理模式；对于操作性层面的问题，则应当实施"软法为主，硬法为辅"的混合治理模式。

一、适法性问题之混合治理模式

所谓"适法性问题"，是指区域经济一体化中府际合作的合法性基础问题。现阶段，区域经济一体化中府际合作的实施更多地依赖软法调整，但从实践来看，软法调整的效果却仍未能得到保障。例如，借助于区域行政协议所实施的府际合作既有可能因参与各方的自觉履行而得到落实，也有可能由于某方的违约而流于形式。究其原因，即在于府际合作仍缺乏来自于硬法的"顶层设计"，因而难以在国家制定法的层面获得适法性支持。作为一种典型意义上的法的形式，硬法的规定是行为获得适法性的重要基础。在传统的法的观念下，这甚至被视为判断行为适法性的唯一标准。然而，对于府际合作，目前无论是我国《宪法》，还是《地方组织法》，抑或其他法律法规，与之相关的规定少之又少，且始终未能直面"府际合作"这一问题。在此情况下，府际合作的适法性始终未能有效地确立，继而也缺少了硬法之于其最重要的规范与保障，由此造成府际合作效果不理想的现象也就不足为奇了。与此同时，硬法的缺失也使软法长期处于效力不明的状态，从而难以对府际合作产生应有的效力。因此，通过"硬法为主，软法为辅"的混合治理模式来回应区域经济一体化中府际合作的适法性问题已势在必行。

首先，硬法应当对区域经济一体化中府际合作的适法性予以规定。这要求硬法对区域经济一体化中的府际合作作出明确规定，从而使它的实施具备明确的国家制定法依据。一方面，府际合作作为地方政府及其部门实施的一种内部行政行为，应当在《地方组织法》关于地方政府的职责条款得到列举，与之相关的基本的实施问题也必须由《地方组织法》作出规定。另一方面，由于府际合作必然针对一定的公共问题而实施，因此，在涉及特定公共事务的法律中，则应当对该特定领域的府际合作问题作出规定，重点应明确地方政府及其部门实施跨区划合作的资格、条件、程序及权责分配等问题。从现行一些涉及府际合作的基本法律、单行法律等的条款来看，其内容主要集中于对政府协商与协调问题的规定上。诚然，协商与协调是府际合作的重要基础，甚至贯穿于府际合作的全过程，但它却不等同于府际合作。因此，有关法律法规在府际合作的问题上，其条款仍有待进一步完善，以明确府际合作的合法地位。

其次，硬法应当对府际合作中软法的适法性予以规定。软法的范围较为广泛，它既包含了部分得到硬法认可的文件，如政府所制定的行政规范性文件，这些文件的制定主体、实施程序及规范效力等都具备了较为明确的硬法依据，但同时也包括一些新型的、仍没有得到硬法明确认可的文件，如区域行政协议。在区域经济一体化的府际合作中，之所以强调硬法对于软法的规定，理由在于：第一，从立法授权的角度来看，软法的制定应当得到硬法的授权，才能够具备立法的合法性。否则，软法的创制权将会被滥用，容易导致软法偏离法治的轨道。为此，硬法应在对软法创制予以授权的基础上，规定软法的创制同样要在硬法的框架体系下进行，不能与宪法、法律等相抵触。第二，从软法效力的角度看，硬法对于软法的规定有利于改变当前软法效力不明的状况。在缺乏硬法规定的前提下，部分软法类型显然缺少了法所应当具备的严肃性与规范性，从而沦为一种可有可无的空头文件，其效力也无从谈起。借助硬法规定树立起"软法亦法"的观念，无疑能够对软法的实际效力起到一定的增强作用。第三，从府际合作的角度来看，硬法对于软法的规定实际上也是对府际合作行为的调整。如区域行政协议不仅是一种关于府际合作的软法规范，其本身也是一种重要的府际合作行为。因此，硬法对于区域行政协议的规定，实际上也形成了对府际合作行为的调整。

最后，"硬法为主，软法为辅"的混合治理模式亦不同于单一硬法治理模式，因此对于区域经济一体化中府际合作的适法性问题，软法也可以在硬法的框架之下作出规定。这种规定常见于一些具有纲领性意义的文件之中，它能够对府际合作的适法性提供一种辅助性的证明。如由中央政府及其部门所发布的关于特定区域的府际合作发展规划纲要等文件，即是对特定区域范围内府际合作适法性的一种肯定与阐述。

二、操作性问题之混合治理模式

与适法性问题不同，区域经济一体化中府际合作的操作性问题则应采取"软法为主，硬法为辅"的混合治理模式。理由如下：

第一，尽管随着我国区域经济一体化的推进，府际合作已日益重要，但对于地方政府及其部门而言，处理本行政区划内部的公共事务仍是它们的首要职责，且府际合作的基本出发点也是试图通过区域整体效应更好地解决本行政区划内部的公共事务。据此，在府际合作中，不同领域、不同地方政府或不同部门所实施的府际合作在合作目标、合作方式、紧密程度等各个方面都不尽相同，且各项合作因素还会随着实际问题及合作进程的发展而发生变化。借助于软法对这些问题予以规范，有助于增强法律规制对于区域经济一体化中府际合作的回应性，从而使法律治理模式能够与区域经济一体化中的府际合作实践相适应，以促使其取得良好的效果。

第二，从性质上看，区域经济一体化中的府际合作与其他政府职权存在一定的区别，它实际上是硬法对政府职权作出初次分配后所进行的再分配，且这种再分配主要以区域经济一体化中复杂多变的现实问题为导向，从而使得在区域经济一体化的府际合作中，具体的权力配置较难借助严格的职权法定主义予以实现。为此，硬法只能对此作出原则性的规定，否则将易于导致府际合作陷入"一管就死"的困境。在此情况下，将区域经济一体化中府际合作的操作性问题交由灵活性更强的软法进行规定，显然更为适宜。

就目前的状况而言，实施"软法为主，硬法为辅"的混合治理模式应遵循以下两点要求：

第一，软法的制定应符合基本的法治原则以及宪法、法律的规定。一方面，作为一种法规范，尽管软法的制定不如硬法的制定在主体、程序等方面存在严格的限制，但也应当遵守正当程序原则，如公平、公正、公开等，而且这也是软法民主性与协商性的一种体现。另一方面，软法必须在宪法与法律的框架下制定，既不能与宪法发生抵触，也不能与法律中的强制性规范相冲突。作为国家的根本大法，宪法的精神及其规范无疑是一切立法之基础，软法的制定也不例外。同时，法律中的强制性规范也会对软法形成一定的约束，如在府际合作中，有关行政标准的设定，各地方政府可以依据区域的实际情况，通过软法的制定设置高于国家制定法所规定的行政标准，但却不能借此降低这一标准。

第二，软法的制定需重点考虑权责条款的设置问题。尽管软法在形式上不拘一格，且不同软法类型的具体内容也不尽相同，但都表现出缺乏有效权责条款的通病。在区域经济一体化的府际合作中，硬软法混合治理模式的构建，必然要求硬法与软法存在一定的侧重与分工。硬法对于府际合作及其软法适法性的规定，表明硬法重在确立两者的合法地位。与此合法化的宏观框架相配套，软法则需侧重对府际合作中的具体权责问题进行规范，从而在微观条款之层面来为府际合作提供合法性保障。

此外，在"软法为主，硬法为辅"的混合治理模式中，硬法也应对部分操作性层面的问题作出规范。比如，《国务院组织法》《地方组织法》等法律可对府际合作的组织设置等问题作出规定，从而使这些区域合作组织与现有的政府组织之间的关系得以厘清，并推动府际合作向组织化、紧密化的方向发展。

实践篇

区域经济一体化中府际合作的样本考察

第四章

跨国区域经济一体化中的府际合作

在跨国区域经济一体化府际合作的众多实践中，欧盟和北美最具有代表性，二者堪称跨国区域经济一体化府际合作的典范。原因在于，欧盟和北美基于区域经济一体化的府际合作制度化、法律化程度较高，为欧盟和北美区域经济一体化提供了重要的整合机制和制度平台，更为重要的是欧盟和北美在区域经济一体化过程中所展示的制度创新为其他跨国（甚至是一国之内）区域经济一体化中的府际合作提供了一种具有示范性的区域合作治理模式。虽然欧盟和北美区域合作属于跨国区域间府际合作，其本质是国与国之间的合作，而我国区域经济一体化中的府际合作属于一国内部的区域府际合作，但无论是跨国区域经济一体化中的府际合作还是一国之内区域经济一体化中的府际合作，两者都具有相同的基本目标——借助合作，追求区域经济整体发展和区域共同福利的最大化。而在实现这一目标的过程中，两者也面临相似的问题背景——区域间的发展差距。共同的基本目标、相似的问题背景，决定了我国区域经济一体化中的府际合作与欧盟及北美区域经济一体化中的府际合作在制度建设上具有某些共同的议题。

第一节 欧盟区域经济一体化中的府际合作[①]

一、欧盟区域经济一体化的进程及其背景

第二次世界大战之后,为了避免19世纪以来狂热的民族主义对欧洲再次带来战争和动荡,西欧的政治精英们开始思考欧洲整合的和平之路,他们认为只有统一的联盟才能让他们避开灾难。1950年,时任法国外长的罗伯特·舒曼提出了"舒曼计划",主张以法国和德国煤钢工业为基础,把西欧的煤钢工业部门联合起来,由一个超国家的高级机构共同管理。舒曼认为煤钢联营能够为经济迅速发展提供物质基础,并将成为建立统一的经济欧洲的第一步。其后有"欧洲之父"美誉的法国籍政治家让·莫内进一步提出了欧洲统一的构想,认为欧洲的整合必须按部就班地从经济整合领域开始,逐步扩展至外交、国防等内容的政治整合,而后组成欧洲邦联,并最终组成一个有整合能力的共同体政府——欧洲联邦。[②]

欧洲经济一体化的实践正式始于欧洲煤钢共同体的建立。1951年4月,法国、德国、意大利、荷兰、比利时和卢森堡六国在巴黎签订了《建立欧洲煤钢共同体条约》(又称《巴黎条约》)。该条约规定:逐步取消成员国间煤钢产品的进出口关税和限额,成立煤钢共同市场;通过控制投资、产品价格、原料分配、企业的兴办和合并等,调节共同体成员国的煤钢生产。1952年7月25日《巴黎条约》正式生效,同年8月,成立具有超国家性质的联营最高权力机构(让·莫内担任该机构的首任主席),负责协调成员国的煤钢生产、投资、价格、原料分配和内部的有效竞争。欧洲煤钢共同体(ECSC)的建立,标志着欧洲经济一体化进程的正式起航,为后期成立"欧洲共同市场"奠定了基础。

之后欧洲一体化进程不断深入。1957年3月25日,欧洲煤钢共同体的六个

[①] 本节由广东外语外贸大学区域一体化法治研究中心研究人员韩永红教授协助完成。

[②] 让·莫内在20世纪50年代写给德国领导人的信中说:"在当前形势下,作为解决这些政治问题的临时措施,合作仍然是必要的,仍然是进步的。无论合并为一体的六国共同体各机构与各种合作组织之间有多么大的差别,只要把整个欧洲纳入一个整体,组成欧洲邦联,便是一个很大的进步。"他还写道:"我并不怀疑欧洲联邦在未来的某一天终归要演变为欧洲联邦……"。[法]让·莫内著,孙慧双译:《欧洲第一公民——让·莫内回忆录》,成都出版社1993年版,第514~515页。

成员国在罗马签订了《建立欧洲原子能共同体条约》和《建立欧洲经济共同体条约》，二者统称为《罗马条约》，1958年1月1日生效。《罗马条约》的签署及生效标志着欧洲原子能共同体和欧洲经济共同体正式建立，是欧洲一体化过程中的一个飞跃。该条约明确了欧洲共同体的经济目标，即"通过建立共同市场和逐步使各成员国实行相近的经济政策，促进整个共同体的经济协调发展，持续平衡地增长，增强稳定性，加速提高生活水平，使所属各成员国之间建立起更密切的关系。"[①] 以此为目标，《罗马条约》具体规定了成立关税同盟的步骤和措施，并对主要经济和社会政策的协调特别是内部市场、对外贸易、农业和交通运输政策的协调做出规定。《罗马条约》还确定了将要建立的欧洲经济共同体的主要机构，包括作为立法机构的欧洲理事会和议会，作为行政机构的欧盟委员会和作为司法机构的欧洲法院。[②]

根据《罗马条约》，共同体成员分三个阶段，提前完成了整个消减内部关税的计划。而在统一对外关税税率方面，为了兼顾各国利益，实行了差别协调的实施方法，将6国分成4个关税区（法国、意大利、德国各为一个关税区；荷兰、比利时和卢森堡为一个关税区），将四个关税区在1957年1月1日实际实施的关税率的算术平均数作为共同税率，要求各成员国逐步向这个共同关税税率靠拢。经过10年多的分阶段调整，各成员国于1968年7月1日实现了对外关税税率的统一，至此关税同盟得以在《罗马公约》规定的时间前提前建成。

在农业政策协调方面，欧共体也取得了突出的成就，确立并实现了共同农业政策目标。在共同农业政策的制定和实施过程中，有三项基本原则贯彻始终：单一市场、共同体优先和共同财政责任。[③] 单一市场原则意即通过消除成员国间有关农产品贸易的关税壁垒、协调行政管理、统一检疫立法等实现农产品在成员国之间自由流通，每个成员国的农产品市场仅是整个欧洲大市场的地区性市场。共同体优先原则是指在各成员国的农产品市场上本地产品的销售可以享有优惠，进口的农产品只能以高于目标价格进行销售。共同财政原则是指建立由欧共体统一支配的"欧洲农业指导和保证基金"，该基金的"保证部分"用于补充农产品出口和稳定农产品价格，"指导部分"用于各成员国的农业机构改革。该基金是共

---

① "Treaty Setting up The European Economic Community", Rome, 25th March, 1957. London Her Majesty's Stationary Office 1967, P. 3.

② 1965年4月8日欧共体六个成员国在布鲁塞尔签订了《合并条约》，该条约将三个原来各自独立存在的共同体（欧洲煤钢共同体、欧洲经济共同体和欧洲原子能共同体）合并形成欧洲共同体。合并后的欧洲共同体主要机构包括部长理事会、委员会、欧洲议会和欧洲法院等。此举为协调成员国之间的关系提供了稳定的制度架构。

③ 于津平、张雨主编：《欧洲经济一体化的基础与机制》，中国大百科全书出版社2010年版，第104~106页。

同农业政策得以正常运行的财政保障。欧洲共同体的建立使欧洲的市场整合有了突破性进展。欧盟区域大市场的建立保障了货物、人员、服务和资本的自由流通，使资源能够流向回报最高的地区，使产品和服务供给来源多样化，从而减少交易成本和社会资源浪费，有利于降低价格，提高欧洲整体经济效率，改善区际资源配置。同时，可以确保多个分割的小容量市场高度整合，扩大分割市场的规模和容量，有利于欧洲维持或扩大生产规模，化解失业和待业问题。

经历了20世纪70年代的经济危机和欧洲一体化发展的停滞后，1986年通过的《单一欧洲法令》被誉为自《罗马条约》以来欧洲统一进程中最重要、最成功的文件。其不仅创建了最大的统一市场，还赋予了《欧洲政治合作协定》（EPC）以合法地位，为欧盟政治统一奠定了基础，使得经济和货币统一成为可能。① 消除市场障碍（包括有形障碍、技术障碍和税收障碍）是《单一欧洲法令》的核心内容。为保证这三类障碍得以顺利消除，该法令明确了具体实施措施，并要求共同体委员会就这些措施逐项拟定实施报告，送交部长理事会讨论通过。通过一系列具体实施措施，欧共体于1992年底基本建成统一的大市场，在货物边境检查、公共采购市场的开放、金融市场的进一步自由化、公民居住地自由、高等教育学历相互认可等领域均取得较快发展。统一大市场的建立进一步引入市场竞争机制和规模经济机制，从而促进了资源在欧共体内部的更合理分配。同时，统一大市场的建立也促进了成员国间的互补和依赖，进而使欧洲统一的观念更切实地渗透到经济和社会生活领域，为实现欧洲货币联盟和欧洲政治联盟奠定了坚实的基础。

为了推动欧洲一体化向纵深发展，1991年12月，欧洲共同体成员国签署了《马斯特里赫特条约》（亦称《欧洲联盟条约》），由《欧洲经济与货币联盟条约》和《欧洲政治联盟条约》两部分组成。该条约的签署及生效标志着欧洲的一体化进入了欧盟经济与货币一体化和政治一体化的高级联盟阶段。

在欧盟经济与货币一体化方面，《欧洲经济与货币联盟条约》决定分三个阶段实现经济与货币联盟，最后建立欧洲中央银行和发行欧洲单一货币。1995年12月欧盟委员会会议决定未来发行的欧洲单一货币正式命名为欧元，并正式启动欧洲中央银行的筹建工作。1997年欧盟首脑会议对《马斯特里赫特条约》做了补充和修改，形成了《阿姆斯特丹条约》。《阿姆斯特丹条约》包含了《稳定和增长公约》《欧元的法律地位》和《新货币汇率机制》等新文件，为欧元的发行提供了法律基础。1998年7月1日，欧洲中央银行成立，1999年1月1日，

---

① John McCormik：Understanding the EV：A Concise Introduction，MacMillan Publishing Company，London，1999，P.77.

欧盟 15 个成员国中的 11 个（除英国、希腊、瑞典和丹麦以外）① 通过了《马斯特里赫特条约》规定的指标要求，成为欧洲经济货币联盟的创始成员国，欧元开始在外汇交易和公共债券等方面正式使用。同年 5 月 1 日，《阿姆斯特丹条约》正式生效。2001 年 1 月 1 日，希腊正式成为欧元区第 12 个成员国。自 2002 年 1 月 1 日起，欧元正式开始流通。

在欧盟政治一体化方面，《马斯特里赫特条约》是建立欧洲政治联盟的基础，为欧盟确立了共同外交和安全政策、欧洲联盟公民身份制度、司法和内务合作的政策目标。之后的《阿姆斯特丹条约》对共同外交和安全政策的决策进行了改进，变更了欧盟对外事务机构，由现任的轮值主席、欧盟委员会代表和欧盟理事会秘书长组成，并进一步强化了欧洲联盟公民身份制度，规定了欧洲公民应享有的权利和权益保护。在《阿姆斯特丹条约》之后，为进一步改进欧盟机构的运作效率，并为欧盟的第五次东扩做制度上的准备，2001 年 2 月 26 日，欧盟通过了《尼斯条约》，对欧盟委员会的组成方式和欧盟理事会的投票表决机制做了进一步修订，该条约于 2003 年 2 月 1 日生效。根据上述条约，在遵守补充性原则的基础上，欧盟成员国之间的合作拓展至军事、签证、移民、警务、社会保障等众多共同利益领域。欧盟一体化的进程处于越来越多触及国家主权核心的阶段。

与司法和内务合作的推进相比，欧盟在共同外交和安全政策方面的进展较为缓慢。为提高欧盟的共同防务能力，为欧盟的政治一体化提供改革方案，欧盟成立了制宪委员会，着手制定欧盟宪法草案。2003 年 12 月 12 日，欧盟首脑会议在布鲁塞尔开幕，会议的主要议题是讨论并争取敲定欧盟宪法草案的最后文本。会议通过了欧盟的第一个安全战略文件，为进一步提高欧盟的危机预防、处理能力及防务能力奠定了新的理论基础。由于各方在有效多数表决机制等问题上分歧较大，会议未能就欧盟宪法草案最终达成协议。2004 年 6 月 18 日，欧盟首脑会议通过了欧盟宪法条约草案。2004 年 10 月 29 日，欧盟 25 个成员国的领导人在罗马签署了欧盟历史上的第一部宪法条约。欧盟宪法条约的生效还需欧盟各成员国根据本国的法律规定予以批准，但这次批准过程遭遇严重挫折。2005 年 5 月 29 日和 6 月 1 日，法国和荷兰先后通过全民公决否决了《欧盟宪法条约》。随后沉寂了近两年后，2007 年上半年欧盟启动了新一轮改革方案，这一改革方案改变

---

① 欧洲经济一体化的过程也是其区域合作范围不断扩张的过程。在欧洲一体化的最初阶段，合作成员国只有西欧的 6 个国家。迄今欧盟的成员已历经七次扩大，发展至 28 个成员国。第一次扩大发生在 1973 年，1973 年 1 月 1 日英国、丹麦和爱尔兰正式加入欧洲共同体。而后 1981 年 1 月 1 日希腊加入欧共体。1983 年 1 月 1 日西班牙和葡萄牙加入。1995 年 12 月 11 日奥地利、芬兰和瑞典加入。2004 年 5 月 1 日，马耳他、塞浦路斯、波兰、匈牙利、捷克、斯洛伐克、斯洛文尼亚、爱沙尼亚、拉脱维亚和立陶宛 10 国加入。2007 年保加利亚和罗马尼亚称为欧盟成员国。2013 年 7 月 1 日克罗地亚经过 12 年入盟申请历程正式成为第 28 个欧盟成员国。

了以《欧洲宪法公约》替代先前所有公约的立法目标，而采取了对现有公约做重大修订的立法思路。2007年6月，参加欧盟峰会的27国首脑就替代《欧盟宪法条约》的新条约草案达成协议，并于同年12月13日在里斯本签署该条约，即《里斯本条约》。但《里斯本条约》的生效过程也非一帆风顺。爱尔兰在2008年6月12日举行的第一次全民公投中否决了该条约，直至对该条约的适用范围做出进一步说明后，2009年10月2日，爱尔兰举行的第二次全民公投通过了《里斯本条约》。2009年12月1日，欧盟27个成员国完成了国内批准程序，《里斯本条约》生效，正式将欧盟与欧共体合并为一体，成立统一的欧盟。

《里斯本条约》的修订内容主要集中在：修订《欧洲联盟条约》（TEU）和《建立欧洲共体条约》（TEC），将后者更名为《欧洲联盟运行条约》（The Treaty on the Functioning of the European Union，简称TFEU）；将《基本权利宪章》（the Charter of Fundamental Rights）并入欧盟基本法；界定欧盟与成员国的权能，将欧盟的权能划分为三种类型：专属权能、共享权能和协调权能；制定共同外交和安全政策；扩大欧洲议会的权力等。总体而言，《里斯本条约》的修订主要集中于欧盟机构的运行机制，主要体现在：（1）欧洲理事会权力结构的改善：设立了一名欧洲理事会常任主席（第9B条第5、6款）；确立了"双重多数表决机制"，即一项决议只要有55%的成员国支持，这些国家能代表欧盟总人口的65%，就可在理事会内获得通过。（2）将欧洲议会与欧盟理事会之间业已存在的共同决策程序扩展到14个新的领域。规定欧盟委员会主席由欧洲理事会提名，经欧洲议会议员多数票选出。（3）对欧盟理事会为期6个月的轮值主席国制度进行调整，确立由三个成员国组成轮值主席国（"三驾马车"），共同工作18个月的新制度。（4）欧盟委员人数原则上将减少至成员国数量的三分之二（从2014年起实施），欧盟委员会在其委员中选出一位欧盟外交与安全政策高级代表，统一负责外交事务。① （5）扩大欧洲法院的管辖权，欧洲初审法院更名为欧洲普通法院（the general court），并将建立一系列专门法院。

2008年金融危机发生后，欧元区国家希腊发生债务危机。2010年3月债务危机进一步发酵，开始向葡萄牙、意大利、爱尔兰、西班牙蔓延。此种境况下，欧洲一体化的进程建设困难重重，一时愁云惨淡。但欧盟及其成员国在危机中表现出较强的"保护功能"并且借助危机"重塑欧洲"。例如，虽然《稳定和增长公约》规定，禁止向成员国提供救助，但欧洲理事会提出对《里斯本条约》进行有限修改，以便授权欧盟建立一项永久性的机制，为那些陷入主权债务危机的欧元区国家提供救援。经过艰苦磋商，欧盟先是通过临时救助机制——"欧洲金

---

① 之前欧盟的对外政策一直是由欧盟部长理事会和欧盟委员会根据不同的问题和领域共同分担。

融稳定安排"绕开《稳定和增长公约》的规定,后又决定修改条约成立永久性救助机制——"欧洲金融稳定机制",因而,希腊先后获得两轮总额为 2 300 亿欧元援助贷款,爱尔兰、葡萄牙也分别各获 850 亿欧元、780 亿欧元。2013 年 12 月 16 日,爱尔兰退出上述欧债危机纾困机制,成为首个脱困国家。为根治债务危机,德国力推《竞争力公约》,目的在于增强成员国的经济竞争力和严肃财政纪律。欧盟成员国最终就《竞争力公约》在四个方面达成一致:一是每年对各成员国的竞争力进行评估和监控;二是退休年龄与人均寿命挂钩;三是把欧盟规定的赤字指标写进各国的宪法;四是对银行实施更严格的压力测试。

在加强经济治理方面,2010 年 6 月欧盟通过了未来十年的经济发展规划,即"欧洲 2020 战略",旨在改变发展方式和产业结构调整,加快经济复苏,促进新一轮经济增长。"欧洲 2020 战略"确定了欧盟未来发展的 3 个重点,即实现以知识和创新为基础的"智能增长",以发展绿色经济、强化竞争力为内容的"可持续增长",以及以扩大就业和促进社会融合为基础的"包容性增长"。在明确提出上述 3 个增长的口号并以就业和增长为最终目的的同时,具体列出了未来发展的 5 大核心目标,它们分别涉及促进就业、增加研发投入、完成减排指标、增加青少年基础教育和高等教育人口比例以及削减欧盟贫困人口等。就该战略的后续实施,欧盟委员会建议各成员国提交各自的国别结构改革方案,在实现共性目标的前提下,将之转化为符合成员国国情的政策目标和实施办法。"欧洲 2020 战略"在欧盟各国经济遭受国际金融危机重创、社会不满情绪积聚的情况下正式出台,寄托了欧盟对未来走出危机阴影、全面提高欧盟自身的以及国际的经济竞争力、重塑包容性社会的重大期望,是一个务实的战略举措。①

二、欧盟区域经济一体化进程中的府际合作

欧盟的区域经济一体化有着深远的思想和文化渊源。② 第二次世界大战后在政治、经济、文化等多方面因素的作用下,欧洲经济一体化由理想成为现实。在过去 50 余年中,欧盟的区域经济一体化从最初的 6 个成员国扩展到如今的 28 个成员国,从个别经济领域合作推广到一般经济领域合作,从煤钢联营、关税同盟、共同市场、经济货币联盟推广到政治、外交联盟。可以说,欧盟的区域经济一体化是集经济一体化、政治一体化、社会规范化和文化融合化于一身的综合性

---

① 李维维:《欧洲人看重的 2020 战略:规划未来 10 年发展》,载于《瞭望新闻周刊》,2010 年第 26 期。

② 有学者认为,欧洲人对欧洲统一存有强烈愿望的思想因素可以追溯到罗马法、基督教和文艺复兴运动。兰天:《欧盟区域一体化模式》,中国社会科学出版社 2006 年版,第 93 页。

进程。这种一体化的进程主要体现为针对共同体市场问题及其他相关事项做出统一的法律安排以及在一些行政和经济性事项上进行的府际合作。例如，成立17个欧元区国家组成的经济政府，成员国将财政平衡政策的"黄金准则"纳入各自国家的宪法，开征国际金融交易税，法国、德国从2013年起实行统一的公司税等。① 可以说，在欧盟区域经济一体化的现实推进过程中，成员国政府间的合作始终是主导性力量。

（一）欧盟区域经济一体化中的府际合作与国家政治精英

欧盟区域经济一体化进程的启动和推动很大程度上依赖于政治精英的大胆设想和政府的强力主导。康拉德·阿登纳、罗伯特·舒曼、让·莫内、贾克斯·德洛尔等各国政治精英和领导者在设计、规划和启动欧洲国家特定领域开展政府间合作方面发挥了关键性的作用。② 其后，每当欧洲一体化进程停滞不前时，国家政治领袖也往往发挥了倡导和推动作用。20世纪70年代欧共体在"石油冲击"下陷入经济危机、患上"欧洲硬化症"，进而导致一体化进程停滞十年。人们看不到新的思想，悲观主义笼罩着当时的政治议程，当时颇具远见卓识的联邦德国外长汉斯·迪特里希·根舍和意大利外长艾米利奥·科隆坡提议建立一个政治平台以推动欧盟一体化进程；1985年1月就任欧共体执行主席的贾克斯·德洛尔再次提出建立欧洲统一市场的设想，强调需进一步在欧共体内部消除所有的商品、资本、服务和人员流动障碍。上述建议和计划为之后《单一欧洲法》的通过打开了大门；作为解决债务危机的应对方案之一的《竞争力公约》由德国领导人默克尔提出，并强力敦促欧元区成员国签署。该公约甚至被媒体称之为"默克尔公约"。

（二）欧盟区域经济一体化中府际合作的宪政基础

欧盟区域经济一体化中府际合作的合法性源于欧盟的宪政基础。《欧洲联盟条约》第2条规定了欧盟建立的基本原则：欧盟建立在尊重人类尊严、自由、民主、平等、法治和尊重人权的价值之上。这些原则贯穿于欧盟区域一体化的整个进程。

其中欧盟和成员国之间权能的划分则构成了府际合作的合法性基础。欧盟权

---

① 王毅：《欧洲一体化"趋弱"还是"走强"？》，载于《当代世界》，2011年第9期。
② Martin Slater, "Political Elites, Popular Indifference and Community Building", Journal of Common Market Studies, 21 (1), 1982. 转引自胡瑾、宋全成、李魏：《欧洲当代一体化思想与实践研究》（1968～1999），山东人民出版社2002年版，第308～310页。

能的划分是为了更清楚地回答欧盟要做什么的问题,明确欧盟和成员国之间以及欧盟各机构之间的职能分工,以达到欧盟与成员国之间的权力均衡,提高欧盟机构的透明度、民主性和行动能力,保证欧盟的有效运作。经过多次基本条约的修订,各成员国政府之间的合作不断深化,越来越多的主权事务被授予欧盟,欧盟的权能一直呈现扩大状态。因而,欧盟的权能已经从最初的共同体市场领域扩展到政治、社会、共同外交、安全、司法和内务领域。可以说,欧盟权能随着欧洲一体化的发展在范围上具有动态性和不断扩大的特点。

  首次规定欧共体权能的是原《建立欧洲共同体条约》第5条,该条规定:"本共同体应在本条约所授予的权限范围内和为实现本条约确立的各项宗旨而采取行动",并进一步规定:"在超出其专属权能领域,本共同体应根据从属性原则,只有当拟议的行动之目标不能由成员国充分实现,从而处于该拟议的行动之规模和效果的原因只能由本共同体才能更好实现时,才能采取行动",而且,"本共同体所采取的行动不得超出为实现本条约之各项宗旨所必要的范围"。《建立欧洲共同体条约》初步体现了欧共体行动的"授权原则""辅助性原则"和"比例原则"。《里斯本条约》在欧盟权能界定方面具有历史性的突破,不仅沿袭了欧盟的宪政传统,确立了欧盟行使其权能应遵守的授权原则、辅助性原则和比例性原则,而且还较系统地规定了欧盟权能的类型,并明确地列举了各类权能的具体领域,表明欧盟政府间合作已形成系统性制度。经《里斯本条约》修订后,欧盟的权能被划分为三种类型:专属权能、共享权能和协调权能。欧盟所享有的专属权能是排他性权限,主要包括关税同盟、建立内部市场运行所必需的竞争规则、欧元区国家的货币政策、共同渔业政策下的海洋生物资源保护、共同商业政策领域。[①] 共享权能的领域主要包括:内部市场、社会政策、经济、社会和领土聚合、除海洋生物资源保护外的农业和渔业政策、环境、消费者保护、交通、跨欧洲网络、能源、自由、安全和司法领域、公共健康问题中共同的安全事项。[②] 而人类健康、工业、文化、旅游、教育、公民保护和行政合作领域则属协调权能,主要由各成员国享有管辖权。[③] 可以说,欧盟区域经济一体化正是基于上述宪政基础,由政府间的不断合作形成的,欧盟的所有行为实际上是欧盟成员国府际合作的结果。

(三) 欧盟区域经济一体化中司法与府际合作的交互演进

  有学者认为欧盟存在三种形式的网络化行政治理:欧盟机构、成员国政府和

[①] 《欧洲联盟运行条约》第3条。
[②] 《欧洲联盟运行条约》第4条。
[③] 《欧洲联盟运行条约》第5~6条。

开放协调机制。① 但由于除了少数排他性权能领域事项外，② 欧盟没有强制执行力，没有国家所具有的强制性工具，因此大约90%的执行欧盟法的权力都落在了成员国行政机关和法院手中，欧盟必须依赖成员国的军事力量和国家的行政机制、警察机制和司法机制来推进各项活动的实施。③ 正是这种结构上相互依赖的关系，决定了成员国同时作为欧盟和本国政策实施的代理机构，欧盟在不同领域的区域一体化进程仍主要依靠成员国政府的合作推进。例如，欧盟虽有自己独立的税收来源，但却没有自己的税收机构。欧盟的税收需依靠各成员国的税收机构代为征收。下文以欧盟初裁制度为例，④ 考察欧盟区域经济一体化中司法与府际合作的交互演进。

初裁由各成员国法院启动。欧盟条约有关初裁条款明确规定，对于那些需要通过初裁予以判断的欧盟法律问题，成员国的法院及有关机构应当将其提交至欧盟法院，启动初裁程序，进行初裁裁判。即在成员国法院审理案件的过程中，当发现并分析出有关于欧盟法律的疑问，并经确认是有待解释和判断的问题时，就应当将这个问题提交至欧盟法院，由欧盟法院进行初裁。从整个制度的运作上讲，启动初裁是在成员国的法院完成的。⑤

欧盟法院掌握初裁裁判权。欧盟法院具有排他地拥有解释欧盟的基础性条约，并以此对联盟的其他立法和相关行政行为进行合法性判断的权力。初裁运行的结果是，欧盟法律得到明确，欧盟法律系统得到完善、丰富和发展。欧洲联盟法院的初裁，涵盖两种具体情形：解释性初裁（the interpretation of community law）与合法性初裁（the validity of the acts of the community institutions）。⑥

解释性初裁，就是对欧盟的基础条约和日常立法进行解释。具体而言，会涉及对条约、立法等规范性法律文件文字或者内容的解释、明确。一方面，通过解

---

① Charles F. Sabel and Jonathan Zeitlin, "Learning from Difference: The New Architecture of Experimentalist governance in the EU", *European Law Journal*, Vol. 14, 2008, pp. 271, 278 – 292.

② 在排他权能领域，欧盟机构自我实施一些执法活动，如执行竞争政策、国家补贴等。

③ 在互认原则的基础上，欧盟成员国应就跨境的民事案件在文书送达、证据提取、判决的承认和执行等方面展开司法合作（参见《欧洲联盟运行条约》第81条）。就跨境的刑事案件，欧盟成员国在互认原则的基础上，在司法人员培训、证据采纳、判决的承认等方面开展合作（参见《欧洲联盟运行条约》第82条）。在警察合作方面，则规定成员国有义务在警务人员培训、有组织犯罪侦查、信息收集、存储、加工、分析及交换等方面开展合作（参见《欧洲联盟运行条约》第87条）。

④ 欧盟的初裁制度是在传统意义的司法裁判权之外，赋予法院一种新的"裁判权"，以通过司法裁判解释，维护、确立共同体法律的效力和地位。

⑤ 所谓初裁的启动权在成员国法院，并不是说它可以选择是否申请初裁，而是要求它有义务将需要解释或判断的欧盟法律问题提交。这项权能设置为成员国是赋予各成员国在欧盟法律运行过程中的主动参与和与欧盟的互动。这种参与和互动是欧盟法律完备与发展的重要源泉。如此设置避免了将启动权交给欧盟而不合理地压制、侵蚀各成员国的法律。

⑥ 鲍禄：《构建动态、开放的基本法解释制度——欧盟法院初裁制度的启示》，载于《山东社会科学》，2008年第10期。

释，确认欧盟的具体法律规则是否针对个人产生权利和义务，也就是裁定具体的欧盟法律规则是否具有直接效力；另一方面，通过解释，确认欧盟的具体法律是否具有高于成员国法律的效力。通过这样的裁判，虽然在初裁中并不会直接就成员国法律的地位、效力等做出裁判，但是具体的欧盟法律与相关的成员国法律的关系与适用却会得到明晰和处理。①

合法性初裁，就是以欧洲联盟的基础条约为基本准绳，对欧盟各机构的行为及其相应的日常立法进行"合宪性"审查。具体而言，审查对象包括：其一，欧盟各机构所做出的正式行为。对其是否合乎基础条约，是否可以产生直接的权利和义务，并因此是否可以通过成员国法院的判决或执行得以实现，进行审查、得出判断。其二，欧盟各机构制定的不同形式的规范性文件。欧盟各机构可以进行立法，其中有的立法在整个欧盟具有普遍约束力，比如欧盟委员会制定的法规（regulation）、指令（directive）等；有的针对特定的国家或特定的事项，其法律效力也是相对的或者有限度的，比如决定（decision）、建议（recommendation）等。这些法律文件存在着"合法性"或者"合宪性"质疑的可能。当这样的问题在具体案件中被提起，并需要欧盟层面的权威判断作为成员国法院裁判依据的时候，初裁就发生了。合法性初裁是传统意义上的司法机构具有的违宪审查权的一种体现和延伸。欧盟法院掌有依据欧盟的基础条约和有关法律，审查欧盟的其他立法以及有关行为的权力，以此维护欧盟法律实施的统一性。同时，合法性初裁也为欧盟法律特别是各成员国法律的具体实施扫清了障碍，开辟出这两个层面（欧洲联盟与成员国）目前共计二十九个法律系统充分的运作和发展空间。②

通过成员国法院，欧盟法院的初裁判决得到实现。对于提起初裁请求的成员国法院来说，初裁的裁判结果是其进行具体案件判决的法律依据，所以，初裁的判决会在该成员国法院得到承认，并通过具体判决，按照其国内法的运行程序得到履行或执行。如果成员国法院没有按照欧盟法院初裁的判决去进行裁判，则会被其上级法院纠正，甚至导致欧盟针对该成员国的诉讼。③

我们不应把成员国—欧盟—成员国之间运行的初裁制度仅看作是一个简单的法律解释或者司法审查制度。初裁是在欧盟法院与成员国法院之间的一种合作机制，在这个特定的领域或空间中，这种机制要求欧盟法院和成员国法院在保持各自司法权的同时，通过合作求得一种直接和互补的方案，其目标是保证欧盟法律

---

①② 鲍禄：《构建动态、开放的基本法解释制度——欧盟法院初裁制度的启示》，载于《山东社会科学》，2008 年第 10 期。

③ Koen Lenaerts, Ignace Maselis, Kathleen Gutman and Janek Tomasz Nowak, *EU Procedural Law*, Oxford University Press, 2014, pp. 45 – 55, and P. 88.

在共同体内以协同方式得以实施。①

（四）欧盟区域经济一体化中府际合作面临的障碍

欧盟实现区域经济一体化并非轻而易举。就政治体制而言，欧盟成员国中既有实施严格联邦制国家（如奥地利、德国、比利时等），也有实施中央集权制的国家（如英国、法国、荷兰等）。就经济发展水平而言，欧盟成员国间、成员国内部不同地区之间因经济结构、要素禀赋存在不同，创新能力和产业集聚程度差异严重，欧盟内部经济薄弱地区与经济发达地区的发展差距没有在中短期内缩小，反而有扩大的可能性。2013年欧盟成员国人均GDP购买力统计显示，卢森堡的指数为264，而保加利亚则仅为47。② 世界经济论坛公布的《2012~2013年全球竞争力报告》显示，在欧债危机的影响下，欧盟成员国之间的竞争力差距进一步拉大，其中南北欧之间的分化尤为明显。在参与排名的全球144个经济体中，欧盟27国的竞争力排名分散在第3~96位。③ 这种经济发展水平的差距不仅表现为成员国之间的鸿沟（例如，亲欧派和疑欧派之间、"大""小"成员国之间和"新""老"成员国之间），也反映在每个成员国自身的行为中，主要表现为它们在某些领域自愿积极支持欧洲，但在其他一些领域则以国家利益为出发点而表示出不情愿。而自2008年始的主权债务危机对欧盟经济一体化进程带来更大挑战。主权债务危机的危险之处在于：并非简单地实现有关国家的债务平衡就意味着危机得到解决，只有通过继续深化一体化实现财政联盟，才是消除危机发生根源的治本之策。欧洲货币联盟内部政治经济博弈的复杂性和尖锐化，决定了财政联盟很难在短时间内建立。主权债务危机另一方面的危险，在于它凸显了冷战后欧盟全面一体化进程中累积的各种矛盾和问题，而这些矛盾和问题的解决，甚至远比应对债务危机本身更为艰难和漫长。④

欧盟区域经济一体化中府际合作面临的另一大障碍是疑欧主义（euroscepticism）的兴起。在欧盟区域经济一体化进程中也出现了欧盟"去一体化"的声音和活动。经济领域的"去一体化"包括对欧元区的抵制、对本国贡献率和收益率的不满以及因欧盟东扩带来越来越多的经济问题。政治领域的"去一体化"主要

---

① 初裁裁判的法律效力及于欧盟及每一个成员国。初裁的判决，除了直接适用于启动初裁的案件外，都可以被再援引。无论是成员国的法院还是欧盟的法院，也无论是成员国的机构还是欧盟的机构，均可将之作为做出有关欧盟法律的判决、裁判、行政决定等的依据。

② GDP per captia in purchasing power standards, http：//europa. eu/publications/statistics/index_en. htm.

③ The World Economic Forum, "The Global Competitiveness Report 2012 - 2013", September 6, 2012, http：//reports. weforum. org/global-competitiveness-report - 2012 - 2013.

④ 庞中英、卜永光：《欧盟的扩张迷思与发展模式困境》，载于《学术前沿》，2013年第7期。

表现为反对过多的主权让渡以及对欧盟超国家权力的不信任和抵触。① 在社会文化领域中,"去一体化"往往与排外主义、种族主义相联系。尽管越来越多的年轻人将自己界定为欧洲人,认为欧洲人正在形成其独特的"欧洲身份",作为他们各自国家身份的补充。但这种欧洲身份的形成需要一种凝聚力和共同感。从制度上讲,欧盟与民众所适应的西方国家国内民主机制有很大差别。例如,欧盟最具权力的行政机关——欧盟委员会和欧洲理事会不是欧洲公民选举产生的。从心理上讲,多数民众不易理解欧盟的运作模式,所以也缺少自发性的对欧盟的政治认同。② 欧盟目前的民族主义倾向日趋强烈,公众的支持率正在下降,对欧盟的扩张和兼并措施所表现出来越来越严重的抵制倾向,对欧盟能否同时兼顾深化和扩大两项重任的怀疑情绪正在逐渐蔓延和扩散。因此,重获大众支持是欧盟区域一体化保持可持续性的先决条件。欧盟的政治化必须保证人民对欧洲政治享有更加广泛的民主参与权。③

一方面,欧盟区域经济一体化中的府际合作同时也面临着政府竞争。政府竞争是市场经济的正常现象,其表现有:行政和部门垄断、地方保护、市场分割、不必要的地方政府管制、对特定公司的不当补贴计划、对外国产品或者生产者的政策歧视,等等。这就要求府际合作需建立良好的政府竞争制度,保证政府在良好的秩序下有序竞争。另一方面,在市场经济里,经济薄弱地区的产业竞争力不如经济发达地区,政府保护辖区内经济主体的合法利益具有政治合法性和经济动力,因而,经济薄弱地区的地方保护意识更强烈。在一些地区和领域,欧盟希望达到"市场整合"的目标遇到了"地方市场分割和地方保护"的强劲阻力。单纯地禁止地方封锁或地方保护对发展薄弱地区的经济是非常消极的,甚至导致区域经济一体化的减速或者失败。因此,消除地方市场分割和地方保护的弊端,发展真正意义上的府际合作,需要在综合评估地方保护行为对地方经济以及区域经济造成的长期后果的基础上,评判地方保护行为的合理性,并且建立财政转移支付制度和区域政策援助制度。

三、欧盟区域经济一体化中府际合作模式的选择与变迁

随着欧洲一体化进程的发展,理论界出现了研究欧洲一体化的小高潮。国

---

① 郭旭等:《欧盟"去一体化"及其对国内区域一体化的醒示》,载于《现代城市研究》,2013 年第 9 期。
② 例如,2005 年法国与荷兰在全民公决中否决了《欧盟宪法条约》,法国选民的反对票达到 55%,荷兰选民的反对票达到 63%。
③ 阿尔玛特-梅茨:《欧洲统一的进程:现状与展望》,载于容敏德、严江枫主编:《区域合作:欧洲经验与东亚》,中国经济出版社 2007 年版,第 14~21 页。

际政治学、经济学等领域的学者从不同视角提出了多种理论，试图以不同的方法来解释欧洲经济一体化的动力、目标及运行机制，为推进欧洲一体化提供理论依据及指引。这些理论包括新功能主义理论、政府间主义理论、新制度主义理论、新经济地理学理论、关税同盟理论、共同市场理论、大市场理论、最优货币区理论等。①

就欧盟区域经济一体化的模式问题而言，20世纪60年代中期即出现了一些有影响力的著作，包括：卡尔·W. 多伊奇的《法国、德国与西方联盟》（Karl W. Deutsch）、阿米塔伊·埃茨昂尼的《政治统一》（Amitai Etzioni）、厄恩斯特·哈斯的《超越民族国家》（Ernst B. Hass）、戴维·米特兰尼的《有效的和平体系》（David Mitrany）② 等。进入20世纪七八十年代以后，欧共体国家开始出现经济"滞胀"现象、日本崛起与美国相对衰落，使西欧国家有契机进一步整合治理方式，寻求自身力量以立足世界。因而这个时期有关欧洲政治一体化的研究专著非常密集，比较有代表性的有：图根德哈特的《建构欧洲意识》（C. Tugendhat）、迈克尔·伯志斯的《联邦主义与欧盟：欧洲社会的政治观念、影响和战略》（Michael Burgess）、诺尔·帕克和比尔·阿姆斯特朗主编的《欧洲一体化的边沿》（Noel Parker and Bill Armstrong）以及托比亚斯·泰莱尔的《政治象征主义与欧洲一体化》（Tobias Theiler）。③

20世纪90年代初，随着欧洲大市场的建立以及欧洲一体化从经济领域扩展到政治、军事、外交等领域，学者们的关注点开始转向欧盟的治理问题。其中多层治理理论的提出即是代表。④ 托马斯·里塞—凯本（Thomas Risse-Keppen）从概念上将欧盟的治理界定为一种多层治理结构，其间私人、政府、跨国家和超国

---

① 关于这些理论的具体归纳和总结，参见兰天：《欧盟区域一体化模式》，中国社会科学出版社 2006 年版，第 28~88 页。

② Deutsch, Karl W., et al. *France, Germany and the Western Alliance*, New York: Scribner's Sons, 1967; Etzioni, Amitai, Political Unification, New York: Holt, Rinehart, Winston, 1965; Haas, Ernst B., Beyond the Nation State, Stanford: Stanford University Press, 1964; Mitrany, David, *A Working Peace System*, Chicago Quadrangle, 1966; Russett, Bruce M., International Regions and the International System, Chicago: Rand McNally, 1967.

③ C. Tugendhat, Making Sense of Europe, New York: Columbia University, 1988; Burgess, M., Federalism and European Union: Political Idea, Influence and Strategies in European Community 1972 – 1987, London: Rutledge, 1989; Noel Parker and Bill Armstrong, Margins in European Integration, Macmillan Press Ltd, 2000; Gary Marks and Marco R. Steenbergen, European Integration and Political Conflict, Cambridge University Press, 2004; Morten Kelstrup and Michael C. Williams eds., International Relations Theory and the Politics of European Integration, Routledge, 2000; Mark A. Pollack, *The Engines of European Integration*, Oxford University Press, 2003; Tobias Theiler, *Political Symbolism and European Integration*, Manchester University Press, 2006.

④ Liesbet Hooghe and Gary Marks, Multi-level Governance and European, Rowman Littlefield Publishers, 2001; Ian Bache and Matthew Flinders eds., *Multi-Level Governance*, Oxford University Press 2004.

家角色在密度、深度和广度都不断变化的复杂网络中相互交往。① 马克斯和胡格认为,欧盟这样一个多层治理体系反映了"欧洲一体化是一个政体创建的进程,其中权威和对决策的影响被多重政府分享——次国家的、国家的和超国家的"。② 他们把多层治理定义为:"多层级治理是在以地域划分的不同层级上,相互独立而又相互依存的诸多行为体之间所形成的通过持续协商、审议和执行等方式作出有约束力的决策的过程,这些行为体中没有一个拥有专断的决策能力,它们之间也不存在固定的政治等级关系"。③ 贝娅特·科勒—科赫(Beate Kohler-Koch)认为,当今欧盟已经不完全是多层级治理模式的"三明治"体系,而是一种多层次、组织间网络状治理模式。④ 其运作所遵循的基本逻辑是:强调权力非集中的、开放的运用,参与、对话而非垄断、指令。

关于欧盟一体化中多层网络治理模式的定义尽管表述不同,但都特别强调欧盟/欧共体内多种行为体(国家、超国家和次国家层次)的互动以及由此产生的相互联系的复杂机构网络。在多层治理这一政治构架下,多种行为体共同参与其中,既包括各种超国家机构如欧盟委员会、欧洲议会、欧洲法院,也包括各成员国政府以及由各成员国政府组成的部长理事会、欧洲理事会,还包括次国家机构如地方政府、利益集团、私人机构、非政府组织以及公民个体等。多种行为体之间的关系是非等级的。政治活动在两个或多个层面上进行,各个层面之间并不是彼此分离的,而是在功能上相互补充、在职权上交叉重叠、在行动上相互依赖、在目标上协调一致的。一方面,过去集权式的、自上而下的治理模式逐渐让位于一种以过程为取向的治理模式。另一方面,"欧盟治理仍然大部分依赖于欧盟的法律和规则、正式的和结构化的政策制定、更加趋同和标准化、限制多样性和巩固界线。"⑤ 在不同层级进行协商时,多层级网络治理体系采用的是协商的、非多数同意(non-majoritarian)的谈判决策模式。多层级治理体系具有动态性。我们不能准确界定各层级在欧洲治理中的功能,因为它会随着时间和政策领域的不同而变化。也就是说,多层级治理的参与主体和层级会因为它们所面临的政策任务和治理形式的不同而有所变化。⑥

---

① Thomas Risse-Keppen, "Exploring the Nature of the Beast: International Relations Theory and Comparative Policy Analysis Meet the European Union", Journal of Common Market Studies, Vol. 34, No. 1, 1996. P. 305.

② Gary Marks, Liesbet Hooghe and Kermit Blank, "European Integration in the 1990's: State Centric vs. Multi-level Governance", Journal of Common Market Studies, Vol. 34, No. 3, 1996. P. 342.

③ Philippe Schmitter, How to Democratize the European Union... and Why Bother?, Lanham: Rowman & Littlefield, 2000, P. 35.

④ [德]贝娅特·科勒-科赫等著,顾俊礼等译:《欧洲一体化与欧盟治理》,中国社会科学出版社2004年版。

⑤ [波兰]詹·齐隆卡,高飞译:《欧盟扩大后的多边治理》,载于《南开学报(哲学社会科学版)》,2009年第3期。

⑥ 朱贵昌:《多层治理理论与欧洲一体化》,载于《外交评论》,2006年第12期。

有学者对欧盟的多层网络治理模式表示质疑。由于"多层治理"强调国家主权的淡化和权威的分散化以及权力的非集中的、开放的运用和多种行为体的共同参与，所以易被批评为一种不现实的理想主义，因为在他们看来，"在没有共同的权威的情况下要让多种利益主张、多种身份团体自己和谐共治，这简直就是让国家消亡、实现社会自治的乌托邦。"① 而在现实中，欧盟这一多层网络治理模式之所以能够调和多种利益主张，在困难中前行，在于为多主体参与治理构建起了完善的制度平台。

首先，欧盟建立了超国家间的权力让渡合作机制。通过成员国国家权力的自愿让渡，欧盟成员国之间通过签订基础性条约，创设了以支撑政府间合作的欧盟理事会、欧盟委员会、欧洲议会、欧洲法院、欧洲审计院、经济与社会委员会和地区委员会。这些机构的成员既有传统的国家代表，又有普通公民代表，其他社会力量代表。其中欧盟理事会的构成仍遵循国家代表原则，欧盟委员会由从事外交、政治、经济活动的专家组成，欧洲议会由直接普选产生，欧洲法院由独立法官组成。为满足欧盟区域一体化的实际需要，这些机构的组织结构和组织程序逐步建立完善。

其次，欧盟建立了区域网络治理机制。欧盟针对成员国之间日益严重的区域发展不平衡问题，建立了包括超国家、国家、跨境区域、地方等多个等级层次的区域发展协调机制，实现了各个层次的权利平衡和利益表达机制的畅通。② 在超国家层次，在欧盟三大机构内部设置了专门的职能机构和顾问机构，包括欧盟委员会内设的第16事务部（D—G16）即"区域政策事务部"、欧盟理事会内设的区域政策委员会，以及欧洲议会内设的区域政策委员会、交通与旅游委员会、环境和公共卫生与消费者保护委员会等。③ 在国家层次，成员国政府一般都拥有自身的一套区域政策，但必须接受欧盟统一的区域政策的协调和整合。在跨境区域合作层次，欧盟成员国之间已发展出一套成熟的区域协作机制，建立健全了各种跨境合作组织。例如，德国"柏林—勃兰登堡首都区域"协调机制，有长效的制度安排作保障。在成员国地方政府层面，近年来，成员国的地方政府在欧盟系统中的地位和影响出现与日俱增的趋势，打破了国家在国内事务特别是地区政策上的垄断权，改变了欧盟与国家对话的两层体制，增加了新的对话层次。地方政府参与欧盟区域问题决策的渠道主要有：（1）在地方层次相应设立区域政策机构，如英国在地方政府部下设立区域发展委员会、法国在各大区均设有区域经济委员会，负责制定五年期区域经济发展规划，并对大区行政长官提供技术支

---

① 陈玉刚：《国家与超国家——欧洲一体化理论比较研究》，上海人民出版社2001年版，第181页。
②③ 陈瑞莲：《欧盟国家的区域协调发展：经验与启示》，载于《政治学研究》，2006年第3期。

持。(2) 多数成员国地方政府在欧盟总部布鲁塞尔都设有某种形式的办事处和代表。例如，德国所有的州、法国和西班牙的大多数地区以及英国的大约 15 个地区、郡和城市都在布鲁塞尔设立了办事处。(3) 欧盟的比利时和德国，在部长理事会讨论的问题属于它们的地方政府管辖范围时，就由地方政府的部长出席会议。[①] 对于地方政府在欧盟区域一体化治理过程中的勃兴，有学者分析其原因在于：一方面地方政府在这些国家具有明确的宪法地位，其权力不能随意受中央政府的侵犯和剥夺，另一方面是受全球新区域主义的影响，地方分权和地方治理运动在这些国家深入人心。[②]《里斯本条约》也进一步确认了地方政府在提升欧盟立法质量和合法性方面的正式地位。这集中体现在，该条约将辅助性原则的监督权交由区域委员会和各国议会共同行使。

最后，欧盟建立了公民和非政府组织的参与治理机制。从一定意义上说，欧洲区域一体化并不主要是一种政府间制定条约的事务，而是一种社会进程。在这些组织群体中，银行、利益团体、政策联盟、政党、公共舆论等形成几股重要的力量。[③] 作为非政府组织重要组成部分的利益集团在欧盟治理活动中表现活跃。利益集团的作用主要体现在：表达诉求、向所代表的社会群体解释各级政府的政策立场、调节组织内部的矛盾。"利益集团在欧盟中超国界组织起来了。他们大量出现在布鲁塞尔，他们很容易找到政治决策者，政治决策者也很愿意把他们吸收到意愿形成过程中，以便更有效地制定欧盟的政策。"[④]

关于公民参与欧盟治理的制度保障较早见于 2001 年欧盟委员会发布的《欧洲治理白皮书》（the White Paper on European Governance）。该白皮书提出了善治的五项基本原则：公开、参与、责任、效率和凝聚（coherence）。其目的在于鼓

---

① 杨爱平：《论区域一体化下的区域间政府合作——动因、模式及展望》，载于《政治学研究》，2007 年第 3 期。
② 陈瑞莲：《欧盟国家的区域协调发展：经验与启示》，载于《政治学研究》，2006 年第 3 期。
③ 以欧盟《电视无国界令》的修订为例，我们可以一窥欧盟非政府组织和公民参与治理的实践。在 2007 年《电视无国界令》前，早在 2003 年欧盟委员会就倡议为修订该指令进行大规模咨询。并组织了两场公开听证会，广泛听取相关利益方有关指令、广告规则、产品植入、版权、保护青少年和人格尊严，文化多样性与多元化等问题的意见，并帮助议会成员对所有这些问题有一个清晰平衡的了解。在专家咨询中，专家关于视听内容、广告、信息权的建议在焦点小组中得到讨论，焦点小组的讨论结果以问题报告的形式发表，并提交在利物浦进行第二轮公开咨询。在此基础上，欧盟委员会发布相关报告，并提出一个新的现代化视听服务的立法倡议。根据这个立法倡议，2007 年新修订的《电视无国界令》被更名为《视听媒介服务指令》。欧盟委员会除了在制定各项政策前要进行广泛的政策咨询外，还十分注意对舆论和政策落实情况进行各种调查研究，并建立各种信息反馈渠道。其中比较大型和综合性的调查，包括一年两次的"欧洲晴雨表"（euro barometer）；每月一次的"欧洲舆论"（euro opinion），每周对各成员国进行的电话访问"欧洲舆论跟踪调查"（The European Continuous Tracking Survey：CTS）等。参见许静：《欧盟的超国家治理何以实现——基于媒介治理的考察》，载于《国际论坛》，2014 年第 2 期。
④ [波兰] 詹·齐隆卡，高飞译：《欧盟扩大后的多边治理》，载于《南开学报（哲学社会科学版）》，2009 年第 3 期。

励公民和公民组织参与欧盟政策过程,"公民通过与欧盟的合作可以更好地了解各成员国的立场,以更有效的方式对他们关注的问题做出回应。"[1] 在2006年,欧盟委员会启动了"欧洲透明度行动"(european transparency initiative),旨在强化欧盟政策制定者和公民社会压力集团(包括游说团体、非政府组织等)的行为操守规则。其中一方面,强调"良好行政行为"是欧盟实现良治的重要因素,[2] 通过实现决策、执行过程和信息的公开,发展与非政府组织间的对话、伙伴关系,给予非政府组织财政援助等途径增强欧盟治理的透明度。另一方面,也敦请压力集团进行公开登记并遵守共同的操守规则。[3] 经《里斯本条约》修订后的《欧洲联盟条约》第9条规定,"在所有活动中,欧盟必须遵守公民平等原则,所有组织、机构、部门必须给予公民平等的关注。"《欧洲联盟条约》第10条第3款则更为明确地规定"每一位公民均有权参与(the right to participate)欧盟的民主生活。所有决定都必须以对公民尽可能公开和密切的方式做出。"《欧洲联盟条约》第11条第1款规定,"(欧盟)机构应通过适当手段,给予公民和代表组织表达和公开交流其对欧盟所有领域观点的机会。"《欧洲联盟条约》第11条第2款规定,"(欧盟)机构应与代表组织和公民社会保持公开、透明和经常性的对话。"该条第3款继续规定,欧盟委员会"应与所有相关当事方开展广泛协商,以保证欧盟行为的一致性和透明性。"在《里斯本条约》修订过程中还确立了一个创新性的公民参与平台——欧洲公民行动倡议(European Citizens' Initiative)。欧洲公民行动计划规定于《欧洲联盟条约》第11条第4款。该款规定"就公民认为基于实施欧盟条约而有必要采取法律行动的事项,来自相当数目成员国的不少于100万的公民有权主动敦请欧盟委员会在其权限内提出相应的立法建议。"[4] 就实施欧洲公民行动倡议,欧盟还制定了相应的规则和程序。[5] 有学者就认为,上述旨在保障公民参与的法律规定和欧洲公民行动计划,体现了欧洲宪法的第三方公民之维。[6]

---

[1] European Commission, European Governance. A White Paper, COM (2001) 428 final, at 10, available at http://www.euro-info.ccir.ro/doc online.htm.

[2] 良好行政行为的实质性要求包括:合法、非歧视、比例、非滥用权力、公正和独立、客观、合法期待以及一致性等。参见 The European Ombudsman, The Code of Good Administrative Behaviour, at 7, available at http://www.ombudsman.europa.eu/code/pdf/en/code2005-en.pdf.

[3] European Commission, Green Paper European Transparency Initiative, COM (2006) 194 final, available at http://www.euro-info.ccir.ro/doc online.htm.

[4] Kaufmann and Pilcher, The European Citizens' Initiative: Into New Democratic Territory, Brussels: Intersentia, 2010.

[5] There is a proposal for a regulation providing rules and procedures for the European Citizens' Initiative. Proposal for a Regulation of the European Parliament and of the Council on the Citizens' Initiative, COM (2010) 119Final, available at http://ec.europa.eu/dgs/secretariate-general/citzensinitiative/index-en.htm.

[6] Thomas Vandamme, "EU Directives and Multi-Level Governance—Can Lessons Be Drawn from Cooperative Federalism", Maastricht Journal of European & Comparative Law, Vol. 21, 2014.

第二节　北美区域经济一体化中的府际合作

一、北美区域经济一体化的发展历程

北美区域经济一体化的主要载体为北美自由贸易区。1979年，美国国会在关于贸易协定的法案中最早提出北美自由贸易区的设想。1980年，里根在其竞选总统纲领中再次提出要设立北美自由贸易区。北美区域经济一体化分为两个阶段，第一阶段是签订《美加自由贸易协定》，第二阶段是美国、加拿大、墨西哥三国谈判并签订《北美自由贸易协议》。

美国、加拿大之间的互惠贸易协定，始于19世纪50年代。1854年两国达成了埃尔金—马西互惠贸易协定，实现了鱼类、牲畜、奶酪、黄油、煤、面粉、谷物和木材等自然资源的双边自由贸易，但这一协定在美国南北战争期间被废止。而后贸易保护主义思潮逐步占了上风，尤其是在20世纪30年代经济大危机中，两国都采取了高度的贸易保护主义政策，该协定名存实亡。第二次世界大战后，美国取得了全球霸主地位，竭力推行全球贸易自由化，加拿大也随之采取了这一贸易政策。美国、加拿大两国致力于关贸总协定的推行及多边减税谈判，双边关税壁垒大大减少。其中较为著名的是1965年两国政府签订的汽车零部件贸易协定，其后两国又在此基础上扩大了免税项目。至此，美国、加拿大之间70%的产品都已互免关税，两国间贸易量不断增长。但在20世纪70年代末，资本主义经济陷入滞涨，保护贸易主义重新抬头，对世界贸易自由化进程构成了极大威胁。美国分别于1979年、1988年出台了《贸易协定法案》和《贸易竞争法令》，其中包括了便于反补贴税实施的"303-701条款"，便于反倾销税实施的"931-740条款"，以及以排除他国贸易为目的的"超级301条款"。虽然这些新贸易保护政策主要针对欧共体与日本，但也导致了美、加之间贸易摩擦不断升级。[①]

1985年3月，美国总统里根向加拿大总理马尔罗尼建议签署一个自由贸易协定，以消除两国之间存在的所有关税和非关税贸易壁垒。这一建议得到了加拿大的积极响应。由于两国经济发展水平、社会文化、生活习俗相近，交通运输便

---

① 邱洋萍：《北美经济一体化的路径与绩效分析》，福州大学2010年硕士学位论文，第11页。

利，经济上的相互依赖程度很高，所以自1986年5月开始，经过一年多的协商与谈判，两国于1987年10月达成了协议，次年1月，双方正式签署了《美加自由贸易协定》。经美国国会和加拿大联邦议会批准，该协定于1989年1月生效。《美加自由贸易协定》规定在10年内逐步取消商品进口（包括农产品）关税和非关税壁垒，取消对服务业的关税限制和汽车进出口的管制，开展公平、自由的能源贸易。在投资方面两国将提供国民待遇，并建立一套共同监督的有效程序和解决双边贸易纠纷的机制。《美加自由贸易协定》是一种基于共同市场的区域经济合作协定，它标志着北美自由贸易区的萌芽，揭开了北美区域经济一体化的开端。

组建北美自由贸易区的第二步是美国、加拿大、墨西哥三国谈判。由于全球区域经济一体化的蓬勃发展和《美加自由贸易协定》的签署，墨西哥开始将与美国开展自由贸易区建设问题列上议事日程。1986年8月两国领导人提出双边框架协定计划，并于1987年11月签订了一项有关磋商两国间贸易和投资的框架原则和程序的协议。在此基础上，两国进行多轮谈判，于1990年7月正式达成了《美墨贸易与投资协定》。同年9月，加拿大宣布参与谈判，三国于1991年6月在加拿大多伦多举行首轮谈判，经过14个月的磋商，于1992年8月达成了《北美自由贸易协定》，这标志着北美区域经济一体化进入了第二阶段。由于墨西哥与美国、加拿大两国综合实力相差巨大，当时舆论界普遍推测，北美自由贸易区的谈判少则一年半，多则三年才可能达成协议。可是，美国、加拿大、墨西哥三国在谈判过程中，互作让步并积极设法推动，实际上只用了14个月的时间就达成了协议。1993年8月，三国又就环境、劳动、就业等问题达成了协定，作为《北美自由贸易协定》的补充。该协定于1994年1月1日正式生效，北美自由贸易区宣告成立。自由贸易区内的各国货物可以互相流通并减免关税，而贸易区以外的国家则仍然维持原关税及壁垒。北美自由贸易区的组建起步虽晚但进展快，不仅反映了北美三国各自的利益和需求，而且也顺应了世界政治、经济发展趋势。

二、北美区域经济一体化中府际合作的背景

总体来看，第二次世界大战后出现的关税同盟、自由贸易区等形式的区域经济组织，其成员国一般是经济水平相近的国家。从区域经济组织的产业结构角度分析，成员国之间多是水平式分工，以达到较高层次上的竞争和互补关系。例如，欧盟成员国均是社会制度、经济发展水平和历史文化传统相对接近的国家，欧盟区域经济一体化是大多数成员国共同推动的，没有一个国家能起绝对的主导作用，因而区域府际合作也远强于其他区域经济一体化机制。而北美自由贸易区则是由两个属于七国集团成员的发达国家和一个典型的发展中国家组成，它们在产

业结构上的合作很难是水平式的。

美国、加拿大、墨西哥三国能走到一起推动区域经济一体化，有着深刻的历史背景。20世纪80年代以来，欧共体经济实力日益壮大，亚洲的日本经济也急剧膨胀。90年代冷战结束后，世界形势的发展对美国愈加不利，美国已不可能再像以前那样单枪匹马地与竞争对手周旋。一方面，美国必须创建以自身为核心的、能与其他经济集团和经济强国相抗衡的区域经济一体化机制，以巩固其世界霸主地位。另一方面，北美区域经济一体化也符合加拿大和墨西哥的利益。加拿大经济一直严重依赖美国，原有的《美加自由贸易协定》已不能适应形势的变化。加拿大参与《北美自由贸易协定》的目的，是为了保住在美加贸易协定中取得的成果，防止墨西哥成为加拿大在美国市场的强大竞争对手。[1] 美国学者高登（Gordon）在1987年指出："世界上没有其他两个国家像墨西哥、美国一样，地缘如此之近，却在文化、经济发展程度和全球影响力之间存在如此巨大的差距"。[2] 墨西哥作为经济相对落后的发展中国家，虽然由于历史原因曾长期拒绝与美国在经济上结盟，但20世纪80年代中期以来，其国家经济形势不断恶化，使得与美国合作成为唯一的战略选择。

北美自由贸易区是一个以美国为核心的区域经济一体化组织。美国不仅是北美自由贸易区的首倡者，也是其主导者。从北美自由贸易区内部的实力来看，美国占有2/3的人口和90%的经济总量，加拿大仅有7%的人口和8%的经济总量，墨西哥虽拥有近26%的人口，但经济总量却不到2%。美国、加拿大、墨西哥三国按工业化程度和发展水平分属三个不同的层次。美国属于第一个层次，墨西哥属于第三个层次，是新兴的工业化国家，加拿大属于第二个层次。因此，无论从经济实力、工业化程度和发展水平等方面来看，美国都处于绝对的优势地位，自然对加拿大和墨西哥具有很强的制约力。《北美自由贸易协定》的实施，美国在双边贸易、直接投资、技术转让、第三产业诸领域内凭其雄厚的经济实力加紧对加拿大和墨西哥的渗透和控制，在贸易区对内外事务上拥有绝对的发言权。因而，从根本上说，北美自由贸易区的建立更多地体现出了美国的战略意图。而从美国的角度看，建立北美自由贸易区并非其最终目标。按照美国前总统布什"开创美洲事业倡议"的设想，建立北美自由贸易区仅是美国的战略步骤之一，终极目标是在一段较长的时间内，以墨西哥为桥梁，推动南北美洲的经济一体化，形成一个从加拿大北部的安克雷厅港一直延伸到阿根廷最南端的火地岛的无国界限

---

[1] 郑秋生：《加拿大参与〈北美自由贸易协定〉目的与得失》，载于《广东外语外贸大学学报》，2008年第3期。

[2] 转引自孙志煜：《北美自由贸易区争端解决机制成因析论》，载于《贵州大学学报（社会科学版）》，2014年第3期。

制的美洲自由贸易区，以此进一步提高美国的国际战略地位。[①]

但是，北美自由贸易区也给加拿大和墨西哥提供了难得的进入美国市场的机会，对于促进这两个国家的经济发展具有非常重要的作用，三国联合起来在国际贸易中的地位也随之增强。因此，北美自由贸易区可以说是多赢的选择和结果。美国和加拿大发达的技术和知识密集型产业，可通过资本流动进一步加强墨西哥的优势地位，扩大在墨西哥的市场。墨西哥则可利用本国廉价的劳动力，降低成本，发展劳动密集型产业，同时还可以从美国获得巨大投资、技术转让，促进本国产业结构的调整，加快本国产品的更新换代，在垂直分工中获取较多的经济利益。三国之间密不可分的经济关系成为它们推动区域经济一体化的纽带。因此，虽然北美自由贸易区没有一个常设机构，组织化程度较弱，但在区域经济一体化中府际合作强度并不亚于欧盟。

北美自由贸易区是全球第一个由南北国家共同组成的经济一体化组织。从理论上看，南北区域经济集团组织的形成，首先要具有两个战略性的价值前提。第一，殖民地和落后地区政治和经济独立，至少名义上摆脱了发达国家的经济控制，有着通过相互合作共同发展的强烈愿望。第二，同一地域范畴内的发达国家基于共同的利益考虑，需要通过合作，共同对付外部经济力量的竞争。面对新的国际与国内形势，美国、加拿大、墨西哥三国都以务实的态度调整自己的经济发展战略，并克服重重阻力，最终促成《北美自由贸易协定》的签订。可见，北美自由贸易区的产生从市场角度而言，三个成员国间具有较强的互补性，具备了形成一体化组织的市场基础。[②]

三、北美区域经济一体化中府际合作的法治特色

（一）具有软法特色的组织模式创新

跨国区域经济一体化中府际合作的传统组织模式，一般是在区域经济合作过程中建立一套超越一国政府的权威机构，比如欧盟就建立了由各主权国家政府直接推动的"超国家性的共同体机构"。北美自由贸易区并没有采用这种传统的跨国府际合作治理组织模式，而是采取一种弱化的跨国区域经济一体化组织。北美自由贸易区是一个机构不足的独特的一体化组织，它既不存在自由贸易区法院，

---

① 古惠冬：《北美自由贸易区的解析及其对区域经济合作的启示》，载于《改革与战略》，2001年第6期。

② 南天：《北美自由贸易区经济效应研究》，吉林大学2011年博士学位论文，第15页。

也没有自由贸易区议会和成员国部长理事会。

  北美自由贸易区突破传统跨国区域经济一体化组织框架而创设新的府际合作组织模式，有其独特原因。首先，从区域经济一体化的类型来看，北美自由贸易区仍处在初级发展阶段，它的基本法律要求是在成员国内取消产品的贸易关税和其他限制性贸易法规。上述法律要求，并不需要像关税同盟那样制定一致的关税率，因此也不需要将一部分主权交给一个具有超国家的实体组织。也就是说，北美自由贸易区在组织机构设置上的法律要求较低。其次，由于各成员国间政治经济实力相差悬殊，北美自由贸易区的立法权难以在各个成员国之间达到高度平衡。一方面，美国处于强势地位，因此它不会接受类似欧盟的立法体制，这就使得墨西哥和加拿大可以不经过美国同意而针对美国进行立法；另一方面，墨西哥和加拿大也不能接受美国单边决定的立法体制，因此，发生在欧盟的大规模立法权的授权不可能发生在北美自由贸易区。然而，对于所有高效率开展活动的组织来说，都需要一定的组织机构供代表们聚会、讨论问题并且作出决定，否则，就容易使国际组织流于形式。鉴于此，北美自由贸易区根据合作的经济领域，如货物、服务贸易、投资、政府采购、金融以及知识产权等方面，设立了国与国之间平等合作的机构。具体而言，北美自由贸易区的组织机构主要有四个部分组成，即自由贸易委员会、秘书处、专门委员会、工作组和专家组。①

  自由贸易委员会是北美自由贸易区的最高级别机构，它由成员国政府及其代表或他们指定的人员组成。自由贸易委员会的职能是：监督协定的实施；督促进一步的谈判；解决就协定的解释或使用引起的争端；监督根据协定建立的专门委员会和工作组的工作。除非有特别规定，自由贸易委员会所有的决议必须通过协商一致作出。自由贸易委员会可以通过斡旋、调解和调停等程序参与争端解决，但它的角色仅在于帮助当事国解决争端，便利协商程序，而不是作为一个第三方的"法官"予以裁决。②

  秘书处由自由贸易委员会建立，它是处理日常事务的行政机构，同时在各成员国设立分秘书处并监督其工作，各成员国要负责分秘书处的人员、运作及费用。秘书处的职责是为自由贸易委员会提供帮助，为专家组和专门委员会提供行政支持，从而为协定的顺利运作提供服务。③

  专门委员会是根据《北美自由贸易协定》的规定而建立的专门负责某一领域事项的委员会。主要有：货物贸易委员会、服装贸易委员会、农业委员会、卫生和植物检疫委员会、与标准相关的委员会、小型商业委员会、金融服务委员会、私人商业争端咨询委员会，等等。这些专门委员会在各自领域发挥着具体的职能。④

---

①②③④ 王春婕：《北美自由贸易区模式的创新价值探析》，载于《山东社会科学》，2009年第2期。

工作组和专家组的职能主要是解决某一领域的专业问题，并就此向自由贸易委员会、专门委员会和仲裁庭提供咨询意见。自由贸易委员会建立的工作组主要有原产地规则工作组（海关分工作组）、农业工作组、美国和墨西哥双边工作组、加拿大和墨西哥双边工作组、贸易工作组、临时入境工作组。①

上述诸机构的权力仅限于对建立北美自由贸易区相关条约的解释和督促条约权利和义务的落实，但不具有立法权和司法权。在北美自由贸易区不存在一套分权的超国家的府际合作组织机构，而只设立国与国之间平等的合作机构，这是突出国家主权的表现，具有软法特征。如前所述，在经济实力差距悬殊的国家之间组成自由贸易区，在历史上尚无先例。北美自由贸易区是发达国家和发展中国家在区域内组成自由贸易区的第一次尝试。作为建立在经济发展水平不同的国家间纵向一体化组织，由于区域内发达国家（美国和加拿大）与发展中国家（墨西哥）经济发展差别过大，再加上政治因素和对外经济贸易政策的差异，决定了北美自由贸易区不可能制定太多高度统一的对成员国有拘束力的法律，而是更加注重利用较为灵活的组织机构协调成员国的法律与政府行为，从而在成员国取消关税和其他贸易限制。② 与欧盟不同，北美自由贸易区并不将北美大陆的政治、社会一体化作为制度设计目标，而主要是想将其作为在成员国领土内促进经济发展的手段或方式，其基本理念是促进贸易和投资等经济领域的一体化。

鉴于北美自由贸易区组织模式的软法特征，一些学者认为北美自由贸易区呈现出"制度贫乏"的特征，北美自由贸易区没有建立起强大的机构以承担起协调法律冲突和矛盾的重担。同时，与欧盟强有力的法律协调机制和方式相比，北美自由贸易区表现得温和得多。它主要是在法律结构和法律技术层面去发掘调和法律的手段，并试图通过两个层面的结合为法律冲突的解决提供一个有效的机制。③

（二）具有硬法特色的区域合作规则

为了推动北美区域经济一体化，《北美自由贸易协定》明确规定了成员国合作的目标。这些目标包括：（1）消除成员国之间货物与服务贸易的障碍，便利成员国之间货物与服务的流动；（2）促进自由贸易区内的公平竞争；（3）实质上增加成员国境内的投资机会；（4）在每一成员国境内为知识产权提供充分有效的保护，并使其能够得到强制执行；（5）为北美自由贸易协定的适用和实施、北美自由贸易区的共同管理和成员国之间争端的解决建立有效的程序；（6）为进一步

---

①② 王春婕：《北美自由贸易区模式的创新价值探析》，载于《山东社会科学》，2009 年第 2 期。
③ 沈四宝、付荣：《欧盟与北美自由贸易区法律制度之比较分析》，载于《宁波大学学报（人文科学版）》，2008 年第 4 期。

开展三个成员国之间的、区域间的和多边的合作建立机制,以扩大和提高《北美自由贸易协定》项下的利益。北美自由贸易区府际合作法律制度安排紧扣其区域经济一体化的发展目标,形成一套差别性的法律制度。具体而言,对于美国和加拿大,考虑到其在服务贸易、投资以及知识产权等方面的重大利益,法律制度安排体现出一种侧重保护政策;而对墨西哥,考虑到其履行义务需要相对较长的期限,法律制度则有一定的过渡期安排。

虽然北美自由贸易区不存在超越成员国政府的统一立法机构和司法机构,但它却特别强调各成员国府际合作法律规则的精确性和法律承诺的约束力。首先,在法律规制的各个领域,包括货物贸易、服务贸易、投资、知识产权、政府采购、环境和劳工等,北美自由贸易区都制定了十分具体、详尽、明确且具有超前性的法律规则,在许多方面甚至超过了世界贸易组织法和欧盟法,从而使法律更具可操作性和前瞻性。以原产地规则为例,《北美自由贸易协定》对不同种类的商品执行不同的原产地规则,具体说来分为 A、B、C、D 四类规则。A 规则适用的是完全在北美自由贸易区中一个或多个国家里获得或生产的商品。B 规则适用的是北美自由贸易区中加工境外材料制成的商品,添加了占成品价值一定百分比的北美自由贸易区原产地材料(该原产地材料价值称作"区域价值量")所制成的商品亦属此列;C 规则适用的是完全在北美自由贸易区内生产的,且只能以本地区原产地商品为原材料的商品(也包括在北美自由贸易区内加工程度较大的境外材料);D 规则适用完全在北美自由贸易区内生产,但含有非原产地产品成分的商品,对该类商品中的非原产地产品成分所征关税并未做出调整。此类商品的"区域价值量"至少须达到成品价值的 50%(用净成本方法计算)或 60%(用交易价值方法计算)。其次,在法律用语上,《北美自由贸易协定》中常常采用"应该""禁止"等具有强制性法律规范色彩的术语,在程序规则方面则列明了具体、明确的时间表,从而对成员国具有更强的约束力。

在区域合作的规则设计上,北美自由贸易区的法律制度不仅照顾到区域中不同国家的经济发展水平的不同层次,而具有差别性,同时又特别强调合作规则的精确性和法律拘束力,这些合作规则都具有刚性法律规则的一面。正如美国学者弗里德里克·M. 阿波特的评价:北美自由贸易区在贸易规则方面具有较高层次的规则精确性、成员国义务性以及授权代表性及硬法特征。①

(三)外交与司法程序并用的争端解决机制

北美自由贸易区的争端解决机制吸收了其他争端解决机制的经验,并进行了

---

① 王春婕:《北美自由贸易区模式的创新价值探析》,载于《山东社会科学》,2009 年第 2 期。

一系列创新。它不仅设立了一个一般争端解决机制，而且在此基础上，针对各种特殊问题设立了不同的争端解决机制。《北美自由贸易协定》第20章建立了全面实施及争端解决的制度框架。它是一个在自由贸易委员会管理下的政府问题争端解决机制。自由贸易委员会负责全面的政治监管，其职责包括：监督和实施协定；负责协定的进一步阐述；解决协定的解释和适用方面的争议；监督所有分委员会和工作组的工作。[①]

北美自由贸易区的设计者并不想将其争端解决机制设计成以司法为主的机制，他们更热衷于政治与法律因素混合的争端解决机制，有人将北美自由贸易区争端解决机制称为"实用主义与法治主义的混血儿"。具体而言，其争端解决机制表现出如下创新性：（1）在机构设置方面，北美自由贸易区没有常设性争端解决机构，承担争端解决职能的是自由贸易委员会和根据个案临时成立的仲裁专家组。自由贸易委员会不是司法机构，它可以通过斡旋、调解和调停等程序参与争端解决，但它的角色在于帮助当事国解决争端，便利协商程序，而不是作为一个第三方的"法官"。（2）在争端解决机制的安排上，北美自由贸易区启用多套争端解决机制。包括一般性争端解决机制和针对各种特殊问题的争端解决机制。这些争端主要通过磋商和专家组来解决，甚至原告可以通过国内法院解决争端。（3）在争端解决方式上，北美自由贸易区融合了外交和司法两种方式，但外交色彩较浓、司法色彩较弱。在北美自由贸易区，争端解决方式有三种：即协商、自由贸易委员会主持的友好解决方式（简称 SDR 程序）和仲裁专家组程序。协商程序是 SDR 程序的前置程序，SDR 程序是仲裁专家组程序的前置程序。由此可见，在进入司法性程序之前，该机制设置了双重的政治性解决程序，其目的显然是鼓励具有较强实用主义的政治性程序阶段解决争端。[②]

北美自由贸易区解决不同的争端时都有相应的专门机构，这些机构几乎都是由成员国派代表参加，而并没有像欧盟法院那样的超国家机构的存在。同时，从争端解决的模式上看，北美自由贸易区的争端解决机制融合了外交和司法两种方式。在外交方式中，两种争端解决机制都强调了磋商和谈判程序。在面临一个争议时，成员国政府被号召起来进行磋商并努力合作以达成一个决议。如果协商不成，他们可以去寻求自由贸易委员会的调解。如果外交方式不能很好地解决争端，成员国开始启动司法程序，即如果自由贸易委员会的调解失败了，其可以指认一个仲裁专家组，开始依据仲裁程序进行仲裁。这种仲裁程序主要体现在《北美自由贸易协定》第11章规定的投资争端解决中。同时，仲裁专家组做出的最终结论是"报告"

---

① 吴双：《〈北美自由贸易协定〉若干法律问题研究》，暨南大学2007年硕士学位论文，第20~23页。
② 王春婕：《北美自由贸易区模式的创新价值探析》，载于《山东社会科学》，2009年第2期。

而不是一个"裁决",专家组的报告要求争议双方要"依据该报告"来处理问题。如果通过上述程序他们还是不能解决争议,那么争议双方只能依靠自己来处理这个争议。最基本的原则是,一方唯一的制裁方法是从另一方那里收回"相等价值的利益"。可见,专家组的报告不具有司法强制性。① 由于北美自由贸易区建立在"南北型"区域贸易协定之上,墨西哥作为发展中国家,对美国和加拿大的戒备心理是客观存在的。司法和外交程序并用的多元化争端解决机制也有助于北美自由贸易区通过成功的争端解决来建立和强化对墨西哥的尊重和信任。例如,通过建立一个三方的贸易委员会,它能给墨西哥提供一个平等的对话平台,在这个对话平台上墨西哥可以维护本国的文化特性。此外,如果其他成员国针对墨西哥提起了一项有关国内法适用及修改问题的争端,在双方组成的争端解决小组里的墨西哥专家也可以确保双方存在的文化差异不会影响它在北美自由贸易区框架下权力的行使和利益的获取。当墨西哥认为争端解决小组的一个成员违反相关程序或规则,它还可提起特别异议程序。如果仲裁组或专家组认为墨西哥实施了一项与《北美自由贸易协定》义务不相符的文化措施,墨西哥也可以采取补偿的方式予以解决,而不需要更改该项文化措施。因此,司法与外交多元手段运用的争端解决机制可以让墨西哥更好地保护自身的文化政策。② 总体上看,北美自由贸易区的争端解决机制套数多、规则细密、机构复杂,外交和司法两种方法的并用,且更重视外交方法的运用,凸显了其灵活性、非强制性。

第三节 欧盟与北美区域经济一体化中府际合作对我国的启示

一、欧盟区域经济一体化中府际合作对我国的启示③

(一) 欧盟府际合作模式对我国的启示

我国区域一体化中府际合作机制正在探索进展之中。在政府主导型市场经济

---

① 沈四宝、付荣:《欧盟与北美自由贸易区法律制度之比较分析》,载于《宁波大学学报(人文科学版)》,2008年第4期。
② 孙志煜:《北美自由贸易区争端解决机制成因析论》,载于《贵州大学学报(社会科学版)》,2014年第3期。
③ 本部分由广东外语外贸大学区域一体化法治研究中心研究人员韩永红教授协助完成。

发展的背景下，促进跨区域地方政府合作是实现区域一体化的理性选择。目前，我国地方政府合作存在多种方式：从合作的地理范围来区分，包括省区之间的协作组织（如泛珠三角区域府际合作）、省毗邻地区的合作区（如粤桂合作特别实验区）、省内的经济区（如长株潭城市群一体化）、城市之间的双边合作（如深汕合作区）；从合作的内容来区分，包括全面合作协议、单个行业的地方政府合作、某个政府管理部门的地方政府合作。在地方政府合作推进区域一体化过程中，我国也建立了首长联席会议、缔结行政协议、工作联络组等多种组织形式。这类松散型组织设计的优势在于为区域协调政策和协议的制定提供了自由平等参与平台。但总体而言，组织制度化程度相对较低，组织形式相对较为松散，没有一套制度化的议事和决策机制，也没有建立一套功能性的组织机构。

针对这一现状，我国学者对区域经济一体化的治理模式和治理组织作了较多探讨。有学者基于地方政府合作动力的来源不同，将我国地方政府合作机制归纳为三种模式：互利模式、大行政单位主导模式和中央诱导模式。① 还有学者从一般性制度建设的角度，认为虽然区域一体化没有统一的法律治理模式，但各地区域一体化法律治理应该在合法、平等互利、公开参与基本原则之上，从区域实际情况和需要出发，选择适合本区域区情的法律治理模式。② 地方政府合作的突破点在于提供合作治理的平台，地方政府合作需要来自官僚体系内更高层政府或政治权威的支持和推动、需要富有权威性和协调力的合作组织，以及需要有多元化的参与者。③ 也有学者从具体制度建设的角度，提出用行政手段在长三角组建超省级的都市联盟等跨行政区域府际合作组织，来推动长三角地区经济一体化进程的设想方案。④ 但随后有学者论证了其不具可行性，认为中国相对缺失地方自治基础，压力型政府绩效评估指标体系难以催生跨区域府际合作的真正动力。⑤ 尽管以上论述各有侧重，观点不同，但均关注府际合作推动区域经济一体化过程中的参与主体和主导主体之间的关系问题。基于我国的现实，结合欧盟多层网络治理的经验，我们认为我国的区域经济一体化应谋求建立政府主导，政府、企业、非政府组织和公民多主体参与的区域网络治理体系。这一体系应包括多元参与主体（中央政府、省级政府、地方政府、企业、非政府组织、公民以及其他社会力量）并为多元主体的平等参与提供制度平台。

---

① 杨龙：《地方政府合作的动力、过程与机制》，载于《中国行政管理》，2008年第7期。
② 朱最新：《区域一体化法律治理模式初探》，载于《广东行政学院学报》，2011年第3期。
③ 蔡岚：《缓解地方政府合作困境的合作治理框架构想——以长株潭公交一体化为例》，载于《公共管理学报》，2010年第4期。
④ 翟明磊、王丰：《"大上海"核聚变》系列深度报道，载于《南方周末》，2002年12月6日；郑晋鸣：《为"长三角"发展"支招"》，载于《光明日报》，2003年4月18日。
⑤ 唐亚林：《长三角城市政府合作体制反思》，载于《探索与争鸣》，2005年第1期。

"合作成功的首要条件是它必须对所有受到影响的利益相关者具有广泛的包容性。"① 一方面，区域经济一体化进程中制定的法律、签订的行政协议、作出的决策不仅约束作为缔结主体的政府及其部门，也约束辖区内的企业、非政府组织和普通公民。因此，企业、非政府组织、公民以及其他社会力量参与是区域经济一体化治理的民主性和程序性要求。另一方面，建立区域网络治理体系，促进多元主体的参与可以增强政府的合法性，因为"参与决策的人们更有可能支持那些制定与执行那些决策的机构"。② 企业、非政府组织和公民等非官方的决策参与者虽然不拥有制定具有强制力的政策的权力，但是某些公民或社会组织可以通过他们的社会活动为政策过程提供思想和指导，其他大规模的、组织良好的社会组织通过政治活动能对官方的政策行动产生实质性影响。③ 而且"与政府相比，民间的个人和团体在解决所面临的集体问题时更为主动和灵活，可以弥补政府机构制度供给的不足。"④ 因此，"区域治理是一种公私部门之间的伙伴关系和协作过程……正式的或非正式的公私伙伴关系是区域治理的必要组成部分。"⑤

多元主体参与的区域网络治理体系需要制度的诱导、激励和保障。在这一过程中，政府应居于主导地位。这不仅是基于我国现实的选择，也是对欧盟多层网络治理经验的借鉴。在推动公民参与治理方面，欧盟采取的是一种从上到下的模式。通过基础性条约规定欧盟机构保障公民参与的法定义务，通过制定和实施欧洲公民行动倡议等计划和活动，保证欧盟委员会等欧盟机构在决策全过程中承担指导、信息提供、财政援助等具体义务。在我国多主体参与的区域网络治理体系中，政府需要承担保证其他主体参与治理的平台建设职责，同时保留政府的终极治理权力，以在必要的情况下强制性地依法定程序矫正公民参与的非理性行为和非政府组织的规则俘获行为。初期的制度建设可考虑在区域行政协议中规定组建类似于"珠三角一体化委员会""长三角一体化委员会"这样的议事协调机构，审议讨论重大的区域政策问题。这种委员会应由依一定程序推选的政府官员、企业家代表、行业协会代表、人民代表大会代表、政协委员、专家学者、公民代表等利益相关方组成，就重大的府际利益进行公共协商与沟通，就合作问题的提

---

① Chrislip D. and Carl E. Larson, *Collaborative Leadership: How Citizens and Civic Leaders Can Make a Difference*, San Francisco, CA: Jossey-Bass, 1994, P. 29.

② [美] 珍妮特·V. 登哈特，罗伯特·B. 登哈特，丁煌译：《新公共服务：服务而不是掌舵》，中国人民大学出版社 2004 年版，第 3 页。

③ [美] 詹姆斯·安德森，唐亮译：《公共决策》，华夏出版社 1990 年版，第 52 页。

④ [美] 埃莉诺·奥斯特罗姆，余逊达等译：《公共事物的治理之道：集体行动制度的演进》，生活·读书·新知三联书店 2000 年版，第 316 页。

⑤ David K. Hamilton, "Developing Regional Regimes: A Comparison of Two Metropolitan Areas", *Journal of Urban Affairs*, Vol. 4, 2004.

出，合作方案的准备，合作决策及其执行形成利益协调的指导性意见。这些指导性意见应纳入市长联席会议、省长联席会议等高层联席会议制度的决策程序之中。①

我国多主体参与的区域网络治理体系还应关注具体地区和具体问题领域的差别整合，建立次区域一体化委员会。在欧洲一体化进程中形成了独特的治理理念和治理方式，包括：以经济互利为基础、有相应的制度作保证、在成员国的关系上坚持平等、协商、妥协、互相让步的原则、坚持法治精神、规章制度和法律优先、坚持民主制度和保护人权的原则、坚持务实原则和灵活原则、注意地区差别和地区发展不平衡的结构问题、增强联盟的团结和凝聚力。② 其中欧盟关注成员国利益的多样化和地区差别、地区发展不平衡问题在区域一体化过程的差别整合政策尤为值得我国借鉴。

1984年5月24日，在斯特拉斯堡欧洲议会的演讲中，法国总统密特朗针对当时成员国对欧洲联合和欧洲建设的态度有很大差异而不断发生矛盾分歧，提出了"两种速度"的共同体建设思想，即允许一部分成员在一体化过程中走在前面，另一些成员国对共同体的某些决议可以保留意见。他认为，允许共同体中"两种速度"并存，既可以避免共同体成员国发生分裂，又不致使整个欧共体因少数成员国的异议而踏步不前。这一建设思想最初受到其他一些成员国的抵制，但随着欧盟区域一体化的深入和扩大，成员国间利益与负担分配的不平衡与冲突加剧，成员国接受一体化的主观愿望的差距拉大，"两种速度"乃至"多种速度"成为一种合乎现实需要的发展模式。事实上，《申根协定》③ 和欧元区的实施已是先例，《马斯特里赫特条约》则在差异性区域协调的合法性方面迈出了关键一步。《马斯特里赫特条约》规定只有达到趋同标准的成员国才能进入经济货币联盟第三阶段，其他成员国待条件成熟时再进入，同时还规定，英国和丹麦在

---

① 杨爱平：《从垂直激励到平行激励：地方政府合作的利益激励机制创新》，载于《学术研究》，2011年第5期。
② 吴志成、刘丰比：《比较视角下的欧洲一体化与欧洲治理——"欧洲一体化与治理"国际学术研讨会综述》，载于《国外社会科学》，2007年第2期。
③ 1985年6月14日，德国、法国、荷兰、比利时、卢森堡五国在卢森堡边境小镇申根签署了《关于逐步取消共同边界检查》协定（《申根协定》，Schengen Accord）。该协定的主要内容包括在协定签字国之间不再对公民进行边境检查；外国人一旦获准进入"申根领土"内，即可在协定签字国领土上自由通行；设立警察合作与司法互助的制度，建立申根电脑系统，建立有关各类非法活动分子情况的共用档案库。1990年6月，西班牙、葡萄牙、奥地利、意大利和希腊加入《申根协定》。1996年12月19日，瑞典、芬兰、丹麦、挪威、冰岛正式签署了加入《申根协定》的协议。2007年12月21日起，匈牙利、捷克、斯洛伐克、斯洛文尼亚、波兰、爱沙尼亚、拉脱维亚、立陶宛和马耳他9个2004年才加入欧盟的国家加入《申根协定》。2008年12月12日，瑞士正式加入申根区。2011年12月19日，列支敦士登正式加入申根区，成为第26个申根成员国。

是否与何时进入第三阶段的问题上具有例外选择权。这一规定首次以欧盟法规的形式认可了成员国以不同速度执行一体化政策的合法性。随着欧盟的不断扩大,由于各成员国的法律、外交、防务、税收、环境和社会政策不同,并非所有的国家都可以在同一时间,提供所有质量相同的服务。为了保持效率,欧盟需要一种能适应成员国不同情况,又能继续推进一体化进程的发展模式,20世纪90年代就有学者提出了"差异化的一体化"(differentiated integration)[①]概念,放弃"一刀切"的政策模式、增强政策的灵活性,进而通过长期的融合增强同质性。为解决不同成员国间利益多样化的冲突,欧盟采取了多种措施来予以应对,包括相互认可、共同最低标准、更多使用指示的法规形式、开放协调方法、辅助性原则和透明度原则。[②] 在我国区域经济一体化过程中,地区间的发展不平衡问题十分突出,已成为推进区域经济一体化中的难题。[③] 为缩小地区差距,推进一体化进程,我国应借鉴欧盟经验,根据具体问题领域合作治理的需要,建立次区域一体化委员会,将地方政府和地方性社会组织纳入成为多主体区域网络治理的一个层级。在具体区域一体化政策的制定和实施过程中,允许次区域一体化委员会根据自身情况分阶段、分步骤进行。

(二) 欧盟府际合作制度工具对我国的启示

欧盟区域经济一体化中建立的多层网络治理模式的运行需仰赖具体的制度工具。其中最重要和最具特色的两类制度工具为:法律机制和财政工具。

1. 法律机制

欧盟是法律的产物,也是基于法律运行的共同体。法治是实现欧盟区域一体化的基本工具。欧盟在经济一体化的发展过程中建成一套独特的法律机制,为维系各成员国之间的合作关系,为欧盟机构的运转和可持续性推进欧盟一体化进程提供了坚实的制度保障。欧盟区域一体化的法律机制主要包括欧盟基础性条约、欧盟签订的国际条约、二级立法、成员国国内法、治理决策运行机制的程序规范和软法规范。[④] 这一机制是一种实体规范与程序规范并重、国际法与国内法融合、硬法与软法并存的混合模式。

(1) 实体性规范。欧盟区域一体化法律机制中的实体规范包括基础性条

---

① Alkuin Kollikerab, "Bringing together or driving apart the union? Towards a theory of differentiated integration", *West European Politics*, Vol. 24, Issue 4, 2001, pp. 125 – 151.

② Ana Postolache, The Power of a Single Voice: The EU's Contribution to Global Governance Architecture, *Romanian Journal of European Affairs*, Vol. 12 (3), 2012, P. 8.

③ 以广东省为例,珠三角地区和粤东西北地区经济差距悬殊。粤东西北12个地市,面积占了全省七成,但GDP仅占全省的20%。如将粤东西北看作一个整体,其人均GDP排在全国倒数第4位。

④ 喻锋:《区域协调发展的治理之道:变革中的欧盟经验与实践》,人民出版社2013年版,第3页。

约、二级立法、欧盟签订的国际条约和各国国内法中的一般法律原则。其中欧盟签订的国际条约主要指欧盟与其他国家（非欧盟成员国）或其他国际组织签订的双边或多边条约。一般法律原则是不成文的欧盟法律渊源，源于各成员国国内法律体系共同的法律原则，主要应用于司法解释和填补法律漏洞。一般法律原则主要包括欧盟法自治原则、欧盟法直接适用原则、欧盟法优先原则、基本权利保障原则、比例原则、保护合法期待原则、正当审判原则、成员国违反欧盟法担责原则。[①]

基础性条约为欧盟的一体化提供了宪政基础和组织机制。从最初的《欧洲煤钢共同体条约》到最近的《里斯本条约》为欧盟目标的设定、决策的制定、欧盟机构的组建和运行、欧盟与其成员国关系的界定提供了基本规范。在欧盟一体化过程中，这些基本规范通过欧盟机构的具体立法行为和行政行为得以体现。基于推进欧盟一体化进程的需要（如适应欧盟成员国的增加、府际合作领域的拓展），欧盟成员国通过谈判、协商对这些基础性条约做出适时修订。

二级立法是指欧盟主要机构制定的规范性文件，包括理事会、欧洲议会和欧盟委员会依据欧盟基础性条约制定和发布的规章、条例、指示、决定、建议和意见等以及欧洲法院的判例。规章在欧盟成员国具有完全的、直接的适用效力。规章可直接为成员国公民创设权利和义务，成员国不得基于本国特殊利益选择性适用或基于国内法排除适用。规章的目的是实现欧盟内部法律的统一。指令是另一种重要的二级立法。在需达至的目标方面对成员国具有约束力，但成员国可自行选择达至该目标的国内法路径。指令是干预成员国国内决策的法律结构的一种温和的形式。指令的目的是实现欧盟内部法律的协调——在保证欧盟法一定程度的统一和尊重成员国国内传统和结构的多样性之间达成妥协。指令只为成员国创设法律协调的义务，但并不直接为成员国公民创设权利和义务。决定是欧盟机构针对特定的国家或特定的事项做出的有约束力的规范性文件，其效力仅及于特定国家或特定事项。建议和意见是欧盟机构针对某些成员国或某些公民发布的非约束力的文件，以号召其采取或不采取某种措施。建议和意见不具有直接的法律效力，但有时作为发布有约束力法律文件的前奏而仍具有间接性的法律意义。

（2）程序性规范。程序性规范贯彻于欧盟区域经济一体化的法律制定和政策制定、执行、监督和评估过程，保证了欧盟区域一体化过程的法治化。在不同的领域，欧盟均制定有不同的程序性规范，其中最具代表性和普遍适用性的应为开放协调机制（open method coordination mechanism）和共同决策程序（co-decision

---

① Klaus-Dieter Borchardt, The ABC of European Union Law, Brussel: European Union, 2010, P.86.

procedure)。

开放协调机制最早应用于《阿姆斯特丹条约》中有关就业问题的条款的制定。[①] 后来在2000年召开的里斯本峰会上由欧洲理事会正式提出。[②] 开放协调机制包含基准设定、最佳实践、定期评价和共同学习四个基本要素。在实际运作中包括了四个步骤：第一，制定欧盟层面的目标和行动方针，并列出每一成员国实现其短期、中期以及长期目标的时间表。第二，制定合适的定量及定性指标，并设置基准用以比较各国的改革成效。第三，在充分考虑各国、各地区差异性的基础上，再根据欧盟层面的行动方针制定出具体的发展目标以及需采取的措施。第四，通过定期监管、成员国间的互评等方式以达到相互学习的目的。[③] 开放协调机制具有如下特征：第一，参与主体多样化。开放协调机制重视非政府组织及利益集团、公众的参与，不但国家层面的主体可充分参与政策制定和执行，次国家层的主体也发挥着积极作用。第二，容许差异性存在。欧盟内部不再沿袭以往做法，强制成员国执行"一刀切"的政策路径，而是就共同关心的议题在各自制度框架下寻求适合自己国情的政策，以使各国更好地达成趋向的目标。第三，决议、基准和评估报告不具有法律强制力。欧盟对于决议及基准的制定、成员国政策实施过程均不施加强制力，欧盟委员会在过程中只起着推动作用。欧洲议会和法院在这个过程中也不扮演重要角色。第四，执行程序具有循环性。虽然决议、准则和评估报告不具有强制力，但大多得到各国遵行，这与欧盟执行程序的年度循环性密切相关。基于执行程序的循环性和同行监督评价的压力，各国大多积极实施各自政策，以促进共同目标的达成。第五，重视信息交流和互相学习。通过定期循环的监督评价程序，成员国相互交流、分享最佳实践经验，易在欧盟内部形成良性互动循环。[④] 开放协调机制提供了一种"宪政妥协"——当成员国不愿让渡主权，通过立法建立"欧洲社会模式"时，转而就一个共同程序达成共识，而通过这一程序可以进行目标设定、评估报告和同行监督。[⑤] 开放协调机制作为欧盟实现一体化过程中差异协调和网络治理的重要工具，在不同的社会问题领域得到灵活应用。有学者比较了五个领域（就业、社会保障、教育、青年政策和研

[①] Claire Kilpatrick, "New EU Employment Governance and Constitutionalism, Law and New Governance in the EU and the US" (Grainne de Burca & Joanne Scott eds., 2006), P.121.

[②] S. Regent, "The Open Method of Coordination: A New Supranational Form of Governance?", European Law Journal, Vol.9, 2003, P.190.

[③] J. Zeitlin, P. Pochet and L. Magnussen, "The Open Method of Coordination in Action: The European Employment and Social Inclusions Strategies" (PIE-Peter Lang, Schutter and S. Deakin, Social Rights and Market Forces: Is the Open Coordination of Employment and Social Policies the Future of Social Europe?, 2005).

[④] 罗豪才主编：《软法的理论与实践》，北京大学出版社2010年版，第405~406页。

[⑤] Jonathan Zeitlin, "Social Europe and Experimentalist Governance: Towards a New Constitutional Compromise?", in EU Law and the Welfare State: In Search of Solidarity (Grainne de Burca ed., 2005), P.13.

究开发）的开放协调机制，发现彼此在规定性的水平、推动政策变化的主要手段和主导性行为体方面都有很大不同。例如，在就业领域欧盟委员会扮演者重要作用，而在青年政策领域的程序推动更多依赖于非正式网络和非政府组织。[1]

为了增强欧盟法律制定过程中的民主性和透明性，欧盟还建立了其最为重要的立法程序——共同决策程序。该程序于1993年由《马斯特里赫特条约》引入，当时适用于欧共体的15个领域。[2] 在这15个领域中确立了欧洲议会具有参与共同体立法程序的权力，规定在欧盟委员会的建议被理事会采纳之前，欧盟委员会应与欧洲议会协商或向其咨询，并且欧洲议会的协商或咨询不受理事会截止日期的限制。在欧洲议会后来的一系列努力之下，共同决策程序的适用范围在《阿姆斯特丹条约》与《尼斯条约》中得以继续扩大适用范围。《里斯本条约》将共同决策程序升级为欧盟的普通立法程序（ordinary legislative procedure），并将其适用扩展到14个新领域，共计85个领域，最终使其适用于欧盟95%的法律制定领域。[3] 通过这一普通立法程序欧洲议会与欧洲理事会分享共同的立法权，大幅度提升了作为欧洲公民代表机构的欧洲议会的权力。这一普通立法程序包括一读、二读、调解和三读。[4] 一读程序始于欧盟委员会提出立法议案。之后欧盟委员会将立法议案同时提交欧洲议会和部长理事会。在此之前，如需咨询，还需提交地区委员会和欧洲经济社会委员会。欧洲议会议长会将立法议案转交议会协调委员会。议会协调委员会作出报告会交由议会全体会议展开一读，根据简单投票规则，欧洲议会会做出三种决定：拒绝议案、通过议案或通过议案但附加修正议案。欧洲议会将其结果知会部长理事会，部长理事会开始一读，经过有效多数投票做出决定，如部长理事会同意欧洲议会的决定则立法程序完成，如果不同意，则阐明自己的一读立场并知会欧洲议会。欧洲议会和部长理事会的一读无时间限制。但二读程序有严格时间限制。欧洲议会必须在部长理事会知会其立场后3个月内完成二读程序。欧洲议会在二读程序中可以同意、拒绝或修改部长理事会的立场。欧洲议会在结束二读程序将去立场呈送部长理事会后，部长理事会必须在3个月内完成二读程序。部长理事会可以根据有效多数票原则通过欧洲议会的二读立场。在此种情况下，则立法程序完成。如果部长理事会未能通过欧洲议会的

---

[1] Mark Dawson, "Transforming into What? New Governance in the EU and the 'Managerial Sensibility' in Modern Law", Wisconsin Law Review, 2010, pp. 399 – 401.

[2] Finn Laursen ed., The EU's Lisbon Treaty: Institutional Choices and Implementation, Ashgate Publishing Limited, 2012, P. 5.

[3] Christian Egenhofer, Piotr Maciej Kaczynski, Sebastian Kurpas, and Louise van Schaik, The Ever-Changing Union: An Introduction to the History, Institutions and Decision-Making Processes of the European Union, Centre for European Policy Studies, 2011, P. 16.

[4] 《欧洲联盟运行条约》第294条。

二读立场,则要召开调解委员会,进入调解程序。调解委员会由来自欧洲议会和部长理事会的 27 位代表组成,其职责为在 6 个星期内根据有效多数票原则达成一个欧洲议会和部长理事会双方同意的共同立场文本。如果调解委员会最终达成共同立场文本,则进入三读程序。欧洲议会和部长理事会需在 6 周内分别依简单多数票原则和有效多数票原则采纳共同立场文本,则立法议案通过。如果调解委员会最终未能达成共同立场文本,则立法议案不被通过,立法程序结束。

(3) 软法规范[①]。在欧盟一体化过程中欧盟机构还采用了软法来塑造欧盟法律机制。软法有多种表现形式,既有基本条约明文规定的建议与意见,又有在实践中逐步形成的通报、决议、宣言、行动计划或纲领、公报和机构间协议等,其中最为重要的是决议、宣言和行动计划。这些软法文件一般不具有约束力,但其重要性在于:其一,软法措施可以用作解释欧盟或成员国通过的其他措施具有说服力的指南,甚至可以对欧盟机构和成员国的行为产生影响;其二,欧盟软法具有先导性,即当某一个一体化政策领域处于欧共体权能的边缘时,欧共体共同政策在该领域的形成与演进最好是经历一段由软法措施向硬法措施过渡的时期。[②]软法以"水平性""合作性"的规制取代了硬法的统一性规则,适应了在协调社会问题等复杂领域各成员国多样化利益的需求,在设定共同目标的同时保留了各成员国的自主性。软法在欧盟一体化过程中的实际效力主要通过声誉、协商、分享最佳实践、网络化等机制予以保障。[③]

2. 财政工具

欧盟有独立的财政来源。在 2012 年欧盟财政预算中,其独立财政来源达 1 275.1 亿欧元。欧盟的财政来源主要是关税同盟的进口税、向成员国征收的增值税及国家收入总值税(GNI)。其他收入还包括欧盟员工收入所得税及成员国捐款。支出有五个方面:可持续增长、自然资源的保护和管理、公民、自由、安全和司法、欧盟参与国际合作和行政支出。[④] 在可持续增长的支出方面,很重要的一部分支出用于实施欧盟的区域政策。例如,欧盟 2012 年用于地区政策的开支大约占到整个预算的 40%,约 550 亿欧元。

---

① 软法规范与实体规范和程序性规范在内容上存在交叉。本处主要基于规范的功能将欧盟的法律规范划分为实体规范、程序规范和软法规范。

② 曾令良:《欧洲联盟法总论》,武汉大学出版社 2007 年,第 155~156 页。

③ 关于欧盟软法的讨论可参见:D. M Trubek, P. Cottrell and M. Nance, "Soft Law," "Hard Law," and European Integration: Toward a Theory of Hybridity, University of Wisconsin Legal Studies Research Paper No. 2, 2005; S. Smismans, From Hamonization to Co-ordination? EU law in the Lisbon Governance Architecture, *Journal of European Public Policy*, Vol. 20, Issue 8, pp. 504–524.

④ David Ramiro Troitino, *European Integration Building Europe*, Nova Science Publishers Inc., 2013. pp. 204–209.

欧盟最早的区域政策是旨在促进就业的欧洲社会基金（ESF）和旨在推行共同农业政策的欧洲农业指导和保证基金（EAGGF），但两者的规模较小，制度化程度较低。1975年在欧共体第一次扩大后建立了欧洲地区发展基金（ERDF）。随着欧共体的持续扩大和一系列基础性条约的签订，欧盟区域政策发生了变革。现今欧盟地区政策的基金主要有：欧洲发展基金（European Development Fund）、凝聚力基金（the Cohesion Fund）和欧洲社会基金（the European Social Fund）。在2007~2013年，这些基金的主要目标包括：聚合（三类基金共同的目标），地区竞争力和就业（欧洲发展基金和欧洲社会基金的目标）以及欧洲领土间合作（欧洲发展基金的目标）。聚合目标旨在缩小欧洲不同地区间的差距，主要投资于人均GDP低于欧盟人均GDP75%的地区。截至2012年，共有99个地区符合这一标准，有资格申请三类基金投资。资助项目大都集中在基础设施、支持性经济服务部门、新企业、互联网接入、环境治理（尤其是水和废物处理）。不符合上述聚合标准的其他所有欧盟地区均可申请符合地区竞争力和就业目标的基金项目。截至2012年，共有172个欧盟地区符合这一标准，共获得区域政策预算16%的资助。资助项目大都集中在高等教育、技工培训、支持创业和清洁交通领域。欧洲领土间合作目标旨在促进跨地区间乃至跨成员国间的合作。该目标覆盖欧盟所有地区，资助额度占区域政策预算的2.5%，在2007~2013年，达87亿欧元。资助项目集中在高等教育、网络建设、跨地区通信、跨地区自然资源管理制度的建立。

欧盟的地区政策基金预算由欧盟委员会基于前一年度预算和欧盟的财政能力起草，然后交由欧洲议会和理事会讨论、修改并批准。各成员国在预算通过后5个月内向欧盟委员会提交国家战略参考框架（NSRF）文件，列明拟开展的投资项目。欧盟委员会在3个月内对成员国提交的这一文件进行评估，必要时也可要求成员国进一步补充信息，而后审批成员国的国家战略参考框架文件和投资项目。在2007~2013年，欧盟共批准了成员国的455个投资项目。在项目批准后，欧盟成员国政府和地区政府开始实施投资项目，欧盟委员会拨付基金资助款项。①

3. 基于欧盟经验的我国区域经济一体化中府际合作制度构建

基于前文梳理，我们可以提炼出欧盟区域经济一体化进程中的主要经验：一是形成统一的市场机制，通过制定和运作良好的法律机制将市场机制和主权国家间的权力让渡与融合的成果凝固，为生产要素在更大区域范围内流动提供制度保

---

① David Ramiro Troitino, *European Integration Building Europe*, Nova Science Publishers Inc., 2013, pp. 210 – 213.

障。二是运用灵活的财政工具,平衡区域发展差距,促进区域一体化的可持续推进。

就此反观我国区域一体化中的府际合作现状,有学者归纳了现阶段我国地方政府合作中存在的主要问题,包括本位主义、尚未建立有效的合作协调机制、财政经费分担、缺乏相关法律与制度的保障。① 区域合作往往依赖非正式制度,特别是领导者个人的人际关系。② 虽然各地方政府间合作共识已经确立,但合作因缺乏稳定性和制度保障常常流于形式。③ 就泛珠三角府际合作,有学者认为因地方政府差异性较大、合作的法制基础薄弱、民间力量的参与不足、政府间的合作机制和执行力较弱。④ 2013 年 1 月,致公党广东省委在向省政协会议提交的提案——《关于支持深汕特别合作区进一步改革和发展的建议》中指出,深汕特别合作区运作两年来出现的问题,包括园区合作共享机制不够完善,合作流于表面化和形式化、土地管理、财税管理等权限规定未够清晰、制度障碍日益显现、合作区对自身的发展定位、空间布局、目标任务、产业体系定位尚未有清晰的认识,对入园项目的招商引资缺乏指导思路、土地拆迁工作难度很大,管委会对土地使用的权限受限制,土地将极大制约产业的发展,等等。⑤ 归纳起来,我国区域一体化中的府际合作在协调地方利益与共同利益的冲突方面存在制度缺失或制度供应不足问题。结合欧盟的经验,我们认为解决这一突出问题应重点从以下几个方面入手:

(1) 区域府际合作必须构建一个统一协调的市场竞争规则。区域经济一体化最基本的力量是市场机制。区域经济一体化的关键是市场竞争规则的一体化。欧共体创建和欧盟运行的实际经验表明,一个统一的协调的市场竞争规则对建立区域经济一体化的发展机制来说是至关重要的。只有在一个统一开放的自由市场内,才能实现人力、土地、资本、商品、信息等生产要素与产品的自由流通,才能建立开放流动、相互信任的府际合作机制。推动由区域分工而带来的"比较利益"分享,区际经济合作的劳动成果和收益的实现,有赖于建立健全的市场体系和完善的市场机制。⑥

区域经济学的研究表明,我国的区域经济冲突一直存在,并且有可能愈演

---

① 汪伟全、许源:《地方政府合作的现存问题及对策研究》,载于《社会科学战线》,2005 年第 5 期。
② 刘亚平、刘琳琳:《中国区域政府合作的困境与展望》,载于《学术研究》,2010 年第 12 期。
③ 马斌:《长三角一体化与区域政府合作机制的构建》,载于《区域经济》,2004 年第 10 期。
④ 陈瑞莲、刘亚平:《泛珠三角区域政府的合作与创新》,载于《学术研究》,2007 年第 1 期。
⑤ 庄树雄、黄丹:《深汕特别合作区启示录:要避免"特别不合作"》,载于《南方都市报》,2014 年 10 月 21 日。
⑥ 汪伟全:《长三角区域经济圈内地方利益冲突的现状调查与对策》,载于《华东经济管理》,2010 年第 12 期。

愈烈。主要表现为重复建设、原料大战、能源大战、地区市场封锁、地方保护主义等。① 有学者把长三角区域府际合作的困境总结为五大难题：行政区域分割、城市间恶性竞争、产业同构、重复建设以及区域污染。② 为了协调这些冲突，建立统一的市场竞争规则，区域内各政府应清理各类法规文件，逐步取消一切妨碍区域市场一体化的制度与政策规定，取消一切妨碍商品、要素自由流动的区域壁垒和歧视性规定，实行统一的非歧视性原则、市场准入原则、透明度原则、公平贸易原则，促进市场的发育与完善。区域府际合作必须要建立跨行政区的制度性的组织协调机构。由于我国区域经济一体化是建立在跨行政区基础之上的，为了消除局部利益对区域共同利益的侵蚀，必须在分立的行政区基础上形成共同的内在机制，并在保证共同利益的基础上制定具有约束力的共同政策和制度规范，实现组织体系内超行政区的协调与管理，区域府际合作必须强化对区域内交通、港口、通信等基础设施的统筹与管理，实现基础设施建设的一体化。基础设施一体化是区域一体化的基本架构，交通、港口、通信是推进区域一体化的重要基础，也应该是区域整体规划的核心。没有基础设施一体化，不仅使现有的资源与设施空置与浪费，而且也极大地影响地区间生产要素的自由流动，提高了区域内的交易成本。区域府际合作必须构建区域经济特色，充分发挥产业区域性整体竞争力。区域性整体竞争力归根结底在于产业的竞争力，而产业竞争力的关键在于产业区域特色优势的形成。因此，区域内各地必须从自身的比较优势和竞争力出发，统一制定适合本地区特点的区域产业政策。各地政府要充分尊重企业的意愿，努力为企业的跨地区扩张和竞争创造更为宽松的条件和环境，在竞争中进行产业整合，在竞争中形成合理的产业分工和区域优势。

（2）区域府际合作需要在法律上对各级政府的权责做出明确划分。欧盟基础性条约对欧盟及其成员国权能的明确划分为欧盟的区域一体化提供了宪政基础。但我国的现行法律只明确了各级政府对其辖区内事务的管理及上级机关在跨辖区事务中的角色，而没有涉及地方政府间合作的问题。在中央与地方政府的权力划分上也缺少明确、严格的法律规定。我国《宪法》第八十九条规定：中央政府"统一领导全国地方各级国家行政机关的工作，规定中央和省、自治区、直辖市的国家行政机关的职权的具体划分"。《宪法》与《地方组织法》都规定了县级以上地方各级人民政府依照法律规定的权限，管理本行政区域内的经济、教育、科学、文化、卫生等事务。"县级以上的地方各级人民政府领导所属各工作部门和下级人民政府的工作，有权改变或者撤销所属各工作部门和下级人民政府的不

---

① 陈宣庆等：《统筹区域发展的战略问题与政策研究》，中国市场出版社2007年版，第107~122页。
② 新华：《五大难题制约长三角政府合作》，载于《决策探索》，2006年第1期。

适当的决定"。由于我国《宪法》和《地方组织法》对区域府际合作的具体规定几乎是空白，地方政府在区域府际合作中的权力与责任等问题只能依靠行政手段或行政协议，缺少法律规范的有力支撑。根本上解决这一问题，则必须通过解释《宪法》、修改《地方组织法》等宪法性法律，以法律形式规范中央和各级地方政府在区域府际合作中的行政主体地位和权责关系。其中至少应包括以下法律规范：关于中央与地方的分权，地方政府的合作权限，地方政府间合作协议的内容和程序规制，合作协议方对协议效力的自力救济权以及上级政府的监督权。[①] 其中上级政府对地方政府间合作协议缔结的监管宜采用备案的方式。如此一方面不至于对地方职权作过多限制，另一方面中央也可以通过事后审查来防止违反法律、法规和上位规章以及国家整体规划的府际合作协议的存在。[②]

（3）区域府际合作需要利用财政工具建立合理的利益分享和补偿制度。利益冲突是区域一体化的难点所在。实现利益协调需要建立合理的利益分享和补偿制度。事实上，任何区域经济合作结构中总有优势一方，有些地区可能必须从某些产业中退出，去重新定位自己的优势产业，而另一些地区则可以乘机扩大市场和规模，进一步壮大自身的产业优势；有些地区生产的可能是低附加值的上游产品，有些地区生产的可能是高附加值的下游产品，于是发生了地区利益从劣势一方流向优势一方的问题。这就需要合作的优势一方给予劣势一方以必要的补偿，让区域内所有的地区都共享合作的收益。否则，合作关系就会破坏，彼此利益都会受损。因此，区域合作规则要有效地发挥作用，取决于能否达致各方利益的平衡，实现合作双方或多方的双赢或共赢。以欧盟为例，如果没有区域间的经济利益分享和补偿机制，相互竞争的成员国会倾向于在共同市场中利用经济稳定和增长这一公共物品形成竞争，导致各地区间经济发展水平的不平衡。因此，欧盟通过实施区域政策，通过建立多种区域发展基金，实现财政的再分配，并对落后地区建立起利益分享和补偿机制。另外，地方保护主义是我国区域一体化中的一个突出问题。但单纯地禁止地方封锁或地方保护对发展薄弱地区的经济是非常不利的，也难以从根本上遏制地方政府实施保护的冲动。通过建立区域经济利益分享和补偿机制，通过财政转移支付制度，应该可以较好抑止地方保护主义行为，减缓市场整合的难度。在区域经济利益分享和补偿机制下，各地方政府以平等、互利、协作为前提，通过制定规范的区域经济财政转移支付政策，来实现地方与地方之间的利益转移，从而实现各种利益在地区间的合理分配。

---

① 例如，美国联邦上诉法院于 1962 年做出裁决，除非得到国会的批准，政治性的州际协定不能生效，而不涉及政治的州际协定不必得到国会的同意。参见叶必丰：《我国区域经济一体化背景下的政府合作协议》，载于《法学研究》，2006 年第 2 期。

② 叶必丰：《我国区域经济一体化背景下的政府合作协议》，载于《法学研究》，2006 年第 2 期。

我国需要凭借财政工具，通过制定区域经济财政转移支付政策，以完善区域经济利益分享和补偿机制。我国可以仿效欧盟的财政工具，设立区域协调与发展基金。根据"收益原则"和"能力原则"，设计经费分担和合作收益的相关规则。如可考虑由区域内地方政府上一年度 GDP 或地方财政收入百分比的方式，成立区域规划、环境治理、危机应对、协调发展等领域的专项基金。①

（4）区域府际合作需要建立程序机制。我国的区域府际合作过程缺乏透明度。参与合作的多方主体，尤其是公民在政策实施时往往对政策内容和目标或一无所知，或道听途说一知半解。这就要求在确认公民参与权的同时，还必须提供程序性保障——为公众参与区域府际合作协议和决策的制定、执行、监督和评估提供制度化路径。我国可以借鉴欧盟的公民行动倡议，借助现代信息和通信技术（如电子政府网络平台）建立政府与公民之间的广泛沟通渠道，增加公共政策执行的透明度以及赋予公民沟通和反馈的机会，从而增强公民对政府政策的认同感和支持度。我国的区域府际合作还需建立府际合作协议的制定、执行、评估和监督程序。府际合作协议作为管理职权的运作方式，它的内容虽然主要是政府行为的规范，但无疑会直接或间接地对一定范围内公众的权利义务产生重要的影响，它的形成与实施自然也不能拒绝正当程序的要求。

二、北美区域经济一体化中府际合作对我国的启示

（一）硬法与软法相结合的合作治理机制

北美自由贸易区根据区域经济一体化组织内成员国的差异性需求，设计了一套兼具硬法治理与软法治理特征的法律制度和组织结构。

北美自由贸易区以《北美自由贸易协定》为依据。作为区域性国际贸易协定，它具有法律效力，在正式生效前，就通过一系列法律程序以确保其在三国的约束力。协定生效后，三国经贸关系就正式以法律形式固定下来，形成了较为完善的法律制度。《北美自由贸易协定》在行业惯例、服务贸易、投资规则、争端解决等方面均有详细的规定，这些规定具有稳定性和可预测性，有利于在法律制度的层面上增强北美地区投资者的信心并保障他们的利益。这种通过多边协定稳固三国经贸关系的做法，无疑属于硬法治理机制。这种硬法治理带来了北美经贸合作的优异表现。近几年来，北美自由贸易区无论是在商品进口总额还是在出口

---

① 赵文明、周建华：《欧盟区域经济财政政策对长株潭一体化的启示》，载于《求索》，2008 年第 10 期。

总额方面都保持在国际贸易地区份额的首位,远高于排名第二的欧盟国家的相应总额,已经占世界进出口总额的 1/4 左右。

《北美自由贸易协定》同时也建立了较为简洁、松散的区域合作治理组织机构和注重政治外交手段而灵活实用的区域争端解决机制,这是具有较强的软法治理特色。北美自由贸易区在三个成员国政府之间建立有一套合作治理机制和宏观经济政策的定期协商机制。它们包括:(1) 自由贸易委员会,它是北美自由贸易区的核心机构,由三国贸易部长和内阁级官员组成,通过年度定期会议,负责《北美自由贸易协定》的执行和实施,以预防和解决自由贸易协定成员国之间的争端;(2) 特别工作委员会和工作小组,自由贸易委员会下设 25 个三边工作委员会、工作小组和其他辅助机构,以协调一致的运行方式负责日常工作和处理重要专题;(3) 秘书处,三国均有常设的秘书处负责支持自由贸易委员会及其下属机构解决三国间的分歧和贸易争端以保证委员会共同和有效地管理自由贸易区;(4) 劳工合作委员会,依据《北美劳工合作协定》建立,旨在改善工作条件和生活标准,促进贯彻保护劳工准则维护劳工的权益;(5) 依据《北美环境合作协定》建立,旨在促进环境保护,增进三国在保护环境方面的合作,防止贸易与环境的冲突,监督有关环保法律的实施;(6) 北美发展银行、边境环境合作委员会,负责提供筹措建设资金,用于边境地区的基础设施建设,目的在于保护和促进边境地区的自然环境以及边境居民的健康与福利;(7) 咨询机构,包括就解决私人贸易争端的方式提供咨询的咨询委员会和负责向各成员国和所有感兴趣者提供有关技术标准化措施、金融服务等信息的各种咨询中心;(8) 仲裁法庭和保护仲裁法庭程序特别委员会,仲裁法庭由三国推举 5 名权威的独立人士组成,负责协商、解决三国间的贸易冲突与争端,保护仲裁法庭程序特别委员会负责保证仲裁法庭按预定的方式和程序运转。[1] 在北美自由贸易区软法治理机制作用之下,北美地区府际合作从一开始就非常密切,一个典型的实例是墨西哥金融危机期间三国政府的合作。1994 年 12 月 ~ 1995 年 3 月,墨西哥发生了一场比索汇率狂跌、股票价格暴泄的金融危机。墨西哥金融危机爆发时,北美自由贸易区建立不久。但基于北美区域经济一体化府际合作机制,美国和加拿大很快就下决心帮助墨西哥解决金融危机。尤其是美国政府发起的大规模援助墨西哥的国家贷款行动,帮助墨西哥弥补了巨额外贸赤字,使其金融危机基本得到控制。[2] 美国和加拿大两国政府在缓解墨西哥金融危机方面做出了重要贡献,不仅在一定程度上援救了新生的北美自由贸易区,也显示了具有灵活务实优势的软法治理机制的积极

---

[1] 周文贵:《北美自由贸易区:特点、运行机制、借鉴与启示》,载于《国际经贸探索》,2004 年第 1 期。

[2] 刘翔峰:《东亚区域合作与北美区域合作的比较》,载于《经济研究参考》,2004 年第 4 期。

效果。

北美区域经济一体化中府际合作的硬法与软法相结合的治理模式，对于我国区域经济一体化中府际合作具有较好的启发意义。在我国区域府际合作中，也应借鉴北美区域经济一体化中硬法治理与软法治理相结合的做法，不仅需要通过硬法制定详尽的合作框架，提供稳定的合作预期，建立具有强制力和执行力的合作规范，也需要通过软法治理机制灵活处理合作过程中遇到的各种复杂性、临时性问题。软法的温和性、灵活性及务实性等特征，在推动区域经济一体化府际合作方面，具有硬法难以比拟的优势。但是，如果仅仅依靠软法治理，而不强调具有极强法律约束力的硬法手段的运用，区域府际合作也很难取得实效。因此，参照北美自由贸易区的府际合作模式，我国在发展区域经济一体化府际合作方面，应充分运用硬法明确合作各方的权利义务关系及法律责任，同时也注重行政协商、行政指导、争端调解等软法措施的运用。

（二）合作共赢、各取所需的利益协调机制

传统理论认为，只有在经济发达的国家或地区之间，才可能通过实行区域经济一体化的自由贸易、共同市场等政策来建立合作成员间的公平的市场竞争，优化资源配置，推动技术进步，扩大经济规模，提高劳动生产率和经济效率，达到各合作成员的互利互惠、共同发展的目的。发达国家或地区和发展中国家或地区很难结成经济集团，因为两者经济发展水平差距过大，经济利益往往矛盾尖锐，很难实现真正平等互利的经济合作。即使能够达成某种经济或贸易协定，欠发达国家或地区往往也会始终处于被动地位，难以摆脱发达国家或地区对发展中国家或地区的控制。北美自由贸易区的成功运作，突破了这一传统理论。北美自由贸易区模式为发达国家或地区与发展中国家或地区建立区域经济一体化组织提供了成功的范例。它表明，发达国家或地区与发展中国家或地区的经贸关系应是一种多赢博弈的关系而不是零和博弈的关系。

在北美自由贸易区的建立与运作过程中，作为超级发达国家的美国，无疑一直是起着非常重要的主导作用的。如前所述，美国不仅是北美自由贸易区的首倡者，也是其主导者，它在北美区域经济一体化中占据绝对的主导和支配地位。但是，与美国的主导作用相对，加拿大、墨西哥两国对待北美自由贸易区的态度也有着重要的趋同性，即两国都选择了向美国靠拢的贸易政策，在北美自由贸易区的发展过程中构成了"一枚硬币的另一面"。比如两国起初都消除了各自对美国的历史隔阂，并选择美国为签订双边协定的对象国，改变了过去对美国的外交政策，尤其是贸易政策，最终都表现出对北美中心国家美国的依赖。可以说，在北美自由贸易区建立的过程中，美国的主导作用和加拿大与墨西哥的"跟紧美国、

合作共赢"策略，形成了北美自由贸易区强大的向心力，构成其发展的动力。正因为基于共赢的合作态度，北美自由贸易区自建立以来，北美自由贸易区自成立后一直在冲突与合作之间维持着一种三角式的稳定状态。一方面，自由贸易区内暗流涌动。首先，美国、加拿大一直担心墨西哥的廉价劳动力会导致美国的失业率增加，给美国人的就业造成压力；墨西哥担心其民族产业不易在美国、加拿大两国夹缝中生存；加拿大不希望对美国依赖过深，成为美国的"第52个州"。其次，所谓美国、加拿大与墨西哥之间的强弱互补性合作难逃权力关系的阴影。正如法国经济学家乔治·瓦朗斯在其《世界经济向何处去》一文中所描述的美国与北美自由贸易区的关系那样，美国显然能更好地把自己的观点强加于人，就能在多边谈判中（如在有102个缔约方的关贸总协定中）更好地发挥自己的力量和影响。最后，《协定》内容的冲突。《协定》既规定了今后各国出台的新贸易法令法规都必须符合贸易自由化的要求，又允许各国现行的具有浓厚贸易保护色彩的经济法令继续有效。这一规定实际上为成员国在认为其贸易受损的情况下挥舞贸易保护大棒提供了口实。另一方面，尽管三国之间的贸易存在差异，但是各国都在北美自由贸易的框架下各取所需，应该说符合三国早期的设想。《协定》允许各国具有选择退出的权利，但直至目前尚未发生此种情况，三国在自由贸易区成立后事实上是在不断加强合作的。①

  北美区域经济一体化过程中，各成员国的经济实力差异较大，在经济利益上存在不协调甚至冲突与矛盾不可避免，这就需要各成员国建立适合本区域特色的府际合作治理的利益协调机制。与欧洲联盟等其他类型的经济一体化组织相比，北美自由贸易区是典型的南北合作型、大国主导型的区域经济一体化组织，北美自由贸易区通过灵活的利益协调机制，不仅恰当地解决了北美区域经济一体化中内各成员国经济发展水平不一所带来的诸多问题，而且开创了"南北合作"的新路径，对于"南北合作"类型的区域经济一体化具有较强的模式借鉴价值。

  我国区域经济一体化与北美自由贸易区具有很强的相似性。目前我国的区域经济一体化实践中，无论是起步较早的珠三角、长三角、环渤海等区域，还是近年来才发展起来的武汉城市圈、长株潭城市群等经济合作区，合作的各个地区之间都存在经济发展水平不一的问题，都存在一个或数个超强城市（地区）主导、另一些发展相对落后的城市（地区）有效参与的问题。

  北美自由贸易区的经验表明，发展水平不同的国家或地区之所以也需要府际合作推动区域经济一体化，原因在于区域经济一体化在不同国家或地区上的发展是不平衡的，发达国家或地区间经济联系较为紧密，发展中国家和地区无法与发

---

① 范斯聪：《北美自由贸易区的发展过程及其政治解读》，载于《江汉论坛》，2013年第12期。

达国家或地区相比。即使是同等发展层次上的国家和地区，它们的经济发展水平也不平衡。区域府际合作就是在这种区域经济一体化发展不平衡的过程中产生的。由于地缘经济因素的作用，各地区内部经济关系与外部经济关系也是不平衡的，同一地理区域的国家或地方，因地理位置接近，往往在历史上就有较密切的经济联系，因此，发展程度不同的发达国家或地区和发展中国家或地区共同建立区域经济集团（组织）有其客观的需要。尤其对于发展中国家或地区来说，目前市场竞争空前激烈，任何一个国家或地区都难于独立抵御来自区域外的经济冲击，因此，必须借助于与周边国家或有关大国的经济联盟。这样，在经济区域内部，由于国家或地区间经济联系密切，彼此差异较少，容易找到利益的共同点，从而易于达成某种协议，建立某种一体化组织。北美自由贸易区的经验还表明，发达国家或地区和发展中国家或地区经济上互补性虽然较强，但是毕竟经济发展水平悬殊，政治、法律、文化等社会环境不同，这种类型的区域经济集团（组织）内部矛盾较多，不易协调，区域一体化机制运转起来的难度也较大。另外，区域组织内部常常会产生市场转移效应，对市场创造效应形成了替代，这与自由市场的有关要求不相符。因此，注意某些产品技术的迅速提高，才可能避免这种替代成为地方保护主义的壁垒。借鉴北美区域经济一体化中府际合作共赢、各取所需的利益协调机制，我国区域经济一体化中的府际合作也应该充分发挥区域间各个政府组织在利益协调方面的优势，形成合作共赢的双边或多边稳定状态，促进区域经济一体化的有效发展。

第五章

域外—国内区域经济一体化中的府际合作

从全球范围来看，在一国范围内，美国、德国和日本是解决区域发展差距问题并形成区域经济一体化较为成功的国家，学习和借鉴它们的成功经验，对于我国有效地推进区域经济一体化中府际合作的法律治理有着重要意义。美国、德国和日本作为发达国家，在其经济快速发展时期，都曾遇到过国内区域经济发展不平衡的问题。经过长期的探索和实践，它们都摸索出了相应的解决途径，并形成了各具特色、行之有效的区域合作治理法律体系。

第一节 美国区域经济一体化中的府际合作

一、美国府际合作概况

（一）美国府际合作的发展历程

美国曾是区域经济发展差距较大的国家。美国1776年独立时，国土面积仅为英国殖民地所属大西洋沿岸的一个狭长区域，但由于具有良好的工业基础，其时的美国是北美洲最发达的国家。在西部开发过程中，美国版图自东向西扩张发展的过程客观上造成整体区域经济发展不平衡的现象。北部地区是资本主义的发源地，拥有良好的工业基础、优越的地理位置、丰富的自然资源，并且随着经济的发展逐步建立了发达的工商业体系。南部地区是政治地位衰减、经济发展落后的边缘地带，西部地区则是地广人稀、基础落后、条件恶劣的欠发达地区。这种区域经济发展的严重失衡，不仅影响美国市场的发展和整体经济的提升，更为严重的是引发了社会不稳定性，激化了种族矛盾。为此，美国高度重视落后地区的开发，是世界上最早促进区域经济一体化的国家之一，并且通过不断创新区域经济协调发展制度来保证其西部大开发取得成功。① 通过多年的一系列区域经济协调战略和政策的实施，美国区域经济发生了显著变化，到20世纪初，各区域的经济发展形成了相对均衡的局面。

20世纪50年代以来，美国经济空前繁荣，人口、资金等经济要素快速向大城市及其周边区域聚集。纽约、芝加哥、洛杉矶三大城市群区域逐步建立了完备的现代产业体系，美国经济增长也主要来自这三大城市群。根据美国国家普查局的统计，20世纪50年代以来，三大城市群对美国经济的整体贡献率高达67%。此外，美国还拥有包括匹兹堡、夏洛特、西雅图、亚特兰大等在内的各大城市群，它们共同形成的强大凝聚力，不断促进地区经济实力的提升，带动整个国家经济的持续发展。②

在美国大城市群或大都市区发展初期，中心城市对郊区有较大的吸引力，而兼并是中心城市在大都市区保持主导地位的主要方式。中心城市通过兼并土地，与郊区一起建立区域性的政府结构。20世纪20年代后，随着城市化发展带来的大都市区的不断扩张，一方面不断有新的郊区单位被纳入大都市区；另一方面，随着郊区人口的增长和经济的发展，郊区开始抵制中心城市的兼并与合并，通过成立自治市向居民提供公共服务。郊区的新地方政府不断建立，造成了大都市区地方政府数量激增。在1920～1940年，纽约郊区的萨福克和拿骚县的自治市分别从12个和20个增加到27个和65个，在底特律郊区的奥克兰县从14个增加到24个，圣路易斯郊区的圣路易斯县的自治市从15个增加到41个。第二次世界大战以后，大都市区内地方政府的增加速度更为迅速。郊区蔓延和大都市区治理的"碎片化"、"多中心"严重影响了美国大都市区的发展。③ 由于地方自治传统，大都市区宁愿通过共同建立的专门机构——主要途径是组建分别承担不同公共服务的小型政府实体——去处理各种跨区域问题，也不愿建立一个管辖全部区域事

---

① 刘银：《区域协调互动发展：国际经验与法律规制》，载于《学术界》，2014年第10期。
② 陈思宇、王鹏、袁志田：《美国现代产业体系区域一体化发展的启示》，载于《经济师》，2014年第6期。
③ 易承志：《美国的大都市区政府治理实践》，载于《城市问题》，2011年第6期。

务的大都市区政府。

以纽约大都市区为例，1921~1929年，纽约区域规划协会制定了纽约大都市区第一次区域规划，其核心为"再中心化"。规划提出用环路系统建设都市景观：办公就业从中心城市疏散出去；工业布局在沿交通枢纽的郊区工业园中；居住向整个地区扩散，而不是形成密集的邻里。第二次世界大战后，以公路建设为先导，郊区在纽约大都市地区迅速蔓延，形成了典型的美国城市发展模式。其缺陷是延长了城市通勤路程，形成一个隔离分散的社会。1968年纽约区域规划协会制定了第二次区域规划，提出五项建设原则：一是建立新的城市中心，为大量增长的就业岗位做准备，并提供高水平公共服务，将纽约改造成多中心的大城市；二是引入新住宅分区政策，提供更加多样化的住宅类型；三是城市应尽量提高服务和设施水平，改造环境，吸引各种收入水平和社会阶层的居民；四是新城发展应是区域的主要部分，仍应保持自然状态；五是制定更好的公共交通规划，使这些中心能起到正常作用。①

但是，郊区的发展造成了大量土地消耗，并导致了人们更多地使用家庭汽车，从而带来了交通拥堵和区域空气质量下降。同时，中心城市出现衰退，城市土地得不到有效利用，出现了"空洞化"现象。1996年，纽约区域规划协会制定了第三次区域发展规划，这次规划提出了3E目标——即"经济（Economy）、环境（Environment）与公平（Equity）"，在经济目标之外，凸显公平、环境的重要性，强调城市和区域的可持续发展。这次规划的基本目标是依靠投资和公共政策来重建3E，加强对基础设施、环境保护等的投资，实现区域的可持续发展。②

（二）美国府际合作的基本模式

1. 分散治理模式

美国具有较强的社会自治和地方自治传统，公众更愿意接受小型、分散、自治的区域或单元。美国大都市区内部都存在为数众多的各种类型地方政府。1997年，大都市区内地方政府的数量平均为114个，包括2个县、42个市或镇、49个专区和21个学区，每10万大都市区居民中存在的政府数量平均为18个。在纽约大都市区形成初期，其城市规模扩张较快，区域内人口众多，其治理模式一直处于较为松散状态。对于纽约大都市区而言，分散治理是其基本特征。具体而言，在整个大都市区域内，没有一个主导的政府机构来统辖区域所有公共事务，无论是中心城市、县，还是特区，彼此间地位平等，各自独立，相互之间通过协

---

①② 琳达·麦卡锡著，陈梦娥译：《美国和西欧巨型城市区区域合作对比研究》，载于《城市与区域规划研究》，2009年第3期。

商来完成大都市区域内公共事务的治理。①

尽管大都市区内部也会根据特定需要,设立专门的区域管理机构,例如,各地方政府协商组建了区域规划协会来解决大都市区内环境规划问题,但总体上,大都市区没有统一的政府机构,而是依靠各地方政府间的平等协商、互利互信来处理跨区域公共事务。例如,地方政府间以签订合约的方式来解决诸如垃圾清运、土地使用等跨区域问题。分散化治理体现了美国地方自治的特点。该模式以地方政府主体地位保障为前提,依靠地方政府在区域治理中自主地开展多样化的契约合作。这种治理模式与美国自由市场经济和地方自治理念相契合,合约方式将市场规则引入政府管理领域,受到社会各界和公众的普遍欢迎。目前,分散化治理已成为美国大都市区治理的主要模式。②

2. 整体规划模式

20世纪70年代,美国大都市区"碎片化"的加剧使得涉及区域整体利益的公共事务难以得到有效解决,这客观要求地方政府以城市整体发展为基本出发点,整合地方政府单位治理结构,重塑政府间关系。在此背景下,美国大都市区治理的整体规划模式应运而生。以明尼阿波利斯-圣保罗大都市区为例,该大都市区由双子城大都市联席会管辖下的7个县组成。在大都市区内部,除了内设的各独立的地方政府外,大都市区联席会政府作为"统一的"区域政府存在。这一治理模式的突出特点在于职能分离。具体而言,在大都市区域内部,大都市区联席会统筹管理大都市区域范围内的大小事务,而区域内地方政府仅对本地区自身事务负责。在这种模式下,大都市区联席会具有较大权力,能从整体角度出发,处理涉及全局利益的重大事项,对于协调区域内的利益冲突,推进区域间合作起到重要作用。为了保证整体规划模式能够顺利运行,明尼阿波利斯-圣保罗大都市区还通过立法形式建立了税基分享制度,要求来自任何地区的新增税收都将归入公共区域,作为解决大都市区公共事务的基金。目前,双子城的税基分享方案已经实行了30余年,覆盖了250万人口,7个县和200个地方辖区,每年新增的税额达4亿美元以上。税基分享制度的实施不仅消除了城市间的恶性竞争,而且为统筹解决大都市区内公共事务提供了物质保障。整体规划模式在明确界定区域内地方政府事权和财权基础上,构建了跨地域性的区域政府以解决区域内整体事务,并赋予其在区域治理中的较高地位。这为实现美国大都市区的有效治理奠定了基础。③

3. 协商合作模式

面对日益复杂的美国大都市治理问题,人们普遍认识到高度集中的政府通常

---

①②③ 郭斌、雷晓康:《美国大都市区治理:演进、经验与启示》,载于《山西大学学报(哲学社会科学版)》,2013年第5期。

不能及时回应多样性、复杂性的公共事务,强化政府与社会的广泛合作因此成为解决大都市区治理问题的必由之路。以匹兹堡大都市区为例,它是美国著名的钢都,也是环境污染较为严重的烟雾之城。早在1943年,该区域市民就自发形成了阿勒根尼社区发展会议,以推动政府进行"城市改良"。同年,来自匹兹堡市和阿勒根尼县的社团联合会又组建了烟雾控制联合理事会,以强化对环境污染的控制。经过60多年政府与公民的密切合作,匹兹堡大都市区环境污染得到根本控制,已成为美国最合宜居住的都市区。在匹兹堡大都市区的治理转型中,可以看到公民社会力量的壮大以及政府与各种社会力量的持续性合作。事实证明,政府的能力往往是有限的,城市要想快速发展,就必须放权于民,通过政府与公民社会的良性互动,达到社会治理的最佳状态。同时,地方政府也重视加强与市场组织的联系,及时将企业管理的理念和技术引入到城市治理中,如私有化、契约外包、特许经营等。市场机制的引入不仅节约了成本,提高了效率,也推动了城市治理模式的多元化变革。20世纪70年代以来,美国城市治理结构不断调整,不仅合作契约的数量大大增加了,而且合作者的分布也发生了变化,从主要依赖于政府间契约向更多的私人契约合作转变。有调查显示,在美国2 500个居民以上的城镇当中,几乎2/3是通过合作契约的方式从其他政府或者私人企业来获取某些服务。协商合作模式通过引入多元主体参与,重构了公共事务的治理结构,其所倡导的政府、市场和社会之间的合作治理体现了民主价值,符合时代发展要求。[①]

二、美国府际合作中的州际协定

(一) 州际协定及其历史变迁

州际协定 (interstate compacts) 是美国在区域经济一体化中实现府际合作的最常用的法律工具之一,它是由两个或两个以上州之间协商达成,并经国会批准的法律协定,缔约州受该协定和《联邦宪法》"协定条款"拘束。这是一种最有法律约束力的州际政府合作机制,它使得州与州可依宪政原则,通过政府间契约基础而非科层权威联结起来,形成自主性的区域公共治理社群,构建州际区域公共协作性公共管理的制度框架,从而在一种有序的、可预见的区域环境中促进资源、技术和信息实现跨州整合、流动与共享,共同运用这些资源、技术和信息,

---

[①] 郭斌、雷晓康:《美国大都市区治理:演进、经验与启示》,载于《山西大学学报(哲学社会科学版)》,2013年第5期。

满足州际区域合作方面的各种需求，促进州际区域合作治理的发展。[1]

美国州际协定在美国建国之初便已有雏形。[2] 在殖民地时代，广泛存在的英国女王特许状使得各殖民地的边界不断变更，从而不可避免地导致边界争端。于是，英国女王专门制定了一个程序来解决边界争端问题，各方殖民地通过这个程序可以坐在一起谈判。如果谈判不能解决，则可以通过英国枢密院递交女王，由她来作出最后的裁决。这就创造了一个解决边界争端的传统，而这些需要女王批准的边界协定正是州际协定的起源。即使美国1787年《宪法》实施以后，这些协定也继续有效。后来，美国《邦联条约》也承认了解决各州之间争端的必要性，"协定程序"在《邦联条约》中得到了正式化。《邦联条约》第6条规定："任何两个或者更多的州能够签订州际协定、结成邦联或同盟，必须经过美国国会的同意，并且具体指出该协定的目的以及持续的期间。"美国的缔造者们对州际关系，尤其是对政治同盟或者地区同盟的设立非常担忧，所以《邦联条约》禁止各州签订州际同盟条约。但问题又不能不解决，于是，美国缔造者们寻求建立一套精巧的机制来解决该问题。《邦联条约》第9条规定："对于现存的或者今后可能遇到的州际争端，包括边界、司法权等问题的冲突，美国国会有最终的裁决权。"为了保护新生的美国邦联，《邦联条约》在授权各州缔结协定的同时规定必须得到邦联国会的同意。正是基于这个原因，在州际协定的发展早期，它并没有得到广泛的认可。从1783～1920年的总共137年间，美国只缔结了36个协定，它们涉及的内容主要是相邻州之间的边界争端问题，也有一小部分涉及水流的分配、航海权、桥和隧道的共用等问题。[3]

在主权矛盾比较尖锐的19世纪上半期，联邦最高法院内部虽然在协定条款对各州的限制程度上存在很大分歧，但主张州际协定应严格地受国会控制的观点还是占据了上风。到19世纪后期，各州的分离倾向基本消失，州权对联邦权威的威胁也明显削弱。在这种背景下，联邦最高法院对州际协定的态度也随之做了相应的调整。州际协定开始有了政治性协定和非政治性协定之分。只有那些触及联邦政府权利或可能改变联邦体制内力量平衡的政治性协定仍须国会批准，其他的非政治性协定则不再受州际协定条款的限制，不经国会明示批准亦可生效。[4]

20世纪20年代，美国《宪法》出现了"协定条款"。美国《宪法》第1条

---

[1][2] 吕志奎：《州际协议：美国的区域协作性公共管理机制》，载于《学术研究》，2009年第5期。

[3] 何渊：《美国的区域法制协调——从州际协定到行政协议的制度变迁》，载于《环球法律评论》，2009年第6期。

[4] 杨成良：《美国州际协定法律背景的变迁》，载于《山东师范大学学报（人文社会科学版）》，2005年第5期。

第 10 款第 3 项规定："任何一州，未经国会同意……不得与他州或外国缔结协定或联盟。"一般认为，这一规定表明没有国会的同意，各州无权签订任何协定。但是，弗吉尼亚州诉田纳西州案改变了这种观点，根据该判例，只有特定类型的州际协定才需要国会的同意。同时，由于美国的州际协定本质上被认为是合同，所以《宪法》第 1 条第 10 款规定的"协定条款"对州际协定而言，同样也非常重要。该款规定："任何一州……都不能通过法律来干扰契约义务"。另外，美国《宪法》还对包括协定在内的州际关系进行了详细的规定。美国《宪法》第 4 条第 2 款和《宪法修正案》第 14 条第 1 款针对的是第一类州际关系，它们规定了公民权利的州际保护，也就是"特权和豁免条款"。美国《宪法》第 4 条第 2 款同时对"州际引渡"做了规定。该条款指出，如果一公民在某州实施犯罪行为，却在另外一州被逮捕，这个时候应当适用"州际引渡"条款，即引渡到犯罪嫌疑人所逃离的州。美国《宪法》第 4 条第 1 款针对的是第二类州际关系，该款规定："每个州必须有足够的信任和权力来参与其他州的公共行为和司法程序，并查看相关的笔录。"①

20 世纪 30 年代，州际协定在美国又取得了长足发展，州际机构也增加了一个新的功能，即咨询功能，它为协定的参与方提供了交流的渠道。美国第一个具有咨询功能的机构是州际石油委员会。州际协定在 20 世纪 30 年代的第二个重大进展是授权的出现，即通过州际协定的方式，美国的立法机关将管制权授予给两个州际水污染处理委员会：纽约和周边地区的州际卫生委员会和俄亥俄河流域卫生委员会。到 20 世纪 60 年代，州际协定已经成为美国最为重要的区域法制协调机制，各州开始逐渐增加使用州际协定的频率，各州政府通过州际协定的方式来设立一些州际机构。1961 年，特拉华州、新泽西州、纽约州以及宾夕法尼亚州签订了《特拉华流域协定》，该协定直接导致美国国会一项立法的出台，而该法律使联邦政府成为特拉华流域协定的一方成员。此后，区域府际合作不再限于州与州之间，也开始扩展到了州政府与联邦政府之间。②

20 世纪 70 年代，新缔结的协定数量以及协定适用于新领域的增长虽然没有完全停止，但已大幅下降。在这一时期，州际环境协定得到发展，该类协定不仅使得各州加大了环境保护力度，也在一定程度上克服了州际协定签订程序的耗时及烦琐等弊端。而南部发展战略协定也简化了公共政策出台、土地使用及区域规划等领域的颁布程序。总的来说，在 20 世纪 70 年代，州际协定的发展重点在于对已缔结的协定进行修改而不是缔结新的协定。20 世纪 80 年代以来，在协定机

---

①② 何渊：《美国的区域法制协调——从州际协定到行政协议的制度变迁》，载于《环球法律评论》，2009 年第 6 期。

构的设立、已签协定的修订及已生效协定的成员州数量增长方面，美国又取得了长足的进步。各州对环境污染的治理及自然资源保护也更加关注。[①]

（二）州际协定的法律基础

1. 法律效力

州际协定具有多重法律性质。首先，它是缔约州之间的合同，通过长期而复杂的谈判达成一致，在缔约的各州间形成一种契约关系。其次，它是一种准国际条约。通过缔结协定而不是建议性或研究性的文本，各州交出了它们的部分主权——因为协定和国际条约一样，替代了所有相互冲突的州法律。它的效力高于缔约州的法律。缔约州对既不能单方面变更又需要服从的协定，在不能继续接受时，唯一的办法就是退出该协定。最后，它是缔约州按立法程序制定的法律。除了有关州际边界线、研究性和建议性的协定外，州际协定相当于在缔约各州的全部或部分领土上制定了统一的法律。它们被编入州的法律汇编，其中被国会认可的州际协定还被编入美国联邦法律大全。[②]

由于有宪法的充分保障以及契约性质，州际协定的效力优先于成员州之前颁布的法律，甚至也优先于之后新制定的法律。当两个或以上的州通过立法的形式来创制和解释一个州际协定时，州际协定具备了州法的效力。同时，州际协定也是参与州之间的契约，所以它与州的其他一般法律是不同的。就像一般民事契约对当事人的效力一样，州际协定对成员州同样具有优先适用效力。一旦参加了州际协定，各州就不能随意单方修改或者终止该协定。[③]

2. 国会批准

1962年，美国联邦上诉法院作出裁决，除非得到国会的批准，政治性的州际协定不能生效，但是不涉及政治的州际协定无须国会的批准。1978年，美国最高法院通过判例确认，如果一个州际协定没有通过侵占联邦政府权力的方式来扩大成员州的权力，那么它的生效并不需要国会的批准。然而，即使有这个判例规则，现实中州际协定是否需要国会的批准依然存在争议。因此，很多州采取了保守的方法，如果州际协定涉及联邦政府的关注焦点或敏感的领域，比如交通、空气和水污染或者原子能，等等，它们往往会事先请求国会的同意。但是，有一点是肯定的，即国会的批准权是绝对的，国会有权决定一个州际协定是否涉及政治，也有权决定批准的有效期以及批准的程序。[④]

---

① 何渊：《美国的区域法制协调——从州际协定到行政协议的制度变迁》，载于《环球法律评论》，2009年第6期。

② 叶必丰：《区域合作协议的法律效力》，载于《法学家》，2014年第6期。

③④ 何渊：《州际协定——美国的政府间协调机制》，载于《国家行政学院学报》，2006年第2期。

3. 签订程序

州际协定的本质是契约，因此其签订过程类似于民事契约，通常也有要约和承诺两个程序。但是，州际协定也具有不同于一般民事契约的特殊性，各州发出的要约往往以成文法的形式出现，或者赋予该要约以法的效力。在美国，最通行的做法是，各州把要约的全部内容作为一个法规的一部分或者作为一个附件附在法规后面，并且同时宣布将遵守该要约。这种做法一方面体现了州政府拥有一定的意思表示自由；更为重要的一方面，表明其意思自由是有限的，需要通过法规的形式来约束它，并且也说明体现公共利益的州际协定较民事合同更为正式，也更为严肃。当然，在紧急情况下，一州也可以依据州议会的特别授权，直接向另外一个州发出要约。在要约当中，需要有明确的要约对象，指出接受要约的具体条件。①

一州作出的承诺也具有成文法的效力。因此，它应当以法规的形式宣告接受该要约，并具体体现该承诺的全部内容，或者依据特别法规的授权，具体实施该要约的内容，而要约方也没有在一定的期限内明文反对。另外，承诺的成文法效力决定了它不可能通过口头的形式或者简单的文件交换的方式来作出，而往往是以州法的形式出现。所以，一般来讲，它是对要约的完全接受，并不能改变要约的内容，否则就不是承诺，而是一个新的要约。当然，有时为了提高效率，维护公共利益，不对要约进行实质性变更的承诺也被认为有效。②

4. 修改与终止

一般而言，美国的任何一个州际协定都有一定的实施期限。在州际协定的条款当中，应当包括专门条款，来规定终止和修改协定以及退出协定的程序，这样，州际协定的终止和修改就适用该专门条款。但很多时候，州际协定当中并没有规定修改与终止的条款，显而易见的是，如果所有的成员事后达成一致，修改或终止协定当然可以顺利进行。然而，在事先缺少专门条款而事后也未达成统一意见的情况下，如何适用相应的程序呢？在美国，根据州际协定的类型不同，适用的程序也不同。如果州际协定是以成文的地方性法规形式出现，州议会的立法修改或者废除这一程序不可或缺；如果是州的行政机关基于法规的授权而签订的州际协定，行政机关的行为就足以修改或终止州际协定；如果作出的修改只是增加相应内容，并且与原有内容没有相冲突，而有些成员方同意修改，有些不同意，该修改也是有效的，当然，这些增加的内容只对同意修改的成员方适用，而不同意该修改的成员依旧适用原来的协定。③

---

①②③ 何渊：《州际协定——美国的政府间协调机制》，载于《国家行政学院学报》，2006年第2期。

（三）州际协定的基本类型

据统计，目前美国的州际协定共有 300 多份，涵盖的领域包括边界、重大基础设施建设、流域水资源管理、环境污染共同防治、区域经济发展、大都市区治理、共同资源开发和突发事件应急管理等。作为一种区域府际合作的法律形式，州际协定可以分为四种类型：州际边界协定、州际分配或发展协定、州际规制协定和州际再分配协定。

1. 州际边界协定

州际边界协定主要是用来界定或重新划分州与州之间的边界或行政管辖区范围，解决州际边界争端的一种重要手段。美国的州际边界协定主要有，《宾夕法尼亚与弗吉尼亚边界协定》（1780 年）、《弗吉尼亚与肯塔基边界协定》（1789 年）；《北卡罗来纳与南卡罗来纳边界协定》（1981 年）、《新罕布什尔与缅因边界协定》（1985 年）、《加利福尼亚与内华达州际水资源管辖协定》（1987 年）、《南达科他与内布拉斯加边界协定》（1990 年）、《弗吉尼亚与西弗吉尼亚边界协定》（1998 年）、《密苏里与内布拉斯加边界协定》（1999 年）、《佐治亚与南卡罗来纳边界协定》（1999 年）和《奥克拉马与得克萨斯边界协定》（2000 年）等。[①]

2. 州际分配或发展协定

州际分配或发展协定是指有关政策所产生的利益分配给两个或两个以上成员州的居民或具体的行政管辖区的州际协定，州际分配或发展协定的内容主要涉及促使形成具有明显利益获得者的政策和政治条件。美国主要的州际分配或发展协定有：《纽约新泽西港务局协定》（1921 年）、《科罗拉多河协定》（1922 年）、《特拉华河流域协定》（1961 年）、《华盛顿大都市区交通管理局协定》（1966 年）、《五大湖流域协定》（1968 年）、《南部区域发展政策协定》（1973 年）、《州际固体垃圾处理协定》（1982 年）、《中西部客运铁路协定》（2000 年）和《五大湖——圣劳伦斯河流域水资源协定》（2005 年）等。[②]

3. 州际规制协定

州际规制协定主要是有关污染控制、公共安全、营业执照、个人从业资格许可、交通车辆运载、自然资源开采、保险、治安等方面的协定。例如：《波托马克河协定》（马里兰和弗吉尼亚，1958 年）、《新英格兰州警察协定》（康涅狄格、缅因、马萨诸塞、新罕布什尔、佛蒙特和罗德岛，1934 年）、《新英格兰州际水污染控制协定》（康涅狄格、缅因、马萨诸塞、新罕布什尔、罗德岛和佛蒙

[①][②] 吕志奎：《州际协议：美国的区域协作性公共管理机制》，载于《学术研究》，2009 年第 5 期。

特，1947 年）、《驾驶执照协定》（1958 年）、《交通工具安全协定》（1958 年）、《华盛顿大都市区交通规制协定》（马里兰、弗吉尼亚和哥伦比亚特区，1960年）、《教育从业人员资质州际协定》（1968 年）、《州际环境协定》（纽约、新泽西和康涅狄格，2000 年）、《州际护士许可证协定》（2000 年）以及《州际保险品规制协定》（2003 年）。有些州际协定虽名为规制，但实际上并没有被赋予强制和规制的效力，如《州际采矿协定》（1971 年）。①

4. 州际再分配协定

州际再分配协定是有关福利、医疗健康、公共援助、教育、社区公共事务等方面的协定。州际再分配协定主要有：《西部区域高等教育协定》（1953 年）、《州际收养与医疗互助协定》（1984 年）、《州际地震应急管理协定》（1989 年）、《五大湖地区森林防火协定》（密歇根、威斯康星和明尼苏达，1989 年）、《中西部区域高等教育协议》（伊利诺、堪萨斯、密歇根、明尼苏达、密苏里、内布拉斯加和俄亥俄、威斯康星 8 个州，1991 年）以及《州际应急管理互助协定》（1996 年，49 个成员州，加利福尼亚州除外）。②

（四）州际协定的基本功能

1. 构建州际政府合作的法律框架

在美国联邦体制下，各州按照《联邦宪法》"协定条款"确立的宪法原则，通过谈判和协商，自愿签订州际协定，构建以治理跨州共同问题或推动共同政策议程为目标的跨州协作性公共事务治理的基本法律框架。这种州际区域政府合作法律框架的意义，既是相互独立的政治管辖区政府主体就他们所面临的共同问题的合作立法，也是建构州际政府合作治理的基本形式。州际区域政府合作法律框架的主要目的是相互独立的政治管辖区对他们所面临的共同问题采取立法协作行动，形成州际合作的理念和程序，设计一致的行为规则，创造州际协作秩序运行的法律基础，实现跨州区域法制一体化，推动州际协作性公共治理行动的制度化与规范化。通过州际协定所构建的跨州区域政府合作法律框架，为州际协作行动创造了激励和约束的结构，减少了由跨州市场交易、分工发展和资源流动所带来的交易成本，一定程度上解决了各州所面临的由于国家的发展与领土的扩大和工业化、市场化、城市化所带来的跨区域公共问题，构成了州际政府合作的法律基础。③

2. 充当州际政府合作的治理机制

依靠国会或联邦最高法院治理跨州区域公共问题，可能会导致州丧失对决策过程的控制和主导权，因为国会或联邦最高法院通过的最后决定可能使州际争端

---

①②③ 吕志奎：《州际协议：美国的区域协作性公共管理机制》，载于《学术研究》，2009 年第 5 期。

中的每个州都不满意。在美国各州看来，治理州际区域事务，未必要依赖中央机构，他们可以选择自治的方式。州际协定被认为是解决州际边界和其他争端，促进各州通过联合行动解决包括区域经济发展、环境保护、社会管理、公共服务和教育文化卫生等跨州区域公共问题的一种强有力的合作机制。随着区域合作的发展，作为一种区域府际合作治理机制，州际协定有力地推动了美国跨州区域主义的发展。目前，美国州一级公共政策和项目越来越多地通过州际协定所组建的区域公共治理机构进行执行和管理。这种区域公共治理机构提供了跨州政府间交易互动的平台，其主要功能是加强不同地区政府间在一些跨州区域重大事务上的协调与合作，包括边界界定、重大基础设施建设、跨州流域水资源管理、环境污染共同防治、区域经济发展、共同资源合作开发和资源共享等领域。[①]

3. 增强州际政府合作的自主治理

作为一种协作性公共治理法律机制，州际协定的运作过程实际上就是协定成员之间按照美国《宪法》"协定条款"所确立的规则进行博弈和协作的过程，州际协定的确能使美国各州充分享受到"自治"与"协作"带来的良好效益。州际协定在很大程度上摆脱了科层控制，它坚持各州在没有联邦政府干预的条件下解决他们自己的问题，提供了一种州政府间"权力共享"的途径。州际协定机制倡导州际自主治理，允许各州在跨区域边界的问题上保障他们的主权，这种权力共享途径应该保持在几个州的管辖权之下。它不仅加强了各州的主权和集体行动，也在一定程度上可以避免联邦政府的权力干预。借助州际合作协定机制，州开始改变其过分依赖联邦的传统治理格局，转而朝着增加州的自主治理能力和构建跨州区域公共治理网络的方向发展。在当今美国，就州际共同事务、争端与冲突而言，大多数都能够通过州际协定的手段得到解决。州际协定在推进州际公共项目执行上的合作、实现跨州区域公共事务的联合治理、调和州际关系和强化自主治理、促进各州经济与社会发展等方面的影响和作用是非常显著的。州际协定也因此得到了前所未有的广泛运用。州之间这种相互交往使更多的州越来越联合在一起，组织跨州制度性的集体行动，更有能力去解决区域性和全国性的公共事务治理问题。[②]

三、美国府际合作中的行政协议

（一）行政协议的优势

如前所述，在美国联邦治理体制之下，州际协定成为实现区域合作和解决区

[①②] 吕志奎：《州际协议：美国的区域协作性公共管理机制》，载于《学术研究》，2009年第5期。

际争端的最为重要的机制。但是，随着州际贸易的发展、公民流动性的增加以及科学技术的进步，特别是在经济全球化和区域经济一体化的背景下，州际协定这一美国最为重要的区域法制协调模式开始不断受到挑战，其弊端也不断显现。首先，签订程序烦琐冗长。签订州际协定的要约和承诺，再加上国会的批准，程序非常烦琐。从实践来看，州际协定的烦琐签订程序越来越难以适应日新月异的当代美国区域经济发展。美国的一个研究组曾对 65 个州际协定进行抽样调查，结果表明：从签署到联邦政府的同意再到正式生效，不包括缔约过程中的谈判时间，一个州际协定的平均签订周期为 4 年 9 个月。其次，难以修改，缺乏灵活性。州际协定修改的先决条件是全体成员达成意思表示一致，同时，由于州际协定的内容往往是以成文法规的形式来表现，所以各州议会的法规修改这一程序不可或缺。另外，经过上述签订程序和修改程序后，对于那些可能改变政治控制或权力，以至于影响宪法权威的州际协定的修改，还需要得到美国国会的同意。只有完全符合上述三个条件，州际协定的修正才能正式生效。所以，州际协定的修改难度是极大的。在当今美国，州际协定灵活性缺失的弊端日益显现。最后，缔结和实施障碍较多，具有不确定性。这种不确定性主要表现在：其一，谈判成本较高，如召集相关人员的成本，在谈判过程中涉及的时间成本，讨论交易条件和协定术语的成本，这些成本有时会让各成员望而却步；其二，各州的高级官员害怕失去对权力的控制从而导致地方保护主义，有些毫无合作经验的州对州际协定有不信任感；其三，对于合作条件以及风险和利益分配难以达成一致。[①]

不难看出，程序烦琐、缺乏弹性以及不确定性等弊端，极大地束缚了州际协定的手脚，而具有高度灵活性的行政协议正好能克服这些缺陷，它使美国的州际合作取得了前所未有的大发展。电子时代的到来也使得行政协议的缔结变得更加容易，特别是在一些职务或功能领域，如政府采购、罪犯的认定、人才交流机制、机动车管制法的实施、税收信息的沟通机制以及高速公路通行费的收缴等。毫无疑问，持续的电子信息技术改革对促进行政协议的发展起到了重要作用。正是在这种背景下，美国新缔结的州际协定数量开始逐年下降，而具有高度弹性的行政协议却被各州的官员所热衷，其签订数量急剧上升。缔结行政协议的权力赋予了州际行政官员联合会、国会和联邦政府的管理者。从目前的实践来看，美国的行政协议主要涉及信息共享、行政给付、教育、紧急协助、公共卫生、鱼类保护、废物利用、公共政策协调、资源节约、保险、电子收费、交通以及税收征管等领域。[②]

[①②] 何渊：《美国的区域法制协调——从州际协定到行政协议的制度变迁》，载于《环球法律评论》，2009 年第 6 期。

(二) 行政协议的类型

签订行政协议是州议会授予的行政裁量权。它可以分为正式和非正式两类。正式的行政协议，是州长及各行政首长按照一定程序与兄弟州乃至加拿大和墨西哥有关省、州签订的合作协议，其功能与州际协定相似。一般来讲，正式的行政协议应当是采用书面形式的，需要经过各缔约方磋商并达成合意，一些特别受公众关注的协议还需要由州长亲自签署。非正式的行政协议，没有严格的程序和形式，可以是临时的，也可以由官员私下达成的，甚至可以是口头的。美国的行政协议数量众多，但并没有纳入州的法律汇编，甚至没有一个州建立本州参与缔结的行政协议数据库。①

1. 正式行政协议

正式行政协议在名称上采用合作报告、谅解备忘录、合作协议、州际协议等多种方式。各种州政府官员协会、国会和联邦政府官员一直在推动跨州的行政协议，尤其是各类专业协会，他们除了起草行政协议外，还定期组织会议，促进官员之间彼此熟识，以便于协议的达成。美国国会颁布了立法，必要时为了执行行政协议可以设立州际行政机构，并为这些合作提供资金支持。正式的行政协议采用书面合同的方式来确定不同州的行政机关在合作时所享有的权利和承担的义务，或确定通过一定的组织和机构来执行共同行政事务。美国正式的具有合作性和互惠性的行政协议的签订者，可以是所有的州，或大部分州，或是某一区域内的两个或多个州。因为地理位置相邻的兄弟州之间的府际合作更为必要和频繁，事实上几乎所有的州都有通过正式的行政协议来加强不同州政府之间的合作。正式行政协议内容上多为信息交换、合作性的行政行为，但主题的范围非常广泛，几乎涵盖了州政府的各项职能，一般包括：（1）各州采取统一的规则来解释相同或类似法规；（2）各州采用统一的规则和类似的程序来管制州际贸易；（3）通过谈判或仲裁而不是通过立法的方式来解决州际难题；（4）各州之间相互承认和接受对州际问题的事实判断；（5）各州之间实现磋商沟通和信息共享；（6）各州积极参与州际会议，并成为州际行政官员联合会的成员。②

2. 非正式行政协议

州与州之间的行政协议最普遍的形式是非正式的。各州的行政官员之间达成了数量极为庞大的非正式行政协议，范围涉及与有组织犯罪的斗争、越过州边境的警察追捕、扑灭森林大火时相互协助、防止环境污染以及其他事项。相邻的州

---

① 叶必丰：《区域合作协议的法律效力》，载于《法学家》，2014 年第 6 期。
② 王菁：《区域政府合作协议研究》，兰州大学 2015 年博士学位论文，第 68~70 页。

之间行政部门及其首长之间的沟通是非常频繁的,在范围广泛的各类事项上,大家私底下往往会达成口头的非正式合作协议,这一类协议的数量大大超过了正式的行政协议。各州政府甚至鼓励其雇员多参加各类会议,加强与其他州官员的交往,从而促成一些非正式合作协议的签署。① 与正式的行政协议相比,非正式的行政协议给予行政官员更多的自由裁量权,因而也更具有灵活性或弹性。从美国区际行政合作的实践来看,非正式的行政协议更受行政机关及官员的青睐,也更为普遍地得到使用。各州行政机关或机构的官员之间可以不断互访,在这个过程中,他们往往会在口头上形成一致的意思表示,达成非正式的行政协议。这些非正式行政协议主要涉及消费欺诈、牛奶质量监督、森林火灾以及其他紧急事务。非正式的行政协议以程序简便、易缔结及高弹性为主要特征,这也是非正式的行政协议大为流行的重要原因之一。为了持续、有效地解决州际区域治理问题,促进州际合作,广泛的自由裁量权应当授予给专业性很强的行政机关及官员。从美国的实践来看,大多数非正式的行政协议达到预期目标,特别是在建立行政协助的机制方面,更是取得不小的进步。②

四、美国府际合作法律机制对我国的启示

(一) 州际协定机制的启示

州际协定是美国区域合作的一项重要制度,它源自殖民地时代对边界纠纷的处理,后来逐渐承担起州与州共同治理跨州间河流、道路、航海、桥梁和隧道的功能。到20世纪40年代,美国已不再认为其功能仅是解决各州之间的边界纠纷,而将其功能界定为实现和促进州与州之间资源分配、城市规划、环境保护和商业流通等领域的广泛合作。美国州际协定的宪法依据,是美国《宪法》第1条第10项规定的"未经国会批准,无论何州……不得与他州或与外国缔结协定或盟约"。这本来是联邦对各州的规制条款,即防止由分散的各殖民地演变而来的各州通过与他州或外国缔结协定或盟约,脱离联邦,或加入他国。随着联邦地位的巩固和各州分离倾向减弱,联邦政府的担心也就逐渐消退了,所担心的只是联邦政府对各州的实际控制问题。美国联邦上诉法院于1962年作出裁决,除非得到国会的批准,政治性的州际协定不能生效,而不涉及政治的州际协定不必得到

---

① 王菁:《区域政府合作协议研究》,兰州大学2015年博士学位论文,第68~70页。
② 何渊:《美国的区域法制协调——从州际协定到行政协议的制度变迁》,载于《环球法律评论》,2009年第6期。

国会的批准。但是，不涉及政治的社会和经济事务也可能影响联邦政府对各州的控制。于是，美国最高法院在1978年的裁决中又作了补充解释，认为如果一个州际协定没有通过侵占联邦政府权力的方式来扩大作为成员国的州的权力的话，并不需要国会的批准。这样，通过一个又一个的判例解释，《美国联邦宪法》的规制条款发展成了合作条款，释放了新的功能。美国的州际协定在制度上是通过长期实践得以不断完善的，美国宪法的"协定条款"是通过法院不断地解释得以丰富和发展的。①

美国州际协定的治理功能与我国区域经济一体化中要解决的问题具有更多的共性，它大体上能满足我国区域经济一体化的发展需求。当然，这不是说我国要把美国的经验照搬过来，也不是说要把我国的实践完全纳入到美国法制中去考察，而是说我国区域经济一体化中的府际合作，应该像美国那样以不谋求宪政改革为出发点，以法律解释为主要方法解决相关合作问题。②沿着法律解释的路径，我国区域协作立法也能找到宪法及法律依据。

美国在宪法中有"协定条款"对州际协定有明确的、专门的宪法授权，而在我国，地方政府之间选用协定的方式进行区域协调虽然属于自由裁量权的幅度之内，但是由于没有明确的宪法授权，导致此类协定在我国存在法律效力上的争议。为了消除这些争议，可以借鉴美国的经验，在宪法中明确规定区域府际合作中的协定条款。

（二）行政协议机制的启示

由于州际协定的程序烦琐，缺乏灵活性，不能满足更广泛的合作需要，美国各州之间的行政协议作为一种非正式协定得以逐渐发展。州际行政协议承担起州际协定的部分任务，并承担着协同解释联邦法律、贸易规制。目前，行政协议已经成为美国区域政府之间合作的最主要形式。但是，州际协定与行政协议之间并不是替代关系，而是互补关系。从实践来看，涉及州际关系的重要程度决定了各州到底采用州际协定、正式的行政协议，还是非正式的行政协议。对于涉及重大政治问题的，刚性的州际协定机制是不错的选择，对于涉及简易的行政问题或紧急问题的，柔性的行政协议机制似乎更有用武之地。美国法关于行政协议的运用是在其法制框架下展开的，因为美国联邦《行政程序法》作为基本法指导着各级行政机关的运作。其出发点不仅在于克服行政机关之间权力交叉或者权力空白的

---

① 叶必丰：《区域经济一体化中的法律治理》，载于《中国社会科学》，2012年第8期。
② 叶必丰：《区域经济一体化法制研究的参照系》，载于《法学论坛》，2012年第4期。

现象，而且在于充分利用现行法制保障公民的合法权益。[1]

在我国，从目前区域合作的实践来看，行政协议的主要目标在于组织协调、提高效率与促进府际合作并实现共同发展。很多时候，地方政府由于没有宪法与法律上的依据，为了实现这样的目标而不得不做出一些创新。目前，我国行政实践中最为多见的形式是以联席会议的方式达成行政协议，用以协调不同职能部门之间、不同区域之间的行政合作。如长三角地区、珠三角地区、东北地区、环渤海地区等区域为了加强合作达成了大量的行政协议。行政协议名称也多种多样或不统一，有协议、协定、纲要、备忘录、倡议书、议定书、意向书、宣言和共识等。在立法上，明确规定行政协议制度的只有2008年湖南省政府颁布的《湖南省行政程序规定》。[2] 在缺乏上位法依据的情况下，很多行政协议可能违背法治原则，与区域合作的法律治理理念背道而驰。美国区域府际合作在充分运用行政协议这一灵活的区域治理工具的同时，又坚守法治原则，通过制定法和判例解释来规范行政协议，因而取得了较好的治理效果，这种灵活性与原则性并重的区域治理法律机制，是值得我国借鉴的。

第二节 德国区域经济一体化中的府际合作

一、德国的行政区划、规划区域及大都市圈

（一）行政区划

德国属联邦制国家，其行政区划分为三级：联邦政府、州政府和地方政府。德国共有16个州，其中柏林、不来梅和汉堡为城市州，其余为普通州。

在立法方面，德国联邦拥有绝对权，在行政管理上主要由州负责，在司法方面联邦和州相互交织。州和联邦一样都拥有各自的议会、政府和法院，州议会也拥有州的财政预算立法权，但首先要完成法定支付义务。州政府主要负责相应的立法并行使行政和财政职能。州法院同时执行州法和联邦法。除海关、军队管理

---

[1] 王菁：《区域政府合作协议研究》，兰州大学2015年博士学位论文，第68~70页。
[2] 《湖南省行政程序规定》第十五条第二款规定："区域合作可以采取签订合作协议、建立行政首长联席会议制度、成立专项工作小组、推进区域经济一体化等方式进行"。

等少数联邦机构外,联邦法律的执行都掌握在州的各个部门,联邦政府只起监督作用。州形成一个拥有有效立法权和行政权的强有力区域,但州政府还负责完成由国家"委托"的行政任务。由于国家监管严密,这种在其职权范围内的"委托"事务,在一定程度上"整合"进国家行政部门中,形成独特的州与联邦的双重关系。①

德国地方政府由两级组成,第一级是县一级地方行政,包括县及独立市,县下设县辖市、乡镇及乡镇联合区;第二级是乡镇及乡镇联合区。每个州基本被分成不同的县以及县级市或称城市县。乡镇是联邦德国最小的独立行政区划,来源于中世纪获得的城镇权,或者因为在当代的重要性而被赋予"镇"的资格。地方政府不是联邦体系中的一个独立层级而是州政府的一个组成部分,但它遵循自治原则,不是州政府的下属行政单位,有自己的法规、单独的预算和自己的官员、职员。德国的县市在职权上具有双重性:一方面执行州政府委任的行政任务;另一方面有权对地方事务进行自治。而乡镇则是德国最基层的地方自治单位,是比县市更为独立的行政单位。因为乡镇在法律性质上不属于州政府的下级行政机构,而且组成县市的各个村镇地区的自治团体是独立的法人社团,在法律范围内享有完全自治权。②

(二) 规划区域

除联邦、州以及地方三种行政层级外,德国在法律上还存在规划区域。所谓规划区域,是指根据德国国家规划体制中介于州规划和城镇规划之间的中级规划而形成的区域,是按一定地域的自然条件、社会和经济发展状况以及经济的联系紧密程度或功能来划分的地理区域。德国的法定规划体系由四个层面组成,即国家、州、区域和地方(县、城市和镇),其中国家、州和地方规划均有与之相对应的行政区划,而只有规划区域没有与之相对应的行政区域,即规划区域在规划体制中只是一个具有一定社会经济关联地理空间单位的规划层面,因而是跨地方行政区划的规划。德国将全国按照社会经济状况的不同划分成100多个区域。虽然各州规划区域的规模有很大不同,但大部分州的区域一般覆盖3~5个县和2~3个城市。规划区域一旦被确定下来后,一般极少变动。德国规划区域可以分为两大类:一类是非正式的、无约束力的,如大区域(跨州)发展方案、小区域(跨农村城镇)专题解决方案等;另一类是正式的和有约束力的,如鲁尔地区的无烟煤和烟煤区域发展规划以及区域规划。③

---

①② 陈承新:《德国行政区划与层级的现状与启示》,载于《政治学研究》,2011年第1期。
③ 李远:《联邦德国区域规划的协调机制》,载于《城市问题》,2008年第3期。

(三) 大都市圈

相比其他欧洲国家，德国的城市体系呈明显的多中心结构。德国没有一个可以和巴黎、伦敦、纽约及东京等国际化大都市区相匹敌的"世界城市"，国际性城市功能被柏林、汉堡、慕尼黑、莱茵—美茵等诸多大型都市聚集区所分担。[①]因此，德国没有真正意义上的国际大都市，而是以大都市圈的形式与国际大都市共同参与全球一体化进程。大都市圈规划要和各地政府沟通交流，各地方政府共同规划大都市圈。1995年，德国政府做了大都市圈规划，现已形成11个大都市圈。第一类是多中心的大都市圈。比如汉诺威，有1 200万人口，但是没有太多行政权力。有的大都市圈非常活跃，比如汉诺威、纽伦堡。还有一些大都市圈，比如不来梅、斯图加特、法兰克福，并不是非常活跃。第二类是单中心的大都市圈。它们也不是非常活跃，比如汉堡和慕尼黑，基本就是一个都市，外围都是城乡结合部。所以这些大都市圈起到的只是监管的作用，并不存在政治实体。德国的大都市圈，首先关注的是宜居性。各个大都市圈发展都不一样，虽然有规划，但是主导权还是在各地方机构和政府。建立互相尊重、互相信任、透明度高的机制是非常重要的。[②]

二、德国区域府际合作的形式

(一) 州与州之间的合作

联邦德国在第二次世界大战之后的州的划分，没有充分考虑都市发展、区域经济结构以及居民认同感等因素。民主德国和联邦德国统一后，不来梅、汉堡和柏林三个城市州最先开始着手区域规划合作。一些州建立了联合行政机构，如汉堡及石勒苏益格—荷尔斯泰因统计办公室，一些州建立了联合司法机关，如柏林和勃兰登堡。一些州建立了区域合作组织，如巴登符腾堡州、黑森州及莱茵兰—普法尔茨州。与美国区域合作相似，德国州际的合作基本法律形式，是州际协定。德国《基本法》授予了各州独立的立法权，各州之间因此可以订立经济合作或边界事务协定，以协调公共事务。德国州际协定必须经州议会通过并以立法或转化为立法的形式，纳入州法体系，才能生效。德国各州一般在涉及德国全境的抽奖、广播、传媒、青少年保护等公共事务领域签署州际协定。彼此相邻的州也

[①] 唐燕:《德国大都市区结构的特征与发展趋势》，载于《城市问题》，2009年第2期。
[②] [德] 克劳斯·昆茨曼:《德国大都市发展：挑战与战略》，载于《上海城市规划》，2013年第6期。

会为跨界事务处理签署州际协定。①

(二) 地方政府之间的合作

德国城市间的政府合作具有悠久的历史,在中世纪就有相关实践。德国《基本法》第28条第2款明确规定了地方政府的自治权,因此地方政府能够处理辖区内的各种事务。德国《空间规划法》则规定,德国空间规划属于州与地方政府的权力。总体上看,德国区域空间规划权力在德国联邦、州与地方政府之间呈现出金字塔式状态,而主要权力由基层地方政府实体掌握。在地方政府自治权的保证下,州政府下的地方政府(包括县、城市与乡镇)具有州政府派出机关与地方自治机关的双重身份,可以自由决定跨域事务的治理方式。德国地方政府之间合作的具体形式,由州法律作出明确规定。例如,北莱茵-威斯特法伦州《地方合作法》第1条规定,地方合作形式包括建立工作社团、建立公事业法人或签订公法上契约。根据某些州的特别法律还可以设立除目的事业公法人以外的其他类型的公法人,如区域规划组织。地方政府间还可以订立私法协议,将某种事务转移给另一方承担。②

三、德国府际合作的组织形态

德国区域府际合作中的组织形态主要有非正式合作组织、私法组织、公法组织三种。

(一) 非正式合作组织

德国《行政程序法》第54条规定:"公法领域的法律关系可以通过协议建立、改变或废止(公法协议),只要与法律规定不相违背。特别是机关可以不行使行政管理行为,而通过与被管理对象签订公法协议进行。"据此可以建立区域合作中的非正式合作组织。非正式合作组织主要包括:区域网络及论坛、区域大会和地方工作社团。区域网络及论坛以对话为主要协调机制,优点在于能够及时应对新问题及挑战,不断吸纳新的参与者,整合区域、城市势力并建立互动平台。区域大会由地方政府、工商会、科技部门(如大学等)的代表组成。主要职能是探讨、促进区域的经济发展,推动各界人士长期参与并促进各方意见交换。地方工作社团是根据各州颁布的地方合作法建立的不具有法人资格的松散地方合

---

①② 高薇:《德国的区域治理:组织及其法制保障》,载于《环球法律评论》,2014年第2期。

作组织，其目的是促进地方之间长期合作中的项目管理。地方工作社团不是公法人，不承担地区性的行政职能，主要以规划与整合地方政府事务为任务，具体功能依建立的具体目的而不同。设立地方工作社团不需要州法律或地方议会自治条例的特别授权，不创设行政任务。一般由参与者签订行政协议成立。①

（二）私法组织

依据私法设立的组织主要承担地方行政机关职权之外的事务，服务于技术性基础工程、经济发展与旅游等领域。私法组织的优势是具有明确的行动范围，能够快速达成决策。不足是可能造成公私部门之间利益冲突，部分私有化导致的地方自治权受损，以及民主监督的缺乏。这类组织具体有三种：协会组织、公司组织和民事合作组织。②

（三）公法组织

在德国地方政府合作中，有非常多样化的依据公法规范设立的合作组织。公法组织均依据法律的规定而设立，可以分为功能性或地域性的组织，为单一目的或为多重目的服务的组织等。德国各州出现的公法组织数量和类型均有差异。最主要公法组织有五种：（1）目的事业公法人，是由若干地方行政单位联合组成的公法团体，主要用于提供公共服务，是最常见、最主要的公法合作形式。（2）相邻区域协会，成员为相邻的城市及县镇，主要机构为由会员组成的协会大会，功能在于针对联合土地使用计划进行规划。（3）区域规划协会，主要功能在于进行区域发展规划及协调各部门的发展。区域规划协会的缺点在于管理与控制上的权力不足，因此实质影响力有限。（4）多职能组织，具备广泛管理职能的组织在实践中数量较少，具有代表性的是斯图加特区域协会和莱茵—内卡区域协会。（5）新设区域地方行政实体，作为制度化最强的区域组织模式，区域性地方行政实体具有完整的政治与行政职能，是区域内独立的行政层级。③

四、德国合作治理机制对我国的启示

（一）通过法制保障消除行政区行政壁垒

为了实现区域经济一体化中的府际合作，德国的主要举措不是立足于变更行

---

①②③　高薇：《德国的区域治理：组织及其法制保障》，载于《环球法律评论》，2014 年第 2 期。

政区划和层级，而是通过有法律基础的区域规划来激活革新现行的行政区划与层级，调整和改善现有的行政管理幅度和层级的关系。德国区域规划最主要是解决两个问题：一是解决各方在空间布局或用地上的冲突，将各方的用地需求协调好；二是缩小地区差距，使各种公用设施的空间分布既有利于效率的提高，也顾及条件较差地区的特殊要求。[①]

德国宪法明确规定区域协调发展的政策，德国《联邦基本法》规定，联邦各地区的发展和人民生活水平应该趋于一致，并消除地区发展的不平衡。在宪法基础上，德国采用法律的形式，为区域经济政策目标的实施提供了有效保障，相继颁布了《联邦空间布局法》《联邦改善区域结构公共任务法》。《联邦空间布局法》规定，联邦领土在空间上应该得到普遍发展；《联邦改善区域结构公共任务法》规定联邦和州共同出资，对落后地区及结构薄弱地区的援助责任和补贴按比例确定下来。1970年德国又颁布了《联邦财政平衡法》等法律，《联邦财政平衡法》明确规定，通过州际及州与地方的税收再分配，保证各州人均税收的均等。由此可见，德国政府十分重视运用法律手段来帮助落后地区实现区域协调发展的目标。为使区域经济政策更好地实施，德国联邦政府于1964年成立内设了专门的协调机构：区域经济政策部际委员会，并有严密的实施规则。除此之外，德国从联邦到地方各政府都设有专门区域开发政策的委员会。这些法律的颁布和实施，以及专门机构的设立，成为德国区域经济协调发展的基础，对德国经济不发达地区的开发以及两德的统一起到了良好的作用。[②]

在经济全球化的大背景下，中国经济的日益开放以及与世界经济日渐加深的融合促使资本推动区域经济不断走向一体化，长三角经济圈、珠三角经济圈、环渤海经济圈等区域经济体开始形成，传统的行政区之间的竞争已经向区域之间的竞争转移。如何抓住新一轮全球生产要素优化重组和产业转移的重大机遇，实现产业结构调整升级，提升区域竞争力，成为各区域经济体面临的当务之急。然而，区域经济一体化的努力总是绕不开既有行政区行政的掣肘，区域经济一体化已给我国政府传统的行政区行政模式带来严峻的冲击与挑战，以行政区划为载体的地方政府间矛盾逐渐成为我国区域经济一体化发展的障碍。迎接区域经济一体化的到来，协调好地方政府间关系，要求打破传统行政区行政的樊篱，实现区域治理的范式变革，呼唤着一种新的管理模式与制度安排。[③]

因行政区划分割而形成的行政壁垒对区域经济形成了一种刚性约束，限制了区域经济一体化的实现。然而，行政区划的形成首先是来自政治统治和社会管理

[①②] 杭海、张敏新、王超群：《美、日、德三国区域协调发展的经验分析》，载于《世界经济与政治论坛》，2011年第1期。

[③] 陈承新：《德国行政区划与层级的现状与启示》，载于《政治学研究》，2011年第1期。

的需要，一旦划定就拥有法律地位，具备相对稳定性。通过行政区划的升格、合并、兼并来解决区域发展与行政区划的冲突风险大、成本高，同时没有触动政府职能转变不到位的实质性问题。德国的处理方法是在行政区之间设立各级区域规划协会来负责区域发展，并通过区域规划法律和区域政策对区域规划作出保障和规范。随着中国区域经济的发展，跨行政区的规划与管理在规划工作中的重要性将日益增加，借鉴德国经验，有利于完善中国的跨行政区规划的理论方法与实践。中国经济社会发展和资源开发、环境整治中存在的大量区域矛盾，不可能也没有必要都采取调整行政区划的手段进行解决。消除行政区行政壁垒，建立跨行政区的区域治理组织与管理机构，协调关系，化解矛盾，加强联合，是一条切实有效的改革思路。①

（二）通过发达的组织体系推动区域治理

德国区域治理的主要方式不是重新划定行政区域，而是由地方政府（县市政府和乡镇政府）组成跨地方的组织协调区域发展。德国的区域治理组织类型多样，通过规划协会的组成兼顾各城镇利益，兼顾国家和区域的利益，既最大限度地体现多数公民的意志，又避免了大城市可能主导区域规划的倾向。20世纪90年代以来，随着德国统一，国家竞争逐步转向区域的竞争，德国的区域规划也发展到区域管理层面。区域管理是基于一定的区域发展目标模式而制定的发展过程和由此导出的行动纲领。在这里"区域"是由最小的地域单位"镇"组成的地理空间单位，空间的大小界定与区域战略和行动有关。区域管理组织是地方在区域层面上自我组织的一个以区域横向协调为核心任务的网络组织，涉及不同的州，不同的地方政府和企业；组织结构可以虚实结合，充分利用现有的管理系统的资源，再由专门机构将所有会员和单位联结形成一个网络，投入少而效率高。德国的区域治理是一种多元主体组成的网络化管理，注重多元弹性的"协调"方式解决区域间问题。它是建立在深厚的公民社会基础、根深蒂固的法治传统、发达的组织体系以及公私合作与协商治理文化之上的治理模式。这种模式可以充分利用现有管理系统的资源，由专门机构将所有会员和单位连接成一个网络，涉及政府、非政府组织、私人部门、公民及各种利益相关者，有助于实现区域利益的最大化。同时，组织职能转变具备灵活性。公共管理职能可以在法律框架内为不同需求在不同组织间进行移转。例如，法兰克福近郊协会根据《更改法兰克福近郊协会任务法》的规定，将垃圾处理的职能重新交回到地方政府。随后因区域间的垃圾处理问题急需地方合作，六个县和一个城市又共同建立了前文提到的莱

---

① 陈承新：《德国行政区划与层级的现状与启示》，载于《政治学研究》，2011年第1期。

茵—美茵垃圾处理有限公司。此外，根据实际需求，组织形态可以依据法律规定进行改变。①

我国在区域经济一体化的早期实践中，也出现过区域性组织的形态，主要表现为区域合作组织和区域合作领导机构。但是作为我国区域法律治理机制之一的区域性组织在实践中遇到了一定制度障碍，组织缺乏权威和执行力。德国区域组织能够具有较强的执行力，重要原因之一是参与建立组织的地方行政机关具有较强的自治权，并且这种自治权始终得到了宪法和法律的保障。与之相比，我国区域协调组织从设立上缺乏直接的法律依据，往往不是由相关的地方政府合作建立。开发区管委会属于地方政府的派出机关，区域合作领导机构是上级行政单位的职能部门。这与德国意义上的区域性协调组织具有较大差异，如在职权上由于这些组织不具备所属职能部门在行为法上的职权，因而缺乏执行力。总体而言，我国的区域性组织类型少，功能相对单一，执行力不强。为进一步发挥区域性组织的作用，首先需要明确现实需求，从我国区域经济一体化的实践中考察地方行政单位利用组织进行协调的激励，进而考虑如何突破现有体制的障碍。我国可以参考德国经验，根据具体行政管理的需要，成立履行不同职能的私法或公法组织，依据法律规定明确组织的职责和权限，保障区域组织能够发挥应有的功能。②

（三）通过地方自治实现区域治理的多样化

德国地方政府之所以能够结成各种组织管理区域事务，各种组织能够具有较强的执行力，与德国的地方自治传统及分权体制密不可分。德国的地方自治可以追溯到中世纪自由城邦的特权，但真正意义上的德国地方自治制度是由19世纪普鲁士自由改革派施泰因草拟《普鲁士市政宪章》后逐步建立起来的。此后，公民在地方自治中的各项权利逐步得到加强，地方自治在魏玛共和国时期被写入宪法。1935年，德国第一次制定了统一的《德国市镇自治法》，中断了原有的多样化地方自治传统。从第二次世界大战后的分区占领到德国统一，德国的地方自治传统又得以延续，并形成了各具特色的地方自治模式。德国地方自治乡镇的组织模式不尽相同，随着各州改革的铺开，以乡镇长直选和乡镇长居于强势地位而著称的南德乡镇代表大会制普遍实行于德国各州，原有的多样性自治模式在德国已不复存在。目前德国的地方自治组织是县市和乡镇。在地方自治组织之间，如一些州的县和乡镇之间，还存在乡镇联盟等特别的行政区划职能部门，拥有一定的

---

①② 高薇：《德国的区域治理：组织及其法制保障》，载于《环球法律评论》，2014年第2期。

管理权限，有利于乡镇间组织合作或为小城市提供行政和运行支持。①

德国地方自治的法律可分为德国宪法、法律和规章三个层次，德国《基本法》提供了地方自治的宪法保障；各州制定的地方自治法律则详尽而全面，因而留给地方自治组织的自主立法空间比较小；地方自治组织订立的规章大部分与居民的切身利益密切相关。值得指出的是，德国地方政府自治的程度体现它的传统——地方自治原则，就是根源于《基本法》第 28 条第 2 款，即所谓"一般能力条款"，该条规定："乡镇必须被保证就所有地方事项在实体法所设定的框架内，以自己的责任加以处理的权利。县也应在法律所设定的任务范围内，依法律规定享有自治权利。"《基本法》通过法律区分了自治的强制性任务和自愿性任务，被视为地方自治的宪法保证，不仅受各州政府和议会的尊重，而且也为联邦政府所遵循。②

德国区域治理的主要参与主体是地方自治团体。各地方政府可以根据自身需求依据相关法律规定结成区域协调组织，并将权限移转给组织机构代替其履行公共事务。这也决定了德国的区域治理主要是一种自下而上、自发形成的方式，并能够呈现出多样化的特点。与德国不同，我国的区域经济一体化并不完全是市场的自发秩序，而主要是国家通过公权力强力推进的，是一种自上而下的模式。这在一定程度上解释了我国目前的区域性组织多为上级单位的派出机构并且执行力不足的问题。此外，德国的地方自治始终得到宪法和法律明确保障，而我国中央与地方以及地方各级政府之间的关系虽然有宪法和地方组织法的规定，但法律规定过于笼统，职权划分不够明确。我国基层地方自治制度也尚待完善。制度上的障碍会对我国地方合作的可行性及效果产生影响。③

我国《宪法》第三条规定："中央和地方的国家机构职权的划分，遵循在中央的统一领导下，充分发挥地方的主动性、积极性的原则。"另外，《宪法》第一百零七条确定了县级以上地方各级人民政府管理经济事务的职权。因此，地方政府具备管理本辖区内经济事务的自主权，通过地方协商合作推进区域经济一体化具备宪法依据。在区域经济一体化过程中，相关地方政府是利益的直接相关者，同时也掌握区域治理中与地方性事务相关的第一手信息，具备进行协作的激励和管理上的优势。中国共产党十八届三中全会《关于全面深化改革若干重大问题的决定》在"加快政府职能转变"部分明确提出：要全面正确履行政府职能，对于直接面向基层、量大面广、由地方管理更方便有效的经济社会事项，一律下放地方和基层管理。此外，在深化财税体制改革方面，该《决定》

---

①② 陈承新：《德国行政区划与层级的现状与启示》，载于《政治学研究》，2011 年第 1 期。
③ 高薇：《德国的区域治理：组织及其法制保障》，载于《环球法律评论》，2014 年第 2 期。

提出要"建立事权和支出责任相适应的制度",逐步理顺事权关系。跨区域重大项目建设维护等作为中央和地方共同事权,区域性公共服务作为地方事权,中央和地方应当按照事权划分相应承担和分担支出责任。因而,我国未来通过发扬地方自治和主动性推进区域经济一体化在顶层制度设计上已经具备了相当的基础和可能性。①

第三节 日本区域经济一体化中的府际合作

一、日本区域经济一体化概况

(一) 日本的行政区划

日本领土由北海道、本州、四国、九州4个大岛和其他数千个小岛屿组成。自1871年明治政府实施废藩置县政策后,日本地方行政区划分为两级,分别是都道府县(广域的地方公共团体)以及市町村(基础的地方公共团体)。其中,都、道、府、县是平行的,共47个一级行政区,直属中央政府。各都、道、府、县根据《日本国宪法》拥有自治权,其办事机构称为"厅",即分别称为"都厅""道厅""府厅""县厅",行政长官称为"知事"。这些一级行政区下设若干个市、町(相当于中国的镇)、村。其办事机构称"役所",即分别称为"市役所""町役所""村役所",行政长官分别称为"市长""町长""村长"。

日本属于岛屿较多的国家,行政管理上会存在一些不便,因此日本在部分偏远地区、离岛地区设立都道府县的行政派出机关,称为"支厅"。近年来多改制并更名为"县民局""振兴局"等。在基层治理方面,日本为了应对大都市的发展趋势,自1956年开始创设政令指定都市制度(简称"政令市"),并将一些原属都道府县的事务移交给政令市执行,政令市需依申请提出并经核准设立,人口需达到50万~70万人以上,拥有较大的自治权。在政令市下可设"区"。如果有些市达不到条件的,不能设立"政令市",也不得设"区",则可申请设立拥有一定自治权的中核市与特例市两个等级的市。中核市由人口达30万人的市提

---

① 高薇:《德国的区域治理:组织及其法制保障》,载于《环球法律评论》,2014年第2期。

出申请并经核可设立，特例市由人口达20万人的市提出申请并经核准设立。人口较少的如人口达5万人的町、村，也可提出申请并经核可成立一般的市。此外，东京都还下设有23个特别区，与"政令市"的行政权限类似，主要功能是为了确保大都市的行政一体化。

（二）日本的区域经济发展状况

日本虽然国土面积较小，但其历史上也存在着严重的区域发展不平衡问题，其中最为突出的是以东京为中心的三大城市经济圈和距离该经济圈较远的地区——"过疏地区"之间的两极分化。三大城市经济圈由于自然环境和条件较好，且与太平洋邻近，因此与外界联系十分方便，在历史上一直是日本经济、贸易发达地区。20世纪50年代后期，日本开始推行新的产业政策，大量重化工业的设备投资在环太平洋带状地区进行。东京、大阪和名古屋三大城市圈成为日本的政治、金融、信息和生产流通中枢地区。20世纪90年代以来，随着信息化的发展和经济全球化的推进，这一地区又得到进一步发展。过度的膨胀导致三大城市圈交通堵塞、环境污染、人口急剧流失、地价高涨等一系列问题，从而影响了当地社会经济的正常运行，使得经济衰退。与三大城市圈的产业相比，日本过疏地区产业规模小，缺少有竞争力的产业支撑。与其他地区相比，过疏地区人均收入水平落后。[①]

1950年，日本确定了综合利用、开发和保全国土，并使产业布局合理化和提高社会福利的国土综合开发目标。同年，日本政府在中央设立了北海道开发厅，并制订开发计划、计划推动的行政组织、预算编制程序和优惠政策措施等诸多内容，并视需要每年加以修订。自1951年以来，日本内阁先后制定并实施了六次"北海道综合开发计划"，每一期计划都有明确的重点和目标。1962年以来，日本政府共制定了四个全国综合开发计划，每个计划都把解决地区差距作为最主要的目标之一。一般落后地区开发政策也有很多，如1962年制订的六个基本计划，针对特定落后地区的开发。此外，日本政府对特定落后地区还专门制定了相应的振兴措施及相关计划。20世纪70年代后期，日本提出了"技术立国论"，明确规定技术聚集城市的建设必须在三大经济圈以外。政府指定了宫崎、西播磨等26个地区进行高技术聚集城市的建设。日本政府的这一举措不仅强化了技术创新，促进了日本尖端产业的快速发展，而且高技术聚集城市所产生的创新扩散效应带动了欠发达地区经济的腾飞，实现了经济地域空间结构的合理化。[②]

[①②] 杭海、张敏新、王超群：《美、日、德三国区域协调发展的经验分析》，载于《世界经济与政治论坛》，2011年第1期。

日本中央财政占整个财政的 70%，其中大部分拨付给地方政府，在非均衡发展时期，主要是拨给重点开发地区，在均衡发展时期则主要拨给落后地区。对落后地区的支持明显体现在财政补贴上。例如，政府给予北海道的开发项目补贴均高于其他地区。另外，日本政府还采取减免税收、价格补贴等措施，促进"过疏地区"的经济发展。在金融手段方面，日本建立了地区开发金融制度，通过政府的金融机构以优惠贷款方式向落后地区提供援助，同时在政府金融体系的 10 个公库中，设立了两个直接服务于落后地区的开发公库，以此来振兴落后地区的产业。日本中央和地方的财政支出很大部分是用于交通、信息系统的建设，把加快和加强基础设施的建设工作作为区域开发的突破口。近年来，日本的高速公路不断向偏远的落后地区延伸，加强了这些地区与东京等大城市的经济联系，促进了其人口的增加和商业的繁荣，推动了欠发达地区的经济发展。2000 年 7 月，日本成立了信息通信技术战略本部，在很大程度上为满足民众对多样化的国际信息通信服务的需求提供保障。此外，日本政府也十分重视落后地区的教育事业。为了振兴落后地区的教育，国家和地区政府逐年增加教育投资，同时国家还对都道府县及市町村政府的教育经费支出补助 50%。[①]

二、日本中央政府促进区域经济一体化的制度体系

日本历史上，以东京、大阪、名古屋三大城市经济圈与北海道等远离三大经济圈的过疏地区之间两极分化最为突出。为了消除经济发展布局不合理的问题，缩小各地发展水平的差距，日本中央政府开始重视欠发达地区的开发，分全国性国土综合开发和特定区域独立开发两大块，逐步实现全国范围内的区域经济协调发展，并在这个过程中形成了特有的法律、规划、财政、金融、管理等制度体系。

（一）立法促进

日本中央政府在促进区域经济一体化的工作中，重视法律制度的建立与完善，往往采取立法先行的方式来开展相关工作。因此，日本中央政府建立了门类齐全、内容具体、便于实施的一系列促进区域经济一体化法律制度：既有《国土综合开发法》（1950 年）、《国土利用计划法》（1969 年）等全国性法律制度，又有《北海道开发法》（1950 年）、《东北开发促进法》（1957 年）、《九州地方开

---

① 杭海、张敏新、王超群：《美、日、德三国区域协调发展的经验分析》，载于《世界经济与政治论坛》，2011 年第 1 期。

发促进法》（1959年）等地方性法律制度；既有《低度开发地区工业开发促进法》（1961年）、《新产业都市建设促进法》（1962年）、《工业整备特别地区整备促进法》（1964年）、《工业再配置促进法》（1972年）和《高技术工业集聚地区开发促进法》（1983年）等行业促进法律制度，又有《孤岛振兴法》（1953年）、《产煤地区振兴临时措施法》（1961年）、《豪雪地带对策特别措施法》（1962年）、《十岛振兴法》（1985年）、《过疏地区活性化特别措施法》（1990年）等特殊区域振兴法律制度。同时，每项法律制度对开发区域、内容、程序、措施以及各级政府的权力与义务均作了明确的规定。例如，《高技术工业集聚地区开发促进法》对开发区域作了详细的规定，提出开发区域要满足非工业高度集聚区，具有良好的高技术产业发展前景，拥有一定高技术产业生产能力或配套能力的企业、可保障工业用水用地及住房需求，具有便利的交通运输网络等要求。[①]

（二）规划制度

日本促进区域经济一体化的成功经验之一就是规划制度与法律制度相结合。日本政府在出台的《国土综合开发法》中提出了综合利用、开发、保护土地，合理布局产业设施，提高社会福利水平等发展要求。根据《国土综合开发法》中提出的发展要求，日本政府结合不同时期的经济发展目标和任务，先后制订了"全国综合开发计划"（1962年）、"新全国综合开发计划"（1969年）、"第三次全国综合开发计划"（1977年）、"第四次全国综合开发计划"（1987年）、"21世纪国土的宏伟规划"（1998年）等系列发展规划，并把解决区域发展不协调问题作为最主要的任务之一。根据《北海道开发法》的发展要求，日本政府先后制定了六次目标明确、任务清晰的北海道综合开发规划；根据《新产业都市建设促进法》，日本政府制定了六个配套的发展规划。这些规划的制定和实施是以法律制度为前提，对发展目标、发展重点、责任分工、规划执行等均提出了具体的要求，具有较大的权威性、可操作性和指导性。并且，日本政府通过规划的连续性保证了规划实施的成效，从而发挥了发展规划在促进欠发达地区的加快发展，实现区域经济一体化中的重要作用。[②]

（三）财政与金融制度

完善的财政制度是日本促进区域经济一体化的重要手段。日本建立了由中央财政集中大部分税收收入和大规模财政转移支付的财政制度，即中央财政占了全国整体财政收入的70%，拥有较强的经济驾驭能力，并且通过大规模财政转移

[①②] 刘银：《区域协调互动发展：国际经验与法律规制》，载于《学术界》，2014年第10期。

支付手段实现重点地区的扶持成效。日本的财政转移支付分为国家让与税、国库支出金和国家下拨税三种。国家让与税实质上是国家与地方共享某些税收。国库支出金由国库向地方支出财政资金，是不要求偿还的国家支出款。国家下拨税是中央政府把某些税种收入的一部分下拨给地方自治团体，按照地方财政财力不足的程度进行分配，主要用于弥补地方财政收入的体制性不足。以北海道开发为例，日本政府自《北海道开发法》颁布以来，一直给予北海道特殊财政政策。一是北海道开发事业费由国家财政安排预算，平均每年都按国家财政安排预算的10%以上比例予以支付。二是通过国库支出金、国家下拨税等方式，给予北海道高于其他地区的补助比例，重点用于基础设施建设、生态环境治理等方面工作。并且，日本政府通过采取价格补贴、减免税收等措施，在交通、信息、教育、产业等方面加大对"过疏地区"的帮扶力度。日本政府也非常重视金融制度在区域经济一体化中的作用，建立了系列地区开发金融制度。在政府10个金融公库中，就有北海道开发金融公库和东北地区开发公库两个直接服务于欠发达地区的开发公库，以此促进欠发达地区的产业发展、基础设施建设等。日本政府还在日本开发银行中设立了"地方开发局"，行使地方开发金融的职能。[①]

（四）管理机构与制度

日本政府为促进欠发达地区加快发展，针对性地设立开发机构给予保障。日本1950年在中央政府设立北海道开发厅，国务大臣为厅长官，下设北海道开发局，负责制定北海道开发规划、组织规划实施、编制预算、提出政策措施等工作，从而便于在中央政府层面协调北海道开发工作，有利于北海道的综合开发。北海道开发厅仅负责北海道开发工作，社会管理等辅助工作则由北海道地方政府负责。这种双重管理机制、各司其职的开发管理制度，强化了中央政府促进区域经济一体化的责任，为集中力量、集中资源促进欠发达地区的开发提供强大支撑。[②]

三、日本区域经济一体化中的地方自治与广域行政

（一）地方自治

日本的行政区划并不复杂，层级也较为简单。日本通过宪法赋予了地方较大的自治权，赋予了地方独立的法人资格，同时明确了地方自治的主体、原则和范

[①②] 刘银：《区域协调互动发展：国际经验与法律规制》，载于《学术界》，2014年第10期。

围。但是通过仔细审视，可以发现日本的地方自治权非常有限，具体包括了管理财产权、处理事务权、执行行政的权能以及在法律范围内制定条例的权力。这些地方政府所拥有的职能，其他国家的地方行政机关通常也享有，并无特别之处，主要是为了地方行政管理的需要和便利。但是现实与法律相背离的是，在明确了地方自治背后，日本中央集权的色彩却依旧很浓，日本的内阁迟迟不愿将更多的权力下放给地方政府，因此地方分权的进程一直非常缓慢。

自 20 世纪 80 年代日本才开始真正的尝试地方分权，直到 20 世纪 90 年代中期才有了实质性的进展。这主要是缘于 1993 年众参两议院在日本宪政史上首次一致通过"关于推进地方分权"的决议。1994 年日本全国的各级地方公共团体向内阁及国会提交了"推进地方分权意见书"，同年日本还修改了《地方自治法》。1995 年 5 月制定的《地方分权推进法》颁布实施，日本才有了真正的地方分权的思路。1999 年 7 月 16 日国会公布了《地方分权总括法》，以法律形式确定了多年来有关地方分权研讨的成果。由于地方分权涉及国家、地方公共团体和居民三方主体的权力分配，因此推进的过程也反映了日本的政治经济体制的变化，但是日本也看到了地方自治的必要性和重要性。从权力分配到责任分担，从中央政府的强势到地方公共团体的完善，从对行政权力的服从到居民自治的觉醒，日本的地方自治独具特色。

（二）广域行政

1. 广域行政的概念

日本将其跨行政区域的行政机关之间的合作与协调，称为"广域行政"。日本"广域行政"有两种实现途径：一种是直接合并地方行政组织，前文提及日本历史上的废藩置县就是采用这样的方式，这种也称为广义的"广域联合"，这是日本表现最为特别的区域合作方式，也推动了日本行政区划的调整；另一种是不改变行政区域基础上的跨区域合作，也就是狭义的"广域行政"。这种方式是在行政区域的整体结构不受影响的前提下，采用组合、地方开发事业团、协议会、委托彼此救济事业的经营、机关联合的组织、地方行政联合会议、共同设置机关和职员、事务委托、职员派遣、区域外公共设施的设置以及其他团体对公共设施的利用等方式，发展出跨越一个地方自治团体区域，形成加以统一、整合处理的行政制度。随着日本地方自治权的扩大，日本地方政府自主管理自己事务的主动性在加强，其中也包括地方政府之间的交流和合作，并逐步形成了具有自身特点的跨区域合作。[①]

---

① 龙志平：《日本地方自治与广域行政》，华中师范大学 2007 年硕士学位论文，第 19~28 页。

2. 广域行政圈

1969 年，日本内阁会议决议通过《新全国综合开发计划》，推出大规模工业基地、新干线网等大区域建设，以矫正国土利用所出现的偏废现象，消除过疏过密的区域差距。同年 5 月颁布《广域市町村圈整备措置纲要》，推行广域市町村圈的设置，其标准为：（1）圈域内人口大约 10 万人以上；（2）能够就地供应居民日常生活需要，将都市与农村、渔村、山林整合成一体；（3）拥有能够提供居民生活机能的中心市街地而成为日常社会生活圈的区域。根据《广域市町村圈振兴整备相关措置》，需要将日渐形成的都市及周边农地、山地、渔村地区整合成一个日常社会生活圈，拟订广域且综合性计划，依据该计划具体执行，以谋求国土均衡发展及解决人口过疏过密问题；建立相关广域行政体制的整备，其广域行政机构包括协议会、一部事务组合、广域连合，通盘处理根据广域市町村圈计划应实施的事业。

1977 年，日本内阁会议决议通过《第三次全国综合开发计划》，提倡新的定居构想，以谋求人口及经济的和谐发展，其具体措施是继续划设广域市町村圈，推动地方综合发展计划，同年 8 月制定并颁布了《大都市周边地域振兴整备措施纲要》，推行大都市周边地域广域行政圈的设置。其设置标准为：（1）圈域内人口大约 40 万人规模；（2）在地理、历史及行政上被认为具备一体的共同性；（3）能够描绘出一体的愿景及行政措施。自 2011 年 3 月起广域市町村圈及大都市周边地域行政圈都总称为广域行政圈。有关广域行政圈设置的相关事项，依据 2002 年 4 月总务省自治行政局拟订的《广域行政圈计划策定纲要》，其目的是为了适应日本政治经济社会的结构性改变，有重新规划设置广域行政圈以及广域行政机构的必要。截至 2006 年 4 月 1 日，日本全国共有 361 个广域行政圈，包括 3 104 个市町村，占全国市町村数的 96.6%（当年全国有 3 213 个市町村），占全国总面积的 97.7%。其中广域市町村圈有 336 个，大都市周边地域广域行政圈有 25 个，平均每个圈域约有 9 个市町村。每一广域市町村圈平均人口数约为 7 万人，每一大都市周边地域广域行政圈平均人口数约为 23 万人。[①]

（三）《地方自治法》下的广域行政

日本广域行政的主要法律依据是《地方自治法》，该法分为总则、普通地方公共团体、特别地方公共团体以及辅则四编，其中涉及广域行政的内容非常多，主要体现在第二编的普通地方公共团体和第三编特别地方公共团体中。

根据日本《地方自治法》第一条第三款的规定，日本的地方共同团体分为普

[①] 龙志平：《日本地方自治与广域行政》，华中师范大学 2007 年硕士学位论文，第 19~28 页。

通地方公共团体和特别地方公共团体。日本的跨区域行政合作是多样的,将原本需要由总务大臣等国家批准或同意的事项交由地方公共团体通过其他非权力方式来完成,而且大多数的跨区域的行政合作都以协议的方式进行。根据此分类,日本的跨域行政也分为普通地方公共团体的合作和特别地方公共团体的合作。其中,普通地方公共团体就是我们所说的地方两级行政机关,这也是狭义的广域行政。普通地方公共团体的合作包括了协议会、共同设置机关、事务的委托三种。其中,第二百五十二条第二款规定了协议会是由地方政府之间通过协议条款的方式来设立的,具体组织上分为决定机关(议会)和执行机关。协议会根据主要职能的不同分为三种:一是管理执行协议会(跨区域共同管理事务的管理与执行);二是联络调整协议会(加强普通地方公共团体的联系与业务调整);三是制定计划协议会(制定广域的综合计划)。但是协议会不是一个独立的法人,没有稳定的职工编制和财产预算,通过规约的方式来约定协议会的重要事项,这些规约的签订主体是一些具有合作关系的地方政府。共同设置机关是指《地方自治法》第二百五十二条第七款至第十三款规定的由地方政府之间可通过协议条款的方式约定共同设置委员会事务局,并安排相应的专职委员。共同设置的机关不属于独立的地方共同团体,因此也不具备独立的法人资格,由设立该机构的地方政府共同所有并共同管理,其主要目的:一是在于合理运营行政,有效处理事务和节约经费;二是在于确保专门人才的培养;三是在于简化普通地方公共团体组织。普通地方公共团体共同设置机关最多的是作为市街村附属机关设立的护理员认定审查会,共 263 个。以神奈川县为例,该县有两个有关老年人护理员资格认证的认定审查会,均属由几个町共同设立的机构。事务的委托是根据《地方自治法》第二百五十二条第十四款规定的普通地方公共团体可以通过协议约定的方式将事务的一部分委托给其他普通地方公共团体。事务的委托协议主要内容包括了委托双方主体、委托事务范围及委托事务执行方法、委托事务需要经费支付的方法等,这有点类似于我国的行政协助。如,A 町的儿童所居住的村落离 B 町的学校较近,在 B 町的学校接受教育更为合适。在这种情况下,只要满足了一定条件,即可以创造使 A 町对 B 町享有让 B 町承担 A 町儿童教育之形成权的机制。[①]

而特别地方公共团体的广域合作包括了一部事务组合、广域联盟等。一部事务组合是《地方自治法》第二百八十四条第二款规定,由地方政府之间通过协议的方式来共同设立一个专门处理地方政府部分事务的机构。其区别于共同设置机构之处在于,一部事务组合是有独立的法人主体资格,属于特别地方公共团体,并且有属于自己编制的雇员,也可以独立制定条例。目前,首先事务组合最多的

---

① 王菁:《区域政府合作协议研究》,兰州大学 2015 年博士学位论文,第 77~85 页。

是用于环卫领域的事务处理，其次是防灾领域（如消防和防汛），其他领域有福利（如老年福利和医院事务）、农业、教育等。在1974年前，日本法律规定，一个事务组合只能专门处理单一事务，1974年修改法律可允许设立处理多项事务的复合型事务组合。广域联盟就是一种跨区域的政府联合，跨区域地方政府之间直接通过联合的方式来共同处理跨区域事务，这样的联合使得地方政府之间的合作更为紧密，因而合作领域也更为广泛。除《地方自治法》之外，在《地方行政联络会议法》《防水法》《消防法》等其他法律规范中也常见跨区域地方政府之间的合作与协调。除了正式的跨域合作之外，日本还有大量的更为简便和高效的非正式跨域合作。[①]

由于日本行政区划和地方自治的演变，日本地方政府自身权限扩大，因此为了行政管理的需要，广域行政大量存在。广域行政有以下几个特点：（1）形式多样。广域行政既可以通过协议的方式来处理单独的合作事务，也可以成立一个特定的组织来处理共同的事务，甚至可以通过联盟的方式来更好的加强合作。（2）覆盖广泛。广域行政可以涉及道路建设、教育文化、医疗卫生、垃圾处理、消防、水务等覆盖行政管理的各个领域。（3）注重协议的签订与履行。日本的各种跨域行政中，都伴随着相应协议的签署。不仅明确了协议的主要内容，也包括协议的执行、管理、监督、费用、变更、废止、争议解决等。地方政府之间的合作无论是临时的还是稳定的，无论是一项事务的合作还是综合事务的合作都需要签订协议。日本行政法发展无论是实体还是程序都较为发达，其赋予地方政府如此大的自治权，目的在于提高行政效率、减少行政支出并增进居民福祉。因此，在制度设计上，一方面注重国家与地方公共团体关系的制度安排，另一方面注重运用行政协议的方式来调节区域治理中的权利义务关系。[②]

四、日本府际合作治理机制对我国的启示

日本区域经济一体化中过程中为了促进府际合作，在中央政府层面，坚持立法先行、规划指引、财政工具与金融工具配合使用，并建立了双重管理、各司其职的组织机构予以保障；在地方政府层面，在地方自治的框架下推动广域行政，较好地促进了日本区域经济协调发展。日本这些区域合作治理经验，对于我国的中央政府与地方政府关系理论的发展以及地方政府合作理论的发展都有着很强的借鉴意义。其中尤为值得我国加以借鉴的，是广域行政方面的治理经验。

从日本广域行政的实施方式来看，广域行政是以行政区域调整为主轴，以地

[①②] 王菁：《区域政府合作协议研究》，兰州大学2015年博士学位论文，第77~85页。

方自治法规定来推行的，其实施方式大致分为四类：一是将事权移至中央或上级地方自治团体，由其作通盘处置；二是在地方自治团体中设立国家派出机关；三是对事务的处理，由中央与地方公共团体或地方公共团体合力进行；四是将行政区域再编成，以致不断扩大。经过多年实践，广域行政在提高公共服务水平、加强公共经济管理等方面取得了显著成效。首先，提升了公共服务水平。广域行政基于广泛领域，利用多种形式，如广域联合体、地方公共团体间各种协议等，灵活地根据具体问题寻求解决方法，促进公共服务的具体化和多样化，满足人们的需求。例如，针对日本老龄化问题，广域行政为高龄者提供了更好的公共服务。其次，提高了公共资源与设施的利用率。从广域的角度看，在建设道路、文化设施、体育设施等公共设施中，广域行政提高了设施的建造效率，方便居民使用，使公共资源和设施得到充分利用。最后，在提高行政效率的同时节省了财政开支。广域行政提升了公共部门的公共服务能力，通过市町村的合并，虽然削减了职员，但行政效率却在不断提高，而且避免了地方政府对基础设施建设的重复投入，将节省下来的资金投向重点工程，客观上减轻了地方财政压力，有利于财政资金的合理利用。①

我国的跨域治理模式改革必须紧扣自身情况，在原有模式的基础上引入先进理念渐进式地改革与创新。因为跨域治理的模式选择中必须考虑情景因素，而不能照抄照搬日本模式。立足于本土因素，分阶段、分步骤的发展我国跨域治理模式，才是正确路径。本土因素，如政治体制、法律框架、行政文化等与移植某种概念、模式密切相关，它们影响着对新行政理念的理解，以及相应的组织结构方式和实践途径的选择，这些因素不仅决定了是否采纳某一模式，而且决定了这一模式的本地内涵。只有充分理解本国、本地区的因素，持续吸收先进经验、分步进行改革，才能让跨域治理的模式改革取得实际成效。②

日本广域行政中的"组合制度"便经历了上述充分考虑本土因素的渐进式发展过程，在形式和内涵上不断多元化，日益成为广域行政中最为重要的治理模式。日本广域行政中的组合制度在一百多年的改革发展中，其对于旧有制度的传承以及渐进式的改革原则，都是值得我国在推行区域府际合作治理中借鉴和学习的。③

---

①② 邱力生、赵宁：《我国跨区划公共经济管理机制形成探索——借鉴日本广域行政的经验》，载于《广州大学学报（社会科学版）》，2012年第2期。

③ 王维：《日本广域行政的模式及其应用之研究》，西南政法大学2013年硕士学位论文，第47～48页。

第六章

我国区域经济一体化中的府际合作

随着市场经济体制建设进程的加快，我国区域经济一体化也取得了长足的发展。在改革开放中先行一步的珠三角、长三角、环渤海区域，已发展成为具有典型代表和引领意义的经济区。西部大开发、中部崛起、东北振兴等国家战略的实施，推动了成渝经济区、武汉城市圈、长株潭城市群等区域的经济一体化。而香港、澳门的相继回归，使得粤港澳经济一体化也向着纵深的方向发展。本章从我国区域经济一体化的典型性、区位性、成熟度出发，分别选取珠三角、粤港澳、长三角、环渤海等区域，考察我国区域经济一体化中府际合作取得的基本成果及存在的问题。

第一节　珠三角经济一体化中的府际合作

一、珠三角府际合作的发展历程与主要成果

（一）珠三角的界定

珠三角是珠江三角洲的简称，在地理上是指西江、北江共同冲积成的大三角

洲与东江冲积成的小三角洲的总称。在经济上，珠三角包括"小珠三角""大珠三角"和"泛珠三角"。"小珠三角"是指广州、深圳、佛山、东莞、中山、珠海、江门、肇庆、惠州共9个城市组成的经济圈。"大珠三角"有两个概念，一个是指"小珠三角"9个城市，加上深汕特别合作区、香港特别行政区、澳门特别行政区构成的区域；另一个是指广东省加上香港、澳门，即粤港澳地区。"泛珠三角"又叫"9+2"，是指沿珠江流域的广东、福建、江西、广西、海南、湖南、四川、云南、贵州9个省（区），加上香港和澳门两个特别行政区在内的11个地区。通常所讲的珠三角，是指"小珠三角"，因此本书是在"小珠三角"意义上使用珠三角概念的。

（二）珠三角府际合作的发展历程

珠三角区域府际合作的历史源远流长，早在隋代，珠三角区域就形成了以广州为中心，沿西江、北江水运通道辐射分布的发展格局。宋元时期，由于江南人口大规模南迁，经粤东沿东江入粤，惠州等东江沿岸城镇发展得到强化。明代后期，珠三角的农业生产商品化倾向日渐明显，成为岭南最活跃、最具商品意识，因而最富有反传统精神的地区。清代自乾隆二十二年（1757）年至1842年签订《南京条约》，为防范外商侵入江南腹地和保证税收，清政府规定外国商人只可以在广东通商。珠江口地区特别是珠江西岸极大受惠这一政策，具备港口优势的广州、佛山由此迅速发展。

改革开放以来，珠三角地区经济一体化进程不断加快。1985年，中共中央、国务院批转《长江、珠江三角洲和闽南厦漳泉三角地区座谈会纪要》并发出通知，指出：在长江三角洲、珠江三角洲和闽南厦漳泉三角地区开辟沿海经济开放区，是我国实施对内搞活经济、对外开放的又一重要步骤，是社会主义经济建设中具有重要战略意义的布局。1994年，广东省委在七届三次全会上提出建设珠江三角洲经济区。1995年，广东省制定了《珠江三角洲经济区城市群规划》，正式实施以广州为领头，以深圳、珠海为两翼的珠三角经济一体化发展战略，该《规划》指出："以珠三角有机协调的城市群为整体，以广州为核心，以广州至珠海和广州至深圳的发展线为主轴，建设大广州和珠江口东岸、西岸三个大都市区，建立都会区、市镇密集区、开敞区和生态敏感区4种用地类型的空间协调发展模式。"珠三角都市圈整合有力地促进了区域经济的整体发展，迅速缩减了珠三角经济区与香港、澳门地区的经济落差，奠定了珠三角在全国经济发展中的领先地位。

2009年1月8日，国务院批准了《珠江三角洲地区改革发展规划纲要（2008～2020年）》，标志着珠三角一体化纳入国家整体战略的范畴，该《规划纲要》为珠三角府际合作提供了有效的制度支撑和良好的发展机遇。2009年4月10日，中共广东省委、广东省人民政府发布了《关于贯彻实施〈珠江三角洲地区改革发展规划纲要（2008~2020年）〉的决定》，要求务实推进泛珠三角区域合作，完善泛珠三角区域合作机制和规划，推进基础设施、生态环境保护、科技、旅游、能源等合作，促进资金、技术、人才、信息、资源等要素在区域间便捷流动，推动资源由按行政区域配置向按经济区域配置转变。

（三）珠三角府际合作的主要成果

珠三角各市成立了市际合作领导小组、重要合作事项专责小组、高层联席会议制度、日常办公机构和各市部门间协调机制、区域合作发展论坛，以及城市间干部相互学习与交流机制等府际合作制度，这些制度促进了珠三角地区的府际合作，推进了珠三角经济一体化的发展。自2009年以来，根据国务院批准实施的《珠江三角洲地区改革发展规划纲要（2008~2020年）》和广东省委、省政府《关于贯彻实施〈珠江三角洲地区改革发展规划纲要（2008~2020年）〉的决定》，珠三角五个一体化的建设成果显著，奠定了珠三角府际合作规范化、制度化发展的基础。这些成果主要表现在三个方面：

一是珠三角交通基础设施一体化基本形成，城乡规划一体化成效显著。广佛地铁、广珠城轨等轨道交通已建成通车，三大经济圈年票互通，"三环八射"城际轨道交通网络、绿色廊道网络体系的建设推进，为珠三角一体化的深化提供了基础性条件。珠三角城乡规划一体化工作成效显著，特别是跨界水污染治理成效获得公众的认可。部分经济圈还通过共同制定区域规划来实现一体化，例如，广州、佛山、肇庆共同制定了《广佛肇经济圈发展规划（2010~2020年）》，广州、佛山共同制定了《广佛同城化发展规划（2009~2020年）》。

二是产业合作效果明显。2009年2月27日，深圳、东莞、惠州签署了《推进珠江口东岸地区紧密合作框架协议》，确立了以深圳为中心，以东莞、惠州为辅助的多中心点轴产业发展格局。2009年4月17日，珠海、中山、江门三地签署了《推进珠中江紧密合作框架协议》，确定了三地在基础设施、产业布局、城乡规划、环境保护、公共服务等方面积极开展合作。2009年6月19日，广州、佛山、肇庆签署了《广佛肇经济圈建设合作框架协议》，共同打造布局合理、功能完善、联系紧密的广佛肇城市群，建成全国科学发展示范区。此外，广佛肇、珠中江、深莞惠分别还签署了《广佛肇外经贸合作协议》《广佛肇区域性档案目录中心合作协议》《深莞惠关于产业发展合作的协议》《深莞惠信息化合作框架协议》《深莞惠加快推进交通运输一体化补充协议》《深莞惠加强深惠合作的备忘录》《珠中江2010共同推动重大交通能源项目框架协议》《珠中江区域人才服务体系建设合作协议》《珠中江区域紧密合作规划编制合同书》等系列合作协议。

三是广佛同城化取得突破性进展。所谓"广佛同城"指的是广州和佛山两市打破行政壁垒,进行区域一体化建设。广佛同城是根据《珠江三角洲地区改革发展规划纲要(2008~2020年)》对珠三角全面一体化的先行先试,也是珠三角九市加清远市等四大经济圈建设的基础。2009年3月19日,广州、佛山两市签署了《广州市与佛山市同城化建设合作框架协议》,两市城市规划、交通基础设施、产业协作和环境保护四个专责小组组长还签署了四个对接协议,启动97个同城化重点建设项目,近年来,广州、佛山在交通对接、环境保护及教育、医疗、金融、通信同城化等领域一体化成效显著。

二、珠三角立法协调的现状分析

(一)珠三角立法协调的基本状况

在2015年《立法法》修改之前,[①] 珠三角省级立法主体是广东省人民代表大会和省政府,地市级立法主体是广州、深圳、珠海三市的人民代表大会和政府,九市中的其他六市没有立法权。在区域经济发展中如果需要在经济圈内进行立法,其他六市没有立法权限,而广州、深圳、珠海又不能代替立法或者扩权立法,选择由省级立法机关或中央立法机关进行立法将是恰当的选择。因此,在珠三角,立法协调的主要情形有,省级人民代表大会与政府之间的立法协调,有立法权的地级市人民代表大会与省级人民代表大会和政府之间展开的立法协调,无立法权的人民代表大会、政府和有立法权的广州、深圳、珠海三市的人民代表大会和政府以及与省级人民代表大会和政府之间展开的立法协调。立法协调的内容也多是一省内相关主体权力所及的事项。2015年5月28日,根据修订后的《立法法》,广东省人民代表大会常委会表决通过了《广东省人民代表大会常务委员会关于确定佛山、韶关、梅州、惠州、东莞、中山、江门、湛江、潮州市人民代表大会及其常务委员会开始制定地方性法规的时间的决定》,同年9月25日,广东省人民代表大会常务委员会会议表决通过了《广东省人民代表大会常务委员会关于确定河源、阳江、茂名、肇庆、清远、揭阳市人民代表大会及其常务委员会

---

① 2015年3月15日,第十二届全国人民代表大会第三次会议决定对《中华人民共和国立法法》作出修改,其中地方立法权扩至所有设区的市。

开始制定地方性法规的时间的决定》。至此，珠三角地区设区的市都获得了地方立法权，东莞、中山两个未设区的地级市，也因为在行政架构、人口构成、经济结构、地理位置，以及在区域经济发展、先行先试改革等方面的特殊性，而被赋予了地方立法权。

在珠三角现有的立法协调中，发生频次较多的是省政府与省人民代表大会间的立法协调。通常情况下，有些地方性法规，往往先由省政府审查通过后再交由省人民代表大会审议通过，然后省政府再根据法规贯彻落实。以《珠江三角洲城镇群协调发展规划》立法为例，2004年7月，广东省委、省政府和建设部联合举办"《珠江三角洲城镇群协调发展规划》论证会"。会上，张德江书记等领导同志提出要通过立法确保规划的有效实施。同年12月，广东省政府常务会议审查并原则同意《珠江三角洲城镇群协调发展规划（2004~2020年）》，后对《规划》进一步修改、完善，形成《规划（草案）》，提交省人民代表大会常务委员会审议，2005年1月19日，广东省人民代表大会常务委员会第16次会议审议并通过。随后，为了保障《规划》的贯彻实施，省政府组织开展了《广东省珠江三角洲城镇群协调发展规划实施条例》的起草工作，2005年9月，广东省政府原则同意《规划实施条例（草案）》并将其交付广东省人民代表大会常务会议审议，2006年7月，广东省人民代表大会常务会议第三次表决通过了《广东省珠江三角洲城镇群协调发展规划实施条例》。

为构建区域立法协调机制，在《珠江三角洲地区改革发展规划纲要（2008~2020年）》发布实施后，广东省第十一届人民代表大会常委会第27次会议于2011年7月29日通过了《广东省实施珠江三角洲地区改革发展规划纲要保障条例》，该条例在组织协调、法制协调、争议处理、信息共享机制等问题上进行了明确的规定，并强调"地方性法规和政府规章的制定机关应当根据实施规划纲要的需要，适时制定、修改或者废止有关地方性法规和政府规章"。该条例还对制定单独适用于珠三角地区的地方性法规和政府规章作出了规定。

（二）珠三角立法协调存在的问题

1. 立法协调体系尚未建成

虽然珠三角地区在广东省的管辖范围之内，由省级立法机关进行立法协调是比较好的一种立法协调机制，但是，省级立法机关在立法信息的获得、立法理念、立法角度上与设区的市国家机关存有一定程度上的差异，由省级人民代表大会和政府来进行全部的区域立法，不太现实，而且有时省级立法机关制定的地方性法规或规章也未必符合各地的区域发展实际需要。因此，如何通过立法来推动珠三角区域经济发展，如何加强区域立法的协调与合作，是当前珠三角立法中必须着力解决的问题。目前珠三角区域立法工作呈现出明显滞后于经济和政治体制改革步伐的状况,区域性立法协调机制尚不健全。

2. 在 2015 年《立法法》修改之前,珠三角各城市立法权限不一使立法协调陷入尴尬境地

在 2015 年之前,珠三角地区只有广州、深圳、珠海三市有立法权,中山、佛山等其他六市没有立法权限。广州、深圳、珠海三市可以在本行政区域内制定适用于本地的地方性法规和规章,但是对超越其管辖范围的法规、规章,它们则无权制定。由于其他六市没有地方立法权,那么在珠三角区域内由九市共同开展区域立法也就成了一种奢望。对重大事项的安排通过共同立法来实现也是不可能的。没有法律授权便无权,九市间没有共同立法就使九市对重大事项的安排很难有法律上的依据,重大事项是否开展实施在法律上都会成为一件极为棘手的事情。就各级政府签订的行政协议而言,通常情况下大部分协议应该通过权力机关召开会议形成决议授权后才能予以实施,但由于一些地方没有立法权,就使人民代表大会授予行政协议的法律效力大打折扣。有立法权的人民代表大会决议授权的行政协议的法律效力显然比没有立法权的人民代表大会决议授权的行政协议的法律效力更高。另外,对类似于广佛同城化中出现的立法协同问题也更需要关注和解决。由于广州市有立法权,佛山市没有,但这并不意味着两市就不需要有共同立法对共有重大事项进行规制,然而如何进行立法却是个令人头疼的问题。例如,广州地铁开进佛山地界,广州市人民代表大会制定的《广州市城市轨道交通管理条例》能否在佛山市域内适用,就是一个问题。[①] 随着 2015 年《立法法》的修改以及广东省人民代表大会确定包括东莞、中山在内的所有珠三角地级市人民代表大会立法权,上述尴尬境地有望得到缓解。不过,在各城市均获得地方立法权之后,珠三角的立法协调就更显得迫切和必需,否则,基于地方保护主义的分割立法甚至立法冲突,将会给珠三角经济一体化深入发展制造新的障碍。

三、珠三角执法合作的现状分析

(一) 珠三角执法合作的基本状况

伴随着珠三角区域经济一体化进程的推进,区域行政执法合作迈开了步伐,取得了进展。自《珠江三角洲地区改革发展规划纲要》出台以来,珠三角九市为

---

① 潘高峰:《区域经济一体化中政府合作的法制协调研究》,人民出版社 2015 年版,第 317、325、327~328 页。

贯彻落实《规划纲要》，积极探索区域执法合作的方法和途径，开展执法合作的实践，如在文化市场执法合作领域，2010年广东省文化市场综合执法局颁布了《关于加强珠三角地区文化市场行政执法协作工作的意见》和《珠三角地区文化市场行政执法协作工作两年规划》，并建立珠三角区域文化执法协作机制。2011年在深圳世界大运会期间，深圳、东莞、惠州三市的文化执法部门签署了《深莞惠"迎大运、保平安"文化执法工作合作协议》，以建立深莞惠"三市一体"的文化市场执法合作机制，在三市间共享信息、交流执法状况等，确保大运会期间文化执法的顺利开展。再如，在环保执法合作领域，《广州市佛山市同城化建设环境保护合作协议》的出台，为两市的环保执法合作拉开了序幕。《协议》中规定以"资源共享、合作共赢"和"联防联治、信息互通"为合作原则，通过成立两市环境保护合作领导小组和设立两市环境保护合作专责小组，全面开展联合防治水污染、联合防治空气污染、统筹固废处置资源和信息与资源共享等工作，并强调"加强两市跨界污染项目审批的沟通合作，统一审批尺度，共同研究跨界流域和区域的限批、禁批和企业搬迁等办法"。而且在两市政府间建立联席会议制度、联合调查机制、信息互通制度、重大项目联审制度以及两市河流、大气环境监测合作机制，以保障执法合作的顺利进行，同时还探索建立上下游生态补偿机制，研究上下游地区生态补偿的责任、权利和义务，为进一步完善合作机制做准备。①

（二）珠三角行政执法合作存在的问题

尽管珠三角执法合作取得了一定的成果，但仍存在许多不足，主要表现在以下几个方面：

1. 开展执法合作的意识淡薄

长期以来，我国都以行政区划作为基本单位来划分管辖区域，除上下级政府之间来往较为密切以外，无隶属关系的各地政府之间各自为政，鲜有合作。这种传统的管理模式影响至今，即使当今区域经济一体化已成潮流，但各地政府间的交往依旧多流于形式，通力合作的观念仍未深入人心，行政执法机关及其工作人员的合作意识淡薄。珠海市人民代表大会代表李健康在谈及《珠三角地区改革发展规划纲要》时讲道，广东过往最大缺陷就是各自为政，从珠海、中山、江门、澳门珠江西岸四个城市的联动来说，都是以自我为中心自我发展、产业结构雷同，互补性不强。② 可见，在珠三角经济一体化进程中，各自为政的观念成为开

---

① 杨桦：《论区域行政执法合作——以珠三角地区执法合作为例》，载于《暨南学报（哲学社会科学版）》，2012年第4期。

② 邓卓明：《省委书记点题邀"民间拍案"广东举办实施〈珠三角纲要〉群众论》，中国新闻网。

展执法合作的首要障碍,而且这种观念极大地淡化了合作意识,阻碍了区域经济一体化的进程。①

2. 执法合作的发展程度不均衡

从珠三角地区现有的情况来看,执法合作的发展呈现出两个特点:一是不同地区的发展不平衡。珠三角地区九个城市之间的执法合作并没有广泛深入开展,特别是在一些关键的执法领域,如环境保护、市场监管等,取得实质性进展的只有广佛两市的合作以及深惠莞三市内部的合作,而未能推广到整个珠三角地区。有些问题只有局部合作是难以解决的,比如治理珠江的污染问题,像这种跨区域河流的污染问题只依靠个别城市政府的执法是无法解决的。而且珠江是珠三角地区的母亲河,珠三角地区共享河流资源,也应当共同治理河流污染。二是不同执法领域的发展不平衡。从珠三角地区执法合作的现状看来,开展执法合作主要集中在文化市场执法、环境保护执法、市场监管执法和应急管理等方面,而在其他执法领域仍鲜有合作。执法合作先从重要的执法领域突破是正确的,但应当以点带面,适时推动其他一些领域的执法合作,使执法合作的覆盖面更为广阔。②

3. 执法合作受制于地方保护主义

在现有的行政分权结构中,地方政府在其管辖的区划内拥有相对独立的管理权。就一省而言,各个市政府虽然都受到省政府的统一领导,但其管理权的行使是相对独立的,尤其是对当地经济规划和市场监管拥有较大的裁量权。而且,在现有的政绩评定模式下,地方政府作为地方利益的代表主体,都希望获得本地区利益的最大化,甚至设定种种行政壁垒,利用行政权力人为割断区域经济的内在联系,造成市场分割。对于跨区域的公共问题,如区域河流、湖泊等水资源的污染问题,由于地方政府在执法态度、执法标准、执法力度等方面的差异,即使只有个别地方政府消极执法,也将会影响整个流域的污染治理。因此,从地方利益出发设置的一些行政壁垒或者消极对待的做法,不但阻碍了市场对资源的有效配置,而且这些不同的标准对执法合作而言,也是一道难以逾越的障碍,使执法合作极大地受到了地方保护主义的限制。③

4. 执法合作难以形成统一体系

就珠三角行政执法合作的现状而言,尚难以形成一个统一体系。一是由于各地的执法合作发展程度不一致,步调难以统一。二是各地的经济发展状况、社会环境和人文环境还存在较大差别,导致了各地在某些执法领域的执法标准不一致,给执法合作带来了障碍。三是行政执法体制的内在矛盾极大地阻碍了执法合作的统一性。我国目前的行政执法体制呈现纵向上集权、横向上分散的特点。在横向职权划

---

①②③ 杨桦:《论区域行政执法合作——以珠三角地区执法合作为例》,载于《暨南学报(哲学社会科学版)》,2012年第4期。

分上，行政执法机构过多，往往是立一部法就多一个执法部门，导致了行政执法权的分散化；在纵向职权划分上，诸多行政法律规范对行政执法权行使级别未作明确规定，造成同一系统的多级行政机关对同一事项享有执法权，执法机构权限不清，即使在同一地区，行政执法权的冲突与矛盾也难以协调。上述问题导致了现阶段珠三角地区的执法合作只能局部开展，难以形成纵、横向有机统一的合作体系。①

5. 执法合作缺乏统一的法律规制

缺乏统一的法律规制是现阶段区域执法合作全面开展的根本制约因素。执法的前提是立法，依法行政必须有法可依，而相应的，执法合作也必须依法而行，不能脱离法律法规的规制。但是，由于区域执法合作是伴随着区域经济一体化而出现的新生事物，在法律规制方面还有待明确，因此现阶段的各种行政执法合作主要以各方签订的行政协议作为行为的依据和参考。但行政协议从本质上讲只是政府间签订的对等的行政契约，不以国家强制力保证实施，主要依靠双方政府的诚信和自律来保证其效力。在执法合作的程序、标准方面也依赖于协议双方的协商，具有很大的弹性空间，且在责任承担方面缺乏强制力，容易引起协议双方的争议，也不利于保护行政相对人的合法权益，这在一定程度上限制和削弱了区域行政执法合作优势的充分发挥。②

四、珠三角司法协作的现状分析

（一）珠三角司法协作的基本状况

从实践上看，珠三角地区司法协作已取得了诸多成效。从 2004 年开始，广东省高级人民法院与广州海事法院建立了沟通联动机制，从年度业务通报和反馈、重要信息和重大案件的报告、协助调解、案件质量的评查分析、联合调研、培训和海事法官交流方面着手，统一裁判尺度、共同提高审判质量。③ 广东省高级人民法院、广东省人民检察院、广东省公安厅等机关及其领导也在不同场合不断强调加强珠三角区域司法协作。2009 年 5 月 21 日，广东省委政法委召开政法机关服务和保障《珠江三角洲地区改革发展规划纲要（2008～2020 年）》实施调研座谈会。会议要求广东省省直政法各部门和珠三角各市党委政法委要在前一阶段工作的基础上，在提供良好法律服务和法治保障上见成效，在完善珠三角各地

---

①② 杨桦：《论区域行政执法合作——以珠三角地区执法合作为例》，载于《暨南学报（哲学社会科学版）》，2012 年第 4 期。

③ 邓新建、杨慧：《司法护航珠三角发展》，载于《法制日报》，2011 年 5 月 13 日。

政法部门协作机制及粤港澳司法协作机制上见成效,在创新政法工作机制上见成效,省直政法各部门和珠三角各市要把任务和责任逐级分解落实到具体单位和人员,并实行目标进度责任管理,严格问责,确保各项工作落到实处。为强化区域司法协作,广州中级人民法院与佛山中级人民法院于2009年7月签署了《广州、佛山两地法院同城化建设司法协作框架协议》,开创了我国中级人民法院间以司法协作协议形式开展合作的先河。

(二) 珠三角司法协作存在的问题

1. 对司法协作的重要性认识不足

珠三角的司法机关对珠三角区域司法协作的重要性认识不足,固守司法被动性原则,相互协作的观念淡薄。当前,除广州市中级人民法院和佛山市中级人民法院签署了《广州、佛山两地法院同城化建设司法协作框架协议》外,其他司法机关则一直没有类似合作行动。这从某种程度上反映了当前珠三角司法机关对区域司法协作的重要性认识不足。

2. 对涉嫌犯罪的立案标准不一

珠三角司法机关于涉嫌犯罪的立案标准设定各不相同,如在涉嫌盗窃罪的立案标准上,广州是1 000元,其他珠三角城市为2 000元;在掩饰、隐瞒犯罪所得、犯罪所得收益罪的立案标准上,广州是10 000元,佛山是5 000元[①],深圳则没有数额标准。关于犯罪既遂、未遂的认定,各地也有较大不同。

3. 法律适用标准不一

珠三角司法机关于法律适用的标准不统一,对当事人造成了实际上的不公平。如司法实践中,对于在餐厅、酒店及停车场等场所丢失车辆的案件,存折被复制后被他人取走银行存款引发的纠纷,广州、佛山两地当前的处理标准就存在明显差异。对于在餐厅、酒店及其他停车场丢失车辆的案件,佛山在处理中对于丢失车辆一方请求提供场地一方承担赔偿责任的一般不予支持,特殊情况下支持的比例亦很小,而广州对于丢失车辆一方请求提供场地一方承担赔偿责任的一般全部予以支持。佛山对于储户的存折被他人复制,储户在自己保有真存折的情形下,假存折被复制者通过银行取走存款而将银行诉至法院的情形,一般判决银行全部还款责任,而广州则由储户与银行五五分担。

4. 司法信息公开与共享机制不完善

区域司法信息公开是区域司法资源共享的前提,区域司法资源共享是区域司

---

① 2009年5月,佛山市公安局、佛山市检察院和佛山中级人民法院联合发文,将佛山市认定盗窃罪的起刑点由2 000元调整为1 000元;盗窃未遂的起刑点由1万元调整为5 000元,并规定自5月1日起处理的盗窃案件,涉案数额达到上述标准的,必须依法追究刑事责任。

法协作的基础。因此,珠三角《规划纲要》明确提出了"司法公开"的要求。近年来,珠三角在司法公开方面取得了一定成就。最突出的是广东省人民检察院推行的阳光检务。2008年5月26日,广东省人民检察院印发了《关于进一步解放思想全面推行阳光检务的决定》,在全国率先提出"阳光检务"理念并全面推行此项工作,在社会上引起很大反响,取得了明显成效。尽管如此,但与珠三角区域一体化的对司法信息公开的客观要求相比,珠三角的司法信息公开还存在较大可以改进的空间。

5. 区域司法协作的保障机制缺失

区域司法协作的保障机制存在不少问题,其中最根本的有四个方面:(1)区域司法协作程序保障不明。区域司法协作要正常运转,必须有合理的、切实可行的程序保障。而现行有关区域司法协作法律、规范性文件等很少对区域司法协作的程序进行规范。由于程序不确定、不规范,区域司法协作的随意性较大,在是否予以司法协作、如何进行区域司法协作等方面,司法机关享有广泛的自由裁量权。这样,在进行区域司法协作时就可能出现如下现象:凡有益于本地区、本司法机关利益的,或者上级领导高度重视的,司法机关积极予以协作;反之,则能拖则拖,或根本不予以协作。(2)缺乏纠纷协调机构。任何一个社会都存在纠纷与冲突,都需要建立正常的冲突化解机制。区域司法协作中也不可避免存在矛盾与纠纷,但没有一个正常的纠纷机制。(3)缺乏经费保障机制。区域司法协作是需要付出成本的。该成本由谁承担,如何承担,相关法律和政策对此都没有规定,相关财政预算也基本上没有区域司法协作的经费。在司法机关办案经费紧张的情况下,这种情况必然影响到区域司法协作的积极性。(4)缺乏区域司法协作考核机制。区域司法协作主要凭司法机关、司法人员的自觉性和责任感来推行,对落实好的地方,经验总结推广不够,表扬奖励不够;对落实不好的地方,督察、批评不够,没有明确的责任追究机制,监督缺乏实效。[①]

第二节 粤港澳经济一体化中的府际合作

一、粤港澳府际合作的发展历程

粤港澳是指由中国南部地区的广东、香港、澳门一省及两个特别行政区构成

---

① 石佑启、朱最新:《珠三角一体化政策法律问题研究》,人民出版社2012年版,第181~187页。

的区域，也是通常所讲的"大珠三角"。1978年年底，中央通过改革开放政策赋予广东特殊政策和灵活措施开启了粤港澳合作的大门。珠三角地区充分利用改革开放的制度创新优势、毗邻香港、澳门的区位优势和廉价的劳动力和土地成本优势，吸引港资企业投资建厂，发展加工贸易，承接香港制造业的转移，从"三来一补"项目到合资、合作和独资，港资、澳资企业雨后春笋般地在珠三角地区蓬勃兴起，带动了珠三角地区出口加工业的飞速发展。到1997年香港回归前，港澳地区的制造业90%以上转移至广东，并成功转型为以服务业为主的国际商业中心，而广东则在多方面经济指标跃居全国首位。

从20世纪80年代开始，随着制造业向中国内地主要是珠三角的转移，香港开始了向国际金融、贸易和商贸服务中心的转型，澳门成为以旅游博彩业为主导的经济体系。香港制造业向内地的转移成就了珠三角地区工业的飞速发展，而珠三角地区的快速工业化和对外贸易的迅猛发展，为香港的国际贸易、金融和航运等现代服务业发展提供了支撑，形成了对香港商贸服务的巨大需求。80年代后期，香港逐渐形成一个以服务业为主导的经济体系。香港向国际性服务经济中心的转型和珠三角向世界性制造业基地发展的过程在时间上的契合，来自于彼此间在发展阶段的内在联系。尽管这一阶段广东方面比较积极，在中央的支持下制定了若干有关与香港经贸合作的政策措施，但是香港、澳门政府在粤港澳合作方面却缺乏主动的制度设计和安排，粤港澳合作总体上主要是民间合作，追求经济发展的获利机会，没有健全的制度安排，是一种诱致性的制度变迁。

粤港澳合作的强制性制度变迁阶段由中央政府于2003年6月29日、10月17日与香港、澳门分别签订CEPA（Closer Economic Partnership Arrangement，包括《内地与香港关于建立更紧密经贸关系的安排》和《内地与澳门关于建立更紧密经贸关系的安排》）开始。中国内地加入WTO后，标志着内地市场进入了全面开放时期。而珠三角地区经过20多年的高速经济增长，基本实现了从传统农业经济向工业经济的转变。随着人民币升值、加工贸易政策调整、成本上升和资源与环境对经济约束增加，珠三角发展方式和增长模式面临转变。2001年中国入世后，香港担心失去其作为中国内地与国际市场的中介地位，特区政府向中央政府提出建立类似自由贸易区的构想，CEPA由此产生。CEPA的基本目标旨在逐步取消货物贸易的关税和非关税壁垒，逐步实现服务贸易自由化，促进贸易投资便利化，提高内地与香港的经贸合作水平。CEPA多项内容在广东先行先试，广东成为CEPA政策的内地最大受惠者。

粤港澳合作地方政府主导的合作主要是粤港、粤澳之间的联席会议制度、《粤港合作框架协议》和《粤澳合作框架协议》。1998年3月，香港特别行政区提议粤港地区成立一个联席会议制度，得到了广东省的积极回应。在经中央政府同意后，1998年双方政府举行了首次粤港合作联席会议。粤港合作联席会议的成立是标志着粤港官方合作体系建立的重大事件，并在推进粤港区域合作中不断发挥着应有的作用。

2008年年底，国务院批准实施《珠江三角洲地区改革发展规划纲要》，进一步明确提出"将与港澳紧密合作的相关内容调入规划"，把粤港合作第一次明确提升为国家发展战略，粤港合作迈入了新时期。2009年8月，广东出台了《广东省委、广东省人民政府关于推进与港澳更紧密合作的决定》，成为广东推进与港澳合作的一个重要标志，从服务业、港澳资企业转型升级、自主创新、重大基础设施建设、大珠三角优质生活圈、社会管理合作、建设城市群、保障措施等八个方面提出具体措施。在此新形势下，粤港双方共同协商，历经一年时间，草拟并签署了《粤港合作框架协议》。

2011年1月24日《粤澳合作框架协议》正式签署，全面涵盖了粤澳经济、社会、民生、文化等各合作领域，明确了新形势下粤澳合作的定位、原则、目标，确立了合作开发横琴、产业协同发展、基础设施与便利通关、社会公共服务、区域合作规划五个合作重点，提出了一系列具体、务实、可操作的合作举措，并明确了完善合作机制建设等保障机制安排。2014年12月12日，国务院常务会议明确广东自贸区纳入第二批自贸区建设计划。广东自贸区主要涵盖广州南沙新区片区、深圳前海蛇口片区以及珠海横琴新区片区，总面积116.2平方公里，主打"粤港澳合作牌"，侧重于珠三角经济整合，进一步深化粤港澳一体化的联合发展。2015年3月24日，中央政治局审议通过了广东自由贸易试验区总体方案。2017年3月5日召开的十二届全国人民代表大会五次会议上，国务院总理李克强在政府工作报告中提出，研究制定粤港澳大湾区城市群发展规划，发挥港澳独特优势，提升在国家经济发展和对外开放中的地位与功能。

二、粤港澳府际合作的法律基础

（一）宪法与港澳基本法

《中华人民共和国宪法》、港澳《基本法》是粤港澳经贸合作最基本的法律基础。港澳《基本法》是在"一国两制"的政治构想下，对香港和澳门的政治、经济和社会制度，以及中央和地方关系进行规定的基本法律规范，其效力分别及于港澳地区，是我国宪法的有机组成部分，内地和港澳地区也应像遵守宪法一样遵守港澳基本法。香港《基本法》和澳门《基本法》都将中央与特区关系列为总则之后的首要内容加以规范，具体规范上也有很多相同之处，分享着极具特色的制度安排。港澳《基本法》规定的特别行政区的高度自治权不仅高于实行单一制的内地，甚至也高于联邦制国家。事实上，在联邦制国家，无论州还是其下属地方政府都必须适用联邦法律，除非有关法律因被法院宣判违宪而无效。在这个意义上，特别行政区的自治程度比许多联邦国家的地方政府更高。根据我国宪法的规定和"一国两制"的基本设计，港澳是特别行政区，实行资本主义制度，因此，港澳不是一般意义上的国内法主体。港澳虽然是中国的行政区，是国内法主体，但由于历史的原因，它们都是国际条约中的主体，在国际法意义上具有相对的独立性，分别是两个独立的关税区。而广东虽然也是中国的行政区，但不具备独立关税区的地位，只是中国的一个省。因此，粤港澳经贸合作是相对独立的合作，不是国内意义上行政区域之间的合作。①

（二）WTO 规则

在 1986 年，香港成为关税及贸易总协议的单独缔约成员。世界贸易组织于 1995 年 1 月 1 日正式成立，香港亦为该组织的始创成员之一。香港于 1987 年和 1991 年分别成为海关合作理事会（后改称为世界海关组织）及亚太区经济合作组织的成员。回归以后，除了改以"中国香港"的名义参加外，香港特别行政区在这些组织和其他国际组织的地位保持不变。澳门比照"香港模式"，于 1991 年 1 月以"转正"方式成为 GATT 单独缔约方，1995 年"转正"为 WTO 创始成员。澳门遵循"香港模式"成为 GATT 单独缔约方。根据 1987 年 4 月 13 日签订的《中葡关于澳门问题的联合声明》第 2 (7) 条和附件 1 第 10 节的规定，"澳门特别行政区可以'中国澳门'的名义单独同各国、各地区及有关国际组织保持和发展经济、文化关系，并签订有关协定"；"作为自由港和单独关税地区"，"继续参加关税和贸易总协定"。1993 年《澳门特别行政区基本法》第 112、136～138 条进一步予以重申。1991 年 1 月，中国、葡萄牙两国政府同时向 GATT 秘书处递交声明。葡萄牙政府的声明指出，澳门自 1991 年 1 月 11 日起成为 GATT 的单独缔约方。中国中央政府的声明则宣布，自 1999 年 12 月 20 日起，澳门特别行政区可以"中国澳门"的名义继续作为 GATT 的单独缔约方。WTO 协定生效后，澳门基于其本身的权利成为 WTO 的创始成员。与香港一样，澳门也不是以发展中成员的身份成为 WTO 的创始成员。1999 年 12 月 20 日中国对澳门恢复行使主权后，澳门在 WTO 中更名为"中国澳门"。②

粤港澳经贸合作，从国际法角度来看，是三个 WTO 成员之间的合作，内地与港澳之间的合作从长远目标来看，将是在经济、政治、文化等方面的全面合

①② 蔡镇顺：《粤港澳经贸合作的法律基础》，载于《广东外语外贸大学学报》，2013 年第 3 期。

作，但是就阶段性目标来看，内地与港澳之间的合作的范围首先必须是在经贸范围内展开。经贸合作属于 WTO 的管辖范围，根据"条约必须遵守"这个国际法的古老原则，中国有遵守 WTO 系列协议规定的义务。同时，根据国际法的习惯规则，国际条约的效力显然要高于各成员方的国内法。这就意味着无论通行于粤港澳的全国性法律，还是在内地与港澳各自适用的法律都必须遵守 WTO 的多边规则。因此，在 WTO 框架下，三关税区之间进行的粤港澳经贸合作，除了以国内法为基础之外，还要以 WTO 规则为法律基础。WTO 规则是粤港澳经贸合作的重要法律基础，因此，粤港澳三地都必须遵循 WTO 规则。香港、澳门的国内法地位是中华人民共和国的两个特别行政区，国际法上的地位是在 WTO 体制内的"单独关税区"。作为中华人民共和国的两个特别行政区，香港、澳门与广东省之间经贸往来的调整属于中国国内法调整的范围。然而，在世界贸易组织体制内，中国内地、台湾地区、香港地区、澳门地区是在一个主权国家概念下分别以"单独关税区"名义加入的。在国际经贸的交往方面各单独关税区具有一定独立的地位，单独关税区之间的经济贸易方面的交往应受到 WTO 规则的制约。[①]

（三）CEPA 协议

CEPA 包括中央政府与香港特区政府签署的《内地与香港关于建立更紧密经贸关系的安排》、中央政府与澳门特区政府签署的《内地与澳门关于建立更紧密经贸关系的安排》。CEPA 是一个高标准的自由贸易协议，内容丰富，领域广泛。CEPA 是我国内地迄今为止签订的内容最全面、开放幅度最大的自由贸易协议，也是香港与澳门实际参与的唯一的自由贸易协议。其内容质量高，覆盖面广，在短时间内结束谈判并付诸实施，为内地参与其他双边自贸区积累了丰富的经验，起到了开创性的作用。CEPA 既符合 WTO 规则，又符合"一国两制"的方针。CEPA 在货物贸易和服务贸易中实行的开放措施完全符合 WTO 规则。CEPA 签署后，港澳地区仍维持其自由港的地位，也完全遵循了"一国两制"的方针。同时，CEPA 通过各项开放措施，逐步减少和消除两地经贸交流中的制度性障碍，促进了内地与港澳之间经济要素的自由流动和经济的融合，也符合内地与港澳经贸发展的实际情况。CEPA 是开放的。CEPA 规定，双方将通过不断扩大相互间的开放，增加和充实 CEPA 的内容。CEPA 主要内容包括三方面：（1）三地实现货物贸易零关税；（2）扩大服务贸易市场准入；（3）实现贸易投资便利化，即从 2004 年 1 月 1 日起，273 个内地税目涵盖的产品（涉及食品、药品、纺织品、电子产品等），当原产地规则进入内地时，可享受零关税优惠。

---

① 蔡镇顺：《粤港澳经贸合作的法律基础》，载于《广东外语外贸大学学报》，2013 年第 3 期。

(四) 国务院以及广东省的规范性文件

2008年12月,国家发改委公布了《珠江三角洲地区改革发展规划纲要(2008~2020年)》,随后,2009年8月,中共广东省委、广东省人民政府根据《珠江三角洲地区改革发展规划纲要》的精神颁布了《关于推进与港澳更紧密合作的决定》,这两个规范性文件为粤港澳经贸合作提供了重要的制度保障。

《珠江三角洲地区改革发展规划纲要(2008~2020年)》属于国务院的规范性文件,从法律效力层面来说,珠江三角洲地区必须遵循。因此,它首先对珠江三角洲地区的改革与发展具有统筹效力。《纲要》将粤港澳紧密合作的相关内容纳入规划,为进一步深化粤港澳的经贸合作建立了全新的行动纲领和指南。所以,它对于粤港澳经贸合作的开展也是具有统筹效力的。

广东省《关于推进与港澳更紧密合作的决定》的颁布是贯彻落实《珠江三角洲地区改革发展规划纲要》的重要举措,更是《珠江三角洲地区改革发展规划纲要》中关于推进粤港澳紧密合作部署的细化与对接。《关于推进与港澳更紧密合作的决定》是立足于广东省当前实际、着眼于与港澳长远合作与发展的需要,提出的落实《珠江三角洲地区改革发展规划纲要》的具体措施。这些措施包括八方面的内容:第一,要推进与港澳服务业的紧密合作;第二,要推进在粤的港澳资企业转型升级;第三,要加强与港澳自主创新合作;第四,要推动与港澳重大基础设施对接;第五,要建设大珠三角优质生活圈;第六,要加强与港澳社会管理合作;第七,要建设亚太地区最具活力和国际竞争力的城市群;第八,要推进与港澳更紧密合作的保障措施。①

(五) 粤港澳府际协议

粤港澳府际协议,是指在粤港澳区域合作中,由粤港澳地区的行政机关,即香港特别行政区政府、澳门特别行政区政府和广东省、市人民政府或其职能部门就各合作事项签署的协议。粤港澳府际协议是以尊重各方意愿为前提而达成的共识,体现了经济一体化中双方求同存异、互信互让的精神,在粤港澳经济一体化的过程中发挥了重要的作用。

2009年,粤港合作联席会议第十二次会议在香港举行,会议确定了下一阶段推进粤港更紧密合作的思路和重点,并签署了《关于推进前海深港现代服务业合作的意向书》《粤港教育合作协议》《粤港共同落实CEPA及在广东先行先试政策措施的合作协议》《粤港研发生产药物(疫苗)合作安排》《粤港环保合作

---

① 蔡镇顺:《粤港澳经贸合作的法律基础》,载于《广东外语外贸大学学报》,2013年第3期。

协议》《关于推进深港西部快速轨道合作安排》《粤港金融合作专责小组合作协议》《2009 年至 2010 年粤港知识产权合作协议》八项合作协议,进一步推进和深化了服务业合作、金融合作、基础设施和环保合作,推动了在粤的港资企业转型升级,把《珠江三角洲地区改革发展规划纲要(2008～2020 年)》落到实处。

2008 年,广东和澳门签署了《粤澳旅游合作协议》《粤澳双方共同推进中医药产业合作项目协议》《粤澳文化合作项目协议》《粤澳教育交流与合作协议》《粤澳体育交流与合作协议》《粤澳城市规划合作框架协议》《关于成立珠澳合作专责小组的备忘录》及《粤澳应急管理合作协议》八项合作协议。2009 年粤澳双方在《珠江三角洲地区改革发展规划纲要(2008～2020 年)》和《横琴总体发展规划》的框架下加大粤澳合作的力度,签署了《关于贯彻落实全国人民代表大会常委会决定推进横琴岛澳门大学新校区项目的合作协议》,粤澳合作取得了突破性进展。[1]

三、粤港澳府际合作的法律困境及其克服

有学者指出,粤港澳经济一体化,实际上已经包括了法律一体化在内。[2] 然而,由于历史原因和现实原因,粤港澳合作在法律上存在着不少问题,这也使得粤港澳政府的合作与其他合作区相比凸显出不同的法律困境,粤港澳合作的法律困境在一定程度上加大了三地交流的难度。

(一)不同法域与法系冲突及其克服

按照法律的源流关系、历史传统和文化的某些特点,中国内地、香港特别行政区及澳门特别行政区分属不同法系。中国内地法律属于社会主义法系,香港特别行政区法律属于英美法系,澳门特别行政区法律则属于大陆法系。由于法律体系的不同,三地在立法理念、法律原则及法律规定上有很大差异。与此同时,中国内地、香港、澳门都有各自的终审机构与终审权。1842～1997 年,香港地区作为英属殖民地被英国管治,其法律制度基本上是英国法律制度的移植,属于普通法系。1553～1999 年,澳门地区一直受葡萄牙管治,葡萄牙管治期间延伸适用葡萄牙法律来调整其社会关系,没有自己独立完整的法律体系,现有澳门法律体系基本上属于大陆法系。这样,在粤港澳区域就出现了不同法系,呈现出多法域现

---

[1] 蔡镇顺:《粤港澳经贸合作的法律基础》,载于《广东外语外贸大学学报》,2013 年第 3 期。
[2] 官华:《区域地方政府间的非对称关系研究——以粤港政府合作为例》,载于《福建论坛(人文社会科学版)》,2011 年第 12 期。

象。法系不同，其法律理念、法律价值、法律性质、法律体系、法律解释、法的渊源以及立法和司法等诸多领域呈现出一系列巨大差异。这种差异在某种意义上使我国法律生活更加丰富多彩，但也使粤港澳合作中法律矛盾和冲突更加复杂多样，增加了粤港澳地方政府合作的难度。

虽然粤港澳三地在法域、法系上存在较大差异，但三地在法律文化上却具有高度的共通性。法律文化主要包括人们对法律的了解、信任和信仰以及对法律价值观念的认同。法律传统是法律文化的精髓，法律制度会随着国家制度和政权结构的变化而变化，而人们的法律传统却相对稳定，具有延续性。[①] 港澳地区与广东省，传承着共同的传统法律文化，尽管其政体、司法和行政管理制度西化，但同样深受岭南文化的影响，市民心理和行为方式依然有着浓厚的岭南文化色彩，对法律有着相同的价值观念、态度和信仰。随着三地之间的交流更加密切，呈现出法律文化一体化的新格局。通过法律文化的共通性消除法域和法系隔阂，对于粤港澳合作是完全可行的。

（二）"一国两制"下粤港澳三地权限的不平衡及其克服

中央政府与港澳特区政府权限划分遵循中央列举、特区授予原则：基本法明确规定的国防、外交、主要官员任命、应急管理等管理权和基本法的修改、解释权属于中央，其他权力则由中央政府授予特别行政区政府独立行使，中央政府及其各部门均无权干预特别行政区根据基本法自行管理的事务，中央政府与特别行政区政府权限划分明晰。在广东，除了《立法法》规定的绝对保留事项外，中央政府与广东政府的权力划分并不明确，即使是法律规定属于中央政府相对保留事项，地方政府在中央政府默许下也可能会以先行先试的方式予以行使，而一些本应属于地方管理事务，中央政府及其各部门也可能在公共利益需要时直接行使。虽然粤港澳三地在立法权限等各方面都有较大差异，但是，这种差异是在单一制的主权国家内部的区域法律差异，是特定时期内中央法律与享有高度自治权的特别行政区内的地方法律之间的差异，是能够在差异中寻求合作、通过协调解决的。在"一国两制"下，粤港澳三地要实现法律制度的协调，加强法律上合作，可以通过平等协商签订区域法律协议等方式来加以解决。

（三）行政协议方面的困境及其克服

中央政府与港澳特别行政区政府签订的行政协议以 2003 年以来签署的 CEPA

[①] 刘作翔：《法律文化理论》，商务印书馆1999年版，第43页。

及其补充协议影响最大，受到人们普遍赞誉，对推动粤港澳一体化发挥了极其重要的作用。然而，从合作方式及其具体内容来看，这种合作方式依然存在诸多问题。

1. 关于中央与港澳签订行政协议的困境

在这类行政协议中，与港澳特别行政区政府谈判的是中央政府。中央政府在谈判时更多的是从全局出发，在综合考量内地与港澳地区政治、经济、社会各方面的基础上来确定协议内容。这可能会带来两个问题：一是在谈判过程中，广东省政府难以参与其中，粤港澳一体化中广东省的合理需求得不到表达与实现，而广东省不需要的则可能纳入协议之中。对此，作为普通地方政府，广东省只能全面承受。这在某些程度上影响了广东省民众对粤港澳区域一体化的期望。二是这种行政协议很难实现对等。基本上是内地对港澳的单方面让利。以一方的单纯让步、优惠来达成协议，终究不是长久之策。随着内地法治进步，这种合作方式的生存空间正日益缩小。

这类行政协议内容往往难以满足粤港澳政府合作的客观需要。以CEPA关于法律服务的规定为例，CEPA具体内容与粤港澳一体化的客观需要存在诸多冲突与不足。一是香港律师事务行在内地设立代表机构问题。根据CEPA规定，只有在内地设立代表机构的香港律师事务行才能够与内地律师事务所进行联营，但并没有涉及关于所设立代表机构的具体条件。目前只能参照与CEPA精神背道而驰的《港、澳律师事务所驻内地代表机构管理办法》。按照该办法，代表机构只能处理很小规模的业务，且不得聘用内地执业律师，聘用的辅助人员不得为当事人提供法律服务。[①] 二是香港法律执业者在内地执业问题。根据香港法律，法律职业者分为大律师和律师两类，大律师只能从事诉讼业务。根据CEPA规定，被内地律师事务所聘用的香港法律执业者不得办理内地法律事务。同时，CEPA允许香港永久性居民中的中国公民按照《国家司法考试实施办法》参加内地统一司法考试，取得内地法律职业资格后按照《律师法》在内地律师事务所从事非诉讼法律事务。这就产生了大律师在内地如何执业问题，因为大律师只能从事诉讼业务。CEPA补充协议三规定"允许香港大律师以公民身份担任内地民事诉讼的代理人"试图解决这一问题，但实际上并未从根本上解决。三是香港与内地律师事务所联营的问题。根据CEPA的规定，律师事务所之间进行联营，香港律师事务所必须在内地设立代表机构，但现实中只有大型律师事务所为了方便业务开展在内地设立代表机构，而中小型香港律师事务所为节省营运成本和开支，一般没有在内地设立代表机构。四是资格相互承认的问题。香港律师若

---

① 周盛盈：《粤港澳深度合作下法律制度保障研究》，载于《岭南学刊》，2014年第5期。

想进驻内地法律服务市场，必须参加内地统一司法考试，取得内地法律职业资格后才能从事内地法律事务，这表明内地并没有对香港法律职业者的资格进行认可。此外，获得内地法律执业资格的香港律师在进行代理活动时的身份还必须是内地律师身份，而不能以香港律师身份，也体现了双方资格认可上的不接轨。可见，CEPA 存在的一系列制度性缺陷使其难以满足粤港澳一体化下政府合作的需要。

2. 关于粤港澳政府签订的行政协议的困境

粤港澳政府签订的行政协议比较多，涉及社会、经济的各个方面，其中以 2010 年签署的《粤港合作框架协议》《粤澳合作框架协议》（以下简称《框架协议》）影响最大。这些协议是在粤港澳过去多年紧密合作所产生的默契和共识基础上，由粤港澳政府通过友好协商达成的，较充分体现了粤港澳三地区域一体化的客观需求，为粤港澳政府合作搭建了重要平台，极大地推动了粤港澳三地一体化进程。然而必须看到，粤港澳政府签订的行政协议也存在一些问题：（1）行政协议合法性问题；（2）两个《框架协议》因签约缺乏法律的明确授权而导致法律效力模糊；（3）行政协议的签订主体范围不明确；（4）粤港澳深度合作中的纠纷解决机制行政色彩较浓；（5）协议的缔结过程缺乏公众参与；（6）行政协议的内容缺乏可操作性。

3. 粤港澳行政协议困境的克服

鉴于粤港澳行政协议方面存在的上述问题，粤港澳可以尝试建立全方位、多层次的立法合作体系。一是尝试建立科学稳定、高效公正的法律合作协调机制。可以考虑建立一个由法律人士组成的，常设性、权威性并专门负责协调的法制协调委员会，统一协调三地相关部门制定的能普遍实施的并具有法律约束力的规范性文件。二是考虑制定《粤港澳区域发展促进法》（以下简称《促进法》）。《促进法》应该确立公平、公正原则，市场主导原则和鼓励多方参与区域合作原则。主要内容可以包括：粤港澳深化合作的内容、形式、程序；界定三方政府之间的权限、义务、职能和职责、争端解决机制等。三是在法制统一前提下适度放宽广东的立法权限，遵循不抵触、不冲突原则和精神，与港澳进行有效的信息共享和沟通，对具体法律规范进行适度改变，根据经济发展的实际需要有一定程度的差别待遇，使其有利于港澳地区和内地的经济发展。① 中央通过法定途径适度扩大广东的立法权限是粤港澳区域统一立法的关键要素，但也必须考虑到法制统一问题和地方保护主义的可能性。

---

① 解可：《深化粤港澳法律合作问题研究》，载于《法学研究》，2010 年第 6 期。

第三节 长三角经济一体化中的府际合作

一、长三角府际合作的发展历程与主要成果

（一）长三角的界定

长三角是长江三角洲的简称，在地理上是长江入海之前形成的冲积平原，是中国第一大经济区，中央政府定位的中国综合实力最强的经济中心、亚太地区重要国际门户、全球重要的先进制造业基地、中国率先跻身世界级城市群的地区。根据国务院2010年批准的《长江三角洲地区区域规划》，长江三角洲包括上海市、江苏省和浙江省，区域面积21.07万平方千米，占国土面积的2.19%。其中陆地面积186 802.8平方千米、水面面积23 937.2平方千米。长江三角洲城市群已是国际公认的六大世界级城市群之一，并致力于在2018年建设成为世界第一大都市圈。

实践中对长三角区域的界定主要有三种方式：第一种是"小长三角"的概念，指包括上海市，江苏省的南京、苏州、无锡、扬州、常州、镇江、南通、泰州，浙江的杭州、宁波、嘉兴、湖州、绍兴、舟山和台州，共16个城市；第二种是"大长三角"的概念，是指包括上海市、江苏省和浙江省全部行政区范围，即"两省一市"；第三种是采用"泛长三角"的概念，即包括上海市、江苏省、浙江省、安徽省，即"三省一市"。近年来，长三角区域内部合作日趋紧密，一体化进程不断加速，区域发展的空间在不断地向周边地区扩展，传统意义上的长三角区域边界也在逐渐被突破而呈现一种泛化的趋势，即"泛长三角"格局逐渐形成。

国务院《长江三角洲地区区域规划》采用"大长三角"概念，同时也提到"泛长三角"概念。该《区域规划》在前言中明确：本规划的范围包括上海市、江苏省和浙江省，区域面积21.07万平方千米。规划以上海市和江苏省的南京、苏州、无锡、常州、镇江、扬州、泰州、南通，浙江省的杭州、宁波、湖州、嘉兴、绍兴、舟山、台州16个城市为核心区，统筹两省一市发展，辐射泛长三角地区。

（二）长三角府际合作的发展历程

长三角作为我国规模最大的经济区，其在经济一体化过程中的府际合作大致经历了三个阶段。

第一阶段是 1982~1988 年的上海经济区时期。在这一阶段，长三角区域经济一体化的理念和制度平台，即区域经济合作及一系列组织架构，如省市领导人会议等初步确立。然而，真正对一体化进程产生深刻影响的是在"上海经济区"的制度框架下，上海国营企业和江浙地区乡镇企业之间以"横向联合""星期天工程师"以及"品牌共享"为载体的技术转移和产业转移，确立了上海和江浙地区的产业水平分工格局。由政府设定制度框架，营造氛围和环境，微观主体担任主角的行动模式，长三角区域经济一体化基本形成。[①] 这一阶段的府际合作以非正式机制为主，正式机制处于孕育之中。长三角经济既是典型的都市区经济，又是典型的行政区经济，长三角区域一体化中的主要问题在于都市区经济与行政区经济的矛盾，突出表现在行政体制障碍上。因此在改革开放之初，长三角区域治理过程中起初发挥明显作用的是非正式的合作治理机制，主要是企业和非政府组织。企业之间的合作，对于长三角区域治理而言，意义深远。企业由于较少受到旧体制的干预和束缚，它们能在区划壁垒和市场壁垒面前，率先依据市场需求、区域条件和经济关联水平，冲破行政障碍，自觉地在产品、技术、投资和市场等领域实施跨区域经营与合作，把市场一体化的要求真正落实到企业的经营行为中，在这个过程中不断促进区域市场的统一、开放和各地政策的趋同与衔接，促进宏观层面的体制变革。[②]

第二阶段是以浦东开发开放为契机展开的。国际产业转移作为新动力的出现，为区域经济一体化注入了新的活力，进而加大了市场主导的区域一体化进程。在微观层面，区域内部的企业跨区域发展开始形成势头。由上海向江浙地区的技术和产业转移更多地表现为江浙企业主动向上海跨区域发展，并以此获取发展资源。由市场主体推进的一体化进程在这一阶段表现突出；同时，政府间的合作也得到加强与更多的认同。1992 年成立的长江三角洲经协（委）办主任联席会议，由上海、无锡、宁波等 14 个城市组成，上海为常务主席方，定期协调长三角城市间经济合作的重大事宜。1997 年，江苏省泰州市入会。同年，15 市决议将联席会升级为市长级协调组织，更名为"长江三角洲城市经济协调会"，每

---

① 覃艳华、马争、梁士伦：《长三角一体化合作协调机制及其对珠三角的启示》，载于《宏观经济管理》，2009 年第 5 期。

② 梁继维：《长三角区域地方政府合作治理机制探析》，安徽师范大学 2012 年硕士学位论文，第 14~15 页。

两年召开一次会议。这一阶段是正式的府际合作机制形成并发挥作用阶段,政府是地区整体利益的代表,在长三角区域合作中是最有效的协调主体,政府的导向不仅对本地区的发展具有重大影响,而且在现阶段对跨行政区划、跨行政层级的竞争与合作行为具有实际意义。[1] 在这个阶段,区域府际合作以专项合作为基础,开始搭建区域府际合作机制的框架,主要表现在:其一,成员城市就一些合作专题,达成一致性的意见;其二,以协调会为基础,完善组织结构,推进合作;其三,以政府为主导,注重发挥非政府组织和公民在合作治理中的作用。通过对长三角城市合作的追踪考察后发现,自第七次长三角城市经济协调会以来,合作专题不断深化和增加,成员城市在扩充,区域发展的大平台逐渐形成。而且,政府之间的合作形式还可以通过市场、非政府组织或企业来实现。在这一时期,长三角区域府际合作机制基本形成。[2]

第三阶段是国际化和市场化进程加速阶段。我国加入世界贸易组织可以认为是这一时期的标志性事件。在这一背景下,国内外企业主导的要素跨区域流动的深化和广化,开始形成由以企业为主体的地域分工为标志的地区间产业分工新格局。这一阶段无论是在组织和制度层面,还是在市场和非制度层面,均显示了成熟的景象。不但一体化机制的层次多、内容完善,政府部门间的协调功能逐渐突出,而且长三角区域经济一体化的社会资本整合也获得了大幅度提升。[3] 如第四次长三角城市经济协调会联合签署的《关于以承办"世博会"为契机,加快长三角城市联动发展的意见》决定:为解决相应的问题,在2010年上海世博会以前,长三角16个成员城市要共同在合作和协调机制、基础设施建设、环境保护、人才和旅游资源合作、提升城市和区域形象、缓和城市竞争等六个方面开展工作。2008年9月16日《国务院关于进一步推进长三角地区改革开放和经济社会发展的指导意见》的出台和2010年5月24日国务院批准《长江三角洲地区区域规划》正式实施,更是使得长三角地区府际合作上升到了国家区域发展战略层面。

(三) 长三角府际合作的主要成果

1. 正式的合作机制

正式的合作机制是政府性的、正式的治理机制。在正式合作机制中,政府是

---

[1] 臧乃康:《多中心理论与长三角区域公共治理合作机制》,载于《中国行政管理》,2006年第5期。
[2] 梁继维:《长三角区域地方政府合作治理机制探析》,安徽师范大学2012年硕士学位论文,第14~15页。
[3] 覃艳华、马争、梁士伦:《长三角一体化合作协调机制及其对珠三角的启示》,载于《宏观经济管理》,2009年第5期。

机制的主体，在制定、执行、完善机制的过程中，政府发挥了主要作用。长三角现行区域合作协调机制主要是地方政府顺应经济发展而发起形成的，在推进交流、探讨一些共识性强、实施难度不高的项目合作方面已经初见成效。目前正式的合作机制有长三角城市经济协调会、长三角省市高层座谈会、长三角城市专题合作会议等。

（1）长三角城市经济协调会。如前所述，长三角城市经济协调会由1992年建立的长三角15个城市协作办主任联席会议制度发展而来，1997年更名为长三角城市经济协调会。协调会以地方政府为主体、以经济为纽带、以自愿互利为原则，围绕中央要求和沪苏浙一市二省确定的工作重点，结合成员城市共同关心的问题，进行深入的讨论和协商，并设立年度专题项目，签署城市合作协议，按照年度工作目标和计划组织实施。会议决议每两年召开一次市长会议，一次工作会议。当前，协调会制定并实施了主任会议制度、工作会议制度、新闻制度、专题工作制度、财务管理制度、调研课题制度、名称及徽标等特殊标志使用管理办法等一系列规章制度，使得城市区域合作有章可循。

（2）长三角主要领导座谈会。随着长三角区域一体化的不断发展，长三角区域的省级政府也在通过多种方式参与府际合作治理。一是自2000年以来的"沪苏浙经济合作与发展座谈会"合作机制。两省一市的省级政府为了加强省市间和长三角地区的战略与协调发展，建立起由常务副省（市）长参加的"沪苏浙经济合作与发展座谈会"合作机制；在第三次长三角城市经济协调会上，苏浙的省级政府出席会议并积极发挥了作用，此后长三角的省级政府均出席历次的长三角城市经济协调会。在2003年全国"两会"期间，来自江苏省、浙江省和上海市的省级官员和代表则共同提出了加强长三角城市合作的议案。此后，长三角省级党政领导率党政代表团进行频繁互访，长三角区域主要领导座谈会制度逐渐形成。二是自2004年以来的沪苏浙的党政首脑会晤机制。2004年以来，沪苏浙党政主要领导每年举行会晤，商议推进长三角区域合作的要求及合作重点领域，并由一市两省政府分头组织落实。

政府职能部门间的合作机制。近年来，长三角省市政府的职能部门间的合作机制也开始广泛建立，如联席会议、论坛、合作专题等。这种形式的合作，参与主体是政府相关职能部门，合作领域广泛、合作成果显著。以城市合作较为关注的交通、旅游和教育专题为例：长三角省市的道路交通市场发达，合作潜力巨大，合作发展交通业是长三角各城市的共同利益所在；长三角区域旅游资源丰富，市场发达，发展旅游业关系到长三角各城市的共同利益，为进一步拓展和深化长三角的城市合作，长三角城市旅游高峰论坛、旅游专题合作活动相继举办，参与代表主要是各市分管旅游的副市长、旅游局长，相继签署了合作议程；长三角区域的教育资源分布各有特点和优势，教育一体化发展已成为教育界的共识，教育联动发展的行动逐渐增多。随着长三角一体化的发展，旅游、交通和教育领域的城市合作将越来越多。

2. 非正式的合作机制

非正式的合作机制是政府以外的合作机制，是民间性质的治理机制。在长三角区域治理过程中，治理主体除了政府外，主要还有非政府组织（简称 NGO）和企业。非政府组织能够利用其边界模糊、结构灵活、手段弹性、包容性强、成员异质性高等特点，规避政府间合作中存在的种种矛盾和问题，为区域的全面合作提供新的选择。[①] 企业及企业组织在长三角区域治理机制中的作用也不容忽视，企业之间的合作目的在于降低企业运作成本，使企业利益最大化，企业是长三角区域经济一体化的先导力量。

目前长三角区域非正式的合作机制主要有两类：

一是建立合作联盟机制。如：2001 年 9 月 19 日，由上海市、浙江省、江苏省及杭州市四个房地产协会发起，在上海成立了名为"长三角房地产协会联系网"的合作联盟；2002 年，"长三角改革发展联盟"成立，借助每年一届的长三角改革发展论坛，不断加强与企事业单位的联系与合作，团结官、产、学、研、媒、商等社会各界力量，逐渐形成良性互动，在为改革献计献策、推动改革政策制度的建立、为联盟成员单位提供全面服务等方面积累了丰富的经验，联盟不断整合各种社会资源，帮助联盟成员单位在参与论坛、学术交流的过程中，与国家有关部门、国内外知名专家、学者进行多层面的接触沟通，并获得权威性、可行性的决策依据，共同推动长三角改革发展事业以及联盟成员单位的发展；2004 年 4 月 27 日，上海纺织品商业行业协会、浙江省服装纺织品行业协会和江苏纺织品协会宣布成立"长三角纺织同行合作联盟"；2004 年 5 月 17 日，上海人才中介行业协会组织相关单位和人员赴南京、无锡、杭州、宁波等省市有关单位，交流探索长三角人才战略新思路，正式启动"长三角人才战略联盟"工程；2005 年 3 月 5 日，上海非织造材料行业协会与江苏省、浙江省的相关企业和协会成立了"中国长三角非织造产业联盟"；2005 年，"长三角高校合作联盟"建立，从六校合作逐渐拓展为八校合作联盟，联盟利用地理位置接近、办学各具特色等优势，通过组织校际间的活动，不断增强校际间的合作交流，架起了高校间多方面沟通与合作的桥梁；2006 年 12 月 18 日，长三角城市会展联盟成立，旨在积极推动长三角区域展览场馆业内交流与合作，不断提升展馆服务水平；改善并优化长

[①] 王云骏：《长三角区域合作中亟待开发的制度资源——非政府组织在"区域一体化"中的作用》，载于《探索与争鸣》，2005 年第 1 期。

三角区域会展环境，为长三角区域会展行业下一阶段的发展提供更强的支撑力量；充分发挥长三角区域展览场馆的产业基础优势与区位优势，通过信息互补、商机共享，推动各展览场馆之间的合作，使长三角区域展览场馆行业继续健康快速发展。

二是建立联席会议制度。长三角联席会议包括各种研讨会、交流会和论坛。这些会议已经形成一种机制，定期召开，共同商议长三角区域发展问题。如2002年7月16日，苏浙沪创业投资协会经过友好协商，在上海签署合作协议，成立了"苏浙沪三地创业投资协会会长联席会议"；2004年6月16日，上海水产行业协会、江苏省渔业协会、浙江省水产流通和加工协会共同在沪举办"2004长三角水产业发展研讨会"；2004年6月17日，由上海市物流协会、上海物资流通行业协会、江苏省物流与采购联合会、浙江省物流与采购协会联合发起了"中国长三角物流发展联席会议"，并在上海召开第一次会议；2005年3月8日，上海市纸业行业协会、江苏省造纸协会和浙江省造纸协会联合举行了"长三角造纸行业'十一五'发展规划交流会"，讨论交流了长三角造纸工业的发展问题，达成进一步加强沟通和合作的协议；2005年4月14日，由江苏省交通协会、浙江省交通协会、南京市交通协会、宁波市交通协会联合倡议，举行了长三角运输行业协会联席会议，以加强长三角区域城市交通运输行业的合作，构筑交通运输行业发展共享平台，得到了长三角区域各个城市交通行业协会及大型运输企业的热烈响应；2007年10月，来自苏浙沪两省一市的物流协会、物流园区、物流企业负责人在沪举行"2007中国（上海）长三角物流发展与合作论坛"，共商"十一五"期间推进长三角区域现代物流业科学发展、率先发展、联动发展大计；2008年7月12日，由中国房地产业协会举办的"长三角区域房地产高峰论坛"在上海开幕，就如何稳定长三角区域的房产市场，防范金融风险进行研讨。[①]

二、长三角立法协调的现状分析

（一）长三角立法协调的基本状况

在立法协调上，长三角地方立法主体众多、层级不一。只要存在一级利益实体单位，地方保护主义，立法不协调的现象就不可避免。[②] 在相关利益无法回避

[①] 梁继维：《长三角区域地方政府合作治理机制探析》，安徽师范大学2012年硕士学位论文，第16~17页。

[②] 王腊生：《地方立法协作重大问题探讨》，载于《法治论丛》，2008年第3期。

的情况下，推动区域各项事业的共同发展，加强区域立法协调就尤为必要。但长三角的区域立法协调却落后于执法协调，直到2007年9月24日，江苏、浙江、上海两省一市的人民代表大会常委会法制工作委员会、政府法制办公室和法学会负责人在上海共同签署《苏浙沪法制协作座谈会会议纪要》，才明确了通过立法统一协调区域经济社会共同发展的指针，标志着长三角两省一市立法协调协作正式拉开序幕。2011年5月26日，沪苏浙皖三省一市政府法制机构签署了《沪苏浙皖三省一市政府法制工作协作备忘录》，标志着长三角区域省际政府法制协调进入了一个新的阶段。2009年5月12日，苏浙沪三省市首届人民代表大会常委会主任座谈会在浙江省淳安县召开，标志着长三角地区的人民代表大会立法协调工作进入新阶段，之后三省市的人民代表大会常委会主任座谈会每年都会定期召开，对促进区域协调立法、推进区域法制建设具有极其重要的意义。

2004年1月7日，长三角区域大气污染防治协作机制在上海召开第一次工作会议，国家环境保护部部长周生贤、上海市市长杨雄、江苏省省长李学勇、浙江省省长李强、安徽省省长王学军、国务院副秘书长丁向阳，以及国家发展改革委、工业和信息化部、财政部、住房和城乡建设部、交通运输部、中国气象局、国家能源局等部门负责同志和三省一市相关负责同志参加会议，会议研究制定了《长三角区域落实大气污染防治行动计划实施细则》，标志着长三角区域大气污染防治协作机制正式启动。2014年7月25日，上海市人民代表大会常委会高票通过了《上海市大气污染防治条例》，将"长三角区域大气污染防治协作"以专章的形式进行规定，明确了相关协作机制。这也是沪苏浙皖长三角区域大气污染防治立法协作后首个通过的地方性法规，是区域立法协作在地方人民代表大会立法实践中的首次尝试。继上海之后，2015年1月31日，安徽省第十二届人民代表大会第四次会议通过了《安徽省大气污染防治条例》，也用专章规定了区域大气污染防治，明确规定"省人民政府根据实际需要，与长三角区域以及其他相邻省建立大气污染联合防治协调机制，开展区域合作"。2015年2月1日，江苏省第十二届人民代表大会第三次会议也通过了《江苏省大气污染防治条例》，同样用专章规定了区域大气污染联合防治，明确规定，省人民政府应当根据国家有关规定，与长三角区域省、市以及其他相邻省建立大气污染防治协调机制，定期协商解决大气污染防治重大事项，采取统一的防治措施，推进大气污染防治区域协作；省有关部门应当与长三角区域省、市以及其他相邻省相关部门建立沟通协调机制，共享大气环境质量信息，优化产业结构和布局，通报可能造成跨界大气影响的重大污染事故，建立大气污染预警联动应急响应机制，协调跨界大气污染纠纷，促进省际的大气污染防治联防联控。

（二）长三角立法协调存在的问题

1. 缺乏有效的立法协调机制

2015年《立法法》修改之后，长三角地区所有设区的市都获得了地方立法权，立法主体和立法层级众多，有立法权的地方立法主体在各自的立法权限内都可以制定地方性法规，尤其是省级地方立法主体的立法权限基本相同，相互间对于所面对的协调问题只能通过协商解决。协商解决意味着地位平等的利益主体间要达成协议就必须相互妥协，这就需要有一个各利益主体都认可和信服的，具有权威性和民主性的机构居中调和。然而目前在长三角地区还没有形成一个代表长三角地区各省市的共同利益、具有权威性和民主性的协调机制。

2. 现有地方性法规和政府规章有待清理

长三角地区现行的地方性法规和政府规章数量庞大，其中有待清理的问题主要表现在：一是许多地方性法规和政府规章的立法基础或背景已不存在或其本身的有关规定已严重滞后于实践的发展；二是同一立法主体所制定的地方性法规或政府规章由于制定时间的前后导致内容的不统一或冲突；三是各地对一些具有共性的问题规定不统一，甚至是相互冲突；四是由于部门利益或地方利益的驱动，地方性法规和政府规章中还存在带有地方保护主义色彩的规定，严重阻碍区域经济的发展。

3. 地方保护主义壁垒有待消除，地区间恶性竞争有待缓解，区域合作与联动机制有待建立和健全

在长三角整体经济迅猛发展的背后，隐含着巨大的危机。两省一市为保证各自的地方性经济的发展，不仅在经济结构上追求大而全，导致同构率迅速上升，产业区域辐射能力被严重削弱，而且在招商引资、环境保护、资源共享、信息共享等方面片面追求地方利益，采取恶性竞争的方式，甚至以立法的形式树立起制度壁垒，严重地阻碍了人、财、物等生产要素的自由流动，制约了长三角经济的协调发展。要解决上述问题，就需要在长三角的范围内建立一个区域合作和联动立法机制，以协调各方利益，完善产业的梯次分布，加强产业区域辐射能力，形成一个地方特色鲜明，产业结构互补的区域经济模式。在以利益共享和互利互赢为原则的基础上，建立区域立法协调机制予以逐步解决。

4. 重大问题和跨区域重要事项的立法，既缺乏上位法的支持，也未能有效地促进相关的立法工作

一方面，长三角两省一市的立法机关和行政机关对目前中央政府各部委牵头制定的与长三角发展有关的立法项目未能采取积极参加的态度，从而导致这些法律迟迟不能出台；另一方面，对超越地方权限的事项的立法工作，如生态补偿机制、公益诉讼制度、环保标准的统一等也未能有效地促使全国人民代表大会及其常委会、国务院、国务院所属部委积极介入,以分别依照各自立法权限进行必要的立法或修改。①

三、长三角执法合作的现状分析

(一)长三角执法合作的基本状况

长三角各地政府一直注重执法方面的合作,在环境保护、人才开发、交通管理、工商管理、旅游管理、知识产权、信用体系、金融服务、医保、检验检疫等方面的执法协调与合作取得了丰硕的成果。

在工商管理执法方面,为推动长三角统一大市场的建设,早在1997年,苏、浙、沪两省一市工商局在全国率先制定了省际的《保护驰名、著名商标协作办法》,共同制定了长三角地区重点商标保护名录。2004年3月,苏、浙、沪两省一市工商局在上海签订了《长三角地区消费者权益保护合作协议》,在受理消费者异地申(投)诉、开发互通互联的消费维权网络平台、开展流通领域商品质量监测等方面进行合作。2007年12月,苏、浙、沪两省一市工商局召开"苏浙沪工商行政管理促进长江三角洲联动发展合作第一次会议"并签署《联席会议备忘录》之后不久,先后出台了《公司股权出资登记试行办法》《外商投资企业登记注册合作交流六项措施》《合同监管合作协议》《公平交易(经济检查)执法协作协议》五份文件,提出要完善工商执法统一评判标准,营造统一的市场法治环境,共同维护苏、浙、沪三地的市场经济秩序,建立长三角统一大市场的开放格局。2009年12月,上海市、江苏省、浙江省和安徽省四省市市场监管部门负责人在江苏苏州共同签署了合作交流备忘录,共商共建统一开放的大市场。

在环境保护执法方面,苏、浙、沪两省一市积极抓好环境合作平台建设,联合制定和实施《长江口及毗邻海域碧海行动计划》,加强区域水环境、控制大气污染、强化危险废物与化学品监管,健全环境联合执法机制、建立区域环境应急与风险防范体系。2004年12月,苏、浙、沪两省一市的海洋主管部门签订了《推进"长三角"海洋生态环境保护与建设合作协议》,强调加强海洋生态环境保护。2008年12月,苏、浙、沪两省一市在苏州市签订了《长江三角洲地区环境保护工作合作协议(2008~2010年)》,确立了环境保护合作联席会议制度,确定会议每半年召开一次。2014年1月7日,苏、浙、沪、皖三省一市和国家八部

---

① 赵如松:《长三角两省一市立法协调问题研究》,载于《法治论丛》,2007年第6期。

委联合建立的长三角区域大气污染防治协作机制在上海启动并召开了第一次工作会议,以加强长三角区域大气污染联防联控。

在知识产权执法方面,2003年11月,长三角16个城市的知识产权局长在上海宣告结成知识产权保护联盟,提出联合加强知识产权保护、联手打击侵权行为。2005年9月,苏浙沪两省一市知识产权局以及两省所辖24个地级市知识产权局一致同意并签署了《长三角地区知识产权局系统专利行政执法协作》协议书,标志着"长三角地区知识产权局专利行政执法协作机制"的正式建立。2009年4月,苏、浙、沪两省一市又签署了《长三角地区知识产权发展与保护合作框架协议》,进一步加强区域知识产权战略研究和推进长三角地区专利执法协作机制建设。此外三地的知识产权管理部门确定每年定期召开知识产权工作联席会议和召开一次知识产权发展与保护状况新闻发布会。

在道路执法方面,2005年7月,苏、浙、沪两省一市及周边50多个城市道路运输管理部门齐聚上海共同签署《长三角地区道路货运一体化共同宣言》,2013年7月,苏浙沪两省一市19家交通管理部门签署《长三角地区道路运输行政执法合作协议》,决定成立长三角地区运政执法合作协调小组,强调在之前两省一市有效合作的基础上,进一步将联动执法、案件协查机制推向地市级运管部门,共同推进长三角地区道路运输管理一体化建设。[①]

(二) 长三角执法合作存在的问题

1. 执法合作缺乏统一的协调机构

以环境保护执法为例,近年来长三角区域内的各级政府长期为区域内多发的跨区划污染事件而困扰,死猪围城并不是黄浦江上独有的现象,类似事件不仅在太湖流域发生,富春江、钱塘江上几乎每年也都会发现大量死猪,当地有关部门甚至发出"悬赏令"来追查死猪来源,浙江省为此还成立了富春江漂浮死猪防控工作协调小组。然而长三角区域中缺少专职的区域环境管理机构对区域规划与政策进行系统的决策,也没有健全的执行区域政策与规划的载体,对于存在广泛的部门冲突和地区冲突的跨界污染规制缺少具体的执法者。立法上对此也未明确应当建立协调解决机制,例如,《水污染防治法》第二十八条规定:"跨行政区域的水污染纠纷,由有关地方人民政府协调协商解决,或者由其共同的上级人民政府协调解决。"由于在立法上缺乏清晰明确的制度设计,仅仅依靠地方政府之间的协调解决,在各地方政府都具有"理性人"特点,又缺少制度和政策的约束的背景下,在面对水污染容易出现各行其道,相互争揽利益、推诿责任的情形。

---

① 潘高峰:《区域经济一体化中政府合作的法制协调研究》,人民出版社2015年版,第293~295页。

2. 执法合作缺乏长效机制和法律载体

长三角现有行政执法合作的主要形式为长江三角洲市长联席会议、长三角合作和发展联席会议以及各级政府签署的府际合作行政协议等。然而在现有的合作框架下,这类行政协议并未对具体的合作内容、执法程序等做出具体的规定,这使得这些达成的行政协议局限成为合作意向书,甚至沦为一纸空文难以执行。此外,许多行政合作是为了满足大型活动需要的"运动式"执法的临时措施,难以长效化、制度化。例如,为了确保2010年上海世博会的顺利召开,长三角建立起区域大气污染联防联治工作机制,这对于确保上海世博会期间的空气质量起到了明显的效果。然而在世博会结束之后,长三角地区的大气污染问题出现明显的反弹迹象。

3. 地方政府参与区域执法合作的积极性不高

长三角区域从区域经济学角度来看属于资源禀赋相近、产业结构雷同的同质地区,而"分灶吃饭"的财税体制造成各种地方利益刚性和路径依赖,造成区域的要素布局分散化、产业结构趋同化的倾向愈演愈烈。出于财政收入以及GDP政绩考核的压力之下,长期以来区域内地方政府过于注重经济发展,不加区分地进行招商引资以增加税源,忽视了对生态环境的保护等需要联合执法来解决的区域经济协调发展问题。[①]

四、长三角司法协作的现状分析

(一) 长三角司法协作的基本状况

长三角的司法协作主要体现在检察协作和审判协作两个方面。

在检察协作方面,苏、浙、沪三地检察机关为加强区域检察工作协作,充分发挥法律监督职能,于2004年建立了由三地检察机关参加的检察工作区域合作机制,每年召开一次"沪苏浙检察工作座谈会"。2008年10月,三地检察机关在上海制定了《关于进一步加强长三角地区检察机关配合协作的协议》,确定了协作原则、协作领域、协作形式以及办事和执行机构。2011年12月苏浙沪三地检察长又签署了《关于进一步深化"十二五"期间沪苏浙检察机关配合协作的意见》,强调进一步加强跨地区案件协作配合和异地侦查、取证、缉捕、追赃等方面的协作配合。

---

① 张玉麟:《长三角地区区域环境法治化管理的困境及对策》,上海大学2014年硕士学位论文,第19~22页。

在审判协作方面，有两个层面的协作机制，一个是1993年由13家成员单位参加的环太湖地区司法协作工作机制，后来发展成为40余家成员单位参加的"长三角部分基层法院司法协作工作会议"，另一个是在2008年确立的长三角地区人民法院司法工作协作交流联席会议机制，在2008年首届会议上三地高级人民法院签署《长江三角洲地区人民法院司法工作协作交流协议》，2009年召开的第二次会议上三地高级人民法院又共同签署了《长三角地区人民法院司法协作交流联席会议议事日程规则》等13项司法协作工作规则，使"统一司法标准，统一长三角地区司法鉴定机构的准入资格"等重要原则以《规则》的形式得以确认。在2010年4月召开的第三次长三角地区人民法院司法工作协作交流联席会议上，苏、浙、沪三地高级人民法院又共同签署了长三角地区人民法院咨询专家资源共享机制、指导性案例交流机制、刑事审判协作交流机制等6项司法协作工作规则。此次签署的司法协作"备忘录"要求三地法院进一步加强指导性案例交流，实现区域法律适用标准的统一。建立三地法院刑事、民事、商事审判协作交流机制，建立重大问题协商平台。从2009年开始，苏、浙、沪三地高级人民法院把"长三角地区人民法院司法协作与发展论坛"与司法工作协作交流联席会议一起合并举办，实现了司法协调的常态化和动态化。[①] 长三角地区的法院以现有长三角地区部分基层法院司法协作会成员为基础，加强审判工作学术交流，实行学术成果共享，在不同法院之间建立审判观点协调沟通机制，各协作法院可不定期地通过座谈研讨、信函交流方式，将各自工作中遇到的新类型和疑难案件以及在法律适用上的新情况、新问题进行讨论交流，并互相交换学术论文和调研成果，不断提高各协作法院的审判水平。同时，定期开展长三角区域法院系统专业研讨会，针对审判实践中的倾向性问题、疑难法律问题研究制定规范意见，搭建横向交流平台。通过具有相当约束力的文件，统一法官在法律适用方面的认识差异，统一裁判标准，实现同案同判。[②]

除了检察协作和审判协作，由党委政法委员会推动的司法协作也在长三角地区展开。2008年10月，苏、浙、沪两省一市政法委在南京共同签订了《长三角地区政法综治工作协作交流框架协议》，这是全国首个省级政法综治工作区域协作协议。根据这个协议，江浙沪三省市将在化解社会矛盾纠纷，建立区域矛盾排查化解协调机制；探索三地法律适用统一协调，建立司法协作机制；整合区域法律服务资源，建立区域法律服务协作网络；并在信息化建设、队伍建设和法学研究等方面展开全面协作，实现资源和成果共享。

---

① 潘高峰：《区域经济一体化中政府合作的法制协调研究》，人民出版社2015年版，第295~296页。
② 郑元：《长三角区域经济一体化背景下的司法协作》，载于《江南论坛》，2009年第4期。

（二）长三角司法协作存在的问题

目前长三角区域司法协作机制中，存在着检察机关和审判机关仅在本系统内开展司法合作的现象，较难出现检察院与法院之间、检察院与政府之间、法院与政府之间的法制合作交流活动，使司法协作呈现出系统内部进行协作、系统外部互不影响的条块分立状态。而司法协作形成不了整体合力，一定程度上又成为阻碍协作成效发挥的巨大障碍。即使已有的检察协作和审判协作，长三角区域司法协作还处在初级协作阶段，存在重视协作平台建设、轻视协作内容具体落实的问题。目前，苏、浙、沪三省市除定期召开"检察工作座谈会"和"法院司法工作协作交流联席会议暨司法协作与发展论坛"外，真正经常性、实质性的司法协作活动还不多，相关机制还不够成熟完善。

第四节 环渤海经济一体化中的府际合作

一、环渤海府际合作的发展历程与基本成果

（一）环渤海的界定

环渤海全称为"环渤海经济区"或"环渤海地区"，是指环绕着渤海全部及黄海的部分沿岸地区所组成的广大经济区域。环渤海地区位于中国沿太平洋西岸的北部，是中国北部沿海的黄金海岸，在中国对外开放的沿海发展战略中，占重要地位。环渤海地区包括北京、天津两大直辖市及辽宁、河北、山西、山东和内蒙古中部地区，共五省（区）二市。全区陆域面积达112万平方公里，总人口2.6亿人。环渤海地区共有城市157个，约占全国城市的四分之一，其中城区人口超百万的城市有13个。也有观点认为，环渤海地区是以京津冀为核心、以辽东半岛和山东半岛为两翼的环渤海经济区域，主要包括北京、天津、河北、山东、辽宁，也就是三省两市的"3+2"经济区域。区域内包括北京、天津、唐山、秦皇岛、大连、烟台、威海、青岛、东营、石家庄、济南、沈阳等多座城市；面积51.8万平方公里；人口2.3亿人，占全国的17.5%；地区生产总值达到3.8万亿元，占全国的28.2%。

虽然上述两种关于环渤海区域"外延"的界定不一，但它们都认为与珠江三

角洲和长江三角洲不同的是，环渤海地区是一个复合的经济区，由三个次级的经济区组成，即京津冀圈、山东半岛圈和辽宁半岛圈。其中，山东半岛圈又由黄河三角洲高效生态经济区和山东半岛蓝色经济区等组成。

（二）环渤海府际合作的发展历程

在20世纪80年代初期，由于环渤海地区独特的优势、巨大的发展潜力以及在全国经济格局中的重要地位，受到了国内外的广泛关注。环渤海经济区概念在20世纪80年代中期被提出来之后，最初在制度建设上一直进展缓慢，1995年国家在"九五"计划中强调，要形成以辽东半岛、山东半岛、京津冀为主的环渤海综合经济圈。直到2004年2月，国家发改委地区司牵头在廊坊组织召开了京津冀三省市发改委负责同志参加的"京津冀区域经济发展战略研讨会"，就区域经济发展的十个方面问题达成一致意见形成《廊坊共识》后，才标志着讨论多年的京津冀区域经济发展战略转入实质操作阶段。2004年6月，环渤海的北京、天津、河北、山西、内蒙古、辽宁、山东五省（区）两市在廊坊召开环渤海合作机制会议，就推进环渤海区域合作进行研讨，并决定成立环渤海区域经济合作联席会议，标志着环渤海合作机制的正式建立和启动。

环渤海区域合作的发展历程大致可以分为四个阶段。第一阶段为理论探讨阶段，主要是1986~1992年。这一阶段主要以理论界对环渤海的不断研究和积极推进为主。这个阶段的一体化进程还主要处于务虚阶段，涉及实际层面的府际合作不多。第二阶段为实践探索阶段，主要是1992~1996年。1992年，中国共产党第十四次全国代表大会第一次把环渤海地区的开发开放写入工作报告，正式确立了"环渤海经济区"的概念。随着我国市场经济体制建设不断推进，市场经济规律开始在区域一体化发展中发挥作用，环渤海的区域合作开始向务实转变。第三阶段为稳步发展阶段，主要是1997~2003年。在这一阶段，合作地区不断拓展，合作形式开始多样化，远景规划得到加强，环渤海区域一体化稳步发展。但是，具有约束力的一体化制度体系还比较欠缺。第四阶段为快速发展阶段，即2004年至今。在这一阶段，区域经济一体化取得实质性发展，环渤海区域合作在基础设施、环境保护、能源开发等整个经济领域全方位展开。[1]

（三）环渤海府际合作的基本成果

环渤海区域合作中重要的联系平台是环渤海区域合作市长联席会。其前身是

---

[1] 邹卫星、周立群：《区域经济一体化进程剖析：长三角、珠三角与环渤海》，载于《改革》，2010年第10期。

1986 年李瑞环倡议召开的"环渤海地区经济联合市长联席会",2010 年之后改为"环渤海区域合作市长联席会",截至 2015 年初,市长联席会共举办 16 次,成员也由 1986 年的 15 家扩大到 2013 年的 45 家。环渤海区域合作市长联席会每届设定不同的主题,并根据情况签署合作文件,其中在 2006 年召开的第 12 次会议上,通过了《推进环渤海区域合作的天津倡议》;在 2010 年召开的第 14 次会议上,通过了《环渤海区域合作沈阳倡议》,并签署《加快环渤海装备制造业基地建设的合作框架协议》等四个文本;在 2011 年召开的第 15 次会议上,通过了《关于加强环渤海区域合作的天津共识》。

为提升京津冀地区在环渤海经济圈的引领作用,推进京津冀一体化,2006 年 2 月,国家发改委着手编制京津冀都市圈区域规划。同年 10 月北京市与河北省正式签署《北京市人民政府、河北省人民政府关于加强经济与社会发展合作备忘录》。根据协商,双方在交通基础设施建设、水资源和生态环境保护、能源开发、旅游、农业等九个方面展开合作。2009 年 5 月,北京、天津、河北规划部门在廊坊签订了《关于建立京津冀两市一省城乡规划协调机制框架协议》。2010 年 11 月,北京市政府与河北省政府举行"进一步加强冀京合作座谈会"。强调双方在城际轨道交通、公路方面共同规划和建设,实现同标准对接,无缝隙换乘。为了解决大气污染及区域发展其他问题,2012 年后,京津冀加快了区域合作的步伐。2012 年底,首都经济圈发展规划被列入国家发改委 2012 年区域规划审批计划。2013 年 5 月,河北省分别与天津市、北京市签署了《天津市河北省深化经济与社会发展合作框架协议》和《北京市—河北省 2013 至 2015 年合作框架协议》。2014 年 2 月,国家主席习近平主持召开座谈会,专题听取京津冀协同发展工作汇报,强调要实现京津冀协同发展,打造新的首都经济圈、推进区域发展体制机制创新,将"京津冀协同发展"上升为国家发展战略。同年 3 月,"京津冀一体化"首次被写进国务院的政府工作报告,随后国务院成立京津冀协同发展领导小组,由副总理张高丽担任组长。9 月,京津冀协同发展领导小组第三次会议明确京津冀协调发展工作思路,强调在交通、生态、产业三个重点领域率先突破。2015 年 1 月,"京津冀协同发展"均被写入三地政府工作报告,作为三地 2015 年的工作重点之一。

2015 年 9 月,国务院批复了《环渤海地区合作发展纲要》,标志着环渤海的区域合作上升到国家战略层面。《纲要》明确了环渤海地区合作发展的指导思想、基本原则、发展目标和空间布局,提出环渤海地区要牢牢把握实施"一带一路"、京津冀协同发展等国家重大战略的历史机遇,主动适应经济发展新常态,以提高经济发展质量和效益、促进区域协调发展为主要目标,立足主体功能定位和自身优势,着力调整优化经济结构,着力扩大对内对外开放,着力创新合作体制机制,以基础设施互联互通、生态环境联防联治、产业发展协同协作、市场要素对接对流、社会保障共建共享为重点,努力把环渤海地区建设成为我国经济增长和转型升级新引擎、区域协调发展体制创新和生态文明建设示范区、面向亚太地区的全方位开放合作门户。

二、环渤海府际合作法制协调的总体状况

环渤海区域合作是一种松散型的合作方式,没有一个跨区域的统一管理和协调机构,因此在区域经济一体化过程中,环渤海区域法制协调工作进展实际上是较为缓慢的。在2009年之前,环渤海区域法制协调基本上呈现的是一种松散状态。2009年12月,由北京市政府法制办发起,北京、天津、河北、辽宁、山东三省两市法制办在北京签署了《环渤海区域政府法制工作交流协作框架协议》。协议约定,环渤海区域五省市对区域内的重大问题、热点问题和难点问题展开研讨,协调具有共性的重大法律问题,在制度建设、行政执法上加强沟通协调,逐步清理阻碍区域共同发展的法规规章和规范性文件,为实现环渤海区域经济一体化创造良好的法治环境。随后山西省、内蒙古自治区政府法制办也申请加入,至此,环渤海区域政府法制工作协作机制才算正式成立。此后,五省(区)两市法制办法制工作研讨会每年召开一次。

环渤海地区的执法合作主要在知识产权、旅游、超载车辆治理、安全生产、食品安全、大气污染防治、水污染防治、海洋监管等领域。2007年5月,在国家知识产权局的推动下,环渤海五省市知识产权局召开了知识产权保护协作会议并签署了《环渤海地区知识产权保护合作协议》,就建立环渤海地区知识产权领域的行政执法案件移送和协作、委托调查取证、执法案件证据互认、联合执法等工作机制进行了明确。之后五省市知识产权局执法部门负责人决定每年定期召开知识产权研讨会,其中在2008年的会议上各方签署了《环渤海区域知识产权局行政执法协作协议》的合作文件。另外,2009年3月和8月河北省分别与天津市、北京市签署了《津冀知识产权保护合作协议》《京冀知识产权保护合作协议》,旨在加强京、津、冀三地在打击侵害知识产权违法犯罪案件中的执法协作;在旅游监管执法上,环渤海各省区旅游管理部门通过召开环渤海各省区市旅游质监执法互动协作会议,签署相关合作协议,建立环渤海("5+4")九省市旅游质监执法互动协作工作机制;为加强对雾霾的共同治理,北京、天津、河北、山西、内蒙古、山东的环保部门提出,"坚决向污染宣战",要打破行政区划界限,建立区域空气质量预报预警及应急联动工作机制、区域重污染预警会商与应急响应机制,开展区域联合执法,建立协作小

组共享信息平台，共同治理大气污染。

环渤海地区的司法协作工作开展较少、比较零散。能够保持正常工作交流的也仅有自 2008 年起每年举行的"京津冀检务工作合作论坛"，参加论坛的主要是来自京津冀地区区县的基层检察院相关人员。该论坛的目的旨在加强区域间检务合作和横向交流，推进相互间资源整合，实现地区间良性互动和优势互补，但论坛也主要是针对检察工作中遇到的相关问题交换意见，没有开展更多针对区域经济一体化的实质性的工作交流与协作。除此之外，环渤海区域的司法协作都是一些小范围的零散会议交流。例如，2009 年 7 月，为促进环渤海区域的经济发展，天津海事法院与河北省沿海地方中级人民法院在天津海事法院召开了司法协作座谈会。会议初步达成了六项共识：一是加强立案协调。地方法院和海事法院对不属于本院受理的案件，对当事人要耐心进行诉讼指导，让他们到有管辖权的地方法院或海事法院起诉。特殊情况，在征得当事人的同意下，地方法院和海事法院可通过电话通知对方法院立案庭为当事人预约立案。二是加强工作配合。地方法院和海事法院相互之间要加强联系，在各自的工作范围内，依法支持和协助彼此开展审判、执行工作。三是加强调解衔接。在调解工作中，如涉及海事海商法律以外的知识，希望地方法院能够充分发挥业务知识比较全面以及熟悉乡规民约、习俗的优势，支持配合海事法庭做好调解工作。同时，地方法院在审判工作中，如遇有海事法律专业方面的知识，需要海事法院配合的，全力支持。四是加强业务交流。五是加强信息共享。六是加强司法宣传。[①]

三、环渤海府际合作法制协调存在的问题

与珠三角和长三角相比，环渤海区域合作中的法制协调机制明显要落后很多，其立法协调、执法合作以及司法协作，均存在很多需要改进的地方。

（一）立法协调存在的问题

在立法协调方面，由于环渤海地区拥有众多省级、省会城市以及设区的市立法主体，立法主体之间级别不同，关系疏密程度不同，环渤海地区的区域立法步履艰难。环渤海地区有地方立法权的主体在层级上包括三类：第一层级是省、直辖市、自治区级别的地方立法主体，包括北京市、天津市、河北省、辽宁省、山

[①] 郑文运：《天津海事法院联手河北省沿海地方中级法院加强司法协作促环渤海区域经济发展》，《天津政法报》，2009 年 7 月 28 日。

东省、山西省和内蒙古自治区；第二层级是有地方立法权的省会城市包括石家庄市、沈阳市、济南市、太原市、呼和浩特市；第三层级是环渤海地区所有设区的市。这种立法主体的多元性决定了环渤海地区法制的多元化，从而加大了区域内法律冲突的可能性，而法律冲突将降低市场主体对交易行为法律后果的可预见性，增大交易成本和市场风险，从而阻碍区域之间的进一步交流与合作。① 这类法律冲突包括环渤海地区各省、自治区、直辖市制定的地方性法规与地方性法规、地方政府规章与地方政府规章、地方性法规与地方政府规章之间的冲突。在内容上，有些地方立法存在着严重的地方保护主义倾向，在市场准入、商品流通、贸易往来、资源开发利用、环境保护等方面存在着由地方立法设定的壁垒和不协调；有些地方立法质量不高，甚至同上位法相抵触；一些较早期制定的立法，已落后于当前的现实需要，而未及时地进行修订或废止；有些地方立法是超越立法权限制定的；有些地方立法对同一事项的规定不统一；有些地方立法缺乏可操作性。这些问题的存在，使市场主体对其行为的可预见性降低，增大了决策成本和市场风险，造成资金、技术、人才、信息流转不畅，削弱了人们对于地方立法的信赖，影响其权威性，也给执法、司法和法律监督活动中适用法律带来困难，甚至为有些机关滥用权力打开方便之门，构成环渤海地区经济合作和一体化的一大障碍。② 在权力机关立法上，环渤海各地人民代表大会交流不多。在行政立法上，各地政府更愿意选择以签订合作协议的方式来处理合作事宜，五省区两市每年召开一次的法制工作研讨会上提出更多的是对政府法制工作的建设性建议，很难有实质性的更深层次的立法合作和交往。③

（二）执法合作存在的问题

在执法合作方面，环渤海地区在维护良好的市场秩序、营造公平竞争环境方面的执法存在较多的问题。各地在行政许可、行政处罚、行政征收、行政规划、行政强制措施等行政行为的实施机关、范围、条件、种类、幅度和程序等方面存在较大的差异，执法中内外有别的不平等待遇、地方保护而导致抑制竞争与恶性竞争并存的局面，都影响到环渤海区域经济一体化和建立统一市场的进程，影响区域法制的统一。各地区在追求地方经济利益的同时，没有或较少顾及环渤海区域的整体利益，普遍存在产业结构上重复建设、市场分割、行政垄断、跨区域的

---

① 郭春明：《环渤海经济一体化进程中的法制协调机制研究》，载于《山西师大学报（社会科学版）》，2007年第4期。
② 扈春海：《环渤海地区法制协调机制研究》，载于《燕山大学学报（哲学社会科学版）》，2006年第3期。
③ 潘高峰：《区域经济一体化中政府合作的法制协调研究》，人民出版社2015年版，第331页。

环境污染，等等，影响到环渤海区域的协调发展。① 由于环渤海区域涉及众多行政区划，区域内各地方政府的行政作用一般仅限制在维护社会公共秩序以及确保地区财政收入的行政区行政和秩序行政范围内。而随着环渤海区域经济合作进程的发展，区域内的经济联系越来越紧密，各省、直辖市、自治区政府的行政执法范围要扩大到协调地区间经济结构、环境、资源、资金、社会保障等区域行政和积极行政方面。对于正处在经济一体化快速发展时期的环渤海区域，面临的一系列问题是消极行政所不能解决的。例如，环渤海区域国有经济比重偏高，民营企业发展缓慢，环渤海区域民营经济的发展无论是总量还是速度，都远较珠三角、长三角地区低。又如，环渤海区域水资源紧缺，环境资源承载力较差。据调查，环渤海地区一年缺水量约 15 亿立方米，分布五大区域性活动断裂带和 80 余条活动断裂、2.68 万平方千米的地面沉降大于 200 毫米、3.4 万平方千米的淤泥质软土、海岸线近 30 年内缩短了 260 千米……脆弱的地质环境对海岸重大工程以及海滨城市造成巨大威胁。面对诸如此类严峻的形势，消极行政和积极行政兼顾对于环渤海区域的行政执法合作就更为重要。积极行政是依法行政的提升和发展，坚持依法行政和积极行政的统一，是解决当前市场执法过程中法律的滞后性、局限性问题及政府部门职能转换需要，以实现执法监管务实高效、廉洁勤政目的，促进市场经济发展和经济体制改革的建立和完善。当然，积极行政并不等于政府行政权力积极扩张。环渤海地区相对于珠三角和长三角地区，市场经济体制发育较晚，由于受到以前计划经济模式的影响，该区域政府对经济的操控权力过大，政府直接参与经济活动的事件屡见不鲜，造成了严重的地方保护，使各地区的人才、资源、技术、资金等要素不能自由流通。以环渤海地区现行的行政执法模式来看，政府的行政权力以空前的规模扩大，"看得见的手"在一些领域已经伸到了本应由市场规律调控的范围内，破坏了区域间行政合作协议执行的有效性。②

（三）司法协作存在的问题

目前环渤海区域的司法协作机制基本没有建立起来，在环渤海区域经济一体化过程中涉及跨区域司法时，经常会面对既存的法律冲突，这样就会产生法律选择适用的问题。也就是说，在法院审理所涉法律关系具有跨越行政区域性质的案件时，会遇到既可以适用甲地的法律，也可以适用乙地的法律，甚至可以适用更

---

① 扈春海：《环渤海地区法制协调机制研究》，载于《燕山大学学报（哲学社会科学版）》，2006 年第 3 期。

② 柴振国、潘静：《环渤海区域合作中的法律冲突与协调》，载于《山东警察学院学报》，2010 年第 3 期。

多地域的法律的情况,而适用不同地域的法律却可能产生不同的法律后果。在立法方面减少法律冲突需要较长的时间,即使是在环渤海地区的立法协调机制已相当健全的时候,法律冲突的情形也不可能完全避免,法院经常会遇到这样的法律选择问题。这时就需要一种法律选择规范,来指引法官选择审理案件所适用的法律。在环渤海地区,目前尚没有一种司法协作机制确立区域司法可遵循的法律选择规范,法官在选择法律时弹性较大,不同地域的法院遵循不同的法律选择方法,就会产生同一案件在有管辖权的不同地域的法院起诉,会适用不同地域的法律,得到不同的判决结果的情形。一个主权国家在不同地方设立的法院,审理同一案件,却可能适用不同地域的法律,可能得不到一致的判决,这样会降低当事人对其行为的法律后果的可预见性,增加经济活动的风险,促成当事人挑选法院的现象,影响法院审判活动的权威性和可信性,同时也对环渤海区域合作产生不利影响。① 司法机关是维护社会公平正义的最后一道屏障,司法公正是保持社会安定、保障经济繁荣、建设和谐社会的关键所在。但是,在环渤海地区,由于欠缺区域司法协作机制,加上司法地方化的影响,一些地方的司法机关为了地方的局部利益,片面强调地方特殊性,违反法律规定和办案程序,偏袒本地当事人,损害外地当事人的合法权益。地方保护主义行为损害了人民法院的形象和声誉,损害了法律的尊严,扰乱了经济秩序和社会稳定,不利于环渤海区域经济一体化的发展。②

---

① 扈春海:《环渤海地区法制协调机制研究》,载于《燕山大学学报(哲学社会科学版)》,2006 年第 3 期。

② 郭春明:《环渤海经济一体化进程中的法制协调机制研究》,载于《山西师大学报(社会科学版)》,2007 年第 4 期。

构建篇

区域经济一体化中府际合作的法制协调

第七章

区域经济一体化中府际合作法制协调概述

在区域经济一体化过程中,府际合作在立法、执法、司法层面的法制需求与现实法制建设状况之间存在较大差距。府际合作如果缺乏科学完善的立法、规范高效的执法、公平公正的司法作保障,将可能导致区域经济发展中于法无据、执法不严、司法不公的现象出现。面对区域经济发展中的机遇和挑战,各级政府要积极推动立法、执法、司法层面的法制协调,运用法治思维和法治方式解决各种社会问题、化解社会矛盾,为区域经济一体化提供良好的法治环境。

第一节 府际合作法制协调的含义、特点与功用

一、府际合作法制协调的含义

法制协调是在法制无法满足社会发展的情形下,由专门机关对法的运行环节进行疏通、整理、优化,以达到统一法制、避免法律冲突、提高法的运行成效之目标。府际合作法制协调是指在区域经济一体化中府际合作背景下,政府为了推动区域法制协调发展而与相关机关开展的法制协调活动或法制参与行为。府际合作法制协调有几层含义:

1. 府际合作法制协调是政府能动性在法制领域的一种表现

府际合作法制协调是区域经济一体化中政府为解决区域经济和社会发展中的相关问题，创建良好的法制环境，在府际合作基础上而与相关机关开展的法制协调活动或法制参与行为。在区域经济一体化过程中，会遇到不少的困难和挑战，解决好这些困难和挑战就能为区域的经济发展和社会进步带来更多发展机遇，营造更好的发展环境和条件。府际合作是应对区域经济和社会发展而在政府间开展的工作联合与合作。府际合作法制协调既体现了新时期政府要主动作为、敢于作为、善于作为的新要求，也体现了政府有责任和有能力把经济和社会发展中的相关问题解决好的信心和勇气。

2. 府际合作法制协调的目的和任务是推动区域法制的协调发展

区域相关问题的协调解决是府际合作法制协调的出发点和立足点，推动区域法制的协调发展是府际合作法制协调的重要目的和任务。府际合作中之所以要开展法制协调，就是因为在立法、执法、司法、法律监督等法的运行环节中存在着不能适应区域经济和社会发展的制度障碍、体制机制障碍还较多，法的运行各环节还无法较好协调一致，法制体系还不健全、不完善，相关矛盾和问题无法通过现有法制途径解决好。政府通过开展法制协调就是要解决当前区域发展中存在的相关法制问题，通过健全完善法律制度，规范法律适用，理顺体制机制，提高法的运行质量和效率，推动区域法制协调发展，为区域经济一体化构建良好的法治环境。

3. 府际合作法制协调是与相关机关开展的法制协调活动或法制参与行为

府际合作法制协调是政府以单独或联合的方式与相关机关开展的法制协调活动，这种协调活动是政府根据区域法制的实际状况而与相应的人民代表大会立法机关开展的立法协调活动，与相应的行政机关开展的立法或执法协调活动，与相应的司法机关开展的司法协调活动。这种法制协调活动有时是由政府主动推动的，有时是在法制协调机制的引导下由相关机关邀请政府参与的，所以也可把这种法制协调称为是政府的法制参与行为。应当说，无论是政府主动推动法制协调还是政府受邀参与的法制协调，都能够在一定程度上促进区域法制的发展和进步，都是有益于区域法制发展的活动或行为。

二、府际合作法制协调的特点

1. 参与法制协调的一方主体是地方政府

府际合作法制协调是在区域经济一体化中府际合作的背景下，为发挥政府在区域经济和社会发展中的促进作用，创建统一的区域法治环境而由政府参与的法制协调活动。与一般的立法机关主导的立法协调活动、司法机关主导的司法协调活动不同,这种法制协调活动是由政府参与推动的。尽管府际合作法制协调既包括立法协调,也包括司法协调,但立法协调和司法协调的协调主体必定有一方是地方政府。地方政府通常也应是府际合作法律关系中的一方主体。

2. 是在府际合作背景下展开的法制协调

与一般的法制协调和政府主导的法制协调不同,府际合作法制协调是在区域经济一体化中府际合作的背景下开展的。它是为加快区域共同发展、促进合作、营造区域发展良好法治氛围而开展的协调活动。这种法制协调往往在协调的主体、协调的方式方法、协调的范围、协调的难度上与一般的法制协调和政府主导的法制协调不同。其协调的主体多是不同行政区的人民代表大会、政府、司法机关等,而一般法制协调的主体多是在不同行政区的立法机关之间、行政机关之间、司法机关之间或一地的各个国家机关之间,政府主导的法制协调也多是在一地的行政机关内部或者由政府牵头组织立法、行政、司法机关展开的协调。由于协调主体之间通常没有隶属关系,府际合作法制协调在协调的方式方法上往往更加灵活,其协调的范围也比一般的法制协调要广泛得多,协调的难度和复杂性也通常比一般的法制协调和政府主导的法制协调要多很多。

3. 府际合作法制协调的目的是构建区域经济和社会发展的良好法治保障

与一般的法制协调和政府主导的法制协调的目的不同,府际合作法制协调的目的是构建区域经济和社会发展的良好法治保障。而一般的法制协调往往是解决法运行中的相关问题,通常针对问题展开协调,政府主导的法制协调也往往是行政管理和行政执法过程中的相关具体问题而展开的协调,其更多是发现问题、解决问题。府际合作法制协调的着眼点不是仅仅解决区域发展中具体的立法、执法、司法等相关问题,而是通过法制协调为区域经济和社会发展营造良好的法治环境、提供良好的法治保障。

4. 府际合作法制协调机制的建立是做好府际合作法制协调的重要保证

与一般的法制协调和政府主导开展的法制协调不同,府际合作法制协调的难度和复杂性决定了做好府际合作法制协调工作必须有健全完善的法制协调机制来保障,如果没有稳定的府际合作法制协调机制作保障,很难实现府际合作法制协调工作的持续开展。

三、府际合作法制协调的功用

府际合作法制协调的功用,是府际合作法制协调的价值所在,也是府际合作法制协调的存在基础。有了府际合作法制协调功用的发挥,才能使法制协调的价值和作用体现出来。府际合作法制协调的功用主要体现为：

1. 推进区域统一法律体系的建设与完善

推进区域经济和社会发展必须有统一的区域法律体系作保障。系统严密规范科学的区域法律体系是经济和社会发展的重要支撑和推动力量。当前，尽管我国已初步建立起有中国特色的社会主义法律体系，但涉及区域经济和社会发展的法律制度和规范还处于逐步建构阶段，有关区域发展的立法、执法、司法、法律监督的制度、体制尚不健全、不完善，地方执法、司法标准不统一，执法、司法难以衔接，执法、司法相互冲突等问题，都甚为常见。

开展府际合作法制协调就是要从宏观和微观两个方面构建起完善的区域法律体系，使法的适用在国内或至少在经济区内能够标准统一，法律体系能够严密科学规范。在法制协调中，要对区域立法进行梳理，调查研究哪些法律是阻碍区域经济和社会发展的，哪些法是需要立法机关进一步制定和完善的，哪些法是需要上级立法机关来订立，哪些法是需要本级立法机关来协调制定的。在法的执行适用上，要统一法的执行和适用标准，使执法和司法始终在统一的法律体系和标准下运行。

2. 促进区域法制的良好运行

以行政区划为单位、条块分治的现状成为区域法制协调发展的巨大障碍，这种条块分治的状态既使区域内各地的立法迥然不同，也使各地法的运行自成一体。因执法标准、司法标准的不同，各地法的适用存在较大的差异。这种因法的适用而造成的法治上的割裂，使各地对相关案件的处理、相关事项的法律解决往往呈现出不同的状态，结果不仅影响了正常的区域经济交往和人员往来，而且也使法律呈现出一种不公平、不公正的外部表征，损害了法律的权威和公平公正价值。

开展府际合作法制协调活动，就是要打破以行政区划为单位、条块分治的法治现状，使整个区域的法制发展和法的运行成为一个和谐统一的整体。通过在立法、执法、司法等方面制定统一的标准和适用规则，减少法律资源和法律价值因条块分治而产生的损耗，促进区域法制的有序、规范、高效运行。在区域法制协调中，可以建立区域统一的立法、执法、司法协调机构，开展统一立法和统一执法活动，确定区域统一的执法、司法标准；可以建立区域联合执法中心和执法司法联动机构，开展定期的区域执法、司法交流合作和案件的联合评议活动，加强对区域执法、司法人员的定期业务培训和任期交流制度的统一协调，推进区域执法、司法体制的改革与创新。

3. 为区域经济和社会发展营造良好的法治环境

区域经济一体化能否顺利推进，既取决于区域经济的发展速度，也取决于良好发展环境的保障。在所有的经济发展环境和氛围中，法治环境的创建无疑是最重要的。通过府际合作法制协调，可以对本区域的立法状况、法律法规的执行情况、法制宣传和教育情况、公众的知法、守法情况进行全面的了解和把握，制定出适合本区域发展的法治环境建设规划；可以加强法律监督检查，创建清明公正的执法、司法环境；通过邀请相关国家机关开展法制宣传、法律援助、送法下乡、送法进社区、法治讲座、法治论坛、警营开放日等活动，提高民众的法律意识。通过协调，可以调动区域内所有执法、司法资源，推进区域内社会治安综合治理工作，增强民众安全感，提高其幸福指数。

4. 统一法的适用

执法、司法标准的不统一、不协调，是区域法的适用过程中十分棘手的问题。同样一个案件如果在不同地区给予了不同的处理，人们不仅会怀疑是不是法律出了问题，更会怀疑是不是执法、司法人员存在徇私舞弊、枉法裁判。其结果是人们对法律的权威性和公正性产生了较多质疑。解决"同案不同判"或"同案不同处理"现象，一方面要靠提高法律职业人员的综合素质，另一方面要靠建立统一的法律体系和法的适用标准，推动法的适用统一规范。

通过府际合作法制协调，可以对区域内的执法、司法标准进行全面的梳理和核查，找出相关标准存在差异的症结所在，根据区域经济和社会发展实际尽可能地予以规范统一。对因立法问题产生的执法、司法标准上的差异，可以建议立法机构对相关法律规定予以修改调整；对因执法、司法环节中确定的法律适用标准不统一的问题，可以建议执法、司法机构根据实际情况对该标准进行修改调整；对因由于执法与司法标准的不同而产生的相关案件无法处理的状况，政府可以协调司法机关就相关问题展开研究与协商，推动行政执法与刑事司法较好地衔接。

5. 促进区域疑难复杂问题的法律解决

随着区域经济的不断发展，区域性深层次的复杂矛盾和问题会不断涌现出来。解决这些矛盾和问题如果仅以政治的视角来审视，以行政权来推进，简单的问题也可能被复杂化，甚至有些时候，由于没有行政上的隶属关系，一地的行政机关也很难对他地的当事人做出约束性的行政行为，体现出行政权行使上存在的尴尬和无奈。通过府际合作法制协调，能够加强不同行政区政府之间的密切联系与合作，对那些处于经济和社会发展"三不管地带"的问题，对长期形成的复杂的区域性问题，对靠一地政府想管又管不了的问题等，可以开展多层次的行政合作和执法检查。对长期存在、根深蒂固的违法犯罪行为，可以通过加强区域执法合作、行政与司法联动全面予以打击和处理，有力消除危害社会行为滋生的环境和土壤。

第二节 府际合作法制协调的基础条件与必要性

一、府际合作法制协调的基础条件

（一）府际合作法制协调具有合法性

我国《宪法》第五条、第一百零七条，《地方组织法》第六十条、第六十七条对政府职权、职责进行规定，强调政府有维护社会主义法治的统一和尊严的义务，有进行社会管理、发布决定、命令、任免、培训、考核和奖惩行政工作人员的职权，省、自治区、直辖市的人民政府和省会城市、较大城市的人民政府有制定规章的权力，并有协助设立在本行政区域内不属于政府管理的国家机关、企业、事业单位进行工作，并且监督它们遵守和执行法律和政策的义务。2010年11月8日国务院发布的《国务院关于加强法治政府建设的意见》中第七部分、第十五部分，强调政府法制机构在政府立法中的主导和协调作用，要建立相关机制，加强行政执法中的法制协调。尽管我国目前对府际合作法制协调问题在宪法和法律上规定的还不够充分和完善，但以目前的法律规定和国务院发布的文件来看，府际合作法制协调是符合立法的基本原则和本意的，同时也是符合社会法制建设的基本方向和社会发展要求的。

（二）府际合作法制协调已有一定的理论支撑和技术支持

近年来，我国学者在府际合作问题、合作中的法律问题，特别是府际关系问题、行政协议问题、区域行政行为等问题的研究上，取得了一定的成绩，产生了一批理论成果。也有不少学者从区域法制协调问题着手研究，有从法制协调的综合方面进行研究的，有从区域立法协调的机制、模式开展研究的，有从执法协调的机制、模式展开研究的，也有从区际司法协助的模式、路径、机制等对司法协调进行研究的。这为继续开展府际合作法制协调及学术研究提供了较好的理论依据和参考，引导着府际合作法制协调的理论研究向纵深方向发展。同时，在现有研究中，学者们从不同的角度对府际合作的法律问题、法制协调问题提出了相应的解决方案和建设路径,这为法制协调的具体操作提供了技术路线和方法支持,推动着法制协调平稳顺利地开展。

(三) 府际合作法制协调在实践中已取得了一定成效

在现有区域法制协调实践中,较多地方政府认识到了法制协调对区域经济发展和社会进步的促进作用。它们通常通过加强区域立法合作、执法合作、司法合作来推进区域法制建设。早在2006年,辽宁、黑龙江、吉林三省政府法制办在沈阳召开了东北三省立法工作协作座谈会,就东北三省区域立法协作问题进行交流和研讨,并签订了《东北三省政府立法协作框架协议》,同时确定了当年的立法协作项目,此举开创了我国区域性立法协作框架的先河。在长三角地区,经过多年府际合作法制协调的发展,已形成行政协议与行政磋商两种机制。2007年9月,苏浙沪两省一市在上海共同签署《苏浙沪法制协作座谈会会议纪要》,标志着长三角两省一市以"立法协作"的方式确保区域协调发展成为现实。与此同时,从2004年苏浙沪三省法学会发起举办《长三角法学论坛》开始至2013年12月已连续举办十届,以此助推区域法制协调发展。

二、府际合作法制协调的必要性

(一) 促进区域经济社会发展的需要

缩小地区发展差距,促进区域经济和社会的和谐发展,不仅是所有民众的殷切期盼,也是各级政府的美好愿望。在经济建设中,政府既要为经济发展制定政策、拟定计划、颁布法令、推出举措,又要通过改革开放和制度创新不断地解放和发展生产力;在社会建设中,政府要积极地采取措施,推进社会管理创新,以法治思维和法治方式进行社会治理,千方百计解决社会发展中的深层次矛盾和问题,推进社会和谐发展。区域经济和社会发展领域需要府际合作法制协调具体表现在:

1. 有利于打破行政垄断

行政垄断是阻碍经济发展的巨大障碍,它遏制了市场主体活力,限制了资源的自由流动,破坏了公平竞争的环境。通过府际合作法制协调,能够推动各地政府自觉抛弃本地、本部门的利益,从本区域发展的大局出发,对一切行政垄断行为进行处理,构建公平公正、清正廉明的市场环境、政治环境和社会环境。

2. 有利于破除地方保护主义

通过府际合作法制协调，有助于建立协调统一的市场规则，破除地方保护主义束缚，营造公平竞争的良好氛围，打造统一的区域市场。

3. 有利于消除法律制度障碍

行政区划的条块分治使各地的法律制度存在很大差异，这种差异在一定程度上成为影响经济和社会发展的十分重要的因素。建立区域统一的法制环境，需要克服法律上的差异与冲突。通过府际合作法制协调，能够从区域发展全局上去审视各地法律规定上的异同，可以通过联合立法、立法共享、立法协作等形式实现法律规定上的统一，通过执法、司法标准的调整，减少法律适用上的障碍，通过法律监督，避免法律运行中各环节的脱节。

4. 有利于加强市场规则建设

市场规则是市场健康发展的重要保证。其建立一方面靠市场参与主体自发形成，另一方面靠立法和各级政府参与制定。通过府际合作法制协调，能够促使政府之间对市场规则进行全面的认识和梳理，对不适合本区域经济发展的规则予以调整完善，对内涵需要丰富提升的规则予以丰富提升；对需要向整个区域推广使用的规则可以在全区域推广使用，对需要立法机关制定规则的可以提议立法机关制定。

（二）推进区域法制建设的需要

在区域法制建设上，开展府际合作法制协调有利于满足以下几方面的需要：

1. 有利于构建完善的区域立法体系

完善的区域立法体系既需要立法机关加强区域立法合作，从整体上提升立法的质量和数量；又需要行政机关在行政执法工作中对发现的法律问题主动提出立法建议和意见，推动立法完善。在府际合作中，通过法制协调，当行政机关发现相关法律存在问题需要人民代表大会立法机关进行立法时，可以协调推动人民代表大会立法机关进行立法，当发现相关问题需要有立法权的政府进行行政立法时，可以推动行政机关单独或者联合立法。正是由于政府参与法制协调的及时性、便利性，才有利于较快地推动相关立法机关对立法体系进行完善，及时修补立法体系存在的缺陷。

2. 有利于加强执法合作，提升执法成效

法治的统一，重在落实依法行政，严格执法。当执法存在效率不高、执法冲突、执法扯皮等问题时，及时对相关问题进行协调处理，既是提高执法效率、发挥执法功用、增强执法权威的需要，也是维护法治统一和法律尊严的需要。当执

法中遇到问题需要协调解决时，府际合作法制协调能够为相关问题的及时解决提供良好的沟通协商平台，有利于推动政府之间开展执法合作，增进执法互助，提升执法成效。

3. 有利于推进行政司法衔接，增进行政司法互动

与经济和社会发展的突飞猛进相伴，行政工作和司法工作都面临着前所未有的挑战，加强行政与司法工作衔接是同时做好行政与司法工作的根本要求。开展府际合作的法制协调，有利于政府机关与司法机关开展工作合作，推进行政执法与刑事司法工作有机衔接，增进行政司法互动。

4. 有利于整合法制资源，营造统一的法治环境

通过府际合作法制协调，可以使政府联合立法机关、司法机关、党群组织，对区域法制建设进行统筹规划，协调各地法制建设的步骤、方式，整合利用好区域法制资源，营造统一的法治环境。应该说，府际合作法制协调可以凸显出政府在法制建设中的各种优势，发挥出其他国家机关和社会组织无法比拟的作用，国家的法制建设正是通过府际合作法制协调才得以从整体上得到更好发展和推进。

(三) 处理复杂社会问题的需要

在处理复杂社会问题上，府际合作法制协调至少能够满足三个方面的需要：

1. 有利于复杂社会问题的防范与化解

复杂社会问题的背后往往有更深层次的原因，解决问题必须从更深层次的原因着手。通过府际合作法制协调，能够充分调动各地政府部门、相关国家机关、社会组织参与解决问题的积极性、主动性，集中各种资源优势，从复杂社会问题发生的深层次根源剖析问题，多层面、多角度地对社会问题予以防范和化解，减少相关问题发生的频率和影响范围。

2. 有利于推进复杂社会问题的协调解决

复杂社会问题之所以复杂往往牵涉到的社会关系较多、诱发问题的原因较多、根源较深，解决问题需要从多层面、多角度、多主体间反复沟通与协商。通过府际合作法制协调能够从问题发生的根源、所涉及的社会关系、各方主体进行全面的协调、协商，有利于复杂社会问题的协调解决，有利于从根本上解决问题。

3. 有利于构建区域复杂社会问题的协调解决机制

复杂社会问题的协调解决机制通常情况下应包括复杂社会问题的预防机制、复杂社会问题的协商处理机制、复杂社会问题的立法规制机制等，复杂社会问题的协商处理机制又包括行政协商处理机制、司法调处机制、行政与司法联动处理机制等。通过府际合作的法制协调，有利于构建区域复杂社会问题的协调解决机制，确立根本上解决区域复杂社会问题的长效机制。

（四）建设有为政府、责任政府的需要

府际合作法制协调，能把政府在法制建设上的作用和优势发挥出来，以组织所有的国家机关和社会组织为区域经济和社会发展创建优良的法治环境和条件。府际合作的法制协调可以促进以下目标的实现：

1. 有利于构建政府建设的法治体系

府际合作法制协调，能够从政府建设的角度出发，从立法、执法、司法、法律监督等法的运行各个环节着手，从权力行使、权力监督、政府自身建设等方面着眼，构建起缜密完善的政府建设法治体系，使政府权力的行使始终处于国家法律的规制之下，推动法治政府建设不断取得新成效。

2. 有利于政府职能的实现

与以往政府职能相比，区域经济一体化背景下，政府的职能呈现不断扩大的趋势。面对新问题、新挑战需要政府不断发挥其应有的作用。然而对新问题的处理往往没有经验可循，这需要各地政府在不断摸索总结经验的基础上相互学习介绍，对新的行政执法方式、执法技巧和执法手段吸收借鉴。通过府际合作法制协调，有利于充分利用协调这个平台，强化府际合作，推动政府行政管理能力和管理水平上台阶，促进政府职能的实现。

3. 有利于提高政府的行政效能

府际合作法制协调能够通过联合执法、行政协助、案件移送、执法信息通报、执法争议协调、执法联合评议等方式加强行政执法合作，通过行政执法与刑事司法衔接、司法标准的统一、重点案件的联合应对等方式推进行政与司法合作，在推进相关问题解决的同时，不断地提高行政效能。

4. 有利于增进行政司法联动

区域经济一体化背景下，行政与司法应加强相互的衔接与互动。特别在行政不能解决相关问题需要司法调处时和司法不能解决的问题需要行政机关配合时，行政与司法的合作交流有利于相关问题的快速解决。府际合作司法协调正是通过在政府与司法机关之间搭建起合作交流的桥梁，才能使行政与司法工作能够较好地衔接起来，增进行政与司法间的联动互信，推动相关工作的顺利开展。

第三节 府际合作法制协调的方法与类型

一、府际合作法制协调的方法

(一) 主动沟通协调是府际合作法制协调的重要方法

主动沟通协调是解决问题最简单也是最有效的方法。特别是在区域经济一体化中各地政府之间、政府与人民代表大会、司法机关之间往往没有隶属关系,工作交集也常常不多,没有了行政命令式的工作关系,各主体之间开展法制协调活动只能通过更多地沟通协调,主动沟通协调是搞好府际合作法制协调的非常重要的方法。缺少有效地沟通协调,府际合作法制协调也就无法较好地开展和延续下去。

(二) 抓住主要矛盾解决问题是府际合作法制协调的关键所在

开展府际合作法制协调必须以抓住主要矛盾和问题为核心,只有抓住了主要矛盾和问题并设法加以解决,才能使协调言之有物、有的放矢,具有针对性,否则离开主要矛盾和问题的协调也只能是空中楼阁,无法持续下去。

(三) 建立健全利益共享机制是府际合作法制协调的首要前提

利益问题是法制协调最核心和最重要的问题。利益问题解决不好直接影响到协调主体参与协调的积极性、主动性。只有参与法制协调的每一个主体的利益诉求得到满足之后,法制协调才得以能够顺利开展。可以说,建立健全利益共享机制是搞好府际合作法制协调的首要前提。利益共享机制通常情况下"主要包括利益表达机制、利益整合机制、利益分配机制、利益补偿机制等,利益共享的实现有赖于这些机制良性有效的运转"[①]。只有通过利益共享机制的建立让每一个参与协调的主体都实现自己的利益诉求和美好愿望之后,才能推动各方主体愿意参

[①] 刘先江:《论当前我国利益共享的机制障碍及其调适》,载于《当代世界与社会主义》,2011年第6期。

与、乐于参与法制协调活动。

（四）建立完善的法制协调机制是府际合作法制协调的必要手段

府际合作法制协调由于具有涉及主体众多、协调内容广泛、协调方式多样、协调程序复杂等特点，协调的难度和复杂性往往也是前所未有的。建立完善的法制协调机制是搞好府际合作法制协调的必要手段。通常情况下，府际合作法制协调机制应该包括法制协调的启动机制、磋商机制、签约机制、决定机制、履行机制、后果处理机制、制裁机制等。这些机制构成一个完整的协调机制链，确保协调能够朝着既定的目标和既定的方向展开。

二、府际合作法制协调的类型

（一）府际合作法制协调的分类

依据不同的标准，可以对府际合作法制协调进行不同的分类。

1. 人民代表大会机关参与的法制协调、行政机关参与的法制协调和司法机关参与的法制协调

这是按照参与协调主体的不同而作的分类。通常情况下，府际合作法制协调是政府作为协调的一方主体参与协调，或在有合作关系的政府推动下相关人民代表大会或司法机关参与协调的活动。人民代表大会机关参与的法制协调是指在政府的参与或者推动下，由相关人民代表大会机关参与的法制协调。人民代表大会机关参与的法制协调又可分为有立法权的人民代表大会机关参与的法制协调和无立法权的人民代表大会机关参与的法制协调。行政机关参与的法制协调是指在府际合作的背景下完全由政府或者政府部门参与的法制协调。行政机关参与的法制协调根据主导机关的不同，又分为政府主导的法制协调、政府法制机构主导的法制协调和政府职能部门主导的法制协调。行政机关参与的法制协调根据协调内容的不同，又可分为行政立法协调和行政执法协调。司法机关参与的法制协调是指在政府的参与或者推动下，由相关司法机关参与的法制协调。司法协调多是解决与司法活动有关的问题，如案件的司法调处、司法标准的调整、行政执法与刑事司法的衔接等问题。

2. 省级国家机关之间的法制协调、地市级国家机关之间的法制协调和县、区级国家机关之间的法制协调

这是按照参与法制协调主体级别的不同而作的分类。通常情况下，府际合作是同一经济区内的各级政府间开展的合作，它们之间的级别往往是平级的，由它们参与或主导的法制协调往往也是在同级的国家机关之间进行的。所以，以法制协调主体的级别不同可以把法制协调分为省级国家机关之间的法制协调、地市级国家机关之间的法制协调和县、区级国家机关之间的法制协调。当然有时法制协调也会在不同级别的国家机关之间进行。比如在大珠三角经济合作区内有粤港澳法制协调的问题，也有深港澳的法制协调问题。在行政级别上，粤港澳是同级别的区际关系，而深港澳则是不同级别的区际关系。

3. 不同法域之间的法制协调、同一法域之间的法制协调

这是从参与法制协调的主体是否在同一个法域而对法制协调所作的分类。由于我国存在香港、澳门等特别行政区，由香港、澳门参加的经济合作决定了这种合作是在不同法域之间进行的。基于此，从参与法制协调的主体所在的不同法域来看，我国府际合作法制协调存在着两种不同的情形。由不同法域的政府间合作而为的法制协调，称为不同法域之间的法制协调；由同一法域的政府间合作而为的法制协调，则称为同一法域之间的法制协调。

4. 联席会议式的法制协调、磋商谈判式的法制协调、签订协议式的法制协调等

这是根据协调所采用的方式不同而作的分类。联席会议式的法制协调是法制协调的各参与人以联席会议的形式来推进法制协调的情形。这种协调方式的优点是协调各方开会共同讨论问题、共同决定问题，协调内容和结果通常体现协调参与人的意志，所以协调决定也往往更容易执行。磋商谈判式的法制协调是指法制协调的各参与人以磋商谈判的方式来推进法制协调的情形。这种协调方式的优点是协调各方利用协调这个平台，把各自的利益诉求表达清楚，形成共同的谈判结果，实现各方利益的最优化。签订协议式的法制协调是指以签订行政协议、立法、司法互助协议的方式来推进立法、执法、司法合作的法制协调情形。这种协调方式的优点是以签订协议的方式来明确协调各方的权利义务关系，有利于确定协调的具体内容和主体的相互责任，推进协调及时顺利开展。

5. 府际合作立法协调、府际合作执法协调、府际合作司法协调

这是根据协调的内容不同而对法制协调所作的分类。府际合作立法协调是在府际合作背景下以推动区域立法活动开展为目的的法制协调。府际合作执法协调是在府际合作背景下以推动执法合作为目的的法制协调。府际合作司法协调是在府际合作背景下以推动相关问题司法解决为目的的法制协调。这是对府际合作法制协调所作的一种常见分类，也是学界比较认同的一种分类。通常情况下，人们所讲法制协调的种类也多是指此种分类。下文对法制协调的具体阐述也主要是基于此种分类。

（二）府际合作立法协调、执法协调与司法协调

1. 府际合作立法协调、执法协调与司法协调的含义

（1）府际合作立法协调的含义。府际合作立法协调是指在区域经济一体化中府际合作背景下为构建和谐统一的区域立法体系、营造公平正义的法治环境，促进区域经济和社会协调发展，由政府推动相关立法机关开展立法活动的一种政府参与协调的活动或行为。理解府际合作立法协调的含义，需要把握以下几点：第一，府际合作立法协调是在区域经济一体化中府际合作背景下开展的区域立法协调活动。它不是一般的法制协调活动，也不是完全由政府主导的法制协调活动，而是在府际合作中由政府推进的区域性立法协调活动。第二，构建和谐统一的区域立法体系、营造公平正义的法治环境，促进区域经济和社会协调发展是府际合作立法协调的目标。第三，府际合作立法协调的工作方式是通过协调推动有立法权的人民代表大会和政府机关开展立法活动。对区域立法中出现的相关问题，政府认为需要通过立法及时予以解决的，可以根据自身职权和实际情况，推动相关立法机关进行立法。第四，府际合作立法协调是一种政府参与的协调活动或行为，不是立法合作或协作，也不是立法活动本身，是政府与立法机关之间的密切合作关系在立法上的一种能动体现。

（2）府际合作执法协调的含义。府际合作执法协调是在区域经济一体化中府际合作的背景下为了解决执法问题、规范执法行为、提升执法效果、促进依法行政，由行政机关联合其他执法主体开展的一种区域性的执法协调的活动或行为。府际合作执法协调包括以下几层含义：第一，府际合作执法协调是在区域经济一体化中府际合作的背景下开展的区域执法协调活动。第二，解决执法问题、规范执法行为、提升执法效果、促进依法行政是府际合作执法协调的目的。第三，府际合作执法协调是由行政机关推动的相关执法主体参加的一种法制协调活动。第四，府际合作执法协调是一种区域性的执法协调的活动或行为。它不是在一个行政区内由政府组织的相关执法职能部门参加的执法协调活动，也不是区域性的立法、司法活动，而是区域性的有关执法的协调活动或行为。

（3）府际合作司法协调的含义。府际合作司法协调，是指在区域经济一体化中府际合作的背景下，为促进区域法制和谐发展，发挥司法在经济发展中的能动作用，由政府推动司法机关参与的促进相关问题司法解决的一种法制协调活动或行为。府际合作司法协调包括以下几层含义：第一，府际合作司法协调是在区域经济一体化中府际合作背景下开展的区域司法协调活动。第二，推动相关问题的司法解决，发挥司法在经济和社会生活中的能动作用是府际合作司法协调的目的。第三，府际合作司法协调的工作方式是通过协调推动司法机关主动参与相关

问题的处理。第四,府际合作司法协调体现出政府在司法活动上的一种主动作为。

2. 府际合作立法协调、执法协调、司法协调的联系与区别

府际合作立法协调、执法协调和司法协调都是在区域经济一体化中府际合作背景下开展的法制协调活动,它们都是为适应区域法制建设的需要而由政府推动开展的。这三种法制协调活动既有联系又有区别。

它们的联系表现在:(1)都是为了构建和谐统一的区域法制体系、营造良好的区域法治环境而开展的协调活动;(2)都是在府际合作背景下由政府推动开展的法制协调活动;(3)通常情况下法制协调的一方主体是政府。

它们的区别表现在:(1)它们属于不同类型的法制协调活动,所要解决的问题不同。立法协调所要解决的是立法中的相关问题,执法协调所要解决的是执法中的相关问题,而司法协调所要解决的是与司法有关的问题。(2)协调的方式不同。立法协调的方式分为参与行政立法的协调方式和参与人民代表大会立法的协调方式,行政立法中有立法信息共享、立法共同起草、立法成果共享等立法协调方式,而参与区域立法规划、提出立法议案、参与立法调研和意见征求、草拟立法文件等是参与人民代表大会立法的协调方式;执法协调的方式有联合执法、行政协助、跨地区的案件移送、执法信息通报等;司法协调则有行政司法联动办案、法律适用建议、司法标准协商等。(3)协调应遵循的原则有所不同。虽然法制协调所遵循的原则大致相同,但不同类型的法制协调其所遵循的原则还是有所不同。比如连续性原则、及时性原则、灵活性原则这是执法协调中所要强调的原则,而在立法协调、司法协调中就不必过于强调。(4)协调所产生的效果不同。执法协调通常是行政机关在自己职权范围内开展协调活动,因是在同一系统内部开展协调活动,所以沟通起来比较容易,协调也更容易出成果,如遇到相关问题协调各方不能进行解决时,也可以请求它们共同的上级机关来解决。而在立法协调、司法协调中,除了行政立法协调和执法协调都是行政系统内部开展协调容易沟通外,与人民代表大会的立法协调、与司法机关的司法协调程序则往往较为复杂烦琐、过程难以把握、结果难以预料,产生的效果也会大为不同。(5)协调主体之间关系的复杂程度不同。在执法协调和行政立法协调中,协调主体之间都是行政机关之间的关系,关系相对简单一些。而在人民代表大会的立法协调中,既有人民代表大会与政府之间的关系,也可能有人民代表大会与人民代表大会之间的关系,司法协调中既有行政机关与司法机关之间的关系,也可能有司法机关与司法机关之间的关系。这些关系中既有平权型的关系,也有监督与被监督关系,关系相对错综复杂,有时导致关系难以协调,结果难以研判。

第八章

区域经济一体化中府际合作的立法协调

第一节 府际合作立法协调概述

一、府际合作立法协调面临的条件

在新的历史时期,社会经济条件发生了极大的变化,传统立法模式已不能适应时代变化发展的需要,迫使传统的地方立法要突破行政区立法界限,立法机关在考虑自身区域内立法事项的同时,也要把眼光放在区域外有关区域发展问题的立法规制上。立法协调面临着下列条件:

(一)经济条件

市场经济的自由竞争不需要也不考虑行政区划的问题,哪里有市场需求哪里就有商品销售。但由于税费、资源等却与地方行政区挂钩,地方利益的存在,难免会出现地方保护主义的冲动。对影响经济发展的政策法律规则进行调整,消除不利于市场发展的体制机制,消除影响统一市场形成的法律障碍,既是为经济发展创造良好环境的必然需求,也是建设统一大市场、减少政府直接干预的必然要求。府际合作中加强地方立法合作与协调,消除阻碍商品自由流通的体制障碍,减少不适合市场发展要求的法律羁绊,是深入推进区域经济一体化,促进经济健康发展的内在动力和必然选择。

(二) 政治条件

区域经济发展中,面临许多新问题、新情况,有些是现有法律制度无法解决的,有些是现有法律制度没有规定的,有些是一地国家机关无法解决而需要联合多地国家机关才能推进的,有些是需要上报上级机关决定才能解决的。而在多数情形下解决相关问题需要地方政府参与协调和推动。有时有些问题的解决可能产生较大的社会影响,可能稍有不慎就演变为政治性问题。通过立法可以建立起长效的问题解决机制,尽量把相关问题转化为法律问题来解决,避免出现社会矛盾和问题的政治化。对区域中出现的相关问题,各地通过加强立法协调,推进共同立法或立法协作,能够尽可能地把一些涉及区域共同利益的问题转化为法律问题,降低区域问题解决的复杂性和难度,避免把区域性问题演变成区域性政治事件。

(三) 社会条件

各自为政的地方发展格局给人们的生产生活带来了诸多不便,影响了社会人口的正常流动,同时也阻滞了地方经济发展和区域经济一体化进程。加快区域经济一体化需要对束缚区域发展的政策措施、法律法规进行清理,协调各地各部门对阻碍区域发展的相关问题进行研究,对相关政策措施、法律法规,该废止的予以废止,该修改的予以修改,建立起与区域经济一体化相适应的政策法律体系。

(四) 法治条件

府际合作的立法协调面临的法治条件是:

1. 创建良好的法治环境离不开立法活动,也离不开立法协调

良好的法治环境是实现区域经济健康快速发展的根本保证。推进区域经济一体化必须重视法治环境的营造。在区域立法中,开展立法合作与协调是搞好立法活动的前提和基础。区域立法合作与协调是提高区域立法质量、提升立法成效的根本保证。

2. 完善区域合作法律规范需要立法协调

在现有地方立法中,各地立法都是根据本地区的实际情况来立、改、废的,但随着区域经济一体化的推进，现有的法律法规已不能适应区域经济发展的新要求，各地需要以更宽广的视野，更强的力度在整个经济区范围内去审视已有法律规范，对那些不适应区域经济发展的文件该废止的废止，该修改的修改。通过协调，统一制定或联合制定相关规范。

3. 区域合作成果需要及时协调上升为法律规范

随着区域经济的发展，经济交往产生的新规则、府际合作形成的新方式、合作取得的新成效、解决问题形成的新方法等，都可以通过协调的方式推动立法机关及时上升为法律规范。

二、府际合作立法协调的内涵与外延

（一）府际合作立法协调的内涵

府际合作立法协调的出发点和归宿就是通过政府参与立法协调推动相关立法机关开展立法活动，为地方经济发展和区域经济一体化营造良好的法治环境。其内涵包括：

1. 立法协调的目标是构建和谐统一的区域立法体系、营造公平正义的法治环境

和谐统一的区域立法体系和公平正义的法治环境是区域经济发展的重要保证。政府对法律法规、政策措施不健全、不完善的，督促健全完善；对法律法规没规定的，推动相关机关进行立法。通过不懈努力，形成和谐统一的区域立法体系，营造出公平正义的法治环境。

2. 立法协调的一方主体是地方政府

地方政府是地方经济社会发展的主要管理机关。经济发展需不需要制定相关政策、采取相关措施、开展相关立法活动，地方政府最清楚。制定什么政策，创制什么样的法律，地方政府也最有发言权和建议权。如何协调区域内各地政府来推动相关立法机关立法，地方政府有着自身的优势和条件。

3. 立法协调的对象是地方人民代表大会和政府的立法活动

在区域立法中，政府所要协调的对象是地方人民代表大会和政府的立法活动。这种协调有可能是地方政府向同级人民代表大会立法机关就某方面事项需要制定地方性法规提出建议或参与立法活动，也可能是有立法权的地方政府在区域内与同级政府之间就制定某方面的行政规章展开协调，也可能是地方政府联合其他地方政府就某方面法律问题经过协商达成共识后向上级立法机关提出立法建议或议案，也可能是地方政府经过协商形成共识后分别向同级立法机关提出立法建议或议案。

4. 立法协调的目的就是推动有立法权的地方人民代表大会和政府开展相关立法活动

在对相关法律需求进行研究和了解的基础上，政府机关认为需要制定地方性法规、规章或者区域联合立法时，经过协调，推动相关立法机关开展立法活动。

(二) 府际合作立法协调的外延

府际合作立法协调不是立法合作或协作，也不是立法活动本身。协调不是立法活动的必经阶段，推动开展立法活动是协调的价值所在。立法协调不能代替立法活动。其外部特征是：

(1) 立法协调是一种政府参与协调的活动或行为，不是立法合作或协作，也不是立法活动本身。立法协调是政府对社会管理过程中遇到的法律问题，认为需要相关机关为之立法时，而开展的协调活动。立法协调性质上是一种政府参与的活动或行为。它不是政府与立法相关机关的立法合作、协作，也不是立法过程或结果。

(2) 立法协调是区域经济一体化中政府与立法机关之间的密切合作关系在立法上的一种能动体现。在区域经济一体化中，由于政府是与市场离得最近的国家机关，政府最先了解人们希望制定、修改什么法律，市场和社会发展需要什么规则。对区域立法中立法机关无法了解或无从了解的问题，可以由政府提出来，通过府际合作进行沟通、协商，形成一致意见后，交由相关立法机关开展立法活动，从而使所立之法更能适应社会的发展要求。

(3) 立法协调本身不具有法律意义。立法协调中，政府应该怎样协调，遵循何种程序、协调结果如何处理，主体承担怎样的法律责任，在目前没有相关法律规范予以规制的情形下，作为一种推动立法机关进行立法的行为或努力，协调没有涉及各方主体法律上的权利义务，因而，本身不具有法律意义。

三、府际合作立法协调的原则与模式

(一) 府际合作立法协调的原则

府际合作立法协调的原则根据协调主体之间关系和协调特点的不同可以分为两种：一种是政府作为直接立法主体参与立法协调时应遵循的原则，另一种是政府作为非立法主体参与立法协调时应遵循的原则。

1. 政府作为直接立法主体参与立法协调时应遵循的原则

（1）协调平等原则。协调平等原则强调的是协调主体之间在协调的地位、机会、程序、内容、范围等方面要平等均等。主体地位平等、机会均等是开展立法协调活动的前提和基础。协调程序、内容、范围上的平等是主体地位平等、机会均等的体现。

（2）合作自愿原则。遵循合作自愿原则是开展立法协调活动的基本要求。自愿原则要求立法合作各方自愿参与协调活动，尊重协调内容，并愿意把协调的内容吸收到行政立法中去。合作自愿原则突出强调了合作各方的意愿和利益诉求，体现了立法协调的自主特性，使制定出来的政府规章更具有现实基础，更符合合作各方的意愿。

（3）友好互惠原则。实现立法上的友好合作与互惠互利是强化区域立法的内在动力和基础。"区域立法实质上是对区域内涉及各方的共同利益进行调整或重新配置的过程，在这一过程中必然会有获益者和受损者"。[①] 立法协调时，各方应在友好互惠基础上展开讨论，对有利于本地发展的立法协调事项，应主动谦让；对不利于本地发展的立法协调事项，应相互理解、共担风险。"相互尊重、相互信任是区域府际合作的基础"。[②]

（4）法治原则。法治原则是指在开展立法协调时各方应当坚持法治的理念，遵循法定的权限、条件、程序、范围、责任等进行协调。协调时，各方应坚持在自身立法权限范围内进行协调，对属于各方职权范围内的事项，通过协调适合纳入立法活动的，纳入立法活动；对不适合纳入立法活动的，进一步研究处理；对不属于自身职权范围的事项，可向有关机关提出相关建议。法治原则强调的是政府在参与立法协调时要依法依规进行，而不能不顾权限、条件等要素随意进行商谈沟通。

（5）软法有效原则。"软法之治在公共治理中有着极为重要，而且越来越重要，且不可为硬法和其他规制手段所取代的作用"。[③] "区域合作离不开软法治理"。[④] 软法有效原则是指在立法协调过程中，协调的依据、协调的内容不仅要考虑那些起作用的硬法，同时也要考虑实际上在起作用的软法。这些软法虽然没有通过传统上国家立法的模式制定出来，但它却是区域内合作各方彼此约定俗成

[①] 陈光、孙作志：《论我国区域发展中的立法协调机制及其构建》，载于《中南大学学报》，2011年第1期。

[②] 石佑启、朱最新：《论区域府际合作治理与公法变革》，载于《江海学刊》，2013年第1期。

[③] 姜明安：《完善软法机制，推进社会公共治理创新》，载于《中国法学》，2010年第5期。

[④] 石佑启：《论区域合作与软法治理》，载于《学术研究》，2011年第6期。

的规则或共识。立法协调时，各方不能不顾软法存在的事实，而只顾寻求硬法的支持和依托。通常情况下，协调各方在肯定软法效力的前提下，为进一步增强软法的实效性，也可以在自身权限范围内尽可能把一些软法上升到硬法的层面，实现软法硬法在推动区域发展上的相互衔接与良性互动。

2. 政府作为非立法主体参与立法协调时应遵循的原则

政府作为非立法主体参与立法协调是指政府本身没有某方面的立法权限，但根据立法发展的实际情况，需要政府参与立法协调的情形。政府作为非立法主体参与立法协调通常有两类情况：一类是参与上级或同级行政立法主体的立法协调，另一类是参与同级或上级人民代表大会立法协调。这种协调对立法机关没有约束力，其结果往往起着一种建设性意见的作用。政府作为非立法主体参与立法协调，除遵循前述几项原则外，根据此种协调的特殊性，还应遵循以下原则：

（1）不干预具体立法原则。作为区域发展的主导力量，地方政府有义务和责任为丰富和完善区域立法体系做出努力。当发现某些问题确需立法进行调整而自身又没有立法权限时，就需要政府在尽可能的情况下推动相关立法机关开展立法活动。政府参与的协调活动既可能是在各地政府之间，也可能是在政府与人民代表大会立法机关之间。协调的内容既可以是对区域发展问题的立法应对，对法规、规章的制定与修改，也可以是对相关立法成果的借鉴与分享。但协调总归是协调，协调不能代替立法机关立法。

（2）自由发起协调原则。自由发起协调原则是指区域内各方政府认为相关问题有必要通过立法规制而自身又不能直接立法时，可以自由发起协调活动，直接向相关立法机关提出立法意见和建议，也可以联合区域内其他地方政府形成一致意见后向相关立法机关提出立法意见和建议。

（3）适时协调原则。适时协调原则是指区域内各方政府认为相关问题有必要通过立法规制而自身又不能直接立法时，可以根据情况随时与立法机关就相关问题能否立法进行商讨论证，也可以随时联合区域内其他地方政府形成一致意见后向立法机关提出立法意见和建议。

（二）府际合作立法协调的模式

府际合作立法协调的模式是指在进行立法协调时通常采用的类型、样式。通常来讲，立法协调模式有三种，紧密型的区域立法协调模式、松散型的区域立法协调模式和半紧密半松散的区域立法协调模式。

在紧密型的区域立法协调模式中，立法协调通常建立固定的协调机构或者统一的立法机关，当需要对某些事项进行立法时，由协调机构或统一立法机关对各成员方的立法态度、要求、理念等进行协调，最后把协调的结果通过统一立法体现出来。

松散型的区域立法协调模式是指在区域立法中没有形成固定的统一立法协调机构，认为需要进行立法协调时，由一方或者多方临时发起立法协调，对符合自身利益需要的立法项目，成员方可以参与协调；对不符合自身利益需要的立法项目，成员方可以不参与协调的立法协调模式。

半紧密半松散型的区域立法协调模式是一种介于紧密型和松散型之间的区域立法协调。它通常情况下是各成员方设有统一的立法协调机构，相关立法由协调机构进行协调，至于最后各成员方能否达成一致立法意见，立法协调机构不做强制性要求。对各成员方共识的项目，各成员方也可以自行立法，立法协调机构不做统一立法要求。

紧密型的区域立法协调模式优点在于更多强调立法的统一性、协调性和步调一致，突出了协调在区域立法中的重要作用。缺点是不论成员方愿不愿意参与立法，各成员方必须参与协调，并对经过协调所立之法原则上都要遵守。而松散型的区域立法协调模式，既有区域立法的统一协调，又有区域立法大方向下的各自立法，它的优点是既强调了区域立法的统一性、协调性，又不至于抹杀各地立法的地方特色，在实践中也更为可行。[①] 它的缺点是由于各区域协调模式的紧密性和松散性程度不同，各地立法合作的亲密程度也不同。如果区域内各成员方都非常重视立法合作，则其合作成果就较多。但如果区域内各成员方不太重视立法合作时，即便有相关合作协议约束，合作协议也往往无法落实，合作成果也不会太多。

由于松散型的区域立法协调模式，更多强调了协调的自愿性、灵活性，而较少强调协调的统一性和强行性，显得软性有余、刚性不足，使现实中的立法协调往往随意性较大，协调效果因人因事而定，有时会造成协调久拖不决甚至不了了之。因此，既强调立法协调的刚性同时又照顾到成员方的特殊性的半紧密半松散型的区域立法协调模式是目前适合我国绝大部分区域的立法协调模式。随着社会经济的逐步发展和人们对区域合作制度认识的不断提高，在建立区域共同管理机构越来越可能的情况下，由统一的区域立法机构进行区域立法也就变得更为现实，与区域统一立法密切联系的紧密型的区域立法协调模式在我国区域发展中的比重会越来越高。

---

① 陈俊：《区域一体化背景下的地方立法协调初探》，载于《暨南学报（哲学社会科学版）》，2012年第5期。

第二节 府际合作立法协调的主体结构

一、主体的多元性、复杂性

（一）立法协调主体的多元性

立法协调在哪些主体间进行，怎样进行协调，协调哪些内容，是决定协调成效的重要因素，在影响协调的这些因素中，协调的主体是决定协调成效的关键因素。

在区域立法协调中，协调主体具有多元性。区域地方立法有政府立法和人民代表大会立法两种。围绕两种立法，协调的相应主体有政府与政府间的立法协调、政府与人民代表大会间的立法协调以及人民代表大会与人民代表大会间的立法协调。当政府之间认为需要进行某方面的区域立法时，政府与政府间可以进行协调开展相关立法活动；当人民代表大会与人民代表大会之间认为需要制定区域性地方性法规时，人民代表大会双方可以进行协调开展立法合作或立法协作活动；当政府认为某些事项需要由人民代表大会立法机关立法时，政府也可以与人民代表大会立法机关进行协调，推动地方人民代表大会立法机关来制定地方性法规。当地方人民代表大会立法机关认为人民代表大会立法不成熟时，也可以在协调的基础上，让地方政府就某一事项先行立法，待条件成熟时再由地方人民代表大会制定地方性法规。同时，当政府与政府之间，政府与人民代表大会之间、人民代表大会与人民代表大会之间进行协调认为某方面事项需要进行法律规制，但由于涉及自身权限或者其他方面的原因而无法自行或联合立法时，它们又需要与上级政府和人民代表大会立法机关协调，推动上级政府和人民代表大会立法机关进行立法来解决相关问题。

（二）立法协调主体的复杂性

在立法协调中，立法协调主体除具有多元性外，还具有复杂性。协调主体除有政府与政府间、政府与人民代表大会间、人民代表大会与人民代表大会间的协调外，在层次上又有同级政府与政府之间、政府与人民代表大会间、人民代表大会与人民代表大会间的协调，还有不同级政府与政府间、政府与人民代表大会间、人民代表大会与人民代表大会间的协调；既有同具立法权的政府间、政府与人民代表大会间、人民代表大会与人民代表大会间协调，又有无立法权的政府、人民代表大会与有立法权的政府、人民代表大会间的协调。既有隶属关系的上下级政府间、政府与人民代表大会间、人民代表大会与人民代表大会间的协调，也有非隶属关系的一级地方机关与上一级机关的协调，如深圳市人民政府与广东省人民政府的立法协调就属于互有隶属关系的上下级政府间的立法合作协调，深圳市与香港、澳门地区的立法协调、杭州市与上海市的立法协调则属于非隶属关系的一级地方机关与上一级机关间的立法合作协调。

立法协调主体的复杂性决定了立法协调内容和协调方式的非统一性、固定性。一般情况，协调内容和协调方式可以通过两种方式展开。一种是提出立法建议或意见，另一种是通过协调达成一致意见，进行立法合作。当相关机关认为某些事项需要立法来规制，而自身无立法权限或者虽有立法权限但认为其他机关进行立法更适宜时，该机关可以就某些事项提出立法建议或意见，由相关立法机关依照立法权限和程序进行立法。当相关机关认为某些事项需要立法来规制而自身有立法权限但由于该问题涉及的是区域性、全局性、普遍性问题时，它可以联系其他具有相同立法权的机关开展立法合作或协作。

立法协调主体的复杂性适应了新形势下"开门立法""民主立法"的要求，与立法活动要面向社会生活、面向实际需要、服务社会大众相适应，多机关、多主体的立法参与使立法更具有现实生命力、更具有社会基础。特别对区域立法来讲，由于没有更多经验、方法、技术和稳固的立法模式可以借鉴，开展立法需要在不断总结经验的基础上探索新的立法模式和技巧，推行"开门立法"、增强"立法民主"会让区域立法更能适应现实生活的需要，更具有时代气息和顽强生命力。

二、政府立法主体的协调

（一）政府立法协调的类型

根据政府立法协调主体的不同，政府立法协调可以分为以下几种类型：

1. 有立法权的地方政府间的立法协调

有立法权的地方政府间的立法协调，是区域政府立法合作中的通常形态。在政府立法合作中，制定某方面的法律规范性文件，都需要合作各方政府在协调的基础上分别或者联合进行。制定行政规章是立法协调的本意，立法协调也是为制定出更高质量的立法文件为目的。

有立法权的地方政府之间进行立法协调，最好的方式就是立法起草小组受命于立法制定机关和合作方对应机构就有关的立法意旨、原则乃至法律草案内容进行沟通、协商，在双方达成一致意见的基础上再提交各方或一方政府常委会或全委会通过。甚至必要时，在制定共同行政规章时，各方的政府常委会或全委会可以放在一起召开，来共同讨论区域立法问题。

2. 地方政府法制机构主导的立法协调

政府立法的规划、起草都是由政府法制机构在负责，因而政府法制机构最清楚本地的行政立法状况，在与其他地区法制机构的工作交往中，也能第一时间了解到他地行政立法的情况，对区域立法需要制定什么样的法律文件，如何进行立法规划、拟定年度立法计划，也能有较好的认识和把握。

以地方政府法制机构为主导的立法协调，有利于调动政府法制机构开展立法协调的积极性、主动性。由于政府法制机构最清楚区域立法的现状，所以在开展区域立法协调时其也能够较好地把握行政立法的特点，有的放矢地开展立法协调活动，有助于不断取得立法协调成效，提高区域立法质量。

3. 无隶属关系的无立法权的地方政府与有立法权的地方政府间的立法协调

无隶属关系的无立法权的地方政府与有立法权的地方政府之间的协调，是区域立法中普遍的情形。两个地方政府合作，一个地方政府有立法权，另一个地方政府没有立法权，那么在涉及双方共有问题和利益焦点时，如何进行协调是必须要思考的问题。如有立法权的广州市政府与无立法权的佛山市政府就广佛同城化中水资源保护、区域规划、公共交通设施建设等方面的立法保护问题。如果两个地方政府都有立法权，那么在开展区域相关立法时，通过共同制定行政规章就能简单地解决问题，但在一方有立法权、另一方无立法权的情况下如何进行立法协调却不是一个简单的事情。

无立法权的地方政府与有立法权的地方政府之间存在的立法协调内容和协调效果的有限性，致使应该立的行政规章无法及时制定出来，应该有的法治保障无法及时到位，势必不利于区域各项事业的共同发展。

4. 上下级政府间的立法协调

上下级政府间的立法协调，是指下级政府与有隶属关系的上级政府之间，就相关事项进行立法时所做的努力和协商。上下级政府间的协调，多是下级政府认为某些事项自身无法解决需要上级政府通过立法解决，或是某些事项超越自身权限和管辖范围应由上级政府立法解决，而提请上级政府机关进行立法的协调活动。这种协调多是以请示报告或立法建议的形式出现。协调是上级政府进行立的主要信息来源之一。

（二）建立政府法制机构为主导的立法协调机制

政府法制机构为主导的立法协调，是当前区域行政立法中最常见也是最切合实际的协调形态。由于政府法制机构人员专司法制工作，对相关法律法规和行政规章都较熟悉，由其来主导协调工作，也使协调工作更容易开展，协调内容更容易落实。

发挥政府法制机构在立法协调中的作用，最好的方式就是建立一种以政府法制机构为主导的立法协调机制，使这种机制把以政府法制机构为主导的协调形态固定下来，延续下来，成为区域行政立法的主要协调类型。

建立以政府法制机构为主导的立法协调机制，是要充分发挥地方政府法制机构在立法中的重要作用，但这不意味着只重视政府法制机构作用的发挥，而忽视其他主体在立法中的协调作用。其他主体的协调对推进立法工作成效是有益的，也是可以产生良好效果的。但其他主体参与立法协调不能作为立法协调工作的常态类型，它们只能作为政府法制机构为主导的协调的补充。

建立以政府法制机构为主导的立法协调机制，可以从几方面着手：（1）可以根据区域发展的实际情况，建立以政府法制机构人员为基础的区域法制协调办公室。2006年7月东北三省政府法制办牵头签署了《东北三省政府立法协作框架协议》，开创了我国区域性立法协作的先河。三省立法协作框架协议的签署，为建立区域立法协调机制打下了良好的基础。三省目前的立法协调主要是各省政府法制办来牵头，立法是以项目为载体，对共性的立法，由一省牵头组织起草，其他两省予以配合；对于三省有共识的其他项目，由各省独立立法，结果三省共享。从长远来看，东北三省在政府法制办的基础上建立专门的区域法制协调办公室势在必行，形成稳定的立法协调机制也是实现东北地区振兴和建设现代法治社会的必然要求。[①]（2）召开省市政府层面的区域立法合作大会，制定近期和远期区域立法规划，对立法合作的目标、任务等提出切实可行的要求，安排各省市政府法制机构予以落实，每半年或每一年度对立法工作的开展情况进行总结和检查，确保立法完成既定的工作任务和目标。（3）地方政府或其法制机构定期不定期召开立法工作座谈会或者研讨会，探讨立法工作中的相关经验和不足，及时了解情况和发现问题，强化立法协调与沟通，促进立法技术不断提高、立法难题得到解决。（4）建立其他部门和民众参与立法、表达意愿的沟通渠道，使其他部门和民众有机会参与到立法活动中来。其他部门和

---

① 王子正：《东北地区立法协调机制研究》，载于《东北财经大学学报》，2008年第1期。

民众参与立法活动，可由政府法制机构进行协调，通过召开座谈会或意见征集的形式了解相关部门和民众的立法建议或意见。（5）对区域立法项目进行分类，建立重点立法项目及其他涉及各方核心利益的重要立法项目由省市政府联席会议讨论通过，一般项目由省市政府法制机构进行协商、省市政府单独或联合立法的制度。

三、人民代表大会立法主体的协调

（一）人民代表大会立法协调的分类及现状

在区域立法中，加强区域地方性法规的衔接是实现地方性法规无缝对接的根本要求。促进区域和谐发展，没有地方性法规的和谐统一，必然给地方经济发展和人员流动带来更多的不便。特别是在人员流动较大的当今社会，省市与省市间地方性法规的差异，不仅使辖区内民众在跨域交往中无所适从，而且由于地方性法规规定的宽严不一，从而人为地制造了制度上的障碍，限制了人员的自由流动，割裂了区域的和谐统一发展。因此，在区域法制建设中，加强人民代表大会立法的协调，对统一地方性法规立法标准、促进区域法制一体化有着积极的意义。

我国当前人民代表大会立法协调主要存在人民代表大会与人民代表大会间的协调、政府和人民代表大会间的协调以及政府部门与人民代表大会部门间的协调。实践中，出于相同工作性质的缘故，人民代表大会与人民代表大会的来往常常相对密切，立法交往和合作成为区域立法中普遍的现象。而在政府与人民代表大会的关系中，由于政府受制于人民代表大会的监督和领导，政府和人民代表大会立法权责分明，各在自己的立法权限内制定法规或规章，政府制定的规章需要报人民代表大会备案，而人民代表大会制定的地方性法规却不用报地方政府备案，因此在人民代表大会的立法中政府很难参与到法规的制定过程中，而人民代表大会却能通过规章的备案来监督政府的行政立法。在地方立法中政府与人民代表大会的立法协调往往少之又少。然而在区域发展中，与市场、与社会大众离得最近的却是政府机关，政府机关也最先知道社会主体需要什么样的法律法规来保障自己的权益。与此同时，人民代表大会立法机关却不像政府那样对市场、对社会生活反应的如此灵敏，加之人民代表大会立法周期长、立法程序严格的特点，使社会生产生活中急需的法规很难在短期内出台。所以，加强政府在人民代表大会立法中的协调力度是提升地方法制建设和区域法制发展的现实必需。加强政府与人民代表大会的立法协调，根据本地发展实际，商讨何时进行政府立法，何时进行人民代表大会立法，也是加强政府立法与人民代表大会立法衔接的根本要求。

（二）政府与人民代表大会间的立法协调在区域立法中的作用

1. 有助于强化行政立法与人民代表大会立法的衔接

区域立法中，通常情况下，人民代表大会与人民代表大会、政府与政府之间进行的立法合作和交往较多，由此会引起区域地方性法规和区域行政规章的二元分割现象，甚至可能会出现一省市联合其他省市制定的行政规章与这一省市联合其他省市制定的地方性法规相冲突的状况。如何解决和避免冲突，如果没有政府与人民代表大会在立法上的协调，如果也没有联合立法主体的上一级立法机关来审查处理，这种立法上的冲突必定会长期存在而无法得到解决。因此，加强政府与人民代表大会在立法上的协调有助于强化行政立法与人民代表大会立法的衔接。

2. 有助于提高人民代表大会立法成果的现实针对性

在地方立法中，尽管人民代表大会立法有着严格的立法程序，但作为权力机关和立法机关，职权的专属性也决定了人民代表大会立法机关不可能像政府机关那样更多去关注社会生活和经济发展，嗅觉的不灵敏也决定了人民代表大会立法机关不可能像政府机关那样尽快地洞察到社会关系的变化，因此人民代表大会立法可能跟不上社会关系的变化，导致立法具有滞后性。对区域地方性法规的制定而言，由于立法是涉及不同行政区的人民代表大会机关，立法主体、客体、程序上的复杂性更加剧了立法的滞后性，很多联合制定的地方性法规不是立法条件非常成熟和必须制定时，往往不会轻易被人民代表大会立法机关制定。加强政府与人民代表大会的立法协调，特别是在立法规划、起草、征求意见过程中，尽可能地听取政府机关的立法建议、意见，有助于提高人民代表大会立法成果的现实针对性。

3. 有助于提高区域立法的效力

政府规章层面的立法，虽然在立法上具有程序简捷、成效快、成本小的特点，但在法律的效力等级上与地方性法规还有不少的差距。特别是在目前的行政诉讼过程中法院法律适用上，地方性法规是法律适用的依据，而行政规章只能作为"参考"来适用。区域法制建设中，如果区域立法更多是区域性的行政规章，那么在处理跨区域的行政诉讼案件时，如果适用行政规章会遇到更多的麻烦和不便，而适用区域地方性法规则可以直接作为依据。在法律适用的其他领域，由于地方性法规比行政规章有更高位阶，所以在法律适用上，地方性法规也更有效力。加强政府与人民代表大会的立法协调，推动人民代表大会制定更多的地方性法规，能够从整体上提高区域立法的效力。

（三）建立健全政府参与人民代表大会立法协调机制，推进区域立法体系不断完善

推进区域地方性法规的制定，提升地方性立法在区域发展中的作用，不仅是地方人民代表大会立法机关的重要职责，也是政府推动立法发挥作用的应有职责。特别是在府际合作中，对区域地方立法进行规划和引导，也是府际合作的重要内容。区域立法中，为构建更加符合地区发展实际的区域地方性法规，需要增强政府在地方性法规中的协调参与作用。同时为保证政府参与人民代表大会立法协调的长期性、稳定性、持续性，建立政府参与人民代表大会立法的协调机制，是当前和今后一定时期内加强区域法制建设的必要方法和措施，也是强化政府与人民代表大会立法互动的重要方式。

建立健全政府参与人民代表大会立法的协调机制必须重视一个重要的问题。这个重要问题就是人民代表大会立法机关对政府参与立法协调的认识和态度问题。由于政府受到人民代表大会的监督和领导，政府派员参与人民代表大会立法制定往往很容易，但人民代表大会是否欢迎政府派员参与人民代表大会立法的协调和讨论，却不是那么简单的事情了。如果地方人民代表大会立法机关认为政府参与立法协调是非常有益和必要的，那么建立健全立法协调机制就很容易；如果人民代表大会认为政府参与立法协调是可有可无的事情，那么这种立法协调机制的建立健全也就会有更多的障碍。

建立健全政府参与人民代表大会立法的协调机制还应注意几个难点问题。这些难点问题就是立法协调机制如何建立，要协调的内容是什么？政府在何种情形下、以何种方式、参与何种项目的人民代表大会立法协调？人民代表大会立法机关对政府的立法建议和意见如何处理？等等，是建立健全立法协调机制必须思考和回答的问题。

四、立法协调的公众参与

（一）区域立法的健全与完善有待于公众参与协调

公众参与立法协调是立法民主的体现，也是公民立法参与权实现的必然要求。在强调一切权力属于人民的现代社会，增强公众在立法中的参与度，是人类文明进步的标志，是立法权权力来源的根本要求，同时也是民众监督公权力行使

的基本方式。

区域法制是新时期区域发展的新生事物。区域法制建设没有现有经验可以遵循，必须依靠不断地实践和探索，依靠立法机关和群众的首创精神来丰富、发展和完善。特别在区域立法没有更多范本可以借鉴的情况下吸引更多的专家学者和各界人士参与法规、规章的制定是必要的，也是可行的。

区域立法重视对公众参与立法的积极性、主动性和创造性进行保护，就是要采取多种措施鼓励公众积极参与各种立法活动。

（二）公众参与立法协调的途径

1. 以个人或联名的形式向立法机关提出立法建议

公民可以个人名义或者联名的形式就某些事项进行立法、如何立法向立法机关提出立法建议和意见。区域立法中，由于管辖视野的限制，国家机关很难把自己的眼光放在本辖区外或者区域性共同问题上，而公民个人却是生活在现实世界里，哪些事项需要有法律规定、如何进行立法，用什么法律保护自己，他们往往最清楚。他们的意见建议对提高区域立法质量和成效最具有价值。

2. 参加立法机关举办的立法座谈会或立法听证会

立法座谈会、听证会是立法了解民意、征求意见的重要方式。通过召开立法座谈会、论证会、听证会能让民众清晰地了解立法的目的、意义、文本内容，通过会议中的相互交流能使民众更能理解立法的本意、掌握立法动向、体会立法不易。同时，也把自己对该项法规、规章的认识和意见能够更好地与立法人员交流，既促进了立法质量的提高，也增进了公众对立法的认同感、亲近感。

3. 通过立法草案征求公众意见发表看法

推动更多的立法草案面向公众征求意见，是现代社会推进立法民主的要求。立法草案征求民众的意见，就是要全面了解民众对该项法规规章的看法，通过征求意见让立法者能够更全面地了解民意，了解立法草案存在的优势与不足，明确进一步努力的方向。区域立法中，由于立法往往涉及不同区域民众的利益划分问题，对自己有好处的，希望立法能够通过；对自己没好处的，设法阻止立法通过。通过立法草案面向社会征求意见，能够让公众充分发表意见，进行争论和辩论，最终达到思想上的统一、利益上的共赢，实现立法最大多数人的满意通过。

4. 参加立法机关立法工作会议

为确保立法的公众参与，立法机关在立法时应尽可能地邀请各级各类人士参与到立法工作中去。对开展的立法调研活动、立法起草活动、议案审议活动，都可以在尽可能的范围内邀请各界群众参与。为保证公众参与活动的成效，相关机关可就公民参与立法工作和会议的办法、职责、任务、奖惩措施等方面提出具体要求和规定。

（三）总结公众参与立法协调经验，构建公众参与立法协调的机制

公众参与立法协调在现代社会越来越受到关注。特别在区域立法中，区域立法摆脱了传统立法仅靠立法机关严格按照职权和程序立法的模式，形成了软法与硬法互动的法律制定模式。这种模式淡化了立法的严格程序色彩，增强了公众的参与程度；淡化了强制约束，增强了自我束缚。公众参与区域立法协调，能够大幅度地提高立法的民意基础，增进对立法的信任。

建立长效的公众参与立法协调的模式，形成稳定的公众参与立法协调的态势，总结公众参与立法协调经验，构建公众参与立法协调的体制机制，显得非常关键。当前在区域立法和地方立法中要着力构建公众代表的遴选机制、立法信息来源机制、公众参与立法的程序机制、立法草案的社会征求意见机制、区域立法的民意表决机制，等等，使公众参与立法活动有规可依、有章可循。

第三节 府际合作立法协调的领域

府际合作立法协调的领域是区域立法中政府能够参加协调的范围和界域，它是政府在区域立法中能够发挥主观能动性的作用区域。

一、确立府际合作立法协调领域的意义

（一）有利于为政府参与立法协调指明方向

确立政府立法协调的领域，使政府在没有区域立法经验可供借鉴的情况下，一定程度上能够为政府参与立法协调指明努力的方向和路线。同时，确立政府参与立法协调的领域，也为立法者或立法合作者提供一个明确的指引，告诉立法者或立法合作者哪些事项的立法政府可以参与讨论、协调，哪些事项的立法政府不必参与讨论、协调，以给立法协调各方特别是政府提供更明确的操作指南和方向指引。

（二）有利于把立法协调工作落到实处

由于立法协调工作在具体落实时受各方面因素的影响，协调工作或被重视或

被忽视或被虚置，协调产生什么效果会因主体的不同、情况的不同而有较大的或然性。这种或然性越大越不利于相关工作的开展。因此，尽可能地确定政府立法协调的范围，一定程度上能够把协调工作的或然性降到最低限度，有利于把工作落到实处。

（三）有利于完善区域法制

区域立法中，确定政府能够参与立法协调的领域，明确重点协调的范围和事项，使政府和立法机关一道全力进行立法调研和协调，才有利于政府在立法中作用的全面发挥。同时，通过有重点的参与立法协调，能够使协调各方集中精力提高立法质量，进一步健全和完善区域法制。

二、府际合作立法协调领域的多维把握

（一）政府立法协调的主要对象应是涉及区域发展的重大立法事项

由于立法权限的专属性问题，立法是立法机关的专有活动。政府参与立法协调影响立法本身没有太多法律上的支持。政府参与每一项立法的协调既不可能也不现实。从政府参与立法协调的目的来看，政府参与立法协调是为了推动区域法制发展，提升区域立法质量，为区域发展创造良好的法治环境。有重点地开展区域立法协调就显得较为实际和可行。对那些涉及区域发展重大事项的立法，由于其影响深远或涉及面广、利益重大等原因，在进行立法时必须慎之又慎，让政府参与立法协调可以使重大立法考量更全面，立法质量和成效更好。

（二）政府参与政府立法协调的范围与政府参与人民代表大会立法协调的范围存在差异

在政府立法协调中，不论参与协调的政府机关有没有立法权，因参与协调的各方都是在行政系统内部，立法程序相对简单一些，协调起来也较容易方便。而在人民代表大会立法中，由于人民代表大会与政府之间的关系是监督与被监督关系，人民代表大会立法也不必然受制于政府的限制和束缚。政府与人民代表大会的立法协调中，协调内容应有个度，否则，全面参与立法协调，有行政权干涉立法权之嫌；不让政府参与人民代表大会立法协调，又难以克服人民代表大会立法的局限性。政府参与政府立法协调的范围与政府参与人民代表大会立法协调的范围存在差异，一方面体现出政府与立法主体的关系远近，立法协调的难易程度，

另一方面也反映出政府在不同性质立法上能够参与协调和作为的程度不同。

(三) 政府参与立法协调的领域随区域发展情况的变化而变化

随着区域发展状况的变化,立法也要随着变化而不断变化。当区域发展的有些事项需要立法上调整时,政府参与立法协调的领域也要随着区域发展情况的变化而变化。比如,当某一领域问题成为区域发展中人们关注的焦点问题,需要立法及时跟进时。

(四) 政府参与立法协调的领域呈扩大化趋势

随着时代的发展变化,社会关系也在不断发生变化。当社会关系发生变化时,社会管理和社会立法也要发生相应的变化。在区域立法中,通常一行政区范围内的立法事项可以通过本地的行政和人民代表大会立法来解决,政府参与立法协调的领域往往比较狭窄,而区域性的立法事项,则必须通过区域立法来解决。随着区域发展层次的不断提升和区域间人员往来频次增多,区域发展中出现的社会关系会越来越复杂,涉及区域性的发展事项也会越来越多,立法协调的领域呈现出逐步扩大的趋势。

三、府际合作立法协调的主要领域

(一) 生产要素流动与市场准入

"生产要素的流动与区域经济一体化有着密切的关系。生产要素在国家间、地区间分布的不平衡性,决定了生产要素在国家间、地区间是流动的而不是静止的。生产要素总是从禀赋充裕的地区流向禀赋稀缺的地区,以获得更多的收益。因此从某种意义上说,生产要素流动可以在一定程度上改变一个国家或地区的要素禀赋状况。"[①] 生产要素的流动促进了区域经济一体化的生成,有力地推动市场的发展和市场经济体制的巩固和完善。

强化生产要素在区域间的自由流动,消除区域内市场准入门槛的差异,是区域经济一体化的现实需要和大市场的统一要求,也是法治社会里法律制度所要体现的价值之一。区域立法协调工作中,政府应认真查找阻滞生产要素流动的障

---

① 于刃刚、戴宏伟:《生产要素流动与区域经济一体化的形成及启示》,载于《世界经济》,1999年第6期。

碍，找出制约生产要素自由流动的体制机制，开展协调时，进行利益引导和疏通，建立适合地方经济发展的利益共享和实现机制。同时，对条件已经成熟的体制机制和做法，及时上升为地方性法规和地方政府规章，为区域经济的和谐发展提供强有力的法治保障。

（二）招商引资与市场监管

招商引资问题表现的是区域发展中各地为了争取外来资金和技术而不惜血本的共同竞争。市场监管问题体现出来的是地方政府对优化市场环境、创造公平竞争秩序的良好愿望。招商引资问题在各地政府间协调不好，不仅损害彼此间的友好合作关系，而且更损害区域的共同发展，不利于区域的平衡发展和共同繁荣进步。市场监管问题如果没有各地监管部门的协调一致，"黄赌毒""假恶丑"现象会向监管薄弱领域和薄弱环节蔓延，不利于彻底消除黄赌毒、假恶丑产生的土壤。加强政府在招商引资和市场监管领域的立法协调，有利于从立法上形成区域内统一的招商引资条件和标准，营造出良好的引进外资的公平环境，有利于形成统一的市场监管格局，避免监管出现一头软、一头硬的现象；有利于扫清招商引资和市场监管中存在的体制机制障碍，及时把招商引资和市场监管中好的经验和方法上升为法规和规章。

（三）技术合作与行业信息共享

为促进区域技术开发、转让、转化以及信息的共享与交换，地方政府必须采取措施创造优良的技术合作与信息交换的环境和平台，对合法开展技术合作与信息共享的单位和个人予以肯定和奖励，对不正当进行技术垄断和信息封锁的单位和个人予以否定和惩戒。政府可以通过立法协调，推动立法为实现区域间的技术合作和行业信息共享提供法律支持，对科技成果研发、技术转让、合作开发、信息共享、信息安全防护、信息滥用规制等进行全面的规定，让各方主体都能放心地开展技术合作和信息共享。

（四）环境保护与低碳生态

区域内发生的水污染问题、水土流失问题、气候问题、有毒、有害物质排放问题越来越成为民众关注的敏感问题，而这种区域性、流域性的污染问题、水土流失问题却很难靠一地政府或单位来解决，它必须依靠区域内、流域内所有地方政府和单位的通力合作才能从根本上解决问题。因此，加强区域内或流域内所有政府和单位的工作合作或协作就显得非常必要。在区域性的环境和生态问题被人们普遍关注的时代背景下，加强区域性环境保护和生态治理立法就显得势在必行。

水资源保护、森林、草场、滩涂、河流、矿藏、大气治理、有毒有害物质排放等方面工作都需要有相关的区域性立法进行规制。在对这些工作进行管理的过程中政府积累并掌握了大量的管理数据和管理资料，形成了宝贵的管理经验，这些数据、资料和管理经验都是立法机关开展立法工作的必备信息储备。

随着社会发展，构建低碳生态和低碳社会越来越引起人们的重视，如何控制二氧化碳和硫化物等物质排放，制定相关标准和采取相关措施，都是相当专业的工作。立法中，仅凭一般立法人员开展工作，没有专业人员参与法律的制定，则制定出来的法规和规章未必能适应现实社会的需要，而由政府组织专业机构和人员参与到低碳生态的立法中就能使立法的质量和成效得到较好保证。

（五）发展规划与人口问题

区域发展规划和人口管理问题实质上是利益关系的划分和调整问题，直接涉及的是相关主体的切身利益，在进行区域性的统筹管理和利益安排时，如果没有相应的立法来引导，则相关利益关系会更难协调。通过相关立法对区域性发展规划和人口管理特别是流动人口的管理予以规制，也才能避免纷争，让各方主体都能在利益分享机制下，共同分享区域发展成果，共担区域发展风险。

在区域发展规划和人口问题的立法协调上，由于政府是区域发展规划和人口问题的工作管理和实施部门，政府最了解相关工作现状和民众的利益需求，也最清楚具体工作需要哪些法律法规作为依据，清楚应该怎样修改和完善相关法律法规，立法工作中，政府可以把开展相关工作进行利益协调的原则、方式、成果、经验、问题解决模式等推动立法机关及时通过立法予以明确。

第四节　府际合作立法协调的目标、方式及路径

一、府际合作立法协调的目标

（一）府际合作功能的实现

推进区域法治建设，形成完善的区域立法体系，发挥立法在区域发展中促进

作用，是府际合作所要实现的目标之一。完成这一目标，就是要发挥府际合作的功能，使政府既要严格执法、依法行政，全心全意为人民服务，又要尽可能地在自己职权范围内推进政府立法和人民代表大会立法建设，促进区域立法和谐统一。当区域性规章和法规需要订立时，需要政府联手推动区域性法律文本的制定；当各地立法存在相互冲突时，需要政府联合开展法制协调。

（二） 区域立法体系的建立及完善

随着区域经济一体化进程的加快，我国的区域立法有了长足的发展，区域立法体系已渐渐成形。但需要注意是，截至目前，由于国家还没有出台统一的区域立法办法或指导意见，各地的区域立法也多是自我实践和探索，虽然各经济合作区已逐渐形成了自己的立法模式，但由于各地情况差异较大，区域立法模式也不尽相同。在各经济区，由于各成员方在立法体系中的位阶多不相同，所以也导致区域立法层次多样、纷繁复杂。如果不进行相应的明确和梳理，则势必影响法律的适用，不利于法制的统一和完善。

在目前的立法体制中，依靠地方人民代表大会理顺区域立法似乎不太可能。从各地已有的人民代表大会立法合作模式来看，基本上多是在政府法制办的牵头下开展立法研讨和合作的，在东北三省的立法协作中，也是依靠三省的政府法制办来代表省政府签署的《东北三省政府立法协作框架协议》。因此，现阶段下，建立完善的区域立法体系，理顺立法者的立法效力等级，有赖于政府主导的立法协调。府际合作立法协调，有助于区域立法体系的建立及完善。

（三） 区域经济一体化法治环境的营造

"法治环境是推动经济社会发展的重要软实力和软环境"。[1] 法治环境的营造既是政府的工作任务，也是府际合作的目标。政府作为社会的管理者，它必须以超脱者的身份为经济和社会发展营造公平、正义的法治环境，创造有利于每个社会主体成长成才的社会机制。法治环境的营造是个系统工程。它除了需要全社会共同参与外，更需要发挥政府的引导作用。在法治环境的营造上，在法的运行方面，政府在保证国家法制统一的前提下，要推进立法完备、加强执法建设、保障司法权威、完善法律监督。府际合作立法协调，能够促使政府通过合作，开展政府间、政府与人民代表大会间立法信息的沟通交流、立法经验的相互学习、立法规划的相互参考、立法共有问题的相互探讨，为形成良好的法的运行体系，培育

---

[1] 岩云、陈林：《优化法治环境的系统思考》，载于《河北师范大学学报（哲学社会科学版）》，2013年第3期。

民众法律意识,构建崇尚法治的社会氛围,营造公平、正义的法治环境打下坚实的立法基础。

二、府际合作立法协调的方式

根据区域立法的情况,府际合作立法协调的方式可以分为两类:一类是行政立法中政府参与立法协调的方式,另一类是人民代表大会立法中政府参与立法协调的方式。

(一) 行政立法中政府参与协调的方式

1. 立法信息共享

立法信息共享是提高立法质量的重要保证。区域立法中,立法信息掌握得越充分,把握得越准确,所立之法也越能反映现实生活的需要。立法信息共享是行政立法合作中的重要内容和重要的立法协调方式。立法信息共享可以在立法信息的收集、使用、意见反馈等方面展开合作与协调。在行政立法协调中,协调主体在注重如何对收集信息进行协调的同时,应把更多精力放在信息的如何分享利用上,信息的分享利用有利于立法主体更全面地把握立法信息,增强立法的科学性、预见性和系统性,有助于提高立法质量。立法信息如何进行分享,分享到何种程度,信息使用的效果怎样,意见如何反馈,等等,需要协调主体进行协调。

2. 立法共同起草

共同起草立法文本是行政立法协调的一种非常重要的方式,也是行政立法协调一个常用的方式。在区域立法中,除由上级立法机关或专门区域立法机关立法外,目前,我国的区域立法基本上是由各行政区立法主体来共同订立,与之相适应,法律草案也主要是由各行政区立法主体来共同起草。而如何进行起草,这是不得不协调的事情。协调法律草案的起草,协调主体可以就草案起草人员的组成、牵头单位、起草调研的经费、草案的提交使用等进行协调。同时,对草案是由一方进行起草供各方共同使用,还是由各方共同起草,各自提交各地政府立法会议或者区域政府联席会议通过,都需要进行协调。

3. 共同立法规划

健全完善的区域立法,离不开整个区域的立法规划。区域立法如何立,需要系统科学的立法规划作指引。区域系统的立法规划能够对区域立法进行通盘考虑,确定立法的重点、难点和中长期发展计划,有利于充分发挥各行政区立法上的优势,根据具体情况确定立法合作的具体方式。由于区域立法规划涉及不同行政区的立法主体,各主体所关涉到的利益不同,这需要在立法规划时要全面统筹和协调,使规划在兼顾区域立法长期目标和短期目标、一方利益和多方利益的基础上确定下来。

4. 共同立法调研

与一般行政区立法只需在本地调研不同,区域性的立法需要在整个经济区进行调研。这种调研需要立法主体或者立法协调主体事先安排好参与调研的单位和人员、调研的方式、步骤、顺序、日期等。在行政立法中,可由政府法制机构或者专门的立法协调机构协调、组织人民代表大会代表、政协委员、立法起草小组等参与立法调研。

5. 立法成果共享

立法成果共享是立法经验、文本、技术、信息等方面的相互分享和借鉴。立法成果的共享,有利于立法落后地区向立法先进地区学习,以提高落后地区的立法质量和水平,也有利于立法先进地区不断发现立法中的问题和不足,及时修正错误,总结经验。立法成果共享是全面提升区域立法质量的重要方式和方法。立法成果共享在行政立法领域主要表现在几个方面:(1)立法经验共享;(2)立法文本共享;(3)立法技术共享;(4)立法后信息共享。立法成果共享会更多涉及相关立法主体的利益问题,各地的立法成果能否共享,共享到何种程度,如何共享,都需要进行协调。

(二)人民代表大会立法中政府参与协调的方式

1. 参与区域立法规划

在现有区域立法合作中,多是出现政府与政府间的立法合作、人民代表大会与人民代表大会间的立法合作。合作解决的问题也多是区域性的、地方性的规章之间、法规之间的衔接问题,对区域性规章与地方性法规、区域性法规与地方政府规章之间的衔接问题,往往涉及较少,进而在区域立法中出现了区域性规章与区域性法规、区域性规章与地方性法规、区域性法规与地方政府规章之间难以衔接问题。这种区域性的政府立法与人民代表大会立法分离的状况一定程度上影响了区域法制的和谐统一,造成了立法冲突。因此,制定周详的区域立法总体规划,从全局的角度对一定时期内区域立法进行统筹安排,拟定好区际政府与人民代表大会间、区际与地方间的立法目标、任务、相互关系,尽力避免立法冲突,不断提高立法质量,是丰富和完善区域立法的根本要求,也是实现政府与人民代表大会立法互动的有效手段和措施。

2. 提出立法议案

政府向人民代表大会提出立法议案或建议是政府职责的应有内容,也是政府推动人民代表大会立法的前提程序。在行政管理领域,政府立法应明确哪些事项,人民代表大会立法应明确哪些事项，政府往往有着更清晰的认识。对政府而言，及时地向人民代表大会立法机关提出立法意见建议也就成了自然而然的事情。在区域立法中，由于人民代表大会立法具有的自身局限性，仅靠人民代表大会立法机关主动开展区域立法，显然难以适应区域发展的需要。加强政府在人民代表大会立法中提案权作用的发挥，能够及时督促人民代表大会机关把区域发展急需的立法项目尽早纳入立法规划，推动人民代表大会及时地开展相关立法活动。

3. 参与立法调研和意见征求

人民代表大会立法时，多渠道、多领域地开展立法调研和意见征求活动不仅是科学立法、民主立法的本质要求，同时也是保持立法稳定性和长久生命力的根本需要。相关立法的意见建议是立法具有现实活力的重要源泉。政府机关及其工作人员的真知灼见不仅能为人民代表大会立法提供新思路、提出新方向，而且还能及时发现立法中的不足，找到立法漏洞，修补立法错误，提升立法质量。政府参与区域人民代表大会立法调研和意见征求，能够把政府的意见建议及时反馈到立法各环节之中，把区域法制的研究成果应用到立法文本之中，确保立法质量，促进立法衔接。

4. 草拟立法文件

法律草案的拟定不仅影响到立法质量和立法水平的高低，而且也决定着草案能否快速通过。尽管文本的起草不是立法程序中最核心的环节，但起草者对立法的认知却能影响到法律文件的全貌。对区域人民代表大会立法而言，区域性法规的草拟，除依靠各地人民代表大会专门机关进行协调起草外，由政府及其法制机构起草无疑也是一个经常性的办法。"区域立法的起草看似一个非常流畅的过程，其实不然"，[①] 区域立法协调起来难而复杂。对法律关系如何处置、权利义务如何划分、利益如何分配，都是起草过程中需要认真协调解决的问题。法律草案由政府及其法制机构进行起草既能发挥政府在人民代表大会立法中的积极作用，又更能体现出政府及其法制机构推进区域立法的职能优势。这样，区域性人民代表大会立法既避免了人民代表大会立法自身的缺陷，使之符合政府管理的需要，同时又符合了人民代表大会立法机关的意志。

三、府际合作立法协调的路径

（一）先易后难

区域立法中，由于立法主体之间通常不存在隶属关系，立法的利益冲突与协

[①] 陈光、梁俊菊：《论我国区域立法委托起草机制》，载于《中南大学学报（社会科学版）》，2013年第3期。

调则不可避免。当利益冲突不大时,立法协调的难度就会较小;当利益冲突较大时,立法的难度就相对多很多。通常,区域行政立法涉及的主体是行政机关,其立法协调还相对容易,而政府参与人民代表大会的立法协调就相对难得多。人民代表大会立法协调不仅涉及人民代表大会与人民代表大会间的协调问题,还涉及政府与人民代表大会间的协调问题,人民代表大会立法协调关系复杂,要想有具体的把握和预判相当困难。

在立法协调中采用先易后难的方式进行协调是最恰当不过的办法。协调时不妨先对利益分歧较少的立法项目进行协调,待协调主体经过磨合形成一定的协调经验,达成一定的共识后,再择机对协调难度大的项目进行协调。协调时,如果发现人民代表大会立法协调比行政立法协调难处理,那就尽可能地先开展行政立法协调,待条件成熟时再推动开展人民代表大会立法协调。

先易后难的协调路径,强调的是立法协调要根据难度而定,通常情况下应先从难度较小、容易突破的地方开始协调,由易到难,逐步实现区域内应立之法的协调完善。

(二) 单项求突破

单项求突破是指在区域系统立法难度较大或条件不太能够实现的情形下,协调主体可以选择容易突破的单项立法进行协调,根据立法实际情况,条件具备一项就协调一项。具体而言,对涉及区域共同利益的立法,由于立法的目的是维护区域的共同利益,协调时遇到的阻力通常较小,对这样的项目可以先予立法协调。而对涉及区域资源分配、牺牲单方利益、增加单方义务的立法项目在非急需时可以暂缓立法协调,待条件充分时再开展。

单项求突破强调的是区域立法协调时首先要对区域立法的总体状况进行规划,弄清哪些事项应该进行区域立法,区分法律文件哪些是由政府来制定、哪些是由人民代表大会来制定。分清轻重缓急,按照先易后难、先简单后复杂、先单项后整体、先急需后一般的原则进行立法协调,逐步实现区域立法的全方位协调。

(三) 竞争中合作

立法既是法律制度上的一种创新,也是对旧有格局的一种突破。各地在经济和社会发展中的竞争表现在立法领域就是法律文件制定上的竞争。应当说,哪个地方的立法能够走在前列,哪个地方的经济和社会就能得到较好发展。但一味强调竞争未必是件好事,如果是恶性的竞争,如果是立法上的地方保护主义的竞争,使各地立法自成一体,内容相互冲突,那么这种竞争不要也罢,这种竞争只会阻碍区域的经济发展和统一大市场的形成。因此，竞争中必须有合作。要使这种竞争成为合作基础上的良性竞争，需要各立法主体合作时要积极，需要单独立法时要单独立法。

区域发展中，各地除了自己单独立法外，涉及区域共同发展问题的法律必须由各方共同制定，开展立法合作也就成为区域立法中必然的事情。只有在合作中共同提高立法的质量和成效也才能为区域经济和社会发展打下良好的法律制度基础。开展区域立法协调，除准许各地继续保持适度的立法竞争外，合作更是区域立法首要考虑的内容，只有坚持竞争中有合作，才能使区域立法保持一个和谐统一的整体；也只有坚持合作中不断有竞争，才能使区域立法不断保持生机和活力。

（四）联动中共赢

区域立法中，首先各地立法都有自己的所辖范围，它们在自己所辖区域内进行立法。区域共同立法，通常则由各立法主体联合制定。各地立法主体之间是并列的关系，各地立法与区域立法之间是不同层级的立法关系。各地立法规定不必与区域立法的规定相一致，区域立法的内容也不必为各地立法内容所左右。不过，如果没有各地立法之间、各地立法与区域立法之间进行联动和协调，这种关系势必会造成各地立法间的相互冲突以及行政区立法与区域立法的不一致。

区域立法协调中，尽可能地在各地立法之间、各地立法与区域立法之间形成联动，使各地立法之间、各地立法与区域立法之间形成协调一致、和谐互动的相互关系，实现立法联动中共赢、互动中共赢，那么也才可能为区域经济和社会发展创造良好的条件。

在立法协调中实现联动，不仅要强调各地立法之间的联动，更要强调各地立法与区域立法之间的联动。各立法主体之间可以通过立法信息通报、共同法律制定、立法经验交流、立法学术研究、立法人员业务培训等方法增进立法联动，实现区域立法的和谐发展。

第九章

区域经济一体化中府际合作的执法协调

在区域经济一体化背景下，区域性环境污染事件、食品安全事件、社会治安案件、自然灾害事件等时有发生，这需要多地、多部门联动协调处理。加强区域执法合作与协调显得十分必要和迫切。

第一节 府际合作执法协调的功用

一、协调各方利益

（一）协调执法主体的利益

在立法不健全、执法程序不到位、执法监督乏力的现实状况下，执法主体间的利益冲突会在一定时期和一定范围内长期存在。特别是在区域执法的分界地带，有利争着管、无利都不管的现象较为普遍。这种以利益为首要考虑因素的执法行为，如果没有一个良好的体制机制对各主体利益进行协调的话，执法者以执法目的是否兼顾部门与个人利益作为能否开展执法活动为前提，而把执法活动所要追求的公平正义与立法目的的实现放在次要位置，片面地追求执法者部门利益和个人利益的最大化,那么执法的最终结果则是政府的威信、法律的威严和价值受到极大的损毁。

在府际合作中开展执法协调,首先,可以为各地执法机关开展执法活动划清界限,把执法权的行使限定在一定范围和区域内,把无行政权管辖的空白地带通过协调管起来;其次,能够理清执法障碍,减少执法利益冲突,明确各方职权,避免执法扯皮;最后,通过建立执法合作与协作机制,解决一地执法中遇到执法障碍和困难时,需他地执法机关予以配合的问题;可以深化各地执法合作,形成各地执法工作的联动效应。

(二) 协调行政相对人的利益

在行政执法中,行政主体所作出的具体行政行为直接影响到行政相对人的利益。行政行为处置不当,侵犯了相对人自己认为的合法权益,他或许通过行政复议或者行政诉讼去维护自己的权益,也可能通过上访、闹访甚至缠访去维护自己的利益。特别在外来人口的违法行为处理上、产权不明事项确权处理上,稍有不慎就可能因触及行政相对人的根本利益而引起较大的社会风波乃至发生影响国内外的大事。通过执法协调活动,可以在各地执法机关的共同努力下,在依法办事的前提下,对处于不同区域的行政相对人、行政利害关系人进行相应地利益协调和疏导,通过开展听证、调解、说服教育等方式,让执法行为当事人、利害关系人及有关单位参与到相关工作中去,彼此充分听取各方意见建议,避免因执法而产生新的矛盾和问题。

二、明确主体权责

(一) 执法体制滞后致使违法案件多发易发

近年来各地曝光的"三氯氰胺毒奶粉事件""瘦肉精事件""毒馒头事件""地沟油事件""钓鱼执法""养鱼执法事件"等,无不暴露出行政执法领域存在的混乱状况。有人调侃"九个部门管不住一头猪""八个部门管不好一株豆芽菜",充分反映出多头监管、多头又管不好的现实困境。在交通和通信发达的今天,违法行为采用"阵地战"的形式使违法成本降到最低,在一个地方被打击,它又转战到其他地方。如果不从源头治理,则很难从根子上消除流窜作案的违法行为发生。同时多头监管、分散监管的管理体制造就了执法漏洞、执法盲区、执法间隙,也加剧了违法犯罪行为的发生。对部分执法主体而言,不出事情,各部门相安无事；一旦出事，则相互推卸责任。

（二）加强执法协调，有助于明确权责，减少执法盲区

针对多头监管、分散监管而又管不好的现实困境，加强区域执法协调，首先，有利于帮助执法主体划清执法界域、明确职权范围，厘清权责关系，尽可能地消除执法盲点、减少执法盲区，避免执法扯皮；其次，可以明确执法责任。通过执法协调，明确执法主体和执法人员所应承担的责任，特别是有关人员的领导责任和直接责任，为执法主体和执法人员严格执法带上"紧箍咒"，督促他们谨慎用权、依法行事，减少和避免渎职行为的发生。

三、减少执法冲突

（一）区域执法冲突

"行政执法冲突是指在行政执法过程中，行政法律规范就同一事项或同一行为规定了不同的处理，行政主体适用不同的法律依据可以作出不同处理决定的情境。"[①] 区域执法冲突是区域内行政主体依据不同的行政法律规范对相同的事项或相同的行为所做出的不同处理决定，而这些决定往往存在较大的差异，甚至是大相径庭。区域执法冲突对长期生活在某一地方的人来说，往往体会不到，但对长期跨区域工作和生活的人来讲，同种情况下的差别对待会让人感到极不舒服。

（二）开展行政执法协调，有利于减少区域执法冲突

区域执法冲突的存在具有一定的现实合理性和必然性。一定时期内这种执法不可消除也不可避免。但从执法冲突产生的根源来看，通过区域执法协调可在一定程度上减少执法冲突，避免执法过程和结果产生较大差异。

对因执法者主观认识而产生的执法冲突问题，可以通过区域执法协调，开展区域内统一的法治理念教育和执法者职业道德教育，提高执法者的业务素养和执法认识水平，"在执法队伍中树立执法为民、文明执法的信念"，[②] 纠正执法地方

[①] 韦军、何峥嵘：《泛珠三角区域内地法律冲突及其解决机制》，载于《广西民族大学学报（哲学社会科学版）》，2010年第5期。

[②] 姚来燕：《从行政执法的视角透视群体性事件》，载于《云南行政学院学院》，2011年第2期。

保护主义思想和错误观念，使执法活动的开展回归到维护法律威严、建设法治社会的轨道上来。

对因执法依据不同而产生执法冲突的问题，通常冲突不是依据的宪法、法律、行政法规所造成的，而多是依据地方性法规、规章或相关红头文件产生的。通过执法协调，可以及时地发现各地执法所依据文件的差异，并可以建议或协商的方式督促文件制定主体对存有较大差异性的文件进行调整和修改。

对因执法时段不同产生的执法冲突，通过执法协调，可以加强各地执法活动联动与合作，形成稳固的执法工作常态机制，推动执法工作向经常化、规范化、科学化、法治化方向发展。

四、提高执法效能

（一）执法效能是实现执法目的的基本保证

提高行政执法效能，增强行政执法的针对性、预见性、及时性，建立业务精湛、反应迅速、作风过硬的执法人员队伍和快速灵活高效的执法应急处理机制，是面对复杂执法环境，解决突发性事件的必然要求，同时也是建立团结、务实、高效、廉洁政府的根本条件。在新的发展时期，加强政府行政执法的服务意识、责任意识和法治意识，提高行政执法效能是做好执法工作、提升执法水平的着眼点和立足点。

（二）加强区域行政执法协调，有利于行政效能的不断提高

行政执法协调在促进行政效能提高上主要表现在这几个方面：（1）促进区域执法合作，提高区域性事件的综合应对与快速反应能力；（2）推进执法人员业务素质和执法能力建设，形成区域统一的执法队伍建设培训机制；（3）根据执法现状，在条件允许的情况下实行区域内执法人员交叉执法、异地执法，摆脱熟人社会里执法人员不敢执法、不愿执法的状况，提高行政决定的执行率、完结率；（4）规范执法行为，在执法关键环节和重点领域建立区域内统一的执法模式，对执法行为进行定性、定量管理，形成区域内科学、规范、高效、标准的执法模式体系；（5）建立有关区域执法的研究和协调机构，对执法中遇到的难点、热点问题进行统一的研究和处理，形成疑难案件处理的组织领导体系，推动区域内执法难度大、社会影响大的相关案件及时解决。

五、促进执法标准统一

(一) 执法标准统一是法治统一的根本要求

由于地方特色不同,情况也不同,地方性法规和地方政府规章以及政府发布的决定、命令所规定的情况也有所不同,相应地执法机关在执行这些相关规定时执法标准也会不同,甚至是差别巨大。

"为了推进区域经济一体化向纵深方向发展,使合作各方的执法标准相一致是必要的"。[①] 执法冲突、执法标准的不统一,必然给区域经济的发展带来较多的障碍,同时也不利于人们依照相关规定去行事。因执法标准的不一致,必然导致人们在不同区域内同等情况受到不同对待,进而影响到执法的公信力。形成统一的执法标准,减少、消除执法标准不统一,是区域经济发展、社会进步的内在要求,也是维护我国法治统一的根本要求。

(二) 区域执法协调有利于执法标准的统一

执法标准的不统一,在我国允许地方立法和颁布地方政府法令的条件下具有一定的必然性,也是立法和社会管理尊重地方特殊性、灵活性的一个结果。尽可能地保持各地执法标准的统一将是区域一体化过程中区域执法发展的长期方向。

区域执法协调可以执法合作为基础,对区域内的相关执法标准进行梳理,找出影响执法标准不一致的相关因素,并根据相关因素分别情况进行不同处理。对因地方立法而造成执法标准不一致的,可以协调相关立法机关进行立法调整。对政府规定的决定、命令以及相关的红头文件等规定的协调,尽管比立法上的协调要容易很多,但还需要政府机关进行相关的合作与协调。

第二节 府际合作执法协调的原则

府际合作执法协调的原则是府际合作中开展协调的基本要求和所应遵循的基本准则,它为政府开展执法协调活动指明了方向,引导政府执法协调朝着统一区

[①] 杨桦:《论区域行政执法合作——以珠三角地区执法合作为例》,载于《暨南学报(哲学社会科学版)》,2012 年第 4 期。

域法治、提升执法效能的方向发展。府际合作执法协调应遵循的原则有：

一、合法性原则

合法性原则是府际合作执法协调所要遵循的最基本原则，它是执法协调其他原则的基础。合法性原则要求执法协调在主体、内容、条件、程序等方面都要符合相关法律法规的要求，不得与法律法规相冲突。合法性原则要求做到职权法定、内容法定、条件法定、程序法定。

（一）职权法定

职权法定是执法协调的重要前提。没有法定的职权，主体的协调活动也就失去了合法的来源。职权法定是政府合法开展行政行为的基础，没有相应的职权，主体便不会有权力从事某项行政行为，否则该行为无效。职权法定要求"行政主体行使职权的行为自始至终有法律依据，没有法律授权均不可为。"[1]

行政执法协调中，虽然我国现行法律法规和规章中没有对执法协调的主体进行专门规定，但从政府行政权的行使来讲，应有法定的专门授权。如果没有法定的授权，政府也就没有行政权，更谈不上合法行政权的行使。从区域发展来讲，在法制还不健全、不完善的状况下，更需要通过协调来丰富和完善某项法律制度。相关主体拥有区域法制的协调权则是健全、完善区域法制的应有之义。因此，在没有更多法律规范对执法协调的职权予以规定的情况下，凡是符合现行法律主旨的、符合区域法制发展的职权行为都应认为是合法的职权行为。应当说，随着我国法制的逐步发展、完善，哪些主体可以进行执法协调，怎样进行执法协调，协调的权限、内容、程序等问题都可以通过法律规范予以明确。

（二）内容法定

内容法定是指执法协调时，协调主体所要协调的内容必须符合法律的规定。内容法定是合法性原则在执法协调内容上的基本要求，它强调协调主体开展协调活动时要按照法定的范围和事项进行协调，而不能随意展开协调。通常情况下，协调主体开展协调活动，协调的内容应与其职权相一致，既不能超越职权进行协调，也不能超越法定的范围和事项进行协调。

---

[1] 任进：《论职权法定与法制政府建设》，载于《人民论坛》，2012年第14期。

由于职权不同，各个主体能够协调的内容也应有所不同。政府作为一级行政事务的综合管理机关，它可以协调自身主管范围内的各类执法事项，对其出台的规范性文件相关问题可以在自身范围内与其他相应的政府机关展开协调。对所属工作部门或下级政府的执法问题，可以在自身范围内进行处理或督促解决。对同级人民代表大会或上级政府颁布的规范性文件、执法标准等需要调整修订的，该政府可以提请同级人民代表大会或者上级政府来解决。对上级人民代表大会颁布的规范性文件认为需要作出调整的，可以报请上级政府，由上级政府向人民代表大会提出建议案。县级以上的政府法制部门可以在自身职权范围内协调本级政府执法部门的执法问题。对属于本级政府协调解决的执法事项，政府法制机构可以经过初步协调后交由本级政府确认，或直接协助本级政府开展协调活动。对地市以上政府部门而言，可以就其所管辖的执法领域内事项进行协调。对其他国家机关和政府部门而言，由于工作性质的差异，往往很难担负起执法协调的职责，所以相关法律也不便授予其执法协调的法定职能。

（三）条件法定

条件法定是指执法协调在具备一定法定条件后才开展，条件不具备时不开展。条件法定要求区域执法协调不可随意开展，只有达到一定条件后，才可以启动。这是提高协调效率和协调针对性的根本需要，也是把握协调时机的基本要求。我们认为，决定开展执法协调最核心的条件是，当各地的执法标准存在较大差异或执法规定有明显冲突，不处理可能会造成严重的公平公正问题时，应由相关主体在其权限内进行协调。通常需要执法协调的情形有：(1) 行政行为相对人或其他社会主体对区域间有关执法依据的公平公正性产生质疑，要求调整执法依据，行政机关也认为该执法依据确实需要调整的；(2) 执法标准存在较大差异乃至明显冲突时，相关机关认为如不调整会使社会主体遭受严重不公平对待的；(3) 社会关系发生了较大变化，原有的执法标准已经不能适应发展变化，执法标准需要通过协调来调整的；(4) 区域间开展执法人员培训、执法活动合作、执法业务交流等活动需要协调的。

（四）程序法定

程序法定是指相关主体在开展执法协调活动时，应依照法定的程序进行协调。"行政机关行使行政权力时，必须依据法定程序。"[1] 实现协调程序法定化是

---

[1] 应松年：《依法行政论纲》，载于《中国法学》，1997年第1期。

执法协调发展的趋势。强调程序法定有利于协调活动朝着规范化、科学化、常态化的方向发展。

执法协调在程序上可大致分为执法协调的信息收集及建议案的提出、相关问题的协商与研讨、协调内容的草拟与意见征集、协调主体会议审议、决定的发布实施等几个步骤。以政府法制机构为主导的协调为例，其基本程序是：（1）执法协调的信息收集及建议案的提出。（2）对收集到的信息进行分析、整理，对建议案进行处理。（3）对相关问题开展协商研讨，形成初步的协调草案。（4）对草案进行审议。政府法制机构可以根据具体情况提交草案到区际人民代表大会、政府等单位召开联席会议进行审议。（5）通过的执法协调决定在相关区域内发布实施。

二、统一性原则

统一性原则是指在开展执法协调活动时，活动的内容、目标、原则要与国家的法律法规，与党和国家的政策，与上级人民代表大会和政府机关的有关规定保持一致，与协调主体自身的职权相适应，而不能相抵触。根据区域执法协调的现实情况，统一性原则又可以延伸出以下几个原则：

（一）法治统一原则

法治统一原则是指执法协调主体在开展执法协调活动时，协调的内容、过程、目标等必须与国家的法律法规相适应，不得有超越宪法、法律、行政法规、地方性法规、规章的情形，如有超越上位法规定的情形，该协调内容自始无效。

当各行政区执法标准有较大差异乃至冲突时，协调所确定的执法标准以各行政区共同上一级机关制定的法律规范为准。总之，执法标准的确定不能脱离现行法律法规，必须和法律法规保持一致。

（二）与中国共产党和国家政策相统一原则

中国共产党和国家的政策往往成为政府开展行政管理活动的具体指导。执法协调中，协调不仅要考虑法律法规的规制作用，而且也要考虑政策的指导作用。协调活动既要强调协调内容与法律法规保持一致，也要强调与党和国家的政策尽可能的保持一致。

（三）与上级人民代表大会和政府规定相统一原则

执法协调应尽可能在尊重地方人民代表大会和政府颁布的各类执法性文件的基础上开展相关活动，使区域执法协调的结果尽可能与地方人民代表大会和政府颁布的文件相统一，尽可能在尊重地方规定的基础上实现执法标准的统一，以此增强区域行政执法的实效。

（四）与协调主体自身职责相统一原则

与协调主体自身职责相统一原则是指执法协调主体在开展执法协调活动时，应按照职权法定的基本要求，从事与其自身职责相统一的活动，而不滥用职权或超越职权。

三、连续性原则

连续性原则是对执法协调主体开展执法协调活动一种行为连贯性上的要求。是指执法协调主体开展执法协调活动行为上要有延续性、稳定性，形成长期的协调状态。在行政执法协调中，连续性原则要求：

（一）强调协调活动之间有密切的联系、协调活动层次的提升和协调内容的完备

执法活动开展、业务培训、执法队伍和作风建设、执法标准统一等都需要通过开展协调活动来推进。参与协调的主体之间是否有良好关系，是决定协调成果能否保持连续性、一致性的关键因素。如果对同一执法行为，协调主体之间没有形成良好的协调关系，那么就很难在更高层次和范围内使所有的执法协调活动保持和谐统一连贯的整体。

执法协调时需要注意两方面的关系：（1）注意前期协调与后期协调的呼应关系。（2）注意上下级主体协调的衔接关系。

（二）强调长期区域执法协调机制的形成和完善

区域法制建设是区域发展中长期性、经常性的工作。建立长期区域执法协调机制有利于把执法协调活动不断推向新的高度，促进协调工作的常规化、专业

化、科学化发展。[①] 执法协调的连续性原则要求把执法协调的多次活动能够连续起来，把上下级主体间的协调活动连续起来，建立区域执法协调机制可以把区域执法协调放在一个共有平台上，通过设立专门的协调途径、协调程序、协调办法，依托专门协调人员，适时地开展协调活动，把单一的、临时的协调活动与多个协调活动连接起来，形成协调活动间密切的联系与逻辑关系。

（三）反对一时性、随意性的执法协调活动

执法协调主体每次在开展协调活动时，要投入大量的人力、财力、时间和精力等成本，在开展协调活动时，仅仅把协调活动的开展着眼于一时性或随意性开展的活动，从执法协调的本意和成本来讲显然是不适合的，也是不现实的。协调活动的开展要从协调的成效、影响以及区域执法问题的解决、优良执法环境的营造上来考虑，以便促进各类执法协调活动的良性互动。

四、及时性原则

及时性原则是对执法协调时间上和期限上的要求，它是指执法协调活动开展在时间上要及时、期限上要紧凑，因时因事及时开展，避免出现因执法问题未能及时解决而产生更大矛盾与冲突的状况。及时性原则要求区域执法协调主体在开展执法协调活动时要抓住协调的时机，发现问题及时协调解决，避免因执法问题久拖不决而引起更多的问题。

强调执法协调的及时性取决于以下因素：

（一）区域性突发事件频发需要通过执法协调及时防范与化解

区域性突发事件具有社会影响大、涉及面广、时间紧急、危害后果难判的特点。区域性突发事件处理不好可能会引起更大程度和范围的连锁反应。通过执法协调对突发性事件发生的成因、机理、发展趋势、防控措施等进行研判和协调，有利于从根本上和整体上发现导致突发性事件发生的关键因素，把握突发性事件的发展动向，避免不利因素的继续发酵，引导事件向着有利的方向发展。

（二）执法活动自身的特点要求执法协调的开展要及时有效

行政执法活动具有单向性、主动性、及时性的特点，执法主体自觉、主动、

[①] 石佑启、杨治坤：《中部地区法制协调机制的建构》，载于《江汉论坛》，2007年第11期。

及时地开展执法活动是维护法律权威、稳定社会秩序、确保社会公平的必然要求。执法机关积极有效地开展执法活动能够及时防范违法行为的发生,减少和避免各类社会事件出现,保障社会主体的合法权益。但如果执法主体面对危害社会的行为时,该作为不作为,该履职不履职,势必会使违法行为得不到及时地纠正和防范,"不仅使公民、法人和其他组织的合法权益得不到保障,而且也有碍于社会公共利益的实现,激化了党群矛盾,加剧了干群冲突,严重影响了政府的形象和信誉。"[①] 因此,执法活动自身的特点要求,执法中无论大小问题,能够及时处理的,就及时处理,需要协调解决的就及时协调解决,避免相关问题久拖不决。

(三) 行政权自身的本质要求执法协调活动要及时有效

行政权作为重要的国家权力,其自身的本质属性要求权力的行使应根据社会发展状况和现实需要积极主动地去作为,在区域社会管理中,对需要在行政主体间进行协调的事项,要主动地去协调。对依靠一方力量难以完成,需要整合多方力量才得以完成的工作,要积极主动地沟通、整合。对突发性、紧急性的问题需要快速、果断处理的,要快速协调、及时果断处理。对需要行政主体间继续协调的事项,要主动地去协调。

五、互利性原则

互利性原则是从利益的角度上强调行政执法协调要坚持互惠互利的基本原则。它是指行政执法协调要建立在双方或多方互惠互利的基础上来开展相关活动,不能仅仅强调单方利益,忽视或否定他方利益。

互利性原则在区域执法中要求是:第一,做好执法工作是所有执法部门的共同职责和义务。对执法工作中遇到的困难和障碍,执法主体应相互沟通、协同应对,共同做好工作;第二,对执法中涉及的利益问题,坚持互惠互利,稳妥处理。

在区域执法中,常常会出现区域性执法成本的承担问题,甚至出现不主动执法可以节省经费开支、主动执法却增加经费支出的问题。特别是对跨区域违法行为的查处,违法行为发生地和结果发生地往往不在一个区域,因危害结果没有出现在行为发生地,从而使行为发生地的执法主体可能基于经费等因素的考虑不愿去查处违法行为,甚至在一些领域和地区,基于利益上的需要,执法主体不仅不去查处违法行为,反而成了违法犯罪者的保护伞,一定程度上纵容了违法行为的发生。

区域行政执法协调,利益问题首先是协调要关注的问题。协调什么,怎么协

[①] 张忠:《试论行政执法不作为》,载于《西北民族大学学报(哲学社会科学版)》,2007年第2期。

调，无论是执法标准、执法行为规制还是执法队伍管理、人员培训、执法环境优化，最终都离不开相关方的各种利益问题。可以说，执法协调最终解决的主要还是相关主体的利益协调问题。

建立"规范的利益补偿机制"和"良善互动的利益协调机制"①，让协调各方通过协调活动都能实现互惠互利，都能从执法的协助与合作中受益，才能为区域执法的顺利合作打下良好的基础。

六、灵活性原则

灵活性原则是指在开展区域执法协调时协调的依据、内容、方式方法要灵活、机动，具体情况具体处理。灵活性原则克服了在区域法制不健全、协调没有固定成熟模式可供参考的情况下，谋求执法协调取得成效的一种方法和策略。在区域执法协调中，灵活性原则的应用具体体现在以下几个方面：

（一）协调依据灵活

协调依据灵活是指区域执法协调时，协调所使用的相关依据灵活多样，既可以是宪法、法律、行政法规，也可以是地方性法规和规章；既可以是具有法律意义的规范性文件，也可以是人民代表大会或政府的相关决定、命令；既可以是硬法，也可以是软法。可以说，只要在不违反国家法治统一的前提下，一切有效的规定、办法、协议都可以作为协调的依据。

（二）协调内容灵活

协调内容灵活是指区域执法协调在不违反法律强制性规定、不损害社会公共利益和不违背职权法定的前提下，可以对相关执法内容灵活地协调处理。

协调内容灵活强调了在区域法制不健全、对区域法制问题尤其执法问题无法全面掌握的情形下，协调主体可以根据现实情况，对协调内容灵活处理的一种规定性。它突出了协调主体在不违反法律强行性规定、社会公共利益和职权法定的前提下对执法问题做出积极回应的自主性、随机性。

（三）协调方式灵活

在遵循法制统一原则的前提下，执法协调的方式可以灵活多样。协调既可以

---

① 石佑启、朱最新：《珠三角一体化的政策法律问题研究》，人民出版社2012年版，第82页。

在同级同类机关之间进行，也可以在不同级同类机关之间进行；既可以在区域间同级不同类主体间展开，也可以在不同级不同类主体间展开。协调既可以采用协调主体联合会议、协调工作座谈会、协调小组会议、现场办公会、论证会等形式，也可以采用联合执法、行政协助、执法争议协调、执法联合评议等方式。

（四）协调时间灵活

执法协调可以根据实际情况定期或不定期地开展。[1] 定期协调可以以年度、半年度、季度为单位来开展，也可以以执法项目类别为单位定期来展开。不定期协调则可以根据执法状况临时来安排。对一些社会影响面大、波及范围广、危害严重的自然灾害和社会突发事件，协调主体可以保持随时协调状态，直至相关事件平息、影响消除。

（五）协调结果灵活

协调可能会有结果，也可能会无果而终。协调的结果可能是整个环节进行完毕，也可能是半途而止。在执法协调中，主体间平权型的对等关系决定了它们之间地位没有高低，也没有谁要服从于谁的问题，主体可根据自身的意愿和利益诉求来决定是否参与协调，对如何进行协调以及达到怎样的状态和成效，不设预定目标和要求。

第三节 府际合作执法协调的方式

执法协调的方式是执法协调所采用的方法和形式。执法协调的方式是否适合直接影响着执法协调的成效。在我国，府际合作执法协调的方式通常有以下几种：

一、联合执法

（一）联合执法的含义

联合执法"是指多个执法部门联合组成执法机构对相对人进行监督检查，但

---

[1] 吕建华：《论我国海洋区域执法的协调机制的建构》，载于《中国海洋大学学报（社会科学版）》，2011年第5期。

分别以各自的名义对相对人实施处理或处罚的活动。"① 区域性的联合执法是区域多个执法主体联合组成执法机构对区域内各行政区的相对人进行监督检查，分别以各自名义或联合主体的名义对相对人实施处理或处罚的活动。

(二) 联合执法的特点

1. 联合执法的主体特征

联合执法主体既可以是不同行政区的同类执法单位组成，也可以是不同行政区的不同类执法单位组成。执法单位的业务主要是与区域共同发展的有关执法事项，往往是单独通过某区域或某一执法部门的执法不能很好处理的。该执法事项只有依靠区域的联合共同执法才能从根本上、整体上解决一家执法机关不能解决的问题。通常情况下，环境保护、卫生、食品安全、海洋监管、交通执法、工商管理、烟草专卖、治安管理、技术监督等相关管理部门是区域联合执法的主体。

2. 联合执法的客体特征

通常情况下，联合执法解决的是执法中的难点、盲点、热点和影响区域共同发展的问题，这些问题仅靠单一执法无法彻底解决，而必须通过区域内各执法部门的联合执法才能较好处理。

3. 联合执法的权属特征

联合执法的主体是具有行政执法权的组织，这些组织在各自的职权范围行使执法权。联合执法表面上看是联合执法主体组成执法机构共同开展执法活动，实质上是各执法主体在其职权范围内权能上的联合。执法机构开展的执法活动不能超越各执法主体的职责范围。

4. 联合执法的效能特征

联合执法通过执法主体相互的协助配合，可以在效能上发挥团队协助的优势，有利于及时解决执法争议问题、盲点问题、热点问题，推进区域复杂和难点问题解决。尽管从经济成本来讲，联合执法不是最优的执法方式，但与执法主体单兵作战不能解决复杂问题相比，联合执法具有高效、快速、便捷的特点。

(三) 联合执法是解决区域执法难点的重要执法协调方式

联合执法是执法协调中重要的方式。联合执法的作用体现在：

1. 整合执法力量，增强执法效果

联合执法是区域内的同类或不同类执法部门联合起来组成执法机构就相对人

---

① 姜明安：《行政执法研究》，北京大学出版社2004年版，第32页。

某方面的行为展开监督检查活动。它有利于执法部门把各区域的执法力量整合起来，集中优势兵力重点作战，迅速及时地开展执法活动，克服单个执法部门执法力量薄弱、执法装备不足的弱点。

2. 避免执法冲突，克服执法盲点

通过联合执法，执法主体可以就执法中的执法标准、执法手段、执法人员配备等统一进行协调，尽可能减少和避免了执法冲突。对单一执法主体无暇顾及的执法薄弱区域，执法盲点区域，通过联合执法，可以加大这些地区的执法检查和监督力度，避免个别区域存在执法的真空地带。

3. 促进执法合作，提高执法水平

联合执法是执法力量的集中、执法智慧的凝结、执法资源的汇集、执法手段的提升。通过联合执法，能够增强执法主体间全方位、多层次的合作，增进执法友谊、促进执法效率、攻克执法难关、提高执法水平。

二、行政协助

（一）行政协助的含义

行政协助是指区域执法合作中，行政执法主体开展的监督检查活动需要其他行政主体予以协助配合的，由其他行政主体给予协助配合的活动。行政协助体现出行政执法主体在开展执法活动时有求助其他行政主体协助的权利，其他行政主体也有协助配合执法主体开展执法活动的义务。

（二）行政协助的特点

1. 从主体之间的关系看，行政协助主体之间往往不具有隶属关系

在区域执法中，为了做好执法工作，主体之间的互不隶属关系决定了执法只能靠合作或协助才能完成任务，如果它们之间是隶属关系的话，靠行政命令就能解决执法相关问题，而不用专门的行政协助。

2. 从职权看，参与行政协助的主体通常具有从事某项行政活动的相应职权

当行政执法主体遇到执法不能或执法障碍请求其他行政主体予以行政协助时，其他行政主体必须具有从事某项协助活动的相应职权，而不能自身无职权或超越职权从事行政协助活动。

3. 从行政协助的起因来看，行政协助具有特定性

行政协助是因执法过程中存在法律或者事实上的执法不能或者执法障碍

时，执法主体为完成执法任务而不得不求助于其他主体进行工作协助的行为，而不是执法主体自身能够独立完成执法任务而让其他主体代为履行职责的行为。当法律或事实上的执法不能或执法障碍消除后，行政执法协助也应不复存在。

4. 从协助行为看，行政协助具有辅助性

行政协助是为了帮助执法主体完成执法任务，行政协助本身不是执法行为的一部分。行政协助是为了给执法行为提供便利，促使执法行为更好地完成。对执法行为本身而言，协助具有辅助性。

5. 从法律责任看，行政协助的法律责任具有复杂性

与委托行政行为不同，委托行政行为的法律责任由委托方承担。但行政协助行为是受请求方请求而由被请求方独立开展的行政活动。当行政协助不力需要承担法律责任时，是由请求方承担全部法律责任，还是被请求方或协助方承担责任，还是二者根据行为过错程度大小承担连带责任，具有一定的复杂性和难判性。

（三）建立稳固的行政协助机制，推进区域行政协助工作常态化、制度化

行政协助在区域执法中的重要意义体现于：(1) 通过行政协助，有利于加强执法合作，减少执法障碍，提高执法成效；(2) 通过行政协助，有利于强化执法权威，提高执法协作水平，营造公正严明执法环境；(3) 通过行政协助，有利于克服执法主体自身能力的不足，及时防范和化解社会矛盾与风险，提高执法案件完结率。

但区域行政执法协助也存在一些不利的因素，具体表现为：(1) 行政协助工作开展得怎样很大程度上取决于被申请协助主体的工作状态。在区域执法中需要他地主体协助的事项也往往是对执法活动起关键作用的事项，被申请协助的主体如果能全力地给予协助和配合，则有利于执法任务的完成，如果被申请协助的主体不配合或者配合不到位、不及时，都会较大程度上影响执法活动的整体状况和效果。一旦被申请协助主体工作不到位就会对执法活动产生很大的负面影响。(2) 责任的承担决定着行政协助活动能否正常顺利开展。如果协助活动所担责任划分不清，甚至出现推诿塞责，则不利于协助活动的顺利开展。(3) 协助活动费用承担处理不好，影响协助活动的成效。

为了避免行政协助中不利因素的影响，使行政协助向着有利于执法活动开展的方向发展，建立稳固的行政协助机制，保证行政协助顺利开展是必要的也是可行的。在建立行政协助机制中，要把行政协助的参与主体、法定行政协助的条件

和范围、约定行政协助的条件和范围、行政协助的实施程序、行政协助的责任承担、经费承担等确定下来，形成区域执法中稳定的行政协助模式，甚至可以在条件成熟时制定出区域行政执法协助办法，实现行政协助工作的常态化、制度化，并可根据工作开展情况调整协助的方式方法，尽力消除和避免行政协助过程中的各种合作障碍。

三、跨地区案件移送

（一）跨地区案件移送的含义

跨地区案件移送是指执法主体对自身不具有管辖权的执法案件，先行受理后，根据有关法律法规规定，把案件移送至有管辖权其他区域执法部门，或者对管辖权不明或认为其他区域执法主体更适宜管辖的，由上级执法部门指定管辖，执法主体将案件移送至被指定单位的行为。

跨地区案件移送为违法行为的顺利查处发挥着极为重要的作用。案件移送的材料是否齐全直接影响到案件查处的成效和相关当事人能否得到应有的惩处。在区域执法中，案件的移送是执法主体相互配合、协助做好执法工作的基本方式之一，也是区域执法协调的重要方式和内容。跨地区的案件移送需要区域执法协调保障实施。推动跨地区案件的移送协调与处理有利于强化府际合作、促进区域法制建设。

（二）跨地区案件移送的条件

跨地区案件移送需要满足两个条件：第一，执法主体对某项案件已经立案。第二，该执法主体对该案件没有管辖权，或管辖权不明或虽有管辖权但根据法律规定和实际情况由其他区域执法主体管辖更适宜的而由上级国家机关指定管辖。

（三）跨地区案件移送的相关问题

1. 跨地区案件移送是区域经济发展和打击跨地域违法案件的必然结果

跨地区案件移送是区域经济一体化在执法活动中的必然结果，也是新形势下加强政府执法合作惩治违法犯罪行为的必然结果。随着经济的发展，人员交往频率和区域逐步扩大，跨地域的违法案件也必然越来越多，加强跨地区案件的查处和协调处理是以后政府执法合作的常态。通过协调让某个执法主体集中优势兵力查办某一个或某一类案件必将是区域执法合作的大方向。实现跨地区案件的相互移送也将是区域执法合作中的普遍现象。

2. 构建跨地区案件移送的程序机制是确保案件移送工作顺利开展的重要前提和必备条件

在复杂多样的违法行为中，在执法内容不同、组织类型多样的执法主体中，确定某一主体是否具有某一违法行为的管辖权、某一违法行为是否由某一主体来管辖，不是一件很容易的事情。特别在是违法行为介于一般违法和犯罪的情形下，要不要由执法机关移送至司法机关追究刑事责任，如何移送，都是复杂难办的问题。对区域执法中案件移送的经验进行总结，建立由行政主体到行政主体、行政主体到司法主体、司法主体到行政主体之间的案件移送程序机制，是确保跨地区案件得到及时有效处理的重要前提和必备条件。案件移送程序机制的建立有助于规范移送双方行为，理顺双方关系，明确移送中的权利义务，促进行政协助与合作。

3. 健全完备的责任追究机制是跨地区案件移送的根本保障

实际工作中，案件能否得到及时公平处理，决定着案件的结果是否具有权威性和公正性。如果案件的移送主体和接收主体相互扯皮、推脱，使案件该移送不移送，该接收不接收，出现无故拖延、逾期移送、逾期接收甚至不移送、不接收的情形，那么一定程度上会延误了相关案件的最佳处理时间，也损害了执法主体合作的现实基础。建立案件移送责任追究机制，就是要强化案件移送和接收双方主体及其工作人员的责任意识、合作意识、效率意识、法治意识，提高相关人员案件移送和接收的积极性、主动性。通过案件移送责任追究机制，对那些玩忽职守、不负责任、贻误时机的相关责任人员给予惩戒和处理，也能有效监督国家机关及其工作人员履行职务，确保案件移送工作的顺利开展。

四、执法信息通报

（一）信息共享是提升执法水平的重要基础和保障

执法活动中信息的来源，一方面靠执法主体自己去收集，另一方面靠其他主体来提供。当自己搜集的信息不能解决相关问题时，其他主体提供的信息就成为处理违法行为的关键。有时当执法主体面临信息缺失而束手无策时，其他主体提供的信息却可能使案件的查处变得柳暗花明。可以说，信息的共享不仅使违法行为的处理变得快速高效，同时也有助于执法主体执法能力和执法水平的提高。特别在当前我国改革进入"深水区"，社会矛盾突发，执法人员结构和素质没有明显提升的状况下，加强执法信息共享，尽可能早地掌握和了解相关信息，能够最大程度上减少突发性事件的发生，进一步提高执法主体处置和应对突发性事件的能力。

（二）执法信息通报是加强区域执法合作、搞好地方法治建设的重要措施

一个行为发生在一个区域，但结果却出现在另一个区域。及时地掌握相关信息，提早对某种行为和现象做出研判，一定程度上能够阻止该种行为和现象的发生。对执法主体而言，及时地得到其他地区以及本地区的相关执法信息，是准确分析执法形势，做出合法合理行政行为的关键。区域间执法信息的通报有利于保持执法主体间亲密的执法合作关系，防范监管空隙，避免执法冲突，提升执法综合应对能力，有利于共同营造良好的执法环境，改善地方法治现状，提高法治建设水平。

区域执法协调要把加强主体间的相互执法信息通报作为工作的重要组成部分，搞好信息通报平台建设，形成良好的及时信息通报机制。

（三）执法信息通报的相关问题

1. 确保执法信息的准确性、全面性、及时性是执法信息通报的核心和灵魂问题

执法信息的准确、全面、及时是执法信息通报的根本和价值所在。确保执法信息的准确性、全面性、及时性是执法信息通报的核心和灵魂问题。信息的准确性是信息通报中对质的基本要求。质的要求强调通报的信息要精准、确实，没有较大的或然性，保证相关信息是真实的和有效的，不含虚假内容和水分。信息的全面性是信息通报中对量的基本要求。量的要求强调通报的信息要尽可能内容翔实、涵盖面广、针对性强，不能只重点通报某一方面，而忽视另一方面；不能只突出对自身有利的方面，而掩盖对自身不利的方面。全面性还强调，通报方要把能收集上来的信息、能掌握的情况，在确实有效的前提下，在有利于执法的可能范围内尽量地通报给相关方。信息的及时性是信息通报中对时效的基本要求。及时性是信息有用性的根本保证。没有有效、及时的信息提供，再精准全面的信息也会因时过境迁也失去其应有价值。信息的及时性强调信息的通报要及时、到位，不能拖延。确保信息的准确性、全面性、及时性是信息通报的综合要求，不能单独强调某个特性，而忽视其他特性。否则，所通报的信息也很难达到执法的基本要求，实现不了信息通报的应有效果和价值。

2. 构建执法信息通报机制是实现执法信息互惠共享的基本保证

在行政主体执法联系越来越紧密的现实状况下，构建执法信息通报机制是实现执法信息互惠共享的基本保证。健全完善的执法信息通报机制可以把一地区发生的重大问题信息及时传递到其他地区，提醒其他地区对该类问题进行及时研判和防范，从而一定程度上避免危害社会行为的再次发生，有利于形成长期执法信息的互惠互享格局，促进执法信息通报的规范化、科学化、模式化。

五、执法争议协调

（一）执法争议协调的含义

执法争议协调是指负责执法争议协调的机构根据行政执法部门的提请或者依职权，对行政执法争议进行协调处理的活动。行政执法争议协调是针对执法主体在执法活动过程中发生的争议而采取的调处措施。它解决的是执法主体行使职权过程中发生的争议。

"行政执法争议协调应遵循维护法制统一、保证政令畅通、提高行政效能、保障行政相对人合法权益等原则"[①]。"通过行政执法争议协调，可以调和跨行政区部门利益，弥补立法时对行政执法职责权限模棱两可规定的缺陷"[②]，促进执法活动的顺利开展，营造和谐统一的执法环境和氛围。

（二）执法争议协调的特征

1. 执法争议协调的主体是行政主体

在执法争议协调中，主持协调的主体是特定的执法争议协调主体。它不是执法机关，通常是执法主体的共同上级机关的法制机构，有时也可以直接是地方人民政府。而参与协调的主体则是因执法活动发生争议需要进行协调使争议得以解决的主体。

2. 执法争议协调的内容是执法主体在执法过程中产生的需要通过协调得以解决的争议

执法争议协调不是解决所有存在的争议，有些争议只需执法主体相互协商就能解决的，就不需要作为执法争议协调的对象。对行政主体与行政相对方因执法

[①] 石佑启、杨治坤：《试论中部地区法制协调机制的构建》，载于《江汉论坛》，2007年第11期。
[②] 程宝山、陈谦：《中部地区经济一体化经济一体化进程中的法制协调》，载于《河南社会科学》，2010年第1期。

活动而产生的争议可以通过行政信访或行政复议来解决，所以也不是执法争议协调的对象。执法争议协调解决的是执法主体对存在的争议互不相让，只有通过特定主体的协调才得以解决的争议。

3. 执法争议协调的目的是解决执法过程中执法主体之间所产生的争议

争议解决之时也就是协调目的达到之时。协调的一切努力都是为了争议的解决。当协调不能解决争议时，则应报产生争议的执法主体的共同上级机关来决定。

（三）执法争议协调的处理

执法争议协调的处理是执法争议协调所要实现的目的。没有争议的及时处理，行政执法行为则可能会因执法争议的存在而无法正常开展，行为相关利害关系人的权益也无法得到及时保障和处理。执法争议协调的处理在争议解决中具有极为其重要的意义。

通常情况下，执法争议协调可以按几种情形处理：（1）经协调，行政执法主体达成一致意见的，由执法争议协调主体制作《行政执法争议协调意见书》或《行政执法争议协调确认书》，发送执法主体执行。（2）经协调，行政执法主体对争议事项所涉及的主要问题达成一致意见，但对其他枝节问题不能达成一致意见的，由执法争议协调主体制作《行政执法争议协调意见书》或《行政执法争议协调确认书》，发送执法主体执行。其他枝节问题的处理在必要时可以报请行政执法主体共同的上级政府决定。（3）经协调，行政执法主体无法达成一致意见的，由执法争议协调主体报行政执法主体共同的上级政府决定。上级政府决定后制作《行政执法争议协调决定书》，发送执法主体执行。

（四）执法争议协调机制的建立

长远来看，建立长期性的执法争议协调机制有助于执法争议活动的妥善解决。通常情况下，为了有效开展执法争议协调活动，执法争议协调主体的确立，可以采用以执法主体的共同上级政府法制部门为主，执法主体的共同上级主管机关或人民政府为辅的形式。协调的提起可以由产生执法争议的一方或者双方提请或者执法争议协调主体以职权直接介入。必要时，社会组织或个人的执法争议协调建议也可以作为提起协调的起因。另外，协调的原则、程序、结果处理、法律责任等都需要在执法争议协调机制中明确下来，在条件成熟时各经济区可以制定本区域的《区域执法争议协调办法》。

六、区域执法联合评议

(一)区域执法联合评议的含义

区域执法联合评议是指区域内各执法主体为了提高执法活动的有效性、准确性、科学性而联合起来对某项或某类执法活动开展评议的活动。它是执法主体为了提高执法效能,而联合起来开展的对执法活动的整体状况进行分析和评判的活动,通过执法主体的联合评议,可以检验出执法过程是否合法合理,执法环节是否衔接紧密,执法协调是否和谐顺畅,执法成本是否合理得当,执法成效是否达到预期目的等方面,总结出某项或某类执法活动的得失,为下一轮执法活动的开展提出预期目标和任务。

(二)评议结果的处理

通常情况下,执法联合评议有以下几种情形的处理结果:

(1) 执法行为认定事实清楚,证据确凿,适用法律正确,程序合法,内容适当,对行为的处理做出肯定的评价,总结执法经验,对执法材料予以归档。

(2) 执法行为存在违法或者不当,可以建议执法主体或者上级主管机关对该行为进行纠正,督促重新做出具体行政行为。这些执法行为主要存在的问题有:①主要事实不清、证据不足;②适用依据错误;③违反法定程序;④超越职权;⑤滥用职权;⑥执法行为明显不当。

(3) 执法行为认定事实清楚,证据确凿,适用依据、程序或内容上有瑕疵,但不构成根本违法或不当的,可以建议补足瑕疵或必要时重新做出具体行政行为。

(4) 发现执法依据有明显不一致或冲突影响区域执法公平的,向规范性文件的制定机关提出文件修改建议。

(5) 发现执法标准不统一影响区域执法公平的,建议相关机关调整执法标准。

(6) 对执法活动的开展提出总体意见,对执法今后努力的方向,提出建议。

(三)区域执法联合评议的性质

1. 区域执法联合评议不同于行政复议

行政复议是"指行政相对人(公民、法人或者其他组织)不服行政主体的具体行政行为,依法向行政复议机关提出复查该具体行政行为的申请,行政复议机关依照法定程序对引起争议的具体行政行为的合法性与适当性进行审查并作出裁决的活动"①。区域执法联合评议活动则是行政执法主体为了确保执法行为的合法有效，提高执法水平和执法能力，进行执法监督和执法协调而开展的活动。二者不同具体表现在：首先，行政复议的主体是由行政复议申请人、被申请、复议机关三方构成的，而区域执法联合评议的主体是执法机关或上级主管机关、上级政府法制部门，没有行政相对人参与。行政复议涉及的是同一区域的相关主体，而区域执法联合评议涉及的是不同行政区域的行政主体；其次，行政复议的提起是行政相对人因不服行政主体的具体行政行为，依法向行政复议机关提出复议申请，而区域执法联合评议的提出则是行政主体根据执法需要依据职权提出，其是行政监督，同时也是区域执法协调的方式之一；最后，行政复议审查的是具体行政行为的合法性与适当性，解决的主要问题是审查行政主体有没有侵犯行政相对人的合法权益，而区域执法联合评议除审查具体行政行为的合法性与适当性外，也审查具体行政行为的效能和社会效果，解决的主要问题是汲取执法经验，提高执法能力和执法水平。

2. 区域执法联合评议是一种行政监督

区域执法联合评议是对已经生效的或正在开展的执法行为进行的事后或事中评议。它是对行政行为的合法性、适当性、整体效能、社会效果等方面进行的全面考察和评析。评议的结果可以作为判断某种执法行为是否合法合理的参考，也可以作为行政主体纠正某种执法行为违法和不当的重要线索来源。从区域执法联合评议的本质属性来看，它是行政执法主体和上级行政监督机关事后或事中对执法机构和人员执法状况进行全面审查和评析的一种重要的行政监督方式。

3. 区域执法联合评议是一种重要的区域执法协调方式

区域执法联合评议除对某一种或某一类执法活动的状况进行考察外，在区域府际合作的背景下，执法联合评议应更多考察执法状况与区域发展的关系，一地执法状况是否受到他地执法状况的影响，一地执法经验和执法成果如何在他地发扬和共享，一地执法在区域执法合作中应如何作为，区域执法合作对执法行为的影响等问题。可以说，通过开展区域执法联合评议，区域执法的交流与合作必将无形中得到提升和加强。区域执法联合评议为区域执法协调活动的开展提供了一种重要的方式和途径。

---

① 方世荣、石佑启主编：《行政法与行政诉讼法》，北京大学出版社 2005 年版，第 332 页。

第十章

区域经济一体化中府际合作的司法协调

第一节 府际合作司法协调的概念与内容

一、府际合作司法协调概念及特点

府际合作司法协调,是指在区域经济一体化中府际合作的背景下,为了促进区域法制发展,发挥司法在经济发展中的能动作用,由政府推动司法机关参与的促进相关问题司法解决的一种法制协调活动或行为。与通常的司法协调相比,府际合作司法协调的特点是:

1. 司法协调是在政府主导下开展的协调活动

基于区域经济发展和社会治理的需要,在有些问题的处理上,不仅需要政府机关的主动作为,有时更需要司法机关的主动介入。同时一些案件如果没有政府机关的主动参与调处,则有可能当事人宁死不服判决裁定,甚至形成"信访不信法"的现象,使被损害的社会关系难以恢复。府际合作司法协调强调政府在司法协调中作用的发挥,突出政府对司法协调的推动作用。

2. 司法协调侧重于强调宏观方面协调作用的发挥，较少考虑微观层面上的协调

府际合作司法协调主要解决的问题是，区域经济一体化中司法机关自身不能或不愿解决，需要政府参与协助才能解决的问题，以及政府通过行政手段无法解决需要司法机关运用司法手段才能解决的问题。这些问题往往是决定区域经济和社会发展的体制机制方面的宏观问题，只有通过协调才能为区域经济和社会发展扫除体制机制的障碍，而对具体司法案件的协调解决往往不是协调着重考虑的内容。即使有的案件需要协调解决，通过一般司法机关之间相互协调的途径也能把问题解决了，往往不再需要政府参与其中进行协调。

3. 司法协调的内容多与政府工作内容相关

服务型地方政府的职能是"地方经济发展的推动者、市场运行的监管者、社会事务的管理者、公共服务的提供者、资源环境的保护者、社会公平的保障者和社会稳定的维护者"[①]。那些阻碍统一大市场形成影响较广的区域性假冒伪劣、坑蒙拐骗案件，影响社会稳定、威胁人身和财产安全的区域性强奸、杀人、抢劫、盗窃等严重犯罪案件，区域性资源保护与环境污染案件，执法、司法标准不统一产生的影响公平公正的热点案件，等等，既是司法机关办案的重点、难点，也是政府工作关注的重要内容。府际合作司法协调，就是要通过政府与司法机关之间的协调与联系，对关乎民众身心健康和生命财产安全的重点案件和重点领域，关乎社会稳定和经济发展的普遍现象和代表性问题，进行全面认识和把握，为推动区域经济健康发展和社会和谐稳定，为根本性地解决相关问题，创造条件、寻找思路、提出办法。

4. 司法协调的着眼点是发挥司法在经济社会发展中的能动作用

"中国的司法必须回应中国的问题，当代中国的司法必须有效回应当代中国的问题，即使司法有难处，即使以前缺乏经验。任何国家的司法都必须分担一定的治理国家和社会的政治责任，这是无法逃避和放弃的。"[②]"能动司法是因应我国社会纠纷的特点，有效解决我国现实社会纠纷的必由之路。""在司法与政治之间，应逐步建立起良性而有序的互动机制"[③]。因此，府际合作背景下的司法协调，应把着眼点更多放在对经济社会发展过程中矛盾和纠纷的司法解决上，使司法与行政或司法与政治之间形成良好的和谐互动关系，充分发挥司法在经济社会发展中的能动作用。

---

① 汪来杰：《论我国服务型地方政府的职能定位》，载于《社会主义研究》，2008 年第 3 期。
② 苏力：《关于能动司法与大调解》，载于《中国法学》，2010 年第 1 期。
③ 顾培东：《能动司法若干问题研究》，载于《中国法学》，2010 年第 4 期。

二、府际合作司法协调的内容

(一) 府际合作纠纷的司法解决

府际合作纠纷是府际合作过程中不可避免也不可回避的问题,它是地方政府基于自身利益的考量在合作过程中与他地政府产生的矛盾和纠纷。增进府际合作愿意,需要建立"用于防止或消除误解、寻求合作机会的沟通协调机制;降低合作总成本的信息共享机制;以及合理化区域政府间成本、收益分配的利益补偿机制。"[①] "区域合作制度多数属于框架协议、行政协议、行业自我调控协议等,没有具体的责任性规定,没有具体的惩罚措施规定。无论是长三角区域还是泛珠三角区域的地方政府合作,基本上都是采取协议的方式进行的,具体通过联席会议的方式来协调彼此的立场、解决彼此的纷争。"[②] "尽管有着正式的制度安排,但中国的区域合作往往依赖非正式制度,特别是领导者个人的人际关系,带有相当浓厚的人际关系色彩。一方面,区域合作往往以领导的个人意志为转移,以'非正式'的形式体现。另一方面,正式制度发挥作用也依赖背后的个人关系,即使存在着正式制度安排,但正式制度安排是否能够被启动,以及正式制度安排是流于形式还是起到实质性的作用,都取决于正式制度背后的人际关系。一旦领导人更换,原有的合作关系就会受到影响或被架空或荡然无存。"[③]

遇到府际合作纠纷采用协商、调解、仲裁等办法仍无济于事时,选择使用司法的方法将是解决府际合作纠纷的必由之路,同时也是强化合作诚信、提高合作效率、增进政府公信力、维护公平正义和法治的基本手段。当前,我国建设法治国家、法治社会,政府要依法行政、依法办事,开展府际合作,也就必须把合作的过程全部纳入法治的轨道,使之不以领导人的改变而改变,不以领导人看法的改变而改变,可以把府际合作的行为纳入司法审查的范围,通过司法机关的监督促使地方政府信守承诺、履行义务,更好地推动合作项目签订和合作协议履行。需要注意的是,府际合作纠纷不同于一般的民事纠纷或者行政相对人与行政机关的行政争议,它涉及的是政府与政府之间行政争议,这种行政争议能不能靠司法手段来裁决涉及宪政体制问题。在府际合作中,哪些事项可以合作,具体履约的部门是哪些,义务履行到什么状态才算完毕,等等,有时很难界定。同时府际合作的内容又受上级政府甚至中央决策的影响,政治性、灵活性比较

[①][③] 刘亚平、刘琳琳:《中国区域政府合作的困境与展望》,载于《学术研究》,2010年第12期。
[②] 强昌文:《以契约精神引领区域合作制度的发展》,载于《江淮论坛》,2012年第1期。

强,有时中央一个新的决策都会导致合作协议无法履行。所以,司法机关审查府际合作纠纷,哪一机关可以进行审查,坚持怎样的审查标准、原则,遇到行政机关对司法机关的判决、裁决不执行应如何处理,采用什么措施,都是司法裁判要考虑的问题。

对府际合作纠纷进行司法审查需要合作各方政府本着合作诚意的原则接受司法机关的裁判,在裁判过程中需要行政机关主动参与到案件的调解和审理过程中。在履行行政协议的过程中,一方政府发现另一方违约,则可以在协商无效的情况下,主动向司法机关提起诉讼,由司法机关对争议进行裁决。

(二) 跨地区案件的协调解决

随着区域一体化的深入推进,跨地区案件也越来越多,这些案件波及面广、影响范围大,仅靠一地执法和司法机关很难打击干净。同时区域内即便有执法机关联合进行打击,但仅靠执法机关的打击也不能根治某些违法犯罪现象。如果说对轻微违法行为开展联合执法还算见效的话,那么对比较严重的区域集团犯罪案件、流窜作案犯罪案件、横行乡里的黑社会性质犯罪案件等,运用强制力较弱的一般执法手段则很难有效地进行打击。这需要执法机关与司法机关彼此互动起来,遇到案件该移送司法机关处理的移送处理,该有执法部门联合处置的联合处置。

跨地区案件协调解决涉及的问题通常有:(1)执法机关发现案件需要移送司法机关处置时,移送至哪个机关,该司法机关有没有案件的管辖权,发生管辖权争议时该如何处理;(2)案件是由任一个有管辖权的执法机关移送,还是由专门设立的区域执法协调机构统一移送;(3)对影响范围广、危害大、民众关注度较高的案件,司法机关没有开展查处行动但政府机关又不能坐视不管时,政府机关如何协调推动司法机关立案查处。

跨地区案件的协调解决,能够充分反映出政府机关与司法机关关系的远近。加强政府机关与司法机关对复杂案件的联合应对,是时代发展的必然要求,也是促进区域经济发展、推进社会和谐稳定的根本需要。实际工作中,应建立起政府机关与司法机关跨地区案件的协调应对机制,加强政府机关与司法机关之间的密切合作与联系,在全社会建立起行政监督与司法监督紧密相连的天罗地网,促进社会和谐进步。

(三) 司法标准的统一

司法标准的差异是司法机关依行政区划设置而在法律适用上产生的必然结果,它也是司法工作尊重地方差异、照顾地方特殊性的必然产物。司法标准的不同，决定着一个地方打击违法犯罪的力度也不同。司法标准的不统一，除了影响一个地方打击违法犯罪的成效外，也影响到司法公正和司法机关的形象。同时，由于司法标准的不统一，导致一些违法犯罪分子为了规避打击，可能专挑追责门槛高、违法成本低的地区作案，致使各地的发案率处于一种不平衡状态。加强司法标准的统一和平衡是促进区域经济健康发展和社会和谐稳定的根本要求。

由于政府部门负责行政执法工作，因而对于违法案件发生的情况怎样、有哪些共同特征，以及违法案件的查处对区域经济发展的影响如何最为清楚。与此同时，刑事案件的立案标准对社会生活和区域经济产生怎样的影响，司法机关往往不清楚，甚至以案件的解决为其工作目标，也使司法机关无心去关注这些问题。当案件当事人认为司法判决不公而选择不断上访时，出于维稳的需要，司法案件的善后处理工作却落在了行政机关的头上。因此，当遇到因司法标准的不统一而影响司法的公平公正处理时，或者因司法标准不一致影响地方的违法犯罪案件非常态发展时，或者因案件的处理影响地方经济发展时，地方政府可以建议协调地方司法机关对司法标准问题进行研究和调整，以使司法标准能够适应时代的发展要求和区域经济一体化的需要。

（四）区域性重点案件的联合应对

为地方经济发展和社会稳定保驾护航既是政府的责任，也是司法机关的职责。区域性的重点案件对区域经济的健康发展和社会的和谐稳定有着极大的影响。重点案件往往多是大案、要案，直接影响着社会大众的身体健康和生命财产安全，往往社会关注度极高。案件处理不好，不仅影响到经济发展和社会和谐稳定，而且也影响着政府的权威和形象。加强对区域性重点案件的查处，不仅有利于对违法犯罪行为进行打击，震慑犯罪，而且有利于为区域经济发展和社会稳定创造良好的外部环境条件。

现实中，一地方的单独行政执法或单独刑事司法不能从根本上消灭违法犯罪行为的滋生土壤，有时可能随着不法分子的到处流窜，案件的发生也会呈现出游走状态。哪里社会防控和打击力度不够，哪里就可能存在发案的薄弱环节，哪里打击力度加大，哪里的社会治安形势就会呈现良好状态。因此，加强政府机关和司法机关对区域性案件的联合应对，有助于发现区域性案件的发生规律，构建综合防控体制机制，减少重大案件的多发、频发。

（五）行政执法与刑事司法的衔接

在现有的行政执法与刑事司法衔接中，由于行政机关和司法机关所司其职不同，行政执法与刑事司法总无法较好对接。有时要么是执法机关在处理违法行为时，该移交司法机关处理的不移交处理，甚至是以罚代刑，要么是司法机关认为不构成犯罪需要进行行政处罚或者行政处分的，而不移交给行政执法部门进行行政处罚或者行政处分。一地执法机关发现是他地司法部门有权管辖的案件，出于保护本地人员考虑，该移交不移交；而他地司法机关发现该案件需要进行行政处罚的，出于嫌麻烦的考虑不愿把案件移交给有管辖权的行政机关进行处罚。这种行政执法与刑事司法脱节的状况，一定程度上放松了对违法犯罪行为的惩处，变相地纵容了违法犯罪现象的发生。

政府参与司法协调活动，能够通过建立执法与司法的对话平台，把政府执法中发现的案件线索与司法活动中发现的案件线索联系起来，形成政府执法与刑事司法的二元互动，推进相关案件的公平公正处理，避免出现以罚代刑，或者以刑代罚现象，更好地维护法律尊严和司法公正。

加强行政执法与刑事司法的衔接，必须建立起政府执法与刑事司法的案件交换平台，对一些行政机关发现的犯罪案件证据和线索认为需要移交相关司法机关处置而自身又不便移交的，可以通过这个平台设立的案件移交中心，委托专门负责案件移交的行政机构移交处理。而与之相适应，当司法机关发现不需要对行为人进行刑事处罚而需要转交下级行政机关进行行政处罚或行政处分时，可以通过这个平台把案件转交专门的行政机构进行处理。

第二节　府际合作司法协调的意义与原则

一、府际合作司法协调的意义

府际合作司法协调，对推动行政和司法工作的提升和发展有着重要的意义，主要体现在：

1. 有利于区域发展中重大矛盾和纠纷的司法解决

区域经济一体化中发生的矛盾和纠纷往往范围比较广，影响比较大，波及面可能涉及不同的行政辖区。因此，快速及时地处理相关矛盾和纠纷，将对问题的解决具有积极的意义。在绝大部分时候，行政机关各司其职，当遇到各类突发性事件时，通常能够第一时间到位解决相关问题，甚至有些时候不同的职能部门、不同地域的行政机关可以联合办案解决相关问题。但有些时候，由于行政机关职权的限制，行政机关只能依职权进行行政。超越职权范围内的事项、跨越职权范围的事项或者属于两地行政机关共同解决的事项，行政机关在自身职权范围内都无法予以解决。它必须上报上级机关或者联合其他机关、其他地区行政机关共同解决。如果说相关矛盾和纠纷政府机关能够完全解决算是不错的话，那么有时由于行政手段有限政府则在自身职权范围内无法完全搞定。例如，河流上下游的村民为争夺水资源大打出手，结果造成双方多人伤亡，财产遭受重大损失。因为两个村庄分属于不同的县区，而且争夺水资源的矛盾由来已久，所以双方互不相让。事情发生后，政府相关部门迅速行动，做好群殴事件的善后工作。两地政府本着真诚友好的态度做各方村民的工作，但仍然无法消除怨气，致使相关工作陷入僵局，甚至地方政府所做的工作无法得到村民的理解和认可，进而有人采取上访、"闹访"方式向政府施压要求解决相关问题，此时村民之间的矛盾可能会演化为村民与政府的矛盾，使政府在问题的解决中处于被动的境地。试想，如果此时，在政府的努力协调下，司法机关及时介入，对双方涉嫌犯罪的行为人采取相关措施，对涉及的财产问题和水资源的所有权问题，该裁决的裁决，该调解的调解，那么这场涉及重大矛盾和利益纠葛的案件也完全变成为司法中的个案，有助于妥善处理影响社会稳定、区域和谐发展的复杂问题，并为接下来政府做好后续工作打下良好的基础。

2. 有利于区域性案件的协调处理

区域性案件往往既涉及一般违法行为，又涉及犯罪行为，对案件的查处，既需要行政机关参与执法，又需要司法机关参与处理。究竟由某个地区某个部门先行立案查处，还是由多个地区多个部门联合组成工作组统一破案处理，都需要相关政府和司法机关协调解决。府际合作的司法协调有利于政府和司法机关集中国家资源优势，调动一切能调动的力量，多方位、多渠道收集相关信息，集中优势兵力重点开展相关工作。政府的上一级机关还是政府，司法机关的上一级机关还是司法机关，在目前的体制机制下，区域性案件的解决单靠行政机关或者司法机关都不是很现实的事情，案件的最终妥善解决，必须依靠行政机关与司法机关的联合参与才可以。因此，由地方政府主动地联系司法机关，或者由司法机关主动地联合政府对案件进行查处，既能发挥地方政府和司法机关开展工作的积极性、主动性，也能摆脱凡跨地区大案、要案需要上级机关协调指挥的状况，避免上级机关协调指挥不顺而引起案件查办不利的尴尬。

3. 有利于区域统一法治环境的创建

执法、司法机关作为国家重要的法律执行和适用机关，执法、司法的状况如何，直接影响到人们对法律的认识。执法、司法机关对法律执行、适用得怎样，直接决定着法治环境的创建。府际合作的司法协调，有利于发挥政府在行政管理和行政执法中的作用，有利于通过与司法机关的协商、合作，共同创建优良的法治环境。

政府与司法机关在构建统一法治环境中的作用体现在：（1）加强对影响区域经济和社会发展的重大矛盾和问题的联合处置，形成矛盾和纠纷能够得到公平公正解决的良好环境；（2）加大对影响区域经济和社会发展的重特大案件的查处，形成违法必被究、侵权必担责的良好环境；（3）加强区域间执法和司法标准的统一，形成法律适用标准统一的良好环境；（4）加强行政执法与刑事司法的工作对接，形成行政处罚与刑事处罚相互衔接呼应的良好环境；（5）共同推进送法下乡、进社区工作，开展法制宣传教育，营造人人遵纪守法的良好氛围。

二、府际合作司法协调的原则

（一）互不干涉职权行使原则

互不干涉职权行使原则是指府际合作司法协调是对政府和司法机关工作中的相关事项进行协调，不涉及具体的办案环节和法律适用，主体在自身职权范围内行使职权他方不得干涉。互不干涉职权行使原则强调了司法协调的前提是协调主体必须尊重他方职权的行使，不得对他方行使职权进行干涉。

互不干涉职权行使原则强调了司法协调的前提是协调主体必须尊重他方职权的行使，不得对他方行使职权进行干涉。不干涉他方职权的行使涉及两个问题。一个问题是行政司法职权分立要求司法协调时不能干涉他方职权的行使；另一个问题是在不干涉他方职权行使情况下司法协调能够协调哪些问题。

首先，互不干涉职权的行使是行政司法职权分立的内在要求。行政权与司法权分别独立行使，是民主国家国家权力配置的重要特征。即便是在权力交集行使的区域，严格地依授权独立行使权力也是行政与司法机关独立行使职权的应有之义。府际合作司法协调是政府和司法机关在分别履行好自身现有职责的前提下而展开的协调。这种协调不能因为一方参与了协调就意味着该方就有权干预他方职权的行使，也不意味着一方参与了协调就可以让渡一部分国家权力供他方行使。

其次，府际合作司法协调的内容应是政府和司法机关工作中宏观性、全局性的问题，这些问题往往是区域发展中的法治规划、体制机制、程序、方法等问题，不涉及执法和司法工作中的具体办案环节。司法协调的用意就是使政府工作与司法工作能够较好衔接，为相关工作的开展创新思路、指明方向、提供方法。对具体的办案过程，彼此不宜过问，尽管必要时可以提出工作建议。

（二）法治统一原则

法治统一原则是指在开展府际合作司法协调时协调的范围、方式、程序、方法等要遵循法治统一的基本要求，避免出现背离或割裂法治的现象。法治统一原则强调司法协调时要遵守以下几方面的统一：

1. 司法协调要与统一的法律体系相适应

法治统一的基本要求是一国之内要有统一完善的现行法律体系。在府际合作的司法协调中协调主体开展相关协调活动必须在我国统一的法律体系下开展，所依据的法律必须与我国统一的法律体系相适应，不得有与法律体系相冲突或不一致的现象存在。

2. 严格依法行使法定职权，履行法定义务

司法协调活动的开展要与行政和司法机关的权责相适应。协调主体协调的内容应是自身职权范围内或与自身职权范围相关的事项，而不能协调与自身职权无关或超越自身职权范围的事项。协调主体协调的这些事项既是其行使法定职权的范围，也是其履行义务的必然要求。

3. 协调法律依据不足时，严格遵守法律的基本原则

府际合作司法协调常常存在法律依据不足的问题。当司法协调遇到法律依据不足或者使用的规则存在模糊不清时，使用法律原则就成为不得不考虑的问题。使用法律原则时要坚持原则的基本精神、要义，使原则的使用与法治统一的要求相一致。

4. 执法和司法工作存在违反法治统一的现象时，及时予以协调纠正

当执法和司法工作中存在着违反法治统一的现象时，行政机关与司法机关应当及时地开展协调活动，纠正工作偏差，化解工作纷争，消除工作障碍，推动所有主体都能以法治的方式行事。

5. 行政解释和司法解释应有权威都能得到相应尊重和体现

不管司法解释是第一位、行政解释是第二位也好，还是在处理法律问题上司法权是最终判断权、行政权是初次判断权也好，对行政法规范的解释，行政执法者具有优先权。行政解释具有合理性，法院应当予以尊重，法院不能用自己的解释代替合理的行政解释[①]。但同时又要注意到，"司法机关对行政解释常常表现出软弱的态度，不加审查地承认其效力"[②]，又可能使行政解释陷入"以政治需

[①] 张弘、张刚：《行政解释的重新解读》，载于陈金钊、谢晖主编：《法律方法》（第6卷），山东人民出版社2007年版，第347页。

[②] 赵德铸：《关于行政解释的几个问题》，载于《山东社会科学》，2011年第10期。

要、领导讲话为依据的从法律以外的视角进行的法律政策学解释"① 的陷阱之中，形成了"行政机关不遵循解释规则的话语强权"②。

（三）服务区域发展大局原则

服务区域发展大局原则是指在司法协调中各协调主体对协调中遇到的矛盾和问题以及区域发展中的利益分配和争执要以区域发展大局为重，需要让步时要主动积极地让步，需要主动解决时要主动积极地解决，确保协调活动能够顺利开展、相关问题能够顺利解决。

在府际合作司法协调中，服务区域发展大局原则主要体现在以下方面：第一，协调目标定位要高远，以服从服务于区域发展大局为依归。在对协调事项进行价值取舍时，应以维护区域发展大局为首要价值选择。在遇到地方利益与区域整体利益、部门利益与公共利益的矛盾时，协调主体要以区域发展大局为重，该做出利益让步时要做出让步，该牺牲自我利益时要牺牲自我利益。第二，司法协调的重点不是个案的解决，而是为区域经济和社会发展创造有利的法治环境和条件。府际合作司法协调通常不涉及司法活动中具体个案的协调，而是更多着眼于区域经济和社会发展法治环境的营造。即使对个案进行协调也是对有碍于区域发展的重点案件的协调。司法协调中协调主体协调解决相关矛盾和问题时，应在尊重协调所涉主体利益的前提下，把协调的重点放在区域重大法治问题的解决上，放在为区域经济和社会发展创造良好法治条件上，通过政府与司法机关的共同努力及时化解矛盾、解决问题。第三，执法机关应克服部门利益和地方保护的不良倾向，开展工作时自觉地以区域发展大局为重。在法律实施或者司法协调时，行政执法机关和司法机关要超越自身部门利益和地方保护主义的藩篱，以区域发展大局为重，从大局出发去处理行政执法与刑事司法问题，在全面履行自己职责的同时，创造条件推动其他主体开展相关工作。

（四）互助合作原则

互助合作原则是指行政机关和司法机关进行司法协调时要相互合作、互惠互利，推动相关事务的积极解决。与府际合作立法协调、执法协调不同，府际合作司法协调涉及的是行政与司法两个职权职能完全不同的领域，这两个领域的工作性质和特点也决定着政府与司法机关的工作多是分立行使的。除行政执法与刑事司法工作需要衔接外，日常工作中行政机关与司法机关开展工作无须进行分工合作。但在区域经济一体化府际合作背景下，加强行政司法联动，推进行政与司法

---

①② 赵德铸：《关于行政解释的几个问题》，载于《山东社会科学》，2011年第10期。

的互助合作,也就成为解决区域发展问题的必然要求。那些原本不需要经常联系的行政机关和司法机关也不得不加强了彼此间的互助与合作。特别那些处于不同行政区的执法机关与司法机关,先前可能没有任何的工作联系与交往,但为了区域相关问题的解决,也不得不加强了彼此间的联系与合作。如果说在同一区域内行政司法联动可以靠地方党委、人民代表大会来协调的话,那么不同行政区同类或不同类行政机关与司法机关间的联动则主要靠双方主体自主协调基础上的互助与合作。因为这时既没有适合的党委和人民代表大会机关来协调,也没有行政命令逼迫不同行政区的行政机关和司法机关一定要参与协调合作。这样,府际合作的司法协调也只能在行政与司法双方自愿互助合作的基础上进行,协调也只能通过搭建合作平台、优化合作机制、激励合作愿意,促使各方愿意协助、相互合作,而不是强迫各方非要互助合作。

互助合作原则在司法协调中主要体现在以下几个方面:

第一,推进行政执法与刑事司法的互助合作。如果说在一行政区域内行政执法与刑事司法的衔接相对较为容易的话,那么在不同行政区域的行政执法与刑事司法的衔接则会麻烦和困难许多。这就需要利用府际合作这个平台,推动各行政区的行政机关和司法机关加强工作对接、增进互助合作,实现合作共赢。通过协调,行政机关和司法机关之间,在案件查处上,可以实现行政司法联动,开展联合执法;在证据搜集上,可以实现部分证据互认;在执法信息、技术、手段上,可以有条件地实现资源共享;在执法评议上,可以共同组织、联合评议;在工作机制、工作程序、队伍建设上,可以加强互动、理顺关系。此外对案件的性质确定、案件的移送渠道、办案经费的承担、法律责任的归属、执法司法协助的方式等,也都可以本着互助合作、互惠互利的原则展开协调和讨论。

第二,实现执法、司法信息交换、成果共享。加强国家机关之间执法信息传递和执法成果共享,对提高执法机关和司法机关信息收集的能力,加快案件的处理速度,及时解决相关问题,具有积极的意义。对执法和司法机关而言,处理案件时,直接采用其他国家机关做出或提供的合法有效的信息、证据作为对案件处理的依据既是符合现实需要,也是减少不必要的人、财、物浪费的一种基本要求。司法协调时,加强行政机关与司法机关的信息交换方面的工作协调有利于相关信息的充分利用和分享,提升行政执法和刑事司法的工作成效。

第三,增进执法司法利益平衡,促进利益互补。强调行政司法相互协调与合作,始终无法绕开利益这根弦。司法协调如果不对利益问题进行统筹安排,政府与司法机关的合作则可能无法开展下去。在执法和司法工作中,既可能涉及行政机关、司法机关的整体利益、部门利益,也可能涉及行政机关和司法机关工作人员的团体利益、个人利益。当这些主体的利益得不到满足时,政府与司法机关开展合作的积极性也会大打折扣，协调也难以收到良好效果。可以说，强调执法司法利益平衡，促进利益互补应当是司法协调所要关注的重要内容或依循原则。只有当法律实施的利益平衡问题得到解决之后，执法和司法主体的各种利益诉求得到满足之后，政府与司法机关的互助合作才能够持续下去，司法协调的成效才会渐渐显现出来。

第三节 府际合作司法协调的制度完善

当前，我国府际合作在合作的主体、形式、程序、内容等方面的制度尚处于逐步完善阶段，与之相适应，政府参与司法协调的制度及体制机制建设更是处在逐步建构和发展阶段。为更好地通过府际合作司法协调促进行政权与司法权的密切衔接，发挥行政司法在推进区域经济和社会发展中的共同作用，府际合作司法协调应在以下几个主要方面发展和完善：

一、建立紧密型的政府主导工作模式

（一）司法协调工作模式的类型

通常情况下，根据协调主体相互关系的密切程度，府际合作司法协调的模式可以分为紧密型协调模式、松散型协调模式和半紧密半松散型协调模式三种。根据协调主体在协调中所起作用的不同，府际合作司法协调的模式可以分为政府主导的司法协调模式和司法机关主导的协调模式。依此进一步分类又可以分为，以一地方政府主导的司法协调模式和以多地政府共同主导的司法协调模式；以审判机关主导的司法协调模式和以检察机关主导的司法协调模式。

紧密型协调模式是指司法协调在主体关系上联系紧密、协调程序上衔接得当、协调行动上步调一致的协调工作模式。紧密型协调模式的特点是，协调工作由专门成立的工作机构负责，有专门的协调程序，协调主体关系密切，一旦遇到需要协调的情形能够快速地展开协调。在紧密型协调模式中，政府和司法机关可以分别或者联合设立专门工作机构负责相关的协调事务。对需要协调处理的事项，专门工作机构可以召集相关政府部门、司法机关职能部门进行协调，其不负责具体案件的处理，对案件进行协调后可以交付相关部门落实并督办。

松散型协调模式是指没有成立专门的协调机构进行协调，协调根据需要由相

关政府或者司法机关牵头进行协调,协调的程序、方式、目标、要求等相对宽松的协调工作模式。这种协调模式不必成立专门的协调机构负责相关协调事宜,如遇有协调的事项,由行政机关或司法机关随时开展协调。协调的内容、程序、方式等不受严格限制,协调随意性较大。

而半紧密半松散的协调模式是指协调介于紧密型和松散型协调模式之间,成立了负责协调的机构,但协调的机构、程序、方式、目标、要求等没有紧密型协调方式更为规范和严谨的协调工作模式。

政府主导的司法协调模式是指政府根据实际工作情况认为需要加强行政工作与司法工作互动衔接时,由其牵头主动联系司法机关协调处理相关事项和问题的协调模式。这种协调模式主要运用于相关事项的行政司法协商和政府推动相关问题的司法处理。

司法机关主导的协调模式是指司法机关根据实际工作情况认为需要加强司法工作与行政工作的互动衔接时,由司法机关牵头主动联系推动行政机关参与司法协调的工作模式。这种协调模式主要解决的是司法机关侦办的认为需要行政机关参与才得以稳妥处理的案件和司法活动中的相关事项。

(二) 建立紧密型的政府主导的司法协调模式是府际合作司法协调的发展方向

府际合作司法协调是府际合作背景下为推动区域经济和社会发展中相关问题的行政司法联动解决而展开的协调活动。这种协调活动和司法系统内部开展的协调活动有很大的不同,它是在府际合作背景下,由政府根据区域经济发展状况而推动司法机关参与协调的活动,这种协调活动重点解决的是政府在社会管理和行政执法中遇到的依靠自身权限解决不了需要谋求司法机关参与解决的事项或问题。从府际合作的背景来看,建立这种协调模式的最初动力应是为了解决区域发展中依靠政府自身权限无法解决的相关事项或问题。但随着司法协调模式的逐步健全和完善,政府遇到相关事项或问题需要司法机关共同参与协调解决或者司法机关遇到相关事项或问题需要行政机关参与协调,都可以通过这个协调模式进行。一定意义上来讲,这种政府主导的司法协调模式与司法机关主导的司法协调模式并不排斥,因为建立这两种模式的根本目的都是通过行政机关和司法机关的共同努力来推动区域经济和社会发展中相关问题的顺利解决。

需要注意的是,由于行政权和司法权独立行使的职权特性导致行政权与司法权行使上有着天然的分离关系,面对区域经济一体化中出现的相关矛盾和问题,如果行政机关和司法机关还继续保持着井水不犯河水的话,那么复杂的社会矛盾和问题也很难得到妥善解决。加强行政机关与司法机关的联系合作,应是时代发展的根本要求和行政司法机关面临的新使命。如果说同样性质机关之间的协调可以采用松散型模式的话,那么不同性质机关之间的协调采用紧密型的协调模式反倒更为适合。这是因为同样性质的机关即便它们平时联系的不够紧密,但一旦协调起来,由于其共同点、相似点较多,联系比较方便,协调也就会相对容易许多。而不同性质的机关,由于它们平时联系本身较少,协调起来如果采用松散型或半松散型协调模式的话,这种协调产生的作用往往不大,效果不明显。特别是在行政与司法职权分别独立行使成为惯性的情形下,从上到下都在强调司法独立的背景下,松散型或者半松散型的司法协调模式很难使行政与司法的力量聚集起来,不利于相关问题的最终妥善解决。而紧密型的司法协调模式通过在政府与司法机关之间建立专门的协调机构,设立专门的协调程序,有明确的协调原则、方式、目标,能够实现协调的规范化、常态化,有利于把参与协调的行政机关与司法机关的关系固定下来,避免协调中出现协调乏力、监督无力的现象。同时紧密型的协调模式也有利于实现协调主体、协调程序、协调方式的制度化、法治化,避免松散型和半紧密半松散型协调模式出现的难以协调、不便把握的情况。

因此,为了能更好地推进府际合作司法协调,建立紧密型的由政府主导的司法协调模式应是我国府际合作司法协调模式的发展方向。在司法协调的工作模式建设上应当逐步摸索经验、理顺行政司法工作关系,不断朝着这个方向前进。

二、设立专门协调机构

(一)组织有力、运转高效的工作机构是司法协调顺利开展的基本保障

司法协调的工作机构是确保司法协调取得成效的重要主体条件。没有司法协调工作机构的积极作为、努力工作,很难保证司法协调收到满意的效果。受各种因素的影响,我国目前在司法协调机构建设上还有待进一步的发展和提升。在现有的司法协调形态中,往往是由地方政法委来牵头,通过召开公检法三部门联席会议对相关问题进行协调,协调重点讨论的问题也多是疑难复杂案件的协调处理或地方法治建设问题。

随着经济一体化的逐步推进,面对经济和社会发展中更多矛盾和问题,那种由政法委或者司法机关牵头组织的以解决刑事案件为主要目的的司法协调方式显然已无法适应社会的发展需要了。很多问题特别是行政管理领域里的一些问题、区域发展中的相关问题,单靠一地政法机关去发现并协调解决,似乎不大可能,也难以做到。有时候有些案件介于一般违法与犯罪之间,需不需要司法机关介

入，行政执法机关或许是最先了解和掌握的。建立以政府机关为主导的司法协调模式，能够在行政机关与司法机关之间搭建起司法协调的专有桥梁，可以在违法行为发现之初就能够确定是否要进行司法协调，从而为疑难复杂案件及相关问题的解决赢得了宝贵时间。

（二）在政府与司法机关之间设立专门协调机构是做好司法协调工作的必然要求

为使政府参与司法协调活动形成常态化、规范化，在政府与司法机关之间设立专门的司法协调机构是做好协调工作、提升协调成效、推进协调活动开展的必然要求和应有措施。同时，设立专门的司法协调机构也有利于把看似难以协调沟通的行政司法关系变得简单起来，增强了协调的可操作性和实际效果。

根据现实情况，不妨这样设置司法协调机构：地市以上的政府和法院、检察院可以各自在机关内部设立专门的司法协调部门。需要开展协调活动时，由各部门分头组织人员参与协调。可能的情况下，也可以由各机关共同组建统一的司法协调机构，该司法协调机构的人员编制归属原单位，办公经费由各单位共同承担。当政府和法院、检察院所属部门、下级单位需要开展司法协调时，可以由该协调机构统一协调处理。对县级政府和法院、检察院来讲，由于其涉及区域发展问题不多，即便有需要进行协调的事项也可以通过上级机关进行协调。而那些区域发展中产生的矛盾和问题往往影响面广、涉及面大，需要更高级别的国家机关管辖才较为适宜。因此，对区域发展中相关矛盾和问题的协调，由地市以上的政府和法院、检察院统一开展协调活动才更为适合。县级政府和司法机关如遇到需要协调的事项，可以通过自己的上级机关进行协调，当然必要时县级国家机关也可以直接开展协调活动。

在协调工作机构健全完善上，除成立专门的协调机构外，对协调机构的组建、协调机构的工作职责、法律责任、协调程序等，需要做出进一步的明确和规范。

三、强化司法标准协调

关于司法标准的统一适用，最高人民法院和最高人民检察院近些年来一直较为重视，特别是前几年出现的"同案不同判""同命不同价"现象使得两高更加重视了司法标准的统一适用问题。最高人民法院曾多次在全国高级法院院长会议上提出要加强和规范司法解释工作，统一全国司法标准，确保司法公正。最高人民法院、最高人民检察院、公安部等机关曾经单独或联合对具体的法律适用标准进行解释。尽管如此，但由于各种原因使然，我国各地的司法标准还仍然存在着较大差异。

克服司法标准上的差异，一靠两高出台相关的司法解释，明确具体的司法裁量标准；二靠提升法官业务素质，提高审判技巧；三靠加强审判指导，规范裁量行为；四靠在法律认知和法律适用上对司法标准进行协调。对司法机关而言，克服法律适用标准上的差异，不能全靠两高的司法解释来解决。在我们这样一个大国，各地经济发展水平和社会发展状况不一，风俗习惯和历史传统又有较大差异，法律适用中强调适用标准和适应对象的特殊性、灵活性，既是司法机关尊重事实的需要，也是司法机关坚持司法公正、保障人权的基本要求。法律适用上要做到全国标准的统一既不现实，也不科学。为确保司法公正，消除司法不公，法律适用上司法机关应当做到，同等情况同样对待，不同情况不同对待。当某一区域经济发展水平相同，人文环境和社会发展状况差异不大时，那么这一区域在法律适用的标准上应尽可能的统一。当某一区域经济发展水平、人文环境和社会发展状况差异较大时，而法律适用标准却是统一的，那么这不仅不符合现实，也无法做到对社会主体的公平对待。应当说，在区域经济发展水平和社会发展状况差异不大而司法标准却有明显不同时，就需要司法机关主动进行协调使法律适用的标准趋于统一；若在区域经济发展水平和社会发展状况存在较大差异而司法标准却统一时，也需要司法机关主动进行协调，使法律适用的标准能与现实状况相适应。

解决司法标准不统一、不一致的问题，不仅是司法机关要着力解决的问题，也是行政机关必须关注的问题。对行政机关而言，在经济合作区内，没有统一的司法标准，不仅会影响到当地的经济发展和社会进步，而且也会影响到行政执法与刑事司法的相互衔接，束缚着行政执法效能的发挥。在有些情形下，司法标准没有统一适用，或许司法机关没有太在意，但法律适用产生的问题却给人们的经济生活带来了巨大的变化和影响。除了法的适用对象外，对这种变化和影响往往是行政机关最先了解和得知的。可以说，地方政府有条件也有能力在最早时间内推动相关司法机关调整司法标准。司法标准的调整协调，不仅需要司法机关的积极努力，更需要行政机关的协调推动。

在司法标准的协调完善上，应强化司法标准协调的参与主体、司法标准调整的条件、调整程序、调整方法、协调结果的处理等方面的机制和制度建设，多方面、多领域规范和完善司法标准协调行为，推进协调工作的程序化、规范化、法治化。

在司法标准的协调完善上，需要注意并回答几个方面的问题：第一，哪些主体可以参与司法标准的协调？第二，政府参与司法标准协调的条件是什么？第三，司法标准协调的结果应如何处理？第四，如何构建司法标准协调的体制机制？

第一，哪些主体可以参与司法标准的协调？我们认为，能够参与司法标准协调的主体，应从实际、从有利于维护法治统一和司法权威的角度来确定，不是所有的政府和司法机关都能够作为司法标准协调的主体。从目前情况来看，为了推动司法公正，促进法律的统一适用，最高人民法院和最高人民检察院往往更多通过司法解释的方式来实现全国司法标准的统一。但有些时候考虑到各地具体情况不同，最高人民法院和最高人民检察院又授权各省、自治区、直辖市人民法院和人民检察院根据本地的经济发展和社会治安状况来确定本地区案件的适用标准。这样各地司法标准的差异主要表现在省、自治区、直辖市司法机关对司法标准进行确定的环节上，如果说司法标准存在差异，那也是各省、自治区、直辖市所确定的法律具体适用上标准的差异。这种标准的差异既表现为各省、自治区、直辖市之间法律适用上标准的差异，也表现为同一省、自治区、直辖市内各地法律适用上标准的差异。而省、自治区、直辖市内各地法律适用上标准的差异也往往是由省级的司法机关来确定的。因此，当司法标准存在较大差异需要协调处理时，参与协调的主体由省、自治区、直辖市的司法机关来担当较为适宜。通过相互协调，省级的司法机关之间可以对经济区内经济发展水平和社会条件相似地区的司法标准进行统一确定，也可以对所辖区域内的司法标准积极地进行调整。当政府发现因司法标准不同引起相关问题需要协调处理时，可由各省、自治区、直辖市的人民政府或政府法制办以单独或者政府联合的方式推动同级司法机关对司法标准进行调整。当省级以下地方政府发现因司法标准的不同而对本地经济和社会发展产生较大影响时，也可以通过省级政府及其法制机构来推动司法机关开展司法标准的协调活动。需要指出的是，由于司法标准是司法机关的办案依据和确保司法公正的重要抓手。司法标准的点滴差异可能就是罪与非罪、罪轻罪重的巨大区别。确定司法标准是个比较严肃的事情，科学性、专业性要求都较高，在我国目前司法状况下，如果司法标准由省级以下的机关来确定的话，很难保证标准确定的科学性、公正性、合法性，所以一省范围内司法标准的调整确定由省级行政机关和司法机关统一确定为宜。

第二，政府参与司法标准协调的条件是什么？政府参与司法标准协调的条件强调的是在什么情况下需要政府启动推进司法标准调整的程序。我们认为，司法是具有极强法律性、严肃性的活动，不是一旦遇到标准不统一问题，就需要立即开展有关协调活动，而是只有符合一定情形、具备一定条件时才得以开展。通常情况下当经济区内各地司法机关所适用的司法标准差异不足以对经济和社会发展产生严重影响时，就没有必要启动司法标准的调整协调程序。当因法律适用标准的不同足以对经济和社会发展产生严重影响造成明显社会不公时，应由司法机关或政府推动司法机关启动司法标准的调整程序。

第三，司法标准协调的结果应如何处理？通常情况下司法标准的调整不是很难的事情，调整结果对司法者自身的影响往往较小，调整阻力通常不会太大，却可能会对法律适用对象产生较大影响，不过应当注意的是，由于定罪量刑标准最低界限的降低，可能会使那些之前不被认为是犯罪的情形因标准的降低而被作为犯罪处理，导致司法机关的受案量比调整前有所上升，增加了司法机关的工作量和工作压力。同时，由于定罪量刑标准最低界限的提升，也会在一定程度上使那些之前被认为是犯罪的情形因标准的提升不再作为犯罪处理，从而会出现司法机关工作量减少，行政机关因行政处罚增多工作量增加的状况，这样进行司法标准调整时不免会遇到来自不同方向的阻力。所以，在进行司法标准协调时，不妨对协调结果这样处理：经过协调，若各方对调整司法标准的方案意见分歧较小，则该调整标准的方案通过。经过协调，若各方对调整司法标准的方案意见分歧较大，特别是司法机关与政府的意见分歧较大时，若该方案是政府提出的，则可以对该方案进行搁置，待条件成熟时再议；若方案是由司法机关提出的，只要司法机关之间达成一致意见的，则该方案可以通过。

第四，如何构建司法标准协调的体制机制？政府参与司法标准协调的体制机制是确保司法标准能够得到及时调整的基本条件。构建政府参与司法标准协调的体制机制可以从参与司法标准协调的主体、司法标准的调整条件、调整程序、调整方法、协调结果处理等方面展开，必要时，也可以通过签署协议或者以立法的形式把政府参与司法协调的主体、条件、程序、责任等法律化、固定化，形成只要符合条件就能随时开展司法标准协调的体制机制。

四、细化协调内容

随着区域经济和社会发展逐步深入，府际合作司法协调的内容也应得到逐步加强。与政府参与司法协调活动的普遍化、经常化相适应，司法协调的内容也会得到进一步的发展和深化。具体表现为：

（一）进一步明确协调范围

由于政府和司法机关行使的是两种天然不同的国家权力，使得表面上看起来专职行使行政权的政府机关去参加司法协调活动名不正言不顺。在府际合作背景下政府参与司法协调活动可在什么范围内进行协调，协调的余地有多大，目前没有相关规定,也没有成熟的经验可以借鉴。一般情况下,为了保证行政权与司法权相互独立行使,避免权力之间过多干预,政府参与司法协调通常应在行政与司法权力交集行使的领域,但如何确定这些领域,范围有多大,政府参与这些领域协调的现实性、科学性、灵活性有多大,需要在以后的司法协调操作中进一步明确。

(二) 拓展协调的深度和广度

随着政府参与司法协调活动的逐步推进,司法协调在协调的深度和广度上应得到进一步的加强和提升。协调的深度上,除了要划定政府可以参与协调的范围外,还要对每一类协调事项的性质、特点以及要采用的协调方式进行确定,使协调活动的开展尽可能与现实情况相适应。在协调内容的广度上,要对政府能够参与协调的事项进行全面的梳理和研究,在构建法治中国这一框架内,在共同创建和谐社会、营造法治环境这一目标下,理清政府能够参与司法协调的范围和界限,使政府和司法机关开展协调活动时首先清楚哪些事项可以协调,哪些事项不能协调,协调到什么程度适宜,协调的界限在哪里,从而促使政府和司法机关在现有权限范围内尽可能把司法协调工作做好,达到应有的协调效果。

(三) 厘清协调的性质

关于司法协调的性质问题,有人说,司法协调是司法机关内部的事情,政府作为行政机关无权干涉司法机关独立行使职权。这种说法是从传统观点行政权和司法权的分别独立行使来说明的。但应当看到,面对经济一体化中各种复杂社会矛盾和问题,需要政府主动地寻求解决之策。政府参与司法协调也是政府积极行为的一种表现。政府参与司法协调活动并非意味着是对司法活动的干涉,而司法机关对案件处理寻求政府的帮助也并非是对政府行使权力的限制。可以说,府际合作的司法协调更多涉及的是程序上的问题,较少涉及实有职权的行使。在具体事项的协调中,司法协调的性质应得到进一步的认同,确保协调主体能够准确地把握协调性质和协调界限,促进协调活动顺利开展。

(四) 界定协调事项的内涵和外延

把握好协调事项的内涵和外延是正确处理协调关系,准确掌握协调性质,促进协调活动顺利开展的基本要求。只有全面认识和把握每一类协调事项的内涵和外延,也才能使司法协调的参与主体敢于积极主动地开展协调活动。

由于各类事项的性质不同,事项的内涵和外延也会因之不同。开展协调活动时，既要把握协调事项的内涵，也要把握协调事项的外延。如跨地区案件的协调解决，需要把握的内涵是：什么是跨地区案件，跨多大区域、产生多大影响才算是跨地区案件，跨地区案件里哪些需要协调解决，协调解决的是刑事案件，还是民事、行政案件，解决案件一般采用什么手段和措施，案件是联合处理还是单独由某一机关处理，等等。外延是指哪些案件不能协调处理，案件协调要达到什么效果，协调到什么程度，案件的协调解决不宜采取哪些措施，等等。通过具体事项内涵和外延的区分与界定，能够使协调主体对相关事项有更明晰的认识，有利于从整体上把握相关事项的特性。

  由于府际合作司法协调活动没有成熟的经验可以借鉴，也没有比较完善的制度可以遵循，因此科学合理地确立司法协调的范围不是一件容易的事情。而从具体事项的内涵和外延入手能够较好地把握住事项的性质特征，为从整体上更全面地认识和掌握司法协调的范围、深度和广度打下了良好基础。

保障篇

区域经济一体化中府际合作的法治保障机制

第十一章

区域经济一体化中府际合作的利益协调机制

区域协调发展是区域经济一体化的客观发展要求,也是当下推进中国国家治理体系和治理能力现代化所绕不开的、必须解决好的一个重大问题。

在区域经济一体化进程中,存在政府和市场是两种推进力量,但是,由于市场体制不完善导致的"市场失灵"与政府不当干预导致的"政府失灵"并存,加剧了区域发展不平衡进而加剧了区域利益冲突。我国的区域经济一体化进程,经历了从非均衡发展战略逐步向区域协调发展战略的实践转型,区域利益协调成为区域经济一体化的主线,而区域府际合作则是构建区域利益协调机制最重要的推进路径。以区域政府之间的关系为视角考察,府际合作主要有横向行政契约型和纵向行政约束型两种方式。但总体来说,这两种方式仍属于政策调整型模式。在我国致力于推进国家治理体系和治理能力现代化,促进依法行政和法治政府建设的背景下,将区域经济一体化中府际合作的利益协调纳入法治化轨道,促进区域利益协调模式由政策调整型向法律规制型转变,既是保障区域利益协调规范化、可持续的法治保障,也是时代赋予学术界和实务界的重要使命。

第一节 府际合作与区域利益协调

区域利益冲突与协调是区域经济一体化中比较普遍的现象,前者导致市场分割,抑制区域整体优势发挥;后者有利于增进区域整体利益,促进区域开放与区域市场的发育。① 受财政分权和"政治晋升锦标赛"等因素影响，我国以行政区划为界的各地方政府展开竞争，我国经济社会整体发展繁荣的同时，也带来如行政区分割、行政区经济、行政区壁垒、地方保护主义、地方政府恶性竞争等一系列负面后果，加剧了区域内各个地方之间发展不平衡和利益冲突。"不平衡性是区域的基本属性，协调则是区域的各个组成部分在发展过程中，为获得满意收益而在协作中愿意付出和接受的底线。"② 为实现行政区行政向区域行政转型，需要在尊重市场对资源基础性配置的基础上，加强地方政府之间的合作，建立利益协调机制，破解实现区域经济一体化的体制性障碍。

一、区域经济一体化中市场与政府的反向推动

在我国各行政区域内，一方面，存在自然资源禀赋差异，气候、地形、矿产、交通等可能导致行政区域内经济发展程度和产业形态分布出现差异；另一方面，社会经济条件中的影响因子，如人力资本、资金、技术、传统习惯等，也会影响行政区域内人口的流动、技术更新与推广、社会开放程度等，进而影响到市场要素的配置、市场容量大小与成熟度以及经济运行成本等。这些区域内的自然与人文差异，构成了新一轮社会分工的初始基础。但社会分工的出现与自然环境的差异二者之间并不是呈现线性关系，当自然资源被嵌入工业社会分工过程中，基于市场机制的自发性和市场经济体制的完善程度，以及国家实施不同的发展战略与配套的政策制度安排，势必影响区域间的发展平衡状态。

（一）市场不成熟催生区域发展不平衡

从我国工业发展轨迹考察，"大跃进"时期和"文革"时期的两次中央向地方分权，鼓励以经济协作区为单位组织经济建设，省级、市级、区级、县级等各行政区相继建立了地方化的独立工业体系和产业布局，呈现"蜂窝状经济"③，形成各行政区经济发展的分散化、分割化、封闭性格局以及区域经济差异。现在看来，地方化的产业布局成为以市场为取向的区域经济一体化的发展障碍。只是在我国计划经济时代，这种区域经济差异由于国家对人、财、物的统一分配，并未显现出明显的区域利益冲突，或者说，即使有区域利益冲突，也被国家对社

---

① 洪银兴：《西部大开发和区域经济协调方式》，载于《管理世界》，2002 年第 3 期。
② 孙洪磊：《哲学视域下的京津冀区域协调发展》，中共中央党校 2014 年博士学位论文，第 61 页。
③ ［澳］奥德丽·唐尼索恩：《中国的蜂窝状经济：文化革命以来的某些经济趋势》，载于［美］D. H. 帕金斯等著，陈志标编译：《走向 21 世纪：中国经济的现状、问题和前景》，江苏人民出版社 1992 年版，第 33~50 页。

的全面控制和利益分化尚未完全暴露所遮蔽。

正如马克思所说，"人们不能自由选择自己的生产力——这是他们的全部历史的基础，因为任何生产力都是一种既得的力量，是以往的活动的产物"①，在这样一种产业地方化格局的基础上，已经产生了区域发展不平衡的先在基础。随着 20 世纪 70 年代末改革开放，我国计划经济体制向有计划的商品经济转轨，推行非均衡区域发展战略，东南沿海的经济基础、地理位置、历史传统相对而言能更好地推进国家改革开放政策。设置经济特区、沿海港口城市和沿海经济开放区，"率先开放"吸纳外资，也是加剧中国区域经济增长差距的重要因素；同时，国家在这些区域对投资、项目、外贸、信贷、价格等领域实行政策倾斜，实行"率先改革"，各种市场生产要素向这些区域集聚，释放出巨大的经济能力，也借助"有计划的市场之手"加剧了区域发展不平衡。

针对区域发展不平衡问题，经济学家们给予不同的解释，其中发展经济学理论颇具有一定影响和指导力。W. A. 刘易斯提出"二元经济"结构理论，后来拓展到"地域上的二元结构"，认为发展中国家经济结构具有"二元性"，典型表现就是一国的工业总是集聚在一个或少数区域，其他国土空间区域经济不发达，从而一国整体国土空间呈现二元结构。发展中国家经济发展的核心聚焦于促进传统经济部门将过剩劳动力向具有更高生产率的现代经济部门转移。赫希曼提出"发展是一连串不均衡的锁链"的命题，运用"极化效应""涓滴效应"等概念，与 K. G. 缪尔达尔提出的"回波效应""扩散效应"等概念，来阐释区域经济发展的不平衡，学术界称为"缪尔达尔—赫希曼模型"。区域发展不平衡并不能基于市场的自发调节机制产生"扩散效应"（"涓滴效应"）——即发达地区的生产要素不会扩散到落后地区，从而与落后地区一起分享发展成果，促进地区发展平衡。相反，"市场力量的作用通常倾向增加而不是减少区际差异"②，即在发展中国家各区域基于自然与外部要素的共同作用产生了区域发展不平衡，市场要素基于发达地区的价格优势和生产效率优势，吸引不发达地区的市场要素流入，但是，对市场要素的吸收是有选择性——高质量的市场要素才有资格和机会向发达地区集聚，这即是"回波效应"（"倒流效应"），并且"回波效应总是远大于扩散效应"。因此，经过循环积累，发达地区保持加速增长，表现为一种上升的、循环的正反馈运动；而落后地区则越来越贫穷，并表现为一种下降的、循环的负反馈运动。

市场无法自行修复区域发展不平衡问题，凸显了市场对资源配置决定性作用

---

① 《马克思恩格斯选集》第 4 卷，人民出版社 1979 年版，第 532 页。
② K. G. Myrdal, *Econmoic Theory and Underdeveloped Regions*, Duckworth Press, 1957, P. 26.

的反叛，需要借助其他力量，综合运用市场、政府、社会的资源配置功能，才能有效解决区域经济一体化进程中的区域发展不平衡问题。

（二）行政区行政的不当干预加剧区域发展不平衡

在行政区域内，各类主体包括地方政府、企业、社会组织和公民个人等，其行为总是彰显一定的利益，正如马克思所说，"人们为之奋斗的一切，都与他们的利益有关。"[①] 就公民个人而言，希望从行政区发展中获取更多的发展机会和福祉，过上有尊严的富足生活；企业和社会组织则希望在行政区发展优势中，利用优质的生产要素和公共服务，保持自身的市场竞争优势，甚至在市场经济体制不完善的过程中采用非正常手段借助地方政府行为保持或创造竞争优势；地方政府作为地方公共利益的代表，希望通过采取正当抑或不正当行为推进行政区发展，增加当地政府财政收入，从而得以改善本地基础设施和公共服务，改善所在地居民的生活水平。因此，地方政府、企业、社会组织和公民之间存在"共容利益"[②]，地方利益最大化的目标函数超越了地方政府、企业、社会组织和公民个人各自独立的利益，而地方政府行为也足以影响企业、社会组织和公民个人参与市场的行为方式与效果，更多地承载了本地企业、社会组织和公民个人的利益。在某种意义上说，一定行政区内的地方政府代表了本行政区的地方利益。

为了地方利益，区域内地方政府之间存在竞争与合作的双重面向。但是，在现行财政分权制度和"政治晋升锦标赛"规则的安排下，地方政府官员更有动力推动地方经济发展，地方政府之间的竞争成为中国经济快速发展的一个有力引擎。在"统收统支""包干制"和"分税制"的财政分权激励体制下，地方政府及其官员的出发点是促进地方发展，从而在与纵向中央博弈中分得更多地方利益。具体来说，1994年之前，"统收统支"和"包干制"的财政分权体制，激发了地方政府发展区域经济的积极性，地方政府之间的竞争主要是争夺中央政府分配资源，如财政转移、项目投资、政策等。地方政府集聚了巨大的社会财富，作为独立经济利益主体地位日益彰显，在与中央政府博弈中有了足以与中央政府讨价还价甚至抗衡中央政府的能力；1994年实行"分税制"改革，地方政府作为发展经济和稳定社会秩序的主要执行者，不仅要为本地提供大部分公共设施和公共服务，而且负有组织和发展本地经济的职责，"其本身构成参与市场的一个重

[①] 《马克思恩格斯选集》第1卷，人民出版社1995年版，第187页。
[②] Jin H，Y Qian，B Weingast. Regional Decentralization and Fiscal Incentives：Federalism，Chinese Style. *Journal of Public Economics*，2005，(89)：1719–1742.

要主体，同时其行为通过影响要素流动及相关的市场主体的行为来介入市场活动，所以，地方政府的竞争行为特征必然构成市场秩序的一部分。"①

所不同的是，在政治晋升的激励下，地方政府及其官员的政治晋升机会不仅取决于纵向上向中央政府显示地方政绩，而且取决于地方政府组织经济社会发展惠及本地企业和居民从而获取他们的政治支持，"企业发展→居民福利最大→官员政绩→政治晋升，它们之间构成了特定的利益逻辑关系"②。此时的地方政府及其官员不仅关注在纵向与中央博弈中分得更多地方利益，而且也更着眼于在横向地方政府竞争中获得更大的比较优势从而在晋升锦标赛中脱颖而出。有学者指出："在官员晋升锦标赛这种激励机制下，地方之间合作的动机被遏制，每个地方都必须发展所有的产业，这使得地方政府付出努力所获得的边际产出下降。"③因此，在短期内尤其是地方政府官员任期制内，采取"竞争"而不是"合作"策略促进地方利益最大化，是地方政府及其官员最理性的行为选择。

在地方利益最大化的竞争策略下，以行政区划为空间的地方政府往往采取不正当的行政行为来干预地方经济发展，以获取地方政府之间的竞争优势，如不惜损害国家整体利益制定税收减免、土地使用、创汇返点等优惠政策以吸引投资、扩大出口等；为获取中央财政支持，人为创造条件上项目，滥用财政补贴扶持本地企业等，导致地方之间产业结构雷同、重复建设、恶性竞争；为维护本地企业产品市场占有率设置区域壁垒，对外来企业、产品行使选择性执法监管，等等。这些歧视性政策或地方保护行为，都极大地破坏了市场的统一性、开放性、流动性，阻碍了生产要素的优化配置，从而加剧区域发展不平衡。

二、阻碍区域经济一体化的地方政府行为

行政区行政是地方政府基于行政区划的刚性界限，以行政命令的方式，对本地区社会公共事务进行垄断管理，具有相当程度的封闭性和机械性。④ 地方政府在行政区内组织经济形成"行政经济区"⑤，以行政区划强行裁剪经济区所要求的生产要素自由流动和资源市场配置，这与区域经济一体化相背离。区域经济一

---

① 周业安、冯兴元、赵坚毅：《地方政府竞争与市场秩序的重构》，载于《中国社会科学》，2004年第1期。
② 汪伟全：《推进区域一体化必须协调地方利益冲突》，载于《探索与争鸣》，2009年第11期。
③ 乔宝云、刘乐峥、尹训东、过深：《地方政府激励制度的比较分析》，载于《经济研究》，2014年第10期。
④ 金太军：《从行政区行政到区域公共管理》，载于《中国社会科学》，2007年第6期。
⑤ 刘君德：《中国行政区划的理论与实践》，华东师范大学出版社2002年版，第12页。

体化是一把"双刃剑",一方面,它可以在一个统一的市场系统内充分发挥市场对资源配置的决定性作用,提升区域发展的整体规模效益;另一方面,它"突破了传统的、静态的、内生的行政管理体制","是在地方行政基础上的重构与延伸"①,并对原有行政区利益在地域空间结构和组织形态方面形成强烈冲击,原有的利益格局面临洗牌与重新生成,由此引发行政区之间的利益冲突——这构成了阻碍区域经济一体化的最为本质的要素。

的确,行政区之间的竞争必然会生成行政区利益,有行政区利益就会产生行政区利益冲突——以局部公共利益为形态,以地方政府行政行为为载体。尽管地方政府行政行为形式具有多样化、类型化或者尚未类型化,但无论是地方政府变通执行法律规范或中央政策的行政行为,抑或制定地方性法规、地方政府规章或地方政策的行政行为,还是针对具体事项作出的行政行为或不作为,都将对市场主体和公民个人行为产生指引功能。尽管对阻碍区域经济一体化的地方政府行政行为或许无法进行具有周延性的分类,但大体上还是可以做些描述性的梳理。

(一) 基于地方保护主义的滥作为、不作为、选择性作为

地方保护主义是指地方政府为了维护本地区的经济主体以及政府的局部利益,通过显性或隐性的行政规制手段限制生产要素的自由流动和歧视性待遇的各种行为的总称。② 而经济区发展强调的是开放性,强调信息、生产要素、人才等遵循市场规律自由流动,以市场竞争促使区域分工优化,各地区相互依赖、相互渗透,从而形成区域综合竞争优势。"但是行政区恰恰突出了'限制性',在行政区管辖边界的内外存在着非常明显的政策差别与贸易壁垒。"③ 在现实行政区行政实践中,由于企业等市场经济主体是财政税收的创造主体,地方政府不惜将保护本地企业发展列入"政府目标责任制"的考核范畴。"地方官员为了保证本地区的经济发展速度,常与地方企业挂钩,或曰蹲点扶持,或曰工作指导,有的干脆由党委常委或政府要员直接到国有大中型企业挂帅(俗称'常委企业')"④,一旦本地企业与外地企业竞争,地方领导运用行政权力进行干预;对地方骨干或招牌企业采取财政补贴,或动用行政性扶持政策优先保障贷款、投资等;对外地进入本地的商品以行政执法名义多次、反复实施行政检查,或者采取更为严格的标准进行市场监管;对外地企业在本地的权利侵害不予救济或干预救济,等等,

---

① 王川兰:《多元复合体制:区域行政实现的构想》,载于《社会科学》,2006 年第 4 期。
② 唐丽萍:《中国地方政府竞争中的地方治理研究》,上海人民出版社 2010 年,第 98 页。
③ 行龙、杨念群:《区域社会史比较研究》,社会科学文献出版社 2006 年版,第 58 页。
④ 金太军、张劲松:《政府的自利性及其控制》,载于《江海学刊》,2002 年第 2 期。

这些地方政府的滥作为、不作为或选择性作为[①]，以行政配置资源扭曲了市场配置资源，破坏了市场的统一性和市场法治环境，导致地方政府企业化、企业竞争寻租化、要素市场分割化、产业结构同构化、资源配置等级化、领域效应内部化。[②] 地方保护主义是地方政府追求地方利益最大化的结果，追求地方利益最大化反过来进一步刺激地方政府的地方保护主义，可见，地方保护主义是区域经济协调发展、一体化发展的最大障碍。

（二）招商引资过程中的恶性竞争行为

引入利用外资既是推动经济持续快速发展所不可或缺的动力，也是各地方政府竞相争取以便在行政区之间竞争保持相对优势的重要资源。早期有学者通过对我国 1996~1999 年间外商投资对 GDP 增长的贡献率进行统计比较，发现东部地区贡献率为 18.11%，西部地区贡献率为 1.15%。东部地区与西部地区之间的 GDP 增长率差异，大约有 90% 是由外商投资分布的差异引起的。[③] 招商引资对本地经济发展，尤其是对 GDP 增长具有立竿见影的效果。在唯"经济指标至上"和"GDP 至上"以及"任期内政绩考核"的风向标的指引下，各地方政府热衷于招商引资。通过制定各种最优惠的招商引资政策或实施方案，例如，减免税收或费用，低价或免费提供土地使用，毫无底线承接重污染高消耗产业转移等来拉动 GDP 增长。这些招商引资行为在一定程度上导致了恶性竞争、重复投资、地方产业结构同构。

（三）跨区域公共行政事务治理中的不作为、滥作为

如果说地方保护主义和招商引资行为引发行政区利益冲突，是由于那些原来属于传统计划经济体制下行政区"内部"社会公共问题和公共事务在市场经济体

---

① 国务院发展研究中心"中国统一市场建设"课题组：《中国国内地方保护的调查报告——基于企业抽样调查的分析》，载于《经济研究资料》，2004 年第 6 期。

② 根据国务院发展研究中心的调查，发现地方保护主义的手法和形式多种多样、五花八门，共列举了 42 种地方保护主义的方式。参见王健、鲍静、刘小康、王佃利：《"复合行政"的提出——解决当代中国区域经济一体化与行政区划冲突的新思路》，载于《中国行政管理》，2004 年第 3 期。另，根据联合国工业发展组织国际工业研究中心提出的相似系数计算方法，在 2007 年上海与江苏的产业结构相似系数为 0.82，上海与浙江的相似系数为 0.76，而江苏与浙江的相似系数为 0.97，显示长三角产业结构存在趋同。城市之间的产业趋同的问题更为严重，在长三角 16 个城市中，选择汽车作为主导产业的有 11 个城市，选择石化的有 8 个城市，选择通信产业的有 12 个城市。高新科技发展规划中的同构率更是高，集成电路产业是 35%，纳米材料是 48%，计算机网络 59%，软件产业 74%。张雨：《长三角一体化中的制度障碍及其对策》，载于《南京社会科学》，2010 年第 11 期。

③ 魏后凯：《中国外商投资区位变迁及其经济影响》，载于《重庆工商大学学报（社会科学版）》，2004 年第 4 期。

制下越来越"外部化"和"无界化",则另一些本身就直接涉及跨越行政区划的公共行政事务,如环境与生态保护、能源开发利用与保护、公共交通、产业发展规划等,凸显了地方政府在区域治理中一致行动的重要性。一方面,当前受我国纵向的财政分权制度和官员政治晋升锦标赛制度激励,地方政府之间竞争多于合作;另一方面,地方政府之间横向约束与激励不足,跨区域公共事务治理效果往往滞后于官员"任期制"对政绩标榜的偏好。因此,对于跨区域公共行政事务治理,任何一方地方政府在区域治理中不积极履行本行政区应当履行的职责,采取"搭便车"或跨区域公共事务内部治理成本外部化策略,都直接导致了区域治理府际合作不作为、滥作为即是政府不合作的表现。对突发性公共事件的处理,如"非典""禽流感""跨流域水污染"等,印证了跨区域公共行政事务治理中地方政府合作的乏力,更凸显了区域治理失灵的困境。

作为地方利益的代表,地方政府在行政管理中也糅合了自身的利益,呈现出一个理性"经济人"角色。在与其他地方政府的竞争博弈中,为追求地方利益最大化,必然本能地在制度安排和具体行政中将资源配置引向有利于本行政区域发展的方向,甚至呈现出一个"双面"理性人形象:对区域内可以采取扶持、引导、管理、服务等正面的、积极的行政行为,对非本地企业、商品等资源选择压制、不合作的行为方式。狭隘的地方利益不断侵蚀区域经济一体化对市场统一与法治经济的内在需求,最终导致各地方行政区经济的封闭、分割和区域经济整体优势的丧失,"因为每一次干预都进一步破坏经济平衡,从而导致必须进行新的干预,直到形成一个完全僵化了的彻底的统制经济"①。

三、以府际合作促进区域利益协调是推动区域经济一体化的关键

(一) 加强府际合作是破解区域经济一体化体制障碍的逻辑起点

充分发挥市场对资源配置的决定性作用,是实行市场经济国家普遍遵循的法则。对于我国推进区域经济一体化建设而言,依靠市场经济体制的发展与完善促进区域协调发展,是解决区域经济发展不平衡和实现区域协调发展的最佳方式,达致这样一种基本共识应当毫无悬念。问题是,成熟的市场经济绝非一日之功,市场经济体制也是一个逐步完善过程,加之存在"市场失灵"的天然短板,让人

---

① [德] 阿尔弗雷德·米勒·阿尔马克:《经济秩序的社会观》,载于[德] 何梦笔主编,庞健、冯兴元译:《德国秩序政策理论与实践文集》,上海人民出版社2000年版,第4页。

们无法在市场万能的神话中求得解决区域发展不平衡问题的一揽子方案。

行政区经济具有排他性、封闭性与开放性、协调性并存的特性。一方面,行政区经济以行政区划为基点,以行政区局部经济为中心,以行政区政绩为导向,在行政区内组织生产要素和安排资源,表现出一定的排他性与封闭性;另一方面,区域经济一体化是一种发展趋势,其要求打破行政区划限制,加强行政区域合作,在一个更大的区域内组织社会分工,实现生产要素的自由流动和资源配置。因此,行政区经济要借助区域经济的整体规模效应实现行政区经济的自我救赎与提升,必须具备开放性与协调性特质。行政区经济从排他、封闭转向开放、协调,其实质是要破除狭隘地方利益,追寻一致的区域利益。在这个转变的过程中,遵循市场规律是基础。具体来说,行政区域内市场经济要素的自由流动和市场配置资源的有效性,要求打破行政区划的限制,加强诸如环境与生态保护、能源开发利用与保护、人力资源流动、产业发展规划、金融投资等跨行政区的公共行政事务治理,并从客观上要求行政区经济向经济区经济转型。这既是推动区域经济一体化中府际合作的现实需要,也是推动区域府际合作不断向纵深发展的关键。

跨区域公共行政事务治理重要性和紧迫性日益凸显,要求打破行政区行政的地域限制,促使社会分工体系和资金、商品、技术、人员、信息等市场要素在更大区域范围内实现资源优化配置,以推进区域经济一体化进程。但是,我国推进区域经济一体化的道路,无法遵循西方国家区域合作实践所经历的由市场自发推动的、自上而下的、长期合作的自生秩序。[①] 相反,"在西方国家经过上百年、几个世纪发展所积累的问题之于当下的中国,既要面对自身传统农业社会积累的问题,又要回应我国工业发展进程中的问题,甚至还要直面后工业化所出现的问题——这些多面向问题正受到超强时空的挤压而横亘在中国政府面前。也即,在西方是时空排序上的次序问题,到了中国就是时空排列上的并列问题"[②]。因此,我国推进区域经济一体化道路的选择,不能单纯拘泥于市场自发推动的自生秩序,而是"建构一种由市场和政府力量共同推进的模式,形成'政府主导、市场运作'的发展模式"[③]。

是故,在发挥市场对资源决定性配置功能的前提下,区域府际合作对破除行政区壁垒,打破地区封锁与垄断,斩断地方保护主义利益链条,降低要素自由流动的制度成本等有着关键性作用;加强区域府际合作,向区域内部注入加速开放

[①] Leitner H, Sheppard E. *Transcending interurban competition: Conceptual issue and policy alternatives in European Union*, State University of New York Press, 1999, pp. 227 – 243.
[②] 石佑启、杨治坤、黄新波:《论行政体制改革与行政法治》,北京大学出版社 2009 年版,第 6 页。
[③] 曾鹏:《论区域经济一体化下区域行政执法合作》,广东教育出版社 2015 年版,第 71 页。

和发展的政策资源，进而产生区域经济的外部性，以此来提高区域经济一体化的向心力。① 也就是说，区域府际合作是破除区域经济一体化进程中体制机制障碍的逻辑起点。

（二）区域利益协调是推进区域经济一体化进程的切入点

"利益不是仅仅作为一种普遍的东西存在于观念之中，而且首先是作为彼此分工的个人之间的相互依存关系存在于现实之中。"② 的确如此，主要是财富、权力、声誉等资源存在有限性，而一旦拥有这些资源又恰恰能形成比较优势，则围绕对这些资源的追逐和控制的冲突不可避免。个体或组织总是希望最大限度地提高自己拥有或控制稀缺资源的数量，而那些已经占有资源的个体或组织则更是千方百计最大限度地增加自己的资源分量，甚至不惜使用强制手段来控制获取资源的等级结构。地方政府以"理性经济人"的形象，主导着地方政府之间的竞争则必然伴随着行政区发展不平衡，由此不可避免导致地方行政区利益冲突不可避免。

在我国单一制的中央与地方宪法秩序安排下，地方政府既是中央政府在当地履行各种职能的代理者，也是一级地方政府所管辖治理之下的辖区利益的代表者和自身利益的追求者。地方政府之间利益的差异性，是地方政府竞争的基础；地方政府之间存在利益的一致性，是其合作的前提。在处理地方政府之间关系上，应当转变过去一直倚重的"冲突—竞争"观念，进而转向"竞争—合作"的共赢。也就是说，"竞争—合作"是地方政府间的一种新常态，即通过竞争释放地方发展动力，通过合作提升区域整体发展。正如约翰·罗尔斯所说："由于社会合作，存在着一种利益的一致，它使所有人有可能过一种比他们靠自己的努力独立生存所过的生活更好的生活；另一方面，由于这些人对由他们协力产生的较大利益怎样分配并不是无动于衷的（因为为了追求他们的目的，他们每个人都更喜欢较大份额而非较小份额），这样就产生了种种利益冲突，就需要一系列原则来指导在各种不同的决定利益分配的社会安排之间进行选择，达到一种有关恰当的分配份额的契约。他们确定了社会合作利益和负担的适当分配。"③ 从竞争转向合作，利益协调是关键。"如果说政府间关系的纵向体系接近于一种命令与服从的等级结构，那么横向政府间关系则可以被设想为一种受竞争和协商的动力支配的对等的分割体系"④，因此，不存在行政命令与管制的地方政府之间，更容易

---

① 陈维健：《影响长三角经济一体化进程的因素分析》，载于《今日科苑》，2007年第20期。
② 《马克思恩格斯全集》第3卷，人民出版社1972年版，第37页。
③ [美]约翰·罗尔斯，何怀宏等译：《正义论》，中国社会科学出版社1988年版，第2~3页。
④ [美]理查德·D. 宾厄姆等，九州译：《美国地方政府管理：实践中的公共行政》，北京大学出版社1997年版，第162页。

以平等的姿态，通过协商、对话、沟通、妥协的方式达致利益协调，促进区域协调发展。一方面，在时间维度上，区域利益协调应是一种长效、可持续性的稳定机制，对区域的经济、社会、生态等要素进行全方位权衡与协调，保持一定的稳定性和规范化；另一方面，在空间维度上，区域利益协调应突破行政区空间限制，实现一个更大空间结构优化，缩小区域间的发展差距，让各行政区受惠于区域协调发展。

第二节　区域经济一体化中府际合作利益协调的实践

在区域经济一体化进程中，政府、市场、社会三方主体的实际功能各有侧重。毋庸置疑，市场对资源配置具有决定性作用，在成熟的市场经济下，市场主体是促进区域产业分工和区域一体化的中坚力量。但是，我国正处于市场经济体制发展完善阶段，在实施区域经济一体化政府推动型模式下，政府政策和政府行为导向是破解行政区经济困局和促进区域内资源合理配置的重要因素。在某种意义上，一定时期内，各地方政府是推动区域经济一体化的驱动力量，府际合作是推动区域经济一体化的主要方式，而利益协调则是府际合作能否成功的关键。利益协调迎合了各地方政府追求利益最大化的初原想象，在利益协调机制不健全的情形下，地方政府对合作结果与利益分享的不确定性，以及因担心合作而牺牲自身局部利益但又无法从合作中得到合理弥补的心理意识，不合作策略将成为各地方政府竞相选择的制度偏好，由此导致地方保护主义、恶性竞争等无序现象。

因此，建立健全利益协调机制，对于加强府际合作尤为关键。府际合作本质上是各政府之间的利益博弈，区域经济一体化过程也是各政府进行合作，探寻与实现区域利益的过程，离开利益协调机制，府际合作与区域经济一体化可能均无法形成。因此，建立和完善利益协调机制是区域府际合作的基础工作和动力源泉。本节旨在对我国区域经济一体化进程中府际之间利益协调发展历程进行梳理，以期从中整理出一些共性的甚至是类型化的利益协调模式，分析利弊得失，找准府际合作利益协调机制完善的方向。

一、府际合作利益协调的历史演进

我国区域经济一体化进程中府际合作利益协调与国家区域发展战略紧密相连，国家区域发展战略及其区域政策对府际合作包括府际合作利益协调问题具有决定性影响。不同阶段的国家区域发展战略，决定了区域政府之间竞争与合作的重点选择和策略安排，进而影响府际合作利益协调机制是否建立以及建立后的运作成效。

（一）均衡战略下府际合作利益协调的空白

这一时期大体可以对应新中国成立后至改革开放前（20世纪70年代末）。新中国成立后，国内资源短缺与人民基本生存需要上升为国内主要矛盾，加之当时国际整体政治环境上的压迫，我国建立起高度集权的政治体制，经济上实行计划经济体制，采用计划管理配置资源，资源配置服从国家区域战略。要解决国内主要矛盾和基于国家国防安全考虑，必须将主要布局在东北、东南沿海等地的近代工业基础与内地、边疆地区丰富的资源结合，实现工业布局与资源分布相匹配，因此，实施国家区域均衡发展战略是当时最优选择。这从我国当时先后设立了7大国家经济协作区（后调整为6大经济协作区）可以得到印证。

在计划经济体制下，行政计划和行政命令是最主要的资源配置方式。中央政府制定生产计划、调配全国物资，地方政府在行政区内按照中央政府的指令进行生产，形成以行政区划为资源分配单位，各地方政府之间相互分割的格局。如果说地方政府之间存在竞争，则主要是通过地方政府与中央政府之间的博弈而产生，表现为各地方政府及其官员向中央政府争夺财政预算、项目资金、计划指标、政策、政治升迁与荣誉等，是"灶内吃饭"式的"兄弟之争"。因此，"计划经济时代的地方政府竞争可以理解为一种交易过程，即作为供应者的地方政府与作为购买者的中央政府之间的交易。在这个交易市场中，供应者和购买者均有自己的'商品'和'筹码'：地方政府的交换代价是地方政府为获取稀缺资源而提供的物品，即地方政治产品，具体表现为迎合中央的偏好与要求、执行中央的方针政策等方面；而中央政府的交换代价是分配稀缺资源。"[①] 正是从这个意义上说，地方政府只是中央政府制定计划、命令的一个执行者，其所表达的意思体现为中央政府的意志，中央政府垄断了区域合作的整体格局。托马斯·莱昂斯指出，中国各地区之间的商品交换、流通和分工合作关系被地区间的分界切断，造成了资源利用的低效率以及严重浪费现象，这是中国的计划经济体制造成的，[②] 即说明中央政府垄断区域合作格局下各地方政府之间呈现分割化特征。

中央政府垄断区域合作和地方政府分割化格局，从另一个方面表明了计划经济体制下府际关系主要是指纵向的中央政府与地方政府之间的垂直隶属关系，横

[①] 汪伟全：《当代中国地方政府竞争：演进历程与现实特征》，载于《晋阳学刊》，2008年第6期。
[②] 鲍丰斌：《我国区域经济合作发展中的政府行为研究》，山东大学2009年博士学位论文，第24页。

向的地方政府之间的联系被割裂。如果说各地方政府之间有联系，也是通过中央政府的命令、指示等媒介产生。各地方政府本身无独立主体地位尤其是无独立经济利益，各地方政府之间也不会发生利益协调的事项。即使各地方政府之间为执行中央政府计划管理的指标、命令而需要协调，那只是中央政府指令性、计划性管理体制下为实现国家区域均衡战略而发生的生产性协作。无地方利益也就无所谓地方政府利益协调，从这个意义上讲，在国家区域均衡战略下，地方政府之间的利益协调基本上是一片空白。

（二）非均衡战略下府际合作利益协调的旁落

这一阶段大体可以对应于改革开放后至 20 世纪 90 年代末。1978 年召开中国共产党十一届三中全会，邓小平提出"让一部分人、一部分地区先富起来，大原则是共同富裕。一部分地区发展快一点，带动大部分地区，这是加速发展、达到共同富裕的捷径"[①]，"沿海地区要加快对外开放，使这个拥有两亿人口的广大地带较快地发展起来，从而带动内地更好地发展，这是一个事关大局的问题。内地要顾全这个大局。反过来，发展到一定时候，又要求沿海拿出更多力量来帮助内地发展，这也是个大局，那时沿海也要服从这个大局。"[②] 这一系列促进区域经济发展的战略设想，也直接促进了我国计划经济体制向有计划的商品经济转型，使后续的改革市场化取向进一步加强，中央的区域战略政策发生变化，"由过去追求区域平衡发展转向尝试对不同地区采用不同政策的区域非均衡发展，即优先发展东南沿海，最终实现各地区共同富裕"[③]。国家在东部沿海地区设立了经济特区，开放沿海城市，并在财政、信贷、投资、税收等方面给予这些地区配套的优惠政策，同时加大对这些地区的城市基础设施建设。单就资金方面，"六五"时期，在全国基本建设投资分配中，沿海地区所占比重由"五五"时期的 42.2% 提高到 47.7%，内地由 50% 下降到 46.5%；"七五"时期，沿海与内地基础建设投资之比仍高达 1.29∶1，远高于"六五"时期的 1.03∶1。[④]

整体来讲，这一时期非均衡发展战略使地方政府作为行政区主体利益代表得到充分体现，地方政府之间的竞争刺激了地方政府组织发展地方经济的动力，从而创造了世界经济发展史上的"中国奇迹"——中国经济奇迹的奥秘在于地区间的经济竞争（张五常语）。但是，随着行政性分权的财政改革，地方政府有可自

---

① 《邓小平文选》第 3 卷，人民出版社 1993 年版，第 166 页。
② 《邓小平文选》第 3 卷，人民出版社 1993 年版，第 277~278 页。
③ 谷松：《建构与融合：区域一体化进程中地方府际间利益协调研究》，吉林大学 2014 年博士学位论文，第 51 页。
④ 魏后凯：《中国国家区域政府的调整与展望》，载于《发展研究》，2009 年第 5 期。

由支配的收入来源,激发了地方政府独立利益主体的意识觉醒和增加收入的热情。地方自主性利益的凸显也进一步加剧了地方政府之间的竞争,例如,在20世纪80年代全国多地上演"羊毛""蚕丝""烟草""棉花"等原材料争夺大战,以及90年代各地方政府出台招商、投资等领域的优惠政策,最终导致各地行政区经济封锁,产业结构趋同,基础设施重复建设,产能过剩,资源和环境破坏严重。① 为消除非均衡区域发展战略带来的不利影响,我国自1994年开始推行分税制改革,提高中央政府财政收入,加强对地方政府调控,对地方党政主要官员实施异地交流与回避制度,以及在税收、工商、质量技术监督等领域先后实行垂直管理,② 以期减弱地方政府之间因竞争而产生的地方保护主义。

财政分权制度、政治晋升锦标赛制、唯GDP考核等体制制度的相互作用,使地方政府被卷入更深的经济增长竞争之中。然而,从国家非均衡发展战略看,国家以发展经济为重心,中央政府所期冀的是如何将"蛋糕"做大,而地方政府是组织做大"蛋糕"的主力军,竞争则是地方政府发展经济的动力机制,但如何分配"蛋糕"尚未纳入议事日程。所以,在府际关系上,竞争成为主导,各政府之间只见竞争,少见合作,利益协调被旁落。

(三)区域协调发展战略下府际合作中利益协调的重视与自救

非均衡区域发展战略下,地方政府因竞争一方面收获了地方经济快速发展、整体经济实力增强的正面效果,另一方面产生了地方保护主义、行政区经济等延缓区域经济一体化进程的消极后果。在这种背景下,中央政府调整了国家的区域发展政策,实行区域协调发展战略。最初在"九五"计划纲要中提出要"按照统筹规划、因地制宜、发挥优势、分工合作、协调发展"的原则,1997年中共十五大报告中特别强调要"从多方面努力,逐步缩小地区发展差距",这即是说在20世纪90年代末已经孕育了区域协调发展战略的思想。

进入21世纪,我国区域协调发展战略的思想逐步形成,每一个区域战略承担了不同的功能,但在协调发展、抱团取暖的内核上是一致的。2000年国务院颁布了《关于西部大开发若干政策措施的通知》,开始实施西部大开发战略;2002年中国共产党第十六次全国代表大会报告提出东北振兴的国家区域发展战略,2007年国务院正式批复《东北地区振兴规划》;2004年政府工作报告中首次提出"促进中部地区崛起",2007年国务院下发《关于中部六省比照实施振兴东

---

① 段娟:《从均衡到协调:新中国区域经济发展战略演进的历史考察》,载于《兰州商学院学报》,2010年第6期。

② 杨雪东:《近30年中国地方政府的改革与变化:治理的视角》,载于《社会科学》,2008年第12期。

北地区等老工业基地和西部大开发有关政策范围的通知》,确立武汉城市圈、长株潭城市群;2006年国家"十一五"规划纲要首次正式提出东部地区率先发展战略,要求东部地区在率先发展和改革中带动帮助中西部地区发展;2007年中国共产党第十七次全国代表大会报告明确提出,要"继续实施区域发展总体战略,深入推进西部大开发,全面振兴东北地区等老工业基地,大力促进中部地区崛起,积极支持东部地区率先发展";2009年~2010年8月,国家先后批复了13个区域发展规划,规划区域涉及长三角、珠三角、北部湾、环渤海、海峡西岸、黄三角、东北三省、中部和西部,区域协调发展战略开始谋篇布局,从战略设计走向具体实施。在这一系列国家区域协调发展战略版图中,中央从全局出发,对空间规划、市场体系、产业布局、基础设施、基本公共服务等领域进行区域发展的顶层布局。这一阶段府际合作利益协调主要是在纵向上的中央政府与地方政府之间展开,主要是中央政府在财政转移支付、重大项目立项、投资、税收等措施上各有所侧重倾斜,尽管府际合作利益协调展现出中央政府的意志单方性、视野整体性、政策宏观性等特点,但还是有力促进了区域一体化发展。

与此同时,为贯彻中央的区域协调发展战略,各地方政府之间通过软约束的方式,签订了大量的行政协议,促进区域内各地方政府之间合作,当然也不排除有中央政府与地方政府之间签订的行政协议。行政协议可以看成是府际间为解决行政区经济之间的冲突和促进利益协调的一种自救行为和自我规制。有学者对我国区域间行政协议做过系统研究,从遴选的行政协议文本看,缔约时间集中在2003~2006年,缔约主体有跨省域的,也有省域内的,涉及有信用建设、科技合作、教育、环保、工商、信息产业、消费投诉、劳动人事、文化媒体、水利、外贸、旅游、交通、法务等领域,既有单项事务,也有综合事务。[①]从收集的这些行政协议样本看,对于检视我国区域府际合作实践的整体状况还是具有典型性、代表性,但不得不承认的是,行政协议中对于利益协调的规定几乎是空白的,有关成本与收益的约定主要是针对府际合作机制运转本身所产生的成本与收益问题[②],而对于府际合作中产生的地方政府收益的差额——因选择合作策略而丧失的对等的不合作策略下地方政府的收益而言,则无相关的利益协调机制。因行政协议中最核心的条款——利益及其分配、协调的约定空缺,行政协议签订的宣示意义远比落实行政协议本身要重大,至少在目前阶段是这样的。这也带来一个相关的后续问题——违约责任条款和纠纷解决机制条款,"无论是区域经济一体化

[①] 叶必丰、何渊、李煜兴、徐健等:《行政协议:区域政府间合作机制研究》,法律出版社2010年版,第46~62页。

[②] 叶必丰、何渊、李煜兴、徐健等:《行政协议:区域政府间合作机制研究》,法律出版社2010年版,第181页。

已基本成型的长三角地区和泛珠三角地区的协议，还是其他区域相继缔约的协议，都未约定协议中的违约责任、监督和纠纷解决机制。这些内容在国外都是由法律规定并有现成机制的，一般无须专门约定。但在我国，目前尚无法可依，有必要在协议中明确。"[1] 也就是说，行政协议中的利益协调条款、违约责任条款、纠纷解决机制条款等，对于维系行政协议协调区域发展和解决利益冲突具有非常重要的功能。

二、府际合作利益协调实践的典型特征

利益协调是区域府际合作中面临的不得不考虑的一个重要问题：府际之间因利益而竞争，也因利益而合作。在选择合作还是竞争的天平两端，对府际合作中利益协调处理的好坏，直接影响到天平倾斜的方向。我们试图从我国区域府际合作中利益协调的历史梳理中，发现一些利益协调的共性问题，无论是好的经验，还是应当汲取的教训，抑或应当引起的警示。

（一）对府际合作利益协调从无视到重视

在社会主义计划经济体制下，地方政府作为中央政府在地方的代理者和执行者，没有独立的主体意识和独立的经济利益，故也缺乏府际合作利益协调的观念和基础。此阶段，与其说是府际间的合作，不如说是府际间的协作——府际合作是基于行政区利益差异基础上的一致区域利益，府际协作则是执行国家的整体利益而行政区无独立利益也不存在行政区利益分化。非均衡发展战略下，地方利益的凸显，加剧了各地方政府选择不合作策略以获取行政区利益最大化的潜在冲动。事实也证明了至少在短期内不合作策略的实际效果，尽管这是以牺牲区域整体利益和地方政府长期利益为代价。此阶段尽管中央政府、各地方政府也意识到利益协调对于区域利益整体增进的积极功效，但在既有的制度约束网络，如政治晋升锦标赛制、财政分权制度、GDP评价以及地方政府主要领导任期制等激励约束机制没有变化的情况下，只有利益协调的意识而无利益协调的行动。随着国家区域政策的调整，协调发展的区域经济体系逐步形成，从空间分布来看，东部、中部和西部都有，尤以东部地区最多。东部区域经济体系包含"三大三小"及深圳综改区等；中部地区包含中原城市群、武汉城市圈、长株潭城市群、环鄱阳湖经济圈以及皖江城市带；西部地区建立了北部湾经济区、关中—天水经济区、呼

---

[1] 叶必丰：《我国区域经济一体化背景下的行政协议——以长三角区域为样本》，载于《法学研究》，2006年第3期。

包银经济区、呼包鄂经济区等；东北地区包含四个区域经济体系。① 各地方政府为竞争而呈现的地区封锁、地方保护主义等割据格局，无法实现行政区经济发展的规模效益和可持续性，加强利益协调寻求合作策略实为时势所迫，加之中央出台一系列鼓励区域府际合作的政策，对于各地方加强府际合作和利益协调有很强的指导、示范效应。因此，"区域抱团发展逐渐成了各地方政府发展的主体策略，大量公共事务和公共问题迫使地方政府回应性变革、提高政府绩效和优化治理模式"。②

（二）中央或上级政府对府际合作利益协调的主导

"中国地方政府竞争最为重要的制度特征，就是地方政府竞争是在一个单一制的主权国家架内推行分权的结果。"③ 在我国单一制下，中央政府相对于地方政府、上级政府相对于下级政府，无论是在宏观还是中观层面的决策、财政转移、社会发展规划、项目投资等资源配置上具有决定性的影响。各地方政府之间的竞争，除了对地方资源的充分利用外，争取中央政府、上级政府的支持也是获得比较优势的重要途径。中央政府、上级政府的优惠政策、差别待遇为地方政府竞争提供了强力支援。换句话说，地方政府间关系的形成和发展是以一定的国家结构形式为基础的，"国家结构形式所代表的纵向的国内政府间关系的中轴，直接决定国内政府间纵横关系的格局和运作形式。"④ 但是，从另一个角度，对于推进和贯彻中央的区域协调发展战略，加强各地方府际之间的合作，中央政府和上级政府的政策措施也具有重要的引导、示范等规制功能。在府际合作利益协调中，一方面，中央政府和上级政府通过纵向财政转移支付、税收减免与返还、重大项目选择与资金配套等政策或措施来协调不同府际之间的利益；另一方面，地方各政府以纵向中央与地方、上级与下级政府关系为参照，为赢得中央或上级政府的政策支持而协调各行政区的产业布局，完善区域基础设施，严格市场监管统一标准，这本身就是一种区域利益协调行为。区域府际合作利益协调既是各地方政府自主协调、妥协的策略，更是中央政府、上级政府引导的结果。

（三）地方政府对府际合作利益协调的落实

不同区域协调发展战略的落地，既有各地方政府主动融入区域经济一体化

---

① 罗峰：《竞争与合作：地方间关系的历史钟摆》，载于《社会主义研究》，2012年第2期。
② 谷松：《建构与融合：区域一体化进程中地方府际间利益协调研究》，吉林大学2014年博士学位论文，第53页。
③ 汪伟全：《当代中国地方政府竞争：演进历程与现实特征》，载于《晋阳学刊》，2008年第6期。
④ 林尚立：《国内政府间关系》，浙江人民出版社1998年版，第3页。

中联合申请成为国家层面区域协调发展战略的一部分，以便获取国家政策支持，如当年有湖南的长株潭城市群、湖北的武汉城市圈、河南的中原城市圈去竞争申报中部崛起战略版图；也有中央政府对全国整体发展和区域战略布局的综合考虑，如东部、中部、西部，内地与沿海，南与北等多维度的国土区域上的综合平衡发展。中央政府扮演了区域协调发展战略的主导角色，而地方政府则是加强区域府际合作落实区域协调发展战略的主力军，"既然跨区域事务原则上属于中央事务，那么，地方政府之间通过行政协议处理跨区域事务只能属于中央的统一决策，从而将中央事务在'委办'的意义上转化为地方政府的行动。"[①] 区域协调发展战略需要地方各政府积极采取措施，对中央宏观政策进行细化和落实。离开了地方府际合作，区域协调发展战略只能定格于"美丽的蓝图"上。以珠三角一体化为例，2009年国务院发布《珠江三角洲地区改革发展规划纲要（2008~2020年）》，就构建现代产业体系、提高自主创新能力、推进基础设施现代化、构建开放合作新格局等10个方面做出规划。广东省委、省政府为贯彻该《规划纲要》，出台一系列区域框架协议，如《推进珠江口东岸地区紧密合作框架协议》《广州市佛山市同城化建设合作框架协议》《推进珠中江紧密合作框架协议》《广佛肇经济圈建设合作框架协议》，[②] 对《规划纲要》进行细化、落实。在区域经济一体化进程中，处理好府际合作利益协调问题，是区域协调发展战略的应有之义。中央提出区域协调发展的制度建设要求和配套的政策措施，而地方政府是府际合作利益协调最直接的利害关系者，也是利益协调的实践者和建设者，只有区域内各地方政府改变独善其身的意识，树立起合作共赢的观念，在互利的基础上达成利益协调的一致行动方案，才可能实现区域整体利益的增进。

三、府际合作利益协调的模式分析

对于区域府际合作中利益协调的模式分析，基于不同的视野和角度，选取的划分标准也各不相同。从国外区域利益的协调模式来看，既有纵向垂直治理模式，也有横向水平治理模式和虚拟治理模式。而不同的学科视野和理论体系，对于区域经济一体化中府际合作利益协调的模式、手段等存在较大差异，如区域经济理论主张调整产业结构布局来协调政府利益冲突，包括运用哈罗德—多马新古

---

① 叶必丰、何渊、李煜兴、徐健等：《行政协议：区域政府间合作机制研究》，法律出版社2010年版，第146页。
② 石佑启、朱最新：《珠三角一体化的政策法律问题研究》，人民出版社2012年版，第27~33页。

典经济增长模式、不平衡发展理论、梯度转移理论、增长级理论、点轴开放理论、网络开发等理论,以及用财政联邦主义工具强调建立市场维护型联邦主义作为政府预算约束硬化的承诺机制。[①] 孟德尔(Mandell)1988 年提出应设置地方政府间经济合作的协调机构,认为应该建立组织间的网络,加强横向的联系和沟通,以替代传统的层级体系来协调政府间利益。[②] 从我国既有的利益协调实践看,目前主要采取专题项目合作和松散的区域治理组织。我们无意于对府际合作利益协调的模式选择的优劣进行分析,更愿意采用一种实用主义的姿态,对府际合作实践中利益协调类型进行梳理,具体归纳为纵向中央政策约束型和横向行政协议型。

(一) 中央政府政策约束型

所谓中央政府政策约束型即中央政府制定区域协调发展战略,配置相应的区域政策和鼓励措施集聚生产要素,引导下级政府对区域内各地方政府利益进行协调的一种机制。中央政府政策约束型是以行政系统内中央对地方、上级对下级政府具有领导和被领导的行政权威为基础,呈现出一些纵向府际关系特点:(1) 政策制定主体的单方向。中央政府或中央政府的职能部门制定区域协调发展战略或具体政策,一定区域内地方政府对发展战略和具体政策没有决定权,政策制定主体呈现非对称性;(2) 政策事项的被动性。国家区域协调发展战略和具体政策措施体现中央政府对区域利益安排及其协调的意志或态度,区域内各地方政府往往只能被动接受,或者以"下有对策"方式消弭中央政策的真实意图;(3) 中央政府政策的强制性。中央政府政策虽不是法律,也没有严谨的法律规范结构和对应的法律责任,但《宪法》明确规定国务院有权根据宪法和法律,规定行政措施,制定行政法规,发布决定和命令,编制和执行国民经济和社会发展计划,领导和管理经济工作、城乡建设以及教育、科学、文化、卫生、体育、公安、民政、司法行政等工作,这意味着地方政府和下级政府对中央政府政策贯彻执行是法律上规定的义务,是其法律职责;同时,国家区域协调发展战略及其具体政策往往在财政、税收、项目、投资等领域有优惠措施形成引导、鼓励地方政府行为的软约束力;以及其他诸如政治晋升锦标赛制、财政分权制度等制度安排,对各地方政府形成约束力。戴维斯和诺思(Davis and North)指出:"一项制度安排,是支配经济单位之间可能合作与竞争的方式,……制度安排可能是最接近与'制

[①] Qian, Yingyi, Barry R Weingast: Federalism as a Commitment to preserving Market Incentives, *Journal of Economic Perspectives* Vol. 11, No. 4, 1997.

[②] Mandell Myrna P. Intergovernmental Management in interorganizational Networks: A Revised Perspective, *International Journal of Public Administration*, 1988. Vol. 11 (4): 393 – 417.

度'一词的最通常使用的含义了。安排可能是正式的,也可能是非正式的,可能是暂时的,也可能是长期的,……它必须用于下列目标:提供一种结构使其成员的合作获得一些在结构外不可能获得的追加收入,或提供一种能影响法律或产权变迁的机制,以改变个人或团体合法竞争的方式。"①

当然,中央政府政策约束型的府际合作利益协调方案,不排除地方政府在贯彻执行中央政府的区域协调发展战略时,为保护本辖区自身利益而与中央政府博弈过程中采取机会主义行为,在安排重点、范围、时限等具体方案和利益分配上表达自己的诉求,讨价还价,以此形成行政区内利益协调方案去分解区域协调发展政策内核,但名义上是贯彻落实中央的区域协调发展政策。另一个不能排除的倾向是,地方政府为了迎合中央区域协调发展战略把主要精力集中于对上的公关和如何获取中央政策优惠之上,而不是把精力放在如何协调府际利益、形成整合优势更好地承接、贯彻中央区域协调发展政策——眼光媚上与眼光平行的视角,对区域协调发展政策和府际合作利益协调会产生截然不同的治理效果。

(二) 行政协议自我约束型

所谓行政协议自我约束型即区域内各地方政府遵循平等、自愿原则,对区域府际之间的利益冲突与协调达成一致行动方案并产生自我约束力的机制。在2000年后,随着国家区域发展战略的调整,各地方政府之间通过缔约行政协议解决区域治理和进行协调利益,变得日益普遍。行政协议自我约束型的府际合作利益协调机制具有这样一些特点:(1)缔约主体的平等性。缔约双方是各地方政府或其职能部门,即使同时存在多层级的行政机关,如省级政府、市级政府、县(区)级人民政府,或各自对应的职能部门,但他们并不以行政层级身份而是以平等主体身份加以缔约的,各主体在缔约地位上是对称性的、平等性的。(2)缔约事项的自愿性。尽管我国各地的行政协议多是为贯彻执行中央政府的区域协调发展战略,但对于战略的贯彻实施、接地气都是必须基于实实在在的具体领域或项目,缔约各方可以在具体方案选择,如以何种方式、在何时段、如何侧重等安排上自主协商,求同存异,形成一致行动方案。(3)履约的非强制性。基于对合作共赢的理解与认同,缔约各方主体履行协议遵循有约必践的内心信念,履约对于各方只有自我约束力,不具备法律约束力,当然法律对行政协议有规定的除外。

---

① [美]道格拉斯·诺思著,陈郁译:《经济史中的结构与变迁》,上海三联书店1994年版,第89~95页。

在行政协议自我约束型的利益协调机制中，没有层级只有平等，没有行政压制只有沟通协商，各方都是协议的制定者，同时也是协议的执行者，各缔约方可以集中在一起对产业分工、资源管理与环境保护、基础设施一体化、招商引资政策、生产要素流动与统一市场监管标准等跨区域公共行政事务进行充分沟通、说服、分析利益冲突与差异，探求区域共性利益，共谋利益补偿方案，等等，以协商、妥协的精神求得利益协调共识，并转化为各方的行动指导。这对于解决区域经济一体化过程中各地方普遍存在的产业趋同、重复建设、产业转型升级困难、跨区域公共产品和服务衔接等现实问题，具有很好的自我践行能力。实践中，长三角市长联席会议、珠三角市长联席会议、环渤海地区经济联合市长联席会、武汉经济协作区市长联席会议、长株潭党政领导联席会议、厦泉漳城市联盟市长联席会议、青岛烟台威海三市市长联席会议等七大市长联席会议制度，普遍签署了《合作框架协议》《合作宣言》等城市间合作的纲领性文件，成立了城市行政首长（书记）联席会议制度和对口专业部门办事机构，使合作有长效的制度保障。[①] 在单项事务府际合作中，行政协议自我约束型也展现了很好的发展空间，如闽、浙、赣、皖四省的南平市、丽水市、衢州市、上饶市、抚州市、鹰潭市、景德镇市、黄山市及金华市等九个毗邻城市，为解决区域旅游资源开发过程中的恶性竞争、地方保护等问题，各市旅游局长和旅行社负责人于2004年签署了《闽浙赣皖九方经济区旅游合作宣言》《闽浙赣皖九方经济区旅行社同盟公约》，建立了旅游资源的合作分配体制。随后九市扩大府际合作领域，出台了《闽浙赣皖九市专利行政执法协作协议》《合作促进商标品牌发展的工作方案》《合作促进市场繁荣和企业发展的工作方案》《区域监管执法合作方案》《信息合作共享的工作方案》《共同落实国家工商总局支持海西建设意见的工作方案》《加强消费维权区域合作的工作方案》等行政协议，以自我约束、自我规制的方式协调区域利益，提升区域治理水平。

需要指出的是，府际合作利益协调模式中，中央政府政策约束型和行政协议自我约束型两种理论上的类型划分，实践中的表现很可能不会那么泾渭分明。在中国独特的府际关系中，即"相互隔离的横向关系"和"相对顺从的纵向关系"，区域协调发展战略的推进有赖于中央政府制定政策约束和地方政府、下级政府之间通过行政协议方式进行自我约束，通过实现中央政策指导和下级对中央政策回应的双方性，以保持中央政策的宏观性、指导性和地方行政协议自我约束的自主性、实践性之间的张弛有度和动态平衡。

[①] 杨爱平：《论区域一体化下的区域政府合作：动因、模式及展望》，载于《政治学研究》，2007年第3期。

第三节 府际合作利益协调的法律规制

在市场经济体制下,哪里有利益,哪里就有竞争,竞争产生利益协调机制。区域经济一体化进程中,利益协调首先需要由市场机制——"看不见的手"调节。只有当"市场失灵"时,政府参与利益协调才有正当性空间。我们对府际合作利益协调需要保持一种必要的谨慎,遵循市场规律,放松管制,发挥市场配置资源的决定性作用,"市场失灵"之时,即是发挥府际利益协调之日。当然,既有的府际合作利益协调模式主要还是一种行政主导模式,在实施依法治国,建设法治政府的治国理政方略下,将府际合作利益协调纳入法治轨道,是弘扬法治精神的时代使命。本节旨在探究府际合作利益协调行政政策主导模式向府际合作利益协调法律调整模式的转向,分析府际合作利益协调应当遵循的法制原则,完善和构建法制化的府际合作利益协调的具体机制制度。

一、府际合作利益协调的政策化向法制化转变

在不同的区域发展战略阶段,府际合作利益协调机制从无到有,从仅具有宣示意义到实际操作,一直在不断深化完善之中。但无论是中央政府、上级政府制定政策约束型的府际合作利益协调模式,还是通过签订行政协议以承接中央或上级制定的区域发展战略及其政策的自我约束型的府际合作利益协调模式,均可归结为政策协调。

(一) 从政策协调转向法制协调

我国的法律规范体系与"条块"管理体制相吻合,对于跨区域公共行政事务治理既缺乏系统的法律规范规制,也无完整的相应跨区域行政组织设置(当然存在例外,如金融监管机构的跨区域设置),加之法治国家、法治政府、法治社会一体化建设还处于完善之中,故对于跨区域公共行政事务治理,当前采用政策协调,由政府自上而下、依靠行政权威方式来推行,即以新制度经济学中所谓"强制性制度变迁"[①] 为主要路径。

府际合作利益协调政策与国家区域协调发展战略一脉相承,当然,国家区域

---

① [美] 科斯等,刘守英等译:《财产权利与制度变迁》,上海三联书店1991年版,第391~392页。

发展战略的决策主体呈现多元化：既有中共中央作为决策主体，也有国务院作为决策主体，还有中共中央、国务院作为联合决策主体。并且，这种国家层面的重大决策往往首先由中共中央在党的会议或文件中提出战略构想，中共中央与国务院联合或国务院单独发文对党的战略决策进行具体化，如西部大开发战略，首先由中国共产党十五届四中全会（1999 年 9 月）正式提出，随后国务院颁布《关于西部大开发若干政策措施的通知》（2000 年 12 月）从整体上确定西部开发的重点、国家重点支持领域；又如东北振兴战略，中国共产党第十六次全国代表大会报告首次将东北振兴问题提升到国家战略层面（2002 年 11 月 8 日），中共中央、国务院联合发布《关于实施东北地区等老工业基地振兴战略的若干意见》（2003 年 10 月 5 日），最后由国务院正式批复《东北地区振兴规划》（2007 年 8 月）。为对接国家层面的区域发展战略，地方政府之间则多通过缔约行政协议的形式或者地方政府单独颁布政策，对国家区域发展战略在本行政区域内进行细化落实，如 2009 年 1 月 8 日国务院发布《珠江三角洲地区改革发展规划纲要（2008～2020 年）》，2011 年 3 月 6 日广东省人民政府分别与香港、澳门特别行政区政府签订了《粤港合作框架协议》《粤澳合作框架协议》，2009 年 6 月 10 日广东省人民政府办公厅颁布《关于加快推进珠江三角洲区域一体化的指导意见》，2010 年 7 月 30 日广东省人民政府办公厅同时颁布《珠江三角洲产业布局一体化规划（2009～2020 年）》《珠江三角洲基本公共服务一体化规划（2009～2020 年）》《珠江三角洲环境保护一体化规划（2009～2020 年）》《珠江三角洲基础设施建设一体化规划（2009～2020 年）》4 个政策文件，积极推动珠三角一体化协调发展。

  府际合作利益协调政策调整表现出比较强烈的行政权威色彩。一方面，政策方案的设计局限在行政系统内部，公众缺乏参与渠道（当然也不排除有专家参与论证和提供决策咨询意见），公众最后知晓的就是以《通知》《框架协议》《规划纲要》等为载体的冷冰冰的政策文本，利益协调政策文件从制定到颁布呈现封闭状态；另一方面，中央政府或上级政府垄断了作为制度供给的府际合作利益协调政策制定权力，地方政府或下级政府作为府际合作利益协调政策的直接关系主体，其制度供给主体地位被降低，仅仅成为利益协调政策的执行者。同时，我们是否也可以得出政策调整的一个悖论：即政府一方面作为府际合作利益协调政策的强制主体，另一方面它又是府际合作利益协调政策的调整对象。[①] 府际合作利益协调政策调整还涉及政策本身可能存在民主与科学精神的缺失，导致政策执行

[①] 傅大友等人认为，行政体制改革的主客体出现重叠现象，即政府一方面作为行政体制改革的强制主体，另一方面它又是机构改革的对象即强制的客体而存在。参见傅大友等：《行政体制改革与制度创新——地方政府改革的制度分析》，上海三联书店 2004 年版，第 7 页。

难度加大和成本增加的风险。相比较而言，法律调整的稳定性、规范性、国家强制力保障等优势以及告示、指引、评价、教育等功能，更能保障府际合作利益协调得以有效落实。

事实上，通过法律规范促进区域发展和区域利益协调，在发达国家有诸多成功经验。英国1934年通过的《特别地区法》旨在协调地区之间的发展不平衡，而1945年的《工业分布法》和1946年的《新镇法》，则分别是用来引导投资的地区分布，促进衰退地区的发展和限制大都市的蔓延。① 美国1933年通过《田纳西河流域管理局法案》——它是一部隶属于美国宪法的法案，指导田纳西河流域开发；为促进落后地区的经济发展，解决地区差距，美国政府颁布《公共工程和经济开发法》和《阿巴拉契亚区域开发法案》等一系列法案。德国非常强调区域政策的立法化，政府先后颁布了《联邦区域规划法》《区域经济政策的基本原则》《改善区域经济结构的共同任务法》《联邦区域规划纲要》等一系列关于区域经济政策的法律和法规。② 日本以地区发展法律体系为核心，早在1950年就制定了《国土综合开发法》作为地区发展的根本法，并与后来陆续制定的一系列关于地区发展的法律《过疏地区振兴特别措施法》《新产业城带建设促进法》等构成了一个完整的地区发展法律体系。③

发达国家依据法律加强区域开发和利益协调，为我国府际合作利益协调法制化调整提供了域外经验和借鉴样本，而我国自己十多年的法治政府建设经验、教训，要求在依法治国的背景下，重塑立法与改革决策的关系，"这就是以法治主义引领立法理念转变，以法治思维和法治方式协调立法与改革决策的关系"。④ 因此，实现府际合作利益协调政策调整向法制化调整转型，是时势所需。

（二）采用"综合—单行"立法相结合、"上—下"双向融合立法路径

经过多年的区域发展战略，我国已经形成了"东部—中部—西部""南—北""沿海—内地—边疆""点—带"等多中心区域一体化格局，各中心在府际合作利益协调问题上既有共性也有个性。立法工作既要充分尊重经验主义立法理念，总结改革经验"确保立法进程与改革开放和社会主义现代化建设进程相适应"，更要发挥法治主义立法理念，"把立法决策与改革决策更好地结合起来"

---

① ［英］霍尔，邹德慈、全经元译：《城市与区域规划》，中国建筑出版社1985年版，第118页。
② 豆建民：《中国区域经济合作中政府干预的原因、问题与建议》，载于《改革与战略》，2003年第11期。
③ 陈书笋：《论区域利益协调机制的法律建构》，载于《湖北社会科学》，2011年第3期。
④ 石佑启：《论立法与改革决策关系的演进与定位》，载于《法学评论》，2016年第1期。

"从法律制度上推动和落实改革举措,充分发挥立法在引领、推动和保障改革方面的重要作用"。

基于此,一方面,我们可以采取综合立法模式,把区域发展战略与府际合作利益协调过程中的共性工作,对各项决策中协调主体、协调程序、协调组织、协调执行、协调保障、协调监督等各个环节进行调整和规范,将区域利益协调的一系列技术方法、协调手段、行为方式、协调程序等内容规范化、制度化。府际合作利益协调的法制化,也是一种法制精神,确切地说它强调的是一种行政法制精神,"就目前来讲,行政法制精神无疑由如下诸因素构成:行政民主化、行政公开化、行政管理效率化、行政权力有限化、行政程序连续化、行政过程规范化、行政组织合理化、行政人员知识化等这些精神是行政法制统一的支柱,不论哪一个地区、哪一个部门、哪一种性状的经济构成、哪一种文化特性都必须捍卫上述法制精神。"[1] 另外,各区域发展不平衡,区域发展战略功能定位不同,府际合作中利益协调的各要素也存在差异,可采用单行立法就某一区域发展和府际合作利益协调进行规范。主要发达国家在区域协调发展立法方面,也有采用综合—单项相结合的立法先例,在规定区域协调发展的总方针和政策方面,如德国《改善区域经济结构法》、日本《国土综合开发法》;针对欠发达地区的特别振兴措施,如日本《山村振兴法》、韩国《促进特别地域综合开发特别措施法》;针对大型项目的专项立法,主要是针对国家投入了大量资金和关系到国家发展的重大项目进行立法,如美国《麻梭浅滩与田纳西流域开发法》;针对特定事项进行专门立法以推动该项事业的发展,如德国《投资补贴法》、日本《促进工业再部署法》等,均通过法制强化在区域协调中政府合作职责,包括对利益协调的处理问题。因此,我国可以采用综合—单项立法相结合的立法模式,对区域发展战略和府际合作利益协调进行法律规制。

同时,我国单一制的国家结构形式和多层级立法体系,有助于建立中央—地方之间的上下融合立法。具体说,中央(全国人民代表大会或国务院)对国家区域发展战略、府际合作或者跨省级区域合作事项进行上位立法,由地方共同的权力机关或人民政府对地方区域发展战略、府际合作以及利益协调等事项进行地方立法,中央宏观立法与地方中观立法相结合,形成完整的法律规范体系,对府际合作利益协调进行规范。

二、府际合作利益协调的法制原则

"利益协调是一种价值取向,它是在承认各区域利益合法性的前提下,通过

---

[1] 关保英:《行政法教科书之总论行政法》,中国政法大学出版社2005年版,第577页。

竞争、回避、体谅、合作、妥协等方式实现契约的制度化，将各利益主体的利益诉求理性地保持在一定的限度内"。① 府际合作利益协调的法制化，即是要求以法律规制府际合作中各方利益主体的相关行为，保障合作关系主体个体利益，增进区域整体利益，促进区域和谐发展、有序发展。我们认为在府际合作利益协调法制化调整中，应当遵循以下几个基本原则。

（一）公平与效率相结合原则

公平与效率是区域经济发展战略追求的两大目标，也是处理地区发展关系的逻辑基点和基本原则。② 我国在不同时期采取不同的区域发展战略，基于不同的发展理念也产生了不同的社会效果。

改革开放之前实施区域均衡发展战略，强调公平优先原则，以行政权力的强制干预经济推动内地发展，但也阻滞了经济基础相对较好的沿海发展，区域之间呈现一种低水平的平衡。改革开放之后至20世纪末期，国家以经济建设为中心，推行非均衡发展战略，过分强调效率，产业分工、资源配置、要素流动、区域综合竞争力等指标被不断强化，资金、人才、投资等生产要素和财政、税收、融资等优惠政策倾斜，导致负面效果层出不穷，经济发展不平衡也引发社会发展不平衡。进入2000年后，我国实施区域协调发展战略，既要发挥各地比较优势，又要采取强有力的宏观调控措施，促进生产要素在区域间自由流动，健全区域合作机制和扶持机制，加大国家对欠发达地区的支持力度，促进基本公共服务均等化，增强发展的协调性。③ 区域协调发展战略即凸显公平与效率结合的原则。

事实上，在社会的物质利益和人类行动这些社会存在与人们的思想观念"这两个领域即'两种现实力量'之间存在着紧密联系和无休止的互动……很难否认二者都很重要，但同样很难证明哪一样是首要的，哪一样是次要的"④，可以说一个社会的观念决定着其制度（包括法律）的选择，制度选择又决定了一个社会的发展。因此，在我国制定和实施区域发展战略时，正确的目标取向是遵循公平与效率有机结合。在区域发展战略中，公平分享合作利益是府际合作的前提；府际合作的效率取决于所有合作者能否达成合作提升区域整体效益。所以，确立公

---

① 陶希东：《跨界区域协调：内容、机制与政策研究》，载于《上海经济研究》，2010年第1期。
② 杨小军、何京玲：《基于公平与效率视角的我国区域经济发展战略演进》，载于《商业研究》，2009年第5期。
③ 段娟：《从均衡到协调：新中国区域经济发展战略演进的历史考察》，载于《兰州商学院学报》，2010年第6期。
④ ［美］罗兰·斯特龙伯格，刘北成、赵国新译：《西方现代思想史》，中央编译出版社2004年版，第3页（导论）。

平与效率相结合的原则,既是总结我国区域发展战略历程中不同策略得出的经验教训,也是府际合作利益协调法制化应当遵循的基本原则。

(二) 互信共赢原则

信用是一种社会资本,可以降低社会交往成本和风险。美国学者弗朗西斯·福山指出,"构成社会资本的规范必须能够促进群体内的合作,因此,它们往往跟诚实、遵守诺言、履行义务及互惠之类的传统美德存在联系"[1],而互信则是对作为各自对方的信用判断与选择。在区域发展战略中,互信是构建新型区域合作观念的思想先导,也是府际合作利益协调有效开展的前提。互信内含一种隐秘的判断,即由于授予其他政治主体对某些利益问题的自由决定权,也就接受了他们潜在不良意愿给自己可能造成的伤害。在府际合作利益协调中,能否互信影响着区域发展战略中的某一方政治主体为实现目标而同其他政治主体通力合作的意愿,也影响着领导人同其他集团结成联盟的意愿。一旦赋予信任,府际合作主体就要承担潜在伤害所带来的一定量的风险,以换取相互合作的益处。"你的利益暗含我的利益。另外,从理性选择的角度看,信任是矛盾的。一方面,信任关系在增加合作效用的同时减少了信息成本;另一方面,因为政治主体是自私的,那些信任其他政治主体的政治主体似乎在非理性的选择增加他们受其他政治主体伤害的可能性。"[2] 因此,由政治不信任所导致的"各集团间的疏远和敌视感,很可能造成政治冲突,甚至会使相对来说是例行的政治决策过程难以推行。"[3] 马克思也曾说:"在再生产过程的全部联系都是以信用为基础的生产制度中,只要信用突然停止,危机显然就会发生。"[4] 由此可见,是否有信用资本,能否互信,考验着府际合作利益协调中各方相关主体的政治智慧。

区域发展战略中,各级政府都具备"理性人"思维和"搭便车"策略,为走出"囚徒困境",参与合作的政府应当经过充分协商,分析差异性利益,探讨共性利益,对区域合作中作出较大利益牺牲而提升区域利益的政府利益给予补偿。也就是说,府际合作以互惠为基础,求同存异,实现各方均能从合作中获益和促进区域利益最大化之间的均衡,这即是共赢思维、共赢原则。共赢原则要求

---

[1] [美] 弗朗西斯·福山,彭志华译:《信任:社会美德与创造经济繁荣》,海南出版社2001年版,第30页。
[2] [美] 马克·E. 沃伦,吴辉译:《民主与信任》,华夏出版社2004年版,序言,第1~2页。
[3] [美] 加布里埃尔·A. 阿尔蒙德等,曹沛霖译:《比较政治学》,上海译文出版社1987年版,第44~45页。
[4] 《马克思恩格斯全集》第25卷,人民出版社1974年版,第555页。

府际合作各方改变独善其身的思维和策略，树立起自身利益是建立在他人利益基础之上、自身发展状况与他人的发展状况"唇齿相关"的意识，合作解决区域治理问题。

（三）公开参与原则

区域合作是一个求同存异的竞合过程，通过利益协调的制度安排来促进处于矛盾或对立状态的不同利益向共同利益转化，同时将各种不同利益之间的矛盾限制在良性互动的范围内，是减少利益冲突和恶性竞争的有效途径。[①] 随着我国行政从压制型行政模式向回应型行政模式的转变，在府际合作利益协调中，各政府行政不再局限于传统的命令行政、单方行政和消极行政，行政观念、手段和方式开始出现转向：行政相对人不再仅仅是守着自己消极权利的三分地的看护人，不再是行政管理的客体，而是具有独立主体地位和公共精神的公民，是行政的重要参与力量；行政过程不再是行政主体单方意志操纵的行动，而是行政主体与行政相对人协商、沟通、交涉而形成的双向意志交流与互动。[②] 封闭、单方决定、行政强制等方式对于府际合作利益协调的处理无济于事。因此，实施信息公开，让各方利益关系主体知晓，拓宽参与渠道，通过辩论、沟通、说服、妥协等，充分表达自己的诉求，才可能达致各方都能接受的一致行动方案。

府际合作是处理跨区域公共行政事务的一种合作治理。治理不是一整套规则，也不是一种活动，而是一个过程；治理过程的基础不是控制，而是协调；治理既涉及公共部门，也包括私人部门；治理不是一种正式的制度，而是持续的互动。[③] 府际合作利益协调更是一个上下互动的管理过程，通过合作、协商、伙伴关系、确立认同和共同的目标等方式实施跨区域公共事务管理，以建立在市场原则、利益协调和认同之上的合作。"从政府角度看，公众参与可以为推进有效的政府治理、构建互动合作的政府与社会关系、重建公共权力的权威等提供新的社会资源；从社会角度看，公众参与有助于促进多元利益主体的对话合作、超越零和博弈游戏、促进社会公平。"[④] 所以，府际合作利益协调不是纯粹的政府内部事务，而是直接牵涉区域内企业、社会组织、公民等各方主体的行为选择与策略安排，依赖各利益相关主体的积极参与。

---

① 庄士成：《长三角区域合作中的利益格局失衡与利益平衡机制研究》，载于《当代财经》，2010年第9期。
② 石佑启、杨治坤、黄新波：《论行政体制改革与行政法治》，北京大学出版社2009年版，第13页。
③ 全球治理委员会：《我们的伙伴关系》，牛津大学出版社1995年版，第23页。转引自俞可平主编：《治理与善治》，社会科学文献出版社2000年版，第4~5页。
④ 王锡锌主编：《行政过程中公众参与的制度实践》，中国法制出版社2008年版，第16页。

公开是参与的前提，没有公开的参与，是毫无意义的徒劳或表演；没有参与，公开也失去了目标价值。所以，确立公开参与原则，是"民众之事，民众知晓，民众参与"这一宪政精神在区域发展战略和府际合作利益协调中的体现。

三、府际合作利益协调的制度与机制构建

府际合作利益协调如果要走向实践运作，必须构建一系列的具体制度机制，解决好以下几个问题：哪些主体来组织府际合作过程中的利益协调？又有哪些主体有资格参与府际合作利益协调？遵循何种程序进行利益协调？解决利益协调需要建立哪些机制？

（一）府际合作利益协调中的主体制度

1. 府际合作利益协调的立法职权主体

尽管区域发展战略的决策主体包括党的最高领导机关、一定级别的权力机关和人民政府，但府际合作利益协调法制化调整，首先要解决哪些主体是享有立法职权的主体，因为只有享有立法职权的主体才有资格促成当前府际合作利益协调政策调整型向法律调整型转变。府际合作利益协调的立法职权主体范围，与需要协调的利益范围息息相关，涉及跨省域的区域发展战略与府际合作利益协调的，立法职权主体有：全国人民代表大会及其常委会、国务院及其各部委，以及享有立法权的地方权力机关与人民政府。前者立法适用范围跨越省域，后者立法适用于省域内立法机关管辖区域，调整管辖区域内内各方主体的行为。

2. 府际合作利益协调的执行主体

在国家区域发展战略中，各区域成立了各种非建制式的组织机构，如联席会议制、市长联盟、协调小组等，每种组织机构的具体职能分工有所不同。如泛珠三角区域合作的协调机制，主要由五种具体制度安排构成：（1）行政首长联席会议制度。它由内地省长、自治区主席和港澳特别行政区行政长官组成，每年举行一次会议，研究决定区域合作重大事宜，协调推进区域合作。（2）行政首长联席会议秘书处。它内设于行政首长联席会议之下，有秘书长 1 名，常务副秘书长 2 名，其中 1 名负责秘书处日常工作，另 1 名由承办当届"论坛"和"洽谈会"的政府委派。（3）政府秘书长协调制度。它由 9 省（区）政府秘书长或副秘书长，以及香港、澳门特别行政区政府相应官员组成。（4）日常工作办公室工作制度。"9+2"各成员方设立日常工作办公室，负责区域合作日常工作。9 省区的日常工作办公室设在发展改革委（厅），香港、澳门特别行政区政府确定相

应的部门负责。(5) 部门衔接落实制度。主要负责对政府行政首长联席会议决定的与本部门有关的事宜制定互相衔接的具体工作方案、合作协议、专题计划等工作，①其他区域府际合作包括利益协调中的组织机构设置也大体类似。但是，从我国区域协调组织发展的历程和现状来看，其在区域利益协调上的作用并不明显。正如有学者指出，区域协调组织的"组织运作和实际功能都仅停留在信息交流的层次上，是一个对区域相关问题进行讨论的论坛，充其量不过是进行一些具有互惠性质的经贸洽谈和项目合作，对涉及区域内利益冲突和竞争的事项很难有实质性的协调功能。"②府际合作利益协调的难度，直接影响着当前府际合作利益协调组织机构的工作实效。是否设置府际合作利益协调的实体建制式组织，则是一个需要深入研究的问题。

3. 府际合作利益协调的参与主体

府际合作利益协调的参与主体，是区域府际合作利益协调中不可或缺的组成部分。参与主体即可参与有关府际合作利益协调立法（决策）领域，也可参与府际合作利益协调具体执行环节。《立法法》第五条规定："立法应当体现人民的意志，发扬社会主义民主，坚持立法公开，保障人民通过多种途径参与立法活动。"这即是说，当作为立法参与主体时，即是指立法活动中不享有立法职权的其他参与主体，如参与立法听证的专家、利益相关个人或团体，以及对立法机关公布的法律草案提出意见和建议的其他国家机关、组织或公民等。如果是参与府际合作利益协调的具体执行环节，理论上，其他国家机关、组织或公民都有资格参与其中，但参与主体的范围，则可根据政府所作出的行政行为所针对的对象或所可能影响到的对象来确定。参与主体通过参与，在各个阶段、环节提出自己的看法，表达利益诉求，有助于立法、决策或执行环节充分听取民意、集聚民智，推进立法（决策）民主化、学科化和执行民主，也有助于参与主体对立法、决策、执行工作的认同和接受，因为"承认政府具有合法性的公民更有可能遵守法律、支持政权以及接纳不同的观点，而立法过程中的公民参与对于培养这种合法性是至关重要的。"③

（二）府际合作利益协调的程序制度

程序是交涉过程的制度化，也是一套工作机制。它通常将国家权力运行的过

---

① 杨爱平：《论区域一体化下的区域间政府合作——动因、模式及展望》，载于《政治学研究》，2007年第3期。
② 荣跃明：《区域整合与经济增长——经济区域化趋势研究》，上海人民出版社2005年版，第236页。
③ [美] 卡尔·克茨著，节人磊译：《公民与议会——公众对于议会的参与和信心》，载于蔡定剑主编：《国外公众参与立法》，法律出版社2005年版，第4页。

程、方式和边界分解成若干个过程和环节，每一个过程和环节又有"检验标准"和期限要求，这为权力主体的自律设计了内控装置，让它们服从自己的角色安排，依据规则行事。① 行政程序的本质特点应当是过程性和交涉性。区域利益协调的程序包括协调遵守的方式、步骤、顺序、时限和规则等，在这种程序中，不仅要求各政府行政权力依法行使，而且要考虑行政的复杂性、公众需求的多样化、资源的有限性，要通过扩大利益协调参与人而实现行政的民主化，淡化行政过程的"单方性、强制性"色彩，鼓励在协商合意的基础上实现利益协调目标的达成。同时，府际合作利益协调程序应当包含参与、交涉、对话、协商、妥协等内容，为行政参与提供了法定的途径，使各方主体在区域治理中从单纯的管理对象变为行政过程的参与性力量，从而增强政府的责任性和回应性。要实现区域利益协调过程的程序化，首先应当保障程序设置的科学性、公开性和合法性，这是实现区域利益协调机制程序化的前提和基础。任何超越规则、增减步骤都有可能构成利益协调过程的违法，对于府际合作利益协调中违反程序的，应当有监督制约机制和责任追究机制对之进行约束。

（三）府际合作利益协调的具体机制

1. 利益表达机制

区域利益表达机制是指在府际合作中各区域关系主体，通过区域协调组织进行信息沟通和利益表达，使各区域关系主体充分表达己方的利益，知晓其他方利益诉求的一种利益协调机制。利益表达机制是最为基础的利益协调机制，它本身并不直接对区域内其他关系主体的利益产生实质影响。实践中多通过区域论坛、区域研讨会、经贸洽谈会等形式实现，但不容忽视的一种倾向是，在府际合作利益协调中，强势地区和集团享有更多更有分量的话语权，弱势地区或群体利益易被轻视，由此造成利益表达上的权利和机会的不公平。构建利益表达机制的意义在于，在强势地区和群体主导区域合作的态势无法改变的情况下，通过适当的制度安排，促进表达信息的畅通，提供公平、机会均等的正当利益表达的权利和机会，提高弱势地区和群体利益表达的有效性，为合作利益博弈与整合提供较为公正的条件和环境，实现表达权利的平衡，使区域合作的利益格局相对公平合理。②

---

① 王英津：《论程序政治——对我国民主道路的新探索》，载于《中国人民大学学报》，2002年第3期。

② 庄士成：《长三角区域合作中的利益格局失衡与利益平衡机制研究》，载于《当代财经》，2010年第9期。

2. 利益磋商机制

所谓府际合作利益磋商机制是指区域关系主体就涉及自身利益的某一具体事项，与其他利益相关方进行正式磋商，寻求消除分歧或达成一致行动意见的利益协调机制。① 与区域利益沟通机制相比，利益磋商机制涉及的事项更为具体，各区域关系主体一般直接针对某一具体事项进行磋商。因磋商主体的确定性，磋商事宜的明确性，所以磋商达致的结果一般也更具有可接受性、操作性。如果从权利义务的角度讲，即意味着区域关系主体的权利义务更加明确、具体，对各关系主体的约束力也更加明晰。

3. 利益协议机制

所谓区域利益协议机制是指区域关系主体在就某一问题达成共识之后，为确保该共识能够为区域主体各方所遵守并得到切实执行而签订相关协议，赋予该共识以强制约束力的过程。② 府际合作利益协议机制的结果，就是各人民政府之间签订的行政协议，它是利益协调的多方主体意思合意，是区域利益协调由意向性沟通发展为实质性结果，对各缔约方均产生约束力。当前行政协议的约束力"主要就是这种成员居于共同体的责任和有诺必践原则所产生的自我约束力，以及害怕被群体孤立的压力而被迫履行。"③ 当然，如果法律对行政协议有规定的情况下，行政协议的自我规制约束力因被法律认可、规范，这种约束力就上升为法律效力，则可以国家强制力督促缔约方按协议内容履约。

4. 利益补偿机制

实现区域内各地方政府利益增进与区域利益最大化之间均衡，是各地方政府开展府际合作的动力源泉。但是，府际合作过程中，国家或大区域为了实现区域整体利益，可能要危及或牺牲某一政府利益或区域发展机会时，国家或区域内其他受益的政府应当给予这些利益受损的政府应有的机会或利益补偿。因此，建立利益补偿机制是必要的，"是对区域合作可能造成的过大利益差距的制度救济，同时也可减少和避免地方政府的机会主义和地方保护主义倾向"，④ 防止在实施区域协调发展的同时又造成新一轮的发展不平衡。这种利益补偿机制，目前采用中央财政转移支付的方式，但以后能否创新财政制度——建立横向府际之间的财政转移支付制度，或者建立府际合作发展基金，对府际合作中利益受损的地方政

---

①② 周叶中、张彪：《促进我国区域协调组织健康发展的法律保障机制》，载于《学习与实践》，2012年第4期。

③ 汪伟全：《长三角经济圈地方利益冲突协调机制研究：基于政府间关系的分析》，载于《求实》，2008年第9期。

④ 黄溶冰：《府际治理、合作博弈与制度创新》，载于《经济学动态》，2009年第1期。

府进行补充,值得期待。

5. 利益协调监督机制和纠纷裁决机制

监督和纠纷裁决机制主要是形成利益协调中的约束链条,减少府际合作中的机会主义行为,确保合作行为的可持续性。有学者提出建立第三方监督机制,认为监督由相关各方共同授权最为合理,请上级政府、上一级主管部门监督,或特邀其他地方政府或委托中介机构来监督,均是可行的方式。[①] 有关纠纷裁决机制,将在第十四章讨论,本部分不再赘述。

---

① 杨龙:《地方政府合作的动力、过程机制》,载于《中国行政管理》,2008 年第 7 期。

第十二章

区域经济一体化中府际合作的激励约束机制

"由于地方政府间不存在指导与被指导的关系,更不存在领导与被领导的关系,因此他们之间的关系比较自由。"[1] 这就需要通过相应的机制与制度构建,尤其要运用激励与约束机制来调节彼此的行为,达到互信互利的目的。在法治的视野下,推动区域府际合作持续、有效地进行,需要从两个方面着力:一是要有合作的动力,二是要有对非合作行为的约束。即既要对合作行为予以充分的激励,也要对违反"合作规则"者给予相应的惩戒。而这都有赖于区域府际合作中激励约束机制的建立与健全。

第一节 府际合作激励约束机制的含义及功能

一、府际合作激励约束机制的含义

激励与约束同人的动机密切相关,是一对既对立又统一的有机体。心理学认为,人的行为都是由动机引发的,动机是一种精神状态,它对人的行为起到激发、推动和加强的作用。对组织而言,激励是指组织通过创造满足组织成员所需

---

[1] 林尚立:《国内政府间关系》,浙江人民出版社1998年版,第24页。

的条件,给其物质和精神上的满足,激发动机,调动潜能,使其产生实现组织目标的特定行为的过程。约束是指组织为保障有序运转,运用法律、行规、契约、道德等手段,规范组织成员的行为,对不利于实现组织目标的特定行为进行防止、束缚和抑制的过程。激励与约束都作用于人的动机,目的在于使人产生有利于实现组织目标的行为。激励与约束包括主体、客体、目标、方法和环境条件等五个基本要素,即:由谁激励约束、对谁激励约束、朝哪激励约束、如何激励约束,以及激励约束的环境条件是什么。[①]

在我国,人们最熟悉的激励理论莫过于美国心理学家马斯洛的需求层次理论。他将人的需求分为生理需求、安全需求、社会需求、尊重需求、自我实现需求五个层次;人的积极性和受激励的程度主要取决于需求的满足程度;当一种需求基本得到满足后,上一层次的需求就会成为主导需求。因缺乏实证支持,该理论在西方国家遭到普遍的质疑。目前得到大量实证支持的激励约束理论有:目标设置理论、认知评价理论、公平理论、期望理论、激励相容性理论等。[②]

激励约束机制是现代经济学、管理学的重要内容,并逐步引入到法学中来。府际合作中的激励机制指依据法律制度、价值取向和文化环境等,对合作对象从物质、精神等方面进行激发和鼓励,以使其行为朝着合作主体所期望的方向、目标持续发展的机制;府际合作约束机制是指对合作对象的行为进行制约和束缚,以使其行为收敛或改变,抑制其违反"合作规则"的机制。总之,激励机制是支持、鼓励合作对象去推进合作行为、实现合作所期望目标的机制;约束机制是限制、反对合作对象去做合作所不期望目标的机制。

激励的方式有多种,包括物质与精神激励、目标激励、奖罚激励、竞争激励等;约束通常采用的方式则包括制度约束、合同约束、道德约束与自我约束等。激励机制与约束机制是相伴而生的,激励离不开约束,没有约束的激励就类似于没有监督的权力,必然会引发合作方对其所在地方利益的极度追求而损害合作各方的共同利益或区域整体利益;而约束亦离不开激励,离开了激励的约束就会缺乏动力,其直接结果就是效率的丧失。在很多情况下,一项制度、方案、措施兼有激励和约束两种作用,因此激励机制与约束机制通常统称为激励约束机制。

二、府际合作激励约束机制的功能

在区域经济一体化的背景下,地方政府开始突破行政区划的藩篱而使相互之间的合作逐步成为常态,激励与约束机制对府际合作发挥着重要的调节功能。主

[①②] 梁磊:《激励约束机制的基本框架体系》,载于《施工企业管理》,2012年第1期。

要体现在：

（一）启动与维持府际合作

作为一种自愿行为，府际合作的启动不应以强制为前提，而应当由参与各方在充分考虑和相互协商的基础上逐步开展并最终形成稳定的合作关系。但由于我国受长期以来"行政区行政"的影响，一些地方政府及部门"各人自扫门前雪"的观念根深蒂固，因而未将本辖区发展与区域发展结合起来，并从区域整体出发来对公共物品的配置进行考虑。为此，府际合作的行为性质决定了其对于激励机制的需求，只有在具备足够激励因素的前提下，合作才有可能被地方政府或部门提上议程。但与此同时，府际合作的自愿性也并不是绝对的。一方面，对于某些公共问题，如果不采取合作是无法解决的，这个时候亦不排除"合作"的启动具有一定的强制性。如对于跨区划的水污染问题，若上游地区政府不与下游地区政府合作治污，水污染将难以解决。此时，当上游地区政府的"非合作"行为实质上已经构成一种侵犯其他地区公共权益的"不作为"时，"强制合作"也并非不可能。另一方面，府际合作的维持与其启动不同，一旦达成合作关系，合作各方必须信守承诺并积极履行义务，而不能随意解除合作关系。可见，府际合作不仅需要足够的激励供给，也离不开必要的制约或约束。同时，区域经济一体化背景下的府际合作与传统体制下的地区合作不同，它是建立在分享共同利益的基础之上的合作行为。在市场经济深入发展和各地方政府利益独立化的制度背景之下，区域内各地方政府间的合作是一种利益导向下的战略选择，区域合作框架建立在各地有共同利益需求的基础之上，且区域内地方政府意识到只有选择合作才能增进和分享共同利益。因此，采用柔性的协商、协调机制，通过"自主参与、集体协商、懂得妥协、共同承诺"的方式，对区域发展进行"激励或软约束"，这是市场经济条件下促进区域府际合作，实现区域协调发展的主要途径。

（二）推进府际合作

区域合作主体的积极性是受利益驱动与诱导的，各地方政府推动区域合作除了获取区域利益之外，还希望得到认可。因此，要运用相应的手段对区域合作给予鼓励和支持，如对区域合作项目的投资给予政策倾斜，对跨区域产业给予目标性政策扶持，对跨区域企业给予工具性政策优惠，对跨区域合作开发给予制度性政策肯定，对积极推进区域合作的部门和领导的政绩评价通过量化指标予以认可等，这些都可成为推进区域府际合作的有效激励。同时，区域经济一体化与区域府际合作对每个成员来说都有一种责任或约束。"共同体的每个成员所负有的一项义务就是使共同体的利益优先于他的自我利益，不论两者在什么时候发生冲突都一样。……这就是社会责任原则。社会责任并不要求人们放弃对个人自我利益的追求，但他们必须用与共同体利益相一致的方式去追求。"① 这就意味着容忍和妥协。如区域府际合作协议对签订协议的各方来说是一种对等性行政契约，其约束力主要体现为成员方基于对共同体的责任和有诺必践原则所产生的自我拘束力，这属于软约束。在软约束下，当协议的一方违约时，其惩戒可能不是严格意义上的制裁，而是某种合作的停止、某种优惠的取消，或被其他成员方所孤立以及声誉上受到影响。

（三）保障府际合作协议的有效实施

府际合作协议是区域内地方政府间开展合作的重要依据。它是一定区域内的各地方政府为协调相互间的行政合作事宜、实现区域的共同发展，经协商而形成的对各自行政管理活动进行规制的协议。区域内的地方政府之所以要签订府际合作协议，就是要通过明确的合意条款来引导各方按照协议内容相互支持和配合，以实现区域共同发展。由于区域经济一体化程度的不断加深，区域内地方政府间的联系日益密切，形成相辅相成的利益攸关共同体，如一方政府违反协议，势必给其他按协议规定办事的合作方带来巨大的损失，故必须建立相应的约束机制保障府际合作协议的有效实施。府际合作协议的实施有赖于各成员方对共同体的责任感和自觉性，从利益追求的角度看，签订区域合作协议的各方会受到来自作为一个理性经济人的利益追求所产生的自我约束的制约。在实践中，一旦签订区域合作协议一方违约，其他各方可以依据自我救济机制通过采取共同行动来保证协议效力得到尊重，使违约方迫于区域合作中被孤立的压力而遵守约定。"社会性使人们害怕孤立，希望得到尊重和喜爱。""只有假定了人们对孤立的极端恐惧时，我们才能解释人类为什么至少在集体中能取得伟大成就。"② 可见，府际合作协议中违约责任的具体形式不是一种严格意义上的制裁，而是某种合作的停止、某种优惠的取消，也即违约方因为不履行义务而不能享受其权利与利益。因为，府际合作协议的各方在合作中所能获得的各种权益需要相对方的配合或给予特定的资格，这样就存在着理论上的可行性，即区域合作协议中的守约方通过某种合作的停止或某种优惠的取消来迫使违约方遵守协议或采取补救措施，从而实现对违约方的制约。③

---

① ［英］米尔恩著，夏勇等译：《人的权利与人的多样性——人权哲学》，中国大百科全书出版社1995年版，第49、52、45页。
② 叶必丰：《长三角经济一体化背景下的法制协调》，载于《上海交通大学学报（哲学社会科学版）》，2004年第6期。
③ 石佑启：《论区域合作与软法治理》，载于《学术研究》，2011年第6期。

第二节　建立健全府际合作激励约束机制的现实缘由

之所以要建立健全府际合作激励约束机制，其现实缘由在于，当前府际合作的启动与维系，还受到地方主义的阻碍、地方政府行为外部性的制约以及现行政绩考核制度的束缚。下面分述之。

一、地方主义的阻碍

在相当长的时期内，地方政府之间的过度竞争造成了普遍的地方主义现象。这种地方主义主要包括地方保护主义和地方本位主义。时至今日，在区域经济一体化的背景下，尽管不少地方政府及部门已日渐接受"合作治理"的行政理念，但不可否认的是，地方政府及其部门作为既定行政区划的代表，相互之间的竞争仍是客观存在的。因此，当前的政府合作往往是一种"竞争性合作"。也就是说，在地方政府或部门之间，竞争并不会随着合作的达成而消失，而是与合作同时存在。从近年的情况来看，一些地方政府及部门在地方主义的影响之下，仍未能合理平衡竞争与合作的关系，并直接造成了区域内的各种冲突现象。

一是市场准入中的行政壁垒。通过制定不规范和不合理的限制标准、实施不公平的检验检查等方式设置行政壁垒，进而对进入本地市场的外地产品设置各种人为障碍的现象仍不少见。即使从一体化程度较深的区域来看，亦存在类似情况。例如，在长三角区域，上海的产品在进入江苏等地时，依然屡屡遭遇地方保护主义的壁垒。对此，曾有上海官员反映，一方面，上海企业的产品在进入江苏等地的一些城市时，遭受到了许多以检测之名而行地方保护主义之实的情况。另一方面，有的地方政府保护甚至纵容假冒经济的存在与发展，导致上海部分名牌企业的利益屡遭侵害却难以维权。而且，该官员还指出："反而有一次上海市有关方面通过该省政府部门下到某县打击假冒行为，该县的负责人避而不见，躲到了一边。"[1]

二是招商引资中的恶性竞争。在市场经济条件下，资金作为一种重要生产要素对经济发展起着重要的作用。因此，招商引资也当然成为地方经济建设的关键环节。但从我国区域发展的现状来看，一些区域内的地方政府为吸引投资而展开

---

[1] 凌飞语：《同质竞争与地方保护困扰长三角大上海梦难圆》，载于搜狐新闻网，2016年4月8日。

恶性竞争，导致这些区域的招商引资几乎演变成一场"让利竞赛"。即为了获得国内外商家更多的投资，一些地方政府在其辖区内推行大幅度优惠的招商政策，甚至不惜成本采用一种"倾销式"的方法，以市场中常常出现的"跳楼价"来展开投资争夺战，于是便衍生出了招商引资中的"零税收""零地价"等现象。例如，在长三角区域，苏州将土地价格从原来的每亩20万元降到每亩15万元，昆山也由原来的每亩15万元降到每亩10万元，而无锡甚至降到了每亩2万~3万元，嘉兴是每亩7万元，已经远远低于一般土地成本每亩15万元的标准。[①] 为遏制这种不良的竞争态势，国务院于2008年公布《关于进一步推进长江三角洲地区改革开放和经济社会发展的指导意见》，全面叫停长三角区域地方政府间的恶性招商竞争行为。但从实践来看，类似招商引资中的恶性竞争在其他区域仍然存在。地方政府之所以愿意在招商引资中狠下"血本"，主要是由于其所采取的各种突破底线的"优惠策略"，能够在短期内将产业与劳动力引入本地，而产业的聚集将为其带来一定程度的经济增长。然而，从区域整体的角度来看，这一做法并不能引起区域经济总量的增加，反而会使地方政府容易放松对投资行为的监管而造成经济活动的失范与经济资源的流失，从而导致各种经济风险在区域内聚集，为区域经济的发展埋下隐患。而且，地方政府间的恶性竞争也进一步加剧了区域内已有的地方主义现象，阻碍了区域内统一市场的形成，进而限制了区域经济的转型升级与协调发展。

三是产业结构的同构化。由于区域内各邻近地区在自然条件、人文环境等方面较为接近，长期以来所发展的经济产业相似程度较高，使得它们之间缺乏应有的产业分工而造成了产业定位趋同的后果。其中，我国长江经济带的沿江开发就是典型之一。安徽、湖北、湖南、江西等省的沿江开发基本上以各自的行政区划为限，规划布局的主导产业极为相似，经济互补性不强。如安徽皖江城市带建设和湖北长江经济带开放开发战略所规划的主导产业即存在惊人相似——前者确定了装备制造业、原材料产业、轻纺产业、高技术产业、现代服务业和现代农业六大支柱产业；后者则确定了先进制造业、现代服务业、高新技术产业、现代农业和农产品加工业等优先发展产业。而且，以上地区的规划布局也基本局限在本行政区划内而鲜有谈及相互之间的分工合作、产业配套等问题。[②] 而同处于长江经济带的江苏、上海等省市，尽管它们之间的合作程度较之上述城市要更高，但也同样面临着严重的产业同构化问题——江浙沪等地都以冶金、机电、石化产业为主，产业结构同构率高达75%以上。在金融危机中，这些趋同的产业受到的冲

[①] 王云帆：《长三角大悬念》，浙江人民出版社2008年版，第216页。
[②] 田建军、徐旭忠、朱旭东：《长江经济带恶性竞争：市场割据带来产业趋同》，载于人民网，2016年4月8日。

击较大，严重的月份外贸出口降幅达30％。^① 由此可见，为追求自身利益最大化，区域内各地方政府在规划产业布局时缺乏整体视野，往往造成区域产业结构的同构化。对于区域而言，这种各地区"自成体系"的产业结构在本质上就是区域内产业布局的无序与冲突，它将会造成各地区对同类资源及市场份额的争夺，从而有碍于区域的协调发展。

  四是公共设施重复建设所导致的利益冲突。区域公共服务一体化是区域经济一体化的重要配套，它的形成与发展离不开一定的物质条件。而公共设施即是构成这种物质条件的关键因素。在传统"行政区行政"的背景下，公共设施的服务对象以特定行政区划的公众为限，所以地方政府也仅立足于本地区来进行公共设施建设，而不会从区域全局作出考虑。因此，当前区域公共设施建设仍未能真正实现有效的统一规划，重复建设的现象仍然随处可见，尤其是港口、机场等设施领域，更是重复建设的重灾区。在港口建设方面，长江沿线省市的港口重复建设问题已日益凸显，港口因业务"吃不饱"而"晒太阳"的现象屡见不鲜。例如，在南通港上了2个5万吨级矿石泊位的情况下，相距不远的太仓港也同时上马2个5万吨级矿石泊位，如此重复审批，重复建设，最终只能造成两处泊位都"吃不饱"的"双输"局面。同时，与港口项目相配套的物流园区也是空置居多。^②除了港口建设，机场重复建设的问题在我国区域发展的过程当中也十分突出。例如，在大珠三角区域不足200平方公里的狭长范围内，即存在香港、澳门、广州、深圳、珠海、佛山六大机场。而且，近年又传出惠州机场复航、广州将建第二机场等消息。这样一来，大珠三角区域各机场间的利益冲突将进一步激化。而长三角区域亦没有能够脱离珠三角区域所走的老路，在以上海为中心不足300千米的范围内，除了建有浦东国际机场、虹桥国际机场、南京禄口国际机场、杭州萧山国际机场、宁波栎社国际机场外，临近的各地级市也陆续建起了气派不凡的民用机场。^③甚至在经济相对落后的中西部地区，"机场建设热"也难以降温。这直接造成的后果则是，机场建成后的亏损现象相当普遍。有报道称"中西部地区机场七成亏损"。^④可见，在目前区域经济一体化的进程中，公共设施重复建设的问题非但没有得到缓解，反而愈演愈烈，由此造成的区域内地方政府间冲突也仍在持续。

  以上述四种冲突方式所体现出来的地方主义，不仅会有碍于区域经济一体

---

  ①② 田建军、徐旭忠、朱旭东：《长江经济带恶性竞争：市场割据带来产业趋同》，载于人民网，2016年4月8日。

  ③ 杨晓鹏：《区域经济发展过程中地方政府间冲突问题研究》，苏州大学2007年硕士学位论文，第29页。

  ④ 周范才：《国内机场盈亏调查：中西部地区机场七成亏损》，载于新浪财经网，2016年4月8日。

化中政府合作的启动,而且还会有损于业已形成的府际合作关系,使合作各方出现隔阂甚至造成合作关系的破裂。对此,一方面要建立健全激励机制,以引导地方政府及部门彻底转变"画地为牢、各自为政"的观念,并将本地区的发展与区域整体的发展结合起来,积极推动府际合作的展开;另一方面也要建立健全约束机制,以制裁各类地方主义行为,从而维持健康、良好的府际合作关系。

二、地方政府行为外部性的制约

从经济学的角度来看,地方政府行为往往会因"溢出效应"的存在而具有"外部性"。所谓"外部性"是指某一地方政府在实施行政行为时,不仅会产生其预期范围内的效果,而且可能会对本地区以外的其他地区产生影响。从实践来看,地方政府行为外部性往往会造成特定地区的利益受损,从而不利于政府合作的开展。

例如,自 2000 年起,处于钱江源头的开化县在浙江省政府的强烈要求下,开始了持续十年的治水历程,期间强制关停了大量的本地企业,并否决了二百多个产业项目,此举不仅保证开化境内大部分水质达到二类标准,也为了钱江的"一江清水"。然而,当下游地区共享这"一江清水"并以此获得经济发展时,开化却由于生态补偿一直未能到位而面临种种经济社会问题——18.4 亿元的直接经济损失、年平均利税 3.67 亿元的削减、8 万主要劳动力的出走及其所引起的留守儿童问题……对此,时任开化县环境保护局局长邓仕海曾诉苦道:"开化对钱江的保护作出了巨大的贡献和牺牲,但回报实在太少。"2000 年以来,历届县、市、省人民代表大会、政协开会,开化的代表都强烈要求生态补偿,但却一直没有得到回应,直至杭州媒体发起持续一年多的"反哺钱江源"系列报道,暴露出开化可怕的贫穷并唤起了下游地区的"惭愧之心"后,情况才开始得以转变。2007 年,开化县终于得到了 3 000 多万元的补偿,而这也直接促使浙江省在我国首次全面实施生态补偿机制。①

开化县的经历既是我国许多偏远地区因治污而致贫的缩影,也反映出地方政府行为外部性可能对府际关系所造成的负面影响。再以流域水污染为例。就地理位置而言,一些偏远地区往往处于河流的上游,因而严格限制部分高污染产业在这些地区落户,对于水源的保护无疑具有重要的意义。然而,这些地区本来即地处偏僻,能够获得的发展机会不多,一旦再对其中工业项目的上马实施控制,则

---

① 吕明合:《保住"一江清水",换来贫穷落后?》,载于南方周末网,2016 年 4 月 8 日。

更是导致它们的经济发展陷入被动，同时还会由此带来诸如失业等诸多社会问题。而且，在过去相当长的时间内，这些地区的社会经济规划主要受到上级政府行为的制约，所以水源保护往往被视为它们必须落实的一种行政任务，而因水源保护行为"正外部性"获益的下游地区却鲜有为此"买单"，上游地区的利益也因此遭受实际损害。在此情况下，一些地方政府或部门对于"府际合作"即产生了排斥情绪，尽管明知合作有利于发挥不同地区的比较优势而实现区域利益的最大化，但又唯恐本地区利益在合作过程中得不到保障。由此造成的后果是，若非上级行政机关的命令，一些地方政府及部门对于府际合作往往望而却步。而对于已经存在的府际合作而言，上述情况还会导致府际合作中诸如"搭便车"等机会主义行为的普遍产生。这样一来，府际合作中将出现各种袖手旁观却还坐享其成的现象。当这种现象持续一定时间后，府际合作亦将难以为继，甚至可能进一步导致原合作各方的相互对抗和封闭。除地方政府行为"正外部性"以外，地方政府行为"负外部性"则更是会直接对正常的府际合作关系形成破坏。例如，在府际合作中出现的各种损人利己、以邻为壑的行为，不仅对整个区域的发展有害无益，也会对府际合作产生直接的损害，从而不利于府际合作的发展。

可见，受制于地方政府行为外部性，府际合作的形成及维系都将遭遇困境。为此，只有建立健全府际合作激励约束机制，对引起"正外部性"的行为予以补偿，并对引起"负外部性"的行为予以惩处，才能够突破地方政府行为外部性之于府际合作的制约，并实现府际合作的良性发展。

三、现行政绩考核制度的束缚

政绩考核制度，一般指对于政府官员行政绩效的考核评价制度。地方官员为取得系统内部的肯定，并获得升迁的机会，必须遵循政绩考核制度所设定的各项指标，提高自身绩效。由于我国行政机关实行首长负责制，"行政一把手"在政绩考核制度下的决策也将直接左右地方政府及其部门的活动取向。例如，在新中国成立初期"政治挂帅"的政绩考核制度下，我国地方政府及其部门的活动与国家各项政治目标紧密联系；而自我国实行改革开放以来，政绩考核由"政治挂帅"转向"经济挂帅"，地方政府及其部门的活动即以推动地方经济的发展为重要目标，对干部考核特别是对地方干部政绩的评价与考核过分强调与所辖地方经济发展业绩进行直接挂钩，而这种业绩又主要以上了多少项目、建了多少企业、经济增长速度多少等指标来进行简单量化和比较。这样，就必然导致各行政区首脑或部门干部强化资源配置本地化和保护本地市场。政绩考核的原意在通过政绩考评增加政府、地方官员的积极性,促进地方经济、社会的全面发展。政绩考核制度不完善,产生了一些负面效应,不利于推动府际合作的开展,甚至对府际合作形成一定的束缚。主要体现在:

(一) 政绩考核的主体较为单一

我国政绩考核的最初目的就是上级政府用于考评下级地方政府,是一种自上而下的内部评价体系。在评价的主体上主要依靠上级政府和上级领导,评价主体较为单一,忽视了权力机关、民众、媒体等主体的参与。封闭性的考评体系有其固有的缺陷,由于上级主体是根据下级政府上报的经济财政数据进行考核,这客观上造成了下级政府上报虚假数据的情况。而上下级信息存在不对称等问题,因此上级政府很难确定上报材料的真伪,评价结果缺乏公信力。同时,单一的评价主体使得地方政府在开展工作过程中更为重视上级政府的喜好,而缺乏对公共满意度的关注。政府的工作成效最终应该从公众的满意度方面获得体现,而公众又没有被纳入考评体系内,也就很难保障政府的工作绩效。虽然有的地方将公众满意度作为参考标准,但是由于统计等多种原因,在很大程度上仍然难以真正反映公众需求。在区域府际合作过程中,受传统绩效评价体系的影响,地方政府官员更为注重上级政府的评价标准,权衡地区利益及政府官员自身利益,发展本行政区划范围内的经济。此外,独立的第三方评估机构缺乏,评估体系尚未建立。[①]

(二) 政绩考核未能突破行政区划范围局限

现行政绩考核主要以单一行政区划为界限对地方政府及其部门的官员进行考核,但府际合作的开展与实施却鲜有被纳入到考核中。地方政府及其部门官员对于开展府际合作的热情本就不高,而且在特定情况下,这种考核制度还可能会对府际合作产生更大的束缚。例如,在当前区域河流污染治理中,往往是依行政区划边界划分"河段"后,再分别对各河段的治理成果进行考核。这种考核无疑能推动各河段所在行政区划地方政府及其部门的治理工作。但在府际合作考核指标缺失的前提下,各地方政府及其部门的负责人则可能为完成自身的考核任务,提高自身的绩效,从而以邻为壑,将本河段的污染治理建立在污染其他河段的基础之上。这样一来,随着府际关系的恶化,府际合作亦将无从谈起。

---

① 刘莹:《我国跨区域地方治理中的利益协调问题研究》,山东大学2013年硕士学位论文,第26页。

（三）政绩考核指标体系不完善

我国政绩考核指标体系过度重视地方经济发展水平，即地方 GDP。历史上，在政绩考核中注重 GDP 确实起到了激励政府官员，从而促进地方经济发展的目的，但是，也导致了很多问题。以经济发展指标作为官员考核晋升的重要指标，导致地方政府官员片面追求 GDP 和财政收入，强化资源配置的本地化，与其他行政区域经济形成竞争态势，努力吸引其他社会资源，同时避免内部资源流失。在以 GDP 为中心的干部考核制度大背景下，地方政府官员作为追求利益最大化的"经济人"，为使自己能在众多被考核者中脱颖而出以实现职务上的晋升，甚至不惜弄虚作假、"官出数字""数字出官"、大搞政绩工程。为了推动本地经济短期发展，地方政府官员注定会忽视乃至回避跨域合作，大搞地方保护主义、山头主义，致使区域内各单元辖区产业结构严重雷同。① 跨区域合作是一个长期的过程，需要不断完善和调整区域产业政策，才能形成合力，达到整体效益最优化。但是，在我国目前的人事管理体制下，官员跨区域调动比较频繁，在有效的行政任期内取得突出的经济发展成果成为诸多官员努力追求的目标。这就导致经济短视效应明显，急功近利，盲目上项目、设企业，努力避免对其他经济区有利的"溢出效应"，并将不利因素转嫁到相邻行政区。②

（四）政绩考核制度重约束而轻激励

从结构来看，考核应当是"惩"与"奖"的有机结合。也就是说，一个完善的考核制度，不仅应当包括严格的约束机制，还应当融入必要的激励机制。但就现行政绩考核制度而言，却更多地致力于约束机制的建立，例如对官员设置了约谈、调岗、问责等多种告诫及惩处措施。对此，我们认为，基于行政主体职权职责的统一性，组织法在赋予政府及其官员相应的职权后，通过考核更多地进行约束而达到控权的目的，固然有利于保障外部相对人的权益。但对于府际合作而言，情况却有所不同。一是府际合作属于内部行为，并不直接针对外部相对人而实施，因此，对于府际合作可多采取激励手段；二是在当前主要以行政区划为限的考核制度下，如果缺乏充分的激励，地方政府及其部门官员将很有可能抱着"多一事不如少一事"的心态守住自己的"一亩三分地"，而不愿去参与或推动府际合作。

---

① 魏向前：《跨域协同治理：破解区域发展碎片化难题的有效路径》，载于《天津行政学院学报》，2016 年第 2 期。

② 刘莹：《我国跨区域地方治理中的利益协调问题研究》，山东大学 2013 年硕士学位论文，第 26～27 页。

第三节　建立健全府际合作激励约束机制的具体路径

充分调动和激发合作各方的积极性，有效抑制合作各方违反"合作规则"的行为，是建立健全府际合作激励约束机制的重要内容，也为设定府际合作激励约束机制具体路径提供了方向指引。

一、科学设定府际合作目标

目标引导行为。目标对合作各方的行为既有激励作用，也有约束作用。为达到目标而行动是合作各方行为动机的主要激励源之一；设定的目标影响着合作各方对于能够执行任务的信心以及他们各自的目标设计，这两个因素又反过来影响执行任务的绩效。目标激励就是设置科学合理的目标，激发人的动机，调动人的积极性。为此，应该做好以下几个方面的工作：一是通过设立目标激励合作方；二是设定的目标应该是明确具体、有难度但可以接受的；三是目标需要得到合作各方的认可，并要进行任务分解；四是及时提供目标执行情况的反馈。同时，目标会使合作各方产生压力，压力通常会使合作方创造出更高的绩效，区域府际合作中的目标激励必须以区域共同利益的维护及区域协调发展为基础。在目标激励过程中应该把合作的各方目标与共同目标结合起来，只有这样，才能在达到共同目标的同时实现合作各方自己的目标，才能使合作各方不断努力，发挥自己最大的潜能。目标也能约束合作各方的行为，通过建立目标责任制，实施目标考核，对目标执行情况进行过程控制，将实施过程、结果与目标、计划进行对比，及时发现合作中存在的问题，并将实施偏差反馈给合作各方，及时进行纠偏和调整，以保障府际合作持续、有效地进行并产生预期效果。

二、出台区域优惠措施

府际合作主体的积极性是受利益驱动与诱导的，因此，首先应通过出台有关区域优惠措施，对府际合作给予直接的鼓励和支持。一方面，应通过对区域合作项目的投资给予政策倾斜、对跨区域产业给予目标性政策扶持、对跨区域企业给予工具性政策优惠、对跨区划合作开发给予政策肯定等措施，促使地方政府积极推动各类区域合作项目的上马，并推动区域范围内的产业结构调整与转型升级。

另一方面，各地方政府及其部门推动区域合作的目的除了借助区域规模效应为本地争取利益以外，还希望通过推动府际合作而得到区域范围内各方主体的认可。因此，应当对积极推进区域合作的地方政府、部门及其官员给予认可等。这些措施都可成为对区域经济一体化中府际合作的有效激励。[①]

三、建立利益约束机制

目前我国跨区域合作组织多为松散型的合作组织，参与主体多为同级别的地方政府，缺乏行政层级上的隶属关系，因此，很多达成的协议在执行上多依靠地方政府的自觉行为。出现违背协议内容的行为时，也缺乏强制性措施和严格的约束机制。这一点在涉及地方利益问题上体现得更为明显。利益约束机制是跨区域地方治理中解决利益冲突，实现利益协调的重要保障。同时，由于跨区域合作中的利益纷繁复杂，各利益主体为了实现自身利益最大化，往往违反区域整体规划，采取利己手段，实施利己行为，最终将危害区域整体利益。建立有效的利益约束机制可以有效避免这种状况。约束机制可以将复杂的利益协调行为简单化。通过完善法律法规，可以有效约束跨区域合作中各利益主体的行为。利益约束机制包括硬约束和软约束两个方面。硬约束主要是指"当利益主体拒不履行协调意见，或者履行义务时违反协议规定的，必须承担违约责任。事先应规定相关处罚措施，并强制执行其处罚和制裁，包括承担相应的政治责任、经济责任或法律责任。"[②] 软约束主要是指参与主体的自我约束力。这种约束力来源于其违背区域政策行为可能引发的损失，即违约方所丧失的权利等内容。跨区域合作应该尝试建立政府的信用体系，对于政府的违约行为给予相应的惩戒，如取消优惠政策、减少合作项目，甚至取消参与资格等内容，从而增加政府的违约成本，迫使其约束自身行为，遵守区域政策规划。[③]

四、健全区域补偿制度

现阶段，我国区域补偿制度已逐步建立，但仍可在以下方面予以健全：
一是推动法定补偿与协定补偿有机结合。区域补偿可通过纵向财政转移支付

[①] Shi Youqi, On Rule of Law in Governmental Cooperation for Regional Economic Integration, *Canadian Social Science*, Vol. 11, No. 1, 2015, P. 39.
[②] 汪伟全：《推进区域一体化必须协调地方利益冲突》，载于《探索与争鸣》，2009年第11期。
[③] 刘莹：《我国跨区域地方治理中的利益协调问题研究》，山东大学2013年硕士学位论文，第14、39页。

以及横向财政转移支付两种方式予以实现。其中，前者是上级政府对各下级政府进行统筹管理的方式之一，此种区域补偿是一种法定补偿。具体来说，即对于区域补偿的范围、标准以及资金的分配等问题，都由法律进行明确的规定，以防止财政资金在区域补偿方面的不当使用，以及保障财政转移支付补偿在各下级政府间的公平分配。而后者则属于平行政府间通过协商而实施的区域补偿。基于政府之间的平等性，各地方政府能够对区域补偿的相关事宜进行谈判，并在充分协商的基础上确定补偿的方式、金额等。法定补偿与协定补偿相结合，有利于畅通区域补偿的渠道，从而保障区域补偿的落实。

二是构建科学合理的财政转移支付体系。首先，应当明确财政转移支付的目标。我国区域发展不平衡是事实，横向地方政府间的经济差距拉大也是客观存在情形。在这一情境下，区域府际合作多表现为"强—弱"联合，其结果有时并未带来各地区的均衡发展，反而却导致各地区之间的发展差距进一步拉大，影响了区域整体协调和稳定发展。因此，在区域府际合作中，应该注重对横向区域差距的调节，加大对相对落后地区或者发展受损方的财政转移支付，提高公共服务均等化水平。其次，应当调整转移支付结构，以一般性转移和专项转移支付为主。最后，应当设定科学的转移支付数额计算方法。目前，转移支付的计算方法主要是依据地方向中央提供的税收额度来确定数额的基数法。这种计算方法忽视了各个地方的财政状况、人口资源等因素。因此，应当完善转移支付额度的计算方法，选取诸如人口数量、人口密度、工业化程度等不易受到人为因素控制的、能反映各地收入能力和支出需要的客观性因素作为转移支付额度计算的依据。①

三是探索多元化的资金筹措渠道和补偿方式。在资金筹措渠道上，可引入市场手段，通过设立区域补偿基金、向社会发行区域补偿债券或彩票等，丰富筹措区域补偿资金的渠道，以减轻各级政府财政在区域补偿方面的压力。在补偿方式上，应积极推动区域补偿由单一化的补偿金支付方式向多元化补偿方式转变。例如，可通过由各地方政府共建区域项目、由获益地区向受损地区公民提供就业机会等方式来实现区域补偿等。

五、完善政绩考核制度

完善政绩考核制度可从以下几个方面着手：

---

① 刘莹：《我国跨区域地方治理中的利益协调问题研究》，山东大学 2013 年硕士学位论文，第 37~38 页。

第一，在考核内容方面，应当将消除地方贸易保护壁垒的情况、区域产业规划执行情况、区域合作的积极度、对欠发达地区的利益补偿、与其他地区的技术、人才交流等与政府合作相关的事项纳入到政绩考核中。[①] 增加对区域合作方面的考评，重视地方政府官员在区域合作中的主要表现，将有助于改善我国区域合作状况，引导地方政府及其部门官员将本地区利益与区域全局利益结合起来，不仅注重本地区经济社会的发展，更注重整个区域经济社会的可持续发展，从而借助于府际合作实现区域整体利益的最大化。

第二，在考核主体方面，应改变过去单纯依靠政府的自身评估方法，实行内外结合。以此来提高考核质量，抑制地方官员的短视行为和各种各样的表面工程，使政府在发展经济的过程中立足长远，加强基础设施建设，加强地方政府间合作，实现共赢；应当吸纳上级行政机关、同级地方政府及其部门、非政府组织、专业评估机构、新闻传媒、社会公众等多元主体参与地方政府及其部门官员的政绩考核，从而通过综合各考核主体的意见，对地方政府及其部门官员有关政府合作的绩效予以评价。例如，在区域府际合作过程中，同级合作的地方政府也应该纳入考核的主体中，借助于同级地方政府及其部门的互评，可以就某一地方政府及其部门官员在区域政府合作中的表现获得较为客观的了解。[②]

第三，在考核指标方面，应当设计一套科学、规范、可量化的绩效考核指标体系。通过其正确的方向引导，规范地方政府及其官员的行为取向和行为模式，实现地方政府行为的规范化和符合府际合作目的，从而协调和改善政府间利益关系。有学者认为，科学的地方政府绩效评价体系的建立应该体现以下思想：一是对一个地方政府政绩的评价应该把该地方社会经济发展与其历史状况及长远发展有机结合，尤其要注重该地方的可持续发展能力；二是对地方政府官员的考核、评价应该取向于一个综合的指标体系，而不应仅仅局限于发展经济的能力。我们认为，在考核指标方面，不应仅仅局限于发展经济的能力，而应根据区域经济的发展和府际合作的实际综合考量。其中，不仅要有经济数量、增长速度指标，更要关注经济增长的质量指标、社会效益指标和生态环保指标；不仅要考察地方政府及其部门官员在促进本地经济社会发展方面的政绩，也要关注其在遵守法律法规和履行区域合作协议方面的表现；不仅要考核干部对本地区的业绩贡献，还要考虑由于本地区发展而对相邻地区带来的正、负效应；不仅要关注效率，还要关注社会公众的满意度，要把其发展经济的能力同提高社会效益的能力有机结合起

[①②] 刘莹：《我国跨区域地方治理中的利益协调问题研究》，山东大学 2013 年硕士学位论文，第 40、39 页。

来；不仅要根据有关决策的即时影响进行考核，还要对这些决策的后续影响进行考核；等等。①

第四，在考核奖惩方面，要实现激励与约束有效结合。一方面，加大对于地方政府及其官员在推进府际合作上的表彰力度，增加他们以此获得晋升的机会等，从而引导地方政府及其部门官员积极寻求府际合作的机会并参与到府际合作中来；另一方面，要严格按照考核结果兑现有关惩处措施，只有这样，才能促使地方政府及其官员树立正确的政绩观，树立全局和长远意识，力避"数字出政绩、眼光只在本地、谋事只顾眼前"的现象发生，以为地方政府合作治理跨地区公共事务与实现区域协调发展提供足够的动力。②

六、建立府际合作责任制度

目前，实践中更为注重府际合作的启动和开展，却往往忽略了在此过程中的责任分配和承担问题。对此，我们认为，尽管各地方政府及部门间的合作愈发频繁，府际合作的进程正逐步深入，但责任制度的缺失，既不利于府际合作关系的持续发展，也不利于府际合作目标的最终实现。因此，有必要建立健全府际合作责任制度，具体包括以下三个方面：

第一，建立上级政府对下级政府合作责任的追究制度。实践中，我国绝大多数地方政府合作都是在上级政府或部门的协调或规划下启动的。例如，国务院于2016年2月发布《关于哈长城市群发展规划的批复》，原则同意《哈长城市群发展规划》，并指示"请认真组织实施"。可见，尽管有意向实施府际合作并推动城市群发展的主体为黑龙江、吉林省政府及有关市政府，但在规划的申报过程中，国务院有关部委亦充分参与了规划的拟定，且规划由国务院最终批复通过。因此，国务院作为上级政府实际上能够对下级地方政府合作进行直接指导。例如，《关于哈长城市群发展规划的批复》即要求吉林省、黑龙江省人民政府要"强化责任分工，明确任务要求，密切协调配合，形成工作合力"。而在当前我国府际合作责任制度尚不完备的情况下，为明确合作各方的责任，可由对下级政府合作规划作出批复的上级政府或部门制定相对明确的责任分工事项，并对违反有关事项的主体进行责任追究。

第二，建立府际合作成员资格的限制与取消制度。尽管我国府际合作并非都具备一定的实体组织形式，但实际上却都赋予了合作各方相应的成员身份。而这

---

①② Shi Youqi, On Rule of Law in Governmental Cooperation for Regional Economic Integration, *Canadian Social Science*, Vol. 11, No. 1, 2015, P. 39.

种成员身份则主要体现在参与一些合作论坛、联席会议等的资格上。例如，实践中往往将泛珠三角区域合作称作"9+2"，其合作成员为广东、广西、海南、云南、贵州、四川、湖南、江西、福建9个省区和香港、澳门两个特别行政区，除此以外的其他省份均不具备这一成员身份。而且，只有具备了"9+2"成员身份的各省、特别行政区，才有资格派出代表参与"泛珠三角省会城市市长论坛""泛珠三角区域合作与发展论坛暨经贸洽谈会"等论坛或会议。在这一前提下，成员身份对于府际合作各方具有十分重要的意义，一旦失去成员身份，将不再享有相应的权利。因此，可建立府际合作成员资格的限制与取消制度，对府际合作中不信守承诺、消极对待职责或破坏合作关系的成员予以权利上的限制或取消成员资格，从而通过这种"资格罚"的形式来落实府际合作的责任。

第三，建立落实区域行政协议责任的相关制度。现阶段，通过订立区域行政协议方式来实施府际合作十分普遍，但不少区域行政协议却存在以下问题：一是大部分区域行政协议缺乏明确的责任条款，因此合作各方对于有关责任的分配和承担并不明确，容易导致合作过程中互相扯皮、推诿的情况发生；二是当前府际合作的纠纷解决机制尚不健全，因此，即使约定了相应的责任条款，也难以使有关责任落到实处。为此，一方面要从文本上不断完善区域行政协议的责任条款，并逐步建立健全府际合作纠纷解决机制。另一方面则还要建立区域行政协议责任的相关落实制度。例如，可通过府际合作诚信评价及公开制度的建立，对府际合作中各地方政府及部门的责任落实情况予以评价，并就评价结果附上必要的说明后进行公开，从而对合作各方的责任履行形成一定的监督。由于这一评价也会成为各地方政府及部门在选择合作伙伴时的重要参考，因此，它有助于促使各地方政府或部门为保证自身在府际合作中的良好信誉而积极履行各项职责。

第十三章

区域经济一体化中府际合作的信息共享与公众参与机制

在信息时代，信息畅通、透明是区域经济一体化中府际合作的一个基本要求，因为区域合作中许多事务的完成和合作目标的实现，有赖于信息的全面收集和充分利用。府际合作的信息共享机制，就是保障区域经济一体化中政府信息畅通、透明且被全面收集和充分利用的一种机制。区域经济一体化中府际合作的根本目的，是促进区域经济社会的发展，为区域公众提供更好的公共服务，因此，区域合作不能只是区域内各政府的"自鸣自唱"，而必须有区域内公众的充分参与，才能使得区域公共服务更好地满足区域公众的有效需求。府际合作的公众参与机制，就是确保区域经济一体化中府际合作能够有效满足区域公众需求的一种机制。府际合作的信息共享机制和公众参与机制又是一体两面、相互促进的两种区域合作保障机制。在一定意义上，信息共享是公众参与的前提和保障，因为公众参与首先需要畅通和透明的信息，通过信息共享能够保障公众参与到府际合作的过程之中；公众参与又是信息共享的一个基本目标，因为信息共享最终是面向社会公众的共享，通过满足公众知情权，来提高府际合作的实效。

第一节 府际合作的信息共享机制

区域经济一体化中府际合作的信息共享，属于政府信息共享的范畴。政府信息共享又称政务信息资源共享，或政务数据资源共享，它是指行政机关向政务服务网络平台或数据系统及其他行政机关提供信息资源，以及在一定条件下对信息资源共同采集、处理及利用的行为。区域经济一体化中府际合作的信息共享，顾名思义，就是指在区域府际合作过程中，区域内各政府及其部门对该区域内的政府信息予以协作采集、处理和利用的行为。

一、府际合作政府信息共享的法理分析

（一）政府信息共享的本质是公共资源共享

在人类历史上，信息共享的形成与发展大致经历了三个阶段，即：面向特权阶层的有权共享阶段；无偿共享与有偿共享并存阶段；基于网络的知识分享阶段。[①] 在古代，信息是稀缺资源，只有特权阶层才能共享信息，比如国家典藏制度保存历史记录专供统治者查阅和借鉴。文艺复兴时期建立的公共图书馆制度，则是面向社会公众提供的无偿信息共享。到了近代，资本主义法律体系以产权保护的形式确立了知识产权制度，使得信息共享出现了无偿与有偿并存的局面。一方面，公共信息资源通过信息公开制度无偿向社会公众提供；另一方面，私人信息产品通过市场机制和知识产权制度有偿向社会提供。20世纪90年代以来，国际互联网技术高速发展，信息资源通过数字技术得以高效处理，信息共享开始呈现出资源共建上的知识共享特征：每个社会成员都拥有一些可以贡献给其他成员的知识，并且每个成员都愿意在其他成员需要时一起分享这些知识。[②] 这种信息共享是一种全面的知识资源分享或交换，网络技术大大促进了知识全面分享与交换的可能性。

信息共享的前提是信息被视为一种资源或财产。信息的利益化过程就是信息的资源化过程。从20世纪50年代到90年代，信息不断资源化，这是社会经济发展的大背景以及随之而来的人类认识演变和深化的结果。[③] 在信息资源化的进程中，信息、知识成为"权力最高品质之源"，与财富、暴力共同构成了权力框架的三角基石。[④] 信息是资源，信息资源是财富，或者进一步说，信息资源意味着一种影响力意义上的权力。尤其是信息资源中具有更高价值的知识资源，在当

[①] 成佳：《信息共享的思想与制度探析》，载于《山西经济管理干部学院学报》，2011年第2期。
[②] ［美］彼德·德鲁克著，张星岩译：《后资本主义社会》，上海译文出版社1998年版，第21页。
[③] 崔保国：《信息社会的理论与模式》，高等教育出版社1999年版，第9页。
[④] ［美］阿尔文·托夫勒著，吴迎春等译：《权力的转移》，中信出版社2006年版，第9页。

代社会运行及治理实践中，越来越多地被作为权力争夺、地位角逐对象从而构筑强大影响力的关键资源。

在区域府际合作中，政府信息共享是一种非常重要的合作保障方式。因为区域中各地方政府能够最便利、最有效地掌握本地有关治理的信息资源，各地方政府拥有本地信息资源的采集、开发和利用的权力。基于公共权力而收集和开发的信息资源，具有公共产品的属性，我们可将其界定为公共资源。公共资源的利用必须是开放性的，在区域府际合作中，如果公共资源的利用权是独占的，而不是分享的，区域府际合作将无从谈起。区域府际合作的基本宗旨和出发点，是促进区域经济的一体化，区域内政府信息资源既是区域经济社会发展所积累形成的成果性资源，也是区域进一步走向一体化发展所必须依赖的公共性资源。总之，由于政府信息已经成为当代行政管理最为重要且最具影响力的公共资源之一，区域合作中的政府信息共享在本质上是对区域公共资源的分享与利用，它以网络技术作为推进器，鼓励区域治理中的信息交换与分享，避免信息"孤岛"，减少公共资源浪费和重复建设，从而提升区域合作的层次和效率。

（二）政府信息共享的目标是满足公众知情权

知情权，又称"知的权利""知悉权"或"了解权"，是指社会公众有获知与他有关的资讯信息的权利。知情权一词源于英文的"the right to know"，是美国学者肯特·库伯于1945年首次提出的，其基本含义是公民、法人及其他组织有权知道他应该知道的信息，国家应该最大限度地确认和保障公民知悉、获取信息的权利。[①] 知情权可分为公众知情权（对公共信息的知情权，包括行政信息知情权、司法信息知情权）和私人知情权（对个人信息的知情权），本文关注的是公众知情权。公众知情权的观念源于古典自由主义思想。洛克认为，无论国家采取什么形式，统治者应该以正式公布的和被接受的法律，而不是以临时的命令和未定的决议来进行统治。因为，只有这样才能使人民知道他们的责任并在法律范围内得到安全和保障，并将统治者限制在适当的范围之内。[②] 罗伯斯比尔则将公众知情权范围扩展到所有的政府行为，他认为，公民有权了解自己议员的行为，对公众公开是政府的一项责任，政府有义务使公开达到最大的程度。[③]

在当代信息社会，信息资源已成为公众参与政治、经济及社会生活的一个非常重要的资源，因此公众知情权更是在更深和更广的层次上被强调。例如，2002

---

① 李国际、夏雨：《知情权的宪法保护》，载于《江西社会科学》，2007年第2期。
② ［英］洛克著，叶启芳、瞿菊农译：《政府论》（下篇），商务印书馆1964年版，第85~86页。
③ ［法］罗伯斯比尔著，赵涵舆译：《革命法制和审判》，商务印书馆1965年版，第139、150页。

年，联合国欧洲经济委员会成员国在布加勒斯特召开信息社会泛欧大会，发布了《布加勒斯特宣言：迈向信息社会：原则、战略和优先行动》（以下简称《宣言》）。《宣言》认为："这个信息社会以广泛传播和分享信息、各利益相关方（包括政府、私营部门和民间团体）的真诚参与为基础。在争取让人人都充分享受到信息社会的益处的努力过程中，这些利益相关方的贡献至关重要。"《宣言》将"确保获得信息和知识的权利"作为信息社会建立电子战略的基本原则之一，指出："个人和组织都应该能够得益于对信息、知识、思想的获取。因此，公共领域的信息应该易于获取。信息是畅顺和透明的决策过程的基础条件，也是任何民主制度的先决前提。而知识则是改变我们全球社会和地方社区的关键因素。要为所有人（包括残疾人）提供信息，特别要通过创建有关内容来实现，从而消除各种不平等现象。公共政策应该扩大这方面的机会。信息通信技术不仅有潜力提高公共服务的有效性，而且能够让个人参与政府政策的制定过程。"

在我国传统观念中，公众知情权实现的可能空间较小。"法藏官府""刑不可知，则威不可测""民可使由之、不可使知之"，等等，这些说法都是我国传统行政极度不透明、公众知情权严重缺乏的经典描述。受传统观念的影响，我国当代政府机关对公众知情权的满足和保障的重视程度依然十分欠缺。尤其是在当前的信息社会，政府对信息资源的垄断，更容易造成政府与公众之间的"信息鸿沟"。在区域经济一体化过程中，也存在一些地方政府垄断更多的信息资源，或者存在各地方政府之间有关区域治理的信息不对称状态。如果不实现区域信息资源在各地方政府之间的充分共享，区域的公众知情权就无从保障。因为连具有信息采集、加工、处理和利用优势的地方政府都难以掌握相关区域信息，普通民众就更难知悉和利用相关信息。可以说，在区域府际合作中，没有政府间的信息共享，就没有政府与公众的真正沟通，也就没有公众对政府的真正信任。区域府际合作必须建立在公众知情权得到充分保障的基础之上，知情权如果无法得到满足和实现，公众就无法参与区域府际合作，这样的区域府际合作就永远是政府唱的一曲"独角戏"，难以取得实效。

（三）政府信息共享契合现代行政法的基本原则

现代行政法的两大重要原则是行政一体性原则和服务高效化原则，政府信息共享与现代行政法治发展而形成的这两大原则均是高度契合的。

行政一体性原则是为解决当代多元化行政的协调、统御问题而产生的一个行政法治原则。就行政组织构造及运作而言，行政在本质上具有整体性，在行政运作过程中，应当重视团队精神。因为行政代表国家追求公共利益，形成社会生活，行政机关各项举措均代表国家行为，因此各行政机关及单位之间应力求相互配合，才能圆满完成行政任务。① 行政一体性原则强调建立在分权之上的整合，使得公共行政制度内部各个环节和部门之间形成协调的分工协作关系。② 行政法经历了从警察行政到依法行政、从管理行政到服务行政的发展历程，现代信息技术的发展使公共行政所涉范围和程度空前庞大，行政机关权限交织，信息共享是行政一体性原则下的必然要求。政府信息共享能有效弥合行政分权原则造成的职能分立和冲突，促进行政一体性原则的实现。它可以提高政府规制的水平，实现各行政机关之间的业务协同，有效加强行政机关之间的联动监管。③ 区域府际合作中的政府信息共享，突破了行政区划的地域限制，在整个区域内实现政府信息资源的共享，因而更能体现行政一体性原则。在当代信息社会的网络环境中，区域府际合作中的政府信息共享，还体现了"重塑政府"以构建电子政府的理念。④ 而电子政府，正是一种减少中间环节、实行一体化扁平管理的新型公共治理模式。

服务高效化原则，或称高效便民原则，它要求行政机关在履行其职能时，应当遵守法定时限，力争以最快的时间、最少的人力、最低的成本耗费，取得最大的效益，为公民、法人或其他组织提供最好的服务。⑤ 服务高效化是现代行政转向服务行政的一个最基本要求，也是现代行政法尤其是行政组织法的一个重要原则。"正因为国家社会系处于不断变动状态中，而且晚近复因国家财政负荷过重而行政组织之设置意味着财政之负担，从而如何以效率、效能观点不断检讨行政组织之革新，便成为行政学、管理学或其他社会科学之核心议题。"⑥ 服务高效化的获得，主要取决于信息的有效筛选和传输以及在可靠的信息基础上作出决策。政府信息共享促进行政机关间信息数据的整合，防止重复收集、处理和储备信息，减少繁重的文牍工作，降低办公费用，节省公共资源，避免资源浪费和重复建设。⑦ 在区域经济一体化背景下的区域公共服务，单个地方政府或其部门已无法高效提供，其中尤其需要各地方政府之间打通信息资源通道，将区域内的政务信息资源有机地联系在一起，实现信息资源的跨行政区划调取和使用，畅通区域公共服务流程，行政相对人从统一的网络入口可实现跨行政区的服务申请和业

---

① 翁岳生：《行政法》，中国法制出版社2002年版，第20页。
② 高家伟、吴小龙：《论公共行政的现代化》，载于《行政法学研究》，2003年第2期。
③⑦ 高知鸣：《政府信息共享的行政法研究》，载于《第四届全国公法学博士生论坛论文集》，2009年10月。
④ ［美］道格拉斯·霍姆斯著，詹俊峰、李怀璋等译：《电子政务》，机械工业出版社2003年版，引言部分；［日］白井均、城野敬子等著，陈云、蒋昌建译：《电子政府》，上海人民出版社2004年版，第8~16页。
⑤ 石佑启：《行政法与行政诉讼法》（第二版），中国人民大学出版社2012年版，第23~24页。
⑥ 黄锦堂：《行政组织法之基本问题》，载于翁岳生：《行政法》，中国法制出版社2002年版，第337页。

务办理，从而极大地提高行政效率，达到高效服务之行政目标。

二、府际合作政府信息共享的法律基础

（一）我国政府信息共享的法律依据

1. 宪法依据

如前所述，政府信息共享的公民权利理论基础，是对公众知情权的保障。然而，我国《宪法》在公民基本权利条款中，并无公众知情权的明示规定。如果从默示的宪法基本权利上看，与公众知情权相关的基本权利，是宪法规定的表达自由。表达自由有广义和狭义之分：狭义的表达自由是指"以口头、书面、图片、广播或其他方式传播对任何事项的声明和观点"[①]；广义的表达自由除了狭义之外，还包括"寻求、接受以及传达信息和思想的自由"[②]。可见，广义的表达自由涵盖公众知情权，而狭义的则仅仅是言论自由，不包含公众知情权。关于表达自由，我国《宪法》第三十五条规定："中华人民共和国公民有言论、出版、集会、结社、游行、示威的自由。"该条采取了狭义的表达自由概念，以列举方式对表达自由进行规定，且并无"等"字，因而不能通过默示权利条款推定其中包含公众知情权的内容。

政府信息共享的宪法依据，在我国应从公民监督权和人民主权原则上加以确定。关于公民监督权，我国《宪法》有两个条款的规定。一个是《宪法》第二十七条第二款："一切国家机关和国家工作人员必须依靠人民的支持，经常保持同人民的密切联系，倾听人民的意见和建议，接受人民的监督，努力为人民服务。"这是从积极方面规定的公民监督权，即国家有义务保障公民监督权得到落实。政府信息共享就是对这种公民监督权的保障机制之一。另一个条款是《宪法》第四十一条第一款："中华人民共和国公民对于任何国家机关和国家工作人员，有提出批评和建议的权利；对于任何国家机关和国家工作人员的违法失职行为，有向有关国家机关提出申诉、控告或者检举的权利，但是不得捏造或者歪曲事实进行诬告陷害。"这是从消极方面规定的公民监督权，即公民有权监督国家公权机关的公务行为。政府信息共享是公民履行监督权的一个前提条件，能够便利公民监督权的实施。

[①] ［英］戴维·M. 沃克著，李双元等译：《牛津法律大辞典》，法律出版社2003年版，第455页。
[②] ［日］芦部信喜著，林来梵、凌维慈、龙绚丽译：《宪法》（第三版），北京大学出版社2006年版，第153页。

人民主权原则是指人民掌握国家权力，主权的合法性由人民授予的宪政原则。近代意义的人民主权观念由让·博丹首创，洛克、卢梭等启蒙思想家基于社会契约论则提出了"人民主权学说"。① 目前世界各国基本都在宪法中规定了人民主权原则，我国亦不例外。我国《宪法》第二条第一款和第三款分别规定："中华人民共和国的一切权力属于人民"；"人民依照法律规定，通过各种途径和形式，管理国家事务，管理经济和文化事业，管理社会事务。"虽然我国宪法中规定人民主权原则的理论基础是马克思主义国家学说，但它同样也很清晰地表明国家权力属于人民，人民有权参与国家管理。这样的人民主权原则作为政府信息共享的宪法依据，在理论上是完全成立的。② 首先，由于国家权力来源于人民，政府只是受人民的授权进行国家管理，因此，公民获取政府信息可以保障其真正成为国家的主人，有效地维护自己的合法权益。其次，随着社会发展，代议制已无法满足民主的要求，参与式民主的重要性日渐增长，而公民充分地参与政府决策无疑需要充分了解相关信息。最后，从国家财产角度来看，国家财产属于人民，政府信息具有公共财产性质，每个公民都有获得政府信息的平等权利。③

2. 法律依据

我国尚没有制定统一的信息自由法或信息公开法，有关信息共享的法律规定散见于各单行法律之中。例如，《保险法》规定：国务院保险监督管理机构应当与中国人民银行、国务院其他金融监督管理机构建立监督管理信息共享机制（第一百五十七条第一款）；《证券法》规定：国务院证券监督管理机构应当与国务院其他金融监督管理机构建立监督管理信息共享机制（第一百八十五条第一款）；《统计法》规定：县级以上人民政府统计机构和有关部门以及乡、镇人民政府，应当按照国家有关规定建立统计资料的保存、管理制度，建立健全统计信息共享机制（第二十条）；《环境保护法》分别从公众环境信息知情权、环境保护监督权、重大环境信息国家统一发布、环境保护监督信息公开、环境违法信息诚信档案、重点排污单位环境信息公开、环境影响评价报告公开征求公众意见等方面规定了环境信息共享制度。④《安全生产法》规定：有关协会承担为生产经营单位提供安全生产信息的职能（第十二条）；公众对安全生产事故隐患和违法行为有报告权利（第七十一条），基层自治组织对所在区域安全生产事故隐患和违法行为有报告义务（第七十二条）；安全生产监管部门应将严重违法信息向社会公布，

---

① 杨海坤、上官丕亮、陆永胜：《宪法基本理论》，中国民主法制出版社2007年版，第88~91页。
② 徐瑶：《知情权与政府信息公开制度的宪法依据》，载于《湖北警官学院学报》，2013年第11期。
③ [美] 斯蒂格利茨著，宋华琳译：《自由、知情权和公共话语——透明化在公共生活中的作用》，载于《环球法律评论》，2002年第3期。
④ 《中华人民共和国环境保护法》，第五十三至五十七条。

并通报有关部门和机构（第七十五条）；国务院安全生产监管部门建立全国生产安全事故应急救援信息系统，国务院有关部门建立健全生产安全事故应急救援信息系统（第七十六条第二款）。《食品安全法》规定：各级政府应当建立健全食品安全信息共享机制（第六条第一款）、普及食品安全知识的职责（第十条第一款）；食品行业协会应当依照章程提供食品安全信息、宣传普及食品安全知识（第九条第一款）；新闻媒体应当加强对食品安全知识的公益宣传（第十条第二款）；公众有食品安全信息知情权和对食品安全行政的监督权（第十二条），食品安全风险信息（第十四条第三款）和食品、食用农产品安全风险监测信息（第二十条）应在有关部门间及时通报。《突发事件应对法》规定：建立全国统一的突发事件信息系统（第三十七条第一款）；地方政府应当建立本地区统一的突发事件信息系统，并与上下级政府及其有关部门、专业机构和监测网点的突发事件信息系统实现互联互通，加强跨部门、跨地区的信息交流与情报合作（第三十七条第二款）；地方政府应当及时将可能发生重大或者特别重大突发事件的隐患和预警信息，向当地驻军和可能受到危害的毗邻或相关地区政府通报（第四十条）。《传染病防治法》从疫情报告、通报和公布三个方面规定了传染病防治信息共享制度。①《科学技术进步法》规定：利用财政性资金设立的科学技术研究开发机构，应当建立有利于科学技术资源共享的机制（第四十六条）。以上列举的部分法律，都直接或间接地涉及政府信息共享的规定，为我国区域府际合作中政府信息共享提供了法律层面的规范依据。

3. 行政法规与部门规章依据

在行政法规层面，《政府信息公开条例》对政府信息公开进行了较为详细的规定。一定意义上讲，信息公开和信息共享是相互促进且互为前提的，因此《政府信息公开条例》也为政府信息共享奠定了法律基础。《条例》中与信息共享密切相关的制度，是政府信息发布协调机制。《条例》第七条规定："行政机关应当建立健全政府信息发布协调机制。行政机关发布政府信息涉及其他行政机关的，应当与有关行政机关进行沟通、确认，保证行政机关发布的政府信息准确一致。"在区域府际合作中，政府信息共享对于协调发布尤为重要。没有充分的信息共享，就很容易导致区域内各行政机关针对同一事项所发布的政府信息内容不一致，进而在社会公众中引起信息偏差，对区域府际合作产生负面影响。明确规定信息共享机制的行政法规还有：《期货交易管理条例》第六十二条规定，国务院期货监督管理机构应当与有关部门建立监督管理的信息共享和协调配合机制；《税收征收管理法实施细则》第四条规定，地方各级人民政府应当积极支持税务

---

① 《中华人民共和国传染病防治法》，第三十一条至第三十八条。

系统信息化建设，并组织有关部门实现相关信息的共享；《规划环境影响评价条例》第四条规定，县级以上人民政府及其有关部门应当对规划环境影响评价所需资料实行信息共享；《食品安全法实施条例》第二条规定，县级以上人民政府应当建立健全食品安全监督管理部门的协调配合机制，实现食品安全信息共享和食品检验等技术资源的共享。在国务院部门规章层面，文化部 2002 年《全国文化信息资源共享工程管理暂行办法》对文化信息共享工程的组织与管理进行了专门规定。

4. 地方性法规与地方政府规章依据

在地方性法规方面，各地方的"信息化促进条例"都将信息资源共享作为信息化促进的一项重要原则。例如 2007 年《北京市信息化促进条例》第三条规定："信息化发展遵循统筹规划、资源共享、务求实效、保障安全的原则。"此外，一些地方有关公共图书馆的立法或多或少地涉及公共图书资源信息共享的规定，例如，1997 年《深圳经济特区公共图书馆条例（试行）》、2001 年《湖北省公共图书馆条例》、2002 年《北京市图书馆条例》、2013 年《四川省公共图书馆条例》、2015 年《广州市公共图书馆条例》等。目前我国为政府信息共享提供最直接也是最详细的法律依据，是地方政府规章。近年来，很多地方政府都制定了规章来规范政府信息共享。例如，2008 年《广东省政务信息资源共享管理试行办法》、2008 年《北京市政务信息资源共享交换平台管理办法（试行）》、2009 年《宁波市政府信息资源共享管理办法》、2010 年《福建省政务信息共享管理办法》、2011 年《南京市政务信息资源共享管理办法（试行）》、2012 年《广州市政府信息共享管理规定》、2013 年《珠海市政府信息资源共享管理办法》、2014 年《浙江政务服务网信息资源共享管理暂行办法》、2014 年《绍兴市政务信息资源共享和交换管理办法》、2014 年《海南省政务信息资源共享管理办法》、2015 年《深圳市政务信息资源共享管理办法》、2015 年《厦门市政务信息资源共享管理暂行办法》、2015 年《杭州市政务数据资源共享管理暂行办法》、2015 年《山东省政务信息资源共享管理办法》、2015 年《河北省政务信息资源共享管理规定》、2016 年《上海市政务数据资源共享管理办法》，等等。这些地方政府规章在政府信息共享上的规定不仅较为全面，而且有些规定已远远走在国家立法的前面。例如，《深圳市政务信息资源共享管理办法》建立了政务信息共享负面清单制度，规定除列入负面清单的政务信息资源外，各单位应无条件对其他单位提供共享信息（第七条）。一些省级层面的地方政府规章的制定，也为省内跨区域的政府信息共享提供了具体的法律规范依据。

（二）国外主要政府信息共享法律制度

1. 美国

美国联邦政府信息共享的主要法律依据是《信息自由法》，州及地方政府信息共享的主要法律依据则是《版权法》。此外，美国还有《2002电子政府法案》。

1966年，美国制定了《信息自由法》，建立了公众有权向联邦政府机关索取任何材料的制度，政府机关有义务对公众的请求作出决定。如果政府机关拒绝公众的特定请求，它必须说明理由。任何政府决定都可以被提起复议和司法审查。《信息自由法》规定了信息公开与不公开的标准。根据该法规定，有九类信息可以作为例外不予公开，但政府机关负有举证责任证明不公开的信息属于例外。[①]联邦政府必须公开的信息，由三部分组成：（1）必须以出版方式公开的基本信息，如联邦政府各机构的介绍、职能、办事程序、规定、政策陈述等；（2）必须准备（检索）好信息，以供公众检查和复制，如司法判决令、特定的政策陈述、某些管理手册、某些经过处理根据法律必须公开的信息；（3）所有记录一旦公民有要求，都应该公开。九类免于公开的例外信息包括：（1）根据国防、外交部门要求，以总统行政令方式加密的信息；（2）政府部门内部人事管理规章、内部事务信息；（3）国家其他成文法明确禁止公开的数据；（4）贸易秘密，保密的商业或金融信息，属于个人机密或特权的信息；（5）政府部门内或部门间的备忘录、信件；（6）个人或健康方面的信息；（7）与法律强制有关的文件；（8）为管理和监督金融系统准备的文件；（9）与油、井有关的地质、地球物理信息，包括相关地图。1986年，美国国会制定了《信息自由改革法》，由规定了三种法律强制免于公开例外信息：（1）如果查询的是有关"法律强制7（A）"类的记录，这些记录可能触犯刑律，或有理由认为公开这些记录可能干扰司法；（2）为政府提供信息人（告密者）的信息，这些信息必须告密者本人才能使用；（3）联邦调查局的有关信息。如有关外国情报、反间谍、国际恐怖主义的情报。

美国联邦1976年《版权法》明确规定了联邦政府的任何作品，不享有版权，不受版权法的保护。这使得联邦政府信息资源处于法定的可共享状态；对不受版权保护的其他社会信息资源，非营利性的科学研究、教育对信息的免费使用，美国《版权法》也有较宽松的规定。美国版权法不禁止州政府及地方政府对自己的作品拥有版权。但是，美国《版权法》通过"正当使用例外"鼓励使用受版权保护的信息。美国法院认为，只要属于"正当使用"，可以免费使用受版权保护的数据和信息。"正当使用"需要满足四个条件：（1）使用信息的目的是为了促进社会公共利益，而不是为了盈利；（2）生产和传播这些信息费用不高；（3）相对整体而言，使用信息的数量不大，而且使用方式不是简单的复制，而是重新整理分析；（4）对信息拥有人的潜在市场不会构成严重威胁。通过"正当

---

① 周汉华：《美国政府信息公开制度》，载于《环球法律评论》，2002年秋季号。

适用例外"规则,美国《版权法》不仅促进了联邦政府信息的共享,而且对州、地方政府、企业和私人信息的共享也有广泛影响,它与《信息自由法》一起,共同构成了美国政府信息共享的主要法律基础。

2002年12月,美国制定了《电子政府法案》(E-government Act),其目的之一就在于保障和促进公民更加有效通过多种途径获取和利用政府信息,由此提高政府的政务水平。[①] 美国法律要求对政府信息最大限度地公开和使用,使政府信息资源对整个社会实现最大的价值。《信息自由法》《电子政府法案》奠定了政府信息公开的基础,《版权法》则使政府信息处于可共享状态。反观我国法制现状,法律还没有明确提出"公共信息资源"概念,也无统一的信息自由法和电子政务法,缺乏鼓励和规范公共信息资源生产和消费的法律机制。美国政府信息共享法律制度,对我国政府信息共享有一定的借鉴意义。[②]

2. 欧盟

欧盟的政府信息共享制度是与有关信息使用的立法融为一体的。欧盟认为,信息数据共享和电子战略是信息社会和知识经济发展的基础,信息社会、知识经济的发展是与数据共享和电子战略的发展紧密相连的。欧盟有关科学数据共享法律法规的立法速度较快,仅在几年内,欧盟就已经制定了与科学数据共享相关的诸多领域的法律法规体系。欧盟已制定的与政务信息共享有关的立法,除了具有指导意义的《欧盟条约》和《欧共体条约》以及欧盟及欧洲国家各自的信息公开法规之外,还涉及与信息、数据共享保障体系相关的诸多领域,而且规范的内容相当周密和详尽。这些规定包括:(1)2001年5月,欧洲议会和欧盟委员会依据《欧共体条约》第255条第2款的规定,制定了《关于公开获取欧洲议会、委员会和理事会文件的规则》,对欧盟公共机构向公民公开政府信息和公民获取政府信息进行了行为规范;(2)德国、爱尔兰等欧盟国家制定了信息自由法,以维护公共利益以及保护隐私权,尽可能最大限度地使公民能够获取公共机构所掌握的信息,并依法设立信息专员,独立履行职责,监督执法;(3)欧盟《申根协议》(Schengen)的第四部分对政府间的相关信息共享问题作出了规定;[③](4)通过立法要求成员国自动交换有关税收的信息,一是2005年欧盟利息税指令,规定成员国自动交换关于非居民在本国存款利息的信息,二是2013年生效的行政合作指令,规定自2015年起成员国自动交换关于工作收入、养老金和房地产等信息,三是2015年5月规定成员国每三个月必须共享一次各自的

---

① 刘可静:《西方信息共享的理念及其法律保障体系》,载于《图书情报工作》,2007年第3期。
② 王正兴、刘闯:《美国国有数据与信息共享的法律基础》,载于《图书情报工作》,2002年第6期。
③ 高轩:《国内外政务信息共享制度的立法比较与借鉴》,载于《求索》,2010年第1期。

跨境税务制度细则。①

欧盟政府信息共享法律制度涉及基础设施、技术平台、数据保护、网络和信息安全、知识产权、支付系统、财政援助等诸多领域。这些领域都对信息共享起着重要的保障作用。这些领域的立法，对信息、数据共享均具有重大意义。欧盟相关立法给我国带来的启示是，完善的法律制度是实现政府信息共享实现法治化的一个最基础条件和保障，尤其是在区域府际合作的背景下，欧盟经验更值得我国借鉴。

3. 日本

与我国相同，日本宪法中也无公众知情权的明确规定。但是在1999年，日本制定了《信息公开法》，从国家层面为政府信息共享提供了法律规范依据。在此之前，日本各个地方公共团体（都、道、府、县和市、村、町）在各自的自治范围之内相继制定了政府信息公开条例。同时在司法中，日本各级法院包括最高法院也早已就信息公开方面的争议作出了许多判决。② 日本政府信息共享的宪法依据是"国民主权理念"。日本《宪法》在前言中指出："国政仰赖国民的严肃信托，其权威来自国民，其权力由国民代表行使，其福利由国民享受。"日本《信息公开法》第一条规定："本法目的是根据国民主权理念，就行政文书开示的请求权作出规定，依此规定谋求行政机关保有的信息更加公开，使政府的诸项活动向国民的说明责任得到履行，同时有助于推进在国民正确理解和批评之下的公正、民主的行政。"在日本法院的早期判例中，公众知情权曾被强调和确认。日本最高法院在1969年11月26日关于"博多驿案"的判决中指出：报道机关的报道，在民主主义社会，对国民参与国政提供重要的判断资料服务于国民的知情权。该判例关于知情权的观点，曾被最高法院的"外务省秘密泄露案"（1978年5月31日）判决引用。由于1999年颁布实施的《信息公开法》对知情权的消极态度，日本法院在有关信息公开案件判决涉及知情权的解释也较为消极。③

日本《信息公开法》规定的信息公开制度具有三重无限性，即公开请求权主体的无限性、公开对象文件的无限性以及公开方式的无限性。易言之，谁都可以成为信息公开的请求权人，所有文件均可成为公开对象，依实际需要的方式向公众公开。这三重无限性构筑起了日本信息公开制度的基本架构。日本信息公开的对象文件为行政文件的信息载体，行政文件的构成要件包括三个：（1）是行政机关的职员在职务活动中制作或获得的文件；（2）是该行政机关的职员供组织性使

---

① 吴刚：《欧盟扩大跨国税务信息共享》，载于《人民日报》，2005年6月4日。
② 朱芒：《开放型政府的法律理念和实践（上）——日本信息公开制度》，载于《环球法律评论》，2002年秋季号。
③ 刘杰：《日本宪法上的知情权与信息公开法》，载于《法学家》，2007年第3期。

用的文件；（3）是该行政机关所拥有的文件。① 日本《信息公开法》第 5 条规定了不公开的信息，主要包括个人信息、团体信息、防卫外交信息、警察信息、审议研讨信息（意思形成过程信息）和事务事业执行信息。可见，该条所设定的不公开信息之目的，在于分别保护和协调私人的权益和公益。②

三、府际合作中政府信息共享的法治路径

（一）通过宪法促进政府信息共享法治化

如前所述，区域各政府信息共享的重要法理基础之一，是通过满足公众知情权从而促进区域一体化发展。然而，我国宪法中并无公众知情权条款，也不能从宪法相关权利条款中推定出默示的公众知情权。那么，是否需要通过修宪来为政府信息共享提供直接的宪法条款依据呢？

美国的信息自由法之所以非常发达，一个重要的原因就是美国很早就在宪法上明确了公众知情权。美国 1787 年制定的宪法第 1 条第 5 款规定："参众两院应各自保存本院的会议记录，并经常公布，惟各该院认为应保守秘密之部分除外。" 1791 年的美国宪法修正案第 1 条规定："国会不得制定关于下列事项的法律：确立国教或禁止宗教活动自由；限制言论自由或出版自由；剥夺公民和平集会和向政府请愿申冤的权利。" 这两个条款被视为美国宪法对公众知情权的明确规定。建国之初，美国的"国父"们就已经认识到人民了解政府信息的重要性。《独立宣言》的主要起草人杰斐逊在写给友人的信中强调："政府的基础，源于民意。因此首先应该做的，就是使民意正确。为避免人民失误，有必要通过报纸向人民提供有关政府活动的充分信息。进一步则要研究把信息广泛地传递到全体人民中去。"第一届美国国会参加者之一，后来成为联邦最高法院大法官的詹姆斯·威尔逊也认为："人民有权知道他们的代表正在做什么、已经做了什么。"③

在日本，由于宪法没有明确规定公众知情权，为了给政府信息共享提供宪法依据，日本学术界曾通过各种努力试图从宪法相关条款中推演出公众知情权。例如，多数学者认为日本《宪法》第 21 条规定的"表现的自由"可作为公众知情

---

① 朱芒：《开放型政府的法律理念和实践（上）——日本信息公开制度》，载于《环球法律评论》，2002 年秋季号。

② 朱芒：《开放型政府的法律理念和实践（下）——日本信息公开制度》，载于《环球法律评论》，2002 年冬季号。

③ James Madison，Notes of Debates in the Federal Convention of 1787 reported by James Madison，W. W. Norton & company，1966，P. 434.

权的宪法依据。①"表现的自由"的保障作用,仅理解为使公众的思想、意见等表现行为从国家的限制下解放出来,有些过窄;如果阻碍了人们获得信息的来源,人们的表现行为则没有意义。仅保障不妨害知悉的消极的"知的自由"是不够的,还必须保障国民要求国家积极地提供必要信息的权利。因此,宪法保障"表现的自由",包含了保障请求权性质的"知情权"。有些学者认为,日本《宪法》第25条"一切国民都享有维持最低限度的健康的和文化的生活权利""国家必须在生活的一切方面努力于提高和增进社会福利、社会保障以及公共卫生事业",即宪法上关于"生存权"的规定是公众知情权的依据。有些学者认为,日本《宪法》第93条"地方自治的住民政治参加权利"可作为公众知情权的宪法依据。有些学者认为,公众知情权包含在宪法的多处规定中:日本《宪法》第13条规定"一切国民都作为个人受到尊重",可作为公众知情权的根据,因为政府集中和垄断了信息收集、管理、传递的能力,为确保国民作为个人的尊严,知悉政府掌握的信息是必要的;日本《宪法》第21条关于"表现的自由"的规定,可作为知情权的根据,因为作为信息接受者的读者和听者,承认在一般市民中有充足的判断材料的权利,应具有知情权的位置;日本《宪法》第25条规定的"生存权",也包含了知情权内容,因为为了维持宪法规定的健康的有文化的最低限度的生活,搜集、取得信息和知识的权利是必要的;此外,日本《宪法》第57条"众参两院会议公开"、第79条"最高法院的法官国民审查"、第82条"审判公开"、第95条"特别法的居民投票"、第96条"宪法修改的国民投票"等,都可以作为公众知情权的宪法依据。②

公众知情权是一项基本的公民权利,在现代信息社会尤其如此。从美国宪法对公众知情权的明确规定带来信息自由法的发达和日本学术界对宪法包含公众知情权的论证努力来看,我国有必要在宪法中明确规定公众知情权保障条款。实际上,我国已有法律规范性文件使用了公众知情权概念。2002年《广州市政府信息公开规定》第一条规定:"为保障个人和组织的知情权,规范政府信息公开,增加行政活动的透明度,监督政府机关依法行使职权,依据有关法律、法规的规定,结合本市实际,制定本规定。"广州市作为我国改革开放的前沿,历来思想解放、机制灵活,其在政府规章层面首次直接使用了公众知情权概念。2007年国务院《政府信息公开条例》则间接使用了公众知情权概念,该《条例》第一条规定:"为了保障公民、法人和其他组织依法获取政府信息,提高政府工作的透明度,促进依法行政,充分发挥政府信息对人民群众生产、生活和经济社会活

---

① 日本《宪法》第21条第1款规定:"保障集会、结社、言论、出版及其他一切表现的自由。"
② 刘杰:《日本宪法上的知情权与信息公开法》,载于《法学家》,2007年第3期。

动的服务作用，制定本条例。"尽管广州市政府规章对公众知情权概念的开创性使用以及国务院行政法规的婉转使用，在理论上是值得肯定的，但是，我国是统一的成文法国家，需要在宪法或法律层面作出原则性规定并为下位法提供依据，构建有关公众知情权的法律规范体系。从实践上看，近年来"非典"疫情、PX项目、毒奶粉、毒疫苗等区域性或全国性公共事件，最初无一不是因公共信息缺失造成严重后果的，而从法治的角度看，则无一不是公众知情权缺乏保障导致的。公众知情权的基本权利属性，决定了应该在宪法层面对其予以确认。为了使区域各政府信息共享实现法治化，我国首先必须在宪法层面明确规定公众知情权，在未来修宪时，引入公众知情权条款。

（二）通过立法推进区域政府信息共享

目前我国有关政府信息共享的法律，均是在同一行政区划上下级行政机关之间或同级行政机关不同行政部门（包括中央政府各部门）之间来规定信息共享。对于属于不同行政区划的各地方政府之间的信息共享，则没有相应法律规定。在我国的区域府际合作中，只有少数区域（如珠三角）在同一行政区划内（广东省），可以适用针对同一行政区划内各政府信息共享法律规范（《广东省政务信息资源共享管理试行办法》）。大部分区域合作是跨越行政区划的，即使某个地方制定的政府信息共享法律规范，是无法适用于整个区域内的。有些地方由于存在迫切的区域政府信息共享需要，会在地方立法中对区域信息共享与合作予以规定。例如，2014年《广东省信息化促进条例》第七条规定："省人民政府应当统筹整合全省信息化资源，完善经济欠发达地区的信息化基础设施和服务体系，促进信息化均衡发展，推进全省信息网络融合和信息资源共享，促进生产服务、生活服务、公共服务的信息化成果平等共享。"第八条规定："省人民政府应当加强与其他省、直辖市、自治区的信息化合作。省人民政府应当推进与港、澳地区的信息化基础设施互联互通、信息服务业发展和电子商务应用以及标准化和应急保障的交流与合作。"但是这种地方立法，如果没有区域内其他地方立法协作，则只是"一厢情愿"的共享表达，区域政府信息共享也仅仅停留在立法文本中而无法付诸府际合作实践。

同一行政区划内，尚且需要通过立法推动各政府及其所辖部门信息共享，涉及跨区域的各政府信息共享，就更需要专门的立法予以推动。因为，对于政府而言，任何信息共享都是有成本的。这种成本主要包括：（1）开发成本，包括软件开发和应用培训等方面的成本，如果是一个复杂的实施系统，其开发成本是很高的；（2）行政协调的成本，一些共享系统的推行，需要相关的部门改变原有的工作习惯与流程，增加工作量，甚至会牺牲一些部门利益，需要做大量的行政协调工作；（3）维护成本，不仅包括持久的数据维护工作，还包括因功能更新带来的信息共享各环节的调整，以防止信息共享渠道因失修而荒废；（4）安全成本，信息共享渠道增加了独立系统的进入点，不仅会使原系统管理复杂化，还会增加被侵害的机会，这也是很多地方政府不希望深层共享信息系统的原因。① 同一行政区划内，可以通过自上而下的行政命令或统一的立法，强制要求政府信息共享，而不考虑上述成本的存在，或者可以由统一的上级政府来协调这些成本的消解。不同行政区划内，如果没有立法上的强制信息共享，这些成本的存在，会使得区域内各政府毫无信息共享的动力。如前所述，区域政府信息本身具有区域公共产品的属性，在区域治理中，区域政府信息不能专属于某一地方政府。一方面，区域政府信息这一公共资源的法律性质，为区域政府信息共享的专门立法推进提供了法理依据。另一方面，从经济上看，区域政府信息共享也能给相关政府带来收益的。这些收益主要包括：（1）能够降低信息资料收集的成本；（2）可以综合不同政府的资料来提高公共行政事务处理的质量与效率；（3）能够提升领导决策质量；（4）提高知识的生产、研究、推广、应用的效率，减少重复研究，并有利于知识生产活动中的创新；（5）能有效地改进组织内外的配合与协调；（6）能够更好地实现政府、企业和公众的良性互动，提高政府管理水平和核心竞争力，促进现代政治文明建设。② 因此，通过专门立法安排，可以尽可能地降低区域政府信息共享的成本，最大限度地发挥其可以产生的收益。

对区域政府信息共享专门立法，并不是说要专门制定一部区域政府信息共享法，而是在相关法律中对关于区域政府信息共享作出专门详细规定。既可以在制定信息公开法或信息自由法时专章规定区域政府信息共享制度，也可以在制定区域合作法时，对区域政府信息共享制度详加规定。结合我国目前区域府际合作的实际，制定单行法律直接规范区域政府信息共享，恐怕条件还不成熟。一是我国目前区域合作实践中的政府信息共享尚处在摸索阶段，尚未形成十分成熟的共享模式，二是我国相关学术研究尚十分薄弱，理论准备严重不足。因此，可以采取先地方联合立法满足区域府际合作实践迫切需求，再制定行政法规总结区域实践经验，最后制定相关法律，提升区域政府信息共享法律规范的系统性和效力层次。

（三）建立区域政府信息共享基本制度

无论采取何种立法模式，专门的区域政府信息共享法律制度都应该包括如下基本内容：

---

①② 关键：《论我国政府信息共享机制的构建》，载于《行政论坛》，2011年第3期。

1. 建立区域政府信息共享的协调组织

传统行政组织法强调不同行政组织之间的垂直性权力划分，这种行政组织法律规则是建立在工业时代分工生产基础上的分权治理机制，因为工业社会本身就是在垂直结构上的分工社会。然而在信息时代，信息的高速流通和传播导致分工边界模糊化，信息社会越来越呈现出扁平化的结构特征，与此相适应，公共治理往往是多中心和多任务的。就行政组织而言，其核心目标是完成行政任务，"政府工作任务中有无数的重复和雷同之处，员工职能相互重叠，如果不能及时通知相关系统中的其他行政部门、委员会和利益集团等，几乎就无法完成任何任务"。[①] 传统行政组织的垂直性权力分割，在扁平化、多中心的信息社会条件下，恰恰容易受到部门主义和地方主义的掣肘，难以完成多任务的协同治理。因此，区域政府信息共享制度应当着眼于建立以行政任务为导向的横向协调组织。将原本孤岛般的区域内各政府及其部门"串联"和"并联"起来，使得区域内每个政府及其部门都能直接与其他政府及其部门进行信息交流，而不仅仅限于信息的垂直传输。针对传统行政组织纵向森严的等级结构，区域政府信息共享制度应弱化上下级细节化的命令与指示，减少对只起信息传递作用的中间层级的控制，打破信息传递中层级间的限制，建立起扁平化的信息共享协调组织。[②]

2. 建立区域政府信息共享的权责体系

在区域政府信息共享立法上，应当明确区域内各个地方政府及其部门之间有相互提供信息的义务和获取信息的权利，尤其要规定不履行信息共享义务需要承担的法律责任。对不履行信息共享义务甚至恶意阻挠的行为予以处罚，针对行政机关可使其承担履行职务、撤销违法行政行为、纠正不当行政行为等行政责任，针对行政机关工作人员的行政责任可分为通报批评等纪律责任和警告、记过、记大过、降级、撤职、开除等行政处分。[③] 根据区域政府信息共享的权责关系，还应建立一套科学、系统、全面的区域政府信息综合绩效评估制度，定期对政府信息资源共享情况进行考核，及时发现共享中存在的问题。可从区域各政府及其部门之间系统平台应用程度、信息资源交互和共享体系完善程度、区域协同工作效率、信息目录体系、安全技术标准、重复建设程度、服务质量系数、社会满意程度等方面衡量，对区域各地方政府及其部门信息资源共享的情况直接或间接进行评估。[④] 这种评估制度应与政府绩效考核和奖惩机制相互衔接。

[①] H. Kaufman, The Administrative Behavior of Federau Chiefs, Washington, D. C.：Brookings Institution, 1981, P. 190.

[②③] 胡建淼、高知鸣：《我国政府信息共享的现状、困境和出路——以行政法学为视角》，载于《浙江大学学报（人文社会科学版）》，2012年第2期。

[④] 陈兰杰、刘彦麟：《京津冀区域政府信息资源共享推进机制研究》，载于《情报科学》，2015年第6期。

3. 建立区域政府信息共享负面清单制度

目前在我国地方政府信息共享实践中，地方政府往往通过制定信息共享目录，将应予共享的政府信息列入其中。这种做法在法理上是不可取的，因为政府信息作为公共资源，应以共享为常态，不共享为例外。因此，深圳市已采用的政府信息共享负面清单制度，值得推广应用到区域政府信息共享制度构建之中。除了纳入负面清单的区域政府信息，都应该在区域内的各地方政府及其部门之间予以共享。一般而言，列入负面清单的区域政府信息主要包括涉及个人隐私、商业秘密的信息和涉及国家安全、区域公共安全的信息，除了这两类信息，都应该列入区域政府信息共享的范畴。负面清单应该在两个层面建立，一是由区域政府信息共享协调机构依据法律法规列入不予共享的区域政府共享信息；二是由区域内各地方政府提交本地不予共享的政府信息目录并提供法律法规依据，经区域政府信息共享协调机构审查通过后列入负面清单。负面清单还需要进行动态调整，一是在所依据的法律法规修改后，由区域政府信息共享协调机构及时予以调整；二是由区域内地方政府提出对列入负面清单的信息提出异议，由区域政府信息共享协调机构启动审核程序，对于审核确认异议成立的，应将相关信息从负面清单中删除。

4. 建立区域政府信息共享统一标准制度

当前我国很多地方政府都建立了本级政府内信息共享的机制，在区域一体化进程中，各个地方政府信息共享标准存在不统一、不协调的问题。为了有效推进区域间政府信息的共享，必须建立区域政府信息共享统一标准制度。统一的区域政府信息共享标准制度建设主要内容包括：强化区域政府信息系统开发标准化、网络与接口标准化、信息流程标准化、软件工程标准化；加强数据交换中数据存储和交换标准的制订，完善区域政府信息统计指标和核算体系；联合开展区域内相关政府信息共享统一标准的调研、立项、制定和共享标准的宣传实施。[①] 此外，在推进区域政府信息共享过程中，还必须建立面向公众的区域政府信息共享的公共服务统一标准，在有关区域信息提供的公共服务中，严格遵照区域统一标准进行，实现区域内政府信息共享服务的公平、公正、公开，确保区域政府信息共享的成果公平地惠及区域内每一个公民、法人和其他组织。

5. 建立区域政府信息共享财政补偿机制

由于区域经济社会发展存在不平衡，区域内各地方政府及其部门在搜集、处理和提供信息时所耗费的成本和取得的收益在存在差异并呈现一定程度上的非平衡分布。这就需要通过财政转移支付的方式，为提供政府信息而又无法平衡其成

---

① 董晓华、金毅：《推进长三角区域信息一体化研究》，载于《浙江统计》，2009年第6期。

本收益的一方适当予以补偿，或者按照区域内各地方政府的分工和统一的标准，共同平均分担信息共建共享中的人力、财力等耗费。财政补偿机制的基本功能是根据成本收益核算原则，让从区域政府信息共享中取得更大收益的地方，补偿耗费更大成本的地方，从而达到区域内各地方政府在信息共享上的成本收益平衡。对于某些无法根据成本收益核算的政府信息共享，则应该通过区域内各地方政府按照平等原则予以财政分担，共同投入资金实现区域政府信息的充分共享，以保障区域公众的知情权，并促进区域利益的最大化。

第二节　府际合作的公众参与机制

一、构建府际合作公众参与机制的意义

府际合作的公众参与机制是保障府际合作具有广泛民意基础的重要条件，构建府际合作的公众参与机制主要有以下意义：

（一）推进府际合作的社会参与

府际合作的内生动力应来自于公众对幸福安康生活的期盼与追求，推进区域经济一体化本身就是为了增进民众福祉，促进区域的共同发展和繁荣进步。因此，强调府际合作的公众参与，有利于发挥公众在合作中的重要作用，增强合作的民意基础。应当说，府际合作民众参与得越广泛，合作就会得到更多民众的关心和支持，合作成果也就能够更好地得以贯彻和执行。构建府际合作的公众参与机制，能够从制度、机制上为公众参与府际合作提供一个范式，使公众参与府际合作有章可循，避免合作主角只有政府的尴尬局面。同时，构建府际合作的公众参与机制，也有利于推动政府在合作中注意听取民众的意见、建议，增进民众对合作的参与和支持。

（二）提升府际合作的实效

府际合作是政府为完成某项工作任务或推进某类事业而开展的合作。府际合作的成效如何，不仅取决于合作各方的诚意状况、努力程度，也取决于合作能否适应社会现实需要，能否有广泛的民意基础和社会认可度。通常情况下，如果府

际合作事项整个过程都有社会公众参与的话，那么这个事项也便有了一定的民意基础。合作事项可行不可行，实施效果怎样，能够对公众产生哪些影响，都会在公众的参与中体现出来，这种合作过程中每一环节的意志表达，使府际合作始终处于公众的关注和瞩目之中，相对于单独由政府自己来开展活动，公众参与过的合作项目的实际效果肯定要远远好于没有公众参与过的项目的实际效果。通过构建府际合作的公众参与机制，无疑为民众参与府际合作提供了良好的机制保障，有利于提升府际合作的实效，增进合作项目的现实适应性。

（三）促进府际合作成果的落实

因为有民众的参与，府际合作成果必将得到民众的支持和认可。也正因为有了民众的参与，使民众认识到，府际合作活动能够增进民众福祉、促进社会和谐进步，那么府际合作的成果也便会很好地得到贯彻实施，落地生根。构建府际合作的公众参与机制，形成常态化、固定化的公众参与模式，有利于在成果的执行和实施阶段继续得到民众的支持和帮助，促进成果的实践转化。

二、府际合作公众参与机制的内容

府际合作公众参与机制的内容是指府际合作中公众参与包含的要素或相关条件，以及通过这些要素和相关条件，形成完整的公众参与体系或模式。公众参与机制的内容既包括公众参与机制的组成体系，又包括公众参与机制涉及的相关因素。

（一）影响府际合作公众参与机制建立与完善的相关因素

1. 参与主体的确定

哪些人员可以参与府际合作，哪些人员能够代表民意，代表多大范围的民意，参与人员如何进行遴选，是建立和完善府际合作公众参与机制在主体方面必须考虑的问题。只有参与主体的范围、如何遴选、代表的广泛程度等内容确定之后，才能形成良好的公众参与机制的主体条件。

究竟哪些人员可以参与府际合作？我们认为，府际合作的目的是为了给当地百姓谋福祉，任何有意愿参与到府际合作中来的人员都可以成为府际合作的参与主体。应当说，善意的参与行为都应当得到支持和保护。参与人员越多，代表性越广泛，越有利于府际合作的执行和合作成果的落地开花。但在遇到有意参与的人员较多而又不能全部安排时，遴选参与代表就是不得不考虑的事情了。因此，根据参与人员意愿情况，物色、遴选参与人员就显得非常重要。由于需要公众参与府际合作的形式不同，参与主体的状况也应有所不同，通常情况下，府际合作事项利益相关方、专家学者、社会第三机构、普通民众都应有相应代表参加。

2. 参与的形式

公众以何种形式参与府际合作，或者哪些项目适合让公众参与，理论上来讲，应当没有明确的界线和限制，因为府际合作的目的都是为了社会大众的福祉，任何府际合作行政行为都应当是看得见的。但从实践来看，不是任何类型的府际合作事项普通民众都能够参与。我们认为，在区域经济一体化背景下，社会公众能够参与的府际合作事项主要有：（1）区域发展规划；（2）区域重大投资决策；（3）区域生态环境保护；（4）区域协同创新；（5）区域人才培养及流动；（6）区域法制协调。由于各类事项各有自己的特点，因此公众参与的形式也应不尽相同。通常情况下，对区域内各政府重大行政决策事项的参与，公众可以通过参加论证会、座谈会、听证会以及公开征求意见、实施监督等形式参与；对法制协调活动，除前述形式外，公众还可以通过提出立法建议、参与立法起草、评估、论证活动，进行执法监督检查、执法评议、执法协助，开展立法与执法调研、法治环境创建、法制宣传教育等活动参与府际合作。可以说，凡是能够发挥公众参与作用的府际合作领域和事项，都应当允许社会公众参与。不过需要指出的是，为保证机制能够发挥长效作用，建立府际合作的公众参与机制，有必要根据合作事项的性质和特点的不同，明确规定公众参与府际合作的形式，使府际合作的组织者和参与者明晰参与程序，从而有利于府际合作公众参与的落实。

3. 参与的保障

如何使公众保持参与府际合作的积极性、主动性，提供有力的参与保障是根本要求。只有通过建立参与机制保障了公众参与的权利和利益，公众才会有更多的意愿和兴趣去参与相关活动，如果公众参与的相关权益得不到有效保障，则很难调动起其参与府际合作的意愿和兴趣。所以，保障公众参与府际合作的相关权益，使公众愿意和乐于参与府际合作活动，则府际合作中公众参与的效果才能达到和实现。为了调动公众参与府际合作的积极性，我们要从参与的环境、氛围、经费、补贴待遇、意见反馈、制度建设等方面进行建构和保障，使公众不会因为参与而丧失相关利益，不会因为参与而受到不公正对待。

4. 参与的法律后果

整体来讲，公众参与应该是有利于府际合作的，好的意图必然有好的结果。但在某些情况下，公众拥有参与机会以后，可能因不纯正的目的考虑或个人过失，参与者的参与行为有时会给相关工作带来不利影响。因此，当参与者因自己的过错而给某项工作造成不利后果时，相应地承担一定的法律责任也在情理之中。否则，不论参与的效果如何，有没有造成工作障碍，则势必会影响参与人责任意识的形成和参与工作的顺利开展。同时，对参与工作的组织者而言，何种情形下都应当组织公众参与活动，都应当给参与者提供何种参与便利。组织公众参与活动不力，或不给参与者提供参与便利，应如何承担责任，等等，都需要府际合作的公众参与机制予以明确。

（二）府际合作公众参与机制的构成

就府际合作公众参与机制的整体来讲，其应是一个综合构成体系。从外部看，其是独立的参与机制；从内部看，其又由一些二级机制所构成，只有这些二级机制共同作用，才能形成一个完整的公众参与机制。这些二级机制主要有：

1. 公众代表的遴选机制

哪些人员有资格参与府际合作活动，哪些人员能够参与府际合作活动，需要根据府际合作事项的具体情况来进行主体的遴选，使遴选出的代表在广泛性、合法性上不存在瑕疵。特别对一些可能存在重大意见分歧或者涉及重大利益关系的事项，由于牵涉面广、影响面大、参与人员众多，甚至有时候出于慎重的考虑要对重大合作事项举行听证，听取各方面的意见。为了确保代表产生的公正性、合法性，就必须通过代表遴选机制把参与人员确定下来。这样通过遴选机制选出的代表，也才能使府际合作事项的民意基础更牢靠，合作成果的合法性更充分。建立公众代表的遴选机制需要考虑公众代表的来源途径、代表的广泛性、代表的合法性、遴选的程序设置、遴选的过程结果公开、遴选的争议处理等因素。

2. 合作信息的来源机制

开展府际合作，重要的前提就是要对一些信息进行收集，在对信息进行梳理、分析、研判的基础上，确定哪些事项需要开展政府间的合作与协调。在府际合作中，相关信息的搜集除了一部分来自政府等国家机构和人员外，很大一部分来自于社会公众的意见、建议和信息的提供。民众提供的一点点信息或许就能够对府际合作产生较大的影响和帮助。建立府际合作信息的长期搜集渠道，能够及时对府际合作活动的开展提供良好的信息支持和保障作用。应当说，只有建立稳固的信息来源机制，才能使需要开展府际合作的事项及时得以开展，及时解决区域经济发展中急需解决的相关问题。建立府际合作信息的来源机制要考虑长期性信息搜集主体的设立，信息搜集主体分布的广泛性，信息收集领域的多方面、多层次性，信息收集的方式，信息的汇总、甄别、上报与采用情况反馈等要素。在网络较为发达的今天，一些信息是通过网络呈现出来的，加强网络信息的搜集对以开展社会热点、难点问题为解决对象的府际合作显得非常重要。

3. 参与程序机制

在府际合作中，公众有意参与相关活动但不知如何参与，政府机关有意邀请公众参与相关活动却难以较快发动群众，公众参与在各方的踌躇中前进。建立公众参与府际合作的程序机制，就是要使公众参与府际合作，行政机关邀请公众参与府际合作在程序上能够规范、具体，有章可循，易于操作。建立公众参与府际合作的程序机制，就是要从公众参与府际合作事项的启动、相关建议的提出、论证、听证、是否采纳及意见反馈等方面建立相应的程序规范，使公众在参加府际合作的每一个环节都有相应的规范指引，也使府际合作有关组织人员能够知道应当如何引导公众参与府际合作活动。

4. 合作成果的社会征求意见机制

增强府际合作成果的现实适应性，提高合作成果的质量，必须使合作成果能够更切合现实社会的需要，更符合民众的切身利益，契合民众的真实想法，使成果尽可能得到绝大多数人的满意。合作成果面向社会征求意见是使府际合作尽可能获得多数人支持的重要环节。合作成果面向社会征求意见参与的人员越多、社会覆盖面越广，收到的意见和建议越多，才越能反映民众的呼声和社会的现实需要。合作成果面向社会征求意见可以把赞成和反对的意见都收集上来，形成作出决策的依据或参考。同时，通过面向社会征求意见，也能让政府及其相关部门了解民众对某项或某几项合作项目的态度，以便摸清民意，作出合理的决策。建立合作成果面向社会征求意见机制，就是要把面向社会征求意见的情形、征求的方式、途径，征求人员的范围、结构、代表性，重点征求人员的挑选，征求意见建议的处理，意见采纳后的激励等明确下来，通过建立征求意见机制在全社会形成人人乐于为府际合作建言献策的良好局面。

5. 合作成果的公意表决机制

府际合作涉及的问题往往是区域共同发展问题。这些问题通常又是各行政区共同面临的问题，各地民众和政府对相关问题意见分歧不大时，合作成果往往能够得到较好执行，但对一些可能涉及顾此失彼的利益问题时，一方如果获得利益，另一方就可能要做出利益上牺牲、让步。例如，环境保护和污染治理中的生态补偿问题，一方因保护环境、防治污染付出代价，另一方因此获得利益，那么获得利益的一方就需要给利益受损的一方相应的补偿。但问题是，一方对污染物排放进行限制，关停并转一些工厂、设施，民众答应不答应，要不要补偿，要多少补偿，另一方该不该给予补偿，补偿多少，民众意见如何，需要相关部门征求民众意见或者征得民众意见同意后才能处理。特别对一些涉及民众更重要切身利益的事项，该事项可不可行，能不能执行，关键还要看民众的态度，民众同不同意，决定着该事项能否顺利进行下去。否则，只能是参与合作的政府的"两厢情愿"，合作项目最终也会因遭到公众反对而流产。所以，对重大的府际合作项目或者影响基层群众重要切身利益的项目，通过公意表决机制来决定该项目最终要不要进行则是搞好府际合作必须考虑的重要内容，只有通过这个机制表决的结果也才是府际合作成果具有最终效力的依据。

建立合作成果的公意表决机制，从理论上来讲，可以在合作成果可能作用和影响的区域范围内举行全民投票对合作成果进行表决，然后再把表决出来的结果作为合作成果是否最终有效的依据。但从我国目前的宪政体制和实践来看，这种类似全民公决的形式似乎又不可行，什么情形下可以进行全民表决，又怎样进行表决，是必须认真思考、操作上慎之又慎的问题。基于综合考虑，我们认为，在当前网络较为发达的时代，充分利用互联网优势开展表决活动，未必不可。一件重大事项需要表决时，在限定的足够长的时间内让本地居民在指定的网站上通过实名的方式网上投票，完全是可以做到的。为调动居民投票的积极性，通过采取一定的激励措施引导公民积极参与网络表决。这样，公民参与网上投票的方式可能和现场直接投票的方式效果也差不多了。这种网上全民表决方式无疑一定程度上实现了公意表决所应达到的效果。

6. 公众参与的保障机制

保证公众能够参与府际合作活动而又没有后顾之忧，是发挥公众参与府际合作的积极性、主动性的重要条件和基本前提。让公众能够参与、愿意参与是府际合作能够成功的必要条件之一，只有公众积极参与府际合作事项，并愿意为此提供意见、建议，那么府际合作项目也才会有更好适应性。建立公众参与的保障机制就是让社会公众能够积极参与府际合作而无顾虑，使他们在参与的环境、氛围方面能够得到尊重，在参与误工补贴待遇等方面得到补偿。构建公众参与的保障机制，要从各方面计算出公众参与付出的代价，确保公众参与的获得感远大于或至少大于付出感，而不至于在利益上受损。当然这种获得感不仅仅是因为参加了活动而在经济方面获得补偿，而更多是因为参加了活动赢得了尊重和得到了心灵上的满足。因此，构建公众参与的保障机制，不仅仅要重视参与者经济上的补偿问题，更要重视参与者参与府际合作活动的环境、氛围、荣誉、公平对待的问题，从机制上、体制上保障社会公众愿意、乐意参加府际合作活动。

7. 公众参与的责任机制

公众参与的责任机制强调的是参与者和组织者必须在其位、谋其事，不能三心二意、延误工作。责任机制是约束和保证公众参与各方履好职的必备条件。只有责任机制真正能够发挥作用时，才能使那些不负责的参与者因为害怕担责而不得不认真履行职责。否则，参与工作效果好坏无差别，不仅不能发挥公众参与的应有作用，而且会从整体上损害府际合作事项的开展。需要注意的是，强调公众参与的责任，也不能忽视对公众参与组织者的责任约束，只有公众参与的相关组织者履行好其职责，才能给公众创造一个良好的参与环境。当然，公众参与的责任不仅仅强调的是法律责任，它同时也包括道德责任、行政责任，只有当道德责任和行政责任不能对参与者和组织者的行为进行约束时，法律责任才是最后的保障。建立公众参与的多层次责任机制应与道德责任、行政责任、法律责任相适应，通过相对系统的责任层次安排引导、督促参与者和组织者在府际合作中认真履行职责。

三、府际合作公众参与机制的健全

府际合作公众参与机制需要系统建构，应当说，只有在公众参与的各环节建立起内部衔接、外部科学完善的机制体系，才能在整体上形成公众参与府际合作的综合保障系统。[①] 不过，当府际合作的外部情况发生变化时，公众参与机制也应作适当的变化和调整，以适应合作的需要。

（一）府际合作公众参与机制需要综合构建

"公众参与体系是一个系统工程"。[②] 公众参与府际合作只靠单一的机制无法保证，必须通过各个机制综合发力才能有效。构建府际合作的参与机制必须综合考虑每个二级机制的适用条件和效果，从整体上着手。

公众代表的遴选机制解决的是公众参与府际合作代表人选的问题，它是确保公众提出的意见建议具有广泛代表性、针对性的必备要件。公众代表的遴选机制从源头上保障了代表公众参加府际合作人员遴选的科学性、合理性，对增强合作成果的民意基础具有重要的意义；合作信息来源机制强调的是如何发挥公众在府际合作信息收集中的作用，使合作主体通过民众的信息收集、意见反馈能够及时确定合作项目，增进合作活动开展，合作信息来源机制拓宽了府际合作信息的来源渠道，对深化和拓展府际合作领域具有积极的意义；公众参与程序机制强调的是公众参与府际合作要有相关程序，要依程序行事。活动的参与者和组织者都要按照既定的时限、步骤、方式、方法行事，确保参与活动依法依规进行；合作成果的社会征求意见机制强调的是合作成果在正式确定下来之前要面向社会征求意见，听取民众的意见建议；合作成果的公意表决机制强调的是一些重要的府际合作成果只有经过公众民主表决通过后才具有最终效

---

① 潘高峰、白岩岩：《论构建公众参与立法工作的体制机制》，载于《政法学刊》，2015年第6期。
② 朱捷：《北京市东城区公众参与机制研究》，载于《行政法学研究》，2010年第1期。

力,否则如果成果在合法性上或民意基础上欠缺条件,则很难确保合作成果执行下去;公众参与的保障机制强调的是对公众参与府际合作要从机制上予以保障,使公众能够安心参与相关合作活动,而无顾虑;公众参与的责任机制是指要建立责任追究机制使参与府际合作的参与者和组织者都能认真履行职责避免出现不负责任的情形。

在这几个机制中,公众代表的遴选机制是对公众参与府际合作的入口关进行设置,确保参与的人员是公众参与的适格主体;合作信息来源机制突出公众是信息收集的重要主体;公众参与程序机制是从程序上保障公众参与的顺利进行;合作成果的社会征求意见机制和公意表决机制则是强调民众的意见在府际合作的重要作用,公众参与的保障机制和责任机制则是从职权行使的保障和职责的追究上对相关主体的行为给予支持或约束,确保他们履行好职责。可以看出,这几个机制是从公众参与府际合作的不同角度和层面来保障公众全面参与府际合作的,每个机制有各自的作用和特点,应当说缺少某一个机制,府际合作的公众参与机制是不全面的,构建府际合作的公众参与机制必须全面进行建构。在这几个机制中,要优先考虑公众代表的遴选机制、公众参与的程序机制以及保障机制、责任机制四个机制的建构,使参与府际合作的主体明确、职责权限明晰,确保参与活动顺利开展。

能否建立起府际合作的公众参与机制,关键在于参与合作的各地方政府。如果合作各地方政府认为公众参与对府际合作有较大的帮助作用,那么它就会较为重视府际合作中公众参与机制的构建。如果它认为公众参与是可有可无的事情,那么也就很难重视公众参与机制的构建。因此,府际合作的公众参与必须引起合作各地方政府的重视,相关机制的建构必须得到政府的确认,否则没有政府愿意组织的参与活动也很难维持下去。同时府际合作的公众参与机制需要政府来参与建设,没有政府主动为机制的建构提供各种条件保障,这种机制也很难发挥其应有作用。可以说,政府在公众参与机制的构建中居于主导地位,政府是影响参与机制作用发挥的关键因素。总的来讲,从府际合作和公众参与要实现的功能和价值来看,二者是一致的,公众参与是为了促进府际合作目标的更好实现,府际合作的目的也是为了实现公众参与,增进公共利益。政府保障公众参与机制的建立及其参与效果的实现,是其重要的职责。

(二) 府际合作公众参与机制的完善

府际合作的公众参与机制不是一成不变的,它需要根据情况及时地作出调整与完善,以使其能够不断适应府际合作工作的需要。为进一步发挥府际合作的公众参与机制的最大优势,需要从以下几个方面重点着重加强:

第一，更新观念，转变认识。"公众参与是一种行使权利的行为"。[①] 公众参与是新时期发挥社会大众在公共事务管理中作用的根本需要，是民主政治的根本要求。在府际合作中让社会大众有机会参与、能够参与是其行使政治参与权和知情权的具体体现。各级政府和社会各界都应该认识到，公众参与机制不是可有可无的事情，它是提高府际合作效率、增进官民互动的重要方式和途径。各级政府应把建立和完善公众参与机制作为推进和巩固府际合作的一个重要内容，确保机制不断发挥作用。

第二，合理确定参与主体的范围。理论上讲，公众参与府际合作，参与人员越多越有利于府际合作目标的确定，越有利于府际合作效率的提高。当然，不是所有的府际合作项目都一定要有社会公众参与，也不是一定要以参与人员的多寡来确定合作成效，有时对争议比较大的事项，可能会因人多嘴杂出现相反的参与效果。"并非所有的区域经济一体化决策均需要公民参与"。[②] 因此，在何种情况下选择何种人参与，也应该有一定的章法和技巧。是选择专家参与还是选择普通民众参与，是部分人员参与还是全民参与，是经常参与还是一次性参与，都需要更加复杂的程序和制度予以约束规制，以保证府际合作中公众参与的民主，以民主性保障府际合作的合法性基础。

第三，合理确定程序的具体环节，精简流程。公众参与府际合作哪些程序必须有，哪些程序未必有，需要有明确的规定，否则程序不明确、机制不健全，则使参与者和组织者无从下手，影响参与的质量和效果。完善府际合作公众参与程序机制，就是要在已有公众参与程序的基础上，进一步细化相关程序规定，可以变抽象为具体，增强程序的可操作性和保障性。

第四，做实征求公众意见工作。民意是府际合作的基石，顺应民意才能使合作更具有成效。在府际合作的各个阶段，摸清公众对府际合作的看法和认识，是合作能否圆满成功的关键。实际操作中可能会出现政府征求民众意见，而民众不关心、不配合的现象，也可能会出现相关部门不去征求民众意见的状况，这些都不利于形成良好的府际合作的民意基础。完善府际合作的公众参与机制，要考虑从征求民众意见的方式、方法、便利性等方面着手，找出适合民众参与、喜闻乐见、轻松的参与方式、方法，使民众不至于为了参与府际合作而增加了较多额外的负担。同时，对府际合作的组织者而言，要把公众参与作为府际合作程序的重要组成部分，不能把府际合作变成仅是政府机关的自弹自唱，而忽视了民众的存在和社会整体利益的考量。

[①] 庞君焕：《行政规划中的公众参与机制研究》，甘肃政法学院2011年硕士学位论文，第26页。
[②] 韩永红：《论区域经济一体化中的公民参与——现状、问题与法律保障机制》，载于《学术研究》，2015年第8期。

第五，加强地方立法，规范公众参与制度。机制具有易变性的特点，其内容可以根据实际情况不同而经常发生变化。府际合作的公众参与机制也具有这一特点，其内部相关要素也会根据实际情况的不同而发生变化。但从机制要发挥长效作用来看，这种易变性特点却不利于府际合作中公众参与工作的长期稳定开展。因此，对相对稳定已经成型的机制可以及时上升为法律规范，使公众参与府际合作能够依之行事，那么这既有利于府际合作的长期开展，也有利于推进公众参与的制度化、规范化。甚至必要时，把公众参与府际合作的某些固定做法和相关内容及时上升为法律规范也未尝不可。有条件的地方政府可以通过各自立法或共同立法把公众参与以法律化的形式明确下来，实现公众参与府际合作的法治化。

第十四章

区域经济一体化中府际合作的纠纷解决机制

地方政府之间的竞争与合作,是处理地方政府关系的两个面向。竞争是地方发展的动力,合作是实现共赢的策略。加强政府之间的合作,是推进区域经济一体化建设进程的必然选择。但是,府际合作中对于地方利益与区域利益之间的协调与平衡问题,并非总是处理得尽善尽美,地方政府"理性经济人"的考量和不合作策略选择,均有可能引发府际合作纠纷。有纠纷就需要建立相应的纠纷解决机制并予以制度化,因为"制度为参与人关于博弈重复进行的方式的共有信念系统,它作为共有信念而对环境的微小而连续的变化是稳固和耐久的。……一般来说,由于个体参与人的匿名性和大数定理的作用一旦实现,个人认知以及相关策略决策的边际和随机变化对参与人总体的预期只会发生一些微乎其微的影响"[1]。因此,建立府际合作纠纷解决机制,既要充分利用现有的制度资源,也要在充分考虑合理性与可行性的基础上进行制度创新,实现各项制度之间的有效衔接,并将其纳入法治化轨道,以法治思维和法治方式形成一套完整的府际合作纠纷解决制度体系。

第一节 府际合作纠纷的法理解读

地方政府间的地方利益与区域经济一体化中区域利益之间一直存在冲突与融

---

[1] [日]青木昌彦著,周黎安译:《比较制度分析》,上海远东出版社2001年版,第236页。

合的矛盾关系。府际合作作为区域治理中的一项制度创新，试图弥合这种矛盾，但仍不能根除矛盾。也就是说，有府际合作就有府际合作纠纷。尽管对区域府际合作的研究，学界有不少成果，贡献了不同的智识洞见，但对府际合作纠纷开展研究，无论是政治学、行政学抑或法学，目前成果相对缺乏。本节拟对府际合作纠纷与地方利益冲突进行梳理，提炼府际合作纠纷的法律含义，指出府际合作纠纷的典型特征，并对府际合作纠纷进行类型化处理，为后文的纠纷解决机制健全提供不同的路径。

一、作为一种表述概念的府际合作纠纷

（一）府际合作纠纷的表述

区域经济一体化对政府传统的"行政区行政"管理模式带来严峻的冲击与挑战，重塑着我国地方政府之间的关系处理维度。正是在这一背景下，地方政府之间的合作，即我们所说的"府际合作"，作为一种新的制度安排，契入区域经济一体化和区域治理之中。府际合作是指跨行政区的两个或两个以上的人民政府（包括纵向上和横向上）基于区域利益的考量，通过行政协议或合作机制联合起来建立一种相对稳定的合作关系，对区域内经济、政治和社会等领域的公共行政事务采取协同合作治理，提供一体化的公共产品和公共服务的政府活动。那么，府际合作纠纷可以理解为：在区域经济一体化背景下，跨行政区的两个或两个以上的人民政府（包括纵向上和横向上）基于区域利益的考量，通过行政协议或合作机制联合起来建立一种相对稳定的合作关系，对区域内经济、政治和社会等领域的公共行政事务采取协同合作治理，提供一体化的公共产品和公共服务的政府活动过程中产生的纠纷。

应当说，"府际合作"与"府际合作纠纷"，均不是一种严格的法学术语，而是一种现象描述和学理指征。府际合作纠纷可能包含多种表现形式，如地方立法或制定规范性文件中产生的纠纷、行政协议产生的纠纷、具体行政行为引起的纠纷；可以是行政作为形式引起的纠纷，也可以是行政不作为导致争议。从这个意义上讲，府际合作纠纷不是以传统"种+属"的定义方式而存在，更多是一种表述性描述。

（二）府际合作纠纷不等于地方政府冲突

诚然，在区域经济一体化进程中，地方政府之间的冲突皆因利益而起。地方

利益冲突①，可以是基于地方政府层面的行为引起，如不同地区政府利益之争，上下级政府的利益之争，或者是地方政府为了实现政府目标而选择性地扶持本地企业而与外地企业、本地其他企业争利，或者是地方政府为了吸收外来投资而无原则地让利破坏公平竞争的市场环境；也可以是政府职能部门的自利行为所引发，如政府职能部门执法对外来市场要素流入建立执法利益化和产业化链条；还可能是垂直管理职能部门与地方政府争利以及政府组织成员的自利行为将行政管理与服务的成本外部化，阻碍生产要素的市场化配置或公共服务非均等化引发的。地方政府的"理性经济人"形象，在追求利益方面与自然人存在同样的动机、原理。对此希克有过精辟的论述："当人的某些需要得不到充分满足时，它就会使人产生一种想去满足它的要求，或者，由于某些需要对人的感情和爱好具有很大的吸引力，它也会使人产生一种不断重复的、在某些情况下不断加深的要求，而利益正是人们为满足这种客观引起的需要而出现的一种集中的、持续时间较长的意向。这种意向反映在人的行动上就是不断地、努力地、顽强地、有时甚至是热情地追求这种需要的满足，也就是贯彻和实现他们的利益。"②可以说，政府之间的冲突，利益是主导，政府行政行为只是载体，是表象。

地方利益之争导致地方政府冲突，地方利益冲突表征着当前地方政府之间复杂的竞争与合作关系。地方政府冲突有可能在竞争中表现出来，也可能在合作中得以彰显。引发地方政府冲突的情形中，可能是因人类理性自负或立法技术偏差导致法律对行政权力配置的规范交叉而引起，也可能法律规范明确但被歪曲执行；地方政府冲突的载体——行政行为，可以是作为形式，也可能是不作为形式；地方政府冲突行为的性质判断，不能单纯以非法、合法作为衡量标准。地方政府之间的利益冲突，表现出一种客观的法秩序冲突。

府际合作是为克服行政区行政弊端而被提出，必须从我国现有的行政管理体制中窥视其奥妙。具体来说，对府际合作，可以从当前我国现行行政管理体制中"条条管理"和"块块管理"两种模式和区域一体化发展趋势两个维度考察。第一，从"条块管理"看，我国无论是行政组织法律规范对行政组织的设置，还是宪法性法律、单行立法等行政法规范对行政权力的配置，均是与"条块管理"模式一脉相承，行政权力的配置与运行均与行政区或"条条管理"的事项、领域相吻合，此时府际合作表现出的行政行为可以是作为形式，如执行统一标准对市场

---

① 政府的任何自利行为，超出法律的限度，即是自利，均可造成地方利益冲突，对区域政府合作产生消极影响。参见金太军、张劲松：《政府的自利性及其控制》，载于《江海学刊》，2002年第2期。
② [捷]奥塔·希克著，张斌译：《第三条道路——马克思列宁主义理论与现代工业社会》，人民出版社1982年版，第31~32页。

进行监管；也可以是不作为形式，如政府不能也不需要为本地企业、商品提供扶持性政策或特别保护措施。因此，府际合作在"条块管理"模式下，表现为各地方政府不得采取差别性的行政行为干预市场要素流通和提供非均等化的公共服务。第二，从区域经济一体化趋势下的区域行政要求看，地方政府行政行为不仅要求在行政区内合法合理，还要求能够促成其他地方政府协调治理好跨区域公共行政事务，如流域管理、资源开发、环境保护等，促进区域经济一体化产生积极效果，此时的府际合作应当是以政府积极的作为形式呈现出来的行政行为。因此，综合起来看，府际合作纠纷即是地方政府应当积极作为或消极不作为的过程中发生的争议。

二、府际合作纠纷的内涵透析

地方政府合作各方本应以区域利益为共同目标，以积极的姿态促进区域公共行政事务的共同治理，推进区域经济一体化进程。府际合作以行政行为为载体，府际合作纠纷也是通过行政行为得以呈现，可以是行政行为的作为形式，也可以是不作为形式，甚至是滥作为形式。无论哪一种行政行为，总会彰显一定的行政法效果。

（一）府际合作纠纷主体的多元性

一般认为，府际关系包含垂直和水平上的纵横交错的关系，以及不同地区政府之间的关系。① 当然后来者采用纵横二分法，认为垂直关系是指中央与地方政府之间的关系以及地方上下级政府之间的关系；水平关系是指同级地方政府之间的关系以及不具有隶属关系、不同级别地方政府之间的关系。② 以此作为基础，则府际合作纠纷既可能是中央与地方政府、地方上下级政府之间的纠纷，也可能是同级地方政府之间以及不具有隶属关系、不同级别地方政府之间的纠纷。当然，这里所说的政府是从整体意义上讲的，包含其所辖各职能部门。

（二）府际合作纠纷所涉事项或领域广泛

府际合作无法取代现有的行政区行政模式，因此，对于府际合作产生纠纷考

---

① 谢庆奎：《中国政府的府际关系研究》，载于《北京大学学报（哲学社会科学版）》，2000 年第 1 期。
② 薛刚凌：《论府际关系的法律调整》，载于《中国法学》，2005 年第 5 期。

察，必须置于区域经济一体化和区域法治的视野下。只有那些涉及行政区行政产生法律效果外部化，如设置壁垒阻碍市场要素自由流动，实行公共服务差别化等，以及直接涉及跨区域公共行政事务，如交通设施与管理、流域管理、环境保护与资源开发，等等，才可能产生府际合作纠纷。同时，纠纷也源于政府职能交叉或行政职权配置交叉，如在食品安全、社会保障、城市管理、资源管理等领域，涉及多个职能部门交叉[①]，职责不清，呈现多龙治水局面，进而影响到后续行政职权运行环节。

（三）府际合作纠纷源于利益冲突

府际合作纠纷无论是由于公共行政事务本身涉及跨区域，或者事务涉及多个环节和不同环节对应不同的职能部门，还是政府及其职能部门直接为地方利益或部门利益行使行政权力，其根本原因都在于不同政府之间所代表的利益博弈。换言之，利益冲突是府际合作纠纷产生的本质所在。各地方政府以公开或隐秘的形式，为本地产品提供优惠政策，或对外地进入本行政区的产品实施歧视性政策。如在出租车品牌选择上，上海几乎都是桑塔纳，武汉基本都是神龙富康，长春以一汽捷达为主；在烟草销售领域，湖北、湖南一直存在明争暗斗，作为对等的互相报复性措施，湖南和湖北境内有些地方不许销售对方省份生产的烟草（不一定有明文规定，即使有消费者想买对方省份生产的烟草，商家说烟草专卖局不让卖，若卖则罚款）。虽然手段和方式不同，但这些有利则争，无利则推的怪现状，本质仍是利益之争。

（四）府际合作纠纷本质上是法律性质的争议

府际合作纠纷是通过政府行政行为表现出来，无论该行政行为是秩序行政还是服务行政，其行使的权力来源必须根源于"法的授予"，对行政组织设置与行政权力配置是为了保持一定层次的公共利益与个人利益之间的平衡，行政组织架构和行政权力配置状态也直接影响到公共利益的保护程度、幅度。因此，府际合作纠纷不能被认为是行政系统的内部事务，"如果一个组织制度将一个机构的职能和权限与其他机构的职能与权限区分开来并且确定它们各自的运行领域，以此防止政府内部的权力冲突和摩擦，那么我们认为，此制度完全属于法律的参照范围框架之中。"[②]

---

① 据不完全统计，在 2008 年新一轮的机构改革以前，国务院各部门之间有 80 多项职责存在交叉，仅建设部门就与发改委、交通部门、水利部门、铁道部门、国土部门等 24 个部门存在职责交叉。参见李军鹏：《建设和完善社会主义公共行政体制》，国家行政学院出版社 2008 年版，第 156 页。

② [美]彼得·E. 博登海默著，邓正来等译：《法理学——法律哲学与法律方法》，华夏出版社 2009 年版，第 233 页。

以行政行为为表征的府际合作纠纷，很大一部分是由法律规范限于理性认知的有限性对行政职能职权作出交叉规定引起，但产生的效果不再局限于行政系统内部，效果外部化影响到个体利益和一定层次公共利益，需要对法律进行修订和改进。即使是府际合作纠纷基于行政协议而产生，行政协议只是政府行政手段、方式的变化，不能改变"权力法律授予"这一基本原理。作为一种行政自我规制方式，行政协议也必须符合法律规制的基本精髓。所以，府际合作纠纷无论基于哪种缘由产生，本质上仍是一种法律性质的争议，均应服从法治及其制度安排。

三、府际合作纠纷的类型及其建构意义

（一）府际合作纠纷的类型划分

府际合作纠纷与府际合作基本可以对应，有何种类型的府际合作，只要可能产生纠纷，就有何种类型的府际合作纠纷。府际合作究竟采用何种类型，源于府际合作渠道、策略、内外推动力量等多种因素，除了一些不能公开承认的目标之外，贸易与投资、安全和民主、市场准入、深度一体化、增长和发展，等等，都是政治家们明确阐述的预期目标，[①] 也就是说，区域经济一体化和区域共同治理的问题导向毫无疑问是最重要的考虑变量。

借鉴詹姆士·H. 米特尔曼对区域府际合作进行宏观区域主义、次区域主义和微观区域主义三种类型分界的启示，我国学者杨爱平提出三种府际合作类型[②]：一是超国家的宏观区域间府际合作，如欧盟、非洲统一组织、北美自由贸易区、亚太经合组织、南方共同体市场等；二是毗邻国家间的次区域府际合作，如东亚地区的"澜沧江—湄公河地区"次区域经济合作、"图们江流域"次区域经济合作、欧洲的斯堪的纳维亚区域合作、莱茵河上游的区域合作；三是国家内部的微观区域间府际合作，如我国"泛珠三角"区域府际合作、"大长三角"区域府际合作、环渤海湾区域府际合作。这种划分对于我国一国之内基于区域经济一体化中府际合作类型的划分有一定的借鉴意义。当然，我国学者多倾向于从纵向和横向上把握府际关系，因此，对于府际合作也倾向于这样类型划分。尽管学理上府际合作有纵向上中央与地方政府之间的合作，但区域经济一体化的生根之地往往

[①] Maurice Schiff, L Alan Winter, 郭磊译：《区域一体化与发展》，中国财政经济出版社 2005 年版，第 4～7 页。

[②] 杨爱平：《论区域一体化下的区域间政府合作》，载于《政治学研究》，2007 年第 3 期。

是地方政府之间，地方区域经济一体化往往被纳入国家区域发展战略的整体布局之中，地方区域经济一体化需要获得中央政府的批复，并提供宏观上的战略指导，辅之以各种投资、财政、税收、土地等领域的政策支持。从这个意义上讲，我国任何一个地方区域经济一体化既是国内应对国际经济一体化挑战的国内区域战略应对之策，也是我国市场经济走向成熟的内生需求；既是各地方政府之间竞争为取得相对比较优势与中央政府博弈的结果，也是中央政府实施区域发展战略进而实现共同富裕目标的策略安排。

因此，我国区域发展战略实践中，主要是基于地方政府之间在纵向和横向上来划分府际合作类型，主要有三类：一是纵向上跨省（直辖市、自治区）不同层级地方政府之间的合作，如长江三角洲经济区、京津冀经济区、成渝经济区以及海峡西岸经济区即属于这一类型；二是纵向上同一省内不同层级地方政府之间的合作，如珠江三角洲经济区、哈长城市群、山东半岛城市群、辽中南城市群、关中城市群、哈大齐城市群以及武汉城市圈即属于这一类型；三是横向上同一省（区）内相同行政等级的地方政府之间的合作，如长株潭城市群、中原城市群、呼包鄂城市群即属于这一类型。与此对应，府际合作纠纷也可以作三种类型划分：纵向上跨省（直辖市、自治区）不同层级地方政府合作纠纷、纵向上同一省（区）内不同层级地方政府合作纠纷、横向上同一省（区）内相同行政等级的地方政府合作纠纷。

但是，我们试图提出另一种府际合作纠纷的类型划分。府际合作是立基于政府在区域一体化中应当做什么、怎么做的问题意识——这要求必须处理好政府与市场、政府与社会的关系，涉及市场经济体制下政府定位，当前最应当努力的方向就是推进政府职能转变。它包含三层含义：一是政府职能范围的转变。即政府从提供"非公共产品与公共服务"和公共产品与公共服务的职能向只提供公共产品与公共服务的职能转变；二是政府职能重心的转变。它又包含两层次的转变，即从传统农业社会的阶级统治职能逐渐向市场经济体制下的政府经济职能转变；从政府经济职能向市场经济体制下的社会管理职能和社会服务职能并重转变。这实质上是政府职能结构的调整[1]，它意味着职能结构的重心从某一个职能转向另一个职能，同时其他职能并不消失；三是政府职能手段或方式的转变。即从依靠行政、政策手段转向采用经济、法律、市场等综合手段以及履行政府职能时的柔和、弹性、人性化方式。[2] 基于这样一种理解，我们认为，府际合作纠纷还可以有两种类型划分：

---

[1] 周志忍：《我国行政体制改革的回顾与前瞻》，载于《新视野》，1996年第4期。
[2] 石佑启、杨治坤、黄新波：《论行政体制改革与行政法治》，北京大学出版社2009年版，第159~160页。

第一，基于行政区行政，各级政府要提供行政区内的公共产品与公共服务，表现出来的行政行为就是要严格按照法律规定履行职责，积极作为或不作为，依法作为而不违法作为、滥作为，如对外来企业、商品执行统一市场监管标准，不歧视外地生产要素流入，不对本地生产要素实施特别保护措施。因此，此种状态下府际合作纠纷，产生于法律规范对行政权力的配置有交叉，或者行政权能之间有冲突，即行政权限争议。胡肖华教授认为："行政权限争议即行政主体之间由于行政权限所引发的争议，是行政主体在行使行政职权过程中，由于立法的缺陷或者其他复杂原因，而与另一行政主体的行政职权冲突或重叠而产生的法律争议。"[1] 金国坤教授也认为，权限争议的焦点是各部门有无法定职权，法律、法规将此类事项的管辖权赋予了哪个机关，"实质是各部门认为对发生争议的事情有无管辖权，而管辖权的基础是法律、法规对各部门职责权限的规定"[2]。因此，各级人民政府作出的行政行为是否基于法律授予的行政权能，以及行政权能是否规定清晰，是府际合作纠纷产生的原因之一。我们将这种纠纷类型称之为"行政权能型府际合作纠纷"。

第二，各级人民政府要打破行政区壁垒，相互之间协调积极参与跨区域公共行政事务治理，从而能更好地为行政区提供公共产品与公共服务，实现区域整体发展。但是，基于我国行政区划下的条块分割管理模式，以及法律对行政权能授予的地域性限制，各级政府对于如流域治理、环境保护与资源开发、基础设施一体化建设等跨区域公共行政事务，必须加强府际合作才能避免陷入"囚徒困境"的无谓博弈之中。这种府际合作基于政府的积极行政与合作姿态，积极、主动寻求其他政府共同参与区域治理得以实现，行政协议则是府际合作联系的纽带。相对应的府际合作纠纷，则是源于参与合作的政府不履行或不适当履行行政协议所致。因此，府际合作纠纷产生的源泉来自对行政协议的行政自我规制的不能自足，可称之为"行政协议型府际合作纠纷"。

（二）府际合作纠纷类型划分的建构意义

的确，对于府际合作纠纷类型的划分，可能存在仁者见仁智者见智，不同的划分标准最终产生的划分结果也可能有很大不同，这均服务于研究者对该类划分所选取的研究视野及其建构意义。

一直以来，一些行政法学者存在一种误判，认为行政权限争议不直接涉及行政相对人权利义务，只是行政组织系统的内部事务，不是一个法律问题。对此，

---

[1] 胡肖华、徐靖：《论行政权限争议的宪法解决》，载于《行政法学研究》，2006年第4期。
[2] 金国坤：《行政权限争议的法制化解决途径探究》，载于《北京行政学院学报》，2008年第2期。

德国行政法学者毛雷尔提出,"以前根据严格的法律概念认为,行政组织的内部规则不是法律,国家和其他行政主体的内部领域不受法律拘束,因为法律关系只可能在不同的法律主体之间而不可能在一个行政主体内部产生,但是这种观点在今天已经被彻底否定了。无可置疑的是,内部规则同样具有拘束力,因此必须依法制定。当然内部行政法应当与外部行政法区别开来,因为它们涉及不同的结构和需要不同的规则。"[①] 因此,基于行政权能产生的府际合作纠纷,也应当纳入法律冲突的纠纷解决机制的整体框架。行政权能型府际合作纠纷,既要充分考虑行政系统的官僚体制和上级对下级的监督职责之中,以及基于行政效率的考量,寻求行政系统内部的行政纠纷解决机制,利用既有的制度资源,如政策协调、行政协调等,加以法治化改造;也要根据府际合作纠纷产生的源泉,从根源上对既有纠纷解决机制等资源加以完善、整合;同时也不排除在条件成熟时,遵循司法最终原则,研究府际合作纠纷司法解决的可行性路径。

以行政协议为藕带加强府际合作,是在区域经济一体化进程加快的背景下我国区域发展实践中的一项制度创新。行政协议是各级政府在平等、自愿、协商的基础上,就区域一体化中牵涉区域利益的公共行政事务达成一致的协议,从而建构一套具有持续性、稳定性的府际合作的制度化机制。实践中,行政协议广泛运用于纵向和横向的政府之间、政府职能部门之间以及一级政府与政府职能部门之间,如教育部和广东省人民政府签订《关于提供自主创新能力、加快广东经济社会发展合作协议》。行政协议尊重意思自治,打破行政系统内部的层级惯性,重视平等对话沟通,坚持原则与善于妥协并行不悖,实现行政区利益与兼顾其他政府的利益并维护区域的整体利益完美结合,是"行政区政府自律与他律相结合的机制"[②]。行政协议自愿性、自律性特性,预设了行政协议型府际合作纠纷解决的制度设计应当"先自决、后外力介入"的逻辑安排,并且具体的程序制度、规则也会有所不同。

第二节 府际合作纠纷解决的既有制度资源

府际合作以区域问题为导向,摒弃传统行政区划的刚性束缚和"各自为政"的行政理念,以区域性公共问题的联合治理为依归,试图规划一部区域治

[①] [德]哈特穆特·毛雷尔著,高家伟译:《行政法学总论》,法律出版社2000年版,第521页。
[②] 叶必丰、何渊、李煜兴、徐健等:《行政协议:区域政府间合作机制研究》,法律出版社2010年版,第73页。

理的美好图景和拟定行动的方向。但美好图景依赖法制化、制度化保障，其中一项即是府际合作纠纷解决机制。各级政府之间的竞争与合作、博弈与妥协的多维度的面向，也蕴含着府际合作纠纷解决机制也绝非"上帝的权力归上帝，恺撒的权力归恺撒"般非此即彼的内在演绎。作为纠纷解决机制的制度体系，既应当充分挖掘现有的制度资源，也需要进行可持续性的制度创新，以制度化、法制化路径寻求府际合作纠纷解决之道。本节拟对现有的府际合作纠纷解决可资借鉴的现有行政纠纷解决机制的制度资源进行梳理，重新评估制度得失，为完善、构建府际合作纠纷解决机制的制度体系提供一个先决问题的视角。

如前所述，府际合作纠纷可以分为行政权能型府际合作纠纷和行政协议型府际合作纠纷两种类型，但行政协议型府际合作纠纷是由于行政自我规制约定的义务履行不能，并非直接基于法律规定而产生。因此，梳理、剖析既有行政纠纷解决机制的制度资源，主要以行政权能型府际合作纠纷为分析对象，当然，也不排除对行政协议型府际合作纠纷进行简要分析。

一、权力机关解决机制

立法的不科学与非理性、立法中的地方保护与部门主义、运行中的行政违法，等等，都是引致行政权限争议的缘由，而规范冲突（包括法律规范冲突和规范性文件冲突）是发生纠纷的依据源头。也就是说，规范冲突中一部分可能是对行政权能规定不一致引发的冲突，规范冲突解决了，行政权能冲突也就解决了，由此基于行政权能冲突引发的府际合作纠纷也就解决了。对此，相关的宪法性法律规定，权力机关有两种方式解决法律规范冲突。

（一）权力机关行使撤销权

《宪法》第六十七条规定全国人民代表大会常务委员会有权撤销国务院制定的同宪法、法律相抵触的行政法规、决定和命令，有权撤销省、自治区、直辖市国家权力机关制定的同宪法、法律和行政法规相抵触的地方性法规和决议。《地方组织法》第八条规定，县级以上的地方各级人民代表大会有权改变或者撤销本级人民代表大会常务委员会的不适当的决议，有权撤销本级人民政府的不适当的决定和命令；第四十四条规定县级以上的地方各级人民代表大会常务委员会有权撤销下一级人民代表大会及其常务委员会的不适当的决议，以及有权撤销本级人民政府的不适当的决定和命令。也就是说，上级权力机关有权撤销本级人民政府和下级权力机关不适当的决定、命令甚至是立法。《立法法》的相关规定则更加明确，赋予解决法律规范冲突的手段除"撤销"外，还有"改变"，如第九十七条规定，全国人民代表大会有权改变或者撤销它的常务委员会制定的不适当的法律，有权撤销全国人民代表大会常务委员会批准的违背宪法和本法第七十五条第二款规定的自治条例和单行条例；全国人民代表大会常务委员会有权撤销同宪法和法律相抵触的行政法规，有权撤销同宪法、法律和行政法规相抵触的地方性法规，有权撤销省、自治区、直辖市的人民代表大会常务委员会批准的违背宪法和本法第七十五条第二款规定的自治条例和单行条例；省、自治区、直辖市的人民代表大会有权改变或者撤销它的常务委员会制定的和批准的不适当的地方性法规；地方人民代表大会常务委员会有权撤销本级人民政府制定的不适当的规章。也即，对于出现下位法违反上位法规定的、被认为不适当的、违背法定程序等情形，有关权力机关即可行使"改变权"或"撤销权"，从而消除行政权能冲突的根源，进而也就解决了行政权能型府际合作纠纷。"改变"意味着对法律冲突规范予以修改消除存在冲突状态；"撤销"意味着决定、命令甚至是立法规范的法律效力消灭，且追溯至被撤销的决定、命令作出之日或立法的生效之日，当然，不排除特殊情况下不溯及既往。

（二）权力机关行使裁决权

《立法法》第九十四条规定对于同一事项的新的一般规定与旧的特别规定不一致的，法律之间冲突由全国人民代表大会常务委员会裁决；第九十五条规定，同一机关制定地方性法规出现新的一般规定与旧的特别规定不一致时，由制定机关裁决；而地方性法规与部门规章之间对同一事项的规定不一致，不能确定如何适用时，由国务院提出意见，如认为应当适用部门规章的，应当提请全国人民代表大会常务委员会裁决。也就是说，全国人民代表大会常委会和享有立法权的地方人民代表大会常委会对于新的一般规定与旧的特别规定不一致时，可行使裁决权解决法律规范冲突；全国人民代表大会常委会还有权裁决地方性法规与部门规章之间的冲突。裁决不是因为不同立法出现"下位法违反上位法规定的""被认为不适当的""违背法定程序"等情形的结果，而是由于对同一事项的规范不一致互相可能产生冲突，必须通过"裁决"方式确定选择适用某一法律规范而排除另一冲突规范的适用。

当然，解决法律规范冲突除了权力机关行使撤销、裁决权外，《立法法》还规定了一些特别规则，如第九十二条规定"特别规定优先""新法优于旧法"，以及第九十三条规定"不溯及既往"原则，以此作为域内法律规范冲突的指引规则。

二、行政机关解决机制

(一) 上级政府改变或撤销下级政府 (职能部门) 不适当的决定、命令等

根据《宪法》第八十九条第 (十三) 项规定,国务院有权改变或者撤销各部、各委员会发布的不适当的命令、指示和规章;第 (十四) 项规定国务院有权改变或者撤销地方各级国家行政机关的不适当的决定和命令;《宪法》第一百零八条规定县级以上的地方各级人民政府领导所属各工作部门和下级人民政府的工作,有权改变或者撤销所属各工作部门和下级人民政府的不适当的决定。《地方组织法》第五十九条第 (三) 项规定,县级以上地方各级人民政府有权改变或者撤销所属各工作部门的不适当的命令、指示和下级人民政府的不适当的决定、命令。由此可见,上级政府有权改变或撤销下级政府及其职能部门不适当的决定、命令,国务院还有权改变或撤销不适当的部门规章。改变、撤销不适当的命令、指示、决定甚至是规章,在范围上当然包含存在行政权能冲突的决定、指示、命令及规章。此种"改变"产生的法律后果即可消除行政权能冲突;此种"撤销"意味着某一决定、指示、命令、规章不能产生法律效力,也就不存在行政权能冲突问题。"改变"与"撤销"不适当的决定、指示、命令、部门规章,均可以消除基于行政权能冲突产生的府际合作纠纷。

(二) 以"决定""改变""撤销"方式解决抽象权能争议

在立法中,规章与规章、部门规章与地方性法规对同一事项规定不一致导致的行政权能冲突,即属于抽象权限争议。这种争议实际上是中央和地方权力和利益划分的深刻反映。①《立法法》第九十五条第 (二) 项规定地方性法规与部门规章之间对同一事项的规定不一致,不能确定如何适用时,由国务院提出意见,国务院认为应当适用地方性法规的,应当决定在该地方适用地方性法规的规定;第 (三) 项规定部门规章之间、部门规章与地方政府规章之间对同一事项的规定不一致时,由国务院裁决。《立法法》第九十七条第 (三) 项规定国务院有权改变或者撤销不适当的部门规章和地方政府规章;第 (六) 项规定省、自治区的人民政府有权改变或者撤销下一级人民政府制定的不适当的规章。这即是说,当部

---

① 刘莘:《国内法律冲突与立法对策》,中国政法大学出版社 2003 年版,第 134 页。

门规章与地方性法规对同一事项规定不一致，如果国务院认为应当适用地方性法规，则作出决定适用地方性法规而部门规章不能对该同一事项进行规制；国务院对部门规章、地方政府规章的裁决、改变、撤销，以及省级政府对下级政府规章的改变、撤销，同样可以解决立法上行政权能争议，从而为府际合作中基于抽象权能冲突引发的纠纷提供解决路径。

（三）政府议事协调机构协调处理

根据《国务院行政机构设置和编制管理条例》第六条第七款规定，国务院议事协调机构承担跨国务院行政机构的重要业务工作的组织协调任务。国务院议事协调机构议定的事项，经国务院同意，由有关的行政机构按照各自的职责负责办理。在特殊或者紧急的情况下，经国务院同意，国务院议事协调机构可以规定临时性的行政管理措施。《地方各级人民政府机构设置和编制管理条例》第十一条规定，地方各级人民政府设立议事协调机构，应当严格控制；可以交由现有机构承担职能的或者由现有机构进行协调可以解决问题的，不另设立议事协调机构。设置议事协调机构本身是以与作为部门主义和行政区各自为政相反的措施提出的，以处理那些涉及不同公共部门不同行政层级和政策范围的棘手问题，旨在通过横向和纵向的协调，消除政策法律互相抵触状态，整合资源，使不同行政主体团结协作，为公众提供无缝隙的而非互相分离的服务。[①] 尽管政府设置的议事协调机构以处理同一级政府所辖职能部门之间的行政事务，消除隔阂，但是，按照同一标准进行行政执法或提供服务，以促进区域事务治理的标准化、无差别化，也是府际合作的内容。反之，不设置政府议事协调机构，或议事协调机构不积极处理跨部门公共事务，对于所辖同级政府的各职能部门之间的权限隔阂或争议将可能导致效果外部化，也将引致府际合作纠纷的概率也相对增加。

（四）对行政职责划分异议的自行协商解决或政府决定处理

根据《地方各级人民政府机构设置和编制管理条例》第十条第二款规定，行政机构之间对职责划分有异议的，应当主动协商解决。协商一致的，报本级人民政府机构编制管理机关备案；协商不一致的，应当提请本级人民政府机构编制管理机关提出协调意见，由机构编制管理机关报本级人民政府决定。对于行政机构职责划分存有争议的，争议双方可以协商自主解决。只有当协商不成，才可提请

[①] ［挪威］Tom Christensen, Perl Lægreid，张丽娜、袁何俊译：《后新公共管理改革——作为一种新趋势的整体政府》，载于《中国行政管理》，2006年第9期。

机构编制管理机关报送本级人民政府决定解决职责划分争议。

（五）调整行政组织设置或某项行政权力相对集中以解决行政权能争议

行政组织是行政权力的组织载体，行政权力是行政组织的内涵因子，"在理论上，通过对政府行政组织的调整和行政职权的整合，均可产生、变更和消灭行政主体资格"①。这从另一个角度看，行政组织或行政权力调整，可以减少或部分消除府际合作中基于行政权能冲突产生的纠纷。因此，通过整合行政组织，或者调整行政权力配置，也是府际合作纠纷解决机制的一种方式。《国务院组织法》和《地方组织法》为国务院和地方各级人民政府调整行政组织提供了宪法性法律依据，如《国务院组织法》第十一条规定国务院可以根据工作需要和精简的原则，设立若干直属机构主管各项专门业务；《地方组织法》第六十四条规定地方各级人民政府根据工作需要和精干的原则，设立必要的工作部门。对于由有权机关按照一定程序划转合并同类型的某项行政权力，现行单行立法《行政处罚法》和《行政许可法》分别创设了相对集中行政处罚权制度、相对集中行政许可权制度，即将政府各职能部门的行政处罚权（行政许可权）之一部分或全部，转让给另一行政机关行使，被转让出的一部分或全部行政处罚权（行政许可权）与原行政机关分离，后者不得再行使被转让出的行政处罚权（行政许可权），从而解决行政执法领域中长期存在的多头执法、职权交叉、重复处罚（许可）、执法扰民和执法机构膨胀等顽疾。②

需要指出的是，本部分的（一）、（二）主要针对产生行政权限争议的规范依据，协调好规范依据之间的冲突就意味着从根源上消除了行政权限争议，从而可以消弭府际合作纠纷；而（三）、（四）、（五）部分所阐述的情形，则主要直接针对一级政府所辖各职能部门之间的行政权限争议，明确职能部门在处理跨区域公共行政事务的行政权限归属，从而解决府际合作纠纷。

（六）基于行政协议的协商解决机制

行政协议是政府间为实现区域经济一体化发展，就区域公共事务治理协同一致行动、标准、分工等自加的约束手段。但现行法律体系中对于行政协议的制定主体、程序、内容、效力、履行、违约责任及其实施机制等，没有明文规定，致

---

① 杨治坤：《行政主体制度变革：模式、程序与法制保障》，载于《广东行政学院学报》，2013年第3期。
② 石佑启、杨治坤：《论部门行政职权相对集中》，人民出版社2012年版，第24~25页。

使行政协议很大程度上成为各政府之间的一种联合宣言或合作治理姿态，实践中协议约定的合作事项仅仅停留在文本上也比比皆是。但是，行政协议自身的特性以及文本中约定的纠纷自我协商解决机制，毕竟为纠纷解决提供了一种自我救济的方向。

三、司法机关解决机制

在现行法律中没有明文规定府际合作纠纷的司法解决渠道，但是，《行政诉讼法》中规定司法机关在解决纠纷过程中执行或适用相关规定，在客观上可以发挥解决行政权限争议和定纷止争的功能。

（一）对规章的"参照"适用

《行政诉讼法》第六十三条规定，"人民法院审理行政案件，以法律和行政法规、地方性法规为依据。地方性法规适用于本行政区域内发生的行政案件……人民法院审理行政案件，参照规章"，这意味着规章的地位与作为"依据"的法律、法规有所不同。对法院而言，"参照""实质是赋予了人民法院对规章的选择适用权"[1]，人民法院对规章的规定是否合法需要进行合法性判断，但对于合法有效的规章应当适用。有学者认为："依据"和"参照"的区别在于，"依据"是指人民法院审理行政案件时，必须适用该规范，不能拒绝使用；而"参照"则是指人民法院审理行政案件，对规章进行参酌和鉴定后，对符合法律、行政法规规定的规章，参照规章进行审理，并将规章作为审查具体行政行为合法性的依据；对不符合或不完全符合法律、法规原则精神的规章，可以不予适用。[2] 由此可以从法律逻辑上推断，如果是基于行政规章的规定引起行政权能争议，进而引发府际合作纠纷，则人民法院可以对该行政规章合法性"进行鉴别后，决定适用与否，进而对所涉行政权限的归属作以间接地、附带的认定"[3]。

（二）对规范性文件的附带审查

规范性文件作为行政机关行使行政权的一种方式，对加强行政管理，完善行政法治和提高效率均是必要的。但是，在行政执法和管理服务实践中，存在地方政府和职能部门通过制定规范性文件抢权力、争利益，规范性文件之间发生冲突

---

[1] 姜明安：《行政程序研究》，北京大学出版社2009年版，第187页。
[2] 朱新力：《司法审查的基准：探索行政诉讼的裁判技术》，法律出版社2005年版，第211页。
[3] 张显伟：《府际权限争议权力机关解决及机制建构》，载于《学术探索》，2013年第4期。

时有发生，损害了公民合法权益，影响法制统一和权威。"规范性文件是行政行为的依据和源头，要纠正违法和不当的行政行为，有必要正本清源，从源头上开始审查和纠正；现行制度中对规范性文件的监督机制虽然存在，但是没有很好地发挥作用。"[①] 对此，《行政诉讼法》第五十三条规定："公民、法人或者其他组织认为行政行为所依据的国务院部门和地方人民政府及其部门制定的规范性文件不合法，在对行政行为提起诉讼时，可以一并请求对该规范性文件进行审查。"对规范性文件的附带审查，可以判断依据规范性文件作出行政行为的合法性，从而解决以行政行为为载体的府际合作纠纷。

（三）行政诉讼第三人制度

根据《行政诉讼法》第二十九条规定，公民、法人或者其他组织同被诉行政行为有利害关系但没有提起诉讼，或者同案件处理结果有利害关系的，可以作为第三人申请参加诉讼，或者由人民法院通知参加诉讼。也就是说，同被诉行政行为有利害关系或同案件处理结果有利害关系的第三人，可以主动参加诉讼或通知参加诉讼。在行政诉讼第三人制度中，行政相对人提起行政诉讼，"如果存在着与被诉行政机关有行政权限争议同时又实施了对行政相对人合法权益有影响行政行为的另外行政机关，该行政机关是可以也是应该作为行政诉讼第三人参加行政诉讼的，此种情况下出现的行政权限争议完全可能纳入行政诉讼机制解决"[②]。行政诉讼第三人制度，主旨是解决行政机关与相对人之间的纠纷，但在客观上也带来一个副产品——如果行政机关是作为行政诉讼第三人参与诉讼的，则对行政机关之间的权限进行判断，厘定行政权限的归属主体，从而也能解决府际合作中的纠纷。

（四）行政诉讼判决制度

根据《行政诉讼法》第七十条规定行政机关因超越职权作出行政行为，人民法院可以判决撤销或者部分撤销，并可以判决被告重新作出行政行为；第七十二条规定人民法院经过审理，查明被告不履行法定职责的，判决被告在一定期限内履行。尽管只有当行政机关超越职权或不作为时损害相对人利益，且相对人提起行政诉讼时才能启动该程序，但人民法院通过对法定职责权限进行认定，要么排除该行政机关有该项行政权能，要么确认该行政机关有该项行政权能，从而确定行政权能归属，客观上也能附带解决行政权限争议问题，从而解决由此引发的府

---

① 袁杰主编：《中华人民共和国行政诉讼法解读》，中国法制出版社2014年版，第145页。
② 张显伟：《府际权限争议权力机关解决及机制建构》，载于《学术探索》，2013年第4期。

际合作纠纷。

四、现行纠纷解决机制的缺陷分析

现行可以解决府际合作纠纷的制度资源相当丰富，既有基于平等的横向行政协商式解决机制，也有基于具有上下级管理关系的纵向上级机关单方处理；既有权力机关对抽象行政权能争议的解决方式，也有司法机关附带性解决行政权能争议。面对区域经济一体化对加强府际合作的客观要求以及府际合作中行政冲突不断、纠纷连发的现实窘况，我们不得不反思：是什么因素导致现行府际合作纠纷解决机制的乏力？这是我们直面问题的思维起点，也是我们完善制度设计、整合既有制度资源的逻辑起点。

（一）行政解决机制重视个案解决，缺乏制度化解决的操作规则

区域内各地方政府为解决行政管理与服务中的行政权能冲突，从组织形态看，设置了各种联席会议制度、论坛组委会、办公室或协调小组等；从行政执法实践看，有行政综合执法、联合执法等；为协调区域公共事务治理，签订行政协议、发表联合宣言公告、行动方案等。各种规定和措施看似建立了多种制度可供府际合作纠纷解决，似乎不缺制度化解决途径。但是，制度的生命在于运行，如果不能解决现实问题，仅仅停留在文本中只是"镜中花""水中月"。既有行政解决机制重视个案，缺乏具有可操作性的制度化解决规则和程序，表现在三个方面：

第一，纠纷解决启动充斥着或然性。尽管府际合作纠纷因利益而起，但并非每项争议都直接牵涉因行使行政权力而发生权限冲突的具体行政机关自身利益，同时，"我国法律并没有规定：在行政机关之间发生权限争议影响行政相对人权益时，争议机关必须先寻求权限争议的解决，不得使行政相对人成为行政机关权限争议的无辜受害者，否则要承担相应的法律责任"[①]。这意味着行政权限冲突中相关主体启动纠纷解决既缺乏利益驱动，也缺乏制度驱动。所以实践中，府际合作纠纷解决机制的启动具有很大的或然性、随意性：可能因为行政权能冲突中利益受损的相对人起诉、投诉、上访或领导调研等形式获知行政权能冲突而引起有关领导重视后批示解决；也可能是因为突发事件等引起媒体报道，如最近的毒疫苗事件，相关部门领导迫于社会舆论压力和顾虑承担政治责任风险而启动；当然也不能完全排除牵涉部门利益或相关人员利益后才推动争议解决。

---

① 黄先雄：《论我国行政机关权限争议的法律规制》，载于《国家行政学院学报》，2006年第2期。

第二，纠纷解决程序具有不确定性。(1) 行政权威和话语优势取代协商、妥协。由于没有相应的程序规范，纠纷解决启动程序除了具有随意性外，在上级机关决定、撤销、裁决等或由上级机关参与协商、权限争议主体自主协商过程中，上级机关的行政权威，经济相对发达或更具有行政权能优势的政府或行政机关的话语权优势，以及参与处理纠纷人员的个人偏好等，有可能使得上级机关单方意志取代了纠纷处理过程中本应具备的协商、妥协，挫伤弱势一方纠纷处理的积极性。(2) 法律思维、法律方式旁落。纠纷处理过程中，对于行政权限冲突或基于行政协议纠纷，如何对公共利益进行平衡，按照何种标准处理纠纷，缺乏依据和参考，解决纠纷有可能演变为对所谓大局的政治认同和对行政权威的服从，法律思维、法律规制与法律方式被旁落，纠纷的一时解决却埋下更多、更大、更激烈的潜在冲突风险。(3) 缺失时效约束与公正保障。一方面，纠纷处理各环节没有时效约束，可能出现纠纷迟迟不能解决或解决不了了之，效能低下等问题。此外，从行政解决机制运行的实践来看，纠纷解决的处理方式、过程、结果等被认为是行政系统的内部事务，不对外向社会公开，公众无法监督。没有监督的权力可能表现出极大的任性。

第三，责任机制缺失。责任机制的缺失，既表现在行政权能争议本身即意味着职责不清，追责有难度，责任虚化；又体现为纠纷解决程序不完善导致的无法对参与解决府际合作纠纷的主体违反程序进行追责。在行政协议导致的府际合作纠纷中，行政协议文本中对责任进行约定是责任追究的前提，但政府之间签订的行政协议约定违约责任的实证分析结果令人遗憾[①]，几乎没有违约责任条款，也就无从进行责任追究。

同时，现有制度在解决府际合作纠纷的方式上，往往针对具体事项采取个案解决，而个案解决的不经济性，无益于立足行政权限从源头上解决、制度化解决。我国尚未承认行政案例对后来者的拘束力，即使这种个案解决在实践中有一定的指导功能，但处理个案的组织、机制对主要政府官员或成员的人格化依赖注定了一旦他们职位发生变动则个案的指导功能也可能烟消云散了。

（二）纠纷解决机制的法制保障与规制不足并存

长期以来我们对行政权限冲突的认识停留在只是一种非正常状态，并不需要建立起解决权限冲突的法律机制，因而面对日益严重的部门之争，只见协调机构

[①] 国内学者们对全国各级政府或行政机关之间签订的行政协议进行遴选，从138份行政协议文本中，只有一个文本约定有违约责任。参见叶必丰、何渊、李煜兴、徐健等：《行政协议：区域政府间合作机制研究》，法律出版社2010年版，第232页。

和领导小组的不断增设，没有见到法律制度的建设。① 这固然是一种观念认知错误，也与我国法律规范对纵向和横向府际关系的调整有莫大关系。法律规范偏重对条条、块块所对应的政府及其职能部门授权，对综合和横向关系仅在个别条款中涉及中央与地方的权力划分以及地方政府的建制等内容。即使已有的少量规定，如《宪法》第八十九条规定，国务院有权改变或者撤销各部、各委员会发布的不适当的命令、指示和规章，有权改变或者撤销地方各级国家行政机关的不适当的决定和命令；《地方各级人民政府机构设置和编制管理条例》第十条规定行政机构之间对职责划分有异议的应当主动协商解决。协商不一致的，应当提请本级人民政府机构编制管理机关提出协调意见后报本级人民政府决定。但规定的非常原则笼统，操作性不强，也没有实现从"制度形式"到"制度规范"的转换。② 无论是权力机关抽象行政争议的解决，还是行政机关抽象与具体行政争议的解决，对于纠纷解决的主体、程序、纠纷解决结果的监督执行等缺乏全面规定，进而导致府际合作纠纷解决实践的非规范化，可操作性弱，相关法律条文规定多数停留在文本上而不是付诸实务运作。

即使是由于行政协议引发府际合作纠纷，也存在同样情况：立法中无相关法律依据，实践中行政协议自行约定的纠纷解决机制也不完善。缺乏法制保障与规制的行政协议，对纠纷解决的乏力使得其自我规制功能大打折扣。

（三）以行政组织设置调整或行政权力相对集中解决府际合作纠纷功能有限

通过调整行政组织，整合行政权力的组织载体，从而减少行政权能冲突，这是大部制改革的一部分。大部制改革的基础与核心是政府职能的转变与整合，通过机构重组以克服部门保护主体，最大限度地避免政府职能交叉、政出多门、多头管理，从而提高行政效能，降低行政成本。③ 大部制改革着眼于同一级政府所辖职能部门的组织调整，客观上将原来部门之间的冲突转化为部门内协调，况且重组后的部门组织机构可能更加庞大，与其他大部之间依然可能存在行政权能新的冲突。也就是说，大部制改革可以减少部门间的权限冲突，但不可能完全消灭冲突。所以，有学者提出，解决部门之间权限冲突时，一般不支持优先选择消灭机构的方式。④

而以行政职权相对集中的方式解决多部门之间的行政权能重合问题，当前只

---

① 金国坤：《部门间权限冲突的法制化解决之道》，载于《甘肃行政学院学报》，2008 年第 4 期。
② 郭蕾：《地方利益崛起背景下中央与地方权限争议分析及改革思路》，载于《探索》，2013 年第 1 期。
③ 汪玉凯：《"大部制"改革的几大挑战》，载于《领导文萃》，2008 年第 9 期。
④ 韩继志：《政府机构改革》，中国人民大学出版社 1999 年版，第 113～114 页。

有《行政处罚法》和《行政许可法》分别创设了相对集中行政处罚权、相对集中行政许可权两项制度。也就是说,这种方式解决府际合作纠纷,适用领域非常窄,功能也有限。

(四)司法机关附带解决方式启动程序被动,侧重个案解决

尽管行政诉讼法对诉讼参加人、诉讼程序、审查标准、判决种类等作了完善的规定,解决纠纷的司法实践经验也不谓不丰富,但我国行政诉讼的整体制度设计是解决行政机关与行政相对人之间的争议,行政机关之间的权限争议解决依附于行政机关与行政相对人之间争议的解决。因此,对于行政机关之间的权限争议,只有同时牵涉侵犯行政相对人合法权益并由行政相对人启动司法救济程序时,其争议解决才可能被司法机关附带性解决。启动程序的被动性,由此导致行政机关权限争议通过司法途径解决只是一种或然性和可期待性,并且,基于司法和行政的权力分工以及司法个案解决的特性,这种或然性如果能变为现实,产生的法律效果也仅仅局限于该个案。我们没有建立起判例制度,也不能对后来者基于同一行政权限争议产生约束力。因此,通过司法途径解决府际合作中行政权能争议引发的纠纷,其功能十分有限。

第三节 府际合作纠纷解决机制选择与构建

对府际合作纠纷解决可资利用的制度资源进行梳理分析,是构建纠纷解决机制的逻辑起点。府际合作纠纷可能基于行政权限争议引起,也可能基于作为行政自我规制的行政协议所引发,而能够提供纠纷解决的既有制度资源主要是针对行政权限争议。学界对行政权限争议的解决,也进行了多维度的思考和制度构建设想,为我们提供了智识参考。本节旨在对学界的智识贡献进行梳理,在比较、总结、分析的基础上,提出我们对府际合作的纠纷解决以及机制构建的方案选择等方面的建议。

一、府际合作纠纷解决机制的学理探究

我们分析问题的思维逻辑是:府际合作纠纷→行政权限争议或行政协议纠纷→规范冲突或意思表示执行分歧;而我们解决问题的思维逻辑则是逆向的:规范冲突或意思表示执行分歧→行政权限争议或行政协议纠纷→府际合作纠纷。学

界关于行政权限争议的解决思路,不同视阈、方式的选择,决定了具体的解决思路和制度设计方向、方案都有所不同。现对典型方案的解决方式、途径梳理如下:

(一) 立法解决机制

这种制度设计定位于中央与地方权限争议主要集中为中央政府与地方政府之间权限争议,其中又可分为抽象权限争议和具体权限争议。通过立法式途径解决中央政府与地方政府之间的权限争议,已经具备一定可行性基础,即:宪法的相关规定实际已成为证明中央、地方府际权限争议解决这一事实客观存在的最集中体现;立法效力等级的规定对于中央、地方府际权限争议的解决有着原则的作用;立法冲突裁决机制或指定管辖机制的规定也为立法权限冲突解决提供了样本。[1] 在完善对策上,提出三条建议:第一,通过将管理重心进一步新下移,建立合理的财权分割体制及相应的配套机制,以减轻中央对地方的影响度;第二,在地方立法中给予地方实质的表达自由,充分发挥地方立法和准立法优势,加大地方本身的自主度;第三,建立争议解决机构,发挥垂直管理机制的作用,在中央与地方的利益博弈中维持合理的平衡度。通过立法解决机制不仅可以解决好中央、地方府际之间的权限争议,更重要的价值在于确立法治国家问题解决的规则意识。[2]

(二) 权力机关解决机制[3]

对于行政权限争议的解决,现有的行政机制和司法机制存在着制度化、规范化严重不足的弊端,进而引发对两种机制的质疑:行政机制的公开性、公正性质疑和司法机制的权威性、有效性质疑。从行政权限争议产生的缘由切入,认为其深层次原因甚或是唯一原因或称之为根本的原因,是立法缺陷:或是因为立法对某行政职责权限划分不清、界定不明;或是因为立法对某行政职责权限规定的不科学或权限规定相互间出现抵触;或是针对某一行政管理事项、行政管理区域的管辖权问题没有明文法律规范规定,出现了立法盲点。既然府际权限争议产生的最根本原因是立法缺陷,无疑需要经由立法机关予以因应解决。由此,应当以《宪法》和《立法法》等法律确立的基本框架为蓝本,构建由权力机关(具体指权力机关的常设机关)解决行政权限争议的纠纷解决机制。在具体制度设计上:

---

[1] 谭波:《论完善中央与地方权限争议立法解决机制》,载于《法学论坛》,2009年第3期。
[2] 应松年、薛刚凌:《行政组织法研究》,法律出版社2002年版,第222页。
[3] 张显伟:《府际权限争议权力机关解决及机制建构》,载于《学术探索》,2013年第4期。

(1) 在人民代表大会常委会内部专设一个常设机构,专门解决府际间发生的权限争议案件;(2) 行政权限争议解决的提议主体包括发生行政权限争议的各行政机关、因府际权限争议而使其合法权益受到影响的行政相对人、社会团体;(3) 积极权限争议和消极权限争议均纳入受案范围;(4) 在管辖上,由发生行政权限争议的行政机关共同的上级人民政府所对应的权力机关管辖;(5) 遵循穷尽行政系统内部机构解决权限争议途径的原则,作为权力机关解决行政权限争议的前置程序;(6) 权限争议解决的提起与受理:具备行政权限争议提请资格的主体在法定期限内向有权处理行政权限争议的权力机关提出,由后者审查并作出是否受理的决定;(7) 争议审理阶段,解决好审理对象、审理内容、确定审理标准和审理方式;(8) 审理结果的运用。权力机关对行政权限争议解决,是通过对有关规定行政权限的法律规范进行解释、推理、甄别等一系列思维过程,确定存有争议的行政权限的最终归属。这种对行政权限归属的评判结果,反推其规范依据——对其他同类型的行政权限争议是具有普适性的拘束力,同时一般不应当具有溯及力。

(三) 机关诉讼

一般认为,所谓机关诉讼是指行政机关或法律、法规、规章授权组织相互之间因行政权限发生争议,诉至法院由后者根据诉讼法律程序解决纠纷的一种行政诉讼类型。行政职权法定意味着获得法律赋权主体(即行政主体)所行使的行政权力是有边界的,行政主体既有义务按照法律本意履行职责,也有义务维护自己的职权而防止其他主体侵犯自己的权力。因此,行政主体一旦发现其他行政主体实施了本应归属于自身的行政权,有权要求停止侵权行为,而通过诉讼程序解决则是法治原则的必然。[1] 也就是说,机关诉讼结构中的两主体都是行政主体,从而突破了既有的行政诉讼是以行政主体与行政相对人之间纠纷解决为藕带。行政主体之间的权限争议超出了"系统内部"这个界限,影响到行政秩序,进而损害相对人利益,加之人民法院在解决行政主体与相对人之间纠纷时无法回避对行政主体权限的判断,故有必要纳入司法程序解决,当然,这必须以法律明确规定为前提。[2] 即确立机关诉讼类型,必须以法律规范对行政权限作出规定并存在冲突,行政主体在行使行政职权时发生的争议。[3] 这种行政权限冲突一般表现在事务管辖冲突、地域管辖冲突或层级管辖冲突。当然,也有人认为,只有事务管辖、地

---

[1] 翁岳生:《行政法与现代法治国家》,台湾大学出版社1998年版,第394页。
[2] 王太高:《论机关诉讼——完善我国行政组织法的一个思路》,载于《河北法学》,2005年第9期。
[3] 甘文:《行政诉讼司法解释之评论——理由、观点与问题》,中国法制出版社2000年版,第7页。

域管辖中发生的行政权限争议才属于机关诉讼的受案范围。① 在此基础上，对机关诉讼进行制度设计，包括受案范围、管辖、起诉、受理、审理、举证责任、判决。

（四）宪法诉讼

学者们提出的机关诉讼方案，属于行政诉讼中的一种诉讼类型，自当遵循合法性审查原则，而与合宪性无涉。但是，行政权限争议因立法缺陷而产生，立法问题置于宪政法治框架内首当其冲的就是合宪审查问题。故机关诉讼欲解决行政权限争议，就无法回避作为授予行政权限的法律规范是否符合宪法规范。从一项制度设计看，机关诉讼解决行政权限争议具有部分性、不彻底性，因此，机关诉讼可以作为一个过渡性解决方案，最终选择可以是建立宪法诉讼机制②解决行政权能争议。所谓宪法诉讼是指中央行政机关之间、中央行政机关与地方行政机关之间以及地方行政机关相互之间发生行政权限有无或者权限范围大小上的争议时，有关起诉人（请求人）申请宪法审判机关或违宪审查机构对此争议作出裁判的诉讼。该方案建议：（1）在全国人民代表大会下设宪法法院，行使宪法诉讼审判权，具体负责行政权限争议的处理。（2）发生争议的行政机关、地方团体有权提起行政权限争议宪法诉讼。（3）关于宪法诉讼期限，分为主观期限和客观期限，起诉人只能在主观期限和客观期限内提请权限争议诉讼，逾期起诉人便丧失权限争议诉讼的提请资格。（4）宪法诉讼启动之前，应优先寻求行政救济途径，遵循"穷尽行政程序"原则。（5）先行停止执行决定。宪法法院在收到权限争议起诉书后，可以根据职权或请求人的要求，审查后可以作出决定要求被诉行政机关停止执行其先前作出的行政行为。（6）判决。宪法法院可以作出撤销行政行为决定或确认行政行为无效的判决，判决原则上不溯及既往。

二、府际合作纠纷解决机制的分析与选择

行政权限争议解决的法律依据，既有宪法性法律，也有单行立法规范，还有国务院颁布的条例；参与解决纠纷主体与方式，包括权力机关的撤销、裁决机制，也有上级行政机关的改变、撤销或裁决方式，以及司法机关附带性解决方

---

① 吴卫军、张峰：《行政权限争议的司法解决》，载于《青海师范大学学报（哲学社会科学版）》，2009年第6期。
② 胡肖华、徐靖：《论行政权限争议的宪法解读》，载于《行政法学研究》，2006年第4期。

式;还有通过机构改革方案对行政组织调整方式解决行政权限争议的,或者通过某一相似、相近的具体行政权能相对集中以解决行政权能争议。面对如此多的既有资源,我们是抛开这些既有制度资源不顾而另起炉灶建立新的纠纷解决机制,还是对既有制度资源加以挖掘、完善?正如苏力先生所言,"中国的法治之路必须注重利用中国的本土资源,注重中国法律文化的传统知识和实际"[1],我国既有的法律规范对行政权能争议解决及其对应的制度建构,是我们提出解决问题方案的本土资源。

(一) 关于权力机关或行政机关解决府际合作纠纷

《宪法》第六十七条规定,全国人民代表大会常务委员会对行政法规、决定和命令权有撤销权,对省级权力机关的地方性法规和决议有改变、撤销权;《宪法》第八十九条规定国务院有权改变或者撤销部委的命令、指示和规章,有权改变或者撤销地方各级国家行政机关的不适当的决定和命令;《宪法》第一百零八条规定县级以上的地方各级人民政府有权改变或者撤销所属各工作部门和下级人民政府的不适当的决定。由此可以看出,对于基于法律规范或规范性文件产生的行政权限争议,宪法分别授予了权力机关和县级以上人民政府有对应的解决手段。其中,宪法规定全国人民代表大会解决行政权限争议的地域范围及于省一级,这是否意味着是从中央和地方分权的视角确立全国人民代表大会权力机关的行政权限争议解决权限。

同时,基于宪法规范是元规范的原理,其功能不仅仅是赋予相关主体一定的宪法权利与义务,更为重要的是通过宪法规范确立一套制度装置,由此可依据宪法规范进行下位法立法。因此,由《立法法》《地方组织法》《国务院行政机构设置和编制管理条例》《地方各级人民政府机构设置和编制管理条例》等宪法性法律规范对《宪法》的相关规定进行细化立法。如《立法法》第九十七条规定,全国人民代表大会、全国人民代表大会常务委员会、省(自治区、直辖市)人民代表大会、地方人民代表大会常务委员会等层级权力机关通过处理法律规范冲突解决行政权限争议;《地方组织法》第八条规定县级以上的地方各级人民代表大会、第四十四条规定县级以上的地方各级人民代表大会常务委员;第五十九条规定,县级以上的地方各级人民政府有权在自己职权范围内解决决议、决定、命令等规范冲突引发的行政权限争议。同时,《立法法》第九十四条、第九十五条重申了法律规范冲突处理的一般原则,对权力机关立法与人民政府立法产生的法律规范冲突解决确立指引规范,凸显了立法与行政的分工、权力机关立法与政府立

---

[1] 苏力:《法治及其本土资源》,中国政法大学出版社1999年版,第6页。

法之间的衔接。

至此，可以认为，我国对于府际合作中基于行政权限争议引发的纠纷，在制度设计上采用"双轨制""两条腿走路"。即权力机关和行政机关并行解决法律规范冲突，进而解决依据有冲突的法律规范作出行政行为之间的争议，从而也就解决了府际合作中以行政行为表现出来的纠纷。这一结论，一方面，提示我们，对于府际合作纠纷的解决，我们不能无视既有的制度资源而另辟路径；另一方面，府际合作纠纷的解决，在机制健全和制度设计上，应当立足现有的制度资源，加以完善、改造、创新。毕竟，保持制度的连贯性既是一种管理艺术，更是一种文化的延续。

（二）关于机关诉讼解决行政权能型府际合作纠纷

一方面是我们国内存在行政权限争议不断涌现的客观现实与其解决途径、解决效果乏力之间的矛盾，另一方面是大陆法系的日本、德国、法国以及我国台湾地区的机关诉讼制度实践所展示的制度样本及其所形成的外在比较压力，均为学界要求建立机关诉讼机制提供了佐证。

在日本，机关诉讼属于客观诉讼类型，不属于法律上的争诉。但是，也存在法律特别要求公正的法院判决，要求采取诉讼程序来解决的情形，如《地方自治法》第一百七十六条规定的地方公共团体的长官和议会的争议。① 另外，《地方税法》中规定的"关于课税权的归属地方公共团体的首长之间的诉讼"、《地方自治法》中规定"关于市町村的境界的诉讼"也属于这种机关诉讼。② 由于其程序过于烦琐，其修改问题已被提出。德国立法上没有明确规定机关诉讼，但德国学说和各邦判例都承认机关诉讼，行政机关可以就其公法上的权利受损为由提起行政诉讼，发生较多的是地方公共团体的机关间或其他各单位间对于权限及其行使的争议。但提起机关诉讼的前提条件是：没有更为便捷的权利维护途径可供采用且被明示应通过行政司法途径获得法律保护。③ 根据法国行政法院判例，一个行政机关在其利益受到其他行政机关决定的侵害，而其本身不能撤销或改变这个决定时，可以向行政法院提起越权之诉，请求撤销这个违法的决定。这种情况可以发生在同一行政主体的内部机关之间，也可以发生在不同的行政主体之间。④ 在德国和日本，机关诉讼不认为当然地属于法律上的争讼，所以，机关诉讼中必须是以各争议行政机关都具有明确的权限为前提的，且遵循穷尽行政救济原则。

---

① 杨建顺：《日本行政法通论》，中国法制出版社1998年版，第725页。
② ［日］盐野宏著，杨建顺译：《行政法》，法律出版社1998年版，第436页。
③ ［德］弗里德赫尔穆·胡芬著，莫光华译：《行政诉讼法》，法律出版社2003年版，第367~368页。
④ 王名扬：《法国行政法》，中国政法大学出版社1988年版，第681页。

行政权限争议是否被授予可以通过机关诉讼解决，属于立法政策权衡之事。显然，即使已经建立了机关诉讼的大陆法系国家（地区），但并非任何行政权限争议都能纳入机关诉讼。

行政权限争议在形式上表现为不同国家行政机关间的权力争执，在府际政府之间，权限争议可能不是一个合法与否的问题，而是转化为所代表的不同公共利益之争。对公共利益的分配，最优质方案是提交作为代议制民主的权力机关（立法机关）来权衡。同时，司法权介入行政权限争议，其介入的深度、广度要受制于现代国家关于行政与司法的权力分工。美国联邦党人曾说过，司法部门"既无军权、又无财权，……而只有判断"①，"司法权以判断为内容，是判断权"，"司法权的本质是判断权"②。

基于这样一种背景，我国现行宪法框架下，法律对权力机关解决法律规范冲突已经做出规定进而能够解决行政权限争议，是否必须再建立机关诉讼，其合理性的边界又在哪里？退一步讲，即使将涉及行政权限争议的法律规范冲突解决纳入现行的司法体制下，司法人员能否胜任府际之间的利益权衡，我们也不敢妄下结论。

（三）关于宪法诉讼解决行政权能型府际合作纠纷

其实，国内学者探究宪法诉讼，往往与"违宪审查""司法审查"等概念混用或等同。在府际合作中基于行政权能冲突产生纠纷，建立宪法诉讼机制解决府际合作纠纷——这一观点建立在这样的一种逻辑分析之上，即在府际合作中，不同政府机关作出某一行政行为是基于直接依据某个法律规范或规范性文件作出，存在大量的所谓"抽象行为吸收具体行为"的倾向。表面上行政行为违反了法律规范或规范性文件，实际上是作为行政行为之直接依据的法律规范或规范性文件违反了上位法甚至是宪法，从而将行政权限争议转化为一个宪法问题，建立宪法法院或设立宪法委员会以宪法诉讼机制解决宪法纠纷也是水到渠成。当然，自1982年现行宪法颁布以来，我国学界就设立宪法委员会的学术探究从未停止过。③

宪法诉讼机制能否在将来中国的法治建设中被付诸实施，现在判断可能还为时过早，但在我国现行宪法秩序和宪法框架下，设立宪法委员会，以宪法诉讼机制解决行政权限争议，包括府际合作中基于行政权能争议引发的纠纷，还面临理

---

① ［美］汉密尔顿等著，程逢如等译：《联邦党人文集》，商务印书馆1980年版，第391页。
② 孙笑侠：《司法权的本质是判断权》，载于《法学》，1998年第8期。
③ 胡锦光：《中国宪法问题研究》，新华出版社1998年版，第197页以下。

论和实践上的难题。① 第一，在全国人民代表大会内设立宪法委员会，并强化违宪审查之后，是否有可能冲击或打破迄今在现实中形成的政治权力分配格局；第二，无论是在全国人民代表大会之内设立宪法委员会还是在全国人民代表大会之外设立违宪审查机关（如宪法法院）来实现违宪审查，其结果均必然涉及审查全国人民代表大会的立法，这是否与我国现行的人民代表大会制度构成逻辑上的悖论或冲突。

严格来说，在当前权力机关处理行政权限争议和政府机关处理行政权限争议两种机制是有法律依据。而权力机关通过解决法律冲突从而解决行政权限争议，如果理解成是一种宪法诉讼的前身，多少有些牵强；即使在将来条件成熟时在权力机关中设立解决宪法纠纷的具体机构，也与诉讼程序解决宪法争议的宪法法院大异其趣。所以，对于宪法诉讼的司法解决机制，也还仅仅局限于学理研究。当然，在学理上探究宪法诉讼机制解决府际合作纠纷未尝不可，但如能将该方案付诸实践可能需要等待时日。

三、构建类型化的府际合作纠纷解决机制

根据本节第二部分的分析，我们需要建立健全以权力机关和行政机关并行解决府际合作纠纷机制作为主导，以政府议事协调机构协调解决、政府机构改革对行政组织调整以及行政权力相对集中改革、行政诉讼中司法机关附带性解决府际合作纠纷作为补充的纠纷解决机制。需要说明的是，政府机构改革对行政组织调整从而解决行政权限争议往往是阶段性、整体性、政策性强；行政权力相对集中需以法律明确规定为依据，范围上比较窄；司法机关附带性解决已有相对比较完备的运作制度，故这三种方式我们暂不作深入分析。

（一）健全权力机关、行政机关的府际合作纠纷解决机制

尽管《宪法》《立法法》《地方组织法》对权力机关、行政机关解决行政权限争议有了比较原则性、框架性的规定，但对于权力机关、行政机关具体的办事机构、启动主体、处理程序、处理标准、处理结果的运用、监督等环节，仍需要更加详细的操作规则、具体制度建构，并将其纳入法制化轨道，才能保障制度文本走向实践操作。同时，权力机关与行政机关在府际合作纠纷解决机制完善的方向上基本相似，故下文就其共性问题的完善提出初步设想。

---

① 林来梵：《从宪法规范到规范宪法》，法律出版社2001年版，第340~341页。

1. 指定或设立审查机构，实行审查与裁决分离

《宪法》中规定全国人民代表大会常委会有权处理法律规范冲突从而确定行政权限边界，《地方组织法》则对地方权力机关与地方权力机关常委会分别规定；《宪法》第八十九条、第一百零八条规定国务院、县级以上的地方各级人民政府对所属职能部门或下级人民政府有权改变、撤销相关规范或决定、命令。也就是说，宪法和组织法将解决规范冲突的权力赋予权力机关（包括常委会）、上级人民政府（行政机关），但从权力机关和人民政府的组织架构、工作机制、会议规则、成员结构等层面看，这二者不足以及时、有效解决规范冲突。因此，建议在各级人民代表大会常委会、各级人民政府中指定（如权力机关的法制工作委员会、人民政府的法制办公室）或下设一个办事机构，负责规范冲突事务的具体处理，如受理、审理、提出改变、撤销的初步意见，最终的改变、撤销决定由权力机关或人民政府作出，即实行裁审分离。

2. 明确府际合作纠纷解决的提请主体

在纠纷产生的逻辑上，府际合作纠纷→行政权限争议→规范冲突，而对于处理程序上的逻辑则是解决规范冲突→解决行政权限争议→解决府际合作纠纷。从规范冲突解决的视角，发生规范冲突的规范制定主体都应该有权提请有权机关处理，但是，基于纠纷产生逻辑顺序上，府际合作纠纷中直接利害关系主体更有动力寻求纠纷的解决。因此，我们认为，（1）发生府际合作纠纷的各政府行政机关，与行政权限争议有直接利害关系，均有权提请纠纷解决；（2）特定的地方团体，为维护团体利益也享有提请解决纠纷的权利。置于府际合作纠纷中，可能会牵涉直接有利害关系的公民、法人、其他组织（统称为"行政相对人"），则可以依据现行行政诉讼法的相关规定，通过行政诉讼程序解决纠纷维护自身合法权益，因此，在这种情况下没有必要另行赋予行政相对人提请解决纠纷的权利。

3. 府际合作纠纷的受理、处理

（1）时效规定。对提请纠纷解决的时效、受理时效、处理程序中各环节的时效，需要进行细化。（2）提交材料。具有提请行政权限争议处理资格的主体，必须在法定的期限内，向权限争议处理主体书面提出处理申请，并附有与权限争议相关的所有事实证据和相关的所有规范性文件材料。（3）受理。府际合作纠纷的具体办理机构，审核后符合条件的予以受理，将相关受理信息和材料反馈给纠纷另一方，要求提供相应的反驳理由和依据。（4）审理。以公开审理为主，借鉴诉讼庭审对抗模式，围绕行政权限争议的事实、依据展开辩论，必要时可以组织相关领域专家参与咨询，或者举行听证会。在此基础上，纠纷处理主体依据合法性、合宪性以及区域一体化相关政策，对行政权限争议做出裁决。（5）裁决结果效力保障。权力机关或上级人民政府做出的最终裁决,具有法律约束力,一般不溯及既往。裁决结果同时抄送有冲突的规范制定主体,建议其依据规范制定的相关程序予以修改(修订)。

(二) 通过行政程序立法构建解决府际合作纠纷的程序制度装置

府际合作纠纷的产生,不论是基于行政权限争议,还是由行政协议引发,与行政程序立法不完善有莫大关系。行政权限争议实质上也是管辖权之争。我国没有法律对行政管辖权做系统规范,只有一些单行法律或规章有零星规定,如《行政处罚法》第二十条规定"行政处罚由违法行为发生地的县级以上地方人民政府具有行政处罚权的行政机关管辖"。有关行政协议的法律规范,更是阙如。

事实上,大陆法系关于行政权限争议解决途径,一个共同发展趋势即是通过行政程序立法,对行政管辖权、争议裁决程序甚至是行政协议等进行统一规定,从而建立起一整套行政权限争议的裁决机制,如德国、西班牙、葡萄牙等,在行政程序法典中对行政权限争议的解决原则、主体、方式、程序、时限等进行规范,一旦发生行政权限争议,其解决则于法有据。《西班牙公共行政机关及共同的行政程序法(1992年)》对行政机关相互间关系的原则、行政协议之部门会议、协作协议文本、作为操作机构的联合会、协议效力等都进行详细规定,[①] 同时,对行政权限争议的解决原则、主体、方式、程序、时限等作了明确规定;《葡萄牙行政程序法(1991年)》对行政机关的权限、管辖权、职能、权限冲突进行了系统规定,以及解决权限冲突程序的启动、行政解决的途径等作了明确规定。尤为需要指出的是,《葡萄牙行政程序法(1991年)》是将行政权限争议裁决作为行政组织和权限划分的一个组成部分,从整体上加以规范;《西班牙公共行政机关及共同的行政程序法(1992年)》第二编关于公共行政机关的部门第一章专门就权限冲突的解决权限、

[①] 如第5条关于部门会议的规定,"一、为在任何时候都确保公共行政机关行为有必要的一贯性及其必不可少的协调与合作,可以召集不同自治区政府机构组成的部门会议,以交换看法,共同检查各部门的问题所要采取的对策和解决办法。二、会议应由一位或若干位对部门会议议题有管辖权的大臣召集。召集应充分提前并附有议事日程及准备会议所需的具体材料。三、部门会议所达成的协议应由一位或若干位有管辖权的大臣以及自治区政府有关部门的负责人签署,并正式确定其为部门会议协议";第6条关于协作协议的规定,"一、全国政府和自治区政府的机构之间可以在各自的职能范围内签署协作协议。二、协议文本应按照以下内容格式化:1. 签署协议的机构及各方的法律能力;2. 各行政机关所行使的职能;3. 资金来源;4. 为履行协议所需进行的工作;5. 是否有必要成立一个工作机构;6. 有效期限:如缔约各方同意,所确立的有效期限不妨碍协议的延长;7. 前项所述原因之外的终止以及因终止而结束有关行为的方式"。参见:《西班牙公共行政机关及共同的行政程序法》,许可祝、陈平译,载于《行政法学研究》,1996年第1、2期。

程序等作了规定，即"二、根据职能分配规则的规定及要求，分配给行政部门的职能及其行使可以下放给其下属部门。三、如根据规定向某行政机关分配职能，但没有具体指出应由何部门行使，从内容和地区考虑，审理和裁决案件的权力应理解为属于下级职能部门。如果存在许多职能部门，此权力属于其共同的上级部门。"《联邦德国行政程序法（1976年）》第3条规定了地域管辖权和管辖权争议的处理原则、机关以及特殊情况等，为行政权限争议处理提供了程序规制。

以行政程序立法方式对行政权限及其争议解决进行规定，具有立法规制的统一性、系统性等优势。2008年制定的《湖南省行政程序规定》①对上下级行政机关、政府所属工作部门之间的职权、管辖划分，上级行政机关对行政权限争议的处理，管辖权确定原则与争议解决等做了具体规定，为我国统一的行政程序立法包括行政权限争议处理提供了很好的地方实践样本。我国可以以西方国家已经统一制定行政程序法为立法镜鉴，总结国内地方程序立法经验，在将来制定国家层面的《行政程序法》中，对行政权管辖、行政权限冲突的解决原则、主体、方式、时限等作出明确具体的规定，为解决行政机关之间的权限纠纷包括府际合作纠纷提供基本的程序法律规制。

（三）加强编制管理，利用调整组织结构和整合行政职权解决行政权限争议，从而解决府际合作纠纷

我国已经制定的《国务院行政机构设置和编制管理条例》《地方各级人民政府机构设置和编制管理条例》对机构设置、编制管理、监督检查等作了比较详细的规定。但其中对政府编制管理机关在行政机构的设立、撤销、合并与行政职责争议处理上，还有制度完善的空间。（1）确立立法引领改革，坚持发展与改革相结合原则。机构编制管理机构应当与各行政执法管理部门密切联系，加强调研，发现行政管理与执法实践中行政职权交叉、职权争议等情况，及时调整行政机关的职能配置、机构设置和人员编制，实现编制管理的动态化、法制化。（2）坚持制度化的管理创新。管理创新是政府机构编制机构适应行政改革与法治政府建设的内在要求，也只有通过创新来减少行政体制改革过程中的政府机关职权交叉等问题。如通过将财政预算与政府职能调整挂钩，坚持"职能—预算—编制"一体化管理，可解决职能交叉与职权交叉问题。又如，建立编制总额控制与分解管理相结合的编制调控机制，将交叉职权、存在争议的职权与编制一并转移，但维持编制总额控制。

---

① 详细内容请参见《湖南省行政程序规定》第十一条至第十五条的相关规定。

（四）行政协议型府际合作纠纷，由缔约机关选择自行协商解决与报送共同上级行政机关裁决

行政协议是区域内各级政府之间、区域内没有隶属关系的行政机关之间就区域公共行政事务治理开展合作的一种自我约束机制，也是各政府机关为避免合作中行政职权交叉、解决行政权限冲突的一种方式。有协议就有可能产生纠纷，就必须有纠纷的解决机制作为缓冲阀。行政协议缔约各方在缔约时是基于法律上平等的主体地位，而不是基于行政系统的层级或隶属关系，通过协商、妥协达成区域合作治理的一致性行动方案。是否订立行政协议、如何规定协议内容，缔约各方有充分的自主性。因此，发生行政协议纠纷，缔约各方如何处理纠纷也应当充分尊重各缔约方的意思表示。

因此，行政协议纠纷发生后，赋予缔约各方协商处理纠纷的自主权是情理之中。行政协议纠纷解决过程中，缔约各方可以相互协商，采取自救行为，一起共同商议解决方案，寻求各方的利益共同点和差异性，以共性利益凝聚共识，以妥协弥补差异性利益，通过沟通、协商达成妥协意见。这是一种充满柔性的纠纷解决机制，[①] 因为是自愿、妥协的产物——纠纷处理结果也能获得缔约各方的接受和认可，在后续的执行中能得以落实。实践中，还可以邀请各级人民政府的议事协调机构参与协调，议事协调机构参与纠纷处理，侧重召集、组织缔约方平等协商，无需将自己作为缔约方共同的上级行政机关的单方意志强加于各缔约方。

根据我国《宪法》第八十九条、第一百零八条，以及《地方组织法》第五十九条规定[②]，县级以上的地方各级人民政府领导所属各工作部门和下级人民政府，有权改变或者撤销所属各工作部门的不适当的命令、指示和下级人民政府的不适当的决定、命令。单行法中也有上一级行政机关处理行政权限争议的立法先例，如《行政处罚法》第二十一条规定"对管辖发生争议的，报请共同的上一级行政机关指定管辖"。可以推断，上级行政机关对下级行政机关在行政协议事项上基于行政系统上下级之间的领导关系，有权解决下级行政机关之间的行政协

[①] 叶必丰、何渊、李煜兴、徐健等：《行政协议：区域政府间合作机制研究》，法律出版社 2010 年版，第 241 页。

[②] 《宪法》第八十九条规定，国务院有权改变或者撤销各部、各委员会发布的不适当的命令、指示和规章，改变或者撤销地方各级国家行政机关的不适当的决定和命令；第一百零八条规定，县级以上的地方各级人民政府领导所属各工作部门和下级人民政府的工作，有权改变或者撤销所属各工作部门和下级人民政府的不适当的决定。《地方各级人民代表大会和地方各级人民政府组织法》第五十九条规定，县级以上的地方各级人民政府领导所属各工作部门和下级人民政府的工作，有权改变或者撤销所属各工作部门的不适当的命令、指示和下级人民政府的不适当的决定、命令。

议纠纷。实践中也有行政协议中约定采用行政权限争议解决的既有方式，如《江苏盛泽和浙江王江泾边界水域水污染联合防治方案》第三条第三款第（三）项规定："由于水污染事故造成经济损失时……如系政府有关部门管理不善或不作为造成的污染引起的损失，由相关政府赔偿全部损失。如无法形成共识时，受害方可要求国务院有关部门直接介入调查，并依法处理。"故行政协议纠纷解决也可利用既有的行政权限争议解决机制，由共同上级行政机关处理。至于共同上级行政机关的具体处理方法，可能不能套用改变或撤销方式，因行政协议纠纷涉及至少是两方以上的行政机关，纠纷的缘由也不是法律规定的行政权限问题，故使用"裁决"方式可能更妥当。

　　基于以上分析，行政协议纠纷既可由缔约各方自行协商解决争议，也可以提请共同上级行政机关处理，究竟采用何种方式解决纠纷，其选择权由缔约各方决定，但一旦选择由共同上级行政机关处理，则上级行政机关有义务对行政协议纠纷予以处理。

参 考 文 献

一、著作类

[1]《马克思恩格斯全集》第25卷，人民出版社1974年版。

[2]《马克思恩格斯全集》第3卷，人民出版社1972年版。

[3]《马克思恩格斯选集》第1卷，人民出版社1995年版。

[4]《马克思恩格斯选集》第4卷，人民出版社1979年版。

[5]《邓小平文选》第3卷，人民出版社1993年版。

[6] Maurice Schiff, L Alan Winter, 郭磊译：《区域一体化与发展》，中国财政经济出版社2005年版。

[7] 蔡定剑主编：《国外公众参与立法》，法律出版社2005年版。

[8] 陈金钊、谢晖主编：《法律方法》（第6卷），山东人民出版社2007年版。

[9] 陈新民：《行政法总论》，三民书局1995年版。

[10] 陈宣庆等：《统筹区域发展的战略问题与政策研究》，中国市场出版社2007年版。

[11] 陈玉刚：《国家与超国家——欧洲一体化理论比较研究》，上海人民出版社2001年版。

[12] 崔保国：《信息社会的理论与模式》，高等教育出版社1999年版。

[13] 方世荣、石佑启主编：《行政法与行政诉讼法》，北京大学出版社2011年版。

[14] 方世荣主编：《行政法与行政诉讼法》，中国政法大学出版社2007年版。

[15] 傅大友等：《行政体制改革与制度创新——地方政府改革的制度分析》，上海三联书店2004年版。

[16] 甘文：《行政诉讼司法解释之评论——理由、观点与问题》，中国法制出版社2000年版。

[17] 关保英：《行政法教科书之总论行政法》，中国政法大学出版社2005年版。

［18］韩继志：《政府机构改革》，中国人民大学出版社1999年版。

［19］朱新力：《司法审查的基准：探索行政诉讼的裁判技术》，法律出版社2005年版。

［20］何渊：《区域性行政协议研究》，法律出版社2009年版。

［21］胡锦光：《中国宪法问题研究》，新华出版社1998年版。

［22］胡瑾、宋全成、李巍：《欧洲当代一体化思想与实践研究》（1968～1999），山东人民出版社2002年版。

［23］王春业：《我国经济区域法制一体化研究》，人民出版社2010年版。

［24］姜明安：《行政程序研究》，北京大学出版社2009年版。

［25］兰天：《欧盟区域一体化模式》，中国社会科学出版社2006年版。

［26］韦以明等：《泛珠三角区域合作法治问题研究》，广西人民出版社2009年版。

［27］李军鹏：《建设和完善社会主义公共行政体制》，国家行政学院出版社2008年版。

［28］李煜兴：《区域行政规划研究》，法律出版社2009年版。

［29］林来梵：《从宪法规范到规范宪法》，法律出版社2001年版。

［30］林尚立：《国内政府间关系》，浙江人民出版社1998年版。

［31］刘君德：《中国行政区划的理论与实践》，华东师范大学出版社2002年版。

［32］刘莘：《国内法律冲突与立法对策》，中国政法大学出版社2003年版。

［33］卢现祥：《西方新制度经济学》，中国发展出版社1996年版。

［34］鲁鹏：《制度与发展关系研究》，人民出版社2002年版。

［35］罗豪才主编：《软法的理论与实践》，北京大学出版社2010年版。

［36］潘高峰：《区域经济一体化中政府合作的法制协调研究》，人民出版社2015年版。

［37］荣跃明：《区域整合与经济增长——经济区域化趋势研究》，上海人民出版社2005年版。

［38］容敏德、严江枫主编：《区域合作：欧洲经验与东亚》，中国经济出版社2007年版。

［39］石佑启、陈咏梅：《珠三角一体化中府际合作的法律问题研究》，广东教育出版社2013年版。

［40］石佑启、杨治坤、黄新波：《论行政体制改革与行政法治》，北京大学出版社2009年版。

［41］石佑启、朱最新：《珠三角一体化中的政策法律问题研究》，人民出版

社 2012 年版。

［42］石佑启：《行政法与行政诉讼法》（第二版），中国人民大学出版社 2012 年版。

［43］舒庆：《中国行政区经济与行政区划研究》，中国环境科学出版社 1995 年版。

［44］苏力：《法治及其本土资源》，中国政法大学出版社 1999 年版。

［45］孙国华、朱景文：《法理学》，中国人民大学出版社 2002 年版。

［46］唐丽萍：《中国地方政府竞争中的地方治理研究》，上海人民出版社 2010 年版。

［47］王川兰：《竞争与依存中的区域合作行政》，复旦大学出版社 2008 年版。

［48］王名扬：《法国行政法》，中国政法大学出版社 1988 年版。

［49］王锡锌主编：《行政过程中公众参与的制度实践》，中国法制出版社 2008 年版。

［50］王云帆：《长三角大悬念》，浙江人民出版社 2008 年版。

［51］翁岳生：《行政法》，中国法制出版社 2002 年版。

［52］翁岳生：《行政法与现代法治国家》，台湾大学出版社 1998 年版。

［53］行龙、杨念群：《区域社会史比较研究》，社会科学文献出版社 2006 年版。

［54］朱镇明：《跨域治理与府际伙伴关系：台湾的经验、省思与前瞻》，台北五南图书出版公司 2013 年版。

［55］杨海坤、上官丕亮、陆永胜：《宪法基本理论》，中国民主法制出版社 2007 年版。

［56］杨宏山：《府际关系论》，中国社会科学文献出版社 2005 年版。

［57］杨建顺：《日本行政法通论》，中国法制出版社 1998 年版。

［58］叶必丰、何渊、李煜兴、徐健等：《行政协议：区域政府间合作机制研究》，法律出版社 2010 年版。

［59］应松年、薛刚凌：《行政组织法研究》，法律出版社 2002 年版。

［60］于津平、张雨主编：《欧洲经济一体化的基础与机制》，中国大百科全书出版社 2010 年版。

［61］俞可平主编：《治理与善治》，社会科学文献出版社 2000 年版。

［62］喻锋：《区域协调发展的治理之道：变革中的欧盟经验与实践》，人民出版社 2013 年版。

［63］游劝荣等：《区域经济一体化与权益保障研究》，人民法院出版社 2007 年版。

[64] 曾令良：《欧洲联盟法总论》，武汉大学出版社2007年版。

[65] 曾鹏：《论区域经济一体化下区域行政执法合作》，广东教育出版社2015年版。

[66] 张紧跟：《当代中国地方政府间横向关系协调研究》，中国社会科学出版社2006年版。

[67] 张文显：《二十世纪西方法哲学思潮研究》，法律出版社2006年版。

[68] 慕亚平：《区域经济一体化与CEPA的法律问题研究》，法律出版社2005年版。

[69] 张耀辉等：《区域经济理论与地区经济发展》，中国计划出版社1999年版。

[70] 赵永茂、孙同文、江大树主编：《府际关系》，台北元照出版公司2001年版。

[71] [英] 米尔恩著，夏勇等译：《人的权利与人的多样性——人权哲学》，中国大百科全书出版社1995年版。

[72] [奥] 凯尔森著，沈宗灵译：《法与国家的一般理论》，中国大百科全书出版社1996年版。

[73] [德] 弗里德赫尔穆·胡芬著，莫光华译：《行政诉讼法》，法律出版社2003年版。

[74] [德] 贝娅特·科勒—科赫等著，顾俊礼等译：《欧洲一体化与欧盟治理》，中国社会科学出版社2004年版。

[75] [德] 哈特穆特·毛雷尔著，高家伟译：《行政法学总论》，法律出版社2000年版。

[76] [德] 何梦笔主编，庞健、冯兴元译：《德国秩序政策理论与实践文集》，上海人民出版社2000年版。

[77] [德] 赫特纳著，王兰生译：《地理学：它的历史、性质和方法》，商务印书馆1993年版。

[78] [法] 狄骥著，钱克新译：《宪法论》，商务印书馆1962年版。

[79] [法] 罗伯斯庇尔著，赵涵舆译：《革命法制和审判》，商务印书馆1965年版。

[80] [法] 托克维尔著，董果良译：《论美国的民主》（上卷），商务印书馆2003年版。

[81] [捷] 奥塔·希克著，张斌译：《第三条道路——马克思列宁主义理论与现代工业社会》，人民出版社1982年版。

[82] [美] D.H.帕金斯等著，陈志标编译：《走向21世纪：中国经济的现

状、问题和前景》，江苏人民出版社 1992 年版。

［83］［美］P. 诺内特、P. 塞尔兹尼克著，张志铭译：《转变中的法律与社会：迈向回应型法》，中国政法大学出版社 2002 年版。

［84］［美］阿尔文·托夫勒著，吴迎春等译：《权力的转移》，中信出版社 2006 年版。

［85］［美］埃德加·M. 胡佛著，王翼飞译：《区域经济学导论》，上海远东出版社 1992 年版。

［86］［美］埃莉诺·奥斯特罗姆著，余逊达等译：《公共事物的治理之道：集体行动制度的演进》，生活·读书·新知三联书店 2000 年版。

［87］［美］彼得·E. 博登海默著，邓正来等译：《法理学——法律哲学与法律方法》，华夏出版社 2009 年版。

［88］［美］彼得·德鲁克著，张星岩译：《后资本主义社会》，上海译文出版社 1998 年版。

［89］［美］戴维·H. 罗森布鲁姆等著，张成福译：《公共行政学：管理、政治和法律的途径》，中国人民大学出版社 2002 年版。

［90］［美］道格拉斯·诺思著，陈郁译：《经济史中的结构与变迁》，上海三联书店 1994 年版。

［91］［美］道格拉斯·霍姆斯著，詹俊峰、李怀璋等译：《电子政务》，机械工业出版社 2003 年版。

［92］［美］弗朗西斯·福山著，彭志华译：《信任：社会美德与创造经济繁荣》，海南出版社 2001 年版。

［93］［美］汉密尔顿等著，程逢如等译：《联邦党人文集》，商务印书馆 1980 年版。

［94］［美］加布里埃尔·A. 阿尔蒙德等著，曹沛霖译：《比较政治学》，上海译文出版社 1987 年版。

［95］［美］科斯等著，刘守英等译：《财产权利与制度变迁》，上海三联书店 1991 年版。

［96］［美］理查德·D. 宾厄姆等著，九州译：《美国地方政府管理：实践中的公共行政》，北京大学出版社 1997 年版。

［97］［美］路易斯·亨金著，郑戈等译：《宪政与权利》，生活·读书·新知三联书店 1996 年版。

［98］［美］罗兰·斯特龙伯格著，刘北成、赵国新译：《西方现代思想史》，中央编译出版社 2004 年版。

［99］［美］罗纳德·H. 科斯等著，刘守英等译：《财产权利与制度变迁——

产权学派与新制度学派译文集》，上海三联书店、上海人民出版社1996年版。

［100］［美］马克·E. 沃伦著，吴辉译：《民主与信任》，华夏出版社2004年版。

［101］［美］庞德著，沈宗灵、董世忠译：《通过法律的社会控制、法律的任务》，商务印书馆1984年版。

［102］［美］约翰·罗尔斯著，何怀宏等译：《正义论》，中国社会科学出版社1988年版。

［103］［美］约瑟夫·F. 齐默尔曼著，王诚译：《州际合作：协定与行政协议》，法律出版社2013年版。

［104］［美］詹姆士·H. 米特尔曼著，刘得手译：《全球化综合征》，新华出版社2002年版。

［105］［美］詹姆斯·安德森著，唐亮译：《公共决策》，华夏出版社1990年版。

［106］［美］珍妮特·V. 登哈特、罗伯特·B. 登哈特著，丁煌译：《新公共服务：服务而不是掌舵》，中国人民大学出版社2004年版。

［107］［日］白井均、城野敬子等著，陈云、蒋昌建译：《电子政府》，上海人民出版社2004年版。

［108］［日］芦部信喜著，林来梵、凌维慈、龙绚丽译：《宪法》（第三版），北京大学出版社2006年版。

［109］［日］青木昌彦著，周黎安译：《比较制度分析》，上海远东出版社2001年版。

［110］［日］盐野宏著，杨建顺译：《行政法》，法律出版社1998年版。

［111］［英］戴维·M. 沃克著，李双元等译：《牛津法律大辞典》，法律出版社2003年。

［112］［英］霍尔著，邹德慈、全经元译：《城市与区域规划》，中国建筑出版社1985年版。

［113］［英］洛克著，叶启芳、瞿菊农译：《政府论》（下篇），商务印书馆1964年版。

二、论文类

［114］邹卫星、周立群：《区域经济一体化进程剖析：长三角、珠三角与环渤海》，载于《改革》，2010年第10期。

［115］［加］戴维·卡梅伦：《政府间关系的几种结构》，载于《国外社会科学》，2002年第1期。

［116］［美］斯蒂格利茨，宋华琳译：《自由、知情权和公共话语——透明

化在公共生活中的作用》，载于《环球法律评论》，2002 年第 3 期。

[117] [挪威] Tom Christensen，Perl Greid，张丽娜、袁何俊译：《后新公共管理改革——作为一种新趋势的整体政府》，载于《中国行政管理》，2006 年第 9 期。

[118] 董娟：《府际关系研究：理念、视角与路径》，载于《岭南学刊》，2014 年第 2 期。

[119] 安成谋、张红：《我国区域经济发展战略探索》，载于《兰州商学院学报》，1997 年第 4 期。

[120] 安建增：《府际治理视野下的区域治理创新》，载于《四川行政学院学报》，2009 年第 2 期。

[121] 蔡岚：《缓解地方政府合作困境的合作治理框架构想——以长株潭公交一体化为例》，载于《公共管理学报》，2010 年第 4 期。

[122] 蔡英辉、耿弘：《步入法政文明的中国横向府际关系探究——以多元省部级政府间关系为例》，载于《中共浙江省委党校学报》，2007 年第 5 期。

[123] 柴振国、潘静：《环渤海区域合作中的法律冲突与协调》，载于《山东警察学院学报》，2010 年第 3 期。

[124] 陈承新：《德国行政区划与层级的现状与启示》，载于《政治学研究》，2011 年第 1 期。

[125] 陈光、梁俊菊：《论我国区域立法委托起草机制》，载于《中南大学学报》，2013 年第 3 期。

[126] 陈光、孙作志：《论我国区域发展中的立法协调机制及其构建》，载于《中南大学学报》，2011 年第 1 期。

[127] 陈建军：《长三角区域经济一体化研究：问题与分析框架的构建》，载于《经济理论与经济管理》，2008 年第 5 期。

[128] 陈俊：《区域一体化背景下的地方立法协调初探》，载于《暨南学报》，2012 年第 5 期。

[129] 陈兰杰、刘彦麟：《京津冀区域政府信息资源共享推进机制研究》，载于《情报科学》，2015 年第 6 期。

[130] 陈瑞莲、刘亚平：《泛珠三角区域政府的合作与创新》，载于《学术研究》，2007 年第 1 期。

[131] 陈瑞莲、张紧跟：《试论我国区域行政研究》，载于《广州大学学报（社会科学版）》，2002 年第 4 期。

[132] 陈瑞莲：《论区域公共管理研究的缘起与发展》，载于《政治学研究》，2003 年第 4 期。

[133] 陈瑞莲：《欧盟国家的区域协调发展：经验与启示》，载于《政治学研究》，2006年第3期。

[134] 陈瑞莲：《欧盟经验对珠三角区域一体化的启示》，载于《学术研究》，2009年第9期。

[135] 陈剩勇、马斌：《区域间政府合作：区域经济一体化的路径选择》，载于《政治学研究》，2004年第1期。

[136] 陈书笋：《论区域利益协调机制的法律建构》，载于《湖北社会科学》，2011年第3期。

[137] 陈维健：《影响长三角经济一体化进程的因素分析》，载于《今日科苑》，2007年第20期。

[138] 陈文科：《发展"大武汉"集团城市的构想》，载于《学习与实践》，2002年第1期。

[139] 陈喜强：《珠江三角洲地区经济一体化的效应探析——基于新功能主义溢出效应的思考》，载于《广州大学学报（社会科学版）》，2010年第4期。

[140] 成佳：《信息共享的思想与制度探析》，载于《山西经济管理干部学院学报》，2011年第2期。

[141] 程宝山、陈谦：《中部地区经济一体化经济一体化进程中的法制协调》，载于《河南社会科学》，2010年第1期。

[142] 储建国、朱成燕：《基于区域发展困境的政府间合作机制构建——以武汉城市圈为例》，载于《湖北社会科学》，2015年第5期。

[143] 董晓华、金毅：《推进长三角区域信息一体化研究》，载于《浙江统计》，2009年第6期。

[144] 豆建民：《中国区域经济合作中政府干预的原因、问题与建议》，载于《改革与战略》，2003年第11期。

[145] 段娟：《从均衡到协调：新中国区域经济发展战略演进的历史考察》，载于《兰州商学院学报》，2010年第6期。

[146] 范斯聪：《北美自由贸易区的发展过程及其政治解读》，载于《江汉论坛》，2013年第12期。

[147] 高家伟、吴小龙：《论公共行政的现代化》，载于《行政法学研究》，2003年第2期。

[148] 高建华：《论区域公共管理的研究缘起及治理特征》，载于《前沿》，2010年第19期。

[149] 高薇：《德国的区域治理：组织及其法制保障》，载于《环球法律评论》，2014年第2期。

[150] 高轩：《国内外政务信息共享制度的立法比较与借鉴》，载于《求索》，2010 年第 1 期。

[151] 古惠冬：《北美自由贸易区的解析及其对区域经济合作的启示》，载于《改革与战略》，2001 年第 6 期。

[152] 顾培东：《能动司法若干问题研究》，载于《中国法学》，2010 年第 4 期。

[153] 关键：《论我国政府信息共享机制的构建》，载于《行政论坛》，2011 年第 3 期。

[154] 郭斌、雷晓康：《美国大都市区治理：演进、经验与启示》，载于《山西大学学报（哲学社会科学版）》，2013 年第 5 期。

[155] 郭春明：《环渤海经济一体化进程中的法制协调机制研究》，载于《山西师大学报（社会科学版）》，2007 年第 4 期。

[156] 郭蕾：《地方利益崛起背景下中央与地方权限争议分析及改革思路》，载于《探索》，2013 年第 1 期。

[157] 郭润生、宋功德：《行政指导概念界探》，载于《山西大学学报（哲学社会科学版）》，2000 年第 2 期。

[158] 国务院发展研究中心"中国统一市场建设"课题组：《中国国内地方保护的调查报告——基于企业抽样调查的分析》，载于《经济研究资料》，2004 年第 6 期。

[159] 韩永红：《论区域经济一体化中的公民参与——现状、问题与法律保障机制》，载于《学术研究》，2015 年第 8 期。

[160] 韩志红、付大学：《地方政府之间合作的制度化协调——区域政府的法治化路径》，载于《北方法学》，2009 年第 2 期。

[161] 杭海、张敏新、王超群：《美、日、德三国区域协调发展的经验分析》，载于《世界经济与政治论坛》，2011 年第 1 期。

[162] 何渊：《地方政府间关系——被遗忘的国家结构形式维度》，载于《宁波广播电视大学学报》，2006 年第 2 期。

[163] 何渊：《泛珠三角地区行政协议的评估与建议》，载于《广东行政学院学报》，2006 年第 2 期。

[164] 何渊：《美国的区域法制协调——从州际协定到行政协议》，载于《环球法律评论》，2009 年第 6 期。

[165] 何渊：《州际协定——美国的政府间协调机制》，载于《国家行政学院学报》，2006 年第 2 期。

[166] 洪银兴：《西部大开发和区域经济协调方式》，载于《管理世界》，

2002年第3期。

[167] 胡东宁：《区域经济一体化下的横向府际关系——以府际合作治理为视角》，载于《改革与战略》，2011年第3期。

[168] 胡建淼、高知鸣：《我国政府信息共享的现状、困境和出路——以行政法学为视角》，载于《浙江大学学报（人文社会科学版）》，2012年第2期。

[169] 胡肖华、徐靖：《论行政权限争议的宪法解决》，载于《行政法学研究》，2006年第4期。

[170] 胡云腾、袁春湘：《转型中的司法改革与改革中的司法转型》，载于《法律科学》，2009年第3期。

[171] 扈春海：《环渤海地区法制协调机制研究》，载于《燕山大学学报（哲学社会科学版）》，2006年第3期。

[172] 黄冬慧：《德国区域规划的经验启示》，载于《化工管理》，2013年第11期。

[173] 黄溶冰：《府际治理、合作博弈与制度创新》，载于《经济学动态》，2009年第1期。

[174] 黄先雄：《论我国行政机关权限争议的法律规制》，载于《国家行政学院学报》，2006年第2期。

[175] 贾宇：《社会管理创新与司法能动》，载于《法学杂志》，2011年第12期。

[176] 杨龙：《地方政府合作的动力、过程机制》，载于《中国行政管理》，2008年第7期。

[177] 江必新：《能动司法：依据、空间和限度——关于能动司法的若干思考和体会》，载于《人民司法》，2010年第1期。

[178] 姜明安：《软法的兴起与软法之治》，载于《中国法学》，2006年第2期。

[179] 姜明安：《完善软法机制，推进社会公共治理创新》，载于《中国法学》，2010年第5期。

[180] 姜小川：《司法统一问题研究》，载于《时代法学》，2010年第10期。

[181] 金国坤：《部门间权限冲突的法制化解决之道》，载于《甘肃行政学院学报》，2008年第4期。

[182] 金国坤：《行政权限争议的法制化解决途径探究》，载于《北京行政学院学报》，2008年第2期。

[183] 金太军、张劲松：《政府的自利性及其控制》，载于《江海学刊》，2002年第2期。

[184] 金太军：《从行政区行政到区域公共管理——政府治理形态嬗变的博弈分析》，载于《中国社会科学》，2007年第6期。

[185] 贾敬全：《促进区域经济协调发展的财政政策研究》，载于《经济问题探索》，2011年第5期。

[186] 雷志宇：《区域公共管理：解决行政区划刚性的新思路》，载于《西安外事学院学报》，2008年第1期。

[187] 李国际、夏雨：《知情权的宪法保护》，载于《江西社会科学》，2007年第2期。

[188] 李庆华：《长三角地区经济一体化制度建设——基于政府间磋商机制的研究》，载于《现代管理科学》，2007年第4期。

[189] 李维维：《欧洲人看重的2020战略：规划未来10年发展》，载于《瞭望新闻周刊》，2010年第26期。

[190] 李文星、朱凤霞：《论区域协调互动中地方政府间合作的科学机制构建》，载于《经济体制改革》，2007年第6期。

[191] 李晓明：《我国行政刑法的冲突、整合与完善》，载于《苏州大学学报（哲学社会科学版）》，2005年第3期。

[192] 李燕萍：《港澳基本法模式下的中央地方关系之评析》，载于《澳门科技大学学报》，2008年第1期。

[193] 李远：《德国"区域管理"理论与实践及可鉴之处》，载于《经济与社会发展》，2007年第11期。

[194] 李远：《联邦德国区域规划的协调机制》，载于《城市问题》，2008年第3期。

[195] 梁磊：《激励约束机制的基本框架体系》，载于《施工企业管理》，2012年第1期。

[196] 林凌、杜受枯、刘世庆、邓立新、郭岚、付实：《川渝合作共建繁荣报告》，载于《中国城市经济》，2004年第1期。

[197] 琳达·麦卡锡，陈梦娥译，顾朝林校，《美国和西欧巨型城市区区域合作对比研究》，载于《城市与区域规划研究》，2009年第3期。

[198] 刘杰：《日本宪法上的知情权与信息公开法》，载于《法学家》，2007年第3期。

[199] 刘金明：《民法基本原则适用冲突及解决》，载于《法学与实践》，2006年第6期。

[200] 刘君德、舒庆：《中国区域经济的新视角——行政区经济》，载于《改革与战略》，1996年第5期。

[201] 刘君德：《中国转型期"行政区经济"现象透视——兼论中国特色人文—经济地理学的发展》，载于《经济地理》，2006 年第 6 期。

[202] 刘君德：《中国转型期凸显的"行政区经济"现象分析》，载于《理论前沿》，2004 年第 10 期。

[203] 刘翔峰：《东亚区域合作与北美区域合作的比较》，载于《经济研究参考》，2004 年第 4 期。

[204] 刘小康：《"行政区经济"概念再探讨》，载于《中国行政管理》，2010 年第 3 期。

[205] 刘亚平、刘琳琳：《中国区域政府合作的困境与展望》，载于《学术研究》，2010 年第 12 期。

[206] 刘银：《区域协调互动发展：国际经验与法律规制》，载于《学术界》，2014 年第 10 期。

[207] 刘祖云：《政府间关系：合作博弈与府际治理》，载于《学海》，2007 年第 1 期。

[208] 吕建华：《论我国海洋区域执法的协调机制的建构》，载于《中国海洋大学学报（社会科学版）》，2011 年第 5 期。

[209] 吕志奎：《州际协议：美国的区域协作性公共管理机制》，载于《学术研究》，2009 年第 5 期。

[210] 罗峰：《竞争与合作：地方间关系的历史钟摆》，载于《社会主义研究》，2012 年第 2 期。

[211] 罗豪才、宋功德：《认真对待软法——公域软法的一般理论及其中国实践》，载于《中国法学》，2006 年第 2 期。

[212] 马斌：《长三角一体化与区域政府合作机制的构建》，载于《区域经济》，2004 年第 10 期。

[213] 马怀德：《预防化解社会矛盾的治本之策：规范公权力》，载于《中国法学》，2012 年第 2 期。

[214] 毛哲成：《地方政府应在竞争中加强合作》，载于《辽宁行政学院学报》，2008 年第 12 期。

[215] 孟庆民：《区域经济一体化的概念与机制》，载于《开发研究》，2001 年第 2 期。

[216] 牛文元：《可持续原则下的经济全球化的建构》，载于《中国人口·资源与环境》，2001 年第 1 期。

[217] 潘高峰、白岩岩：《论构建公众参与立法工作的体制机制》，载于《政法学刊》，2015 年第 6 期。

[218] 庞中英、卜永光：《欧盟的扩张迷思与发展模式困境》，载于《学术前沿》，2013 年第 7 期。

[219] 彭彦强：《区域经济一体化、地方政府合作与行政权协调》，载于《经济体制改革》，2009 年第 6 期。

[220] 强昌文：《以契约精神引领区域合作制度的发展》，载于《江淮论坛》，2012 年第 1 期。

[221] 乔宝云、刘乐峥、尹训东、过深：《地方政府激励制度的比较分析》，载于《经济研究》，2014 年第 10 期。

[222] 秦尊文：《以"本"为本点轴开发——谈"大武汉"集团城市发展方略》，载于《学习与实践》，2002 年第 2 期。

[223] 邱力生、赵宁：《我国跨区划公共经济管理机制形成探索——借鉴日本广域行政的经验》，载于《广州大学学报（社会科学版）》，2012 年第 2 期。

[224] 任进：《论职权法定与法制政府建设》，载于《人民论坛》，2012 年第 14 期。

[225] 沈四宝、付荣：《欧盟与北美自由贸易区法律制度之比较分析》，载于《宁波大学学报（人文科学版）》，2008 年第 4 期。

[226] 石绍斌：《区域一体化的法学思考——以长三角区域为例》，载于《宁波大学学报（人文科学版）》，2011 年第 3 期。

[227] 石佑启、黄喆：《论跨界污染治理中政府合作的法律规制模式》，载于《江海学刊》，2015 年第 6 期。

[228] 石佑启、杨治坤：《中部地区法制协调机制的建构》，载于《江汉论坛》，2007 年第 11 期。

[229] 石佑启、朱最新：《论区域府际合作治理与公法变革》，载于《江海学刊》，2013 年第 1 期。

[230] 石佑启：《论立法与改革决策关系的演进与定位》，载于《法学评论》，2016 年第 1 期。

[231] 石佑启：《论区域合作与软法治理》，载于《学术研究》，2011 年第 6 期。

[232] 舒庆、刘君德：《一种奇异的区域经济现象——行政区经济》，载于《战略与管理》，1994 年第 5 期。

[233] 舒庆、刘君德：《中国行政区经济运行机制剖析》，载于《战略与管理》，1994 年第 6 期。

[234] 宋月红：《行政区划与当代中国行政区域、区域行政类型分析》，载于《北京大学学报（哲学社会科学版）》，1999 年第 4 期。

[235] 苏力：《关于能动司法与大调解》，载于《中国法学》，2010 年第 1 期。

[236] 孙笑侠：《司法权的本质是判断权》，载于《法学》，1998 年第 8 期。

[237] 覃艳华、马争、梁士伦：《长三角一体化合作协调机制及其对珠三角的启示》，载于《宏观经济管理》，2009 年第 5 期。

[238] 谭波：《论完善中央与地方权限争议立法解决机制》，载于《法学论坛》，2009 年第 3 期。

[239] 陶希东：《跨界区域协调：内容、机制与政策研究》，载于《上海经济研究》，2010 年第 1 期。

[240] 汪来杰：《论我国服务型地方政府的职能定位》，载于《社会主义研究》，2008 年第 3 期。

[241] 汪伟全、许源：《地方政府合作的现存问题及对策研究》，载于《社会科学战线》，2005 年第 5 期。

[242] 汪伟全：《长三角经济圈地方利益冲突协调机制研究：基于政府间关系的分析》，载于《求实》，2008 年第 9 期。

[243] 汪伟全：《长三角区域经济圈内地方利益冲突的现状调查与对策》，载于《华东经济管理》，2010 年第 12 期。

[244] 汪伟全：《当代中国地方政府竞争：演进历程与现实特征》，载于《晋阳学刊》，2008 年第 6 期。

[245] 汪伟全：《区域合作中地方利益冲突的治理模式：比较与启示》，载于《政治学研究》，2012 年第 2 期。

[246] 汪伟全：《推进区域一体化必须协调地方利益冲突》，载于《探索与争鸣》，2009 年第 11 期。

[247] 汪玉凯：《"大部制"改革的几大挑战》，载于《领导文萃》，2008 年第 9 期。

[248] 王川兰：《多元复合体制：区域行政实现的构想》，载于《社会科学》，2006 年第 4 期。

[249] 王春婕：《北美自由贸易区模式的创新价值探析》，载于《山东社会科学》，2009 年第 2 期。

[250] 王腊生：《地方立法协作重大问题探讨》，载于《法治论丛》，2008 年第 3 期。

[251] 王瑞成：《略论我国区域经济一体化背景下的区域公共治理》，载于《南京政治学院学报》，2006 年第 6 期。

[252] 王太高：《论机关诉讼——完善我国行政组织法的一个思路》，载于《河北法学》，2005 年第 9 期。

［253］王岩云、陈林：《优化法治环境的系统思考》，载于《河北师范大学学报（哲学社会科学版）》，2013年第3期。

［254］王毅：《欧洲一体化"趋弱"还是"走强"?》，载于《当代世界》，2011年第9期。

［255］王英津：《论程序政治——对我国民主道路的新探索》，载于《中国人民大学学报》，2002年第3期。

［256］王云骏：《长三角区域合作中亟待开发的制度资源——非政府组织在"区域一体化"中的作用》，载于《探索与争鸣》，2005年第1期。

［257］王正兴、刘闯：《美国国有数据与信息共享的法律基础》，载于《图书情报工作》，2002年第6期。

［258］王子正：《东北地区立法协调机制研究》，载于《东北财经大学学报》，2008年第1期。

［259］韦军、何峥嵘：《泛珠三角区域内地法律冲突及其解决机制》，载于《广西民族大学学报（哲学社会科学版）》，2010年第5期。

［260］魏后凯：《中国国家区域政府的调整与展望》，载于《发展研究》，2009年第5期。

［261］魏后凯：《中国外商投资区位变迁及其经济影响》，载于《重庆工商大学学报（社会科学版）》，2004年第4期。

［262］魏向前：《跨域协同治理：破解区域发展碎片化难题的有效路径》，载于《天津行政学院学报》，2016年第2期。

［263］吴卫军、张峰：《行政权限争议的司法解决》，载于《青海师范大学学报（哲学社会科学版）》，2009年第6期。

［264］吴志成、刘丰比：《较视角下的欧洲一体化与欧洲治理——"欧洲一体化与治理"国际学术研讨会综述》，载于《国外社会科学》，2007年第2期。

［265］夏勇：《论西部大开发的法治保障》，载于《法学研究》，2001年第2期。

［266］谢焕：《我国刑法司法解释违法性问题研究——以盗窃罪定罪量刑标准地区差异为视角》，载于《宜春学院学报》，2010年第3期。

［267］谢庆奎：《中国政府的府际关系研究》，载于《北京大学学报（哲学社会科学版）》，2000年第1期。

［268］谢晓尧：《区域一体化的制度基石》，载于《学术研究》，2009年第8期。

［269］新华：《五大难题制约长三角政府合作》，载于《决策探索》，2006年第1期。

[270] 徐传谌等：《地方政府合作机制新探》，载于《江汉论坛》，2007年第6期。

[271] 徐瑶：《知情权与政府信息公开制度的宪法依据》，载于《湖北警官学院学报》，2013年第11期。

[272] 许静：《欧盟的超国家治理何以实现——基于媒介治理的考察》，载于《国际论坛》，2014年第2期。

[273] 薛刚凌：《论府际关系的法律调整》，载于《中国法学》，2005年第5期。

[274] 杨爱平、陈瑞莲：《从"行政区行政"到"区域公共管理"——政府治理形态嬗变的一种比较分析》，载于《江西社会科学》，2004年第11期。

[275] 杨爱平：《从垂直激励到平行激励：地方政府合作的利益激励机制创新》，载于《学术研究》，2011年第5期。

[276] 杨爱平：《论区域一体化下的区域间政府合作》，载于《政治学研究》，2007年第3期。

[277] 杨爱平：《论区域一体化下的区域政府合作：动因、模式及展望》，载于《政治学研究》，2007年第3期。

[278] 杨桦：《论区域行政执法合作——以珠三角地区执法合作为例》，载于《暨南学报（哲学社会科学版）》，2012年第4期。

[279] 杨解君：《法治建设中的碎片化现象及其碎片整理》，载于《江海学刊》，2005年第4期。

[280] 杨龙、戴扬：《地方政府合作在区域合作中的作用》，载于《西北师大学报（社会科学版）》，2009年第5期。

[281] 杨龙：《地方政府合作的动力、过程与机制》，载于《中国行政管理》，2008年第7期。

[282] 杨小军、何京玲：《基于公平与效率视角的我国区域经济发展战略演进》，载于《商业研究》，2009年第5期。

[283] 杨小森：《加强地方政府间横向合作与协调机制建设》，载于《黑龙江社会科学》，2006年第1期。

[284] 杨星灿、陈广益：《长株潭两型"试验区"区域法制配套研究》，载于《中南林业科技大学学报（社会科学版）》，2012年第3期。

[285] 徐宛笑：《国内府际关系研究述评：内涵、主体与脉络》，载于《武汉理工大学学报（社会科学版）》，2015年第6期。

[286] 杨雪东：《近30年中国地方政府的改革与变化：治理的视角》，载于《社会科学》，2008年第12期。

[287] 杨玉泉:《建立统一的裁判机制,维护司法公正》,载于《四川省政法管理干部学院学报》,2005 年第 3 期。

[288] 杨治坤:《行政主体制度变革:模式、程序与法制保障》,载于《广东行政学院学报》,2013 年第 3 期。

[289] 姚来燕:《从行政执法的视角透视群体性事件》,载于《云南行政学院学院》,2011 年第 2 期。

[290] 叶必丰:《长三角经济一体化背景下的法制协调》,载于《上海交通大学学报(哲学社会科学版)》,2004 年第 6 期。

[291] 叶必丰:《区域合作协议的法律效力》,载于《法学家》,2014 年第 6 期。

[292] 叶必丰:《区域经济一体化法制研究的参照系》,载于《法学论坛》,2012 年第 4 期。

[293] 叶必丰:《区域经济一体化中的法律治理》,载于《中国社会科学》,2012 年第 8 期。

[294] 叶必丰:《我国区域经济一体化背景下的行政协议——以长三角区域为样本》,载于《法学研究》,2006 年第 3 期。

[295] 易承志:《美国的大都市区政府治理实践》,载于《城市问题》,2011 年第 6 期。

[296] 应松年:《依法行政论纲》,载于《中国法学》,1997 年第 1 期。

[297] 于刃刚、戴宏伟:《生产要素流动与区域经济一体化的形成及启示》,载于《世界经济》,1999 年第 6 期。

[298] 臧乃康:《多中心理论与长三角区域公共治理合作机制》,载于《中国行政管理》,2006 年第 5 期。

[299] 曾华群:《略论 WTO 体制的"一国四席"》,载于《厦门大学学报(哲学社会科学版)》,2002 年第 5 期。

[300] 翟小波:《"软法"及其概念之证成——以公共治理为背景》,载于《法律科学》,2007 年第 2 期。

[301] 詹·齐隆卡:《欧盟扩大后的多边治理》,载于《南开学报》,2009 年第 3 期。

[302] 张紧跟:《从区域行政到区域治理:当代中国区域经济一体化的发展路向》,载于《学术研究》,2009 年第 9 期。

[303] 张紧跟:《当代美国地方政府间关系协调的实践及启示》,载于《公共管理学报》,2005 年第 21 期。

[304] 张紧跟:《浅论协调地方政府间横向关系》,载于《云南行政学院学

报》，2003 年第 2 期。

[305] 张文显：《论中国特色社会主义法治道路》，载于《中国法学》，2009 年第 6 期。

[306] 张显伟：《府际权限争议权力机关解决及机制建构》，载于《学术探索》，2013 年第 4 期。

[307] 张雨：《长三角一体化中的制度障碍及其对策》，载于《南京社会科学》，2010 年第 11 期。

[308] 张志铭：《中国司法的功能形态：能动司法还是积极司法？》，载于《中国人民大学学报》，2009 年第 6 期。

[309] 张忠：《试论行政执法不作为》，载于《西北民族大学学报（哲学社会科学版）》，2007 年第 2 期。

[310] 赵德铸：《关于行政解释的几个问题》，载于《山东社会科学》，2011 年第 10 期。

[311] 赵全军：《中央与地方政府及地方政府间利益关系分析》，载于《行政论坛》，2002 年第 3 期。

[312] 赵如松：《长三角两省一市立法协调问题研究》，载于《法治论丛》，2007 年第 6 期。

[313] 赵文明、周建华：《欧盟区域经济财政政策对长株潭一体化的启示》，载于《求索》，2008 年第 10 期。

[314] 郑娟、李刚：《国内近年来对府际关系研究综述》，载于《宁夏党校学报》，2007 年第 5 期。

[315] 周业安、冯兴元、赵坚毅：《地方政府竞争与市场秩序的重构》，载于《中国社会科学》，2004 年第 1 期。

[316] 周叶中、张彪：《促进我国区域协调组织健康发展的法律保障机制》，载于《学习与实践》，2012 年第 4 期。

[317] 周志忍：《我国行政体制改革的回顾与前瞻》，载于《新视野》，1996 年第 4 期。

[318] 朱贵昌：《多层治理理论与欧洲一体化》，载于《外交评论》，2006 年 12 期。

[319] 朱捷：《北京市东城区公众参与机制研究》，载于《行政法学研究》，2010 年第 1 期。

[320] 朱芒：《开放型政府的法律理念和实践（上）——日本信息公开制度》，载于《环球法律评论》，2002 年秋季号。

[321] 朱颖俐、慕子怡：《粤港深度合作的法律依据问题及对策探析》，载

于《暨南学报（哲学社会科学版）》，2011年第2期。

［322］朱最新：《论粤港澳经济一体化中的法制协调》，载于《国际经贸探索》，2008年第10期。

［323］朱最新：《区域一体化法律治理模式初探》，载于《广东行政学院学报》，2011年第3期。

［324］庄士成：《长三角区域合作中的利益格局失衡与利益平衡机制研究》，载于《当代财经》，2010年第9期。

［325］鲍丰斌：《我国区域经济合作发展中的政府行为研究》，山东大学2009年博士学位论文。

［326］仇鹏：《均衡区域经济差距的财政转移支付制度研究》，山东大学2010年硕士学位论文。

［327］梁继维：《长三角区域地方政府合作治理机制探析》，安徽师范大学2012年硕士学位论文。

［328］刘莹：《我国跨区域地方治理中的利益协调问题研究》，山东大学2013年硕士学位论文。

［329］龙志平：《日本地方自治与广域行政》，华中师范大学2007年硕士学位论文。

［330］庞君焕：《行政规划中的公众参与机制研究》，甘肃政法学院2011年硕士学位论文。

［331］邱洋萍：《北美经济一体化的路径与绩效分析》，福州大学2010年硕士学位论文。

［332］王维：《日本广域行政的模式及其应用之研究》，西南政法大学2013年硕士学位论文。

［333］吴双：《〈北美自由贸易协定〉若干法律问题研究》，暨南大学2007年硕士学位论文。

［334］武林：《"两型社会"背景下长株潭区域合作治理的法学思考》，广东外语外贸大学2013年硕士学位论文。

［335］杨晓鹏：《区域经济发展过程中地方政府间冲突问题研究》，苏州大学2007年硕士学位论文。

［336］姚腾：《省级政府间经济合作机制研究——以成渝经济区为例》，南京理工大学2013年硕士学位论文。

［337］张玉麟：《长三角地区区域环境法治化管理的困境及对策》，上海大学2014年硕士学位论文。

［338］朱永辉：《我国地方政府合作的法制化研究》，安徽大学2010年硕士

学位论文.

[339] 谷松:《建构与融合:区域一体化进程中地方府际间利益协调研究》,吉林大学 2014 年博士学位论文.

[340] 南天:《北美自由贸易区经济效应研究》,吉林大学 2011 年博士学位论文.

[341] 孙洪磊:《哲学视域下的京津冀区域协调发展》,中共中央党校 2014 年博士学位论文.

[342] 王菁:《区域政府合作协议研究》,兰州大学 2015 年博士学位论文.

[343] 翟明磊、王丰:《"大上海"核聚变》系列深度报道,载于《南方周末》,2002 年 12 月 6 日.

[344] 郑晋鸣:《为"长三角"发展"支招"》,载于《光明日报》,2003 年 4 月 18 日.

[345] 吴刚:《欧盟扩大跨国税务信息共享》,载于《人民日报》,2005 年 6 月 4 日.

[346] 郑文运:《天津海事法院联手河北省沿海地方中级法院加强司法协作促环渤海区域经济发展》,载于《天津政法报》,2009 年 7 月 28 日.

[347] 贺小荣:《能动司法是人民法院服务经济社会发展大局的必然选择》,载于《人民日报》,2009 年 9 月 1 日.

[348] 邓新建、杨慧:《司法护航珠三角发展》,载于《法制日报》,2011 年 5 月 13 日.

[349] 吴忠民:《社会公正是中国共产党执政的重要价值观》,载于《学习时报》,2011 年 8 月 15 日.

[350] 庄树雄、黄丹:《深汕特别合作区启示录:要避免"特别不合作"》,载于《南方都市报》,2014 年 10 月 21 日.

三、外文类

[351] David Ramiro Troitino, *European Integration Building Europe*, Nova Science Publishers Inc., 2013.

[352] Finn Laursen ed., *The EU's Lisbon Treaty: Institutional Choices and Implementation*, Ashgate Publishing Limited, 2012.

[353] Francis Snyder, *Soft Law and Institutional Practice in the European Community*. Steve Martin, *The Construction of Europe: Essays in Honor of Emile Noel*, Kluwer Acadermic Publishers, 1994.

[354] Gary Marks, Liesbet Hooghe and Kermit Blank, "European Integration in the 1990's: State Centric vs. Multi-level Governance", *Journal of Common Market*

Studies, Vol. 34, No. 3, 1996.

[355] H. Kaufman, The Administrative Behavior of Federau Chiefs, Washington, D. C.: Brookings Institution, 1981.

[356] J. Zeitlin, P. Pochet and L. Magnussen, "The Open Method of Coordination in Action: The European Employment and Social Inclusions Strategies" (PIE-Peter Lang, Schutter and S. Deakin, Social Rights and Market Forces: Is the Open Coordination of Employment and Social Policies the Future of Social Europe?, 2005).

[357] James Madison, Notes of Debates in the Federal Convention of 1787 reported by James Madison, W. W. Norton & company, 1966.

[358] Jin H, Y Qian, B Weingast. *Regional Decentralization and Fiscal Incentives: Federalism*, Chinese Style. Journal of Public Economics, 2005, (89).

[359] Jonathan Zeitlin, "Social Europe and Experimentalist Governance: Towards a New Constitutional Compromise?", *in EU Law and the Welfare State: In Search of Solidarity* (Grainne de Burca ed., 2005).

[360] K. G. Myrdal, *Econmoic Theory and Underdeveloped Regions*, Duckworth Press, 1957.

[361] Keenan D. Kmiec, The Origin and Current Meanings of Judicial Activism, CAILF LR, 2004.

[362] Kenneth W. Abbott and Duncan Snidal, Hard and Soft Law in International Governance, International Organization, Vol. 54, No. 3, 2000.

[363] Klaus-Dieter Borchardt, The ABC of European Union Law, Brussel: European Union, 2010.

[364] Koen Lenaerts, Ignace Maselis, *Kathleen Gutman and Janek Tomasz Nowak*, *EU Procedural Law*, Oxford University Press, 2014.

[365] Leitner H, Sheppard E. *Transcending interurban competition: Conceptual issue and policy alternatives in European Union*, State University of New York Press, 1999.

[366] Mandell Myma P. Intergovernmental Management in interorganizational Networks: A Revised Perspective, *International Journal of Public Administration*, 1988. Vol. 11 (4).

[367] Mark Dawson, "Transforming into What? New Governance in the EU and the 'Managerial Sensibility' in Modern Law", Wisconsin Law Review, 2010.

[368] OCED, Local Partnerships For Better Governance, Paris: OCED, 2001.

［369］Philippe Schmitter, How to Democratize the European Union…and Why Bother?, Lanham: Rowman & Littlefield, 2000.

［370］Alkuin Kollikerab, "Bringing together or driving apart the union? Towards a theory of differentiated integration", West European Politics, Vol. 24, Issue 4, 2001.

［371］Ana Postolache, The Power of a Single Voice: The EU's Contribution to Global Governance Architecture, *Romanian Journal of European Affairs*, Vol. 12 (3), 2012.

［372］Charles F. Sabel and Jonathan Zeitlin, "Learning from Difference: The New Architecture of Experimentalist governance in the EU", *European Law Journal*, Vol. 14, 2008.

［373］Chrislip D. and Carl E. Larson, Collaborative Leadership: How Citizens and Civic Leaders Can Make a Difference, San Francisco, CA: Jossey-Bass, 1994.

［374］Christian Egenhofer, Piotr Maciej Kaczynski, Sebastian Kurpas, and Louise van Schaik, The Ever-Changing Union: An Introduction to the History, Institutions and Decision-Making Processes of the European Union, *Centre for European Policy Studies*, 2011.

［375］Claire Kilpatrick, "New EU Employment Governance and Constitutionalism, Law and New Governance in the EU and the US", Grainne de Burca & Joanne Scott eds., 2006.

［376］D. M Trubek, P. Cottrell and M. Nance, "Soft Law," "Hard Law," and European Integration: Toward a Theory of Hybridity, *University of Wisconsin Legal Studies Research Paper*, No. 2, 2005.

［377］David K. Hamilton, "Developing Regional Regimes: A Comparison of Two Metropolitan Areas", *Journal of Urban Affairs*, Vol. 4, 2004.

［378］Qian, Yingyi, Barry R Weingast: Federalism as a Commitment to preserving Market Incentives, *Journal of Economic Perspectives*, Vol. 11, No. 4, 1997.

［379］S. Regent, "The Open Method of Coordination: A New Suprannational Form of Governance?", *European Law Journal*, Vol. 9, 2003.

［380］S. Smismans, From Hamonization to Co-ordination? EU law in the Lisbon Governance Architecture, Journal of European Public Policy, Vol. 20, Issue 8.

［381］Shi Youqi, "*On Rule of Law in Governmental Cooperation for Regional Economic Integration*", Canadian Social Science, Vol. 11, No. 1, 2015.

［382］Thomas Risse-Keppen, "Exploring the Nature of the Beast: International

Relations Theory and Comparative Policy Analysis Meet the European Union", *Journal of Common Market Studies*, Vol. 34, No. 1, 1996.

[383] Thomas Vandamme, "EU Directives and Multi-Level Governance—Can Lessons Be Drawn from Cooperative Federalism", *Maastricht Journal of European & Comparative Law*, Vol. 21, 2014.

教育部哲学社会科学研究重大课题攻关项目成果出版列表

序号	书　名	首席专家
1	《马克思主义基础理论若干重大问题研究》	陈先达
2	《马克思主义理论学科体系建构与建设研究》	张雷声
3	《马克思主义整体性研究》	逄锦聚
4	《改革开放以来马克思主义在中国的发展》	顾钰民
5	《新时期　新探索　新征程——当代资本主义国家共产党的理论与实践研究》	聂运麟
6	《坚持马克思主义在意识形态领域指导地位研究》	陈先达
7	《当代资本主义新变化的批判性解读》	唐正东
8	《当代中国人精神生活研究》	童世骏
9	《弘扬与培育民族精神研究》	杨叔子
10	《当代科学哲学的发展趋势》	郭贵春
11	《服务型政府建设规律研究》	朱光磊
12	《地方政府改革与深化行政管理体制改革研究》	沈荣华
13	《面向知识表示与推理的自然语言逻辑》	鞠实儿
14	《当代宗教冲突与对话研究》	张志刚
15	《马克思主义文艺理论中国化研究》	朱立元
16	《历史题材文学创作重大问题研究》	童庆炳
17	《现代中西高校公共艺术教育比较研究》	曾繁仁
18	《西方文论中国化与中国文论建设》	王一川
19	《中华民族音乐文化的国际传播与推广》	王耀华
20	《楚地出土戰國簡册［十四種］》	陈　伟
21	《近代中国的知识与制度转型》	桑　兵
22	《中国抗战在世界反法西斯战争中的历史地位》	胡德坤
23	《近代以来日本对华认识及其行动选择研究》	杨栋梁
24	《京津冀都市圈的崛起与中国经济发展》	周立群
25	《金融市场全球化下的中国监管体系研究》	曹凤岐
26	《中国市场经济发展研究》	刘　伟
27	《全球经济调整中的中国经济增长与宏观调控体系研究》	黄　达
28	《中国特大都市圈与世界制造业中心研究》	李廉水

序号	书名	首席专家
29	《中国产业竞争力研究》	赵彦云
30	《东北老工业基地资源型城市发展可持续产业问题研究》	宋冬林
31	《转型时期消费需求升级与产业发展研究》	臧旭恒
32	《中国金融国际化中的风险防范与金融安全研究》	刘锡良
33	《全球新型金融危机与中国的外汇储备战略》	陈雨露
34	《全球金融危机与新常态下的中国产业发展》	段文斌
35	《中国民营经济制度创新与发展》	李维安
36	《中国现代服务经济理论与发展战略研究》	陈 宪
37	《中国转型期的社会风险及公共危机管理研究》	丁烈云
38	《人文社会科学研究成果评价体系研究》	刘大椿
39	《中国工业化、城镇化进程中的农村土地问题研究》	曲福田
40	《中国农村社区建设研究》	项继权
41	《东北老工业基地改造与振兴研究》	程 伟
42	《全面建设小康社会进程中的我国就业发展战略研究》	曾湘泉
43	《自主创新战略与国际竞争力研究》	吴贵生
44	《转轨经济中的反行政性垄断与促进竞争政策研究》	于良春
45	《面向公共服务的电子政务管理体系研究》	孙宝文
46	《产权理论比较与中国产权制度变革》	黄少安
47	《中国企业集团成长与重组研究》	蓝海林
48	《我国资源、环境、人口与经济承载能力研究》	邱 东
49	《"病有所医"——目标、路径与战略选择》	高建民
50	《税收对国民收入分配调控作用研究》	郭庆旺
51	《多党合作与中国共产党执政能力建设研究》	周淑真
52	《规范收入分配秩序研究》	杨灿明
53	《中国社会转型中的政府治理模式研究》	娄成武
54	《中国加入区域经济一体化研究》	黄卫平
55	《金融体制改革和货币问题研究》	王广谦
56	《人民币均衡汇率问题研究》	姜波克
57	《我国土地制度与社会经济协调发展研究》	黄祖辉
58	《南水北调工程与中部地区经济社会可持续发展研究》	杨云彦
59	《产业集聚与区域经济协调发展研究》	王 珺

序号	书名	首席专家
60	《我国货币政策体系与传导机制研究》	刘　伟
61	《我国民法典体系问题研究》	王利明
62	《中国司法制度的基础理论问题研究》	陈光中
63	《多元化纠纷解决机制与和谐社会的构建》	范　愉
64	《中国和平发展的重大前沿国际法律问题研究》	曾令良
65	《中国法制现代化的理论与实践》	徐显明
66	《农村土地问题立法研究》	陈小君
67	《知识产权制度变革与发展研究》	吴汉东
68	《中国能源安全若干法律与政策问题研究》	黄　进
69	《城乡统筹视角下我国城乡双向商贸流通体系研究》	任保平
70	《产权强度、土地流转与农民权益保护》	罗必良
71	《我国建设用地总量控制与差别化管理政策研究》	欧名豪
72	《矿产资源有偿使用制度与生态补偿机制》	李国平
73	《巨灾风险管理制度创新研究》	卓　志
74	《国有资产法律保护机制研究》	李曙光
75	《中国与全球油气资源重点区域合作研究》	王　震
76	《可持续发展的中国新型农村社会养老保险制度研究》	邓大松
77	《农民工权益保护理论与实践研究》	刘林平
78	《大学生就业创业教育研究》	杨晓慧
79	《新能源与可再生能源法律与政策研究》	李艳芳
80	《中国海外投资的风险防范与管控体系研究》	陈菲琼
81	《生活质量的指标构建与现状评价》	周长城
82	《中国公民人文素质研究》	石亚军
83	《城市化进程中的重大社会问题及其对策研究》	李　强
84	《中国农村与农民问题前沿研究》	徐　勇
85	《西部开发中的人口流动与族际交往研究》	马　戎
86	《现代农业发展战略研究》	周应恒
87	《综合交通运输体系研究——认知与建构》	荣朝和
88	《中国独生子女问题研究》	风笑天
89	《我国粮食安全保障体系研究》	胡小平
90	《我国食品安全风险防控研究》	王　硕

序号	书　名	首席专家
91	《城市新移民问题及其对策研究》	周大鸣
92	《新农村建设与城镇化推进中农村教育布局调整研究》	史宁中
93	《农村公共产品供给与农村和谐社会建设》	王国华
94	《中国大城市户籍制度改革研究》	彭希哲
95	《国家惠农政策的成效评价与完善研究》	邓大才
96	《以民主促进和谐——和谐社会构建中的基层民主政治建设研究》	徐　勇
97	《城市文化与国家治理——当代中国城市建设理论内涵与发展模式建构》	皇甫晓涛
98	《中国边疆治理研究》	周　平
99	《边疆多民族地区构建社会主义和谐社会研究》	张先亮
100	《新疆民族文化、民族心理与社会长治久安》	高静文
101	《中国大众媒介的传播效果与公信力研究》	喻国明
102	《媒介素养：理念、认知、参与》	陆　晔
103	《创新型国家的知识信息服务体系研究》	胡昌平
104	《数字信息资源规划、管理与利用研究》	马费成
105	《新闻传媒发展与建构和谐社会关系研究》	罗以澄
106	《数字传播技术与媒体产业发展研究》	黄升民
107	《互联网等新媒体对社会舆论影响与利用研究》	谢新洲
108	《网络舆论监测与安全研究》	黄永林
109	《中国文化产业发展战略论》	胡惠林
110	《20世纪中国古代文化经典在域外的传播与影响研究》	张西平
111	《国际传播的理论、现状和发展趋势研究》	吴　飞
112	《教育投入、资源配置与人力资本收益》	闵维方
113	《创新人才与教育创新研究》	林崇德
114	《中国农村教育发展指标体系研究》	袁桂林
115	《高校思想政治理论课程建设研究》	顾海良
116	《网络思想政治教育研究》	张再兴
117	《高校招生考试制度改革研究》	刘海峰
118	《基础教育改革与中国教育学理论重建研究》	叶　澜
119	《我国研究生教育结构调整问题研究》	袁本涛 王传毅
120	《公共财政框架下公共教育财政制度研究》	王善迈

序号	书　名	首席专家
121	《农民工子女问题研究》	袁振国
122	《当代大学生诚信制度建设及加强大学生思想政治工作研究》	黄蓉生
123	《从失衡走向平衡：素质教育课程评价体系研究》	钟启泉 崔允漷
124	《构建城乡一体化的教育体制机制研究》	李　玲
125	《高校思想政治理论课教育教学质量监测体系研究》	张耀灿
126	《处境不利儿童的心理发展现状与教育对策研究》	申继亮
127	《学习过程与机制研究》	莫　雷
128	《青少年心理健康素质调查研究》	沈德立
129	《灾后中小学生心理疏导研究》	林崇德
130	《民族地区教育优先发展研究》	张诗亚
131	《WTO主要成员贸易政策体系与对策研究》	张汉林
132	《中国和平发展的国际环境分析》	叶自成
133	《冷战时期美国重大外交政策案例研究》	沈志华
134	《新时期中非合作关系研究》	刘鸿武
135	《我国的地缘政治及其战略研究》	倪世雄
136	《中国海洋发展战略研究》	徐祥民
137	《深化医药卫生体制改革研究》	孟庆跃
138	《华侨华人在中国软实力建设中的作用研究》	黄　平
139	《我国地方法制建设理论与实践研究》	葛洪义
140	《城市化理论重构与城市化战略研究》	张鸿雁
141	《境外宗教渗透论》	段德智
142	《中部崛起过程中的新型工业化研究》	陈晓红
143	《农村社会保障制度研究》	赵　曼
144	《中国艺术学学科体系建设研究》	黄会林
145	《人工耳蜗术后儿童康复教育的原理与方法》	黄昭鸣
146	《我国少数民族音乐资源的保护与开发研究》	樊祖荫
147	《中国道德文化的传统理念与现代践行研究》	李建华
148	《低碳经济转型下的中国排放权交易体系》	齐绍洲
149	《中国东北亚战略与政策研究》	刘清才
150	《促进经济发展方式转变的地方财税体制改革研究》	钟晓敏
151	《中国—东盟区域经济一体化》	范祚军

序号	书　名	首席专家
152	《非传统安全合作与中俄关系》	冯绍雷
153	《外资并购与我国产业安全研究》	李善民
154	《近代汉字术语的生成演变与中西日文化互动研究》	冯天瑜
155	《新时期加强社会组织建设研究》	李友梅
156	《民办学校分类管理政策研究》	周海涛
157	《我国城市住房制度改革研究》	高　波
158	《新媒体环境下的危机传播及舆论引导研究》	喻国明
159	《法治国家建设中的司法判例制度研究》	何家弘
160	《中国女性高层次人才发展规律及发展对策研究》	佟　新
161	《国际金融中心法制环境研究》	周仲飞
162	《居民收入占国民收入比重统计指标体系研究》	刘　扬
163	《中国历代边疆治理研究》	程妮娜
164	《性别视角下的中国文学与文化》	乔以钢
165	《我国公共财政风险评估及其防范对策研究》	吴俊培
166	《中国历代民歌史论》	陈书录
167	《大学生村官成长成才机制研究》	马抗美
168	《完善学校突发事件应急管理机制研究》	马怀德
169	《秦简牍整理与研究》	陈　伟
170	《出土简帛与古史再建》	李学勤
171	《民间借贷与非法集资风险防范的法律机制研究》	岳彩申
172	《新时期社会治安防控体系建设研究》	宫志刚
173	《加快发展我国生产服务业研究》	李江帆
174	《基本公共服务均等化研究》	张贤明
175	《职业教育质量评价体系研究》	周志刚
176	《中国大学校长管理专业化研究》	宣　勇
177	《"两型社会"建设标准及指标体系研究》	陈晓红
178	《中国与中亚地区国家关系研究》	潘志平
179	《保障我国海上通道安全研究》	吕　靖
180	《世界主要国家安全体制机制研究》	刘胜湘
181	《中国流动人口的城市逐梦》	杨菊华
182	《建设人口均衡型社会研究》	刘渝琳
183	《农产品流通体系建设的机制创新与政策体系研究》	夏春玉
184	《区域经济一体化中府际合作的法律问题研究》	石佑启
	……	